中国上市公司治理准则
修订案报告

中国公司治理研究院
《中国上市公司治理准则》修订案课题组
主　编　李维安

中国财经出版传媒集团
经济科学出版社
Economic Science Press

图书在版编目（CIP）数据

中国上市公司治理准则修订案报告/李维安主编．
—北京：经济科学出版社，2018.6
ISBN 978-7-5141-9423-4

Ⅰ.①中⋯　Ⅱ.①李⋯　Ⅲ.①上市公司－企业管理－规定－研究－中国　Ⅳ.①F279.246

中国版本图书馆 CIP 数据核字（2018）第 113098 号

责任编辑：于海汛　宋　涛
责任校对：郑淑艳
责任印制：李　鹏

中国上市公司治理准则修订案报告
主　编　李维安
经济科学出版社出版、发行　新华书店经销
社址：北京市海淀区阜成路甲 28 号　邮编：100142
总编部电话：010-88191217　发行部电话：010-88191522
网址：www.esp.com.cn
电子邮件：esp@esp.com.cn
天猫网店：经济科学出版社旗舰店
网址：http：//jjkxcbs.tmall.com
北京季蜂印刷有限公司印装
787×1092　16 开　43.5 印张　850000 字
2018 年 7 月第 1 版　2018 年 7 月第 1 次印刷
ISBN 978-7-5141-9423-4　定价：118.00 元
（图书出现印装问题，本社负责调换。电话：010-88191510）
（版权所有　侵权必究　举报电话：010-88191586
电子邮箱：dbts@esp.com.cn）

本项研究报告获得国家自然科学基金重点项目"现代社会治理的组织与模式研究"(71533002)、"中国特色社会主义经济建设协同创新中心"(CICCE)等资助

《中国上市公司治理准则》修订案报告课题组

课题组负责人: 李维安

课题组协调人: 牛建波　姜广省

课题组主要成员: 姜广省　鲁云鹏　王励翔　齐鲁骏　郝　臣
　　　　　　　　　张国萍　刘振杰　李元祯等

目 录

第一部分 《上市公司治理准则》修订案概述

第一章 《上市公司治理准则》的地位和作用 ……………………… 3

第二章 《上市公司治理准则》修订的必要性 ……………………… 7

第三章 《上市公司治理准则》修订宗旨：保护投资者权益 ……… 9

第四章 《上市公司治理准则》完善重点：顺应网络治理变革的
新趋势 ……………………………………………………………… 11

第二部分 《上市公司治理准则》修订案专题梳理

第五章 保护股东利益尤其是中小股东利益 ……………………… 15
   第一节 理论研究和实践现状 ……………………………………… 15
   第二节 数据说明 …………………………………………………… 20
   第三节 修改内容和依据 …………………………………………… 20
   第四节 修改条款汇总 ……………………………………………… 26
   第五节 新旧《准则》对比 ………………………………………… 27

第六章 防范大股东的侵占行为 …………………………………… 30
   第一节 理论研究和实践现状 ……………………………………… 30
   第二节 数据说明 …………………………………………………… 33
   第三节 修改内容和依据 …………………………………………… 34

第四节　修改条款汇总 ··· 36
　　第五节　新旧《准则》对比 ····································· 36

第七章　保护创始股东利益和规范控制权交易市场 ············ 39
　　第一节　理论研究和实践现状 ··································· 39
　　第二节　数据说明 ··· 45
　　第三节　修改内容和依据 ······································· 46
　　第四节　修改条款汇总 ··· 47
　　第五节　新旧《准则》对比 ····································· 47

第八章　增强机构投资者参与治理的积极性和作用 ············ 49
　　第一节　理论研究和实践现状 ··································· 49
　　第二节　数据说明 ··· 51
　　第三节　修改内容和依据 ······································· 52
　　第四节　修改条款汇总 ··· 54
　　第五节　新旧《准则》对比 ····································· 54

第九章　发挥审计机构的公司治理作用 ························ 57
　　第一节　理论研究和实践现状 ··································· 57
　　第二节　数据说明 ··· 58
　　第三节　修改内容和依据 ······································· 59
　　第四节　修改条款汇总 ··· 59
　　第五节　新旧《准则》对比 ····································· 60

第十章　提高董事会决策有效性 ······························ 61
　　第一节　理论研究和实践现状 ··································· 61
　　第二节　数据说明 ··· 64
　　第三节　修改内容和依据 ······································· 66
　　第四节　修改条款汇总 ··· 67
　　第五节　新旧《准则》对比 ····································· 68

第十一章　加强上市公司的内部监督机制 ······················ 70
　　第一节　理论研究和实践现状 ··································· 70
　　第二节　数据说明 ··· 73
　　第三节　修改内容和依据 ······································· 75
　　第四节　修改条款汇总 ··· 79

第五节　新旧《准则》对比 …………………………………………… 79

第十二章　完善上市公司绩效评价和激励约束机制 …………………… 83
　　第一节　理论研究和实践现状 …………………………………………… 83
　　第二节　数据说明 ………………………………………………………… 89
　　第三节　修改内容和依据 ………………………………………………… 92
　　第四节　修改条款汇总 …………………………………………………… 94
　　第五节　新旧《准则》对比 …………………………………………… 95

第十三章　强化上市公司履行社会责任 …………………………………… 97
　　第一节　理论研究和实践现状 …………………………………………… 97
　　第二节　数据说明 ………………………………………………………… 100
　　第三节　修改内容和依据 ………………………………………………… 101
　　第四节　修改条款汇总 …………………………………………………… 102
　　第五节　新旧《准则》对比 …………………………………………… 103

第十四章　规范利益相关者参与公司治理 ………………………………… 105
　　第一节　理论研究和实践现状 …………………………………………… 105
　　第二节　数据说明 ………………………………………………………… 107
　　第三节　修改内容和依据 ………………………………………………… 108
　　第四节　修改条款汇总 …………………………………………………… 110
　　第五节　新旧《准则》对比 …………………………………………… 111

第三部分　《上市公司治理准则》修订案说明

第十五章　导言 ………………………………………………………………… 115

第十六章　股东与股东大会 …………………………………………………… 116

第十七章　控股股东及其关联方与上市公司 ……………………………… 118

第十八章　董事与董事会 ……………………………………………………… 119

第十九章　监事与监事会 ……………………………………………………… 120

第二十章　绩效评价与激励约束机制 ········· 121

第二十一章　利益相关者 ········· 122

第二十二章　信息披露与透明度 ········· 123

第四部分　《上市公司治理准则》修订案建议稿

第二十三章　导言 ········· 127

第二十四章　股东与股东大会 ········· 129
  第一节　股东权利 ········· 129
  第二节　股东大会的规范 ········· 130
  第三节　关联交易 ········· 134

第二十五章　控股股东及其关联方与上市公司 ········· 135
  第一节　控股股东及其关联方行为的规范 ········· 135
  第二节　上市公司的独立性 ········· 136

第二十六章　董事与董事会 ········· 138
  第一节　董事的选聘程序 ········· 138
  第二节　董事的义务 ········· 138
  第三节　董事会的构成和职责 ········· 139
  第四节　董事会议事规则 ········· 140
  第五节　独立董事制度 ········· 141
  第六节　董事会专门委员会 ········· 143

第二十七章　监事与监事会 ········· 145
  第一节　监事会的职责 ········· 145
  第二节　监事会的构成和议事规则 ········· 146

第二十八章　绩效评价与激励约束机制 ········· 148
  第一节　董事、监事和高级管理人员的绩效评价 ········· 148
  第二节　高级管理人员的聘任 ········· 149

第三节　董事、监事和高级管理人员的激励与约束机制 …………… 149

第二十九章　利益相关者 …………………………………………… 151

第三十章　信息披露与透明度 …………………………………… 153
　　　第一节　上市公司的持续信息披露 …………………………………… 153
　　　第二节　公司治理信息的披露 ………………………………………… 154
　　　第三节　股东权益的披露 ……………………………………………… 156

第三十一章　附则 …………………………………………………… 158

第五部分　《上市公司治理准则》修订前后对比表

《上市公司治理准则》修订前后对比表 ……………………………………… 161

附录　主要引用的规章制度

附录1　上市公司治理准则 ……………………………………………… 181
附录2　G20/OECD公司治理原则 ……………………………………… 191
附录3　关于在上市公司建立独立董事制度的指导意见 ……………… 225
附录4　中华人民共和国公司法 ………………………………………… 230
附录5　中华人民共和国证券法 ………………………………………… 261
附录6　上市公司章程指引 ……………………………………………… 295
附录7　深圳证券交易所创业板上市公司规范运作指引 ……………… 327
附录8　关于上市公司增发新股有关条件的通知 ……………………… 395
附录9　国务院办公厅关于进一步加强资本市场中小投资者合法
　　　　权益保护工作的意见 …………………………………………… 397
附录10　国务院关于开展优先股试点的指导意见 …………………… 402
附录11　关于继续做好股权分置改革试点公司股东大会网络投票
　　　　相关技术和业务准备的通知 …………………………………… 406
附录12　中国证监会关于进一步推进新股发行体制改革的意见 …… 408
附录13　证券期货投资者适当性管理办法 …………………………… 414

附录 14	优先股试点管理办法	422
附录 15	上海证券交易所上市公司控股股东、实际控制人行为指引	432
附录 16	首次公开发行股票并在创业板上市管理暂行办法	439
附录 17	首次公开发行股票并上市管理办法	446
附录 18	上海证券交易所股票上市规则	453
附录 19	上市公司重大资产重组管理办法	541
附录 20	关于加强与上市公司重大资产重组相关股票异常交易监管的暂行规定	556
附录 21	上市公司收购管理办法	559
附录 22	公开募集证券投资基金运作管理办法	580
附录 23	中国注册会计师职业道德规范指导意见	591
附录 24	关于加强社会公众股股东权益保护的若干规定	597
附录 25	上市公司独立董事履职指引	601
附录 26	社会团体登记管理条例	615
附录 27	公开发行证券的公司信息披露内容与格式准则第2号——年度报告的内容与格式	621
附录 28	中央企业负责人经营业绩考核办法	646
附录 29	上市公司股权激励管理办法	653
附录 30	绿色治理准则	665
附录 31	关于中央企业履行社会责任的指导意见	674
附录 32	企业绿色采购指南（试行）	678

第一部分
《上市公司治理准则》修订案概述

第一章

《上市公司治理准则》的地位和作用

国家经济的增长依赖公司财富的增加，而创造财富离不开良好的公司治理。近年来，公司治理已成为一个世界性课题，它首先是一种相互制衡关系，即以股东为核心的利益相关者之间相互制衡关系的泛称。一般而言，公司治理既包括公司治理结构，也包括公司治理机制。其核心是在法律、法规和惯例的框架下，满足包括股东在内的利益相关者利益要求的一整套公司权利安排、责任分工和约束机制。

公司治理问题产生于所有权和经营权的分离，由于利益追求不同和公司规模的扩大，股东对公司的控制越来越弱，少数股东的利益得不到保证。因此，如何维护投资者的正当权益，保护以股东为主体的各利益相关者的利益成为公司治理的主要问题。公司治理准则就是通过一系列规则，来谋求建立一套具体的公司治理运作机制，维护投资者和其他利益相关者利益，促进公司健康发展，实现公司的有效治理。要实现有效的公司治理，必须全面保证股东、债权人、职工、社区等多元主体的利益，任何利益层失去制衡都将危及、损害其他利益相关者。这使得许多国家与组织都清楚地认识到，良好的公司治理既需要国家通过强制性的法规对治理结构进行规定，还需要制定与市场环境变化相适应的、具有非强制性和灵活性的公司治理准则。

自1992年英国的《Cadbury报告》发布以来，众多国家与组织的多种公司治理准则纷纷出台，其中既包括经济发达的国家与地区，也包括发展中国家与新兴的市场经济国家。从这些准则中可以看到，虽然经济与市场的全球化、一体化使得各种公司治理模式呈现出趋同化趋势，但它们毕竟根植于各国不同的法律、规范及社会价值中，只有在共性中保持自身特点，才能满足不同经济环境、发展阶段中公司治理实践的需要。作为一个在世界经济中地位日益重要的大国，《上市公司治理准则》能够帮助解决我国企业改革公司治理新阶段存在的诸多问题。2002年中国证监会在借鉴世界经合组织《OECD公司治理原则》及有关国家实践的基础上，制定颁布《上市公司治理准则》。

由公司治理准则本身的性质所决定，公司治理准则是一种规范，对各类型的公司均具有指导意义。公司治理准则并不谋求替代或否定有关的法律法规，而是与有关法律法规相辅相成,共同为建立有效的公司治理模式发挥作用。鉴于公司治理准则的上述性质,其修改程序较为简便,能随时将公司运作机制的创新方式融入其中,具有充分的灵活性。它是介于法律法规和公司章程之间的具有一定约束性的制度文件,用以指引我国公司治理的发展。《准则》出台后的相当一段时间内,中国公司治理经历前期制度建设的快速发展,逐步转入提升治理有效性即如何解决"形似而神不似"的阶段。

从根本上讲,《准则》就公司治理中的诸多方面制定了较为详细的规定,是对《公司法》《证券法》的完善和补充,对我国上市公司治理结构的完善起到了重要的指导作用,它不仅是改善上市公司治理结构、提高治理有效性的标准与方针政策,也是公司董事会决策、监事会监督和高级管理人员经营管理的实务准则。它可以帮助政府对有关上市公司治理的法律制度与监管制度框架进行评估与改进,同时也对证券交易所、投资者、公司和其他在建立良好的公司治理中起作用的机构提出指导和建议。对于利益相关者的参与公司共同治理的权益进行保障、行为进行指导与规范、促进公司和社会的和谐发展;并可作为推广、普及公司治理知识,提升公司治理理念的指导性、规范性文件。

《准则》是在集成科学的公司治理理论、吸收世界各国先进的公司治理经验、充分考虑我国公司治理实务特征的基础上建立的用以指导公司培育有效的公司治理机制、实现科学决策和治理主体间的有效制衡,从而维护股东为主的所有利益相关者权益,并促进公司永续发展的指导性、非强制性、实务性的准则。

《准则》是改善公司治理的标准与方针政策,也是公司管理层的实务原则。对于我国,公司治理准则有助于企业建立有效的法人治理结构,保障决策的科学性,提高公司治理的有效性;有助于规范企业行为,树立良好的市场和社会形象,建立良好的社区关系,与环境和谐发展;有助于企业形成新的治理理念,制定合理的长远战略目标,保障利益相关者的权益,实现公司的永续发展;有助于企业建立规范的现代企业制度,使国有企业顺利进入公司治理这一企业改革的新阶段,促进民营企业、集体企业等健康发展、不断壮大;有助于公司治理机制、管理方法的科学化和规范化,加快企业与国际接轨的步伐,提高企业的全球竞争能力;有助于企业根据自己的情况制定本企业的公司治理准则。

整体上讲,《准则》主要从大的准则方面为上市公司治理的完善指明了方向(李维安,2002),对于规范上市公司董事、监事、高级管理人员等的职责,保护公司、股东的合法权益,提高上市公司质量,推动上市公司建立和完善现代企业制度,规范上市公司运作,促进我国证券市场健康发展发挥了积极的作用。

我国的治理改革发端于公司治理改革,改革的主线是从行政型治理向经济型治理的转型。传统的行政型治理模式以"资源配置行政化、企业目标行政化、高管任免行政化"为主要特征,导致"内部治理的外部化、外部治理的内部化"

的怪象，需要逐步向"内外治理机制协同作用"、监管部门等机构对企业监管的经济型治理方向演进。《准则》的修订有利于中国上市公司由行政型治理向经济型治理的转型。

首先，能够提升公司在市场"实战"中的治理能力。政府兼具监管者和股东双重身份，造成转型实践中行政型治理残存，突出表现为"一股独大""内部人控制"和行政干预等，增加了国有企业治理改革的难度。民营企业同样经历着行政型治理向经济型治理的演进，"戴红帽子"、官商结合、政治关联依赖等现象依旧普遍，民企尚难以真正按照市场化规则进行运作。对于国有企业和民营企业而言，治理改革与转型的方向在于：其一，减少行政性，弱化政府的行政干预，充分发挥市场在治理改革中的基础作用；其二，加强在法律、资本市场、监管等方面的制度供给，通过建立法治化、规范化、制度化的法治体系和资本市场，改善企业外部治理环境，为企业治理改革提供顶层制度基础；其三，注重治理合规性和有效性建设，理顺治理流程，推动内部治理机制和外部治理机制的有机互动，在此基础上实现决策科学化。

当年国美控制权之争就是一次市场化、"阳光下公司治理的较量"，双方充分运用治理规则，你来我往、激烈角逐，向公众普及了公司治理，也对中国公司治理发展起到了重要的推动与示范作用。而近来，山水水泥控制权争夺中，政府派驻工作组等处置方式，则是行政型治理思维的延续。再如，回溯渐趋明朗的"宝万之争"则是以敌意收购的"偷袭"发端，让诸多习惯于行政安排下治理"演习"的国企领略到什么是治理"实战"，为市场化运作作了生动普及；更可喜的是，参与各方甚至是监管部门都显露或意识到自身的治理漏洞。如果能够通过完善规则既补好漏洞，又保留好市场化的并购机制，那么通过这种实战洗礼的国内公司就会养成或者提升征战国际并购市场的治理能力，而不再只能乞求非市场化因素定输赢。

其次，有助于推进混合所有制改革、完善国家治理体系建设。党的十八届三中全会将混合所有制改革列为深化国企改革的重要突破口，几年来混改的范围、规模、深度也在不断加大。对此，我们的一贯主张是，作为现代企业制度的上市公司只要不受到所有制歧视，天然就是混合所有制企业。关键是要通过混改推动国有企业公司治理的深化，实现治理转型：其一，通过混改实现国企的股权多元化，实现股权制衡、提升治理能力。现代治理理念的精髓就在于"多元化"，只有引入多元股东，改变"一股独大"、发挥国有股东的资本优势与民营股东的灵活市场机制，在治理规则下进行公开公平博弈，才能产生"$1+1>2$"的治理效果。其二，通过混改实现公司治理职能的真正履行。比如，在治理授权方面，给予多元化股东大会产生的董事会以充分授权，发挥其治理核心作用，履行其决策、监督等治理职能，科学进行战略决策、自主选聘经理人员、制定合理的市场化薪酬等，理顺治理流程，改变"内部治理外部化、外部治理内部化"的怪象。

其三，通过混改推动"分类治理"。以混改企业为标杆，避免行政干预企业运行和政府治理模式强加于企业；进而以公司治理模式改革为切入点，推动各类组织的"分类治理"改革，以政府治理、公司治理、社会组织治理的模式分别治理政府、公司、社会组织，避免治理模式的套用，从而才能真正实现国家治理体系的完善和治理能力的现代化。

第二章

《上市公司治理准则》修订的必要性

从国际上看，各国的《公司治理准则》一般是介于上市公司治理实践案例和《公司法》等法律之间，由监管部门颁布的最佳治理指引，它的生命力在于要适时根据治理实践经验不断完善。作为国际公司治理规则的《OECD公司治理原则》于1999年颁布后进行了几次大的修订，2015年的修订版针对金融危机后公司治理发展的新趋势不仅导入了新的治理理念和治理工具，而且还扩大了适用范围，将发展中国家纳入框架中，所以又称为《G20/OECD公司治理原则》。

我国的《上市公司治理准则》施行15年来一直没有修订，其后修订的《公司法》和《证券法》等法律对公司治理实践经验的吸纳已较之超前。例如，2005年修订的《公司法》在修订草案中曾涵盖了关于独立董事制度的多个条款，但考虑到独立董事制度尚在试行中，为保持《公司法》的相对稳定性，仅保留了一条即"上市公司实行独立董事制度，具体办法由国务院颁布实施"，但至今由证监会2001年出台的《关于在上市公司建立独立董事制度的指导意见》也未修订，新法规也未出台。由此，近年来上市公司独董的种种乱象也就不难理解了。这使得治理规则体系出现脱节，导致其不仅不能适应我国公司治理实践快速发展的要求，而且也难以匹配我国公司"走出去"的发展战略：一是无法确定公司治理准则在法律法规框架中的位置，难以做好在法规之间的衔接工作；二是股东权益保护机制不够完善，无法有效规范控股股东的恶意减持、"掏空"等行为，不能很好地发挥中小投资者保护机制的作用，无法调动机构投资者的积极性和缺少国家特殊的管理股制度；三是上市公司的决策机制尤其是公司的独立性和董事会的有效运作机制得不到有效发挥；四是关于独立董事和监事会的监管制度以及审计机构的审查制度已经不能完全适应公司治理实践的实际需要；五是缺少对董事会、监事会和高级管理人员的绩效评价及薪酬激励等详细的规定，不能满足建立有效激励约束机制的要求；六是监管机构无法准确应对上市公司监管中出现的新情况和新问题，不利于维护证券市场的秩序；七是交易市场中新出现的收购和反收购案例，显示出较为明显的治理漏洞和风险，无法有效稳定控制权市场；八是上市公司履行社会责任还无法与生态文明、绿色治理等进行有效结合；九是缺少有效的利益相关者意见表达的渠道等。

与此同时，这些年来我国公司治理改革也逐步进入"深水区"、遇到新挑战，如完善资本市场的监管、深化国有企业改革的重任、移动互联网时代治理变革的需要等，使得2002年制定的治理准则越发不能适应当前治理发展的要求，逐步出现治理事件推动治理完善和深化的态势。从"国美控制权之争"引发对提升董事会治理能力的思考，到"阿里巴巴海外上市"引发对境内外治理规则差异与创新的探讨，再到近来发生的"万科控制权争夺战"推动对外部治理能力、公司章程建设等的关注，无一不是推动制度创新，催生公司治理变革的典型事件。从这个层面上讲，典型公司治理事件的发展与演变不仅为公司内外部治理能力的提升带来新的契机，也使我们看到了治理准则等规则的时滞性，为规则的完善提供了素材。

作为《G20/OECD公司治理原则》的倡导国和支持国，我国准则的修订工作要做到公司治理从"零敲碎打"到"通盘考虑"、从"临时喊话"到"依规问责"、从"引领中国"到"对接世界"，就需要能够实现治理准则与国内外法律的接轨，与时俱进及时反映国际公司治理的新趋势，总结我国公司治理实践深化带来的经验，找准公司治理改革深化路径的新方向，就会使我国公司治理的完善进入"规则引领"为主的新阶段，不再靠临时喊话，而是靠依规的问责，从而对公司治理的改革和发展具有深远的意义。

2016年在北京举行的上市公司治理国际研讨会上，证监会主席刘士余强调"要抓紧修订《准则》"，并且来自经合组织、世界银行、国际金融公司、国际公司治理网络和清华大学的专家学者，以及人民银行、国资委、银监会、保监会、证监会、中国上市公司协会和沪深证券交易所等单位的60余位各界代表对于《准则》修订的议题也进行了广泛深入的交流；2017年4月，国家发改委发布的关于《2017年深化经济体制改革重点工作的意见》中明确提出经济体制改革重点任务包括"修订《上市公司治理准则》。"

根据国家发改委2017年经济体制改革重点任务，2017年南开大学中国公司治理研究院李维安教授带领研究团队，根据现有的《G20/OECD公司治理原则》《公司法》《证券法》等法律制度规则，结合中国公司治理研究院的中国公司治理指数（CCGI[NK]）的评价数据，立足长期以来在治理领域的研究成果，草拟了《上市公司治理准则（修订案报告）》征求意见稿。同时在天津举办的第九届公司治理国际研讨会，邀请了国务院国资委、教育部等相关实务界人士，以及来自美国等国内外公司治理学界专家学者，就相关问题进行反复探讨研究后，形成了《中国上市公司治理准则修订案报告》。

第三章

《上市公司治理准则》修订宗旨：保护投资者权益

现代公司需要面对顾客和投资者这两个"上帝"，对于前者公司要做好客户关系管理（CRM），对于后者公司则需要做好投资者关系管理（IRM）；前者属于公司管理范畴，后者则属于公司治理范畴。要像在产品市场上把顾客当作上帝一样，在资本市场上把投资者当作上帝，这是公司治理的基石。因此，《上市公司治理准则》的修订需以保护投资者权益作为宗旨，并围绕以下方面展开。

推动上市公司分红。分享公司利润是持有公司股票的投资者的基本权利，也应是投资者获得股票投资价值的基本方式；实施股票分红是公司特别是上市公司回报投资者的基本要求，也是建立起与投资者相互信任的基本形式。长年来，中国上市公司不分红、"铁公鸡"现象严重，价值投资理念始终难以建立、市场短期化行为依旧普遍。这需要一方面加大对上市公司回报投资者的监管力度，打击内部人的"食利自肥"；另一方面要促使上市公司做好信息披露与投资者关系管理，解释好公司长短期回报的关系。

规范控股股东减持。上市公司控股股东超量减持、恶意套现等现象屡屡发生，严重损害中小股东的利益和资本市场的健康发展。市场低迷期间的大规模减持，利空来临前的"精准套现"，创业板、新三板公司上市后"吃相难看"的"空仓走人"等，都是控股股东利用与中小股东的信息不对称、损害其利益的恶劣行为。对此，必须进一步规范控股股东的减持行为，强化信息披露机制，对违规减持、恶意套现加大惩处力度，切实保护中小股东权益。

完善独立董事制度。独立董事是广大股东特别是中小股东利益的代言人，但长期以来，"花瓶"等成为独董的代名词。从制度深层来讲，2001年出台的《关于在上市公司建立独立董事制度的指导意见》等已经难以反映和指导迅速发展的独董实践和最佳做法，亟须与治理准则一起修订，以限制独董兼职数目、确保履职时间，增加董事会独董占比、不只是1/3勉强及格，建立独立的独董协会、形成独董市场自律的"声誉机制"等。此外，作为部门推出的指导意见，地位还不够高，也不能给独立董事以应有的法律地位和进行强有力的约束。因此，我们认为应进一步完善独董制度，提高独立董事的监督积极性和增强监督能力。

拓宽股东维权途径。保护股东利益需要为其提供更多参与治理的方式和进行维权的司法救济。一来移动互联网技术的发展，使得网络投票逐步普及，中小股东可以更低成本参与治理、"用手投票"制约大股东。二来《公司法》虽然赋予股东以法律寻求救济的方式，但囿于当年立法技术，"谁来告？""去告谁？""怎么告？""谁举证？"等问题都不明确，我国公司股东直接诉权实际上未得到确立，因此，准则的修订一方面要为股东提供更多救济；另一方面要借鉴国外经验，鼓励律师事务所等中介机构代理股东诉讼，用市场或社会的力量帮助股东进行维权。

"投资者"概念扩大与兼顾利益相关者利益。现代公司治理理论的发展，使得公司不再只是由股东这一股权出资者所有，投资者中"资"的概念也在逐步扩大化，一是出资类型，原《公司法》规定无形资产出资不得超过20%，而2014年颁布的《公司法》指出股东可以用货币出资，也可以用实物等可以用货币估价并可以依法转让的非货币财产作价出资；二是"出资人"增多，比如债权人的"债权资本"、职业经理人的"智力资本"、职工的"人力资本"、社区环境的"环境资本"、客户供应商的"关系资本"。由此，公司成为由各类资本所有者——利益相关者联结而成的"网络"，该网络中的节点均是一荣俱荣、一损俱损的关系，网络的"坍塌"会使得社会福利受到损害，故而在保护股东的前提下，设计并完善兼顾利益相关者利益、使之获得更多治理参与权的新投资者保护机制势在必行。

第四章

《上市公司治理准则》完善重点：
顺应网络治理变革的新趋势

现代信息网络技术越来越广泛地应用于治理之中，推动着治理扁平化、降低治理成本、破除信息垄断，并使得技术创新先于管理创新，更先于治理创新。因此，治理准则修订时，要充分考虑这些新变化，加强对治理制度创新的推动、顺应网络治理变革的需求。

改革上市规则与监管模式。当前的治理规则主要规范传统工业经济时代下的企业，如通过上市前3年强制性盈利等要求识别企业资质，而上市发审制也主要是通过事前监管来保护投资者利益。但逐步迈入信息知识经济时代后，经营业态已发生巨大改变，"先烧钱再赚钱""赢者通吃"等模式的网络高技术企业很难在中国资本市场上市融资，而涌向纳斯达克等海外市场。对此，《证券法》在修订过程中顺应网络高技术公司上市的需求，取消强制性盈利等要求，引起了中概股的大量回归。随之治理准则的修订要适应这一变化，建立与网络经济相匹配的监管模式。由事前行政审核为主，转为事中事后监管、依靠市场力量为主的方式，实现"可上可退"，让市场中的中介机构、投资者等去识别优质企业，真正实现市场化配置资源。

适应网络治理模式"扁平化"的需要。阿里巴巴等网络型公司在香港和内地无法上市的重要原因还在于，"同股同权"的传统治理规则尚未能顺应当前网络治理模式的需要。这些企业提出的"合伙人"制度，是对股权中控制权与收益权的分离，且要求超出持股比的控制权（提名远超出其持股比的董事人选），即实现控制权的优先；反映出网络治理模式由传统"垂直化"向"扁平化"的转变。在信息知识经济时代，高管所拥有的知识和技术已成为企业中最重要的稀缺资源，可以向货币所有者——股东要求更多控制权，而股东为保持公司长远发展也接受这样的制度安排，是双方进行平等博弈后的"公司自治"行为，需要得到公司外部法律制度的承认。当前，已有约20家上市公司成功发行优先股，需要进一步探索开放"控制权的优先股"；但在具体修订规则时，还需要求企业做好机制设计、信息披露等保障措施，防止权力滥用、保护各治理主体的利益。

践行绿色治理理念。人类与环境的关系是当前全球面临的最为重要的议题之一，事关人类存续和世界各国的社会经济发展方向和模式。随着认知革命、农业革命和工业革命的先后出现，人类逐渐形成以自我为中心的主人心态，大肆攫取自然资源，对生态环境造成破坏，最终演变为自然环境的破坏者。近几十年来，全世界范围内气候变化、资源约束趋紧、环境污染、生态退化等环境和生态问题日趋凸显，环境问题越发严重，且正从局部向全球扩展，这使得全球和区域生态环境保护面临着严峻的挑战，促使人们重新思考和认识人类在自然界中的地位，以及发展和环境之间的关系。2015年的《巴黎协定》，标志着人类已经认识到人类有可能成为自然生态的毁灭者，必须在"一个地球"的观念下，树立新的"天人合一"的绿色治理观。绿色治理强调充分考虑生态环境的可承载性，通过创新模式、方法和技术等在生态环境承载能力范围内促进社会经济的可持续发展。生态环境和自然资源作为特殊的公共产品，决定了以生态文明建设为导向的绿色治理，本质上是一种由治理主体参与、治理手段实施和治理机制协同的"公共事务性活动"。而生态破坏与环境污染的跨国界性以及经济社会活动的全球化，意味着这一"公共事务活动"具有全球性。因此，践行绿色治理不能仅局限于一国之疆域，需形成一种全世界共享的价值观，即超越国别的绿色治理全球观。

第二部分
《上市公司治理准则》修订案专题梳理

《上市公司治理准则》修订案专题梳理，主要包括保护股东利益尤其是中小股东利益、防范控股股东的侵占行为、保护创始股东利益和规范控制权交易市场、增强机构投资者参与治理的积极性和作用、发挥审计机构的公司治理作用、提高董事会决策有效性、加强上市公司的内部监督机制、完善上市公司绩效评价和激励约束机制、强化上市公司履行社会责任、规范利益相关者参与公司治理十个专题的详细梳理。梳理的内容由五个小部分组成：

（1）理论研究和实践现状。该部分中主要是针对每个专题的关键概念、为什么对该专题进行梳理，以及目前关于该专题涉及的相关研究和经典案例等进行描述。

（2）数据说明。该部分是根据中国公司治理研究院的"中国公司治理评价指数"对专题涉及的相关问题进行描述，给予数据说明，这为准则的修订起到辅助作用。

（3）修改内容和依据。该部分主要是根据前两个小部分的描述，对《上市公司治理准则》的主要修订内容进行说明，包括修改和增加条款，以及依据。

（4）修改条款汇总。该部分是针对修订的条款进行汇总，依据"①现行准则滞后于现行法律法规，需要对准则进行修改和增加的条款有哪些；②目前治理实践超前于准则的需要修改和增加的条款有哪些；③《准则》应引领实践，为此需修改和增加的条款有哪些"这三点进行总结。

（5）新旧《准则》对比。该部分借鉴关于《公司法》修订的做法，对《上市公司治理准则》修订前后进行比较，为凸显修改或增加的部分使用加粗表示，使得更直观地体现出修订的内容。

第五章

保护股东利益尤其是中小股东利益

第一节 理论研究和实践现状

一、股东和中小股东

股东是股份公司的出资人或投资人。股东是股份公司中持有股份的人，有权出席股东大会并有表决权，也指其他合资经营的工商企业的投资者。股东是公司存在的基础，是公司的核心要素；没有股东，就不可能有公司。从一般意义上说，股东是指持有公司股份或向公司出资的法人或自然人。《公司法》第3条指出有限责任公司的股东以其认缴的出资额为限对公司承担责任；股份有限公司的股东以其认购的股份为限对公司承担责任，以及依法享有资产收益、参与重大决策和选择管理者等权利。

在股票市场，"中小投资者"与"中小股东"的概念是基本一致的。对于"中小投资者"，《上市公司规范运作指引》（2015）中新增了中小投资者的概念，指出"中小投资者是指除公司董事、监事、高级管理人员以及单独或者合计持有公司5%以上股份的股东以外的其他股东"。

二、保护股东权益的必要性

公司治理问题产生于所有权和经营权的分离。由于利益追求不同和公司规模的扩大，总体上，股东对公司的控制越来越弱，少数股东的利益得不到保证。一般而言，公司的股东虽具有股权分散但仍根据所持有的股份参与公司治理，股份比例的不同可能会导致不同程度的参与动机和参与能力，以及差异性的利益驱动，这在一定程度上可能会因股东间的利益驱动不同而带来利益冲突，进而影响公司治理。例如，上市公司存在大股东与小股东之间的利益冲突问题。公司中的股东权利是以资本出资为基础的，股东在行使权利的过程中按照资本多数原则进行，股东对公司的控制能力体现在股权数额上。控股股东对企业有着经营决策权，中小股东由于拥有的股权比较少，他们在竞争中处于弱势地位，中小股东的合法权益被架空，最终导致在实际经营管理中控股股东的一些行为往往会对中小股东权益造成一定损害。因此，上市公司应注重股东权益保护尤其是中小股东的权益保护。

以银润投资（000526）上市公司为例，截至2015年末的股权结构中，持股比例为28.52%的深圳椰林湾投资策划有限公司为控股股东，剩下的只有厦门市鑫鼎盛控股有限公司持股超过10%，可以看出，公司的股权结构相对集中，控股股东对于公司有着很大的控制权。并且在2015年公司年报中，一项具有争议性的收购决议也被股东大会通过，2015年4月20日公司向学大教育集团发出不具有法律约束力的收购提议，而学大教育集团又存在欺骗性宣传、夸大师资力量、收费问题，是一家名副其实的争议企业，作为一家主要从事房地产投资的投资公司，收购这样一家争议企业并不是控股股东深圳椰林湾投资策划有限公司的强项，中小股东要承担很大的风险，这不得不引起监管机构的重视。

三、股东权益保护存在的问题

（一）控股股东侵害中小股东权益

控股股东凭借绝对的股权优势控制董事会多数席位，同样影响着股东大会的决议。在中国新兴市场上，存在资本市场不健全、接管市场不完善、信息传递不充分等因素，会"引诱"控股股东以中小股东权利为代价获取较高的自身利益。一般情况下，控股股东不会从法律或者道义的角度去思考是否侵害中小股东权益，而是通过衡量侵害所产生的成本和收益，来决定是否通过种种隐蔽的手段对中小股东进行侵害。这也得到研究学者的证实。例如，梁仙芬和张贤卫（2013）指出大股东作为出资多的一方，支付了更多的资金或者财产，因此获得了更多的股权，相应的拥有了更多的表决权，相应的中小股东自然就处于弱势一方（沈华珊和叶护华，2002）。王志强和李占东（2010）指出大股东损害中小股东权益的方式包括选任符合其自身利益的高级管理人员以及"掏空"的方式。施莱费尔和维什尼（Shleifer and Vishny，2011）研究指出，当对大股东和高管的监督失效时，大股东和高管有可能会为了自己的利益相互合谋，利用自己处于优势地位的控股权，侵害中小股东的利益。格罗斯曼（Grossman，2012）发现如果大股东的持股比例过高，其控股权收益也会越高，而这种收益仅属于大股东，所以大股东更可能通过利益转移方式获得利益，即将上市公司利润和资产转移到自己控制的企业。

(二) 内部人控制问题侵害全体股东的权益

这里的内部人主要是指掌控公司经营权的高级管理人员。当公司经营权由内部人掌控时，公司的治理结构形同虚设，更使得中小股东参与公司治理和监督公司运营的权力实施成为不可能，造成严重侵权，比如公司的管理人员可利用其职务之便贪污公司的财产，在商业交易中收受贿赂，拿取回扣，自己同公司做交易以获得不正常高额利润，将公司有利的业务机会转移给自己，怠于行使职务导致公司利益受损等。这种侵害更可能发生在收购交易市场上。被收购公司的高管虽然不是上市公司收购的当事人，但因其特殊地位而在公司收购的过程中起着至关重要的作用，对他们来说，收购往往意味着对其工作业绩的否定以及面临下岗的风险。由此可见，在公司收购中，被收购公司的高管有其独立的利益，而其利益并不总是与股东的利益相一致的。这就使公司高管损害股东利益以实现自身利益成为可能。相对于广大股东（尤其是众多中小股东）而言，公司高管不仅拥有强大的信息优势，而且掌握着公司的经营管理权，并以公司名义对外行事，在其自身利益与公司及股东利益发生冲突时，难免将自身利益凌驾于公司及股东利益之上，采取不合理的反收购措施挫败对股东有利的收购，或者与收购者串通一气，强迫股东接受不合理的收购，这将极大损害股东的利益。

另外，公司的内部人还可能成为控股股东的代表，与控股股东相互勾结起来侵害中小股东的权益，具体包括：无理拒绝中小股东的查阅请求，不提供或者隐瞒公司分立时公司的经营状况、财产状况及其他与公司分立相关的必要信息和资料，这种行为侵犯了中小股东的知情权，也使中小股东对是否同意公司分立无法作出正确的判断；在制定股份公司的分立方案时，与控股股东串通故意制定侵害中小股东利益的公司分立方案，这种行为对中小股东的合法权益造成的侵害是直接的，同时也是致命的；当股东大会通过的分立决议侵害公司的权益时，中小股东请求董事会或者监事会提起诉讼，但股东大会采取拖延起诉时间或者拒不起诉，这种行为会使中小股东丧失最佳的权益救济时间，以至于有些损失无法弥补。

(三) 中小股东缺乏知情权以及存在"搭便车"行为

大股东和管理者参与企业的经营管理，再加上信息来源渠道广泛，能够参与并一定程度上决定公司的经营决策和发展战略，因此能够更多地获取内部信息和市场信息，并据此作出一系列的反应，来保全自己的利益。而大部分中小股东受限于自己的专业知识而缺乏良好的问题分析能力，仅依靠媒体披露的信息，可能无法准确地理解这些信息隐藏的真实含义，甚至有可能意识不到自身股东权益已经受到侵害，比如股价下跌时，他们往往会认为是自己运气不好，选择的股票不好，或者股市大环境不好，而不会认为股价下跌是庄家操纵、公司经营不善甚至是违法违规行为造成的。总之，中小股东缺乏一定的知情权。

对于单个中小股东而言，所持有股份非常少，如果他想通过投票参与企业的经营管理，势必就要产生成本，中小股东要掌握企业的信息，并对企业的信息进行甄别；同时还要负担去参加投票的各项费用，这只是金钱成本，并不包括为此所花费的时间和精力，甚至当他花了这些金钱和时间后，发现由于他所拥有的投票权太少，即使参会，也被大股东操纵和控制，很难真正参与公司的重大决策，权衡之后发现不能从现有的股东大会投票制度获得与成本相匹配的收益，甚至都不足以弥补自己参与管理的代价，因此大多数中小股东失去了参加股东大会的动力。所以，即使中小股东了解到某些股东大会和董事会决议会对其股东权益产生重大影响，但是也仍然不愿意为行使股东权利而支付高额成本，甚至付出更大的代价，这就存在"搭便车"行为。

（四）建立和完善股东权益保护机制

（1）实施表决权聚合机制和建立倾向于中小股东的反收购制度。《公司法》（2014）第106条规定"股东可以委托代理人出席股东大会会议，代理人应当向公司提交股东授权委托书，并在授权范围内行使表决权"。由于单一股东持股比例较低，而在高度分散的公司中，这类股东的表决权无法产生影响，因此持股比例较低的股东需要相互联合或者获取未列席股东的委托投票权来提高对有利方案的表决权。

在反收购过程中会出现控股股东滥用表决权或公司高管为私利损害中小股东权益的情形。因此，为了保障中小股东的合法权益，应在制度设置上尽量多地考虑中小股东的权益：首先，防止敌意收购的制度保障要在中小股东支持的前提下事先设置，作为股权高度分散的现代公司，应做好公司治理制度建设的"事前准备"，即在公司章程、董事会规则中事先预备好"防盗门"，但必须事先获得广大中小股东的支持（李维安，2016）；其次，应该明确在反收购中被并购公司高管的职责。由于现代公司经营权与所有权的分离已经是一种普遍现实，在并购过程中目标公司大股东、少数股东、管理层及其他利益相关者等众多人的利益相互冲突就是必然。其中作为经营管理者在并购过程中为了自己的私利往往会滥用反收购去阻止一项并购的发生或者与收购方合谋，所以必须对管理层在反收购过程中的行为加以规制，明确反收购过程中公司高管的职责，以此来保护目标公司及股东在并购中的合法权益。

（2）实施类别股单独表决。对于股份公司分立来说，类别股单独表决是指提请股东大会表决的分立方案或者分立协议涉及某一类别股东的权益时，还需要经该类别股东会议表决通过方能有效。可见，它其实放大了类别股东特别是中小股东的表决权，有利于公司分立中对中小股东的利益保护。按中国证监会《关于上市公司增发新股有关条件的通知》的规定"增发新股的股份数量超过公司股份总数的,其增发提案还须获得出席股东大会的流通股社会公众股股东所持表决权的半数以上通过。"

通过采用类别股东投票制度,流通股股东的作用将显著增强,上市公司大股东再也不能无视流通股股东的利益,而肆无忌惮地侵害其合法权益。

(3) 完善我国上市公司的信息披露制度。中小股东主要根据上市公司披露的信息来做出投资决策,所以信息的真实完整性直接影响他们的权益。有效的信息披露不仅能够减少信息不对称带来的种种问题,还能有效地减少恶性事件,如内部交易的发生。因此应建立健全信息披露制度,例如赋予中小股东从公司内部获得信息的权利等。

(4) 完善网络投票机制。随着科学技术的发展,我国现在的网络技术完全可以实现股东大会网络投票制度。为了保护中小股东的权益,应鼓励网络投票,国家也应当出台相关法律,使得股东大会网络投票制度规范化、程序化。从技术方面来看,我国现在网络技术发达,对于不能到场的中小股东完全可以用电脑、手机等移动终端设备来进行网络投票,技术上可以得到保证。《国务院办公厅关于进一步加强资本市场中小投资者合法权益保护工作的意见》(2013) 也规定"完善中小投资者投票等机制,引导上市公司股东大会全面采用网络投票方式"。研究学者也关注到了这一点,例如,李维安和唐跃军 (2005) 在利益相关者治理评价中使用是否在股东大会上发生征集投票权以及股东大会在选举董事、监事时是否使用了累计投票制考察对中小股东权益的保护情况;黄韬 (2008) 指出网络投票正逐步体现对中小股东权益保护等方面的积极作用;唐跃军和李维安 (2008) 在利益相关者治理评价中对中小股东权益保护又增加了是否采用网上投票;孔东民等 (2012) 发现公司治理水平越差,中小股东越有可能通过网络投票参与公司治理;黎文靖等 (2012) 发现,当公司存在大股东代理问题严重、同时机构投资者持股较高,中小股东不会选择"搭便车"行为,而是积极参与网络投票;在股权分置改革等提案中,中小股东的网投参与度更高,并且较高的网投参与度可以增进中小股东在股改提案中的财富。

以深国商 2012 年实施网络投票为例。2012 年深国商召开第一次临时股东大会,主要是审议控股子公司深圳融发投资(简称"融发公司")的两项借款议案。融发公司以皇庭国商购物广场作抵押,深国商以持有融发公司股权作质押担保。深国商主要采用现场投票与网络投票相结合的方式,但因大部分参与网络投票的中小股东反对这两项借款议案,使得两项议案的赞成比例仅为52.10%和53.46%,没有达到《公司法》的要求,遭到否决;2012年3月,深国商再议借款议案,此次,降低了议案的级别,深国商不再提供股权质押担保,由特别决议变为一般决议,并关闭了网络投票系统,赞成率在50%以上,通过决议;同年

10月深国商召开第五次股东大会,再次筹集借款,采用现场直接投票而拒绝开放网络投票系统。11月2日,周迪、黄小敏向深国商提交了《关于2012年深国商第五次临时股东大会增加临时议案的提案》,但被拒绝。11月6日,40多位中小股东质问董秘等在内的深国商高层,但抗议依然无果。于是11月7日维权股东选出10名代表前往深交所、证监局投诉举报。迫于压力,深国商于13日公告增加股东大会的网络投票方式,但是最终借款议案依然以53.72%的赞成票获得了通过。可见除建立网络投票系统之外,还需要建立公司或大股东任意违规关闭网络投票系统的惩罚机制(彭采云、彭彩惠,2017)。

第二节 数据说明

由图5-1中可以看出,2013~2017年中小股东治理评价指数尽管在2016~2017年有所下降,但整体上呈现增长趋势,由56.20上升到62.80,上升率为2.82%,从图5-1中还可以看出中小股东治理指数数据普遍要低于股东治理评价指数,可以预测中小股东治理有效性还比较弱,有待提高,因此在上市公司治理准则修订过程中还需要进一步强化。

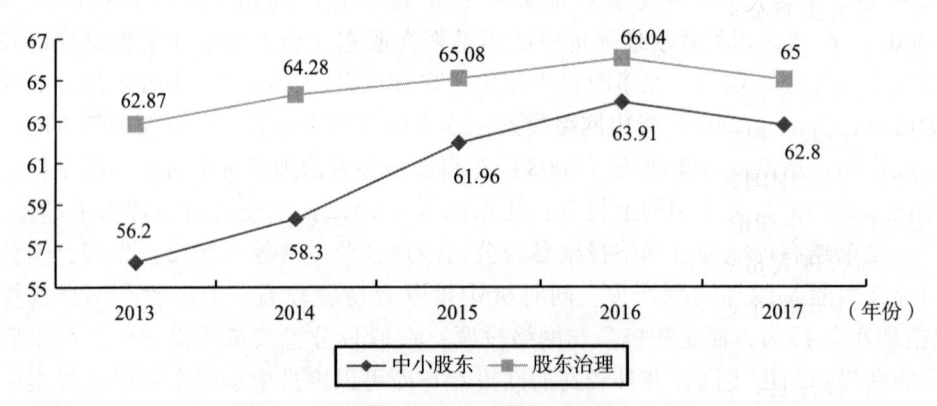

图5-1 2013~2017年中小股东治理评价指数

资料来源:中国公司治理研究院的中国公司治理指数(CCGI^{NK})。

第三节 修改内容和依据

通过以上研究和经典案例分析,发现在现行准则中,对于准则的制定、上市公司中设立党组织、股东的概念、类别以及相应的权利和保护制度的描述不够、不全面,有关股东参加股东大会的议事规则、网络投票程序和方式、反收购工具带来的不足等方面的描述比较缺乏和模糊。所以对现行准则修改如下：

（1）**修改后**：导言1 为推动上市公司建立和完善现代企业制度，规范上市公司运作，促进我国证券市场健康发展，根据《公司法》、《证券法》及其他相关法律、法规确定的基本原则，吸收和借鉴国内外公司治理实践经验，制定本准则。

原内容：导言1 为推动上市公司建立和完善现代企业制度，规范上市公司运作，促进我国证券市场健康发展，根据《公司法》、《证券法》及其他相关法律、法规确定的基本原则，并参照国外公司治理实践中普遍认同的标准，制定本准则。

修改说明：从国际上看，各国的《公司治理准则》一般是介于上市公司治理实践案例和《公司法》等法律之间，由监管部门颁布的最佳治理指引，它的生命力在于要适时根据治理实践经验和学术研究成果来不断完善。近年来，国美、万科、阿里等公司治理的实践案例也在不断推进公司治理的创新与变革。具有代表意义的治理事件和最佳实践，不仅为治理能力的提升带来了新的契机，也为公司治理准则的完善提供了进一步吸收借鉴的意义。

（2）**增加条款**：依照《中国共产党章程》的规定，在上市公司中应当设立中国共产党的组织，开展党的相关活动。上市公司应当为党组织的活动提供必要条件。国有上市公司应依照《中国共产党章程》《公司法》和有关规定，结合企业所有权结构、经营管理、境外上市或境外股东构成等实际，把党组织的作用和法人治理结构合规结合起来。

修改说明：根据《公司法》（2014）规定"在公司中，根据中国共产党章程的规定，设立中国共产党的组织，开展党的活动。公司应当为党组织的活动提供必要条件。"在理论上党组织参与公司治理能够抑制并购中的"国有资产流失"、缩短高级管理人员和员工的薪酬差距等，因此上市公司党组织应予以体现。另外，境外上市的企业所面临环境差异较大，将党建工作写入章程中也应结合实际。为此建议增加结合境外上市或境外股东构成等实际。

（3）**修改后**：**第一条** 股东作为公司重要的出资人，享有法律、行政法规和公司章程规定的合法权利。上市公司应建立能够确保股东充分行使权利的公司治理结构。

原内容：第一条 股东作为公司的所有者，享有法律、行政法规和公司章程规定的合法权利。上市公司应建立能够确保股东充分行使权利的公司治理结构。

修改说明：随着现代公司治理理论的发展，使得公司不再只是股东这一股权出资者所有，"投资者"概念范围也在扩大，并兼顾利益相关者利益。在出资类型方面，原《公司法》规定无形资产出资不得超过20%，而新《公司法》规定股东不仅可以用货币出资，也可以用实物等可以用货币估价并可以依法转让的非货币财产作价出资。除了传统的货币投资外，同样有高管的智力投资、员工的人力投资等多种形式。因此，将股东表述为公司的重要出资人更为恰当。

（4）修改后：第二条　上市公司的治理结构应确保所有股东，特别是中小股东和外资股东享有平等地位。同类股东按其持有的股份享有平等的权利，并承担相应的义务。

原内容：第二条　上市公司的治理结构应确保所有股东，特别是中小股东享有平等地位。股东按其持有的股份享有平等的权利，并承担相应的义务。

修改说明：参考上市公司年报数据，近年来上市公司境外发起人持股股数逐年增加，另外2015年《G20/OECD 公司治理原则》中在保护和促进股东行使权利时重点强调少数股东和外资股东，可以看出上市公司中外资股东也应该像其他股东一样具有平等地位，因此建议将第一句话描述为"上市公司的治理结构应确保所有股东，特别是中小股东和外资股东享有平等地位"。参考2015年《G20/OECD 公司治理原则》《上市公司章程指引（2016年修订）》中明确指出了同类别的股东应具有相同的权利，承担同等的义务，而且《国务院关于开展优先股试点的指导意见》（2013）的实施，使得某些公司开始发行优先股，虽然这种优先股具有优先获得公司利润的权利，但是会存在表决权限制，因此结合上述说明，建议将第二句话改为"同类股东按其持有的股份享有平等的权利，并承担相应的义务。"

（5）修改后：第三条　股东对法律、行政法规和公司章程规定的公司重大事项，例如：（1）公司章程或类似治理文件的修订；（2）股份的增减或回购；（3）重大交易，包括公司转让、受让重大资产或者对外提供担保等方面享有知情参与决策和监督等权利。上市公司应建立和股东沟通的有效渠道。

原内容：第三条　股东对法律、行政法规和公司章程规定的公司重大事项，享有知情权和参与权。上市公司应建立和股东沟通的有效渠道。

修改说明：原准则中对于公司重大事项描述比较笼统。《公司法》（2014）、2015年《G20/OECD 公司治理原则》和《上市公司章程指引（2016年修订）》对公司重大交易事件做了说明，诸如章程的修改、股份增减和回购、资产转让担保等事项，因此建议对公司重大事项进行明确说明。

（6）增加条款：股东应获得有效参加股东大会的投票的机会，并应对股东大会议事规则（包括投票程序）知情，包括但不限于以下方面：（1）股东应充分、及时地得到关于股东大会召开日期、地点和议程的信息，以及将在股东大会上做出决议的议题的全部信息；（2）股东大会的流程与程序应顾及全体股东的公平待遇，公司程序不应使投票过于困难或成本过高；（3）股东应有权向董事会提问（问题可能涉及年度外部审计），有权在股东大会中提出议案、进行表决，但该等权利应受到合理限制；（4）应消除跨国投票障碍。

修改说明：虽然《上市公司治理准则》（2002）中规定了股东的投票事宜，

但是对股东大会的议事规则没有作详细的说明,《公司法》(2014)对股东大会召开的时间、地点等,议题和具体决议事项,议事方式和表决程序等作了说明,并且 2015 年《G20/OECD 公司治理原则》还指出外国投资者在投票知情权、行使投票权以及沟通程序上均存在障碍,为了保证外国投资者的利益,还应对此有所说明,因此借鉴上述制度,建议增加股东的议事规则条款。

(7)增加条款:上市公司应当按照相关规定设置会场,以现场会议和网络投票相结合的方式召开股东大会。履行股东大会相关的通知和公告义务,做好股东大会网络投票的相关组织和准备工作,使投资者尤其是中小投资者、境外投资者更便利地参与治理。

(8)增加条款:在技术条件允许时尽快导入移动终端投票系统等,提供快捷方便的互联网投票系统。

修改说明:《关于继续做好股权分置改革试点公司股东大会网络投票相关技术和业务准备的通知》(2005)中指出对于一些股权分置改革的试点公司,就开始导入了网络投票系统,以此保证投资者行使股东权利,提高了股改投票率,随后《关于进一步加强资本市场中小投资者合法权益保护工作的意见》(2013)和《上海证券交易所上市公司股东大会网络投票实施细则》(2015)规定上市公司召开股东大会应该全面实施网络投票的方式,以便更利于投资者权益保护。因此建议增加有关网络投票的条款。

(9)增加条款:上市公司应制定《投资者关系管理制度》,并积极鼓励设置投资者关系管理部门,合理安排相关人员;及时有效地为投资者、债权人提供公司战略、经营与财务状况的信息。

修改说明: 良好的投资者关系管理,不仅可以有效规范资本市场运作,实现外部对公司经营约束的激励机制,同时也可以帮助利益相关者创造其价值的最大化,改善多方治理主体间的关系。结合南开大学中国上市公司治理评价数据库的相关资料来看,2017 年我国上市公司中构建较为完善的投资者关系管理制度的公司仅占样本总量的 19.33%,需要进一步加强和改善,因此建议增加有关投资者管理制度的相关条款。

(10)修改后:第八十七条 持续信息披露是上市公司的责任。上市公司应严格按照法律、法规和公司章程的规定,真实、准确、完整、及时、公平地披露各项重要信息,其内容不仅涵盖必要的财务信息同时也应包括公司战略、风险以及治理的相关非财务信息;其形式应注重强制性信息披露与自愿性信息披露相结合。

原内容: 第八十七条 持续信息披露是上市公司的责任。上市公司应严格按照法律、法规和公司章程的规定,真实、准确、完整、及时地披露信息。

修改说明: 增加对"公平"要求和倡导:可以进一步确保所有投资者可以平等地获取统一信息,注重中小股东的利益保护;事实上,2015 年《G20/OECD

公司治理原则》在董事会责任部分便提出"董事会应承担起兼顾和公平地对待其他利益相关者的职责"。此外，应对披露的信息做进一步具体说明，从信息披露的完整性、前瞻性、广延性等角度来看，上市公司在披露财务信息的同时，也应注重非财务信息的及时披露，协助信息需求者全面了解企业经营状况、所面临的风险与机会，帮助其做出科学决策。此外，当前也应积极引导我国上市公司进行自愿性信息披露，以更负责任的态度面对各主要治理主体，以营造良好的内外部治理环境。

（11）**修改后**：第八十九条 上市公司需以投资者的实际决策为导向，披露的信息应当便于理解，并重点突出。上市公司应保证使用者能够通过经济、便捷的方式（如互联网）获得信息。

原内容：第八十九条 上市公司披露的信息应当便于理解。上市公司应保证使用者能够通过经济、便捷的方式（如互联网）获得信息。

修改说明：由于诸多股东并非专业投资者，缺乏较为系统的证券投资知识，因此为提高信息披露质量，增加披露信息的可读性，以及从方便广大中小投资者进行阅读和监督角度来看，需要以股东的需求为直接导向，突出披露重点，强化对发行人主要业务及业务模式、外部市场环境、经营业绩、主要风险因素等对投资者投资决策有重大影响的信息披露要求。事实上，我国在2013年由证监会发布的《关于进一步推进新股发行体制改革的意见》，已对该部分内容进行了相关要求，因此建议增加相应条款。

（12）**增加条款**：上市公司的信息披露应注重适当性；在信息披露过程中，特别是具有预测性的信息披露内容时，应以明确的警示性文字，具体列出相关的风险因素，提示各类投资者可能会出现的不确定性和随之带来的风险。

修改说明：适当性是现代资本市场的一项基础制度，从切实保护投资者合法权益，进一步明确、强化上市公司适当性管理义务来看，上市公司在进行信息披露的过程中，有必要注重适当性的原则。特别是对风险信息作出明确的警示性文字，可以进一步增强信息披露质量，保护中小股东权益，进行理性投资与信息分析。这一点内容，在《证券期货投资者适当性管理办法》中也得到了充分体现。

（13）**修改后**：第九十条 上市公司董事会秘书负责信息披露事项，包括建立信息披露制度、接待来访、回答咨询、联系股东，向投资者提供公司公开披露的资料等。董事会及相关高级管理人员应对董事会秘书的工作予以积极支持。任何机构及个人不得干预董事会秘书的工作。

原内容：第九十条 上市公司董事会秘书负责信息披露事项，包括建立信息披露制度、接待来访、回答咨询、联系股东，向投资者提供公司公开披露的资料等。董事会及经理人员应对董事会秘书的工作予以积极支持。任何机构及个人不得干预董事会秘书的工作。

修改说明：由于本修订案中将"经理人员"改为"高级管理人员"，而高级管理人员中包含董事会秘书，为避免混乱，建议将本条中的"经理人员"改为"相关高级管理人员"。

（14）增加条款：对于交叉上市的上市公司，鼓励其披露其所适用的第一上市地区的公司治理法规，及不同地区间的公司治理法规的主要差异。

修改说明：该内容作为自愿性信息披露，主要依据我国上市公司治理实践，即交叉上市包括A股、H股，以及在其他国家上市的情况越来越多。出于投资者保护、信息披露完整性角度考虑，并参考2015年《G20/OECD公司治理原则》修改。

（15）修改后：第九十二条　上市公司应按照有关规定，及时披露持有公司股份5%以上的股东以及一致行动人或实际控制人的详细资料。

原内容：第九十二条　上市公司应按照有关规定，及时披露持有公司股份比例较大的股东以及一致行动时可以实际控制公司的股东或实际控制人的详细资料。

修改说明：先行准则中"持股较大"具有一定的模糊性，不具有很强的操作性；而我国《证券法》第86条规定：投资者持有或者通过协议、其他安排与他人共同持有一个上市公司已发行的股份达到5%后，其所持该上市公司已发行的股份比例每增加或者减少5%，应当依照前款规定进行报告和公告。在报告期限内和作出报告、公告后2日内，不得再行买卖该上市公司的股票。这实际上已对"持股较大"所占的具体比例做出说明；与此同时，在实际操作中5%这一界限比例也被经常使用，为此建议披露持股比例超过5%以上的股东及其一致行动人或实际控制人的详细信息。

（16）修改后：第九十四条　当上市公司控股股东、实际控制人增持、减持或质押公司股份或上市公司控制权发生转移时，上市公司及其控股股东应在两个交易日内，准确地向全体股东披露有关信息，保证所提供的信息真实、准确和完整。

原内容：第九十四条　当上市公司控股股东增持、减持或质押公司股份或上市公司控制权发生转移时，上市公司及其控股股东应及时、准确地向全体股东披露有关信息。

修改说明：现行准则中"及时"具有一定的模糊性和弹性，应在保证原有意思的基础上尽可能将其具体化。事实上，2013年证监会曾以"严管信息披露，维护三公原则"为主题，对信息披露的"及时"做出明确说明，所谓及时是指"触发披露时点后两个工作日内"。秉承监事会相关要求，与当前同行做法，建议将"及时"进一步具体化，修改为两个工作日内。

第四节 修改条款汇总

一、现行准则滞后于现行法律法规，需要对准则进行修改的条款

第一条 （在2005年《公司法》修订中由"有限责任公司，股东以其出资额为限对公司承担责任，公司以其全部资产对公司的债务承担责任。股份有限公司，其全部资本分为等额股份，股东以其所持股份为限对公司承担责任，公司以其全部资产对公司的债务承担责任。"改为了"有限责任公司的股东以其认缴的出资额为限对公司承担责任；股份有限公司的股东以其认购的股份为限对公司承担责任。"）

第二条 （自2014年3月证监会发布《优先股试点管理办法》以来，A股市场已有数十家上市公司发行了优先股，《国务院关于开展优先股试点的指导意见》（2013）中出现优先股，《上市公司章程指引（2016年修订）》中明确指出了同类别的股东应具有相同的权利，承担同等的义务）。

第三条 （2005年《公司法》修订中新增条款第一百零五条）。

增加条款4（根据2015年《G20/OECD公司治理原则》）。

第八十七条 （2015年《G20/OECD公司治理原则》的董事会责任）。

第九十条 （在2005年《公司法》修订中由"经理"改为了"高级管理人员"）。

第九十二条 （《证券法》要求投资者持有或者通过协议、其他安排与他人共同持有一个上市公司已发行的股份达到5%后，其所持该上市公司已发行的股份比例每增加或者减少5%，应当依照前款规定进行报告和公告，因此增加了对股东持股5%的说明）

二、目前治理实践超前于准则的需要修改的条款

导言1。
增加条款2、7、8、9、12、14①。
第八十九条。

三、《准则》应引领实践，为此需修改和增加的条款

第九十四条 （2013年证监会曾以"严管信息披露，维护三公原则"为主

---

① 新增条款2、7、8、9、12、14表示在本章第三节中增加的条款前面的序号。

题，对信息披露的"及时"做出明确说明，所谓及时是指"触发披露时点后两个工作日内"。）

第五节　新旧《准则》对比

《上市公司治理准则》（2002年版）	《上市公司治理准则》（修订建议版）
为推动上市公司建立和完善现代企业制度，规范上市公司运作，促进我国证券市场健康发展，根据《公司法》、《证券法》及其他相关法律、法规确定的基本原则，并参照国外公司治理实践中普遍认同的标准，制定本准则。	为推动上市公司建立和完善现代企业制度，规范上市公司运作，促进我国证券市场健康发展，根据《公司法》、《证券法》及其他相关法律、法规确定的基本原则，**吸收和借鉴国内外公司治理实践经验**，制定本准则。
	依照《中国共产党章程》的规定，在上市公司中应当设立中国共产党的组织，开展党的相关活动。上市公司应当为党组织的活动提供必要条件。国有上市公司应依照《中国共产党章程》《公司法》和有关规定，结合企业所有权结构、经营管理、境外上市或境外股东构成等实际，把党组织的作用和法人治理结构合规结合起来。
第一条　股东作为公司的所有者，享有法律、行政法规和公司章程规定的合法权利。上市公司应建立能够确保股东充分行使权利的公司治理结构。	第一条　股东作为公司**重要的出资人**，享有法律、行政法规和公司章程规定的合法权利。上市公司应建立能够确保股东充分行使权利的公司治理结构。
第二条　上市公司的治理结构应确保所有股东，特别是中小股东享有平等地位。股东按其持有的股份享有平等的权利，并承担相应的义务。	第二条　上市公司的治理结构应确保所有股东，特别是中小股东和**外资股东**享有平等地位。**同类股东**按其持有的股份享有平等的权利，并承担相应的义务。
第三条　股东对法律、行政法规和公司章程规定的公司重大事项，享有知情权和参与权。上市公司应建立和股东沟通的有效渠道。	第三条　股东对法律、行政法规和公司章程规定的公司重大事项，**例如（1）公司章程或类似治理文件的修订；（2）股份的增减或回购；（3）重大交易，包括公司转让、受让重大资产或者对外提供担保**等方面享有知情、参与决策和监督等权利。上市公司应建立和股东沟通的有效渠道。
	股东应获得有效参加股东大会的投票的机会，并应对股东大会议事规则（包括投票程序）知情，包括但不限于以下方面：（1）股东应充分、及时地得到关于股东大会召开日期、地点和议程的信息，以及将在股东大会上做出决议的议题的全部信息；（2）股东大会的流程与程序应虑及全体股东的公平待遇，公司程序不应使投票过于困难或成本过高；（3）股东应有权向董事会提问（问题可能涉及年度外部审计），有权在股东大会中提出议案、进行表决，但该等权利应受到合理限制；（4）应消除跨国投票障碍。

续表

《上市公司治理准则》（2002年版）	《上市公司治理准则》（修订建议版）
	上市公司应当按照相关规定设置会场，以现场会议和网络投票相结合的方式召开股东大会，履行股东大会相关的通知和公告义务，做好股东大会网络投票的相关组织和准备工作，使投资者尤其是中小投资者、境外投资者更便利地参与治理。
	在技术条件允许时尽快导入移动终端投票系统等，提供便捷方便的互联网投票系统。
	上市公司应制定《投资者关系管理制度》，并积极鼓励设置投资者关系管理部门，合理安排相关人员；及时有效地为投资者、债权人提供公司战略、经营与财务状况的信息。
第八十七条 持续信息披露是上市公司的责任。上市公司应严格按照法律、法规和公司章程的规定，真实、准确、完整、及时地披露信息。	第八十七条 持续信息披露是上市公司的责任。上市公司应严格按照法律、法规和公司章程的规定，真实、准确、完整、及时、**公平**地披露各项重要信息，其内容不仅涵盖必要的财务信息同时也包括公司战略、风险以及治理的相关非财务信息；其形式应注重强制性信息披露与自愿性信息披露相结合。
第八十九条 上市公司披露的信息应当便于理解。上市公司应保证使用者能够通过经济、便捷的方式（如互联网）获得信息。	第八十九条 上市公司**需以投资者的实际决策为导向，披露的信息**应当便于理解，**并重点突出**。上市公司应保证使用者能够通过经济、便捷的方式（如互联网）获得信息。
	上市公司的信息披露应注重适当性；在信息披露过程中，特别是具有预测性的信息披露内容时，应以明确的警示性文字，具体列出相关的风险因素，提示各类投资者可能会出现的不确定性和随之带来的风险。
第九十条 上市公司董事会秘书负责信息披露事项，包括建立信息披露制度、接待来访、回答咨询、联系股东，向投资者提供公司公开披露的资料等。董事会及经理人员应对董事会秘书的工作予以积极支持。任何机构及个人不得干预董事会秘书的工作。	第九十条 上市公司董事会秘书负责信息披露事项，包括建立信息披露制度、接待来访、回答咨询、联系股东，向投资者提供公司公开披露的资料等。董事会及**相关高级管理人员**应对董事会秘书的工作予以积极支持。任何机构及个人不得干预董事会秘书的工作。
	对于交叉上市的上市公司，鼓励其披露其所适用的第一上市地区的公司治理法规，及不同地区间的公司治理法规的主要差异。
第九十二条 上市公司应按照有关规定，及时披露持有公司股份比例较大的股东以及一致行动时可以实际控制公司的股东或实际控制人的详细资料。	第九十二条 上市公司应按照有关规定，及时披露持有公司股份**5%以上**的股东以及一致行动人或实际控制人的详细资料。
第九十四条 当上市公司控股股东增持、减持或质押公司股份或上市公司控制权发生转移时，上市公司及其控股股东应及时、准确地向全体股东披露有关信息。	第九十四条 当上市公司控股股东、**实际控制人**增持、减持或质押公司股份或上市公司控制权发生转移时，上市公司及其控股股东应**在两个交易日内**，准确地向全体股东披露有关信息，保证所提供的信息真实、准确和完整。

参考文献

[1] Grossman, H. Investor Protection Matter Evidence Germany's Neuer Market [N]. *MIT Manuscript*, 2012.

[2] Shleifer, A., D. Vishny. Investor Protection and Equity Market [C]. *Harvard University Manuscripts*, 2011.

[3] 黄韬:《股东网络投票:制度安排与现实效果》,载《清华法学》2008年第6期,第106~115页。

[4] 孔东民、刘莎莎、黎文靖等:《冷漠是理性的吗?中小股东参与、公司治理与投资者保护》,载《经济学:季刊》2013年第1期,第1~28页。

[5] 黎文靖、孔东民、刘莎莎等:《中小股东仅能"搭便车"么?——来自深交所社会公众股东网络投票的经验证据》,载《金融研究》2012年第3期,第152~165页。

[6] 李维安、唐跃军:《上市公司利益相关者治理评价及实证研究》,载《证券市场导报》2005年第3期,第37~43页。

[7] 梁仙芬、张贤卫:《论中小股东权益保护若干问题》,载《法制与社会》2013年第7期,第103~105页。

[8] 沈华珊、叶护华:《股利政策与中小投资者利益损害问题——对我国上市公司之低股利+负增长陷阱的实证研究》,载《证券市场导报》2002年第9期,第44~48页。

[9] 唐跃军、李维安:《公司和谐、利益相关者治理与公司业绩》,载《中国工业经济》2008年第6期,第86~98页。

[10] 王志强、李占东:《论大股东股权滥用及实例》,经济管理出版社2010年版。

第六章

防范大股东的侵占行为

第一节 理论研究和实践现状

一、控股股东和实际控制人

根据《公司法》(2014) 第 216 条的规定：控股股东，是指其出资额占有限责任公司资本总额 50% 以上或者其持有的股份占股份有限公司股本总额 50% 以上的股东；出资额或者持有股份的比例虽然不足 50%，但依其出资额或者持有的股份所享有的表决权已足以对股东会、股东大会的决议产生重大影响的股东。实际控制人，是指虽不是公司的股东，但通过投资关系、协议或者其他安排，能够实际支配公司行为的人。

二、大股东存在侵占行为的原因

传统的公司治理理论，基本上都是从伯利和米恩斯（Berle and Means, 1932）关于现代公司所有权和控制权高度分离这一基本特征来展开的，即公司股权是高度分散的股东委托管理者经营公司，那么管理者与股东之间也就存在代理问题。在分散的股权结构下，多数股东存在"搭便车"的行为，从而无法有效监督管理者，因此公司的经营决策权实际上控制在管理者手中。但是自拉·波特等（La Porta et al., 1998, 1999, 2002）发表一系列对法律与金融的文献研究以来，学者们指出世界上大部分国家的公司股权并不是高度分散的而是相当集中的（Zingales, 1994; Faccio and Lang, 2004; Cronqvist and Nilsson, 2003; Lins, 2003）。在股权集中的公司中，大股东控制了整个公司成为控股股东，对公司各种政策具有实际的完全控制力，其结果是大股东利用自己的控制地位将上市公司的资产和利润转移到自己手中。例如,格罗斯曼和哈特(Grossman and Hart,1988)发现在控股股东持股比例较高的公司中会产生控制权私利。另外,控股股东常常会将公司的资源转移到自己控制的企业中去来增加私利(Zwiebel, 1995;Johnson et al., 2000)。施莱费尔和维什尼(1997)发现,股权集中在少数控股股东手中,便会导致控股股东侵占其他股东利益的问题发生。控股股东可能采取多种手段侵占中小股东的利益。《上海证券交易所上市公司控股股东、实际控制人行为指引》(2010)中也指出,控股股东可能通过关联交易、利润分配、资产重组、对外投资等任何方式损害上市公司和其他股东的利益。

三、大股东侵占的主要手段

(一)关联交易

关联交易是控股股东"掏空"行为中的常用手段。控股股东利用其优势地位谋取自身利益而损害中小股东的利益。相对来讲,关联交易本身是把"双刃剑"。因此,在公司治理结构、法律法规不健全的情况下,关联交易有可能成为大股东谋取私利的工具,从而损害其他股东的利益。

在一些企业 IPO 被否的案例中,存在严重的关联交易问题,例如嘉兴佳利电子股份有限公司的主营业务包括微波介质陶瓷元器件和卫星导航组件,其 IPO 申请于 2012 年 5 月 25 日被创业板发审委否决。原因是,2009~2011 年,该公司与控股股东持续存在关联交易行为。其法律依据与《首次公开发行股票并在创业板上市管理暂行办法》第 18 条的规定不符,与控股股东、实际控制人及其控制的其他企业间存在严重影响公司独立性或者显失公允的关联交易。上述案例说明控股股东发生关联交易导致原公司无法正常上市。

对于发行上市条件,现行法律法规对拟上市的公司独立性也做了规定,例如,根据《首次公开发行股票并上市管理办法》《上海证券交易所股票上市规则》等法律法规,企业首次公开发行股票并上市的独立性规定有:在业务独立上,发行人的业务独立于控股股东、实际控制人以及控制的其他企业,与控股股东、实际控制人及其控制的其他企业间不得有同业竞争或显失公平的关联交易,当然还对主体资格、规范运行、财务和会计、资金运用、股本及公开发行比例也做了详细规定,这些都需要拟上市公司关注。

(二)利润分配

控股股东侵占公司利益的方式还有派发现金股利,这种方式使其拥有合法的外衣,更具迷惑性。股权分置改革之前,非流通股股东无法享受企业盈利增强所引起的股价上升而带来的资本利得，同时由于国家相关监管部门对控股股东关联交易行为进一步严格规范，并提出了防范控股股东侵占行为的一系列措施，这些在很大程度上限制了控股股东利用关联交易方式进行利益侵占，所以控股股东更倾向于利用"合法合规"的现金股利来继续实施利益转移。现金股利是对公司剩余的分配，股东按照持股比例分配，这似乎是一种非常公平的利益均占，其实这一逻辑隐含着与现实相悖的假设。由于非流通股东的股权获得成本要小于流通股股东的股权获得成本，所以即使派发相同的现金股利，非流通股东的报酬率也要大于流通股股东。从追求最大报酬率的角度来讲，大股东持有的股份比例越高，就越有可能派发更高的现金股利。

（三）资产重组

鉴于目前国内资本市场上市公司的紧缺性，控股股东通常会将其控制的上市公司作为其重要的融资平台，其融资功能往往是通过重大资产重组进行的。很多情形下，控股股东通过上市公司的重大资产重组，将上市公司优质的资产以低价评估后的价格出售给自己或关联方，将控股股东或关联企业的劣质资产通过包装、炒作后以高价评估后的价格出售或以增资的形式注入上市公司，导致上市公司资产质量下降，侵害了上市公司利益，最终损害了中小股东和上市公司债权人的利益。

《上市公司重大资产重组管理办法》（2016）第 24 条规定："上市公司股东大会就重大资产重组事项作出决议，必须经出席会议的股东所持表决权的 2/3 以上通过。交易对方已经与上市公司控股股东就受让上市公司股权或者向上市公司推荐董事达成协议或者默契，可能导致上市公司的实际控制权发生变化的，上市公司控股股东及其关联人应当回避表决。"《关于加强与上市公司重大资产重组相关股票异常交易监管的暂行规定》（2016）指出，如果上市公司及其控股股东、实际控制人、占本次重组总交易金额的比例在 20% 以上的交易对方，因本次重大资产重组相关的内幕交易行为被证监会行政处罚或者被司法机关依法追究法律责任的，上市公司应当终止重组进程，进入行政许可阶段的，中国证监会终止审核。

（四）对外投资

上市公司为实现经营规模扩张战略，可能会将募集或剩余资金用于对外投资行为。但上市公司的控股股东可能会通过对外投资等手段将募集到的资金占为己有，导致上市公司的大量资金流失。例如，2003 年 3 月 20 日，周益明临时组建深圳明伦集团出资 3.8 亿元收购"明星电力"28.14% 的国有股，一夜之间从

"负翁"变成了"身价27亿元的富翁"[①]。同年6月,明伦集团以"明星电力"第一大股东身份,做出了修改公司章程和重新改组董事会等一系列的行为,以及将董事会关于对外投资的决策权从过去的不能超过净资产8%提高到30%。在2003年7月正式入股"明星电力"后的半年内,周益明令明星电力以增资、合资等方式,先后投入4.2亿元设立两家子公司,并将大量资金投向非主营的房地产及商贸业务,但并未得到应有的收益。经市政府调查,"明星公司"恶意对外投资,造成投资风险2.55亿元;对外违规担保责任1.91亿元;虚假贸易造成资金风险1.48亿元。

法律法规的完善:《公司法》(2014)第15条规定:"公司可以向其他企业投资,但是除法律另有规定外,不得成为对所投资企业的债务承担连带责任的出资人",取消了原来《公司法》规定的"对外投资额不能超过公司净资产的50%的限制";《公司法》(2014)第16条还规定:"公司向其他企业投资应按照公司章程的规定由董事会或股东会、股东大会作出决议;公司章程对投资的总额及单项投资数额有限额规定的,不得超过规定的限额。"

第二节　数　据　说　明

分年度来看,根据中国公司治理研究院的治理评价指数,独立性在2013~2016年比较平稳,在2017年出现上升趋势,增加了4.65%,而关联交易波动性较大,整体上表现下降趋势,下降率为1.11%,但与股东治理数据相比,股东治理评价指数要高于上市公司独立性的评价指数而低于关联交易的治理评价指数,说明股东治理指数的分指标的独立性和关联交易还存在不足(见图6-1、表6-1)。

总体来讲,根据中国公司治理研究院的治理评价指数,独立性评价指数的均值为64.16,标准差为17.42,可以看出上市公司之间的独立性评价指数差别较大,最小值为2,最大值为98,关联交易评价指数的均值为68.93,标准差为12.26。并且与股东治理平均评价指数相比,独立性评价指数相对较低,而关联交易评价指数则较高。

从以上分析可以看出,中国上市公司存在较为严重的关联交易问题,并且上市公司独立性较弱,因此,在修改《上市公司治理准则》时不仅要考虑到上市公司独立性问题,还需要注重关联交易问题。

[①] 引自"http://news.sina.com.cn/o/2006-09-04/10009930412s.shtml"。

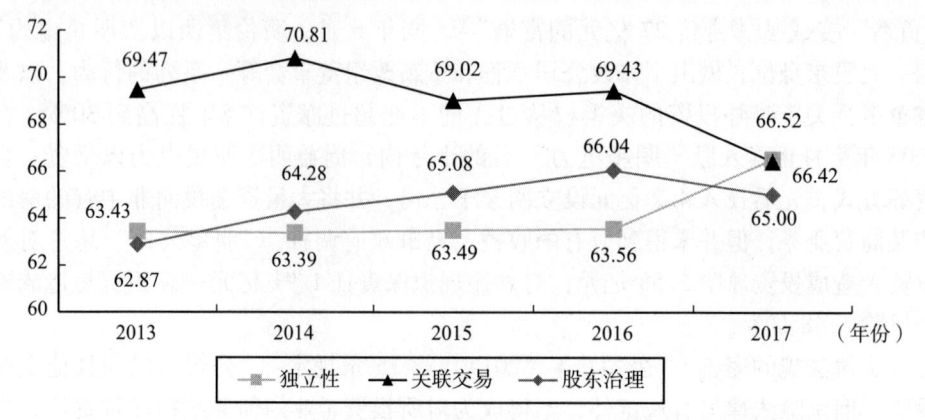

图 6-1　2013~2017 年上市公司股东治理年度评价指数

资料来源：中国公司治理研究院的中国公司治理指数（CCGI^{NK}）。

表 6-1　　　　　2013~2017 年上市公司股东治理总体评价指数

评价指数	均值	中位数	标准差	最小值	最大值
独立性	64.16	68	17.42	2	98
关联交易	68.93	71	12.26	12	87
股东治理	64.71	65.30	8.65	31	87.40

资料来源：中国公司治理研究院的中国公司治理指数（CCGI^{NK}）。

第三节　修改内容和依据

通过以上分析，发现现行的《上市公司治理准则》关于控股股东行为的规范上还存在不足，例如控股股东通过多种方式侵害公司利益，并且对拟上市条件关注不清，而且上市公司的独立性还比较低，可能受到控股股东的控制。所以对现行准则修改如下：

（1）**修改后**：第十四条　上市公司的资产属于公司所有。上市公司及其关联方不得利用关联交易输送利益或者调节利润，上市公司不得违规为股东及其关联方提供担保，不得以任何方式隐瞒关联关系。

原内容：第十四条　上市公司的资产属于公司所有。上市公司应采取有效措施防止股东及其关联方以各种形式占用或转移公司的资金、资产及其他资源。上市公司不得为股东及其关联方提供担保。

修改说明：根据 2017 年上市公司治理指数，关联交易指数下降了 5.69，这主要是由经营类关联交易和资产类关联交易上升造成的，有 47 家公司资产类关联交易占总资产的比例超过 10%，最高者为 88%；有 87 家公司经营类关联交易占营业收入的比例超过50%，最高者为248%，这在一定程度上损害了公司的利益，不利于公司的可持续发展。出于保护公司和中小股东的合法权益的角度考虑，参照2015年《深圳证券交易所主板上市公司规范运作指引》进行修改。

（2）**修改后**：第十五条　控股股东、实际控制人对拟上市公司改制重组时应遵循先改制、后上市的原则，还应关注拟上市公司是否符合证券交易所的发行上市条件，并注重建立合理、科学的公司治理结构。

原内容：第十五条　控股股东对拟上市公司改制重组时应遵循先改制、后上市的原则，并注重建立合理制衡的股权结构。

修改说明：参考上海证券交易所及深圳证券交易所对发行上市条件的要求，企业首次公开发行股票并上市的主要条件不仅包括合理制衡的股权结构，并且要求应建立科学合理的公司治理结构。另外，《公司法》（2014）对实际控制人也进行了专门的规定，强调是能够实际支配公司行为的人，因此建议增添实际控制人（下同）。

（3）**修改后**：第十九条　控股股东、实际控制人对上市公司及其他股东负有诚信义务。控股股东、实际控制人对其所控股的上市公司应严格依法行使出资人的权利，控股股东、实际控制人不得利用关联交易、利润分配、资产重组、对外投资等方式损害上市公司和其他股东的合法权益，不得利用其特殊地位谋取额外的利益。

原内容：第十九条　控股股东对上市公司及其他股东负有诚信义务。控股股东对其所控股的上市公司应严格依法行使出资人的权利，控股股东不得利用资产重组等方式损害上市公司和其他股东的合法权益，不得利用其特殊地位谋取额外的利益。

修改说明：从IPO被否的几个经典案例和现有研究中发现控股股东对于上市公司的侵害方式有多种，并不仅仅包含资产重组，还有其他的方式，例如关联交易、利润分配、对外投资等，并且《上海证券交易所上市公司控股股东、实际控制人行为指引》的第19条也做了规定"控股股东不得滥用其控制权通过关联交易、利润分配、资产重组、对外投资等任何方式损害上市公司和其他股东的利益。"因此建议增加控股股东的侵害的方式。

（4）**修改后**：第二十三条　上市公司人员应独立于控股股东。上市公司的高级管理人员在控股股东单位不得担任除董事以外的其他职务。控股股东高级管理人员兼任上市公司董事的，应保证有足够的时间和精力承担上市公司的工作。

原内容：第二十三条　上市公司人员应独立于控股股东。上市公司的经理人员、财务负责人、营销负责人和董事会秘书在控股股东单位不得担任除董事以外的其他职务。控股股东高级管理人员兼任上市公司董事的，应保证有足够的时间和精力承担上市公司的工作。

修改说明：随着公司结构的逐步规范，人员的职位也变得越来越多，由原来的总经理、副总经理逐步扩大到包含财务负责人、董事会秘书等管理层人员,显然"经理人员"这一称谓已不足以囊括公司的其他职位,在 2015 年《G20/OECD 公司治理原则》和《公司法》(2014)中使用高级管理人员来表示公司的"经理人员",因此建议将"经理人员"改为"高级管理人员"(下同)。

第四节　修改条款汇总

一、现行准则滞后于现行法律法规,需要对准则进行修改的条款

第二十三条① (在 2005 年《公司法》修订中由"经理"改为了"高级管理人员")。

二、目前治理实践超前于准则的需要修改的条款

第十四条、第十五条、第十九条。

三、《准则》应引领实践,为此需修改和增加的条款

无。

第五节　新旧《准则》对比

《上市公司治理准则》(2002 年版)	《上市公司治理准则》(修订建议版)
第十四条　上市公司的资产属于公司所有。上市公司应采取有效措施防止股东及其关联方以各种形式占用或转移公司的资金、资产及其他资源。上市公司不得为股东及其关联方提供担保。	第十四条　上市公司的资产属于公司所有。上市公司及其关联方不得利用关联交易输送利益或者调节利润,上市公司不得违规为股东及其关联方提供担保,不得以任何方式隐瞒关联关系。
第十五条　控股股东对拟上市公司改制重组时应遵循先改制、后上市的原则,并注重建立合理制衡的股权结构。	第十五条　控股股东、实际控制人对拟上市公司改制重组时应遵循先改制、后上市的原则,还应关注拟上市公司是否符合证券交易所的发行上市条件,并注重建立合理、科学的公司治理结构。

---

① 第**条表示《上市公司治理准则》(2002 年版)的原条款顺序。下同。

续表

《上市公司治理准则》（2002年版）	《上市公司治理准则》（修订建议版）
第十九条 控股股东对上市公司及其他股东负有诚信义务。控股股东对其所控股的上市公司应严格依法行使出资人的权利，控股股东不得利用资产重组等方式损害上市公司和其他股东的合法权益，不得利用其特殊地位谋取额外的利益。	第十九条 控股股东、实际控制人对上市公司及其他股东负有诚信义务。控股股东、实际控制人对其所控股的上市公司应严格依法行使出资人的权利，控股股东、实际控制人不得利用**关联交易、利润分配**、资产重组、**对外投资**等方式损害上市公司和其他股东的合法权益，不得利用其特殊地位谋取额外的利益。
第二十三条 上市公司人员应独立于控股股东。上市公司的经理人员、财务负责人、营销负责人和董事会秘书在控股股东单位不得担任除董事以外的其他职务。控股股东高级管理人员兼任上市公司董事的，应保证有足够的时间和精力承担上市公司的工作。	第二十三条 上市公司人员应独立于控股股东。上市公司的**高级管理人员**在控股股东单位不得担任除董事以外的其他职务。控股股东高级管理人员兼任上市公司董事的，应保证有足够的时间和精力承担上市公司的工作。

参考文献

[1] Berle, A. A. and G. C. Mean. *The Modern corporation and Private Property* [M]. New York: Macmillan, 1932.

[2] Cronqvist, H., M. Nilsson. Agency Costs of Controlling Minority Shareholders [J]. *Journal of Financial and Quantitative Analysis*, 2003, 38, 695-719.

[3] Faccio, M., L. H. P. Lang. The Ultimate Ownership of Western European Corporations [J]. *Journal of Financial Economics*, 2004, 65 (3): 365-395.

[4] Grossman, S. J., O. D. Hart. One Share-One Vote and the Market for Corporate Control [J]. *Journal of Financial Economics*, 1987, 20 (1-2): 175-202.

[5] Johnson, S., R. La Porta, F. Lopez-de-Silanes, A. Shleifer. Tunneling [J]. *American Economic Review Papers and Proceedings*, 2000, 90, 22-27.

[6] Lins, K. V. Equity Ownership and Firm Value in Emerging Markets [J]. *Journal of Financial & Quantitative Analysis*, 2003, 38 (1): 159-184.

[7] Porta, R. L., F. Lopez-De-Silanes, A. Shleifer and V. Robert. Investor Protection and Corporate Valuation [J]. *Social Science Electronic Publishing*, 2002, 57 (3): 1147-1170.

[8] Porta, R. L., F. Lopez-De-Silanes, A. Shleifer and V. Robert. Law and Finance [J]. *Journal of Political Economy*, 1998 (106): 1113-1155.

[9] Porta, R. L., F. Lopez-De-Silanes, A. Shleifer and V. Robert. The Quality of Government [J]. *Journal of Law, Economics, and Organization*, 1999 (15): 222-279.

[10] Shleifer, A. , R. W. Vishny. A Survey of Corporate Governance [J]. *Journal of Finance*, 1997, 52 (2): 737-783.

[11] Zingales, L. The Value of the Voting Right: A Study of the Milan Stock Exchange Experience [J]. *Review of Financial Studies*, 1994, 7 (1): 125-148.

[12] Zwiebel, J. Block Investment and Partial Benefits of Corporate Control [J]. *Review of Economic Studies*, 1995, 62 (2): 161-185.

第七章

保护创始股东利益和规范控制权交易市场

第一节 理论研究和实践现状

一、保护创始股东权益

(一) 创始股东和优先股

创始股东,也叫发起人,是指依照有关法律规定为组织、设立公司、签署设立协议或者在公司章程上签字盖章,认购公司股份,并对公司设立承担相应责任的人。一般来讲,创始股东就是指最初注资创办企业并拥有企业股权的人,享有股东的一切权利和义务。根据《公司法》的规定"股东会会议由股东按照出资比例行使表决权;但是,公司章程另有规定的除外""股东出席股东大会会议,所持每一股份有一表决权"。从中看出,当两权分离后,在有限公司中,创始股东可以通过控股和特定章程安排来控制公司。而在股份公司中,尤其是公众化的上市公司,因股权日渐分散,创始股东股权必然被各类投资入股逐渐稀释。如果创始股东股权被稀释至失去控股权,那就等于在"一股一权"的表决规则下,创始股东失去对公司的控制。此时,如果缺少适当制度保护,公司则将被强势的管理层等内部人控制(周志轶,2014)。

优先股是公司在筹集资金时,给予某些投资者优先权的股票(李维安、郝臣,2015)。这种优先权主要表现在两个方面:(1)优先股有固定的股息,不随公司业绩波动而变动,并且优先股股东可优先于分红前普通股股东领取股息;(2)当公司破产进行财产清算时,优先股股东对于剩余财产有优先于普通股股东的要求,但优先股一般不参与公司的股利分红,持股人也无表决权(关于优先股的事项表决除外),不能借助表决权参与经营管理。《国务院关于开展优先股试点的指导意见》(2013)颁布,国务院决定开展优先股试点,这进一步深化了企业股份制改革，为发行人提供灵活的直接融资工具，优化企业财务结构，推动了企业兼并重组；有利于丰富证券品种，为投资者提供多元化的投资渠道，提高直接融资比重，促进资本市场稳定发展。2014年4月24日，广汇能源（600256）全国首份优先股发行预案，拟发行不超过5000万股优先股，募集资金不超过50亿元。

（二）保护创始股东权益途径

首先，构建预防公司管理层侵害创始股东权益的防御机制。在股份制公司中，所有权和经营权相分离，再加上相关制度的不完善以及监督机制的缺乏，导致经理人一旦进入企业管理层，掌握股权，则很有可能团结董事会与股东会对抗，争夺对企业的控制权，架空企业的创始人。

以国美控制权之争作为案例。2008年11月黄光裕因涉嫌经济犯罪遭羁押调查，陈晓被任命为国美的代理董事局主席。2009年1月16日，黄光裕正式辞职，陈晓"临危受命"，接任国美电器董事局主席的职务并兼任行政总裁，明确了他在国美处理事务的大权。2009年6月，国美电器面临破产，陈晓与贝恩资本达成投资协议，贝恩资本以32亿港元代价成为第二大股东。2009年7月，由陈晓主导对国美电器105名高管团队实施价值近7.3亿港元股票期权激励方案。黄光裕得知后强烈反对，但未被采纳。2010年5月11日，国美股东大会上，黄光裕连续5项否决票否决委任贝恩资本3位非执行董事的决议。当晚，陈晓动用之前黄光裕赋予的董事会超级权力，否决股东大会决议，引入贝恩资本稀释了黄光裕的股权。2010年9月28日，在国美特别股东大会上，黄光裕罢免陈晓董事会主席的决议未通过。2010年11月11日黄陈双方达成谅解，黄光裕的代表邹晓春、黄燕红入驻国美董事会，贝恩资本支持该项决议。2011年3月9日，陈晓离职，由张大中接任。至此，国美控制权之争落下帷幕。

在这场控制权争夺战中，虽然国美控股权的斗争最后还是黄光裕获得了胜利，但过程艰辛曲折，并且对国美日常经营活动造成了很大的阻碍，并引起了股价的波动，阻碍了国美的发展。目前学术界基于此类型的案例研究文献已经开始出现，例如，侧重讨论家族企业控制权配置模式的优化（徐细雄和刘星，2012），或者强调家族企业治理中的一些制度安排如可转换债券等（祝继高等，2012），还有考察经理人职业操守与创始股东控制权威（高闯和郭斌，2012），南开大学中国公司治理研究院李维安教授指出，"公司应当只能在特殊情况下赋予董事会特别授权，但是不能让这种权力成为常态。目前中国的商界人士有一种趋势，即试图以最低程度的控股来保持最大程度的控制权，但这种模式是有风险的"。《公司法》中规定，针对公司重要事项的表决，需经出席会议的股东所持表决权的2/3以上通过。可见33.34%的股权对于创始股东来说特别重要，只要股权达到这个比例，等于拥有了对以上修改章程、增加或减少注册资本的决议以及公司合并、分立、解散或者变更公司形式的决议等变更事项的"一票否决权"，然而，从国美案中我们看到，随着企业开放程度日益变高，股权稀释的方式也越来越多，这使得创始股东保住自己33.34%的股权比例会变得越来越困难，代价也会越来越高，有时甚至会侵害中小股东的利益，对企业发展百害而无一利。因此，应设置保护创始人的基本利益，同时又可以保证经理层权益的制度文件。

其次，实施优先权安排机制。企业创始股东经过长期创业，对自己缔造的企业一般都具有很深的感情。他们在引入资金与合作者时通常会要求保持自己的控股地位，以继续掌控企业的未来发展方向，实现自身的创业理想与人生价值。与私募股权投资机构相比，企业创始股东的资金实力还不够充足。如果单纯按照出资金额，按照同股同价的原则分配股份，企业创始股东必定会丧失控股地位；同时也难以补偿其无形投入，如时间、精力、商业积累等，显得很不公平。因此，适当满足私募股权投资机构的优先权要求，在控制权与优先权之间寻求适当平衡成为企业创始股东的最佳选择。创始股东以较低的价格取得普通股，而私募股权投资机构以较高的价格取得优先股，这样的私募股权投资模式最大限度地减少了创始股东所持股份的被稀释程度。从公司治理角度看，虽然私募股权投资机构所持的优先股享有诸多特权，但控股权还是被创始股东牢牢掌握。优先股促进了公司治理和内部监督，有效保护创始股东权益。于是，优先权安排机制在帮助企业创始股东引入资本的同时维持了其控股地位，引入"帮手"改善了公司的治理结构，并通过优先股的溢价发行实现了企业资产的升值。所以，创始股东应时刻留意自身股权结构的变化，在遵守法律制度的同时，合理地运用上市地点法律制度和经营地制度环境的优势，设计合理的股权结构和分配制度，依法设立公司章程及董事会章程，在不违背法律制度的前提下，尽可能保证创始人原本的股权优势。

二、适当开放控制权优先股

（一）控制权优先股的由来和内涵

在移动互联网时代，技术创新领先于管理创新，更领先于治理创新（李维安，2014）。以治理创新为核心的公司制度创新需要及时跟上管理模式创新和技术创新需求的步伐。比如以阿里巴巴为代表的网络高技术企业正在推行的"合伙人"制度，要求的就是大大超出其股权的控制权——合伙人团队持股百分之十几却要求提名半数以上的董事，即合伙人团队实现了控制权的优先，这是现有规则下难以解释或允许的治理模式创新。我们知道，股权分为控制权和收益权，权利是对称的，比如现行优先股制度在要求收益权优先的同时就要放弃控制权；那么合伙人团队在实现控制权优先后，为何不需要放弃收益权呢？我们认为这是因为合伙人团队这一企业经营管理者，其智力资本在现代网络知识经济时代越发重要的结果。布莱尔（Blair，1995）从理论上指出股东并未承担理论上的全部风险，企业应是所有利益相关者间的一系列多边契约，管理者则是该总契约的代理人，要为所有利益相关者服务；而在企业实践中，管理层对于企业的作用更加突出，比如万科能够承受一半管理层突然消失的风险，但承受不了所有管理层消失的风险（谭华杰，2015）。经理层作为重要利益相关者参与治理、分享治理权力的诉求，但现有以股权为核心的控制权仍然较难"分享"给股东以外的其他利益相关者。

在相关经济理论研究方面，阿吉翁和蒂罗尔（Aghion and Tirole, 1997）将控制权分为名义控制权和实际控制权，并认为前者由持股比（股权）决定，后者则在拥有信息优势和决策技能的经理人手中；刘磊和万迪昉（2004）也将控制权分为核心控制权和一般控制权，并认为前者由货币资本所有者掌握，而后者由人力资本所有者所拥有。这些分析为经理层及员工等代表的人力资本所有者获取控制权在理论上提供了支持，但在实际制度保障方面，仍需要有所突破，使得人力资本获得控制权更加"名正言顺"和"理直气壮"。当下，无论是进一步引导移动互联网企业的发展，还是促进优质的传统行业企业更加具有活力，其关键都在于实现公司内部治理权力的"分享"，而实现"分享制"的核心又在于是否可以促使股权中的控制权与收益权实现分离。为实现这一制度创新，我们认为，在当前中国比较可行的是先导入"控制权的优先股"。

在相关法学理论研究方面，汪青松（2014）通过梳理"一股一票"原则的历史兴衰，发现股东权利禁止分离在欧美都绝非是"亘古永恒"的股权构造法则，许多国家地区的公司法律法规都有背离该原则的制度构造，或者预留下相应制度空间。当前的优先股是在收益权上进行优先，而对控制权有所放弃，实现控制权在投融资者两方的转移；它在投融资上的灵活性可以满足不同类型投资者的风险偏好，因此在美国创业企业实践被广泛使用；而美国法律如《商事公司示范法》在股份种类设置方面打破了称谓及概念的局限，能够促成公司融资最大限度的灵活性与适应性（于莹和潘林，2011）。

（二）开放控制权优先股的必要性

我们认为在当前加快导入控制权优先股的必要性与现实意义主要有以下几点。其一，控制权优先股可以保证握有公司发展关键智力资本，却只有较少股权的创始人、管理者等可以控制公司经营发展方向，这些人最了解公司的发展方向，也对公司最有"共生共存"的意愿；而货币资本所有者，无论是一般的中小股东，还是风险资本，更加在意其投资是否能在短期内带来巨额回报，对公司的长远战略并不关心。其二，这一制度可以成为公司抵御敌意收购的"自卫机制"，通过行使远超出股权的控制权，可以使公司关键人确保对公司的控制，比如董事会席位，并逐步"逼退"敌意收购者，起到保护公司及其利益相关者的作用。其三，这类控制权优先股如果为国家所持有，还可以作为"金股"，以帮助确保国家对关键行业企业的控制，这既避免了政府为实现控制而消耗过多资本，也是在法律框架下行使股东权利、避免其利用政府权力干涉企业经营，实现了国家对关键资源的高效控制。

（三）开放控制权优先股的可行性

我国公司尚未进行大规模的优先股实践，但要求设置优先股等种类股的呼声早已有之（任尔昕，2010）。2013 年 11 月《国务院关于开展优先股试点的指导意见》出台后，2014 年 3 月证监会也发布《优先股试点管理办法》，开始进行优先股的试点工作。自 2014 年国有四大行开始实施优先股试点以来，据 Wind 资讯提供的数据，截至 2016 年 12 月，A 股市场共有 19 家公司成功发行优先股（其中银行 13 家）。

那么是不是可以借着推行优先股试点与实施的契机，进一步推动"控制权的优先股"改革呢？我们认为，这在法理上障碍不大，只要给予持有该种"控制权的优先股"的股东在控制权上以优先，而在收益权上以劣后就可以，比如马云团队的 30 个合伙人持股只占阿里巴巴的百分之十几，却要求拥有对半数以上董事的提名权；那么就让其在收益权有所放弃，便可以实现权力与责任的对等化①。在实际操作层面，可以在现行法律框架下进行微调以顺应制度创新的需要，比如将《公司法》第 103 条关于"每一股份有一表决权"等的刚性约束转变为默示性规范，允许公司通过章程作出不同规定（汪青松，2014）；此外，在《公司法》第 131 条所预留的"其他种类的股份"方面，可以根据条款规定由国务院出台行政法规加以添加等。在信息披露方面，《G20/OECD 公司治理原则》（2015）认为对于这类二元股权构造，公司应当披露所有不同类别股权结构及其权利的相关信息，同类别股东应享受同等权利，且其权力的任何改变都要得到股东大会的批准。

互联网公司包括万科这些优秀企业，可以考虑赋予创始人或者高管以"控制权的优先股"，是实现投融资双方以更大灵活性参与到公司治理中来的必要保障，也是顺应网络经济发展、网络治理模式变革需求的制度创新。

三、规范控制权交易市场

（一）控制权市场

公司控制权市场，又称接管市场，是指通过收集股权或投票代理权取得对公司的控制权，达到接管和更换不良管理层目的的市场，控制权的转移对公司运营会产生影响，并可能对利益相关者，特别是处于弱势地位的利益相关者产生重大的影响，例如对中小股东。

---

① 这种"控制权的优先股"并不同于"AB 股"，那种 AB 股是在投票的时候，A 股相当于 B 股若干倍的表决权。

(二) 控制权市场的重要性

公司治理机制包括内部治理机制和外部治理机制，其中内部治理机制包括董事会、薪酬激励约束、监事会等方面，外部治理机制包括控制权市场、经理人市场、产品市场、债权人市场、媒体治理等，其中控制权市场是外部治理机制中最为有效的一部分。通过兼并收购机制促进资源的有效配置，达到价值发现、创造、代理成本降低的目的。2005年股权分置改革的实施标志着我国控制权市场的形成，上市公司的兼并和收购进入了比较活跃的时期。

控制权市场起作用的机理在于，当公司的经营业绩不佳或股票价格低于应有价值时，其他潜在的竞争者通过市场机制购买公司的股票，进而取得公司的控制权，在并购成功之后，被并购公司管理层面临被解雇、声誉损失等风险。活跃、有效的控制权市场的存在，可以有效监督管理层行为，促使其更加自律，更勤勉和谨慎地运营公司。

(三) 控制权市场行为不规范的后果

通过控制权市场，虽然收购方取得了公司的控制权，但是并没有承担全部的公司风险，其权利义务与风险承担具有一定的不对等性。因为其他利益相关者也承担着公司被收购后的风险，比如公司经理人、员工承担着由此失业的风险，公司客户、供应商承担着失去稳定商业伙伴的风险，现代公司都是其所在商业生态网络中的重要节点，如果"随意"破坏了这个节点，那么就可能会破坏其所在的整个生态圈。

为了应对控制权的敌意并购，高管层采取了各种措施，保障自身的利益。在控制权争夺过程中，公司往往通过设置反敌意收购条款击退并购方，例如"毒丸计划"。2004年初，盛大凭借IPO之后所募集的资金，在二级市场不断收购新浪网的股票，这些购买行为并没有引起新浪网的管理层的注意，他们以为盛大只是进行股权投资。2014年2月19日，盛大突然宣布持有新浪19.5%的股权，如果盛大持有人持有20%的股权，新浪和盛大就要合并财务报表，新浪意识到盛大的敌意收购意图，便在短短3天时间内推出了股权稀释"毒丸计划"。新浪网"毒丸计划"为让另外80%的股东以15元左右的价格购买新浪网增发的股票，如果盛大持有的股权达到20%，这个"毒丸计划"立马生效，另外80%的股东将以15元买新浪网增发的股票，使盛大的比例马上就会掉到20%以下。在这种情况下盛大知难而退，新浪反收购成功。

无论是控制权的并购还是反并购，如果出现了不规范的状况，必然会对利益相关者的利益造成损害。一方面，如果随意进行并购，并在获得控制权之后将公司拆分并出售，那么公司管理层和员工将会失业，公司的正常经营受到损害；另一方面，如果反敌意并购条款过于严苛，使得控制权并购完全无法进行，将会造成并购的防卫过当，控制权市场无法发挥公司治理的作用，同样会损害公司利益

第二节 数据说明

表 7-1 给出的是 2001~2016 年发生股权变更事件分布情况。由表 7-1 可以看出,2001~2016 年发生上市公司股权变更事件数呈增长趋势,由 2001 年的 485 件增加到 2016 年的 4806 件,年增长率为 16.52%,并且随着时间的增加,在以二级市场股份增减持作为变更方式的事件也在逐年增加,由 2001 年的 3 件增长到了 2016 年的 3553 件,年增长率为 60.29%,由此可以看出二级市场股份增减持的股权变更方式是我国资本市场主要的变更方式。在二级市场上不仅有善意的股权变更方式,还可能存在敌意的变更方式,而这种敌意的变更方式可能会对公司的股东尤其是创始股东产生威胁,也就是发生控制权转移。在控制权数据上,变化还算平稳,基本属于持平状况,变化率为 -0.71%。

表 7-1 2001~2016 年股权变更事件分布情况

年份	变更事件	二级市场股份增减持	控制权变化	变动数量（亿股）	现金支付	交易总额（亿元）
2001	485	3	118	160	397	204
2002	411	10	132	156	351	222
2003	396	4	154	193	328	224
2004	285	9	83	110	225	161
2005	470	75	127	392	381	321
2006	769	199	172	270	664	424
2007	1203	932	103	251	1131	418
2008	1264	1020	87	238	1170	253
2009	2063	1756	97	995	1893	1662
2010	1683	1437	81	216	1572	547
2011	2360	2005	123	527	2147	1759
2012	3393	3037	90	571	3140	1388
2013	5404	4985	65	414	5097	1458
2014	3281	2939	111	502	3114	1769
2015	5229	4275	134	1161	5218	11606
2016	4806	3553	106	1427	4796	5622
总计	33502	26239	1783	7585	31624	28038
增长	16.52	60.29	-0.71	15.68	18.07	24.75

资料来源：国泰安数据服务中心（CSMAR）。

从变更状况来看，2001～2016年总变动股份约7585亿股，增长率为15.68%，支付方式主要是现金支付，交易总额大约为28038亿元，年增长率为24.75%，其中股权变动股数最多的是2016年，变动1427亿股，交易额最多的是2015年，大约11606亿元。

可以看出我国控制权交易市场处于快速发展趋势，在快速发展资本市场的同时，还应注意资本市场的规范性，注意保护股东尤其是创始股东的利益。

第三节 修改内容和依据

（1）**增加条款**：上市公司导入控制权优先股、一票否决权等制度以保障创始人等特殊股东的权益。

修改说明：目前中国上市公司还存在由创始人等成立的特殊类型公司，却没有完整的制度来保证这些创始人的利益，而接连发生"国美控制权之争""万科控制权争夺战"等典型的公司治理事件，需要对这些创始人的利益进行保护，因此建议增加特殊的控制权优先股、一票否决权等制度。

（2）**增加条款**：上市公司应积极披露公司股权激励计划。其中应包括雇员股权计划、优先股持股计划等，能够向市场参与者传达关于公司竞争优势的重要信息。

修改说明：股权激励计划的相关信息会直接反映该上市公司的稳定程度、激励能力、成长性等关键性竞争优势。对该信息的披露可以使得投资者对该公司的成长性、竞争能力等作出更为准确的判断。并且参考2015年《G20/OECD公司治理原则》的相关内容，也有该项目的具体规定。

（3）**增加条款**：在中小股东支持的前提下，上市公司应制定应对敌意收购的相关制度。

修改说明：作为股权高度分散的现代公司，应做好公司治理制度建设的"事前准备"，即在公司章程、董事会规则中事先预备好"防盗门"，但必须事先获得广大中小股东的支持，以保护中小股东的利益不受侵害。在股权设置方面，可以适度引入控制权优先股、AB股等防御机制；另外参考《证券法》《公司法》(2014)、《上市公司收购管理办法》(2014)的规定，上市公司章程中与控制权变动有关的约定，应遵守法律、行政法规及中国证券监督管理委员会的规定，因此建议增加有关应对敌意收购的条款。

（4）**增加条款**：应确保控制权市场的功能的有效发挥，保证各类反收购工具不致成为公司高级管理者及董事会控制公司、规避股东问责的手段。公司设置反收购机制应由提案人在股东大会中详细论证其必要性，并由股东大会决议通过，确保不损害公司及股东利益。

修改说明： 在现行法律法规下公司可以运用反收购工具，但是由于投资者担心反收购工具的广泛应用可能会阻碍公司控制权市场功能的发挥，并且抵御收购可能被公司高级管理者或董事会用于规避股东的监控。因此，有必要规范公司使用反收购的工具，2015 年《G20/OECD 公司治理原则》也做了相关规定，因此建议增加有关规范反收购工具的制度。

第四节　修改条款汇总

一、现行准则滞后于现行法律法规，需要对准则进行修改的条款

无。

二、目前治理实践超前于准则的需要修改的条款

增加条款 1、2、3、4[①]。

三、《准则》应引领实践，为此需修改和增加的条款

无。

第五节　新旧《准则》对比

《上市公司治理准则》（2002 年版）	《上市公司治理准则》（修订建议版）
	上市公司导入控制权优先股制度以保障创始人等特殊股东的权益
	上市公司应积极披露公司股权激励计划。其中应包括雇员股权计划、优先股持股计划等，能够向市场参与者传达关于公司竞争优势的重要信息。
	在中小股东支持的前提下，上市公司应制定应对敌意收购的相关制度。

---

① 新增条款 1、2、3、4 表示在本章第三节中增加的条款前面的序号。

续表

《上市公司治理准则》（2002年版）	《上市公司治理准则》（修订建议版）
	应确保控制权市场的功能的有效发挥，保证各类反收购工具不致成为公司高级管理者及董事会控制公司、规避股东问责的手段。公司设置反收购机制应由提案人在股东大会中详细论证其必要性，并由股东大会决议通过，确保不损害公司及股东利益。

参考文献

[1] Aghion P., J. Tirole. Formal and Real Authority in Organizations [J]. *Journal of Political Economy*, 1997, 105 (1): 1-29.

[2] Blair M. M. *Ownership and Control: Rethinking Corporate Governance for the Twenty-First Century* [M]. Brookings Institution, 1996.

[3] 高闯、郭斌：《创始股东控制权威与经理人职业操守——基于社会资本的"国美电器控制权争夺"研究》，载《中国工业经济》2012年第7期，第122~133页。

[4] 李维安：《阿里上市与网络治理模式创新》，载《南开管理评论》2014年第2期，第1页。

[5] 刘磊、万迪昉：《企业中的核心控制权与一般控制权》，载《中国工业经济》2004年第2期，第68~76页。

[6] 任尔昕：《关于我国设置公司种类股的思考》，载《中国法学》2010年第6期，第100~108页。

[7] 谭华杰：《万科的事业合伙人制度》，载《清华管理评论》2015年第10期，第21~25页。

[8] 汪青松：《论股份公司股东权利的分离——以"一股一票"原则的历史兴衰为背景》，载《清华法学》2014年第2期，第101~114页。

[9] 徐细雄、刘星：《创始人权威、控制权配置与家族企业治理转型——基于国美电器"控制权之争"的案例研究》，载《中国工业经济》2012年第2期，第139~148页。

[10] 于莹、潘林：《优先股制度与创业企业——以美国风险投资为背景的研究》，载《当代法学》2011年第4期，第77~83页。

[11] 祝继高、张乔、汤谷良：《可转换债券：融资工具还是制度安排——基于贝恩资本投资国美电器可转换债券的案例研究》，载《中国工业经济》2012年第5期，第122~134页。

[12] 周志轶：《创始股东保护问题研究——国美股权与控制权之争对中国公司治理的启示》，载《战略决策研究》2014年第5期，第81~92页。

第八章

增强机构投资者参与治理的积极性和作用

第一节 理论研究和实践现状

一、机构投资者的治理作用

就我国的现状而言,自2001年实施"超常规发展机构投资者"战略以来,各类机构投资者经过十余年发展,总持股已经占整个A股市值的40%左右,在一些重要行业板块上甚至超过了65%。但是在中国"A股机构化时代"这一大背景下,持仓市值不断增加的机构投资者能否如理论预期一样发挥积极的公司治理作用,仍旧备受学术界与实务界的关注和争论。

机构投资者在公司治理中的治理身份与治理作用始终是学界的研究热点,施莱费尔和维什尼(Shleifer and Vishny,1986)较早提出机构投资者的股东积极主义观点,认为机构投资者能以所持有的股权为基础,积极运用投票权等方式参与到公司治理过程中,其根本动机在于对管理层行为进行监督,通过建议并施加影响以获得相应的切身收益。庞德(Pound,1988)所提出的有效监督、利益冲突与战略合谋三个治理假说得到了诸多学者的多方面论证。其中有效监督假说得到了主流观点的普遍认可,即随着市场主体的成熟,逐渐秉持"股东积极主义"的机构投资者对公司价值和治理水平的提升起到了积极的促进作用(Hartzell and Starks,2003)。

一方面,这主要是因为机构投资者的资产规模与持股比例都在逐年上升,高仓位的流动性限制与抛售股票引起的股价波动都驱使机构投资者转向积极治理的投资策略,尝试通过多种途径对公司战略与经营决策施加影响,保证公司价值的增加;另一方面,机构投资者也具有更多的行业经验、信息优势与专业能力,能够以独立的外部治理者的身份对公司经营提出有效的建议,弥补内部监督机制的不足并且对大股东进行制衡(Boyd and Smith,1996)。在更深的层面,机构投资者呈现出的这种由"用脚投票"到"用手投票"的转变过程，也反映了其"投机交易——发现价值——创造价值"的治理思维的变化。

二、机构投资者的类型

依据 CSMAR 数据库的统计，我国现行的机构投资者主要有公募基金、QFII、券商、保险、社保基金、信托、财务公司、银行、非金融上市公司9种，其中前六种占据机构投资者的绝大多数，而在学术研究中又对机构投资者进行了以下几种方式划分。

（1）布里克利（Brickley，1988）依据机构投资者与被投资者公司之间的现有或潜在商业联系将其划分为压力抵制型与压力敏感型，其中公募基金、QFII、社保基金属于前者，而保险、券商、信托、银行则属于后者。一般来说，压力敏感型机构投资者不愿破坏与被投公司之间的商业关系，进而采取中庸或支持管理层的治理行为，只有更加独立于公司的压力抵制型机构投资者才更有动力监督管理层，重视长期投资回报进而获得治理收益。

（2）布希（Bushee，1998）根据交易披露与投资组合的度量将机构投资者划分为长期机构投资者和短期机构投资者，长期机构投资者更加注重于公司管理层间的关系投资者，能够发挥长期稳定的治理作用。

（3）阿尔马桑等（Almazan et al.，2005）根据监督成本的不同，将机构投资者划分为潜在的积极和消极投资者，积极型的机构投资者不仅会努力参与公司运营，还会通过股份交易来表达对公司的重视，积极改善上市公司治理水平。

在针对我国资本市场的研究中，唐跃军和宋渊洋（2010）发现基金投资者往往扮演了重要的治理角色，在投资过程中不仅具有价值选择能力，并且具有其他机构投资者暂不具有的"价值创造能力"，即治理行为能够创造相应的经济收益。弗思等（Firth et al.，2016）研究也指出公募基金比其他类型的机构投资者有着更强的治理效应，可以视为最有影响力的外部股东。

三、机构投资者的治理方式

机构投资者与上市公司之间存在着多种交流渠道，他们既可以通过正式途径如代理投票、股东议案、电话会议、实地访谈等（Shleifer and Vishny，1986），也可以借助非正式的社会联系如校友关系、同事关系等（Kuhnen，2009）来与公司团队进行私下沟通，将切实有效的治理观点传达给管理层。

（1）机构投资者通过沟通对话和实地调研的方式与公司管理层进行交流，表达对公司经营策略的态度，一般这种非正式的治理机制所发挥的作用有限。

（2）机构投资者会行使自身的股东权利，通过股东提案的方式发挥治理作用,股东提案的法律基础可以追溯到1934年美国《证券交易法》,允许机构投资者在股东大会上提交股东提案,并由股东进行表决。

(3)机构投资者可以通过媒体舆论发表对公司政策的支持或反对意见,从而影响公司的战略发展。圭尔乔等(Guercio et al., 2008)的研究就发现积极的机构投资者能够通过该方式迫使董事会采取与整体利益相关者相一致的行动。

(4)当治理诉求难以实现时,机构投资者除了"用脚投票"之外还能够采取股东诉讼,以法律方式维护自身利益不被管理层损害,但该方式在我国并没有完整法律基础来保证,且经济成本与时间成本都消耗过大。在美国等成熟资本市场中则较为普遍。

法律制度是限制机构投资者发挥积极监督作用的重要条件之一(Gillan and Starks, 2007)。塞基(Seki, 2005)发现,随着日本法律对机构投资者持股比例的放宽,增加了机构投资者对公司治理的关注度,使得机构投资者更加积极地监督被投资公司。席(Xi, 2006)关注于中国的机构投资者治理作用,认为在中国特殊的法律和现实背景下,机构股东积极主义受到多方面限制,这其中就包括所有权结构高度集中、投资者保护法律不完善等方面。因此,在提高机构投资者参与治理的积极性和作用方面,我们还需要在公司治理的制度建设层面进行完善。

从我国机构投资者的治理行为来看,目前已经处于积极发声和参与治理的第三阶段。例如2011年鹏华基金、国海富兰克林基金以及中信证券等多家机构就向大商股份(600694)联名提案要求召开股东大会,希望大商股份董事会能够给予管理层更多的现金激励;2012年耶鲁大学基金会(QFII)联合鹏华基金等机构参与了对格力电器(000651)的董事任免;2014年易方达等持有上海家化(600315)股份的基金公司则联合递交股东提案建议修改公司章程并提名新任董事人选。在近几年我国机构投资者发生参与公司治理的案例中,一个共同的特点是以联名的方式进行共同发声,借助社会舆论要求目标公司改进治理水平。究其根本原因是受到法律法规所限制,单个机构投资者的持股比例较低,话语权与投票权都难以与大股东相制衡。

第二节 数据说明

根据Wind资讯,截至2016年6月30日,A股上市公司机构投资者合计持仓25736.85亿股,占全部A股比重约48.18%。其中,基金持仓1064.64亿股,占所有机构持股的43.99%,居各类机构之首。保险公司持仓728.38亿股,占比30.10%,位列第二。其他机构中,券商持仓43.71亿股、券商集合理财持仓39.56亿股、QFII持仓74.50亿股、社保基金持仓116.62亿股、信托公司持仓32.02亿股、财务公司持仓3.91亿股、银行持仓2.83亿股、阳光私募持仓

31.29 亿股、企业年金持仓 0.79 亿股、非金融类上市公司持仓 281.99 亿股。

虽然我国机构投资者所持股份的总市值已经占据相当比重,但对每家上市公司而言,近 7 年平均只有 6%~7% 股份被机构投资者持有,在我国股权结构高度集中的背景下,我国机构投资者可能难以有足够的经济动机与投票权去进行更多的治理行为。表 8-1 给出的是 2010~2016 年中国上市公司机构投资者持股情况。

表 8-1　　　　2010~2016 年中国上市公司机构投资者持股情况　　　　单位:%

年份	均值	标准差	最小值	最大值
2010	7.92	10.12	0.07	85.66
2011	6.91	9.43	0.04	86.62
2012	6.17	9.26	0.05	87.89
2013	6.77	9.59	0.05	86.62
2014	6.38	8.84	0.03	85.95
2015	6.19	8.20	0.03	87.48
2016	6.96	9.63	0.02	86.13

资料来源:Wind 资讯。

第三节　修改内容和依据

通过以上分析,对现行准则修改如下:

(1) 增加条款:鼓励社会保障基金、企业年金、保险基金、公募基金的管理机构和国家金融监督管理机构依法监管的其他投资主体等机构投资者,作为上市公司股东,通过行使表决权、质询权、建议权、监督权等相关股东权利,积极且合理地参与上市公司治理。

修改说明:根据 Wind 资讯的数据显示,我国机构投资者种类众多,截至 2016 年 6 月 30 日,A 股上市公司机构投资者合计持仓 25736.85 亿股,占全部 A 股比重的 48.18%。但对每家上市公司而言,近 7 年平均仅有 6%~7% 股份被机构投资者持有,仍有较大的提升空间。而鼓励各类机构投资者高效地参与公司治理并发挥积极作用,仍旧需要通过表决权、质询权、建议权、监督权等相应的股东权利作为保障,参照 2010 年英国财务报告委员会发布的《管理人职责原则》的相关规定,需进一步明确包括机构投资者主体、参与公司治理的途径与权力在内的基本规定。

(2) 增加条款:机构投资者或其代理人应为股份受益人行使投票权提供便利

或按照股份受益人的要求进行投票。

修改说明：近年来，虽然上市公司中机构投资者持股份额显著增长，但是规模依然偏小且持有上市公司的股权比例普遍较低，导致其参与上市公司治理存在困难；加之目前投票权委托征集制度不完善，增加了机构投资者联合的成本，参考《公开募集证券投资基金运作管理办法》（2014）和 2015 年《G20/OECD 公司治理原则》的相关规定，因此建议增加有关股份受益人行使投票权的相关条例。

（3）增加条款：机构投资者应披露与其投资相关的上市公司治理状况、投票政策及其参与上市公司治理的相关信息。

修改说明：机构投资者能否发挥治理效力，在很大程度上取决于其是否有意愿和能力基于充分信息在所投资公司行使股东权力。所以机构投资者所投资公司的一些情况比如治理状况、投票政策及其参与上市公司治理的相关信息对于保护投资者权益起着很大的作用，因此参考 2015 年《G20/OECD 公司治理原则》的相关规定，建议增加有关其投资相关的上市公司信息披露的相关条文。

（4）增加条款：机构投资者应当披露对影响所投项目关键所有权行使的重大利益冲突的管理事宜。

修改说明：由于机构投资者属于一种特殊的"中介所有者"，所以他们投票和行使关键所有权职责的动力与直接投资者有所差别。这种差别可能来自利益冲突，如果该利益冲突是由某种重要的业务关系（比如通过协议安排来管理投资组合公司的资金）引起的，故应明确识别该等利益冲突并加以披露具有很大的必要性。同时《公开募集证券投资基金运作管理办法》（2014）也指出基金管理人的交易行为应当符合基金的投资目标和应当符合基金的投资目标和投资策略，遵循持有人利益优先原则，防范利益冲突，因此建议增加有关投资者对于冲突管理事宜的条款。

（5）增加条款：机构投资者应当根据委托投票代理顾问、分析师、经纪商、评级机构以及其他专业人员的分析和建议，披露可能会损及其分析或建议公正性的利益冲突，并将该类冲突控制在最低限度。

修改说明：由于不同的专业机构会根据不同的治理标准评估公司，所以他们虽履行了相似的职能，但可能导致相同的潜在利益冲突。这就需要机构投资者对他们的意见进行披露，降低该冲突。因此参考 2015 年《G20/OECD 公司治理原则》的相关规定，建议增加投资者对相关专业人士的分析和建议管理的条款。

（6）增加条款：证券交易所应当发挥公开、公正、高效、竞争的价格发现功能，以利于改善公司治理效果。

修改说明：股东可以根据市场表现和公司绩效表现来评估和监督他们对公司的投资，如果股东觉得有利可图，就可能会行使股东权利来影响公司战略，或增减股份，或在投资组合中重新评估股票。参考 2015 年《G20/OECD 公司治理原则》，建议增加证券交易所有关价格发现功能的条款，价格发现功能就是指市场通过交易运行机制，形成具有真实性、预期性、连续性和权威性价格的过程。

第四节 修改条款汇总

一、现行准则滞后于现行法律法规，需要对准则进行修改的条款

增加条款1、2、3、4、5、6①。

二、目前治理实践超前于准则的需要修改的条款

无。

三、《准则》应引领实践，为此需修改和增加的条款

无。

第五节 新旧《准则》对比

《上市公司治理准则》（2002年版）	《上市公司治理准则》（修订建议版）
第十一条 机构投资者应在公司董事选任、经营者激励与监督、重大事项决策等方面发挥作用。	第十一条 机构投资者应在公司董事选任、经营者激励与监督、重大事项决策等方面发挥作用。
	鼓励社会保障基金、企业年金、保险基金、公募基金的管理机构和国家金融监督管理机构依法监管的其他投资主体等机构投资者，作为上市公司股东，通过行使表决权、质询权、建议权、监督权等相关股东权利，积极且合理地参与上市公司治理。
	机构投资者或其代理人应为股份受益人行使投票权提供便利或按照股份受益人的要求进行投票。
	机构投资者应披露与其投资相关的上市公司治理状况、投票政策及其参与上市公司治理的相关信息。

---

① 新增条款1、2、3、4、5、6表示在本章第三节中增加的条款前面的序号。

续表

《上市公司治理准则》（2002 年版）	《上市公司治理准则》（修订建议版）
	机构投资者应当披露对影响所投项目关键所有权行使的重大利益冲突的管理事宜。
	机构投资者应当根据委托投票代理顾问、分析师、经纪商、评级机构以及其他专业人员的分析和建议，披露可能会损及其分析或建议公正性的利益冲突，并将该类冲突控制在最低限度。
	证券交易所应当发挥公开、公正、高效、竞争的价格发现功能，以利于改善公司治理效果。

参考文献

［1］ Almazan, A., Hartzell, J., Starks, L. Active Institutional Shareholders and Cost of Monitoring: Evidence from Executive Compensation ［J］. *Financial Management*, 2005, 34 (4): 5 – 34.

［2］ Boyd, J., Smith, B. The Coevolution of the Real and Financial Sectors in the Growth Process ［J］. *The World Bank Economic Review*, 1996, 10 (2): 371 – 396.

［3］ Brickley, J., Lease, R., Smith, C. Ownership Structure and Voting on Antitakeover Amendments ［J］. *Journal of Financial Economics*, 1988 (20): 267 – 292.

［4］ Bushee, B. J. The Influence of Institutional Investors on Myopic R&D Investment Behavior ［J］. *The Accounting Review*, 1998, 73 (3): 305 – 333.

［5］ Chao, Xi. Institutional Shareholder Activism in China: Law and Practice (Part1) ［J］. *International Company and Commercial Law Review*, 2006, 17 (9): 251 – 262.

［6］ Del, Guercio, D., Seery, L., Woidtke, T. Do Boards Pay Attention When Institutional Investors Activists "Just Vote No" ［J］. *Journal of Financial Economics*, 2008, 90 (1): 84 – 103.

［7］ Firth, M., J. Gao, J. Shen and Y. Zhang. Institutional Stock Ownership and Firms' Cash Dividend Policies: Evidence From China ［J］. *Journal of Banking & Finance*, 2016 (65): 91 – 107.

［8］ Gillan, S. L., Starks, T. The Evolution of Shareholder Activism in the United States ［J］. *Journal of Applied Corporate Finance*, 2007, 57 (1): 55 – 73.

［9］ Hartzell, J. C., Starks L. T. Institutional Investors and Executive Compensation ［J］. *The Journal of Finance*, 2003, 58 (6): 2351 – 2374.

［10］ Kuhnen, C. M. Business Networks, Corporate Governance, and Contracting in the Mutual Fund Industry [J]. *The Journal of Finance*, 2009, 64 (5): 2185 – 2220.

［11］Pound, J. Proxy Contests and the Efficiency of Shareholder Oversight [J]. *Journal of Financial Economics*, 1988 (20): 237 – 265.

［12］Shleifer, A., Vishny, R. W. Large Shareholders and Corporate Control [J]. *Journal of Political Economy*, 1986, 94 (3): 461 – 488.

［13］唐跃军、宋渊洋：《价值选择 VS 价值创造——来自中国市场机构投资者的证据》，载《经济学（季刊)》2010 年第 2 期，第 609 ~ 632 页。

第九章

发挥审计机构的公司治理作用

第一节 理论研究和实践现状

一、理论研究

公司治理关注的核心问题是公司所有权和控制权的分离,以及由此所带来的代理问题。公司管理层可能会通过控制公司的经营权,进而以损害股东利益的方式追逐自身利益。因此如何有效监督管理层行为,保护股东权益不受侵害,就要求在公司中引入有效的监督机制,其中,外部的审计机构就扮演着对公司管理层行为监督的重要角色。在公司治理中,公司审计应当向公司股东负责,以股东价值最大化为导向;同时,公司审计还应兼顾公司其他利益相关者的利益,因为公司作为社会治理的重要主体,公司的财务造假行为会侵害其他利益相关者的利益。因此,审计工作是否有效事关公司治理目标能否实现。公司审计有效性强调审计师尽职、避免公司审计工作流于形式。如果公司审计不履职,不能发挥有效性,那么可能会危及公司生存,损害公司股东利益。

从现有的实证研究来看,诸多研究关注于公司的外部审计是否能够发挥其有效性。李维安、唐跃军和左晶晶(2005)对非标准审计意见的研究指出,那些未被出具非标准意见的上市公司往往年报披露更及时。之后,唐跃军、李维安和谢仍明(2006)对大股东与外部审计约束的研究发现,公司股东对第一大股东的制衡可能求助于与外部审计者的合作,进而约束控股股东的财务粉饰和造假行为,提高外部审计约束的有效性。蒋荣、刘星和刘斌(2007)对上市公司外部审计的有效性研究也得到了相似的结论。可见,中国上市公司的外部审计机构能够发挥一定的外部治理作用。

二、实践现状

审计机构作为公司外部审计的重要组成部分，审计机构对上市公司的监督约束，能够有效保护外部市场投资者的利益。所以公司外部审计机构应特别关注外部利益主体的利益。那么，公司外部审计首先应做到有效性，外部审计若不能有效履职，则极易成为财务舞弊的帮凶。如银广夏财务舞弊案中，负责外部审计工作的注册会计师失职，未对公司财务行为进行基本询证、核查，就连续多年为银广夏公司出具了无保留意见的审计报告，这对财务造假起到了推波助澜的作用。而美国著名的"安然"事件也是由于公司外部监督不力带来的财务造假导致的。其次，外部审计也特别强调独立性，国际证监会组织（IOSCO）发布的《审计师独立性原则及公司治理在监督审计师独立性中的作用》指出："外部审计师向公司提供非审计服务，可能会严重削弱其独立性并可能导致其审计自己的工作。为了应对可能出现的不独立问题，上市公司向外部审计师支付的非审计服务的费用应加以披露。"

从现行的《上市公司治理准则》中，很难看到明确的内容对外部审计机构行为进行规制，而2015年《G20/OECD公司治理原则》中已经提出了对公司外部审计机构的相关要求。为此，要提升我国公司审计的有效性与独立性，就必须在《上市公司治理准则》中对公司审计的相关内容进行清晰界定。

首先，健全的公司外部审计机构选聘制度。外部审计师应当由董事会的独立审计委员会或同等机构推荐，并由该委员会（机构）任命或直接由股东会任命，能够保障外部审计师向公司股东负责；其次，外部审计也强调外部审计师对公司负有职业审慎的责任，而不是对可能因工作目的而接触到的公司管理者个人或集体负有职业审慎的责任；最后，公司与外部审计师的关系受到审计委员会的监督，并使其在多数情况下有权独立履行职责。

第二节 数据说明

图9-1是我国上市公司由外部审计机构出具审计意见的情况。从2001~2015年上市公司的审计意见数据来看，总体上被出具保留、否定及未发表意见的上市公司数量呈现出先增加后减少的趋势，从2001年的43家增加到2005年的82家，而2005年开始大幅下降，到2015年时进一步减少至20家。相应地，外部审计机构出具标准及带强调事项无保留意见的上市公司数量呈现出逐年增加的趋势，可见外部审计对上市公司治理的监督和补充作用。

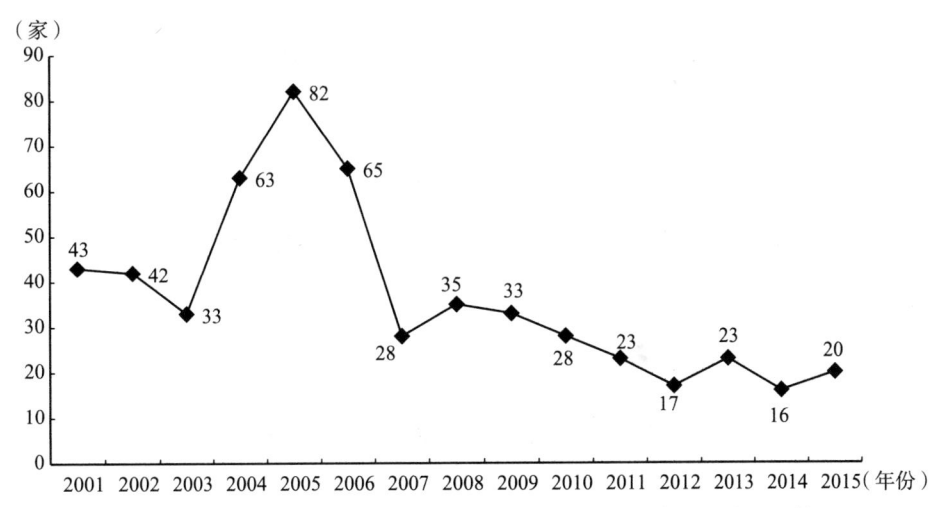

图 9-1 2001~2015 年被出具保留、否定及未发表意见上市公司数

资料来源：Wind 资讯。

第三节 修改内容和依据

通过以上分析，发现现行的《上市公司治理准则》关于相关部分的论述较少。所以对现行准则修改如下：

（1）增加条款：公司内部审计应向股东负责，在审计中对公司负有职业审慎的责任。

（2）增加条款：公司选聘的外部审计师应具有独立性，并且具备相应的公司审计能力。

（3）增加条款：公司应建立强制性审计师轮换制度，选聘的审计师的任期不得超过五年。

修改说明： 参考 2002 年《中国注册会计师职业道德规范指导意见》以及美国 2002 年《公众公司会计改革和投资者保护法案》中的规定，为保证审计部门的独立性应实施定期轮换制和规定其任职期限，因此建议增加有关审计部门的条款。

第四节 修改条款汇总

一、现行准则滞后于现行法律法规，需要对准则进行修改的条款

增加条款 1、2[①]。

---

① 新增条款 1、2 表示在本章第三节中增加的条款前面的序号。

二、目前治理实践超前于准则的需要修改的条款

增加条款3[①]。

三、《准则》应引领实践，为此需修改和增加的条款

无。

第五节　新旧《准则》对比

《上市公司治理准则》（2002年版）	《上市公司治理准则》（修订建议版）
	公司内部审计应向股东负责，在审计中对公司负有职业审慎的责任。
	公司选聘的外部审计师应具有独立性，并且具备相应的公司审计能力。
	公司应建立强制性审计师轮换制度，选聘的审计师的任期不得超过五年。

参考文献

[1] 李维安、唐跃军、左晶晶：《未预期盈利、非标准审计意见与年报披露的及时性——基于2000~2003年上市公司数据的实证研究》，载《管理评论》2005年第3期，第14~23页。

[2] 唐跃军、李维安、谢仍明：《大股东制衡、信息不对称与外部审计约束——来自2001~2004年中国上市公司的证据》，载《审计研究》2006年第5期，第33~39页。

---

① 新增条款3表示在本章第三节中增加的条款前面的序号。

第十章

提高董事会决策有效性

第一节 理论研究和实践现状

一、董事会

根据《公司法》的规定,董事会是公司的最高权力机构,负责执行公司股东大会的决定,制定公司战略和管理。随着董事会中心主义的兴起,董事会日渐成为公司的核心,负责公司的决策。

二、董事会决策有效性的影响因素

不同的人口统计学特征形成不同的认知模式(Carpenter et al.,2004),魏斯玛和班特尔(Wiersema and Bantel,1992)认为认知模式有三个方面的作用:其一是认知模式决定管理层的视野范围,或者其关注的领域;其二是在一定的认知模式下,囿于其视野和关注的领域,管理层的选择性参与会发生;其三是在信息的处理过程中,信息会被认知模式过滤。因此在团队中,如果成员的人口统计学特征过于单一会对其运作有不利影响。正如高阶理论(Hambrick,2007;Hambrick and Mason,1984)所认为的,认知模式形成了个人对公司所处环境的感知和解决问题的方式。因此董事会人口统计学特征的多样性越大,为决策提供的资源和信息就越多,从而能优化决策。董事会成员的异质性特征包括年龄、性别、民族、国籍、教育背景和职业背景,随着女性在工作中的重要性不断提高,性别异质性受到越来越多的重视。不断有女性加入董事会,成为公司决策的重要力量。同男性相比,女性有其自身的优势。相较于男性的过度自信(何威风、刘启亮,2010),女性更加客观,已有的研究发现女性董事对公司的运营有正向影响。女性可能更愿意遵纪守法,况学文和陈俊(2011)研究发现,在管理层权力较弱的董事会中加入女性董事可以改善对高质量外部审计的需求。同时由于女性董事有可能改变董事会决策时看问题的视角,因而会增加公司的价值(Carter et al.,2003; Adams and Ferreira, 2003; Erhardt et al., 2003)。在男性占据多数的董事会中加入认知视角独特、较为仔细客观的女性董事更可能为规避风险提供有价值的信息。因此,需要在董事会中加入女性董事以改善公司的绩效。Catalyst 公司对世界财富 500 强企业的调查显示,在 2005~2009 年,拥有 3 名及以上女性董事会的公司表现更好。

根据"国际金融报"和福布斯中文网中关于女性董事的报道,女性董事是董事会的"女性力量"。"当她们怀孕时,她们便无法来公司工作。""只有当人们重视所谓的'男女平等'时,女性似乎才能成为企业的主管。"当人们谈论起职场女性时,总有一些人会坚持上述看法,认为女性是无法真正进入公司高管层的。为了消除这种歧视,并且解决领导层过于"男性化"的问题,越来越多的国家开始在企业领导层中采用配额制。然而,这样的男女主管配额制度是否真能打消职场对女性的歧视?又能否真正打破企业的"男权",从而提高企业运营效益?日前,法国 Audencia 南特高等商学院人力资源管理教授克里斯汀·纳什伯格(Christine Naschberger)在接受《国际金融报》记者采访时指出,女性在事业进步方面依然面临更严峻的挑战。配额制是改变这一现实的一种办法,但真正的进步应当来自三个层面:政府、企业和整个社会。就在 2014 年底,德国政府出台"女性配额"法案,决定以立法形式规定大型企业和联邦政府部门管理层中的女性比例。联邦政府说,无论在经济界还是在政府部门管理层,女性依然较为少见。现阶段,德国企业监事会中的女性比例不足两成,董事会中女性的比例更是不足一成。为改变这一现状,联邦政府提出,从 2016 年起,德国 100 家大型企业监事会新成员中的少数性别(通常为女性)比例须达到 30%,如达不到,相应岗位则保持空缺。此外,2015 年年中以前,大约 3500 家中型企业也须为董事会、监事会及其他高中级管理层自行提出一个灵活的女性配额并上报进展。挪威作为第一个在企业中实施男女配额制的国家,在经过 11 年的努力后,已经拥有 40% 的女性企业领导者。在拉脱维亚,则有 28% 的女性董事会成员,这一水平和法国相当,比瑞典和芬兰略多。在英国,董事会中的女性数量明显增长。2014 年 Davies 年度报告显示,英国 FTSE100 指数上市企业的董事会中,女性数量达到了 20.7%。而 2011 年仅有 12.5%。这一报告还指出,女性在 FTSE250 公司的董事会中占 15.6%,2011 年仅为 7.8%。同时,Corporate Women Directors International 集团的一份报告也显示,在实施配额制的国家,董事会由女性主管的比例为 24%,而在未实施配额制的国家中则为 17.8%。目前,全球女性主管比例最低的国家是日本(1.4%)、阿联酋(1.3%)、卡塔尔(0.3%)和沙特阿拉伯(0.1%)。然而,至今"配额制"依旧是一个非常争议的措施。即便当人们开始研究女性进入董事会的途径时,也没有得出一致的意见。一些专家认为配额制度是企业实现平等的积极方式。而另外一些专家则认为配额制度是错误的，因为它让一些资质和经验不够的女性承担超越她们能力范围的责任。在企业内，对这个问题的看法也呈现两极化。有人欢迎更多的女性主管，因为她们可以带来新的视角，她们拥有不受性别影响的工作权利，也因为这种制度有利于帮助妇女突破阻碍她们事业发展的"玻璃天花板"（Glass ceiling，指员工晋升到一定阶段就再也无法提升的现象）。另一些人则认为在董事会中实行配额制只是安抚了性别平等运动者，并不能解决实质性问题。除了配额制外，社会在试图通过其他办法解决女性进入董事会的问题。苏珊·斯道特伯格（Susan Stautberg）是女性企业董事（WCD）组织联合创始人兼联合主席、PartnerCom公司总裁。WCD是全球唯一一家女性企业董事的会员制机构及社区。它拥有1000多名成员，分散在全球32个分会中服务着1200多个董事会。2011年5月18日，在纽约举办的WCD晚宴上，斯道特伯格和联合创始人艾莉森·温特（Alison Winter）、汉丽埃塔·赫斯曼·福尔（Henrietta Holsman Fore）发起了一份"行动倡议书"，列出了帮助更多女性进入董事会的10条措施：（1）通过宣传和导师制建立渠道，如遴选、教导、推广和宣传；（2）确保每家企业的董事会都至少拥有一名女性；（3）宣扬董事成员多样性是良好公司治理的必要元素理念；（4）将CEO变成增加女董事这一观念的忠实拥护者和推动变革的中间人；（5）扩充人才库，如在非CEO人群中寻找董事；（6）提供特定的董事会培训；（7）赞助有关多元化董事会和女性领导的董事会如何实现高效表现之间关系的研究；（8）就该问题撰写文章及进行报道，如对女性董事对企业的影响予以更多媒体关注；（9）引荐女性进入董事会；（10）行使股东权力。在没有女性董事的企业中，对董事获选人投出否决票或暂不表态，对董事会构成提出质疑。在中国女性进入董事会的比率仍然非常低，是时候做出改变了。

影响公司决策有效性的另外一个因素为董事会的独立性，包括形式上的独立性和事实上的独立性。董事会形式上的独立性主要指独立董事比率，研究发现董事会独立性对公司产生显著的影响，罗森斯坦和怀亚特（Rosenstein and Wyatt，1997）研究发现董事会中独立董事的增加会显著提升公司股票的价值，邵少敏等（2004）也发现独立董事的增加有助于改善公司治理结构，但是研究结果具有不一致性，也有学者发现了独立董事同公司无关甚至产生不利影响的研究结果。因而，不能仅仅关注形式上的独立性，还应关注事实上的独立性，例如，公司在进行决策时，应对同决策事件相关的董事采取回避的策略，以增加公司决策的有效性。

公司治理的重要目的之一在于保护利益相关者的利益，职工为公司重要的利益相关者，应享有参与公司治理的资格。其中，职工加入董事会参与决策是重要的途径之一。在国外的公司治理中，职工广泛参与。在我国，职工董事主要集中于国有企业中，因此应扩大职工董事参与董事会治理的范围，为职工参与提供保障。

　　董事在履行职责的过程中，不仅仅需要忠实、诚信、勤勉地执行自己的职责，还需要谨慎行事，即尽到注意的义务。注意原则一般是指董事处理公司事务必须出于善意，并尽到普通谨慎之人在相似的地位和情况下所应有的合理的谨慎、勤勉和注意义务。谨慎职责所针对的是董事在与公司利益不存在冲突的情况下，董事是否尽职的标准。在美国对于董事会职责的法律规定中，对董事的谨慎义务进行了充分的关注。

第二节　数据说明

　　从图 10-1 中可以看出，在中国公司董事会治理的董事权利与义务、运作效率及组织结构三个维度中，董事权利与义务指标自 2014 年以来有所下滑；董事会组织结构始终保持较高的水平，高于 68；董事会运作效率有了一定提升，但仍低于董事会组织结构指标。与董事会治理评价指数相比，权利与义务指标低于董事会治理总指数。这说明应进一步完善董事会中董事的权利与义务，并提升董事会运作效率。

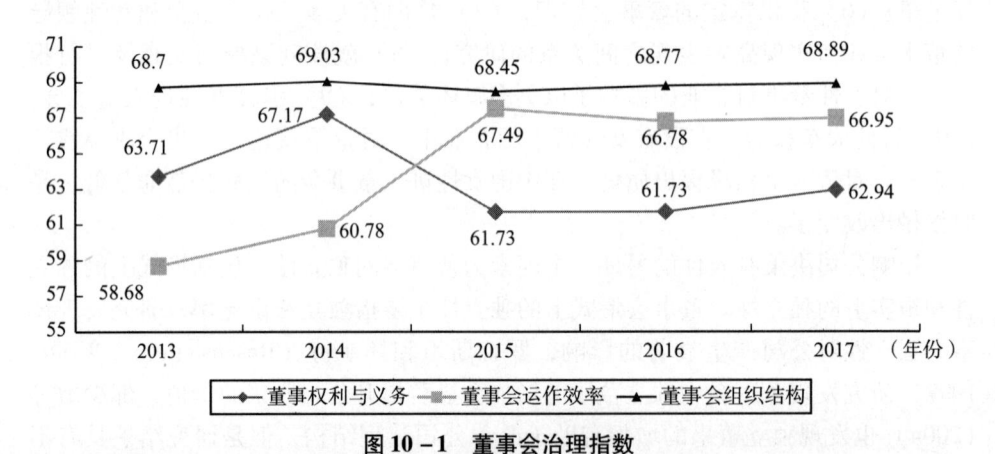

图 10-1　董事会治理指数

资料来源：中国公司治理研究院的中国公司治理指数（CCGI^{NK}）。

　　从表 10-1 中可以进一步看出，自 2013~2017 年，董事权利与义务、董事会运作效率及董事会组织结构三个指标中董事权利与义务是上市公司董事会治理的短板，亟待进一步加强。为此《上市公司治理准则》的修订应着重于董事权利与义务的方面。

表 10-1　　　　　　　　董事会治理指数描述性统计

评价指数	平均值	标准差	中位数	最小值	最大值
董事权利与义务	63.38	4.92	63.25	46.50	75.50
董事会运作效率	64.31	5.28	64.40	39.14	74.46
董事会组织结构	68.77	6.85	70.00	0.00	100.00
董事会治理评价指数	63.45	2.49	63.60	47.59	77.32

资料来源：中国公司治理研究院的中国公司治理指数（CCGI^{NK}）。

之后进一步对上市公司女性董事进行分析发现，自 2012 年以来，上市公司中女性董事占董事会人数的比例逐渐提升，2016 年达到了 14.60%，可见女性董事在董事会治理实践中能够发挥一定作用（见图 10-2）。图 10-3 中对设置女性董事的上市公司占比中发现，2012~2015 年，设置了女性董事的上市公司占比逐年攀升，2016 年比例虽有所下降，但仍达到了 65.62%，可见半数以上的上市公司均设置了女性董事。相比较而言，现行《上市公司治理准则》在相关方面的条款还需完善。

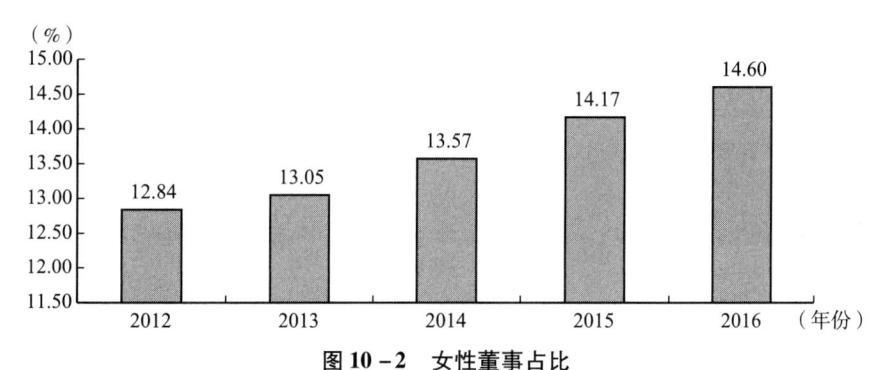

图 10-2　女性董事占比

资料来源：国泰安数据服务中心（CSMAR）。

图 10-3　设置女性董事的上市公司占比

资料来源：国泰安数据服务中心（CSMAR）。

第三节 修改内容和依据

（1）增加条款：上市公司董事与董事会会议决议事项所涉及的企业有关联关系的，不得对该项决议行使表决权，也不得代理其他董事行使表决权。该董事会会议由董事会中过半数的无关联关系董事出席即可举行。董事会会议所作决议须经无关联关系董事过半数通过。出席董事会的无关联关系董事人数不足半数时，应将该事项提交上市公司股东大会审议。

修改说明： 2014年《公司法》中已经明确要求上市公司董事在涉及关联交易时，应回避参与决议。并且2015年《G20/OECD公司治理原则》中也指出，董事会的一项重要职责就是防止滥用关联交易。为此，在公司董事涉及关联交易时，上市公司应采取董事回避制度。

（2）修改后：第三十三条 董事应根据公司和全体股东的最大利益，忠实、诚信、勤勉、谨慎地履行职责。

原内容： 第三十三条 董事应根据公司和全体股东的最大利益，忠实、诚信、勤勉地履行职责。

修改说明： 参考2015年《G20/OECD公司治理原则》，董事会成员应特别承担审慎义务，其行为也应以充分知情、善意、尽职以及审慎为基础。同时《公司法》中也规定董事应在其职权范围内谨慎、认真、勤勉地行使职权，因此建议在董事履职时增加谨慎原则。

（3）增加条款：董事会成员中应至少有一名女性董事，以促进董事会成员构成的多元化。

修改说明： 从国际公司治理实践来看，挪威、西班牙等国均要求国有及上市公司的董事会中应有30%到40%由女性董事组成，芬兰、冰岛、南非及瑞士等国对国有企业的女性领导比例也有相应的配额要求。参考南开大学中国上市公司治理评价数据库，2016年中国已有70%左右的上市公司董事会中纳入了女性董事。为此，建议应在董事会中纳入女性董事。

（4）增加条款：董事会成员中应至少有一名职工董事，以便公司员工能够有效行使参与公司决策的权利。职工董事可通过职工代表大会、职工大会或其他形式民主选举产生。

修改说明： 董事会作为公司的日常决策机构，应能够代表公司各利益相关者的利益，在董事会中纳入职工董事能够代表公司职工在公司决策中发声，避免公司职工利益遭到侵害。2014年《公司法》第44条及第67条中，要求有限责任公司及国有独资公司中应设立职工董事，职工董事应由公司职工代表大会中选举产生，建议应在董事会中纳入职工董事，并增加相应职责的条款。

（5）增加条款：董事会应负有监督公司风险管理的职责，对风险管理问责机制及责任进行监督，避免公司可能承担过度的风险。

修改说明：2015 年《G20/OECD 公司治理原则》中，提出"董事会职能中，其中一个重要的方面就是对公司风险管理工作的监督"。董事会的一项重要职责就是监督公司内部控制体系，董事会应确保适当的风险管理系统和财务经营控制系统，避免公司管理层在公司投资行为中承担过度风险，因此，建议增加董事会对风险管理的相关条款。

（6）增加条款：上市公司应设置董事会秘书职位，董事会秘书应负责筹备并记录股东大会与董事会会议内容，并妥善保管会议相关的文件，做好公司股东资料管理、信息披露及投资者关系管理等工作。董事会有权参加有关会议，并查阅相关文件，了解公司财务及经营情况。

修改说明：董事会秘书作为上市公司与证券交易所间的指定联络人，是公司治理结构中非常关键的一个环节。结合《上市公司章程指引》《公司法》等相关法律规定，上市公司中应当设立董事会秘书职位，并对董事会秘书的相关职责与义务进行充分界定，以有效发挥其应有的治理作用。现行准则中缺少对董事会秘书权责的界定，建议增加相关条款。

第四节 修改条款汇总

一、现行准则滞后于现行法律法规，需要对准则进行修改的条款

第三十三条、增加条款 1、4、5、6[①]。

二、目前治理实践超前于准则的需要修改的条款

增加条款 3[②]。

三、《准则》应引领实践，为此需修改和增加的条款

无。

---

① 新增条款 1、4、5 表示在本章第三节中增加的条款前面的序号。
② 新增条款 3 表示在本章第三节中增加的条款前面的序号。

第五节 新旧《准则》对比

《上市公司治理准则》（2002年版）	《上市公司治理准则》（修订建议版）
	上市公司董事与董事会会议决议事项所涉及的企业有关联关系的，不得对该项决议行使表决权，也不得代理其他董事行使表决权。该董事会会议由董事会中过半数的无关联关系董事出席即可举行。董事会会议所作决议须经无关联关系董事过半数通过。出席董事会的无关联关系董事人数不足半数时，应将该事项提交上市公司股东大会审议。
第三十三条　董事应根据公司和全体股东的最大利益，忠实、诚信、勤勉地履行职责。	第三十三条　董事应根据公司和全体股东的最大利益，忠实、诚信、勤勉、谨慎地履行职责。
	董事会成员中应至少有一名女性董事，以促进董事会成员构成的多元化。
	董事会成员中应至少有一名职工董事，以便公司员工能够有效行使参与公司决策的权利。职工董事可通过职工代表大会、职工大会或其他形式民主选举产生。
	董事会应负有监督公司风险管理的职责，对风险管理问责机制及责任进行监督，避免公司可能承担过度的风险。
	上市公司应设置董事会秘书职位，董事会秘书应负责筹备并记录股东大会与董事会会议内容，并妥善保管会议相关的文件，做好公司股东资料管理、信息披露及投资者关系管理等工作。董事会秘书有权参加有关会议，并查阅相关文件，了解公司财务及经营情况。

参考文献

[1] Adams R, Ferreira D. Women in the Boardroom and Their Impact on Governance and Performance [J]. *Journal of Financial Economics*, 2003, 94 (2): 291 - 309.

[2] Carpenter, M. A., M. A. Geletkanycz, G. W. Sanders. Upper Echelons Research Revisited: Antecedents, Elements, and Consequences of Top Management Team Composition [J]. *Journal of Management*, 2004, 30 (6): 749 - 788.

[3] Carter D. A., B. J. Simkins, W. G. Simpson. Corporate Governance, Board Diversity and Firm Value [J]. *Financial Review*, 2003, 38 (1): 33 - 53.

[4] Erhardt N. L., J. D. Werbel, C. B. Shrader. Board of Director Diversity and Firm Financial Performance [J]. *Corporate Governance: An International Review*,

2003, 11 (2): 102 –111.

［5］Hambrick, D. C. Upper Echelons Theory: an Update ［J］. *Academy of Management Review*, 2007, 32 (2): 334 –343.

［6］Hambrick, D. C., P. A. Mason. Upper Echelons—The Organization as are Reflection of Its Top Managers ［J］. *Academy of Management Review*, 1984, 9 (2): 193 –206.

［7］Rosenstein S., J. G. Wyatt. Inside Directors, Board Effectiveness and Shareholder Wealth ［J］. *Journal of financil Economics*, 1997, 44 (2): 229 –250.

［8］Wiersema, M. F., Bantel K A. Top Management Team Demography and Corporate Strategic Change ［J］. *Academy of Management Journal*, 1992, 35 (1): 91 –121.

［9］何威风、刘启亮:《我国上市公司高管背景特征与财务重述行为研究》,载《管理世界》2010 年第 7 期,第 144 ~155 页。

［10］况学文、陈俊:《董事会性别多元化、管理者权力与审计需求》,载《南开管理评论》2011 年第 6 期,第 48 ~56 页。

［11］邵少敏、吴沧谰、林伟:《独立董事和董事会结构、股权结构研究:以浙江省上市公司为例》,载《世界经济》2004 年第 2 期,第 66 ~78 页。

第十一章

加强上市公司的内部监督机制

中国上市公司的内部监督机制主要由两个部分组成：一是董事会中设立的独立董事；二是在公司中设立监事会，进而实现独立董事与监事会双重监督的内部监督模式。综观世界各国上市公司的内部监督模式，主要分为两大类：一是以英美为代表的独立董事制度；二是以德日为代表的监事会制度。中国将这两种监督机制纳入上市公司的内部监督模式中，那么如何更好地强化二者的监督职能，使其有效发挥作用，应当是《准则》修订关注的重点。为此，本部分从独立董事制度与监事会制度两个方面切入分析，并提出进一步完善监督职能，并应予以修订和增补的条款。

第一节 理论研究和实践现状

一、完善独立董事制度

（一）独立董事

依据2001年证监会发布的《关于在上市公司建立独立董事制度的指导意见》中的定义，上市公司独立董事是指不在公司担任除董事外的其他职务，并与其所受聘的上市公司及其主要股东不存在可能妨碍其进行独立客观判断的关系的董事。

（二）独立董事的监督作用

公司董事会由股东赋予权力，是公司日常的决策机构。它代表着公司股东利益，对公司管理层进行监督。但是在股权结构过于集中和过于分散的情况下，董事会可能会出现侵害公司各利益相关者的问题。当公司股权结构过于集中时，董事会受到控股股东的控制，此时可能带来大股东侵占小股东权益的问题；当公司股权结构过于分散时,董事会受到股东影响较少,但却可能受到公司管理层的控制,进而导致管理层人员的机会主义行为。为此,法玛(Fama,1980)最先提出应在董事会中引入独立董事,来解决股东控制和经理人控制的董事会中潜在的问题。独立董事制度的导入,有利于加强董事会专业化决策水平,避免大股东内部控制带来中小股东利益侵占的重要手段,同时也降低了管理层机会主义行为的可能性。

(三)中国上市公司独立董事有效性

从国内现有研究来看,独立董事制度是否能提升企业绩效是关注的焦点之一,虽然从理论上独立董事制度的导入有利于实现公司内部的有效监督,但是从实证结果来看并不一定能够带来企业绩效的提升,甚至可能沦为"花瓶董事"。部分学者尝试性地给出了独立董事制度未能有效发挥作用的原因,如李海舰和魏恒(2006)认为,中国"一股独大"的股权结构导致了中小股东难有话语权,控股股东能够利用其控制权选择符合自身利益的独立董事。此外,针对独立董事有效性的研究还关注了独立董事是否能够有效履职,如杨有红和黄志雄(2015)利用问卷形式调查了中国上市公司的独立董事履职状况,将独立董事履职划分为合规性与效益性,结果发现当前中国上市公司独立董事普遍达到了合规性履职,但是并未实现效益性履职。

从当前公司治理实践来看,中国上市公司普遍实现了在公司治理方面的形式合规,例如独立董事占董事会成员比例普遍达到了1/3、在各个董事会专门委员会中纳入了独立董事等。但是在一些标志性的公司治理事件中,中国上市公司的独立董事则普遍"失声",未能积极主动提出独立意见。例如在中国上市公司中发生控制权争夺时,独立董事能够独立提出意见显得尤为重要,而在国美控制权之争当中,独立董事集体失声,这说明中国当前的独立董事职能仅仅实现了在形式上的合规。大股东与管理层董事的意见产生分歧时,独立董事意见的发表具有重要意义。从上述分析可见,中国上市公司虽然普遍导入了独立董事制度,但是如何更为有效地发挥独立董事的监督作用还需要在制度层面加以完善。此外,缺乏独立董事的董事会可能难以履行其风险监督的职能。如2008年金融危机期间,中国远洋控股股份有限公司董事会盲目投资决策而给公司带来巨亏的事件,作为监督的独立董事未能有效发挥作用,导致公司未能正确判断投资时机。

二、完善监事会制度

(一)监事会

监事会是指由股东大会或职工大会选举产生的,独立行使监督公司业务执行状况、财务状况和其他公司重大事务的权力的股份公司的法定必设专门监督机关。它是公司法人治理结构的重要组成部分。与独立董事的设立类似,中国上市公司设立监事会的目的在于监督大股东侵占行为和管理层的机会主义行为。

(二) 监事会在公司内部监督中的作用

从国内现有的研究成果来看,李维安和王世权(2005)设计了中国上市公司监事会治理绩效评价指标体系,结果显示,监事会治理总体水平较低,不同行业、不同企业性质之间的治理水平存在着很大差别,大股东的持股比例也对监事会治理的有效性具有显著影响。李维安和郝臣(2006)对中国上市公司监事会水平进行评价,评价结果显示我国上市公司监事会治理水平总体偏低,监事会虚置现象仍然存在。监事会治理水平不高,是因为监事会运行过程中存在诸多不足。王世权(2011)指出要实现监事会的有效治理,应着重关注监事会所"提供参与机制"这一机能。从上述研究结果中可见,国内的实证研究认为,监事会作为公司的内部监督机制,所能发挥的作用有限。

从国内的公司治理实践来看,上市公司银广夏财务造假严重,该公司监事会年年都给虚假财务报表"放行",但是银广夏监事会在公告中称,公司年报及摘要客观真实地反映了公司经营情况,没有损害到股东利益,可见其监事会未能有效发挥作用。此外,在提及公司的内部监督时,往往更为强调独立董事是否能够发挥其作用,可见独立董事与监事会之间存在明显的职能重叠和权力冲突,从《公司法》来看,比如独立董事和监事会都拥有财务监督权、都拥有高级管理人员履职行为的监督权、都有权提议召开临时股东大会等,当前中国上市公司内部监督机制发挥作用有限可能也受此影响。为此,如何有效地将独立董事与监事会的监督职能区分开,对于发挥公司内部监督的有效性具有重要意义。

(三) 强化监事会的监督作用

为了进一步强化监事会的监督作用,我们认为可以在监事会构成、监事履职和监事会运行三个方面开展。首先是监事会构成上,从监事选聘、人员规模和成员构成三个角度做出修订,现行准则中,对监事会相关条文的表述具有一定的模糊性,实际的指导价值不足,因此需要进一步细化上市公司监事会人员的成员结构和人数等关键指标;其次是监事履职,现行准则的部分条款,在涉及监事会的范围、人员的职责等内容方面存在一定漏洞,使得监事的作用发挥较为有限,难以完全适应现有的实际发展需求,因此,为促进监事履职需清晰界定监事会职责,区分与独立董事间的监督职责,避免职责交叉的问题;最后是监事会运行,现行准则中,对监事会会议频次、规模等相关条文的表述具有一定的模糊性,缺乏实际的指导价值,因此需进一步量化每年最低开会频次等内容,推动监事会的有效运转。

第二节　数据说明

对上市公司内部监督机制的数据分析包含独立董事制度和监事会治理两个部分。利用中国上市公司治理指数（CCGI^{NK}）和 CSMAR 数据库相关的治理数据，探究当前中国上市公司治理实践中还存在的一些短板。

一、独立董事制度建设

从中国上市公司治理指数（CCGI^{NK}）的独立董事制度指标来看，2013~2017年，独立董事制度指标在2014年达到最高点63.05分，之后有所回落，到2017年为61.21分。虽然独立董事制度指标总体上有所提升，但是得分并不高，略高于60分。进一步从上市公司的独立董事占董事会成员的比重来看，近5年独立董事占比变化不大，均处于37.50%左右，可见上市公司普遍实现了形式上的合规，未来应考虑在《准则》中进一步提高独立董事比重，以提升独立董事的治理作用。具体如表11-1和图11-1所示。

表 11-1　　　　　　　　独立董事制度指标描述性统计

年份	平均值	样本量	标准差	中位数	最小值	最大值
2013	60.63	2470	3.84	60.85	48.73	73.73
2014	63.05	2467	4.46	62.00	51.25	72.50
2015	60.61	2590	4.52	60.75	41.25	72.50
2016	61.49	2807	4.45	61.75	45.00	72.50
2017	61.21	3031	4.49	61.00	45.00	72.50
总计	61.39	13365	4.45	61.00	41.25	73.73

资料来源：中国公司治理研究院的中国公司治理指数（CCGI^{NK}）。

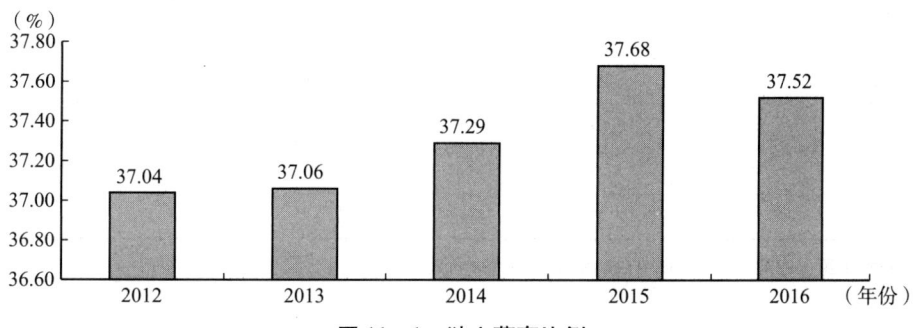

图 11-1　独立董事比例

资料来源：国泰安数据服务中心（CSMAR）。

二、监事会治理

从监事会治理评价指数来看，2013~2017年监事会治理指数保持平稳提升，2017年比2013年高1.40，为58.78分。监事会治理指数始终低于60分，可见中国监事会所能发挥的治理作用有限。从分指数来看，这主要受制于监事胜任能力与监事会规模结构。其中规模结构指标最低，在2013~2017年最大值不超过51分。因此，对现行《上市公司治理准则》的修订应着重于对监事成员专业素质及监事会构成方面，进而提升监事会治理有效性。具体如图11-2和表11-2所示。

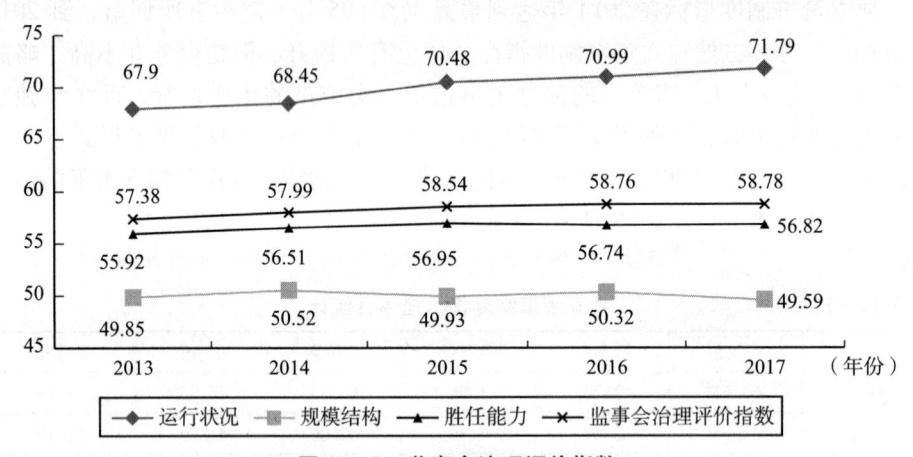

图 11-2　监事会治理评价指数

资料来源：中国公司治理研究院的中国公司治理指数（CCGI[NK]）。

表 11-2　　　　　　　　监事会治理指数描述性统计

年份	平均值	标准差	样本量	中位数	最小值	最大值
2013	57.38	7.16	2470	56.30	38.75	77.56
2014	57.99	7.04	2467	56.94	29.42	78.64
2015	58.54	6.80	2590	57.23	30.24	77.41
2016	58.76	6.76	2807	57.64	31.40	77.60
2017	58.78	5.86	3031	57.24	42.50	78.17
总计	58.32	6.73	13365	57.11	29.42	78.64

资料来源：中国公司治理研究院的中国公司治理指数（CCGI[NK]）。

第三节 修改内容和依据

通过上述分析，一方面，《上市公司治理准则》内容滞后于当前的公司治理实践与相关的法律法规；另一方面，《上市公司治理准则》不应局限于满足现行法律法规，还应领先于当前的制度设计与治理实践，表现出前瞻性。所以对现行准则修改如下：

（1）**修改后**：第四十九条 上市公司应当按照有关规定建立独立董事制度。独立董事应当独立履行职责，不受上市公司主要股东、实际控制人或者与上市公司及其主要股东、实际控制人存在利害关系的单位或个人的影响。独立董事不得在上市公司担任除独立董事外的其他任何职务。为保证公司独立董事能够切实履行职责，独立董事兼职不得超过三家。

原内容：第四十九条 上市公司应按照有关规定建立独立董事制度。独立董事应独立于所受聘的公司及其主要股东。独立董事不得在上市公司担任除独立董事外的其他任何职务。

修改说明：本条参考2004年《关于加强社会公众股股东权益保护的若干规定》及2014年《上市公司独立董事履职指引》，为保证独立董事的独立性，建议增加独立董事不受其他治理主体影响的条款；中国当前独立董事普遍以兼职独董为主，为保证独立董事有效履职，建议增补独立董事兼职应不超过三家。

（2）**修改后**：第五十条 独立董事应当忠实履行职务，维护公司利益，尤其要关注社会公众股股东的合法权益不受损害。独立董事应按照相关法律、法规、公司章程的要求，认真履行职责，以公司可持续发展和公司长期价值为导向，维护公司整体利益，尤其是关注公司各利益相关者的合法权益不受损害。

原内容：第五十条 独立董事对公司及全体股东负有诚信与勤勉义务。独立董事应按照相关法律、法规、公司章程的要求，认真履行职责，维护公司整体利益，尤其要关注中小股东的合法权益不受损害。独立董事应独立履行职责，不受公司主要股东、实际控制人以及其他与上市公司存在利害关系的单位或个人的影响。

修改说明：本条参考2004年《关于加强社会公众股股东权益保护的若干规定》及2015年《G20/OECD公司治理原则》。建议增加独立董事应关注于公司长期价值，避免公司短视行为，并维护公司利益相关者的利益不受侵害等相关条款。

（3）**增加条款**：重大关联交易、聘用或解聘会计师事务所，应由1/2以上独立董事同意后，方可提交董事会讨论。经全体独立董事同意，独立董事可独立聘请外部审计机构和咨询机构，对公司的具体事项进行审计和咨询，相关费用由公司承担。

修改说明：本条参考2004年《关于加强社会公众股股东权益保护的若干规定》，为了保证外部审计机构的独立性，公司外部审计机构的选聘应由公司独立董事1/2以上同意。因此建议增加相应条款。

（4）增加条款：上市公司应当建立独立董事工作制度，董事会秘书应当积极配合独立董事履行职责，独立董事每年为所任职上市公司有效工作的时间原则上不少于20个工作日。上市公司应当保证独立董事享有与其他董事同等的知情权，及时向独立董事提供相关材料和信息，定期通报公司运营情况。

修改说明：本条参考2004年《关于加强社会公众股股东权益保护的若干规定》及2014年《上市公司独立董事履职指引》，独立董事有效履职的基础是在上市公司中建立独立董事工作制度，要求独立董事定期了解公司运营状况，进而有效参与公司决策，因此建议增加有关独立董事履职的条款。根据当前中国公司治理实践经验，上市公司董事会会议次数普遍为8~9次，因此相对应的独立董事工作时长也应予以增加，否则独立董事工作时长难以有效覆盖全年参加董事会会议的会议次数，因此，建议延长独立董事有效工作时长至20个工作日。

（5）增加条款：独立董事应当按时出席董事会会议，了解上市公司的生产经营和运作情况，主动调查、获取做出决策所需要的情况和资料。独立董事应当向公司股东大会提交年度述职报告，对其履行职责的情况进行说明。

修改说明：本条参考2004年《关于加强社会公众股股东权益保护的若干规定》，独立董事有效履职要求独立董事自身应积极参与了解公司运营状况，并定期提交述职报告，由股东大会审议通过，因此建议增加有关独立董事述职的条款。

（6）修改后：第五十一条 独立董事的任职条件、选举更换程序、职责等，应符合有关规定。独立董事任期届满前，无正当理由不得被免职。提前免职的，上市公司应将其作为特别披露事项予以披露。独立董事每届任期与该上市公司其他董事任期相同，任期届满，连选可以连任，但是连任时间不得超过六年。

原内容：第五十一条 独立董事的任职条件、选举更换程序、职责等，应符合有关规定。

修改说明：本条结合2004年《关于加强社会公众股股东权益保护的若干规定》及2014年《上市公司独立董事履职指引》补充。建议在新版上市公司治理准则中，应加入保护独立董事权利的相关规定，确保独立董事权利不受侵害，如无正当理由时，不得将独立董事随意免职。此外，建议加入独立董事连任时长的限制，目的是为了避免独立董事长期在一家公司工作失去其独立监督的作用。

（7）增加条款：强化上市公司协会独立董事委员会职能，加强上市公司独立董事自律，搭建独立董事交流、联谊平台，组织开展独立董事相关专业问题的调研与研究，反映上市公司和独立董事的呼声和诉求，为监管机构改进、完善独立董事相关政策提供建议。

修改说明：2014 年中国上市公司协会成立独立董事委员会，旨在促进、提高上市公司独立董事自律规范水平，对上市公司独立董事相关制度进行深入研究，推进上市公司治理和独立董事制度进一步完善。为此建议强化独立董事委员会职能。

（8）增加条款：上市公司应创造条件，使独立董事在没有高级管理人员参与的情况下，独立提出意见建议。

修改说明：根据独立董事相关研究成果，独立董事在董事会会议提出意见容易受到其他各方干扰，为保证其意见的独立性，建议增加相应条款。

（9）增加条款：提高上市公司独立董事比例，要求上市公司独立董事比例应达到 40% 以上。

修改说明：现行美国法律法规要求美国上市公司独立董事比例达到半数以上，而《关于在上市公司建立独立董事制度的指导意见》（2001）目前仅要求上市公司独立董事比例高于 1/3，从目前中国上市公司数据来看，大多数上市公司独立董事比例已达到这一规定，建议未来进一步提升独立董事比例。

（10）增加条款：当上市公司内部董事间或股东间发生利益冲突时，独立董事应主动发表意见。但独立董事发声不应向公司外部泄露商业机密。

修改说明：从中国公司治理实践的标志性事件，例如万科、国美的公司控制权争夺中，可以看出公司独立董事普遍在公司内发生利益冲突时很少发表意见，因此建议增加相应条款。

（11）增加条款：监事的选聘应重点突出独立性、专业性、平衡性，并鼓励导入独立监事制度；独立监事不应与上市公司高级管理人员存在任何关联关系，且监事代表应能体现不同类别股东的利益诉求。

修改说明：监事会的监督能力是建立在监督有效性和独立性的基础上的，其中导入独立监事，是为了进一步增加上市公司监事会的独立性，这也是当前国际较为常见的做法，如日本《商法》要求大公司监事的人数为 3 人以上且其中一人必须为独立监事、《德国上市公司治理原则》中关于独立监事治理制度的设定、《台湾证券交易所股份有限公司有价证券上市审查原则》规定至少设置独立监察人 1 人，否则不同意其上市。因此，独立监事也不应与上市公司高级管理人员存在任何关联关系。同时，监事制度的设立，其本质是在最大程度上保护中小股东的利益，并在此基础上尽可能代表不同类别的中小股东，最大限度地发挥其监事作用与效果。

（12）增加条款：上市公司应进一步明确监事会同独立董事制度两者的具体职责范围的划分。

修改说明：本项内容为自愿性披露内容，主要由于当前我国监事会未能有效发挥自身职责，其重要原因在于其诸多职责与独立董事职责相重叠，造成监督盲区以及监督资源浪费。建议准则应增加相应条款，明确独立董事与监事会的具体职责划分。具体可参照《关于在上市公司建立独立董事制度的指导意见》对独立董事职权，以及《上市公司章程指引（2016 年修订）》第 144 条对监事会职权的规定。

（13）增加条款：上市公司董事、高级管理人员不得兼任监事。

修改说明：增加本条内容，其目的主要是进一步确保监事独立性，以最大限度发挥其监督职能；本条为强调事项，对禁止兼任做出单独说明。具体可参考《公司法》第 117 条中的相关规定。

（14）增加条款：建议我国上市公司的监事会应包括适当比例的公司职工代表，其中职工代表的比例不得低于 1/3，具体比例由公司章程规定。监事会中的职工代表由公司职工通过职工代表大会、职工大会或者其他形式民主选举产生。

修改说明：当前我国《公司法》第 71 条规定：国有独资上市公司的职工代表基本达到 1/3，但并未对其他类型的上市公司做强制性要求。事实上，员工作为公司最为重要的利益相关者之一，监事会的构成中应当包括适当比例的公司职工代表，去行使对董事、经理和其他高级管理人员及公司财务的监督权，以充实监督力量，进一步维护职工权益，提升监督的有效性。

（15）修改后：第六十六条　上市公司监事会规模不少于 3 人，且监事会应每季度至少召开一次会议，每年开会次数不少于 6 次。并根据需要及时召开临时会议。监事会会议因故不能如期召开，应公告说明原因。

原内容：第六十六条　监事会应定期召开会议，并根据需要及时召开临时会议。监事会会议因故不能如期召开，应公告说明原因。

修改说明：首先对监事会规模做出详细规定，在形式上保证监事会的有效性。事实上关于监事会规模，《公司法》《社会团体登记管理条例》均做出详细说明，从实际出发 3 人是当前各类组织较为惯例性的做法。其次原有条款中"定期"召开会议显得较为模糊，并具有一定的随意性，对于召开会议的频率和次数并没有做出强制性的要求。从近 10 年上市公司公布的年报数据来看，监事会会议频次平均值达到 5.18 次，且有逐年上升的趋势。本着规则引领的原则，结合实际运营情况，建议上市公司监事会每年的会议频次不少于 6 次。

（16）增加条款：鼓励上市公司构建董事会、监事会成员等人员信息的详细披露制度，其中包括相关的选举流程、担任其他单位职位的情况，以及董事会对其独立性的认定等内容的披露。

修改说明：作为内部治理的关键主体，关于董事会成员、高级管理人员成员的信息背景及其薪酬的披露，不仅可以进一步提升信息披露质量，增加社会力量的监督，也可以在一定程度上避免代理问题。事实上，这一点在信息披露制度较成熟的国家中，如英国《Cadbury 报告》《德国上市公司治理准则》等，也均有具体规定，在我国关于《公开发行证券的公司信息披露内容与格式标准第 2

号——年度报告的内容与格式》（2017）也做出了相应说明。

第四节　修改条款汇总

一、现行准则滞后于现行法律法规，需要对准则进行修改和增加的条款

第四十九条、第五十条、第五十一条、第六十六条、增加条款3、4、5、13、14、16①。

二、目前治理实践超前于准则的需要修改和增加的条款

增加条款7、8、12②。

三、《准则》应引领实践，为此需修改和增加的条款

增加条款9、10、11③。

第五节　新旧《准则》对比

《上市公司治理准则》（2002年版）	《上市公司治理准则》（修订建议版）
第四十九条　上市公司应按照有关规定建立独立董事制度。独立董事应独立于所受聘的公司及其主要股东。独立董事不得在上市公司担任除独立董事外的其他任何职务。	第四十九条　上市公司应当按照有关规定建立独立董事制度。独立董事应当独立履行职责，**不受上市公司主要股东、实际控制人或者与上市公司及其主要股东、实际控制人存在利害关系的单位或个人的影响**。独立董事不得在上市公司担任除独立董事外的其他任何职务。**为保证公司独立董事能够切实履行职责，独立董事兼职不得超过三家**。

---

① 新增条款3、4、5、13、14、16表示本章第三节增加的条款前面的序号。
② 新增条款7、8、12表示本章第三节增加的条款前面的序号。
③ 新增条款9、10、11表示本章第三节增加的条款前面的序号。

续表

《上市公司治理准则》（2002年版）	《上市公司治理准则》（修订建议版）
第五十条 独立董事对公司及全体股东负有诚信与勤勉义务。独立董事应按照相关法律、法规、公司章程的要求，认真履行职责，维护公司整体利益，尤其要关注中小股东的合法权益不受损害。独立董事应独立履行职责，不受公司主要股东、实际控制人以及其他与上市公司存在利害关系的单位或个人的影响。	第五十条 独立董事应当忠实履行职务，维护公司利益，尤其要关注**社会公众股股东**的合法权益不受损害。独立董事应按照相关法律、法规、公司章程的要求，认真履行职责，以公司可持续发展和公司长期价值为导向，维护公司整体利益，尤其是关注公司各利益相关者的合法权益不受损害。
	重大关联交易、聘用或解聘会计师事务所，应由1/2以上独立董事同意后，方可提交董事会讨论。经全体独立董事同意，独立董事可独立聘请外部审计机构和咨询机构，对公司的具体事项进行审计和咨询，相关费用由公司承担。
	上市公司应当建立独立董事工作制度，董事会秘书应当积极配合独立董事履行职责，独立董事每年为所任职上市公司有效工作的时间原则上不少于**20**个工作日。上市公司应当保证独立董事享有与其他董事同等的知情权，及时向独立董事提供相关材料和信息，定期通报公司运营情况。
	独立董事应当按时出席董事会会议，了解上市公司的生产经营和运作情况，主动调查、获取做出决策所需要的情况和资料。独立董事应当向公司股东大会提交年度述职报告，对其履行职责的情况进行说明。
第五十一条 独立董事的任职条件、选举更换程序、职责等，应符合有关规定。	第五十一条 独立董事的任职条件、选举更换程序、职责等，应符合有关规定。独立董事任期届满前，无正当理由不得被免职。提前免职的，上市公司应将其作为特别披露事项予以披露。独立董事每届任期与该上市公司其他董事任期相同，任期届满，连选可以连任，但是连任时间不得超过六年。
	强化上市公司协会独立董事委员会职能，加强上市公司独立董事自律，搭建独立董事交流、联谊平台，组织开展独立董事相关专业问题的调研与研究，反映上市公司和独立董事的呼声和诉求，为监管机构改进、完善独立董事相关政策提供建议。
	上市公司应创造条件，使独立董事在没有高级管理人员参与的情况下，独立提出意见建议。
	提高上市公司独立董事比例，要求上市公司独立董事比例应达到**40%**以上。

续表

《上市公司治理准则》（2002年版）	《上市公司治理准则》（修订建议版）
	当上市公司内部董事间或股东间发生利益冲突时，独立董事应主动发表意见。但独立董事发声不应向公司外部泄露商业机密。
	监事的选聘应重点突出独立性、专业性、平衡性，并鼓励导入独立监事制度；独立监事不应与上市公司高级管理人员存在任何关联关系，且监事代表应能体现不同类别股东的利益诉求。
	上市公司应进一步明确监事会同独立董事制度两者的具体职责范围的划分。
	上市公司董事、高级管理人员不得兼任监事。
	建议我国上市公司的监事会应包括适当比例的公司职工代表，其中职工代表的比例不得低于1/3，具体比例由公司章程规定。监事会中的职工代表由公司职工通过职工代表大会、职工大会或者其他形式民主选举产生。
第六十六条　监事会应定期召开会议，并根据需要及时召开临时会议。监事会会议因故不能如期召开，应公告说明原因。	第六十六条　上市公司监事会规模不少于3人，且监事会应每季度至少召开一次会议，每年开会次数不少于6次。并根据需要及时召开临时会议。监事会会议因故不能如期召开，应公告说明原因。
	鼓励上市公司构建董事会、监事会成员等人员信息的详细披露制度，其中包括相关的选举流程、担任其他单位职位的情况，以及董事会对其独立性的认定等内容的披露。

参考文献

[1] Fama E F. Agency Problems and the Theory of the Firm [J]. *Journal of Political Economy*, 1980, 88 (2): 288-307.

[2] 蒋荣、刘星、刘斌:《中国上市公司外部审计治理有效性的实证研究——基于CEO变更视角》，载《财经研究》2007年第11期，第92~103页。

[3] 李海舰、魏恒:《重构独立董事制度》，载《中国工业经济》2006年第4期，第88~97页。

[4] 李维安、郝臣:《中国上市公司监事会治理评价实证研究》，载《上海财经大学学报》2006年第3期，第78~84页。

[5] 李维安、王世权:《中国上市公司监事会治理绩效评价与实证研究》，

载《南开管理评论》2005年第1期，第4~9页。

［6］王世权：《监事会的本原性质、作用机理与中国上市公司治理创新》，载《管理评论》2011年第4期，第47~53页。

［7］杨有红、黄志雄：《独立董事履职状况和客观环境研究》，载《会计研究》2015年第4期，第20~26页。

第十二章

完善上市公司绩效评价和激励约束机制

第一节 理论研究和实践现状

一、董事、监事和高管的任职资格

(1) 董事任职资格指具备什么条件方可担任董事。由于董事要代表股东对公司进行领导和管理,所以董事不仅需有经营管理的才能,还要有良好的个人品质和信誉。董事的任职资格包括积极资格和消极资格。前者主要指其具备的业务素质、法律素质、管理能力与知识能力等素质能力;后者主要指其不应具备的条件,针对这一资格,我国《公司法》(2014)规定,有下列情形之一的,不得担任公司的董事:①无民事行为能力或者限制民事行为能力;②因贪污、贿赂、侵占财产、挪用资产或者破坏社会主义市场经济秩序,被判处刑罚,执行期满未逾五年,或者因犯罪被剥夺政治权利,执行期满未逾5年;③担任破产清算的公司、企业的董事或者厂长、经理,对该公司、企业的破产负有个人责任的,自该公司、企业破产清算完结之日起未逾3年;④担任因违法被吊销营业执照、责令关闭的公司、企业的法定代表人,并负有个人责任的,自该公司、企业被吊销影响执照之日起未逾3年;⑤个人所负数额较大的债务到期未清偿。[①]

(2) 监事任职资格指监事履行职务时所需要具备的条件。除了与董事一样的限制条件外,《公司法》(2014)还有如下规定:①持股条件:即监事是否必须持有公司股份,具有股东身份。由于监事会成员由股东代表和职工代表组成,而职工代表无须持有公司股份,没有异议;股东代表是否必须持有公司股份则没有达成一致。②身份条件:根据相关规定和公司实践来看,监事只能由自然人担任。③兼职条件:公司的董事、高级管理人员不得兼任公司的监事。

---

① 来自《公司治理手册》(2015)。

(3) 高级管理人员任职资格指高级管理人员履行董事会委托工作所需要具备的条件。高级管理人员由自然人担任,限制条件除了与董事、监事相同的之外,还规定经理可以不是股东。

二、董事、监事和高管的义务

董事、监事和高管的义务主要是指董事、监事和高级管理人员法律上应尽的责任。我国《公司法》(2014)第147条对公司的董事(监事和高级管理人员亦然)的义务作了如下规定:"董事、监事、高级管理人员应当遵守法律、行政法规和公司章程,对公司负有忠实义务和勤勉义务,董事、监事、高级管理人员不得利用职权收受贿赂或者其他非法收入,不得侵占公司的财产。"同时第148条规定不得有下列行为:(1)挪用公司资金;(2)将公司资金以其个人名义或者以其他个人名义开立账户存储;(3)违反公司章程的规定,未经股东会、股东大会或者董事会同意,将公司资金借贷给他人或者以公司财产为他人提供担保;(4)违反公司章程的规定或者未经股东会、股东大会同意,与本公司订立合同或者进行交易;(5)未经股东会或者股东大会同意,利用职务便利为自己或者他人谋取属于公司的商业机会,自营或者为他人经营与所任职公司同类的业务;(6)接受他人与公司交易的佣金归为己有;(7)擅自披露公司秘密;(8)违反对公司忠实义务的其他行为。关于勤勉义务是指董事、监事、高级管理人员有义务积极履行其作为董事、监事、高级管理人员的职责。

一些学者对勤勉义务的内容进行了较为具体的分析,如张维迎(2005)指出在我国公司治理的法律问题中,董事、总经理对股东的诚信责任是最重要的,而诚信责任可以分为忠诚义务和勤勉义务(也有人译为注意义务),前者强调个人品德和道德情操,后者强调个人能力和工作态度。也有学者(王平,2007)认为勤勉义务包括以下几个方面:(1)熟练掌握公司规则和相关文件;(2)须具有营业报告书的请求权和财务财产的调查权;(3)出席董事会会议和召集股东大会;(4)对提交给董事会的议案和文件进行研究;(5)具有经营判断和妥当性判断的能力;(6)具有监督业务职责;(7)判断竞争交易和自我关联交易。

三、对董事、监事和高管进行绩效评价的原因和途径

(一)董事会绩效评价

1. 对董事进行绩效评价的原因

在公司治理实践中,董事会绩效愈加成为人们关注的焦点。这主要是因为董事会是公司日常经营决策和经营管理机构,其绩效直接关系到公司治理和企业战

略管理的成败。

在 2007 年，我国著名白酒生产商古井集团数名高管涉嫌腐败，甚至以董事长为首的管理人员相互复制受贿模式，侵吞国有资产。2008 年三毛派神未按规定披露开具大额商业承兑汇票、公司重大担保、重大关联交易以及年报中披露虚假利润，诸如此类董事会涉嫌违法案件层出不穷。这无不反映出我国公司董事会治理问题凸现。主要表现在以下几个方面：(1) 监督作用大于咨询作用。一个公司的董事会不仅要发挥监督总经理的作用，更要引导和指导正确合理的决策。在我国大多数公司都把董事会片面地理解为掌握公司权力的机构，从而使其成为权力角逐的战场，一些成员为了控制董事会甚至不惜牺牲公司和股东利益来实现自身目标，而对于董事会应该承担的义务以及因决策失误应该接受的惩罚很少被提及。(2) 缺乏具有独立性的董事会成员。除了独立董事以外的执行董事应具有较强的独立性。虽然我国《公司法》规定引入适当比例的外部董事和独立董事，但其很难在公司决策中发挥作用，使得决策权力仍然掌握在内部人手中，从而造成一些"花瓶董事""影子董事"的现象。(3) 董事会结构单一，责任不清晰。应该建立职责清晰、分工明确的专业委员会。我国上市公司多数还未建立专业委员会，即使建立，权力也有限，仍然受制于董事会少数人的控制，从而使得在行使职能上的专业性较弱。(4) 两职兼任比例过大。降低了董事会的独立性，减小对高级管理人员监督的有效性，从而很难在两者之间做到平衡。(5) 董事会成员的职业能力较低。公司董事学历或者专业能力较低，且由于缺乏竞争性职业市场，使得其责任和报酬等方面缺乏规范性的程序和制度。随着董事会治理问题的出现，人们逐渐关注于董事会绩效，而对董事会进行绩效评价也成为学者研究的聚焦点。那么为什么要对董事会进行绩效评价呢？

第一，有助于维护股东利益，为公司创造价值。由于上市公司中的股东和董事会之间存在委托—代理关系，即前者作为公司所有者是委托人，将公司业务委托给后者，并赋予后者最高的决策权，而后者作为代理人，可以代表股东对公司的生产经营活动进行监督和管理，其绩效会直接影响到股东利益。为了自身利益最大化，股东有很强的动机了解董事会的绩效，依此来衡量董事会的履职情况、对其是否代表股东利益以及判断是否增加股东价值进行监督。

第二，有利于实施激励约束机制，提高公司治理效率。由于公司股东和董事会之间作为委托—代理双方都存在自身利益，如果公司能将各利益主体在合作中产生的外在性内在化，即通过克服代理人的相互偷懒与"搭便车"动机，来提高代理人的努力程度，那么可以提高经营绩效。由于股东的监督程度可能会因为与董事会的利益和动机相同而降低，一种有效的安排就是在两者之间形成利益制约关系，即引入激励约束机制。而这一机制有效发挥的前提是正确评价董事会的绩效，如果缺乏良好的绩效评价体系，不仅很难对董事会绩效进行合理的考量和评价，而且没有合理的奖罚依据，那么股东对董事会的奖罚机制存在很大的主观性，不仅影响后者履职的积极性，从而可能带来董事会的低效率，而且无法建立有效的激励约束机制。因此，对董事会绩效进行合理的评价，在形成客观合理的奖罚依据的基础上建立有效的激励约束机制，有利于董事会履职为股东利益带来高效率。

第三，便于不同董事会成员目标一致，为公司整体利益服务。由于董事会是由不同身份的董事组成的，其代表的利益群体包括大股东、中小股东，他们在行使决策权时会因利益主体的不同而存在不同的利益导向，一般来说，为了实现一方利益的决策可能会损害其他方的利益，所以，上市公司需要评价董事会绩效。这种绩效评价不能是单纯地对某一利益群体进行绩效评价，而是要从公司的整体目标作为出发点，对每个董事会成员进行绩效评价，从而使得他们不仅仅考虑自身利益，而是注重整体利益，这可以促进不同董事会成员的个人决策的独立性和公正性，便于目标达成一致。

2. 董事会绩效评价体系

董事会在上市公司中的重要作用以及对董事会进行绩效评价的原因分析，决定了对董事会进行绩效评价的必要性。那么如何对其进行有效评价将成为一个难点。现有研究主要提出了三种绩效评价体系。

第一种是四维评价体系。在将董事会成员分为执行和非执行董事的基础上，绩效评价指标包括董事会整体、董事长、董事会成员和独立董事绩效四个维度（郭燕雄等，2008），之后通过对每个维度设置具体的评价指标来对董事会的绩效进行评价。对董事会整体而言，主要的评价指标有董事会的独立性、董事会安排的会议次数、与股东之间的沟通、是否聘用恰当的总经理、是否作出正确的董事会决策、是否增加了股东和公司价值等；对于董事长绩效而言，主要的评价指标包括主持召开股东大会、组织召开董事会会议情况等；对于董事会成员绩效而言，主要的评价指标包括具有专业知识、提供有价值的意见、会议准备和出席情况等；对于独立董事而言，主要的评价指标较前者多一些其他的指标，如独立的判断能力、监督董事会的行为、维护公司整体利益、保护中小股东利益等情况。

第二种是经济增加值评价体系。经济增加值反映了公司在一定时期的经营绩效，可以度量公司的真正利润且有具体的计算公式。由于董事会受股东委托管理公司的各项生产经营活动，从股东利益作为出发点，最终目的同样是为股东创造价值。股东可以使用经济增加值直接判断是创造了价值还是损害了自己的利益，并且该指标可以反映董事会管理公司的状况，股东可以据此来间接判断董事会履职情况，从而对董事会的绩效进行评价。

第三种是平衡计分卡。该指标体系最初是由卡普兰和诺顿（Kaplan and Norton，1996）提出用于绩效管理的工具，它是从财务角度和非财务角度进行评价的，且将企业的发展战略和企业绩效有机地结合起来，包括财务、顾客、内部业务流程、学习与发展四个方面的绩效指标（耿云江和戴月，2009）。具体为：财务方面，董事会的绩效最终体现在公司绩效上，由于公司经营的直接目的和最终结果是为股东创造价值，利润是公司所追求的最终目标，从而财务绩效一直是评价董事会绩效的主要标准；顾客方面，由于上市公司股东委托董事会进行公司的生产经营活动，董事会要代表股东利益，且为之服务，那么股东可以说是董事会的顾客，评价指标主要包括：股东对董事会工作的满意度、两者之间沟通的程度、董事会对股东投诉的处理情况等；内部业务流程维度，董事会为了更好地履职，须建立一套运行流畅的内部业务流程，这样可以提高董事会的决策效率，评价指标主要包括：董事会独立性、董事会成员之间的沟通合作能力、高管人员业绩评价的合理性、总经理的选聘系统及监督战略决策执行情况等；学习与发展方面，面临着激烈的竞争和巨大的压力，上市公司董事会需要不断学习、提升董事能力，增强自身竞争力，才能提高公司绩效，主要评价指标包括有董事的教育水平和管理水平、参加培训的董事人数、董事会内部沟通的有效性、董事会的决策知识与业务技能等。

综上可以看出在现有对上市公司董事会进行绩效评价时，不仅要充分考虑董事会成员的财务业绩，更要考虑到其非财务业绩。这要通过董事会成员的工作经验考察其任职资格，而且要考虑到其积极履职情况以及面临的时间分配压力和独立性。

（二）监事会绩效评价

监事会的绩效评价有助于确定股东对监事会的目标和工作标准，促进有效的委托代理关系形成，保证股东对监事会履职情况进行有效检查、反馈和控制。在评价监事会绩效时，应基于监事会成员的任务不同而实施差异化评价。具体包括：

监事会主席是监事会的主要召集人，应围绕贯彻落实公司决策情况、监督董事和高级管理人员情况、监督企业重大经营事项等方面进行绩效评价；股东监事是代表股东利益，应从检查公司财务、监督董事和高级管理者经营活动等方面进行绩效评价；职工监事主要代表职工利益，应从其了解熟悉企业情况、与职工关系等方面进行绩效评价。

（三）高级管理人员绩效评价

高级管理人员绩效评价就是指以特定的指标维度，使用相应的评价方法，对高级管理人员任期内绩效进行科学、客观和公正的综合性评价。

李维安和张国萍（2005）从公司治理客体——经理层视角构建中国上市公司经理层治理评价指数，并借此从任免制度、执行保障、激励约束机制三个基本维度以及第一大股东不同性质等多视角对931家中国上市公司样本的治理状况进行实证研究，同时，构建上市公司综合绩效评价体系，从最优化和安全性两个视角考察公司效能，并对两个评价指数进行综合相关性和回归研究，评价结果显示：

经理层治理状况总体偏低，各主因素得分有较大的差异，经理层治理水平的改善，有利于治理绩效的提高。

为此需要对设置有效的高级管理人员绩效评价系统。（1）设计全面的绩效评价体系。不仅包括对企业绩效的评价，还要包括高管人员个人能力素质的考核、考虑宏观环境的影响等等，全面地考核高管人员的绩效。（2）选取新的指标。对指标的选取有一定的认同，同时选取新的指标，比如 EVA、托宾 Q 等。（3）改善评价方法。评价体系注重定量的评价，期望所有方面都能通过给选定的指标赋值来得到客观的评价。

四、董事、监事和高管的激励和约束机制

（一）董事激励和约束机制

目前执行董事的薪酬制度，主要类型包括固定薪酬和浮动薪酬，浮动薪酬是以股票期权为表现形式；非执行董事的薪酬仅是一定数量的工资、津贴等固定薪酬，而不存在浮动薪酬。《上市公司股权激励管理办法（试行）》对上市公司执行董事可以获取的薪酬做了规定：上市公司可以对执行董事施行股票期权、限制性股票等股权激励，对独立董事不应施行股票期权、限制性股票等股权激励。

詹森和麦克林（Jensen and Mickling，1976）指出，不拥有公司全部股份的董事或经理并不承担他们管理公司决策的所有后果，为了更好地使董事、经理和股东的利益相一致，需要建立各种市场和契约机制来激励和监督董事和经理，从而有效地降低代理成本。杨青等（2009）发现上市公司中 CEO 薪酬与公司业绩正向相关，董事薪酬对公司业绩没有显著影响；结论认为，我国上市公司中董事与 CEO 关系并非简单合谋或共同激励关系，而是处于 CEO 选择合适角色或监控得当，董事仍持代理角色，并且其战略指导要弱于监控作用的"单边激励"状况。郑志刚等（2017）发现，薪酬水平高的独立董事能够显著改善上市公司绩效，而独立董事薪酬差别化带来的效应仅在其平均薪酬水平较高时才会显现，他们认为激励充分的独立董事将通过合理制定经理人薪酬来显著提高经理人的薪酬绩效敏感性，进而形成对经理人的有效激励，另外受到充分薪酬激励的独立董事将通过更加积极参加会议并向董事会议案出具否定意见的方式来履行监督职能。

（二）监事激励和约束机制

由于监事会缺乏应有的激励机制，导致监事会成员无法有效履行监督职责，与高管相比，监事薪酬较低，并且监事的薪酬以及申请监督费用会受到高管的制约。股东为使经理层为其谋利而付出高昂的代理成本，而对监事为其监督经理层却不愿付出一定的监督代理成本，那么监事的监督效果显然不太令人满意。

为更好发挥监事的作用，应完善监事的激励和约束作用。可以考虑对监事实施一定的激励计划，如提高监事的薪酬，给予一定的期权奖励。另外应当借鉴先进国家和地区的监事会法律制度的有效经验，完善并加重监事和监事会怠于履行职责时的法律责任。

（三）高管激励和约束机制

股份制企业所有权和经营权的分离，带来企业所有者与管理者的利益冲突，不利于企业的长期发展。为此，股东开始采用股权激励的方法，将企业利益与管理者利益相关联。例如，科尔（Kole，1997）首次考察不同激励契约的选择与代理成本的关系，发现公司代理问题严重时，股票期权契约会得到更多的应用。诺希尔和托德（Nohel and Todd，2005）探究了股票期权契约在整个薪酬组合中的地位，结果指出股东—经理人之间的信息不对称是股票期权契约应用的重要原因。并且柏曼和维雷西（Baima and Verrecchia，1996）从理论上指出内部人交易盛行能够降低公司股票的市场流动性，罗尔斯登（Roulstone，2003）进一步实证发现内部人交易契约限制的公司股票期权契约的应用也更为普遍。在中国资本市场上，弗恩等（Firth et al.，2006）和克等（Ke et al.，2009）发现，总体上高管薪酬、大股东性质、在香港上市等因素或影响到高管薪酬绩效敏感性。其他因素，如政府管制（Perry et al.，2000）、国有股比例（Kato et al.，2004）也会影响高管薪酬业绩敏感性。在高管薪酬粘性研究（Garvey et al.，2006；方军雄，2009）中，高管薪酬在绩效上升和绩效下降时的反应不同。陈冬华等（2015）指出高管和职工薪酬激励对未来绩效增长都具有积极作用，并且，职工对企业未来绩效的积极作用高于高管；高管与职工薪酬变化同步性越强，对未来绩效的积极作用越明显。

因此，为降低我国上市公司的经营风险，促进其健康、有序、稳健地发展，需要从优化高管薪酬结构、有步骤地推动实施股权激励和引入长期风险调整收入、强化退出机制等方面来改善高管薪酬激励与约束机制。

第二节　数　据　说　明

图12-1给出的是董事会治理指数情况。从图12-1中可以看出，董事会组织结构指数最高，最低的是董事薪酬指数，2013~2017年董事会组织结构、独立董事制度、董事薪酬和董事会治理评价指数变化比较平稳，董事权力与义务和董事会运作效率波动比较大，并且与董事会总的治理评价指数相比，董事会组织结构指标指数、2013~2014年董事权力与义务指数和2015~2017年董事会运作效率指数较大，其他年份董事薪酬以及独立董事制度指数均较小，还不够完善，说明董事会治理指数的分指标中还存在不足。

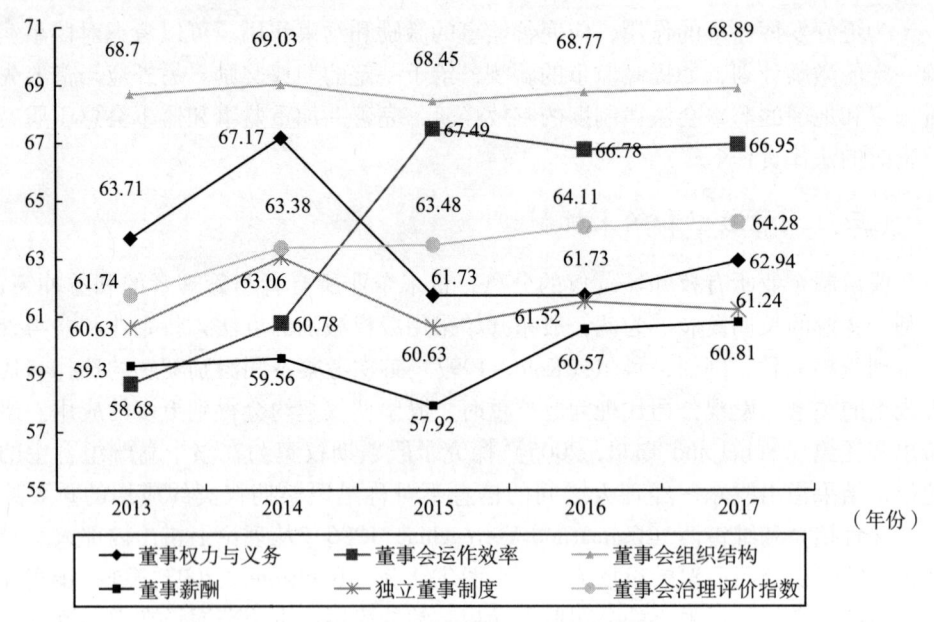

图 12-1 董事会治理指数情况

资料来源：中国公司治理研究院的中国公司治理指数（CCGI^NK）。

图 12-2 给出的是监事会治理指数情况。从图 12-2 中可以看出，监事会运作状况指数最高，监事会规模结构指数最低，从变化率来看，监事会这四个指标变化都比较平稳没有出现较大的波动性；另外，与监事会总指数相比，运行状况指数高于监事会总指数高于胜任能力指数和规模结构指数，这说明监事会在胜任能力和规模结构方面还存在不足，还不够完善。

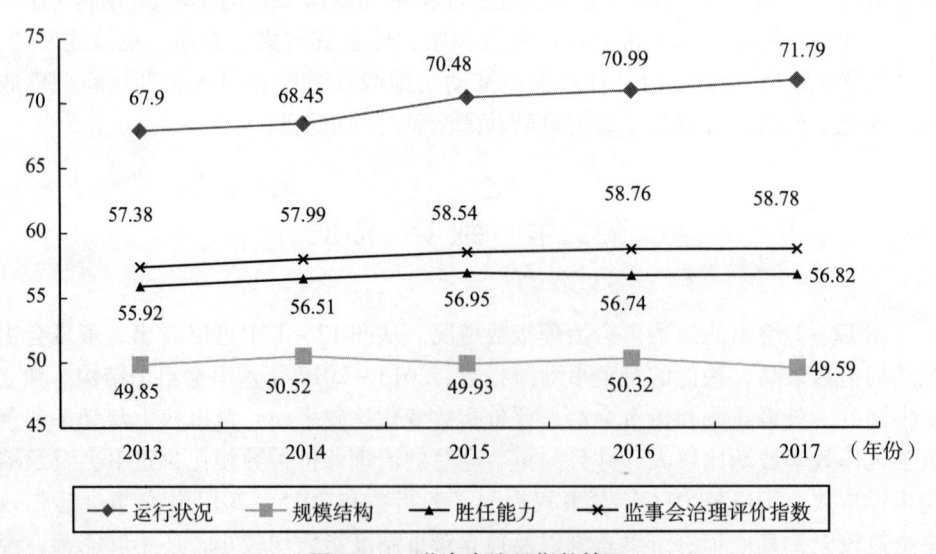

图 12-2 监事会治理指数情况

资料来源：中国公司治理研究院的中国公司治理指数（CCGI^NK）。

图 12-3 给出的是高管治理指数情况。从图 12-3 中可以看出,高管执行保障指数最高,激励约束指数最低,并且 2013~2017 年变化比较大的指数为激励约束指数,主要是呈现上升趋势,与高管治理评价指数相比,高管执行保障指数、任免制度指数较高,并且均高于激励约束指数,可以看出上市公司中高管的激励约束还有待完善。

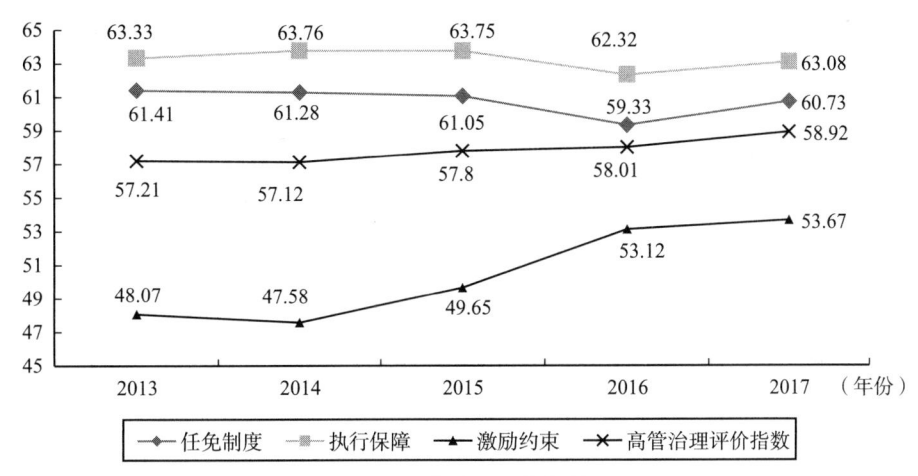

图 12-3 高管治理指数情况

资料来源:中国公司治理研究院的中国公司治理指数(CCGI^{NK})。

表 12-1 给出的是董事会、监事会和高管整体治理指数情况。从表 12-1 中可以看出均值指数最高的是监事会运行状况指数,为 70.04,在极小值中董事会组织结构和运行状况中存在 0 值,极大值中董事会组织结构最高达到 106,从波动性来看,最高的是高管的激励约束指数,为 15.17。

表 12-1 董事会、监事会和高管整体治理指数情况

指标	均值	极小值	极大值	标准差
董事权力与义务	63.38	46.50	75.50	4.92
董事会运作效率	64.35	39.00	74.00	5.21
董事会组织结构	68.77	0.00	106.00	6.85
董事薪酬	59.69	50.00	77.30	5.72
独立董事制度	61.40	41.30	73.70	4.44
董事会治理评价指数	63.45	47.59	77.32	2.49
运行状况	70.04	0.00	80.00	12.93
规模结构	50.03	30.00	80.00	13.68

续表

指标	均值	极小值	极大值	标准差
胜任能力	56.60	17.00	76.00	6.15
监事会治理评价指数	58.33	29.40	78.60	6.73
任免制度	60.73	28.00	90.00	5.62
执行保障	63.22	26.00	93.00	9.49
激励约束	50.62	20.00	85.71	15.17
高管治理评价指数	57.86	35.29	79.61	6.28

资料来源：中国公司治理研究院的中国公司治理指数（CCGI^{NK}）。

从上述图表可以看出董事会组织结构、董事权力与义务和董事会运作效率、监事会运行状况、高管执行保障、任免制度都比较完善，而董事薪酬、独立董事制度、监事会胜任能力、规模结构以及高管激励约束相对较差，还不够完善，需要更进一步强化，因此在修改《上市公司治理准则》时要充分考虑到这些指标的不完善问题。

第三节　修改内容和依据

（1）增加条款：股东和投资者应通过公司披露的董事和关键高级管理人员的信息，评估其工作经验和任职资格；应通过董事会成员担任其他公司董事会的职位，以及其他高级管理人员任职情况，评估工作时间压力和独立性，并判断潜在利益冲突和交叉风险。

修改说明：参考2015年《G20/OECD公司治理原则》，董事和关键高级管理人员的信息、任职情况能够帮助股东和投资者衡量是否存在影响其判断的潜在利益冲突，或工作时间上的压力抑或与其他公司董事会之间的利益交叉程度等，而现行准则中并未对其规定，因此建议增加对此有关的规定。

（2）修改后：第七十二条　上市公司应当定期向股东和投资者披露董事、监事和高级管理人员履行职责、获得报酬和绩效评价的情况。

原内容：第七十二条　董事会、监事会应当向股东大会报告董事、监事履行职责的情况、绩效评价结果及其薪酬情况，并予以披露。

修改说明：在上市公司中股东和投资者不仅关注董事会和监事会成员的履行职责、获得报酬和绩效评价的情况，他们还关注于高级管理人员的履行职责、获得报酬和绩效评价的情况，在《公司法》（2014）也对于高级管理人员的报酬情况的披露也做了规定，因此建议增加对高级管理人员的履行职责、获得报酬和绩效评价的情况披露。

(3) 修改后：第七十九条　公司董事及监事的薪酬分配方案应由股东大会通过，高级管理人员的薪酬分配方案应获得董事会的批准，向股东大会说明，并予以披露。

原内容：第七十九条　经理人员的薪酬分配方案应获得董事会的批准，向股东大会说明，并予以披露。

修改说明：《公司法》（2014）指出股东大会是公司的权力机构，有权决定董事及监事的薪酬分配方案，而在现行准则中并未说明董事及监事的薪酬分配方案决策主体，因此建议增加有关董事、监事的薪酬相关规定。

(4) 增加条款：上市公司应不断优化董事、监事和高级管理人员的薪酬结构，实施股权激励和员工持股计划，建立薪酬与公司绩效和个人业绩相联系的长期激励机制，但长期激励机制应以利于促进上市公司稳定发展及不得损害公司和股东权益为前提。

修改说明：股东和投资者不仅注重公司的短期利益，更注重其长远利益，因此需要不断优化董事、监事和高级管理人员的薪酬结构以及薪酬和长期绩效之间的关联性。2015年《G20/OECD公司治理原则》的规定"使关键高管的薪酬与公司和股东的长期利益相一致。"根据中国公司治理研究院的中国公司治理指数（$CCGI^{NK}$），从2013~2017年上市公司激励约束指数虽然呈现上升趋势，但是相对高管任免制度指数、执行保障指数来说，高管激励约束指数最低，并且还低于高管治理评价水平，因此上市公司中高管的激励约束还有待完善，例如优化薪酬结构，注重长期激励机制，增加有关高级管理人员长期薪酬结构的条款等。

(5) 修改后：第八十条　上市公司可适度引入扣回条款和追回条款，授权上市公司有权在出现经营欺诈或其他情况的时候，扣留或追回对董事、监事和高级管理人员的报酬。董事、监事及高级管理人员违反法律、法规和公司章程规定，致使公司遭受严重损失的，公司董事会应积极采取措施追究其法律责任。

原内容：第八十条　上市公司应在公司章程中明确经理人员的职责。经理人员违反法律、法规和公司章程规定，致使公司遭受损失的，公司董事会应积极采取措施追究其法律责任。

修改说明：薪酬追回制度最早来自美国，随着"安然"和"世通财务"丑闻的曝出，薪酬追回制度也随之成为近年来美国高管薪酬改革议案中最受关注的话题之一。美国国会相继颁布了三部联邦法律对高管薪酬追回制度作了相关规定。因此当上市公司董事、监事和高级管理人员出现违规时需要实施扣回和追回条款实践对他们进行处罚，以弥补对公司造成的损失，并且这一实践在2015年《G20/OECD公司治理原则》有了一定的说明，因此建议增加有关扣回条款和追回条款的规定。

(6) 增加条款：鼓励上市公司增加披露成长性指标，包括公司目标与重大发展战略、增加对核心技术团队或关键技术人员等对公司核心竞争力有重大影响的人员变动情况的说明。

修改说明：由于核心技术人员及团队对上市公司，特别是对技术创新企业的经营发展具有重要作用，因此要求公司披露核心技术团队或关键技术人员（非董事、监事、高级管理人员）等对公司核心竞争能力有重大影响的人员的变动情况，可以使投资者对公司的可持续发展及投资风险有更为准确的判断。并且我国《创业板上市公司年报准则》，以及英国《Cadbury 报告》和《韩国公司治理最佳实务准则》均对此内容做出了相关要求。

第四节 修改条款汇总

一、现行准则滞后于现行法律法规，需要对准则进行修改的条款

增加条款1[①]。

第七十二条 （在《公司法》(2014)中规定披露高级管理人员的履行职责、获得报酬和绩效评价情况）。

第七十九条 （《上市公司股权激励管理办法（试行）》（2016））。

第八十条 （上市公司应该实施扣回和追回条款实践在2015年《G20/OECD公司治理原则》有了一定的说明）。

增加条款6[②]（参考《创业板上市公司年报准则》，以及英国《Cadbury 报告》和《韩国公司治理最佳实务准则》）。

二、目前治理实践超前于准则的需要修改的条款

增加条款4[③]。

三、《准则》应引领实践，为此需修改和增加的条款

无。

---

① 新增条款1表示本章第三节增加的条款前面的序号。
② 新增条款6表示本章第三节增加的条款前面的序号。
③ 新增条款4表示本章第三节增加的条款前面的序号。

第五节 新旧《准则》对比

《上市公司治理准则》（2002年版）	《上市公司治理准则》（修订建议版）
	股东和投资者应通过公司披露的董事和关键高级管理人员的信息，评估其工作经验和任职资格；应通过董事会成员担任其他公司董事会的职位，以及其他高级管理人员任职情况，评估工作时间压力和独立性，并判断潜在利益冲突和交叉风险。
第七十二条　董事会、监事会应当向股东大会报告董事、监事履行职责的情况、绩效评价结果及其薪酬情况，并予以披露。	第七十二条　上市公司应当定期向股东和投资者披露董事、监事和高级管理人员履行职责、获得报酬和绩效评价的情况。
第七十九条　经理人员的薪酬分配方案应获得董事会的批准，向股东大会说明，并予以披露。	第七十九条　公司董事及监事的薪酬分配方案应由股东大会通过，高级管理人员的薪酬分配方案应获得董事会的批准，向股东大会说明，并予以披露。
	上市公司应不断优化董事、监事和高级管理人员的薪酬结构，实施股权激励和员工持股计划，建立薪酬与公司绩效和个人业绩相联系的长期激励机制，但长期激励机制应以利于促进上市公司稳定发展及不得损害公司和股东权益为前提。
第八十条　上市公司应在公司章程中明确经理人员的职责。经理人员违反法律、法规和公司章程规定，致使公司遭受损失的，公司董事会应积极采取措施追究其法律责任。	第八十条　上市公司可适度引入扣回条款和追回条款，授权上市公司有权在出现经营欺诈或其他情况的时候，扣留或追回对董事、监事和高级管理人员的报酬。董事、监事及高级管理人员违反法律、法规和公司章程规定，致使公司遭受严重损失的，公司董事会应积极采取措施追究其法律责任。
	鼓励上市公司增加披露成长性指标，包括公司目标与重大发展战略、增加对核心技术团队或关键技术人员等对公司核心竞争力有重大影响的人员变动情况的说明。

参考文献

[1] Baiman, S., R. E. Verrecchia. The Relation Among Capital Markets, Financial Disclosure, Production Efficiency, and Insider Trading [J]. *Journal of Accounting Research*, 1996, 34 (1): 1–22.

[2] Firth, M., P. M. Y. Fung, O. M. Rui. Corporate performance and CEO Compensation in China [J]. *Journal of Corporate Finance*, 2006, 12, 693–714.

[3] Garvey, T. G., T. T. Milbourn. Asymmetric Benchmarking in Compensation: Executives Are Rewarded for Good Luck but not Penalized for Bad [J]. *Journal of Financial Economics*, 2006, 82: 197–225.

[4] Jensen, M. C., W. H. Meckling. Theory of The Firm: Managerial Behavior,

Agency Costs and Capital Structure［J］. *Journal of Financial Economics*，1976，3 (4)：305 – 360.

［5］Kaplan, R. S., D. Norton. Strategic Learning and the Balanced Scorecard ［J］. *Strategy & Leadership*，1996，24 (5)：18 – 24.

［6］Kato, T., C. Long. Executive Compensation, Firm Performance and Corporate Governance in China：Evidence from Firms Listed in the Shanghai and Shenzhen Stock Exchanges［C］. *Working Paper*，2004.

［7］Ke, B., O. M. Rui, W. Yu. Hong Kong Stock Listing and the Sensitivity of Managerial Compensation to Firm Performance in State-controlled Chinese firms［C］. *Working Paper*，2009.

［8］Kole, S. R. The Complexity of Compensation Contracts［J］. *Journal of Financial Economics*，1997，43 (1)：79 – 104.

［9］Nohel, T., S. Todd. Compensation for Managers with Career Concerns：the Role of Stock Options in Optimal Contracts［J］. *Journal of Corporate Finance*，2005，11 (1)：229 – 251.

［10］Perry, T., M. Zenner. Pay for Performance? Government Regulation and the Structure of Compensation Contracts［C］. *Working Paper*，2000.

［11］Roulstone, D. T. The Relation Between Insider – Trading Restrictions and Executive Compensation［J］. *Journal of Accounting Research*，2003，41 (3)：525 – 551.

［12］陈冬华、范从来、沈永建：《高管与员工：激励有效性之比较与互动》，载《管理世界》2015年第5期，第160~171页。

［13］方军雄：《我国上市公司高管的薪酬存在粘性吗?》，载《经济研究》2009年第3期，第110~124页。

［14］耿云江、戴月：《上市公司董事会绩效评价体系研究》，载《中国会计学会财务成本分会2009年年会暨第二十一次理论研讨会》。

［15］李维安、张国萍：《经理层治理评价指数与相关绩效的实证研究——基于中国上市公司治理评价的研究》，载《经济研究》2005年第11期，第87~98页。

［16］王平：《论公司董事的注意义务》，中国政法大学硕士学位论文，2007年。

［17］杨青、高铭、Besim等：《董事薪酬、CEO薪酬与公司业绩——合谋还是共同激励?》，载《金融研究》2009年第6期，第111~127页。

［18］郑志刚、梁昕雯、黄继承：《中国上市公司应如何为独立董事制定薪酬激励合约》，载《中国工业经济》2017年第2期，第174~192页。

第十三章

强化上市公司履行社会责任

第一节 理论研究和实践现状

一、企业社会责任

"企业社会责任"(corporate social responsibility, CSR)最早是由谢尔登(Sheldon)于1924年正式提出,他认为企业应该将企业的社会责任与企业经营者满足消费者需求的各种责任联系起来,企业社会责任含有道德因素,企业对社区的服务有利于增进社会利益。随后的几十年中,学术界不断深化对企业社会责任的研究,如琼斯(Jones, 1980)认为企业社会责任必须具备两个关键特征,即企业社会责任必须是自愿的,以及企业社会责任是企业对股东的传统责任之外对消费者、雇员、供应商和社会等社会群体的责任。社会各界也开始普遍接受企业应该承担社会责任的观点(李国平和韦晓茜, 2014)。20世纪80年代以后,研究者更多关注企业社会责任的具体内容,将相关研究扩展到了利益相关者理论、可持续发展等众多问题的研究(Carroll and Shabana, 2010)。现行《公司法》中在总则部分第5条第一款规定:"公司从事经营活动,必须遵守法律、行政法规,遵守社会公德、商业道德,诚实守信,接受政府和社会公众的监督,承担社会责任。"实际上,早在2005年修订的《公司法》中就要求公司"承担社会责任",中国成为国际上第一个从法律上对公司承担社会责任做出明确规定的国家,但并未就企业社会责任的内容展开解释。现已废止的深圳证券交易所2006年发布的《深圳证券交易所上市公司社会责任指引》中明确了上市公司社会责任的含义,"本指引所称的上市公司社会责任是指上市公司对国家和社会的全面发展、自然环境和资源,以及股东、债权人、职工、客户、消费者、供应商、社区等利益相关方所应承担的责任",相关内容被深圳证券交易所随后发布的《深证证券交易所主板上市公司规范运作指引》等文件借鉴和发展。现行《深证证券交易所主板上市公司规范运作指引》（2015）中将上市公司社会责任概括为"上市公司应当在追求经济效益、保护股东利益的同时，积极保护债权人和职工的合法权益，诚心对待供应商、客户和消费者，积极从事环境保护、社区建设等公益事业，从而促进公司本身与全社会的协调、和谐发展"。相比之下，中国证监会制定的《上市公司治理准则》既落后于《公司法》的强制性要求，也落后于证券交易所的指引性文件。

二、上市公司履行社会责任的必要性

李维安（2005）指出，所谓公司治理是指通过一套包括正式或非正式的、内部或外部的制度或机制来协调公司与所有利益相关者之间的利益关系，以保证公司决策的科学化，从而最终维护公司各方面的利益的一种制度安排。公司治理的主体不应仅局限于股东，而是包括股东、债权人、雇员、顾客、供应商、政府、社区等在内的广大公司利益相关者。从利益相关者理论来看，上市公司履行社会责任可以使上市公司更好地兼顾各方利益相关者的权益，从而提高上市公司治理水平，更好保障决策科学、维护各方利益。

除了利益相关者理论外，还有许多学者从不同理论角度阐释企业承担社会责任的原因（李国平和韦晓茜，2014）。第一，长期利益理论。约翰逊（Johnson，1971）将企业的利益区分为短期利益和长期利益，认为企业承担社会责任有利于企业长期利益的最大化。这一理论的提出使得20世纪70年代的研究重心从企业是否应该承担社会责任转移到承担什么样的社会责任以及如何承担社会责任上（Lee，2008）。第二，团队生产理论。该理论认为企业的生产需要投入土地、劳动力等多种不同资源，而这些资源通常不属于同一个人所有，因而公司的所有人并非只有股东，雇员、债权人、客户、供应商等也是公司的所有人，因而公司应当承担照顾这些所有人利益的责任（Blair and Stout，1999）。第三，企业公民理论。该理论认为企业也是公民，享受权利的同时要承担相应的义务。社会赋予企业生存的权利，让企业托管社会资源，企业就该为社会的更加美好而使用这项权利，企业应该为创建稳定和谐的社会做出贡献（Matten et al.，2003）。第四，战略管理理论。90年代以来，一些学者将企业战略管理理论与企业社会责任问题结合起来（Kotler and Lee，2005；Porter and Kramer，2006），他们发现企业可以通过承担社会责任而获得竞争优势。

三、上市公司履行社会责任和参与绿色治理

在世界范围内，企业社会责任的实践经历了三个发展阶段：第一阶段的企业社会责任主要表现为慈善活动，可以视为企业主的慈善；第二阶段的企业社会责任主要表现为遵守政府规制、为企业的负外部性负责；目前所处的第三阶段的企

业社会责任表现为企业通过有利于环境和社会的经营模式实现企业目标，企业社会责任成为企业内在的、自觉的、主动的行动（中国环境与发展国际合作委员会"中国绿色发展中的企业社会责任"研究报告，2014）。随着全球环境变化的制约，特别是环境问题频发的当下，如何协调自身发展与环境保护，走出一条绿色可持续的道路，已经成为所有中国企业面临的一个巨大挑战。在绿色发展的背景下，履行社会责任的自觉行动成为企业的最优选择和必然选择。

近年来，中国企业在承担社会责任特别是环境社会责任（如污染防治、资源利用和应对气候变化）方面做了许多工作，但还存在缺乏履行社会责任与公司战略融合的认知和意识、企业社会责任信息披露不足等问题。对于上市公司而言，监管部门已经要求部分上市公司（上交所"上证公司治理板块"样本公司、深交所"深圳100指数"上市公司、发行境外上市外资股的公司以及金融类公司等）在披露年报的同时披露企业社会责任报告，但整体而言，我国上市公司社会责任信息披露的整体水平偏低，内容上多为一些常规的环境信息，数据披露的随意性强。当然，实践中也存在一些良好的企业实践，如中国移动、国家电网等企业的社会责任实践案例入选哈佛商学院、剑桥大学的教材案例，中国移动连续多年入选道琼斯可持续发展指数（DJSI），中国五矿获得联合国全球契约组织环境先锋企业荣誉等（中国环境与发展国际合作委员会"中国绿色发展中的企业社会责任"研究报告，2014）。

李维安（2009）指出，后危机时代企业可持续经营的必然选择是导入"绿色管理"理念，要求企业建立绿色管理机构或设立绿色管理人员岗位，而且从公司治理视角来看，"绿色管理"与企业履行社会责任是完全统一的。进一步，李维安（2016）提出要树立新的"天人合一"的绿色治理观，通过多方治理主体的参与，以创新技术、方法和模式促进经济可持续发展，实现生态文明建设与经济、政治、文化、社会发展的有机统一，这是一种符合发展规律的崭新理念。企业作为主要的自然资源消耗和污染物排放主体，是绿色治理的重要主体和关键行动者。而上市公司作为我国企业的标杆，更应该积极践行绿色治理理念，在遵规守法的基础上，自觉、主动承担社会责任，促进经济、环境和社会的可持续发展，在绿色治理理念引导下将履行社会责任与企业发展战略融合，在全球绿色经济转型的背景下主动适应、积极引领企业转型。

企业是主要产品的生产者、原材料的消费者和就业岗位的提供者，由于主宰着污染密集型产业（Rugman and Verbeke，1998），拥有较大规模和实力的企业组织更有能力去破坏或者改善环境，所以企业便成为绿色治理的关键行动者。通过实施绿色治理的"最佳实践"活动，企业可以显著降低经营活动对环境造成的负面影响，从而提高自身的竞争地位（Schmidheiny，1992；Shrivastava and Hart，1995）。如果企业没有建立"绿色治理"目标，甚至与该原则相违背，企业将难以实现从"高投入、高能耗、高污染、低产出"模式向"低投入、低能耗、低污染、高产出"模式的成功转变，进而难以实现企业的可持续经营。因而，企业越早实现"绿色治理",也就越早地掌握了未来竞争的主动权(Sharma and Verdenburg, 1998)。目前先行企业已经开始重视或者正在逐步探索"绿色治理",从企业战略制定、产品研发设计、市场营销、日常管理到财务会计等环节都渗透着"绿色治理"的理念。此外,有些企业还通过"绿色治理"技术的引进或创新积极参与绿色治理实践,这不仅有助于企业增强市场竞争力,最终还将有助于实现环境与经济的同步发展。另外还要创新治理手段,依托环境法治体系,借助网络治理手段,通过网络治理形成互信、共赢的合作氛围,推动信息共享,降低交易成本,促进协同创新。

此外,中国公司治理研究院于2017年提出的《绿色治理准则》,也为企业承担社会责任、协调企业与各利益相关者之间的关系提出了进一步的指引。企业作为主要的污染物排放主体,是"绿色治理"的重要主体和关键行动者。企业若要切实履行应尽的社会责任,就应积极建立"绿色治理"架构与管理体系,同时在企业生产经营的各方面开展绿色管理,逐步营造绿色文化,纳入自身的社会责任报告中,并对社会、经济和环境的影响承担与自身能力相匹配的社会责任,清晰、准确、充分披露现有的决策和活动对社会和环境的已知和潜在影响等。

可以说,这些成功实践案例以及准则,为上市公司履行社会责任提供了良好的借鉴和参考。我们鼓励上市公司践行绿色治理理念正是为了上市公司更好地履行社会责任,也是推动上市公司转型发展的重要助力。

第二节 数 据 说 明

本节选取了利益相关者治理指数的协调程度指标,来度量上市公司的社会责任履职情况。具体如图13-1和表13-1所示。从协调程度指标来看,上市公司协调程度在2013~2017年呈现出上下波动的趋势,总体上并未取得提升,要进一步强化中国上市公司社会责任的履行,要求在现行《准则》中对上市公司社会责任的履行提出新的要求。

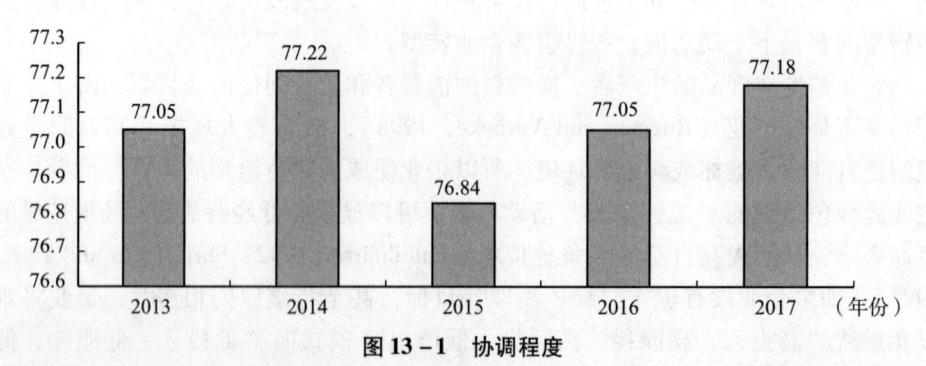

图13-1 协调程度

资料来源:中国公司治理研究院的中国公司治理指数(CCGI^{NK})。

表 13-1　　　　　　　　　协调程度指标描述性统计

年份	平均值	标准差	样本量	中位数	最小值	最大值
2013	77.05	10.88	2470	78.00	35.00	100.00
2014	77.22	10.33	2467	79.00	36.00	100.00
2015	76.84	11.73	2590	78.00	25.00	100.00
2016	77.05	10.60	2807	79.00	32.00	98.00
2017	77.18	12.13	3031	79.00	33.00	100.00
总计	77.07	11.19	13365	79.00	25.00	100.00

资料来源：中国公司治理研究院的中国公司治理指数（CCGI^{NK}）。

第三节　修改内容和依据

通过以上分析，发现现行的《上市公司治理准则》关于企业社会责任的引导和规范还存在不足，例如公司治理结构中缺乏负责企业社会责任的专门机构，企业社会责任信息披露不足，关于环境保护等绿色治理方面的探索和实践较少等。所以对现行准则修改如下：

（1）增加条款：董事会中应鼓励设立企业社会责任专门委员会，委员会成员应至少半数以上由独立董事组成，其主要职责是对上市公司的企业社会责任行为进行有效的监督和控制，研究公司社会责任管理的政策、战略、规划；审阅公司年度社会责任计划、对外捐赠计划、审阅公司年度社会责任的执行情况及可持续发展报告。

修改说明： 2008 年《关于中央企业履行社会责任的指导意见》提出中央企业应积极履行社会责任，为此建议在上市公司董事会中鼓励设立企业社会责任专门委员会，其主要职责是监督上市公司是否积极履行企业社会责任行为，并审阅公司的社会责任报告等，并且委员会成员应至少半数以上由独立董事组成。

（2）增加条款：鼓励公司积极行动，利用自身的优势进行环境保护的宣传，引导公司成员积极行动参与环境保护，进行绿色消费、绿色出行等。

修改说明： 上市公司应身体力行，积极开展与响应各种节能环保主题日的宣传活动，鼓励公司成员资源节约行为，倡导绿色消费、制造与推广水节电低能耗的绿色产品；积极引导公司成员绿色健康出行，提高公共交通在出行中的比例。具体内容可参考南开大学中国公司治理研究院发布的《绿色治理准则》。

（3）增加条款：上市公司应积极构建环境信息披露机制，其中包括但不限于相关经营项目对环境可能带来的危害、环保建设与投资等信息，并且该机制能够得到公司高级管理者的持续性支持。

修改说明：随着我国经济的不断转型升级，绿色治理与可持续发展已成为包括企业在内的社会各治理主体的共识。然而从实际运作来看并不理想。依据南开大学公司治理指数评价数据库，2017年我国上市公司设置较为完整的环保制度仅占总体的10.79%，而通过该领域的信息披露积极引导上市公司，逐步构建这一机制，不仅可以向利益相关者展示企业良好的社会形象与社会责任的承担，同时也能赢得更广泛的社会信赖，吸引更多的投资者。事实上，无论是《日本公司治理准则》还是《污染物排放与登记制度规定》，均明确强制要求上市公开环境信息披露的内容。因此，无论从上市公司自身角度及其所带来的生态效应，还是同国际标准积极对接走向国际化来看，推进我国上市公司环境信息披露是顺应时代发展的应有之义。

（4）**增加条款**：鼓励上市公司积极构建关于社会责任履行的信息披露机制。

修改说明：上市公司积极践行社会责任，不仅反映出一国证券市场的发育程度，同时也能够体现该国企业同利益相关者的和谐程度，提升其实际绩效。但依据南开大学公司治理指数评价数据库，2017年我国3031家上市公司中，明确进行社会责任披露的仅有779家，仍具有较大的提升空间，需要规则积极引领；并且社会责任报告属于非财务信息范畴，也理应纳入公司治理的信息披露中。

第四节 修改条款汇总

一、现行准则滞后于现行法律法规，需要对准则进行修改和增加的条款

无。

二、目前治理实践超前于准则的需要修改和增加的条款

增加条款1、2、3、4[①]。

三、《准则》应引领实践，为此需修改和增加的条款

无。

---

① 新增条款1、2、3、4表示本章第三节增加的条款前面的序号。

第五节　新旧《准则》对比

《上市公司治理准则》（2002 年版）	《上市公司治理准则》（修订建议版）
	董事会中应鼓励设立企业社会责任专门委员会，委员会成员应至少半数以上由独立董事组成，其主要职责是对上市公司的企业社会责任行为进行有效的监督和控制，研究公司社会责任管理的政策、战略、规划；审阅公司年度社会责任计划、对外捐赠计划、审阅公司年度社会责任的执行情况及可持续发展报告。
	鼓励公司积极行动，利用自身的优势进行环境保护的宣传，引导公司成员积极行动参与环境保护，进行绿色消费、绿色出行等。
	上市公司应积极构建环境信息披露机制，其中包括但不限于相关经营项目对环境可能带来的危害、环保建设与投资等信息，并且该机制能够得到公司高级管理者的持续性支持。
	鼓励上市公司积极构建关于社会责任履行的信息披露机制。

参考文献

［1］Blair M, Stout L. A Team Production Theory of Corporate Law ［J］. *Virginia Law Review*, 1999, 85（2）: 248－328.

［2］Carroll A, Shabana K. The Business Case for Corporate Social Responsibility: A Review of Concepts, Research and Practice ［J］. *International Journal of Management Reviews*, 2010, 12（1）: 85－105.

［3］Jones T M. Corporate Social Responsibility Revisited, Redefined ［J］. *California Management Review*, 1980, 22（3）: 59－67.

［4］Kotler P, Lee N. *Corporate Social Responsibility: Doing the Most Good for Your Company and Your Cause* ［M］. Hoboken, NJ: John Wiley & Sons, 2005.

［5］Lee M. A Review for the Theory of Corporate Social Responsibility: Its Evolutionary Path and the Road Ahead ［J］. *International Journal of Management Reviews*, 2008, 10（1）: 53－73.

［6］Matten D, Crane A, Chapple W Behind the Mask: Revealing the True Face of Corporate Citizenship ［J］. *Journal of Business Ethics*, 2003, 45（1－2）: 109－120.

［7］Porter M, Kramer M. Estrategiay sociedad ［J］. *Harvard Business Review*, 2006, 84（12）: 42－56.

［8］Rugman, A. M., Verbeke, A.. Corporate Strategy and International Environmental Policy [J]. *Journal of International Business Studies*, 1998, 29 (4): 819 - 833.

[9] Schmidheiny, S.. *Changing Course: A Global Business Perspective on Development and The Environment* [M]. Massachusetts: MIT Press, 1992.

[10] Sharma, S., Verdenburg, H.. Proactive Corporate Environmental Strategy and The Development of Competitively Valuable Organizational Capabilities [J]. *Strategic Management Journal*, 1998, 8 (19): 729 - 753.

[11] Shrivastava, P., Hart, S.. Creating Sustainable Corporations [J]. *Business Strategy and Environment*, 1995, 4 (3): 154 - 165.

[12] 李国平、韦晓茜：《企业社会责任内涵、度量与经济后果——基于国外企业社会责任理论的研究综述》，载《会计研究》2014 年第 8 期，第 33 ~ 40 页。

[13] 李维安：《绿色治理：超越国别的治理观》，载《南开管理评论》2016 年第 6 期，第 1 页。

[14] 李维安：《"绿色管理"：后金融危机时代管理新趋势》，载《南开管理评论》2009 年第 6 期，第 1 页。

[15] 中国环境与发展国际合作委员会"中国绿色发展中的企业社会责任"专题政策研究项目组：《中国绿色发展中的企业社会责任》，载《环境与可持续发展》2014 年第 4 期，第 74 ~ 87 页。

第十四章

规范利益相关者参与公司治理

第一节 理论研究和实践现状

一、利益相关者的内涵

1963年,斯坦福大学研究所(SRI)最早提出了"利益相关者"(stakeholders)的概念,指那些没有其支持,组织就无法生存的群体(Freeman and Reed,1983),但在当时并未引起足够的重视。20世纪80年代以来,随着企业经营环境的变化,各类利益相关者的权益受到企业经营者的关注,消费者维权运动、环境保护主义及其他社会活动取得了很大的影响,公司对员工、社区及公共事业关注力度大大提高,利益相关者这一基于管理实践的思想也蓬勃发展起来(Hitt et al., 2001)。弗里曼(Freeman)在1984年出版的《战略管理:利益相关者的分析方法》(*Strategic Management: A Stakeholder Approach*)一书中将利益相关者定义为"能够影响企业目标实现,或能够被企业目标实现的过程影响的任何个人和群体"。中国证监会和国家经贸委2002年制定的现行《上市公司治理准则》采取了列举式的方法来描述"利益相关者",第八十一条规定:"上市公司应尊重银行及其他债权人、职工、消费者、供应商、社区等利益相关者的合法权利"。

二、利益相关者参与公司治理的必要性

20世纪80年代之前,企业的经营宗旨是股东利益最大化,公司治理研究的问题主要是围绕如何建立合理的激励和约束机制,将代理人的道德风险问题降至最低限度,最终达到公司价值最大化,公司治理也从传统的股东至上的"单边治理"模式演化为利益相关者"共同治理"模式。许多国家和国际组织的治理实

践中纷纷更加关注利益相关者。英国的《汉普尔报告》（*Hampel Report*，1998）、经济合作与发展组织（OECD）于1999年6月推出的《OECD公司治理原则》（*OECD Principles of Corporate Governance*）、美国商业圆桌会议公司治理声明等重要的公司治理原则都把利益相关者放在相当重要的位置；在德国、荷兰、瑞士等欧洲国家，典型的利益相关者如员工等，参与公司治理是相当普遍的。2002年中国证监会和国家经贸委指定的《上市公司治理准则》也专门用一章规定了利益相关者问题。

治理实践的发展吸引了研究学者的关注。实际上早在20世纪80年代初，以弗里曼为代表的一批学者就从战略管理等角度对利益相关者问题进行了较为详细的研究。布莱尔（Blair，1995）认为，公司应是一个社会责任的组织，公司的存在是为社会创造财富，公司治理改革的要点在于，不应把更多的权力和控制权交给股东，"公司管理层应从股东的压力中分离出来，将更多的权力交给其他的利益相关者"。布莱尔（1996）进一步从人力资本的角度出发，以投入资产的"专用性"及其所承当的风险界定了利益相关者，站在这样的一种视角上，利益相关者应该享有企业的剩余索取权。弗里曼（1997）则直接指出企业应该为其利益相关者经营，在原则上约束董事会的行为，并赋予利益相关者求偿的权利。伯曼等（Berman et al.，1999）认为企业经营者对利益相关者的关注并非是其道义责任，利益相关者是企业提高其经营绩效的工具，这也从另一角度肯定了利益相关者对企业经营绩效的正向驱动作用。

国内学者从20世纪90年代开始关注利益相关者的研究，杨瑞龙等（1997，1998，2000，2001）、李维安和唐跃军（2005）所作的研究就是其中的代表。杨瑞龙和杨其静（2001）提出"从单边治理到多边治理"的概念，认为共享所有权及利益相关者"共同治理"具有优越性，鼓励利益相关者参与治理。而李维安和唐跃军（2005）主要从公司治理机制角度研究利益相关者参与机制，并于1999年首次提出"经济型治理模型"，其中涉及利益相关者的外部治理机制是重要方面之一。同时，李维安在2001年主持研究的《中国公司治理原则（草案）》中也将利益相关者作为其中重要的一部分。基于上述研究，唐跃军（2002）认为企业的"第三种资本"——环境资本日益重要，由企业利益相关者构成的环境要素提供，并以使企业缴纳税收、履行社会责任等方式获得资本回报。进一步地，李维安和唐跃军（2005）的研究发现，良好的利益相关者治理机制有助于提高上市公司的盈利能力和成长发展潜力。

由上述研究和公司治理实践可见，在公司治理中充分考虑利益相关者的权益，鼓励利益相关者适当参与公司治理已经成为广为接受的观点。李维安（2005）指出，所谓公司治理是指通过一套包括正式或非正式的、内部或外部的制度或机制来协调公司与所有利益相关者之间的利益关系，以保证公司决策的科学化，从而最终维护公司各方面的利益的一种制度安排。公司治理的主体不应仅局限于股东,而是包括股东、债权人、雇员、顾客、供应商、政府、社区等在内的广大公司利益相关者。

三、合理规范利益相关者参与公司治理

目前关于利益相关者治理的研究已经表明,利益相关者参与公司治理可以给公司带来许多好处,如更好地保护利益相关者权益、更充分地监督公司行为的合法性等。具体而言,利益相关者参与公司治理有利于更好地保护利益相关者权益,形成健康的公司发展生态;有利于降低交易成本,提升公司运作效率;有利于调动利益相关者的资源服务于公司发展等。但在现有经济社会环境中不具备基于正式制度来实现利益相关者参与公司治理的背景下,利益相关者则主要通过非正式方式参与公司治理,具体包括游说策略、隐性代理人策略、动员集体行动策略和路径策略(赵晶和王明,2016),雷士照明控制权争夺案例就是典型代表。雷士照明的利益相关者——上游供应商、下游经销商以及内部员工多次通过集体行动影响甚至改变公司控制权之争。

当前规范利益相关者参与公司治理的障碍在于公司利益相关者参与公司治理缺乏畅通的意见表达渠道,现行的《上市公司治理准则》只规定要维护利益相关者权益而未提供一般性的意见表达渠道,落后于实践发展的需要。畅通的意见表达是利益相关者的应有权益,上市公司为其利益相关者提供相应的沟通渠道有利于规范利益相关者参与公司治理。

第二节 数 据 说 明

本章选取了利益相关者治理评价指数及其构成指标参与程度来关注上市公司中利益相关者的参与程度水平。从利益相关者治理评价指数来看,2013~2017年利益相关者治理指数平稳上升,从61.46上升到62.92。但是参与程度指标水平较低,2013~2017年最大值仅为51.27,参与程度主要包括员工参与程度、中小股东与权益保护程度和投资者关系管理三个方面,参与程度水平较低,说明上市公司当中利益相关者参与公司治理的水平较低。这要求未来在《准则》中增加适当的条款,引导上市公司提升利益相关者的参与程度。具体如图14-1和表14-1所示。

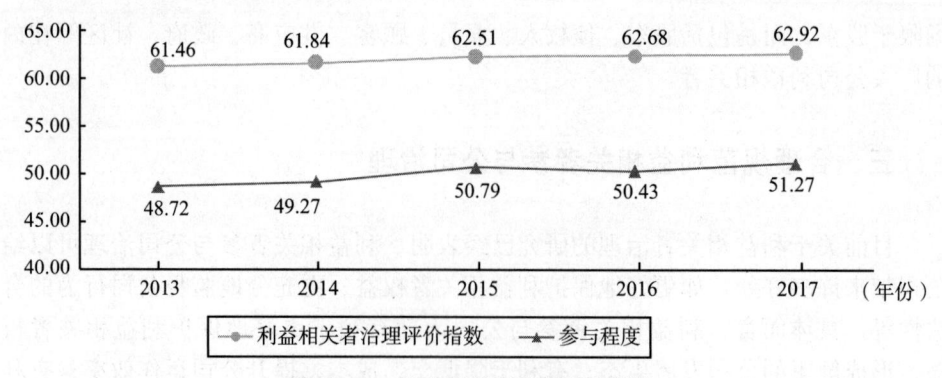

```
65.00 ┤  61.46      61.84       62.51       62.68       62.92
60.00 ┤
55.00 ┤
50.00 ┤                         50.79       50.43       51.27
45.00 ┤  48.72      49.27
40.00 ┼────────────────────────────────────────────────────────
         2013       2014        2015        2016        2017   （年份）
              ──●── 利益相关者治理评价指数    ──▲── 参与程度
```

图 14-1　利益相关者治理评价指数

资料来源：中国公司治理研究院的中国公司治理指数（CCGI^{NK}）。

表 14-1　　　　　　　　利益相关者治理指数描述性统计

年份	平均值	标准差	样本量	中位数	最小值	最大值
2013	61.46	10.46	2470	60.84	29.20	92.25
2014	61.84	10.46	2467	61.71	31.05	93.65
2015	62.51	10.99	2590	61.92	20.98	93.15
2016	62.68	9.10	2807	62.10	35.93	91.06
2017	62.92	10.01	3031	61.86	34.41	88.45
总计	62.32	10.21	13365	61.85	20.98	93.65

资料来源：中国公司治理研究院的中国公司治理指数（CCGI^{NK}）。

第三节　修改内容和依据

通过以上分析，发现现行的《上市公司治理准则》关于利益相关者参与公司治理的规范上还存在一定不足，所以对现行准则修改如下：

（1）增加条款：上市公司利益相关者应能向董事会以及主管政府机构自由地表达他们对于违法或不符合职业道德行为的关注，并为其设置相应的沟通渠道，他们的各项权利不应由于他们的此种表达而受到影响。

修改说明：现有的法律条文、规章制度难以穷尽上市公司在治理过程中遇到的各项问题，积极鼓励利益相关者参与其中，并为此搭建有效的沟通渠道，提升信息传递的及时性与全面性。此外，进行意见表达的利益相关者的合法权利也应受到合理保护，不仅有利于上市公司进一步规范经营，同时也进一步促进社会多元的民主协商机制，推进治理理念的普及，结合 2015 年《G20/OECD 公司治理原则》，有必要对增加该条款的相应内容。

（2）增加条款：鼓励上市公司积极践行绿色治理准则，积极开展绿色采购、绿色生产、绿色办公，研发绿色技术，以及其他承担环境保护责任方面的行动。

修改说明：由商务部、环境保护部和工业与信息化部联合发布的《企业绿色采购指南（试行）》已作出说明，建议企业通过实施绿色采购可以有效防止环境污染和资源浪费，从整体上降低企业成本，提高企业社会形象和知名度，增强员工环境保护的社会责任感。同时，可以规避欧美等发达国家的绿色贸易壁垒，增强产品国际竞争力。具体内容可参考南开大学中国公司治理研究院发布的《绿色治理准则》。

（3）增加条款：鼓励企业构建环境保护方面的绿色治理机构，高级管理人员应成立专门绿色工作领导小组和日常工作机构，负责指导和监督企业日常的绿色生产经营活动；完善绿色应急突发事件管理体系，确保应急管理制度的科学性和有效执行。

修改说明：建立环保制度，特别是在高级管理人员中成立绿色工作领导小组，可以在企业决策中特别关注企业行为对环境的影响，有效地监督企业生产、采购、消费等过程的环境行为，使企业履行应承担的社会责任。环保部《企业环境监督员制度建设指南》提出企业应明确设置环境监督管理机构，建立企业领导、环境管理部门、车间负责人和车间环保员组成的企业环境管理责任体系，定期召开企业环保情况报告会和专题会议，专题研究解决企业的环境问题，共同做好本企业的环境保护工作。具体内容可参考南开大学中国公司治理研究院发布的《绿色治理准则》。

（4）增加条款：上市公司应当建立内部控制制度，并设立专职部门或者指定相关负责人对公司的重要营运行为、财务信息披露和法律法规遵守执行情况进行管理、检测和监督。上市公司依照有关规定定期面向社会披露内部控制制度的建设及实施情况，以及会计师事务所对公司内部控制有效性的审计意见。

修改说明：上市公司设立内部控制制度，并积极组建专职部门或人员对公司重要运营行为、财务信息披露等进行管理、检测和监督，不仅可以有效提升企业经营管理水平和风险防控能力，促进企业可持续发展，同时相关信息的披露与控制，对于信息披露的完整性、合理性与有效性也具有重要作用。这一点在财政部颁发的《企业内部控制基本规范》中已有充分说明。此外，为进一步规范上市公司内部控制信息披露行为，保护投资者合法权益，2014年证监会联合财政部，共同发布《公开发行证券的公司信息披露编报规则第21号——年度内部控制评价报告的一般规定》。其中第二条与第三条，便对上市公司依照有关规定披露内部控制建设与实施情况、凡对投资者投资决策有重大影响的内部控制信息，公司均应充分披露的信息做出明确说明。当前，《上市公司治理准则》在该方面的具体要求，显然落后于实践与相关法律法规，需要增加该部分的内容。

（5）增加条款：上市公司应披露公司分红政策的制定、内容及执行情况。上市公司具备条件而不进行现金分红的，应当充分披露原因。

修改说明： 随着上市公司的成长和发展，给予投资者合理的投资回报，为投资者提供分享经济增长成果的机会，是上市公司应尽的责任和义务。现金分红是实现投资回报的重要形式，更是培育资本市场长期投资理念、增强资本市场活力和吸引力的重要途径。因而，上市公司应在定期报告中详细披露有关公司分红政策的制定、内容与执行情况。这一点在证监会2012年颁布的《关于进一步落实上市公司现金分红有关事项的通知》中已有详细说明。这在另一方面也反映出，对于有能力分红，但却长期不分红的上市公司，则有义务及时、充分披露未分红的原因，供监管部门、投资者等利益相关者对公司盈利能力、资金状况、经营现状等有着更为清晰的了解。

第四节　修改条款汇总

一、现行准则滞后于现行法律法规，需要对准则进行修改和增加的条款

无。

二、目前治理实践超前于准则的需要修改和增加的条款

增加条款1、2、3、4、5①。

三、《准则》应引领实践，为此需修改和增加的条款

无。

---

① 新增条款1、2、3、4、5表示本章第三节增加的条款前面的序号。

第五节 新旧《准则》对比

《上市公司治理准则》（2002年版）	《上市公司治理准则》（修订建议版）
	上市公司利益相关者应能向董事会以及主管政府机构自由地表达他们对于违法或不符合职业道德行为的关注，并为其设置相应的沟通渠道，他们的各项权利不应由于他们的此种表达而受到影响。
	鼓励上市公司积极践行绿色治理准则，积极开展绿色采购、绿色生产、绿色办公，研发绿色技术，以及其他承担环境保护责任方面的行动。
	鼓励企业构建环境保护方面的绿色治理机构，高级管理人员应成立专门绿色工作领导小组和日常工作机构，负责指导和监督企业日常的绿色生产经营活动；完善绿色应急突发事件管理体系，确保应急管理制度的科学性和有效执行。
	上市公司应当建立内部控制制度，并设立专职部门或者指定相关负责人对公司的重要营运行为、财务信息披露和法律法规遵守执行情况进行管理、检测和监督。上市公司依照有关规定定期面向社会披露内部控制制度的建设及实施情况，以及会计师事务所对公司内部控制有效性的审计意见。
	上市公司应披露公司分红政策的制定、内容及执行情况。上市公司具备条件而不进行现金分红的，应当充分披露原因。

参考文献

[1] Berman, S. L., A. C. Wicks, S. Kotha, T. M. Jones. Does Stakeholder Orientation Matter? The Relationship between Stakeholder Management Models and Firm Performance [J]. *Academy of Management Journal*, 1999, 42 (5): 488–506.

[2] Blair, M. *Ownership and Control: Rethinking Corporate Governance for the* 21 *Century* [M]. Washington: The Brookings Institution, 1995.

[3] Blair, M. *Wealth Creation and Wealth Sharing: A Colloquium on Corporate Governance and Investments in Human Capital* [M]. Washington: The Brookings Institution, 1996.

[4] Freeman, R. E., D. L. Reed. Stockholders and Stakeholders: A New Perspective on Corporate Governance [J]. *California Management Review*, 1983, 25 (3): 88–106.

[5] Freeman, R. E. A Stakeholder Theory of the Modern Corporation [A]. Beauchamp, Tom L. and Norman Bowie. Ethical Theory and Business [C]. *Upper Sad-*

dle River, New Jersey: Prentice Hall, 1997.

　　[6] Hitt, M. A., R. E. Freeman, J. S. Harrison. *The Blackwell Handbook of Strategic Management* [M]. Wiley – Blackwell, 2001.

　　[7] 李维安、唐跃军：《上市公司利益相关者治理评价及实证研究》，载《证券市场导报》2005年第3期，第37~43页。

　　[8] 唐跃军、李维安：《公司和谐、利益相关者治理与公司业绩》，载《中国工业经济》2008年第6期，第86~98页。

　　[9] 杨瑞龙、杨其静：《专用性、专有性与企业制度》，载《经济研究》2001年第3期，第3~11页。

　　[10] 赵晶、王明：《利益相关者、非正式参与和公司治理——基于雷士照明的案例研究》，载《管理世界》2016年第4期，第138~149页。

第三部分
《上市公司治理准则》修订案说明

  2002年中国《上市公司治理准则》颁布之后，在规范和推动我国公司治理的制度建设方面发挥了重要作用，但在之后国内外公司治理理论及实践快速发展的十多年里，《上市公司治理准则》一直未修订。期间，作为国际公司治理规则标杆的《OECD公司治理原则》自颁布以来已修订多次，且国内现行的《公司法》《证券法》等法律对公司治理实践经验的吸纳已较《准则》更为超前，这使得治理规则体系出现脱节，导致其不仅不能适应中国公司治理实践快速发展的要求，而且也难以匹配中国公司"走出去"的发展战略。要做到中国公司治理从"零敲碎打"到"通盘考虑"、从"临时喊话"到"依规问责"、从"引领中国"到"服务世界"，实现治理准则与国内外法律的接轨，就必须保证我国公司治理准则内容的与时俱进并且反映国际公司治理的新趋势。李维安教授带领研究团队参考现有的法律制度规则，立足长期以来在治理领域的评价与实证研究成果，在现行《上市公司治理准则》的基础上，对包括股东、董事会、监事会、绩效评估、利益相关者和信息披露等多个章节进行修改，同时新增涉及党建工作、绿色治理、机构投资者、敌意收购、董事多元化、交叉上市等内容的准则条款，共建议修改条款21条，增加条款49条，总计70条。其中现行准则滞后于现行法律法规，需要对准则进行修改和增加的条款36条，建议修改条款15条，增加条款21条；目前治理实践超前于准则的需要修改和增加的条款30条，建议修改条款5条，增加条款25条；《准则》应引领实践，为此需修改和增加的条款4条，建议修改条款1条，增加条款3条。

第十五章

导　言

  在现行准则中，有关准则的制定还是参照国外公司治理实践中普遍认同的标准，而对于国内的相关实践还未体现，近年来，国美、万科、阿里等公司治理的实践案例也在不断推进公司治理的创新与变革，并且党组织在上市公司的作用越来越重要，而对于党建工作也未涉及。因此本课题组参照《公司法》（2014）的相关法律规定以及实践案例，建议在制定《公司治理准则》时应吸收和借鉴国内外公司治理实践经验，以及增加有关上市公司设立党组织等相关方面的规定。

第十六章

股东与股东大会

一、关于股东权利

在现行准则中,对于股东的概念、类别以及相应的权利和保护制度的描述不够全面、比较模糊。因此本课题组参考《国务院关于开展优先股试点的指导意见》(2013)、《上市公司收购管理办法》(2014)、《公司法》(2014)、2015年《G20/OECD公司治理原则》、《上市公司章程指引(2016年修订)》等相关法律规定,建议做出以下修改:首先,将股东由公司的所有者变为重要的出资人,增加了外资股东这一类别;其次,明确了同类股东的权利,详细说明了股东对一些重大事项的知情、参与决策和监督等权利;最后,关于中小股东保护方面增加了有关敌意收购的规定。

二、关于股东大会的规范

在现行准则中,有关股东参加股东大会的议事规则、网络投票程序和方式、反收购工具带来的不足等方面的描述比较模糊,因此本课题组参考《关于继续做好股权分置改革试点公司股东大会网络投票相关技术和业务准备的通知》(2005)、《关于进一步加强资本市场中小投资者合法权益保护工作的意见》(2013)、《公司法》(2014)、《上海证券交易所上市公司股东大会网络投票实施细则》(2015年修订)和2015年《G20/OECD公司治理原则》等相关法律规定,建议进行以下修改:详细增加了一些股东参加股东大会的议事规则;明确了网络投票的程序以及投票方式;为保证控制权市场功能的有效发挥,增加了公司对反收购机制的设置规定。

三、关于机构投资者

现行准则中对于机构投资者和审计部门的相关条款比较稀少且不全面;关于

机构投资者在所投资公司行使股东权利,或者在所投项目选用专业分析人员之间的利益冲突管理的条款也比较缺乏。本课题组参考 2015 年《G20/OECD 公司治理原则》的相关规定,增加了机构投资者的投票要求以及投资者需要向外界披露其投资上市公司的治理情况、投票政策、如何管理可能会影响所投票项目的关键所有权行使的重大利益冲突、可能会损害其分析或建议公正性的利益冲突的相关条款,并且对于审计部门的职责、独立性、任期等相关规定也做了描述。

四、关于关联交易

现行准则中对于涉及关联交易的董事的规定较少,本课题组参考 2014 年《公司法》及 2015 年《G20/OECD 公司治理原则》,补充了涉及关联交易的董事在董事会表决相关事项时应避免出席的规定;并且考虑了当涉及关联交易的出席董事人数不及董事会人数一半时,由上市公司股东大会审议的情况。

第十七章

控股股东及其关联方与上市公司

关于上市条件和"经理人员"的称谓。现行准则中,仅强调拟上市公司改制重组应遵循的原则,而对于上市的条件还未规定,并且从公司内部构成来看,经理人员也不足以囊括由总经理、副总经理逐步扩大到财务负责人、董事会秘书等人员,并且除控股股东之外,很多上市公司还存在实际控制人,他们是能够实际支配公司的行为人。参考上海证券交易所及深圳证券交易所对发行上市条件的要求,建议在第十五条上增加有关拟上市公司的发行上市条件的相关规定;并参考《公司法》(2014)和2015年《G20/OECD公司治理原则》的相关规定,建议将"经理人员"改为"高级管理人员","控股股东"后增添"实际控制人"。

第十八章

董事与董事会

一、关于董事的义务

现行准则对董事义务的表述还不够完整,结合 2014 年《公司法》和 2015 年《G20/OECD 公司治理原则》对董事义务作了修改,要求董事应当谨慎地履行其职责,并应对自身决策行为承担相应的责任。

二、关于董事会的构成和职责

现行准则一方面对董事会成员异质性关注较少,仅仅要求董事会成员背景应实现多元化;另一方面关于董事会职责的要求的表述较少,特别是董事会对公司风险监控方面的内容。为此,本课题组结合当前国际最佳公司治理实践及研究成果,建议在董事会中增设女性董事和职工董事,并要求董事会应履行监督公司风险管理系统正常运营的职责。

三、关于独立董事制度

由于当前公司治理实践的快速发展,现行准则中对独立董事制度的界定还不够完善。为此,我们结合 2004 年《关于加强社会公众股股东权益保护的若干规定》和 2014 年《上市公司独立董事履职指引》,建议增加有关独立董事的独立性、建立独立董事工作制度,以及独立董事定期述职报告和任期情况的条款。

四、关于董事会专门委员会

现行准则中对董事会专门委员会的表述主要集中于传统的四大专门委员会,但是当前部分上市公司董事会中已经开始设立社会责任专门委员会。为此,我们结合 2008 年《关于中央企业履行社会责任的指导意见》,提出鼓励上市公司在董事会中设立社会责任专门委员会,监督上市公司履行社会责任。

第十九章

监事与监事会

一、关于监事会职责部分

现行准则的部分条款,在涉及监事会的范围、人员的职责等内容方面存在一定漏洞,使得监事的作用发挥较为有限,难以完全适应现有的实际发展需求。基于此,参考日本《商法》《德国上市公司治理原则》《台湾证券交易所股份有限公司有价证券上市审查原则》《上市公司章程指引(2016 年修订)》《公司法》(2014)等相关法律法规,建议增加关于监事的独立性与有效性的内容以及优化上市公司的监督资源的相关内容。

二、关于监事会的构成和议事规则部分

现行准则中,对监事会构成、会议频次、规模等相关条文的表述具有一定的模糊性,缺乏实际的指导意义。基于此,参考《公司法》《上市公司章程指引(2016 年修订)》等法律规定,建议做如下修改:进一步细化上市公司监事会人员的成员结构和人数、量化每年最低开会频次等内容。

第二十章

绩效评价与激励约束机制

关于绩效评价和激励约束机制建设部分。由于在现行准则中不仅未对上市公司中董事和关键高级管理人员的相关信息、任职情况给出详细的规定，评价的人员情况也不全面，仅仅针对董事会和高级管理人员，并且对于董事、监事和高级管理人员的激励和约束机制的规定还比较缺乏。因此参考《公司法》（2014）和2015年《G20/OECD公司治理原则》的相关规定，建议不仅增加对于董事和关键高级管理人员信息的披露以便于股东和投资者的评估以及扩充其对于高级管理人员履行职责、获得报酬和绩效评价情况的掌握，而且在激励机制方面增加董事和监事的薪酬结构并由股东大会决定以及对董事、监事和高级管理人员的长期激励机制的条款，同时在约束机制方面适度引入扣回条款和追回条款以便于追究责任。

第二十一章

利益相关者

一、关于利益相关者部分

现行准则忽略了投资者关系的管理制度,并且缺乏动员利益相关者参与治理的渠道建设及权利保护的相关条款。基于此,借鉴2015年《G20/OECD公司治理原则》和南开大学中国上市公司治理评价数据库等相关资料,建议做出以下修改:进一步强化上市公司关于投资者关系管理制度的建设、积极搭建利益相关者意见表达的渠道以及对相关合法权利的保护。

二、关于绿色治理部分

企业作为主要的污染物排放主体,是绿色治理的关键行动者和重要主体,然而现行治理准则对该部分的规定较缺乏。基于此,借鉴《绿色治理准则》的相关内容,建议增加以下条款:鼓励上市公司开展绿色采购、绿色生产与办公;鼓励上市公司内建立环保治理部门;鼓励上市公司引导员工绿色出行、绿色消费,为各利益相关者营造更为和谐的治理环境。

第二十二章

信息披露与透明度

一、关于上市公司的持续信息披露制度

现行准则未能较全面地涵盖信息披露过程中所遵循的原则，同时对披露内容的可理解性描述较为模糊，因此参考2015年《G20/OECD公司治理原则》《关于进一步推进新股发行体制改革的意见》《证券期货投资者适当性管理办法》等法律条文，建议做如下修改：增加信息披露的指导性原则，即公平性与适当性，并增加对披露信息可理解性的具体说明。

二、关于上市公司治理信息的披露内容

在现行准则中，仅明确包含关于董事会、监事会、独立董事以及专业委员会的信息披露内容，但是对于成长性指标、关键性的股权激励、内部控制以及交叉上市等这些重要内容的披露，则缺乏较为明示性的规定，具有较强模糊性。基于此，结合2015年《G20/OECD公司治理原则》《Cadbury报告》《德国上市公司治理准则》《公开发行证券的公司信息披露内容与格式标准第2号——年度报告的内容与格式》等相关法律法规，建议做如下修改：在原有的信息披露制度上增加关于核心技术团队或关键技术人员等成长性指标的披露；进一步明确关于董事会、监事会选聘流程以及关联关系等内容的披露；结合上市公司构建的内部控制制度，增加与内控相关的信息披露；依据治理实践，明确关于交叉上市的公司和关于不同地区间相关法规差异的披露等。

三、关于股东权益披露的内容

现行准则中关于该部分内容的规定往往具有较大的模糊性，缺少量化和可操作性。为此参考《证券法》《日本公司治理准则》《污染物排放与登记制度规定》以及南开大学公司治理指数评价数据库等内容，建议做如下修改：进一步量化"较大持股比例""及时"等内容的规定；增加关于公司分红政策及执行情况的披露、增加环境信息披露、社会责任信息披露等内容。

第四部分
《上市公司治理准则》修订案建议稿

第二十三章

导　言

修改后：为推动上市公司建立和完善现代企业制度，规范上市公司运作，促进我国证券市场健康发展，根据《公司法》、《证券法》及其他相关法律、法规确定的基本原则，吸收和借鉴国内外公司治理实践经验，制定本准则。

原内容：为推动上市公司建立和完善现代企业制度，规范上市公司运作，促进我国证券市场健康发展，根据《公司法》、《证券法》及其他相关法律、法规确定的基本原则，并参照国外公司治理实践中普遍认同的标准，制定本准则。

修改说明：从国际上看，各国的《公司治理准则》一般是介于上市公司治理实践案例和《公司法》等法律之间，由监管部门颁布的最佳治理指引，它的生命力在于要适时根据治理实践经验和学术研究成果来不断完善。近年来，国美、万科、阿里等公司治理的实践案例也在不断推进公司治理的创新与变革。具有代表意义的治理事件和最佳实践，不仅为治理能力的提升带来新的契机，也为公司治理准则的完善提供了进一步吸收借鉴的意义。

本准则阐明了我国上市公司治理的基本原则、投资者权利保护的实现方式，以及上市公司董事、监事、经理等高级管理人员所应当遵循的基本的行为准则和职业道德等内容。

本准则适用于中国境内的上市公司。上市公司改善公司治理，应当贯彻本准则所阐述的精神。上市公司制定或者修改公司章程及治理细则，应当体现本准则所列明的内容。本准则是评判上市公司是否具有良好的公司治理结构的主要衡量标准，对公司治理存在重大问题的上市公司，证券监管机构将责令其按照本准则的要求进行整改。

新增条款：依照《中国共产党章程》的规定，在上市公司中应当设立中国共产党的组织，开展党的相关活动。上市公司应当为党组织的活动提供必要条件。国有上市公司应依照《中国共产党章程》《公司法》和有关规定，结合企业所有权结构、经营管理、境外上市或境外股东构成等实际，把党组织的作用和法人治理结构合规结合起来。

修改说明：根据《公司法》（2014）规定"在公司中，根据中国共产党章程的规定，设立中国共产党的组织，开展党的活动。公司应当为党组织的活动提供必要条件。"在理论上党组织参与公司治理能够抑制并购中的"国有资产流失"、缩短高级管理人员和员工的薪酬差距等,因此上市公司党组织应予以体现。另外,境外上市的企业所面临环境差异较大,将党建工作写入章程中也应结合实际。为此建议增加结合境外上市或境外股东构成等实际。

第二十四章

股东与股东大会

第一节 股东权利

修改后: 第一条 股东作为公司重要的出资人,享有法律、行政法规和公司章程规定的合法权利。上市公司应建立能够确保股东充分行使权利的公司治理结构。

原内容: 第一条 股东作为公司的所有者,享有法律、行政法规和公司章程规定的合法权利。上市公司应建立能够确保股东充分行使权利的公司治理结构。

修改说明: 随着现代公司治理理论的发展,使得公司不再只是股东这一股权出资者所有,"投资者"概念范围也在扩大,并兼顾利益相关者利益。在出资类型方面,原《公司法》规定无形资产出资不得超过20%,而新《公司法》规定股东不仅可以用货币出资,也可以用实物等可以用货币估价并可以依法转让的非货币财产作价出资。除了传统的货币投资外,同样有高管的智力投资、员工的人力投资等多种形式。因此,将股东表述为公司的重要出资人更为恰当。

修改后: 第二条 上市公司的治理结构应确保所有股东,特别是中小股东和外资股东享有平等地位。同类股东按其持有的股份享有平等的权利,并承担相应的义务。

原内容: 第二条 上市公司的治理结构应确保所有股东,特别是中小股东享有平等地位。股东按其持有的股份享有平等的权利,并承担相应的义务。

修改说明: 参考上市公司年报数据,近年来上市公司境外发起人持股股数逐年增加,另外2015年《G20/OECD公司治理原则》中在保护和促进股东行使权利时重点强调少数股东和外资股东,可以看出上市公司中外资股东也应该像其他股东一样具有平等地位,因此建议将第一句话描述为"上市公司的治理结构应确保所有股东,特别是中小股东和外资股东享有平等地位"。参考2015年《G20/OECD公司治理原则》《上市公司章程指引(2016年修订)》中明确指出了同类别的股东应具有相同的权利、承担同等的义务,而且《国务院关于开展优先股试点的指导意见》（2013）的实施，使得某些公司开始发行优先股，虽然这种优先股具有优先获得公司利润的权利，但是会存在表决权限制，因此结合上述说明，建议将第二句话改为"同类股东按其持有的股份享有平等的权利，并承担相应的义务"。

修改后：第三条 股东对法律、行政法规和公司章程规定的公司重大事项，例如，（1）公司章程或类似治理文件的修订；（2）股份的增减或回购；（3）重大交易，包括公司转让、受让重大资产或者对外提供担保等方面享有知情、参与决策和监督等权利。上市公司应建立和股东沟通的有效渠道。

原内容：第三条 股东对法律、行政法规和公司章程规定的公司重大事项，享有知情权和参与权。上市公司应建立和股东沟通的有效渠道。

修改说明：原准则中对于公司重大事项描述比较笼统。《公司法》（2014）、2015年《G20/OECD公司治理原则》和《上市公司章程指引（2016年修订）》对公司重大交易事件做了说明，诸如章程的修改、股份增减和回购、资产转让担保等事项，因此建议对公司重大事项进行明确说明。

第四条 股东有权按照法律、行政法规的规定，通过民事诉讼或其他法律手段保护其合法权利。股东大会、董事会的决议违反法律、行政法规的规定，侵犯股东合法权益，股东有权依法提起要求停止上述违法行为或侵害行为的诉讼。董事、监事、经理执行职务时违反法律、行政法规或者公司章程的规定，给公司造成损害的，应承担赔偿责任。股东有权要求公司依法提起要求赔偿的诉讼。

增加条款：在中小股东支持的前提下，上市公司应制定应对敌意收购的相关制度。

修改说明：作为股权高度分散的现代公司，应做好公司治理制度建设的"事前准备"，即在公司章程、董事会规则中事先预备好"防盗门"，但必须事先获得广大中小股东的支持，以保护中小股东的利益不受侵害。在股权设置方面，可以适度引入控制权优先股、AB股等防御机制；另外参考《证券法》《公司法》（2014）、《上市公司收购管理办法》（2014）的规定，上市公司章程中与控制权变动有关的约定，应遵守法律、行政法规及中国证券监督管理委员会的规定，因此建议增加有关应对敌意收购的条款。

第二节 股东大会的规范

第五条 上市公司应在公司章程中规定股东大会的召开和表决程序，包括通知、登记、提案的审议、投票、计票、表决结果的宣布、会议决议的形成、会议记录及其签署、公告等。

第六条 董事会应认真审议并安排股东大会审议事项。股东大会应给予每个提案合理的讨论时间。

第七条 上市公司应在公司章程中规定股东大会对董事会的授权原则，授权内容应明确具体。

第八条 上市公司应在保证股东大会合法、有效的前提下，通过各种方式和途径，包括充分运用现代信息技术手段，扩大股东参与股东大会的比例。股东大会时间、地点的选择应有利于让尽可能多的股东参加会议。

第九条 股东既可以亲自到股东大会现场投票，也可以委托代理人代为投票，两者具有同样的法律效力。

增加条款：股东应获得有效参加股东大会的投票的机会，并应对股东大会议事规则（包括投票程序）知情，包括但不限于以下方面：（1）股东应充分、及时地得到关于股东大会召开日期、地点和议程的信息，以及将在股东大会上做出决议的议题的全部信息；（2）股东大会的流程与程序应虑及全体股东的公平待遇，公司程序不应使投票过于困难或成本过高；（3）股东应有权向董事会提问（问题可能涉及年度外部审计），有权在股东大会中提出议案、进行表决，但该等权利应受到合理限制；（4）应消除跨国投票障碍。

修改说明：虽然《上市公司治理准则》（2002）中规定了股东的投票事宜，但是对股东大会的议事规则没有作详细的说明，《公司法》（2014）对股东大会召开的时间、地点等，议题和具体决议事项，议事方式和表决程序等作了说明，并且2015年《G20/OECD公司治理原则》还指出外国投资者在投票知情权、行使投票权以及沟通程序上均存在障碍，为了保证外国投资者的利益，还应对此有所说明，因此借鉴上述制度，建议增加股东的议事规则条款。

增加条款：上市公司应当按照相关规定设置会场，以现场会议和网络投票相结合的方式召开股东大会，履行股东大会相关的通知和公告义务，做好股东大会网络投票的相关组织和准备工作，使投资者尤其是中小投资者、境外投资者更便利地参与治理。

增加条款：在技术条件允许时尽快导入移动终端投票系统等，提供快捷方便的互联网投票系统。

修改说明：《关于继续做好股权分置改革试点公司股东大会网络投票相关技术和业务准备的通知》（2005）中指出，对于一些股权分置改革的试点公司，就开始导入了网络投票系统，以此保证投资者行使股东权利，提高了股改投票率，随后《关于进一步加强资本市场中小投资者合法权益保护工作的意见》（2013）和《上海证券交易所上市公司股东大会网络投票实施细则》（2015）规定上市公司召开股东大会应该全面实施网络投票的方式，以便更利于投资者权益保护。因此建议增加有关网络投票的条款。

第十条 上市公司董事会、独立董事和符合有关条件的股东可向上市公司股东征集其在股东大会上的投票权。投票权征集应采取无偿的方式进行，并应向被征集人充分披露信息。

增加条款：应确保控制权市场的功能的有效发挥，保证各类反收购工具不致成为公司高级管理者及董事会控制公司、规避股东问责的手段。公司设置反收购机制应由提案人在股东大会中详细论证其必要性，并由股东大会决议通过，确保不损害公司及股东利益。

修改说明：在现行法律法规下公司可以运用反收购工具，但是由于投资者担心反收购工具的广泛应用可能会阻碍公司控制权市场功能的发挥，并且抵御收购可能被公司高级管理者或董事会用于规避股东的监控。因此，有必要规范公司使用反收购的工具，2015年《G20/OECD公司治理原则》也做了相关规定，因此建议增加有关规范反收购工具的制度。

新增机构投资者和审计机构。

第十一条 机构投资者应在公司董事选任、经营者激励与监督、重大事项决策等方面发挥作用。

增加条款：鼓励社会保障基金、企业年金、保险基金、公募基金的管理机构和国家金融监督管理机构依法监管的其他投资主体等机构投资者，作为上市公司股东，通过行使表决权、质询权、建议权、监督权等相关股东权利，积极且合理地参与上市公司治理。

修改说明：根据Wind资讯的数据显示，我国机构投资者种类众多，截至2016年6月30日，A股上市公司机构投资者合计持仓25736.85亿股，占全部A股比重48.18%。但对每家上市公司而言，近7年平均仅有6%~7%股份被机构投资者持有，仍有较大的提升空间。而鼓励各类机构投资者高效地参与公司治理并发挥积极作用，仍旧需要通过表决权、质询权、建议权、监督权等相应的股东权利作为保障，参照2010年英国财务报告委员会发布的《管理人职责原则》的相关规定，需进一步明确包括机构投资者主体、参与公司治理的途径与权力在内的基本规定。

增加条款：机构投资者或其代理人应为股份受益人行使投票权提供便利或按照股份受益人的要求进行投票。

修改说明：近年来，虽然上市公司中机构投资者持股份额显著增长，但是规模依然偏小且持有上市公司的股权比例普遍较低，导致其参与上市公司治理存在困难；加之目前投票权委托征集制度不完善，增加了机构投资者联合的成本，参考《公开募集证券投资基金运作管理办法》（2014）和2015年《G20/OECD公司治理原则》的相关规定，因此建议增加有关股份受益人行使投票权的相关条例。

增加条款：机构投资者应披露与其投资相关的上市公司治理状况、投票政策及其参与上市公司治理的相关信息。

修改说明：机构投资者能否发挥治理效力，在很大程度上取决于其是否有意愿和能力基于充分信息在所投资公司行使股东权利。机构投资者所投资公司的一些情况如治理状况、投票政策及其参与上市公司治理的相关信息对于保护投资者权益起着很大的作用，因此参考 2015 年《G20/OECD 公司治理原则》的相关规定，建议增加有关其投资相关的上市公司信息披露的相关条文。

增加条款：机构投资者应当披露对影响所投项目关键所有权行使的重大利益冲突的管理事宜。

修改说明：由于机构投资者属于一种特殊的"中介所有者"，所以他们投票和行使关键所有权职责的动力与直接投资者有所差别。这种差别可能来自利益冲突，如果该利益冲突是由某种重要的业务关系（比如通过协议安排来管理投资组合公司的资金）引起的，故应明确识别该等利益冲突并加以披露具有很大的必要性。同时《公开募集证券投资基金运作管理办法》（2014）也指出基金管理人的交易行为应当符合基金的投资目标和应当符合基金的投资目标和投资策略，遵循持有人利益优先原则，防范利益冲突，因此建议增加有关投资者对于冲突管理事宜的条款。

增加条款：机构投资者应当根据委托投票代理顾问、分析师、经纪商、评级机构以及其他专业人员的分析和建议，披露可能会损及其分析或建议公正性的利益冲突，并将该类冲突控制在最低限度。

修改说明：由于不同的专业机构会根据不同的治理标准评估公司，所以他们虽履行了相似的职能，但可能导致相同的潜在利益冲突。这就需要机构投资者对他们的意见进行披露，降低该冲突。因此参考 2015 年《G20/OECD 公司治理原则》的相关规定，建议增加投资者对相关专业人士的分析和建议管理的条款。

增加条款：证券交易所应当发挥公开、公正、高效、竞争的价格发现功能，以利于改善公司治理效果。

修改说明：股东可以根据市场表现和公司绩效表现来评估和监督他们对公司的投资，如果股东觉得有利可图，就可能会行使股东权利来影响公司战略，或增减股份，或在投资组合中重新评估股票。参考 2015 年《G20/OECD 公司治理原则》，建议增加证券交易所有关价格发现功能的条款，价格发现功能就是指市场通过交易运行机制，形成具有真实性、预期性、连续性和权威性价格的过程。

增加条款：公司内部审计应向股东负责，在审计中对公司负有职业审慎的责任。

增加条款：公司选聘的外部审计师应具有独立性，并且具备相应的公司审计能力。

增加条款：公司应建立强制性审计师轮换制度，选聘的审计师的任期不得超过 5 年。

修改说明：参考 2002 年《中国注册会计师职业道德规范指导意见》以及美国 2002 年《公众公司会计改革和投资者保护法案》中的规定，为保证审计部门的独立性应实施定期轮换制和规定其任职期限,因此建议增加有关审计部门的条款。

第三节 关联交易

第十二条 上市公司与关联人之间的关联交易应签订书面协议。协议的签订应当遵循平等、自愿、等价、有偿的原则,协议内容应明确、具体。公司应将该协议的订立、变更、终止及履行情况等事项按照有关规定予以披露。

第十三条 上市公司应采取有效措施防止关联人以垄断采购和销售业务渠道等方式干预公司的经营,损害公司利益。关联交易活动应遵循商业原则,关联交易的价格原则上应不偏离市场独立第三方的价格或收费的标准。公司应对关联交易的定价依据予以充分披露。

修改后: 第十四条 上市公司的资产属于公司所有。上市公司及其关联方不得利用关联交易输送利益或者调节利润,上市公司不得违规为股东及其关联方提供担保,不得以任何方式隐瞒关联关系。

原内容: 第十四条 上市公司的资产属于公司所有。上市公司应采取有效措施防止股东及其关联方以各种形式占用或转移公司的资金、资产及其他资源。上市公司不得为股东及其关联方提供担保。

修改说明: 根据2017年上市公司治理指数,关联交易指数下降了5.69,这主要是由经营类关联交易和资产类关联交易上升造成的,有47家公司资产类关联交易占总资产的比例超过10%,最高者为88%;有87家公司经营类关联交易占营业收入的比例超过50%,最高者为248%,这在一定程度上损害公司的利益,不利于公司的可持续发展。出于保护公司和中小股东的合法权益的角度考虑,参照2015年《深圳证券交易所主板上市公司规范运作指引》进行修改。

增加条款: 上市公司董事与董事会会议决议事项所涉及的企业有关联关系的,不得对该项决议行使表决权,也不得代理其他董事行使表决权。该董事会会议由董事会中过半数的无关联关系董事出席即可举行。董事会会议所作决议须经无关联关系董事过半数通过。出席董事会的无关联关系董事人数不足半数时,应将该事项提交上市公司股东大会审议。

修改说明: 2014年《公司法》中已经明确要求上市公司董事在涉及关联交易时,应回避参与决议。并且2015年《G20/OECD公司治理原则》中也指出,董事会的一项重要职责就是防止滥用关联交易。为此,在公司董事涉及关联交易时,上市公司应采取董事回避制度。

第二十五章

控股股东及其关联方与上市公司

第一节　控股股东及其关联方行为的规范

修改后：第十五条　控股股东、实际控制人对拟上市公司改制重组时应遵循先改制、后上市的原则，还应关注拟上市公司是否符合证券交易所的发行上市条件，并注重建立合理、科学的公司治理结构。

原内容：第十五条　控股股东对拟上市公司改制重组时应遵循先改制、后上市的原则，并注重建立合理制衡的股权结构。

修改说明：参考上海证券交易所及深圳证券交易所对发行上市条件的要求，企业首次公开发行股票并上市的主要条件不仅包括合理制衡的股权结构，并且要求应建立科学合理的公司治理结构。另外，《公司法》（2014）对实际控制人也进行了专门的规定，强调的是能够实际支配公司行为的人，因此建议增加实际控制人。

增加条款：上市公司导入控制权优先股、一票否决权等制度以保障创始人等特殊股东的权益。

修改说明：目前中国上市公司还存在由创始人等成立的特殊类型公司，却没有完整的制度来保证这些创始人的利益，而接连发生"国美控制权之争""万科控制权争夺战"等典型的公司治理事件，需要对这些创始人的利益进行保护，因此建议增加特殊的控制权优先股、一票否决权等制度。

第十六条　控股股东、实际控制人对拟上市公司改制重组时应分离其社会职能，剥离非经营性资产，非经营性机构、福利性机构及其设施不得进入上市公司。

第十七条　控股股东、实际控制人为上市公司主业服务的存续企业或机构可以按照专业化、市场化的原则改组为专业化公司，并根据商业原则与上市公司签订有关协议。从事其他业务的存续企业应增强其独立发展的能力。无继续经营能力的存续企业，应按有关法律、法规的规定，通过实施破产等途径退出市场。企业重组时具备一定条件的，可以一次性分离其社会职能及分流富余人员，不保留存续企业。

第十八条 控股股东、实际控制人应支持上市公司深化劳动、人事、分配制度改革，转换经营管理机制，建立管理人员竞聘上岗、能上能下，职工择优录用、能进能出，收入分配能增能减、有效激励的各项制度。

修改后：第十九条 控股股东、实际控制人对上市公司及其他股东负有诚信义务。控股股东、实际控制人对其所控股的上市公司应严格依法行使出资人的权利，控股股东、实际控制人不得利用关联交易、利润分配、资产重组、对外投资等方式损害上市公司和其他股东的合法权益，不得利用其特殊地位谋取额外的利益。

原内容：第十九条 控股股东对上市公司及其他股东负有诚信义务。控股股东对其所控股的上市公司应严格依法行使出资人的权利，控股股东不得利用资产重组等方式损害上市公司和其他股东的合法权益，不得利用其特殊地位谋取额外的利益。

修改说明： 从IPO被否的几个经典案例和现有研究中发现，控股股东对于上市公司的侵害方式有多种，并不仅仅包含资产重组，还有其他的方式例如关联交易、利润分配、对外投资等，并且《上海证券交易所上市公司控股股东、实际控制人行为指引》的第十九条也做了规定"控股股东不得滥用其控制权通过关联交易、利润分配、资产重组、对外投资等任何方式损害上市公司和其他股东的利益。"因此建议增加控股股东的侵害的方式。

第二十条 控股股东、实际控制人对上市公司董事、监事候选人的提名，应严格遵循法律、法规和公司章程规定的条件和程序。控股股东、实际控制人提名的董事、监事候选人应当具备相关专业知识和决策、监督能力。控股股东、实际控制人不得对股东大会人事选举决议和董事会人事聘任决议履行任何批准手续；不得越过股东大会、董事会任免上市公司的高级管理人员。

第二十一条 上市公司的重大决策应由股东大会和董事会依法作出。控股股东不得直接或间接干预公司的决策及依法开展的生产经营活动，损害公司及其他股东的权益。

第二节 上市公司的独立性

第二十二条 控股股东、实际控制人与上市公司应实行人员、资产、财务分开，机构、业务独立，各自独立核算、独立承担责任和风险。

修改后：第二十三条 上市公司人员应独立于控股股东。上市公司的高级管理人员在控股股东单位不得担任除董事以外的其他职务。控股股东高级管理人员兼任上市公司董事的，应保证有足够的时间和精力承担上市公司的工作。

原内容： 第二十三条　上市公司人员应独立于控股股东。上市公司的经理人员、财务负责人、营销负责人和董事会秘书在控股股东单位不得担任除董事以外的其他职务。控股股东高级管理人员兼任上市公司董事的，应保证有足够的时间和精力承担上市公司的工作。

修改说明： 随着公司结构的逐步规范，人员的职位也变得越来越多，由原来的总经理、副总经理逐步扩大到包含财务负责人、董事会秘书等管理层人员，显然"经理人员"这一称谓已不足以囊括公司的其他职位，在 2015 年《G20/OECD 公司治理原则》和《公司法》（2014）中使用高级管理人员来表示公司的"经理人员"，因此建议将"经理人员"改为"高级管理人员"（下同）。

第二十四条　控股股东、实际控制人投入上市公司的资产应独立完整、权属清晰。控股股东、实际控制人以非货币性资产出资的，应办理产权变更手续，明确界定该资产的范围。上市公司应当对该资产独立登记、建账、核算、管理。控股股东、实际控制人不得占用、支配该资产或干预上市公司对该资产的经营管理。

第二十五条　上市公司应按照有关法律、法规的要求建立健全的财务、会计管理制度，独立核算。控股股东、实际控制人应尊重公司财务的独立性，不得干预公司的财务、会计活动。

第二十六条　上市公司的董事会、监事会及其他内部机构应独立运作。控股股东、实际控制人及其职能部门与上市公司及其职能部门之间没有上下级关系。控股股东、实际控制人及其下属机构不得向上市公司及其下属机构下达任何有关上市公司经营的计划和指令，也不得以其他任何形式影响其经营管理的独立性。

第二十七条　上市公司业务应完全独立于控股股东、实际控制人。控股股东、实际控制人及其下属的其他单位不应从事与上市公司相同或相近的业务工作。控股股东、实际控制人应采取有效措施避免同业竞争。

第二十六章

董事与董事会

第一节 董事的选聘程序

第二十八条 上市公司应在公司章程中规定规范、透明的董事选聘程序，保证董事选聘公开、公平、公正、独立。

第二十九条 上市公司应在股东大会召开前披露董事候选人的详细资料，保证股东在投票时对候选人有足够的了解。

第三十条 董事候选人应在股东大会召开之前作出书面承诺，同意接受提名，承诺公开披露的董事候选人的资料真实、完整并保证当选后切实履行董事职责。

第三十一条 在董事的选举过程中，应充分反映中小股东的意见。股东大会在董事选举中应积极推行累积投票制度。控股股东控股比例在30%以上的上市公司，应当采用累积投票制。采用累积投票制度的上市公司，应在公司章程里规定该制度的实施细则。

第三十二条 上市公司应和董事签订聘任合同，明确公司和董事之间的权利义务、董事的任期、董事违反法律法规和公司章程的责任以及公司因故提前解除合同的补偿等内容。

第二节 董事的义务

修改后：第三十三条 董事应根据公司和全体股东的最大利益，忠实、诚信、勤勉、谨慎地履行职责。

原内容：第三十三条 董事应根据公司和全体股东的最大利益，忠实、诚信、勤勉地履行职责。

修改说明：参考2015年《G20/OECD公司治理原则》，董事会成员应特别承担审慎义务,其行为也应以充分知情、善意、尽职以及审慎为基础。同时《公司法》中也规定董事应在其职权范围内谨慎、认真、勤勉地行使职权,因此建议在董事履职时增加谨慎原则。

第三十四条 董事应保证有足够的时间和精力履行其应尽的职责。

第三十五条 董事应以认真负责的态度出席董事会,对所议事项表达明确的意见。董事确实无法亲自出席董事会的,可以书面形式委托其他董事按委托人的意愿代为投票,委托人应独立承担法律责任。

第三十六条 董事应遵守有关法律、法规及公司章程的规定,严格遵守其公开作出的承诺。

第三十七条 董事应积极参加有关培训,以了解作为董事的权利、义务和责任,熟悉有关法律法规,掌握作为董事应具备的相关知识。

第三十八条 董事会决议违反法律、法规和公司章程的规定,致使公司遭受损失的,参与决议的董事对公司承担赔偿责任。但经证明在表决时曾表明异议并记载于会议记录的董事除外。

第三十九条 经股东大会批准,上市公司可以为董事购买责任保险。但董事因违反法律法规和公司章程规定而导致的责任除外。

第三节 董事会的构成和职责

第四十条 董事会的人数及人员构成应符合有关法律、法规的要求,确保董事会能够进行富有成效的讨论,作出科学、迅速和谨慎的决策。

增加条款:董事会成员中应至少有一名女性董事,以促进董事会成员构成的多元化。

修改说明:从国际公司治理实践来看,挪威、西班牙等国均要求国有及上市公司的董事会中应有30%~40%由女性董事组成,芬兰、冰岛、南非及瑞士等国对国有企业的女性领导比例也有相应的配额要求。参考南开大学中国上市公司治理评价数据库,2016年中国已有70%左右的上市公司董事会中纳入了女性董事。为此,建议应在董事会中纳入女性董事。

增加条款:董事会成员中应至少有一名职工董事,以便公司员工能够有效行使参与公司决策的权利。职工董事可通过职工代表大会、职工大会或其他形式民主选举产生。

修改说明:董事会作为公司的日常决策机构,应能够代表公司各利益相关者的利益,在董事会中纳入职工董事能够代表公司职工在公司决策中发声,避免公司职工利益遭到侵害。2014年《公司法》第44条及第67条中,要求有限责任公司及国有独资公司中应设立职工董事,职工董事应由公司职工代表大会中选举产生，建议应在董事会中纳入职工董事，并增加相应职责的条款。

第四十一条 董事会应具备合理的专业结构，其成员应具备履行职务所必需的知识、技能和素质。

第四十二条 董事会向股东大会负责。上市公司治理结构应确保董事会能够按照法律、法规和公司章程的规定行使职权。

增加条款： 董事会应负有监督公司风险管理的职责，对风险管理问责机制及责任进行监督，避免公司可能承担过度的风险。

修改说明： 2015年《G20/OECD公司治理原则》中，提出"董事会职能中，其中一个重要的方面就是对公司风险管理工作的监督"。董事会的一项重要职责就是监督公司内部控制体系，董事会应确保适当的风险管理系统和财务经营控制系统，避免公司管理层可能在公司投资行为中承担过度风险，因此，建议增加董事会对风险管理的相关条款。

第四十三条 董事会应认真履行有关法律、法规和公司章程规定的职责，确保公司遵守法律、法规和公司章程的规定，公平对待所有股东，并关注其他利益相关者的利益。

增加条款： 上市公司应设置董事会秘书职位，董事会秘书应负责筹备并记录股东大会与董事会会议内容，并妥善保管会议相关的文件，做好公司股东资料管理、信息披露及投资者关系管理等工作。董事会秘书有权参加有关会议，并查阅相关文件，了解公司财务及经营情况。

修改说明： 董事会秘书作为上市公司与证券交易所间的指定联络人，是公司治理结构中非常关键的一个环节。结合《上市公司章程指引》《公司法》等相关法律规定，上市公司中应当设立董事会秘书职位，并对董事会秘书的相关职责与义务进行充分界定，以有效发挥其应有的治理作用。现行准则中缺少对董事会秘书权责的界定，建议增加相关条款。

第四节　董事会议事规则

第四十四条 上市公司应在公司章程中规定规范的董事会议事规则，确保董事会高效运作和科学决策。

第四十五条 董事会应定期召开会议，并根据需要及时召开临时会议。董事会会议应有事先拟订的议题。

第四十六条 上市公司董事会会议应严格按照规定的程序进行。董事会应按规定的时间事先通知所有董事，并提供足够的资料，包括会议议题的相关背景材料和有助于董事理解公司业务进展的信息和数据。当2名或2名以上独立董事认为资料不充分或论证不明确时，可联名以书面形式向董事会提出延期召开董事会会议或延期审议该事项，董事会应予以采纳。

第四十七条 董事会会议记录应完整、真实。董事会秘书对会议所议事项要认真组织记录和整理。出席会议的董事、董事会秘书和记录人应在会议记录上签名。董事会会议记录应作为公司重要档案妥善保存，以作为日后明确董事责任的重要依据。

第四十八条 董事会授权董事长在董事会闭会期间行使董事会部分职权的，上市公司应在公司章程中明确规定授权原则和授权内容，授权内容应当明确、具体。凡涉及公司重大利益的事项应由董事会集体决策。

第五节 独立董事制度

修改后：第四十九条 上市公司应当按照有关规定建立独立董事制度。独立董事应当独立履行职责，不受上市公司主要股东、实际控制人或者与上市公司及其主要股东、实际控制人存在利害关系的单位或个人的影响。独立董事不得在上市公司担任除独立董事外的其他任何职务。为保证公司独立董事能够切实履行职责，独立董事兼职不得超过3家。

原内容：第四十九条 上市公司应按照有关规定建立独立董事制度。独立董事应独立于所受聘的公司及其主要股东。独立董事不得在上市公司担任除独立董事外的其他任何职务。

修改说明： 本条参考2004年《关于加强社会公众股股东权益保护的若干规定》及2014年《上市公司独立董事履职指引》，为保证独立董事的独立性，建议增加独立董事不受其他治理主体影响的条款；中国当前独立董事普遍以兼职独立董事为主，为保证独立董事有效履职，建议增补独立董事兼职应不超过3家。

修改后：第五十条 独立董事应当忠实履行职务，维护公司利益，尤其要关注社会公众股股东的合法权益不受损害。独立董事应按照相关法律、法规、公司章程的要求，认真履行职责，以公司可持续发展和公司长期价值为导向，维护公司整体利益，尤其是关注公司各利益相关者的合法权益不受损害。

原内容：第五十条 独立董事对公司及全体股东负有诚信与勤勉义务。独立董事应按照相关法律、法规、公司章程的要求，认真履行职责，维护公司整体利益，尤其要关注中小股东的合法权益不受损害。独立董事应独立履行职责，不受公司主要股东、实际控制人以及其他与上市公司存在利害关系的单位或个人的影响。

修改说明： 本条参考2004年《关于加强社会公众股股东权益保护的若干规定》及2015年《G20/OECD公司治理原则》。建议增加独立董事应关注于公司长期价值，避免公司短视行为，并维护公司利益相关者的利益不受侵害等相关条款。

增加条款： 重大关联交易、聘用或解聘会计师事务所，应由1/2以上独立董事同意后，方可提交董事会讨论。经全体独立董事同意，独立董事可独立聘请外部审计机构和咨询机构，对公司的具体事项进行审计和咨询，相关费用由公司承担。

修改说明：本条参考 2004 年《关于加强社会公众股股东权益保护的若干规定》，为了保证外部审计机构的独立性，公司外部审计机构的选聘应由公司独立董事 1/2 以上同意。因此建议增加相应条款。

增加条款：上市公司应当建立独立董事工作制度，董事会秘书应当积极配合独立董事履行职责，独立董事每年为所任职上市公司有效工作的时间原则上不少于 20 个工作日。上市公司应当保证独立董事享有与其他董事同等的知情权，及时向独立董事提供相关材料和信息，定期通报公司运营情况。

修改说明：本条参考 2004 年《关于加强社会公众股股东权益保护的若干规定》及 2014 年《上市公司独立董事履职指引》，独立董事有效履职的基础是在上市公司中建立独立董事工作制度，要求独立董事定期了解公司运营状况，进而有效参与公司决策，因此建议增加有关独立董事履职的条款。根据当前中国公司治理实践经验，上市公司董事会会议次数普遍为 8~9 次，因此相对应的独立董事工作时长也应予以增加，否则独立董事工作时长难以有效覆盖全年参加董事会会议的会议次数，因此，建议延长独立董事有效工作时长至 20 个工作日。

增加条款：独立董事应当按时出席董事会会议，了解上市公司的生产经营和运作情况，主动调查、获取做出决策所需要的情况和资料。独立董事应当向公司股东大会提交年度述职报告，对其履行职责的情况进行说明。

修改说明：本条参考 2004 年《关于加强社会公众股股东权益保护的若干规定》，独立董事有效履职要求独立董事自身应积极参与了解公司运营状况，并定期提交述职报告，由股东大会审议通过，因此建议增加有关独立董事述职的条款。

修改后：第五十一条 独立董事的任职条件、选举更换程序、职责等，应符合有关规定。独立董事任期届满前，无正当理由不得被免职。提前免职的，上市公司应将其作为特别披露事项予以披露。独立董事每届任期与该上市公司其他董事任期相同，任期届满，连选可以连任，但是连任时间不得超过 6 年。

原内容：第五十一条 独立董事的任职条件、选举更换程序、职责等，应符合有关规定。

修改说明：本条结合 2004 年《关于加强社会公众股股东权益保护的若干规定》及 2014 年《上市公司独立董事履职指引》补充。建议在新版上市公司治理准则中，应加入保护独立董事权利的相关规定，确保独立董事权利不受侵害，如无正当理由时，不得将独立董事随意免职。此外，建议加入独立董事连任时长的限制，目的是为了避免独立董事长期在一家公司工作失去其独立监督的作用。

增加条款：强化上市公司协会独立董事委员会职能，加强上市公司独立董事自律，搭建独立董事交流、联谊平台，组织开展独立董事相关专业问题的调研与研究，反映上市公司和独立董事的呼声和诉求，为监管机构改进、完善独立董事相关政策提供建议。

修改说明：2014 年中国上市公司协会成立独立董事委员会，旨在促进、提高上市公司独立董事自律规范水平，对上市公司独立董事相关制度进行深入研究，推进上市公司治理和独立董事制度进一步完善。为此建议强化独立董事委员会职能。

增加条款：上市公司应创造条件，使独立董事在没有高级管理人员参与的情况下，独立提出意见建议。

修改说明：根据独立董事相关研究成果，独立董事在董事会会议提出意见容易受到其他各方干扰，为保证其意见的独立性，建议增加相应条款。

增加条款：提高上市公司独立董事比例，要求上市公司独立董事比例应达到40%以上。

修改说明：现行美国法律法规要求美国上市公司独立董事比例达到半数以上，而《关于在上市公司建立独立董事制度的指导意见》（2001）目前仅要求上市公司独立董事比例高于1/3，从目前中国上市公司数据来看，大多数上市公司独立董事比例已达到这一规定，建议未来进一步提升独立董事比例。

增加条款：当上市公司内部董事间或股东间发生利益冲突时，独立董事应主动发表意见。但独立董事发声不应向公司外部泄露商业机密。

修改说明：从中国公司治理实践的标志性事件，例如万科、国美的公司控制权争夺中，可以看出公司独立董事普遍在公司内发生利益冲突时很少发表意见，因此建议增加相应条款。

第六节 董事会专门委员会

第五十二条 上市公司董事会可以按照股东大会的有关决议，设立战略、审计、提名、薪酬与考核等专门委员会。专门委员会成员全部由董事组成，其中审计委员会、提名委员会、薪酬与考核委员会中独立董事应占多数并担任召集人，审计委员会中至少应有一名独立董事是会计专业人士。

增加条款：董事会中应鼓励设立企业社会责任专门委员会，委员会成员应至少半数以上由独立董事组成，其主要职责是对上市公司的企业社会责任行为进行有效的监督和控制，研究公司社会责任管理的政策、战略、规划；审阅公司年度社会责任计划、对外捐赠计划、审阅公司年度社会责任的执行情况及可持续发展报告。

修改说明：2008年《关于中央企业履行社会责任的指导意见》提出中央企业应积极履行社会责任，为此建议在上市公司董事会中鼓励设立企业社会责任专门委员会，其主要职责是监督上市公司是否积极履行企业社会责任行为，并审阅公司的社会责任报告等，并且委员会成员应至少半数以上由独立董事组成。

第五十三条 战略委员会的主要职责是对公司长期发展战略和重大投资决策进行研究并提出建议。

第五十四条 审计委员会的主要职责是：（1）提议聘请或更换外部审计机

构；(2) 监督公司的内部审计制度及其实施；(3) 负责内部审计与外部审计之间的沟通；(4) 审核公司的财务信息及其披露；(5) 审查公司的内控制度。

  第五十五条 提名委员会的主要职责是：(1) 研究董事、高级管理人员的选择标准和程序并提出建议；(2) 广泛搜寻合格的董事和高级管理人员的人选；(3) 对董事候选人和高级管理人员进行审查并提出建议。

  第五十六条 薪酬与考核委员会的主要职责是：(1) 研究董事与高级管理人员考核的标准，进行考核并提出建议；(2) 研究和审查董事、高级管理人员的薪酬政策与方案。

  第五十七条 各专门委员会可以聘请中介机构提供专业意见，有关费用由公司承担。

  第五十八条 各专门委员会对董事会负责，各专门委员会的提案应提交董事会审查决定。

第二十七章

监事与监事会

第一节 监事会的职责

增加条款：监事的选聘应重点突出独立性、专业性、平衡性，并鼓励导入独立监事制度；独立监事不应与上市公司高级管理人员存在任何关联关系，且监事代表应能体现不同类别股东的利益诉求。

修改说明：监事会的监督能力是建立在监督有效性和独立性的基础上的，其中导入独立监事，是为了进一步增加上市公司监事会的独立性，这也是当前国际较为常见的做法，如日本《商法》要求大公司监事的人数为3人以上且其中1人必须为独立监事、《德国上市公司治理原则》中关于独立监事治理制度的设定、《台湾证券交易所股份有限公司有价证券上市审查原则》规定至少设置独立监察人1人，否则不同意其上市。因此，独立监事也不应与上市公司高级管理人员存在任何关联关系。同时，监事制度的设立，其本质是在最大程度上保护中小股东的利益，并在此基础上尽可能代表不同类别的中小股东，最大限度地发挥其监事作用与效果。

增加条款：上市公司应进一步明确监事会同独立董事制度两者的具体职责范围的划分。

修改说明：本项内容为自愿性披露内容，主要由于当前我国监事会未能有效发挥自身职责，其重要原因在于其诸多职责与独立董事职责相重叠，造成监督盲区以及监督资源浪费。建议准则应增加相应条款，明确独立董事与监事会的具体职责划分。具体可参照《关于在上市公司建立独立董事制度的指导意见》对独立董事职权，以及《上市公司章程指引（2016年修订）》第144条对监事会职权的规定。

增加条款：上市公司董事、高级管理人员不得兼任监事。

修改说明：增加本条内容，其目的主要是进一步确保监事独立性，以最大限度发挥其监督职能；本条为强调事项，对禁止兼任做出单独说明。具体可参考

《公司法》第117条中的相关规定。

  第五十九条 上市公司监事会应向全体股东为代表的各利益相关者负责，对公司财务以及公司董事、经理和其他高级管理人员履行职责的合法合规性进行监督，维护公司及股东的合法权益。

  第六十条 监事有了解公司经营情况的权利，并承担相应的保密义务。监事会可以独立聘请中介机构提供专业意见。

  第六十一条 上市公司应采取措施保障监事的知情权，为监事正常履行职责提供必要的协助，任何人不得干预、阻挠。监事履行职责所需的合理费用应由公司承担。

  第六十二条 监事会的监督记录以及进行财务或专项检查的结果应成为对董事、经理和其他高级管理人员绩效评价的重要依据。

  第六十三条 监事会发现董事、经理和其他高级管理人员存在违反法律、法规或公司章程的行为，可以向董事会、股东大会反映，也可以直接向证券监管机构及其他有关部门报告。

第二节 监事会的构成和议事规则

  第六十四条 监事应具有法律、会计等方面的专业知识或工作经验。监事会的人员和结构应确保监事会能够独立有效地行使对董事、经理和其他高级管理人员及公司财务的监督和检查。

  增加条款：建议我国上市公司的监事会应包括适当比例的公司职工代表，其中职工代表的比例不得低于1/3，具体比例由公司章程规定。监事会中的职工代表由公司职工通过职工代表大会、职工大会或者其他形式民主选举产生。

  修改说明：当前我国《公司法》第71条规定：国有独资上市公司的职工代表基本达到1/3，但并未对其他类型的上市公司做强制性要求。事实上，员工作为公司最为重要的利益相关者之一，监事会的构成中应当包括适当比例的公司职工代表，去行使对董事、经理和其他高级管理人员及公司财务的监督权，以充实监督力量，进一步维护职工权益，提升监督的有效性。

  第六十五条 上市公司应在公司章程中规定规范的监事会议事规则。监事会会议应严格按规定程序进行。

  修改后：第六十六条 上市公司监事会规模不少于3人，且监事会应每季度至少召开一次会议，每年开会次数不少于6次，并根据需要及时召开临时会议。监事会会议因故不能如期召开，应公告说明原因。

  原内容：第六十六条 监事会应定期召开会议，并根据需要及时召开临时会议。监事会会议因故不能如期召开，应公告说明原因。

修改说明：首先对监事会规模做出详细规定，在形式上保证监事会的有效性。事实上关于监事会规模，《公司法》《社会团体登记管理条例》均做出详细说明，从实际出发3人是当前各类组织较为惯例性的做法。其次原有条款中"定期"召开会议显得较为模糊，并具有一定的随意性，对于召开会议的频率和次数并没有做出强制性的要求。从近10年上市公司公布的年报数据来看，监事会会议频次平均值达到5.18次，且有逐年上升的趋势。本着规则引领的原则，结合实际运营情况，建议上市公司监事会每年的会议频次不少于6次。

第六十七条 监事会可要求公司董事、经理及其他高级管理人员、内部及外部审计人员出席监事会会议，回答所关注的问题。

第六十八条 监事会会议应有记录，出席会议的监事和记录人应当在会议记录上签字。监事有权要求在记录上对其在会议上的发言作出某种说明性记载。监事会会议记录应作为公司重要档案妥善保存。

第二十八章

绩效评价与激励约束机制

第一节 董事、监事和高级管理人员的绩效评价

第六十九条 上市公司应建立公正透明的董事、监事和高级管理人员的绩效评价标准和程序。

第七十条 董事和高级管理人员的绩效评价由董事会或其下设的薪酬与考核委员会负责组织。独立董事、监事的评价应采取自我评价与相互评价相结合的方式进行。

第七十一条 董事报酬的数额和方式由董事会提出方案报请股东大会决定。在董事会或薪酬与考核委员会对董事个人进行评价或讨论其报酬时，该董事应当回避。

增加条款：股东和投资者应通过公司披露的董事和关键高级管理人员的信息，评估其工作经验和任职资格；应通过董事会成员担任其他公司董事会的职位，以及其他高级管理人员任职情况，评估工作时间压力和独立性，并判断潜在利益冲突和交叉风险。

修改说明：参考2015年《G20/OECD公司治理原则》，董事和关键高级管理人员的信息、任职情况能够帮助股东和投资者衡量是否存在影响其判断的潜在利益冲突，或工作时间上的压力抑或与其他公司董事会之间的利益交叉程度等，而现行准则中并未对其规定，因此建议增加对此有关的规定。

修改后：第七十二条 上市公司应当定期向股东和投资者披露董事、监事和高级管理人员履行职责、获得报酬和绩效评价的情况。

原内容：第七十二条 董事会、监事会应当向股东大会报告董事、监事履行职责的情况、绩效评价结果及其薪酬情况，并予以披露。

修改说明：在上市公司中股东和投资者不仅关注董事会和监事会成员的履行职责、获得报酬和绩效评价的情况，他们还关注于高级管理人员的履行职责、获得报酬和绩效评价的情况，《公司法》（2014）也对高级管理人员报酬情况的披

露做了规定，因此建议增加对高级管理人员的履行职责、获得报酬和绩效评价的情况披露。

第二节 高级管理人员的聘任

第七十三条 上市公司高级管理人员的聘任，应严格按照有关法律、法规和公司章程的规定进行。任何组织和个人不得干预公司高级管理人员的正常选聘程序。

第七十四条 上市公司应尽可能采取公开、透明的方式，从境内外人才市场选聘高级管理人员，并充分发挥中介机构的作用。

第七十五条 上市公司应和高级管理人员签订聘任合同，明确双方的权利义务关系。

第七十六条 高级管理人员的任免应履行法定的程序，并向社会公告。

第三节 董事、监事和高级管理人员的激励与约束机制

第七十七条 上市公司应建立经理人员的薪酬与公司绩效和个人业绩相联系的激励机制，以吸引人才，保持经理人员的稳定。

第七十八条 上市公司对董事、监事和高级管理人员的绩效评价应当成为确定其薪酬以及其他激励方式的依据。

修改后：第七十九条 公司董事及监事的薪酬分配方案应由股东大会通过，高级管理人员的薪酬分配方案应获得董事会的批准，向股东大会说明，并予以披露。

原内容：第七十九条 经理人员的薪酬分配方案应获得董事会的批准，向股东大会说明，并予以披露。

修改说明：《公司法》（2014）指出股东大会是公司的权力机构，有权决定董事及监事的薪酬分配方案，而在现行准则中并未说明董事及监事的薪酬分配方案决策主体，因此建议增加有关董事、监事的薪酬相关规定。

增加条款：上市公司应不断优化董事、监事和高级管理人员的薪酬结构，实施股权激励和员工持股等计划，建立薪酬与公司绩效和个人业绩相联系的长期激励机制，但长期激励机制应以利于促进上市公司稳定发展及不得损害公司和股东权益为前提。

修改说明：股东和投资者不仅注重公司的短期利益，更注重其长远利益，因此需要不断优化董事、监事和高级管理人员的薪酬结构以及薪酬和长期绩效之间

的关联性。2015 年《G20/OECD 公司治理原则》的规定"使关键高管的薪酬与公司和股东的长期利益相一致。"根据中国公司治理研究院的中国公司治理指数（CCGI^{NK}），从 2013～2017 年上市公司激励约束指数虽然呈现上升趋势，但是相对高管任免制度指数、执行保障指数来说，高管激励约束指数最低，并且还低于高管治理评价水平，因此上市公司中高管的激励约束还有待完善，例如优化薪酬结构，注重长期激励机制，增加有关高级管理人员长期薪酬结构的条款等。

修改后： 第八十条　上市公司可适度引入扣回条款和追回条款，授权上市公司有权在出现经营欺诈或其他情况的时候，扣留或追回对董事、监事和高级管理人员的报酬。董事、监事及高级管理人员违反法律、法规和公司章程规定，致使公司遭受严重损失的，公司董事会应积极采取措施追究其法律责任。

原内容： 第八十条　上市公司应在公司章程中明确经理人员的职责。经理人员违反法律、法规和公司章程规定，致使公司遭受损失的，公司董事会应积极采取措施追究其法律责任。

修改说明： 薪酬追回制度最早来自美国，随着"安然"和"世通财务"丑闻的曝出，薪酬追回制度也随之成为近年来美国高管薪酬改革议案中最受关注的话题之一。美国国会相继颁布了三部联邦法律对高管薪酬追回制度作了相关规定。因此当上市公司董事、监事和高级管理人员出现违规时需要实施扣回和追回条款实践对他们进行处罚，这一实践在 2015 年《G20/OECD 公司治理原则》有了一定的说明，因此建议增加有关扣回条款和追回条款的规定。

第二十九章

利益相关者

第八十一条 上市公司应尊重银行及其他债权人、职工、消费者、供应商、社区等利益相关者的合法权利。

第八十二条 上市公司应与利益相关者积极合作，共同推动公司持续、健康地发展。

第八十三条 上市公司应为维护利益相关者的权益提供必要的条件，当其合法权益受到侵害时，利益相关者应有机会和途径获得赔偿。

增加条款： 上市公司利益相关者应能向董事会以及主管政府机构自由地表达他们对于违法或不符合职业道德行为的关注，并为其设置相应的沟通渠道，他们的各项权利不应由于他们的此种表达而受到影响。

修改说明： 现有的法律条文、规章制度难以穷尽上市公司在治理过程中遇到的各项问题，积极鼓励利益相关者参与其中，并为此搭建有效的沟通渠道，提升信息传递的及时性与全面性。此外，进行意见表达的利益相关者的合法权利也应受到合理保护，不仅有利于上市公司进一步规范经营，同时也进一步促进社会多元的民主协商机制，推进治理理念的普及，结合 2015 年《G20/OECD 公司治理原则》，有必要对增加该条款的相应内容。

第八十四条 上市公司应向银行及其他债权人提供必要的信息，以便其对公司的经营状况和财务状况作出判断和进行决策。

增加条款： 上市公司应制定《投资者关系管理制度》，并积极鼓励设置投资者关系管理部门，合理安排相关人员；及时有效地为投资者、债权人提供公司战略、经营与财务状况的信息。

修改说明： 良好的投资者关系管理，不仅可以有效规范资本市场运作，实现外部对公司经营约束的激励机制，同时也可以帮助利益相关者创造其价值的最大化，改善多方治理主体间的关系。结合南开大学中国上市公司治理评价数据库的相关资料来看，2017 年我国上市公司中构建较为完善的投资者关系管理制度的公司仅占样本总量的 19.33%，需要进一步加强和改善，因此建议增加有关投资者管理制度的相关条款。

第八十五条 上市公司应鼓励职工通过与董事会、监事会和高级管理人员的直接沟通和交流，反映职工对公司经营、财务状况以及涉及职工利益的重大决策的意见。

第八十六条 上市公司在保持公司持续发展、实现股东利益最大化的同时，应关注所在社区的福利、环境保护、公益事业等问题，重视公司的社会责任。

增加条款： 鼓励上市公司积极践行绿色治理准则，积极开展绿色采购、绿色生产、绿色办公，研发绿色技术，以及其他承担环境保护责任方面的行动。

修改说明： 由商务部、环境保护部和工业与信息化部联合发布的《企业绿色采购指南（试行）》已作出说明，建议企业通过实施绿色采购可以有效防止环境污染和资源浪费，从整体上降低企业成本，提高企业社会形象和知名度，增强员工环境保护的社会责任感。同时，可以规避欧美等发达国家的绿色贸易壁垒，增强产品国际竞争力。具体内容可参考南开大学中国公司治理研究院发布的《绿色治理准则》。

增加条款： 鼓励企业构建环境保护方面的绿色治理机构，高级管理人员应成立专门绿色工作领导小组和日常工作机构，负责指导和监督企业日常的绿色生产经营活动；完善绿色应急突发事件管理体系，确保应急管理制度的科学性和有效执行。

修改说明： 建立环保制度，特别是在高级管理人员中成立绿色工作领导小组，可以在企业决策中特别关注企业行为对环境的影响，有效地监督企业生产、采购、消费等过程的环境行为，使企业履行应承担的社会责任。环保部《企业环境监督员制度建设指南》提出企业应明确设置环境监督管理机构，建立企业领导、环境管理部门、车间负责人和车间环保员组成的企业环境管理责任体系，定期召开企业环保情况报告会和专题会议，专题研究解决企业的环境问题，共同做好本企业的环境保护工作。具体内容可参考南开大学中国公司治理研究院发布的《绿色治理准则》。

增加条款： 鼓励公司积极行动，利用自身的优势进行环境保护的宣传，引导公司成员积极行动参与环境保护，进行绿色消费、绿色出行等。

修改说明： 上市公司应身体力行，积极开展与响应各种节能环保主题日的宣传活动，鼓励公司成员资源节约行为，倡导绿色消费，制造与推广节水节电低能耗的绿色产品；积极引导公司成员绿色健康出行，提高公共交通在出行中的比例。具体内容可参考南开大学中国公司治理研究院发布的《绿色治理准则》。

第三十章

信息披露与透明度

第一节 上市公司的持续信息披露

修改后：第八十七条 持续信息披露是上市公司的责任。上市公司应严格按照法律、法规和公司章程的规定，真实、准确、完整、及时、公平地披露各项重要信息，其内容不仅涵盖必要的财务信息同时也应包括公司战略、风险以及治理的相关非财务信息；其形式应注重强制性信息披露与自愿性信息披露相结合。

原内容：第八十七条 持续信息披露是上市公司的责任。上市公司应严格按照法律、法规和公司章程的规定，真实、准确、完整、及时地披露信息。

修改说明： 增加对"公平"的要求和倡导：可以进一步确保所有投资者可以平等地获取统一信息，注重中小股东的利益保护；事实上，2015年《G20/OECD公司治理原则》在董事会责任部分便提出"董事会应承担起兼顾和公平地对待其他利益相关者的职责"。此外，应对披露的信息做进一步具体说明，从信息披露的完整性、前瞻性、广延性等角度来看，上市公司在披露财务信息的同时，也应注重非财务信息的及时披露，协助信息需求者全面了解企业经营状况、所面临的风险与机会，帮助其做出科学决策。此外，当前也应积极引导我国上市公司进行自愿性信息披露，以更负责任的态度面对各主要治理主体，以营造良好的内外部治理环境。

第八十八条 上市公司除按照强制性规定披露信息外，应主动、及时地披露所有可能对股东和其他利益相关者决策产生实质性影响的信息，并保证所有股东有平等的机会获得信息。

修改后：第八十九条 上市公司需以投资者的实际决策为导向，披露的信息应当便于理解，并重点突出。上市公司应保证使用者能够通过经济、便捷的方式（如互联网）获得信息。

原内容：第八十九条 上市公司披露的信息应当便于理解。上市公司应保证使用者能够通过经济、便捷的方式（如互联网）获得信息。

修改说明： 由于诸多股东并非专业投资者，缺乏较为系统的证券投资知识，因此为提高信息披露质量，增加披露信息的可读性，以及从方便广大中小投资者进行阅读和监督角度来看,需要以股东的需求为直接导向,突出披露重点,强化对发行人主要业务及业务模式、外部市场环境、经营业绩、主要风险因素等对投资者投资决策有重大影响的信息披露要求。事实上,我国在 2013 年由证监会发布的《关于进一步推进新股发行体制改革的意见》已对该部分内容进行了相关要求,因此建议增加相应条款。

增加条款:上市公司的信息披露应注重适当性;在信息披露过程中,特别是具有预测性的信息披露内容时,应以明确的警示性文字,具体列出相关的风险因素,提示各类投资者可能会出现的不确定性和随之带来的风险。

修改说明:适当性是现代资本市场的一项基础制度,从切实保护投资者合法权益,进一步明确、强化上市公司适当性管理义务来看,上市公司在进行信息披露的过程中,有必要注重适当性的原则。特别是对风险信息作出明确的警示性文字,可以进一步增强信息披露质量,保护中小股东权益,进行理性投资与信息分析。这一点内容在《证券期货投资者适当性管理办法》也得到了充分体现。

修改后:第九十条　上市公司董事会秘书负责信息披露事项,包括建立信息披露制度、接待来访、回答咨询、联系股东,向投资者提供公司公开披露的资料等。董事会及相关高级管理人员应对董事会秘书的工作予以积极支持。任何机构及个人不得干预董事会秘书的工作。

原内容:第九十条　上市公司董事会秘书负责信息披露事项,包括建立信息披露制度、接待来访、回答咨询、联系股东,向投资者提供公司公开披露的资料等。董事会及经理人员应对董事会秘书的工作予以积极支持。任何机构及个人不得干预董事会秘书的工作。

修改说明:由于本修订案中将"经理人员"改为"高级管理人员",而高级管理人员中包含董事会秘书,为避免混乱,建议将本条中的"经理人员"改为"相关高级管理人员"。

第二节　公司治理信息的披露

第九十一条　上市公司应按照法律、法规及其他有关规定,披露公司治理的有关信息,包括但不限于:(1)董事会、监事会的人员及构成;(2)董事会、监事会的工作及评价;(3)独立董事工作情况及评价,包括独立董事出席董事会的情况、发表独立意见的情况及对关联交易、董事及高级管理人员的任免等事项的意见;(4)各专门委员会的组成及工作情况;(5)公司治理的实际状况,及与本准则存在的差异及其原因;(6)改进公司治理的具体计划和措施。

增加条款:鼓励上市公司增加披露成长性指标,包括公司目标与重大发展战略、增加对核心技术团队或关键技术人员等对公司核心竞争力有重大影响的人员变动情况的说明。

修改说明：由于核心技术人员及团队对上市公司，特别是技术创新企业的经营发展具有重要作用，因此要求公司披露核心技术团队或关键技术人员（非董事、监事、高级管理人员）等对公司核心竞争能力有重大影响的人员的变动情况，可以使投资者对公司的可持续发展及投资风险有更为准确的判断。并且我国《创业板上市公司年报准则》，以及英国《Cadbury 报告》和《韩国公司治理最佳实务准则》均对此内容做出了相关要求。

增加条款：鼓励上市公司构建董事会、监事会成员等人员信息的详细披露制度，其中包括相关的选举流程、其他单位任职的情况，以及董事会对其独立性的认定等内容的披露。

修改说明：作为内部治理的关键主体，关于董事会成员、高级管理人员成员的信息背景及其薪酬的披露，不仅可以进一步提升信息披露质量，增加社会力量的监督，也可以在一定程度上避免代理问题。事实上，这一点在信息披露制度较成熟的国家中，如英国《Cadbury 报告》《德国上市公司治理准则》等均有具体规定，在我国关于《公开发行证券的公司信息披露内容与格式标准第 2 号——年度报告的内容与格式》也做出了相应说明。

增加条款：上市公司应积极披露公司的股权激励计划。其中应包括雇员股权计划、优先股持股计划等，能够向市场参与者传达关于公司竞争优势的重要信息。

修改说明：股权激励计划的相关信息会直接反映该上市公司的稳定程度、激励能力、成长性等关键性竞争优势。对该信息的披露可以使得投资者对该公司的成长性、竞争能力等作出更为准确的判断。并且参考 2015 年《G20/OECD 公司治理原则》的相关内容，也有该项目的具体规定。

增加条款：上市公司应当建立内部控制制度，并设立专职部门或者指定相关负责人对公司的重要营运行为、财务信息披露和法律法规遵守执行情况进行管理、检测和监督。上市公司依照有关规定定期面向社会披露内部控制制度的建设及实施情况，以及会计师事务所对公司内部控制有效性的审计意见。

修改说明：上市公司设立内部控制制度并积极组建专职部门或人员对公司重要运营行为、财务信息披露等进行管理、检测和监督，不仅可以有效提升企业经营管理水平和风险防控能力，促进企业可持续发展，同时相关信息的披露与控制，对于信息披露的完整性、合理性与有效性也具有重要作用。这一点在财政部颁发的《企业内部控制基本规范》中已有充分说明。此外，为进一步规范上市公司内部控制信息披露行为，保护投资者合法权益，2014 年证监会联合财政部，共同发布《公开发行证券的公司信息披露编报规则第 21 号——年度内部控制评价报告的一般规定》。其中第二条与第三条，便对上市公司依照有关规定披露内部控制建设与实施情况、凡对投资者投资决策有重大影响的内部控制信息，公司均应充分披露的信息做出明确说明。当前，《上市公司治理准则》显然在该方面的具体要求，落后于实践与相关法律法规，需要增加该部分的内容。

增加条款：对于交叉上市的上市公司，鼓励其披露其所适用的第一上市地区的公司治理法规，及不同地区间的公司治理法规的主要差异。

修改说明：该内容作为自愿性信息披露，主要依据我国上市公司治理实践，即交叉上市包括 A 股、H 股，以及在其他国家上市的情况越来越多。出于投资者保护、信息披露完整性角度考虑，并参考 2015 年《G20/OECD 公司治理原则》修改。

第三节　股东权益的披露

修改后：第九十二条　上市公司应按照有关规定，及时披露持有公司股份 5% 以上的股东以及一致行动人或实际控制人的详细资料。

原内容：第九十二条　上市公司应按照有关规定，及时披露持有公司股份比例较大的股东以及一致行动时可以实际控制公司的股东或实际控制人的详细资料。

修改说明：先行准则中"持股较大"具有一定的模糊性，不具有很强的操作性；而我国《证券法》第 86 条规定：投资者持有或者通过协议、其他安排与他人共同持有一个上市公司已发行的股份达到 5% 后，其所持该上市公司已发行的股份比例每增加或者减少 5%，应当依照前款规定进行报告和公告。在报告期限内和作出报告、公告后 2 日内，不得再行买卖该上市公司的股票。这实际上已对"持股较大"所占的具体比例做出说明；与此同时，在实际操作中 5% 这一界限比例也被经常使用，为此建议披露持股比例超过 5% 以上的股东及其一致行动人或实际控制人的详细信息。

第九十三条　上市公司应及时了解并披露公司股份变动的情况以及其他可能引起股份变动的重要事项。

修改后：第九十四条　当上市公司控股股东、实际控制人增持、减持或质押公司股份或上市公司控制权发生转移时，上市公司及其控股股东应在两个交易日内，准确地向全体股东披露有关信息，保证所提供的信息真实、准确和完整。

原内容：第九十四条　当上市公司控股股东、实际控制人增持、减持或质押公司股份或上市公司控制权发生转移时，上市公司及其控股股东应及时、准确地向全体股东披露有关信息，保证所提供的信息真实、准确和完整。

修改说明：现行准则中"及时"具有一定的模糊性和弹性，应在保证原有意思的基础上尽可能将其具体化。事实上，2013 年证监会曾以"严管信息披露，维护三公原则"为主题，对信息披露的"及时"做出明确说明，所谓及时是指"触发披露时点后两个工作日内"。秉承监事会相关要求，与当前同行做法，建议将"及时"进一步具体化，修改为两个工作日内。

增加条款：上市公司应披露公司分红政策的制定、内容及执行情况。上市公司具备条件而不进行现金分红的，应当充分披露原因。

修改说明： 随着上市公司的成长和发展，给予投资者合理的投资回报，为投资者提供分享经济增长成果的机会，是上市公司应尽的责任和义务。现金分红是实现投资回报的重要形式，更是培育资本市场长期投资理念、增强资本市场活力和吸引力的重要途径。因而，上市公司应在定期报告中详细披露有关公司分红政策的制定、内容与执行情况。这一点在证监会 2012 年颁布的《关于进一步落实上市公司现金分红有关事项的通知》中已有详细说明。这在另一方面也反映出，对于有能力分红，但却长期不分红的上市公司，则有义务及时、充分披露未分红的原因，供监管部门、投资者等利益相关者对公司营利能力、资金状况、经营现状等有着更为清晰的了解。

增加条款： 上市公司应积极构建环境信息披露机制，其中包括但不限于相关经营项目对环境可能带来的危害、环保建设与投资等信息，并且该机制能够得到公司高级管理者的持续性支持。

修改说明： 随着我国经济的不断转型升级，绿色治理与可持续发展已成为包括企业在内的社会各治理主体的共识，然而从实际运作来看并不理想。依据南开大学公司治理指数评价数据库，2017 年我国上市公司设置较为完整的环保制度仅占总体的 10.79%，而通过该领域的信息披露积极引导上市公司，逐步构建这一机制，不仅可以向利益相关者展示企业良好的社会形象与社会责任的承担，同时也能赢得更广泛的社会信赖，吸引更多的投资者。事实上，无论是《日本公司治理准则》还是《污染物排放与登记制度规定》，均明确强制要求上市公开环境信息披露的内容。因此，无论从上市公司自身角度及其所带来的生态效应，还是同国际标准积极对接走向国际化来看，推进我国上市公司环境信息披露是顺应时代发展的应有之义。

增加条款： 鼓励上市公司积极构建关于社会责任履行的信息披露机制。

修改说明： 上市公司积极践行社会责任，不仅反映出一国证券市场的发育程度，同时也能够体现该国企业同利益相关者的和谐程度，提升其实际绩效。但依据南开大学公司治理指数评价数据库，2017 年我国 3031 家上市公司中，明确进行社会责任披露的仅有 779 家，仍具有较大的提升空间，需要规则积极引领；并且社会责任报告属于非财务信息范畴，也理应纳入公司治理的信息披露中。

第三十一章

附 则

第九十五条 本准则自发布之日起施行。

第五部分

《上市公司治理准则》
修订前后对比表

《上市公司治理准则》修订前后对比表

《上市公司治理准则》（2002年版）	《上市公司治理准则》（修订建议版）
导言	导言
为推动上市公司建立和完善现代企业制度，规范上市公司运作，促进我国证券市场健康发展，根据《公司法》《证券法》及其他相关法律、法规确定的基本原则，并参照国外公司治理实践中普遍认同的标准，制定本准则。	为推动上市公司建立和完善现代企业制度，规范上市公司运作，促进我国证券市场健康发展，根据《公司法》《证券法》及其他相关法律、法规确定的基本原则，**吸收和借鉴国内外**公司治理实践**经验**，制定本准则。
本准则阐明了我国上市公司治理的基本原则、投资者权利保护的实现方式，以及上市公司董事、监事、经理等高级管理人员所应当遵循的基本的行为准则和职业道德等内容。	本准则阐明了我国上市公司治理的基本原则、投资者权利保护的实现方式，以及上市公司董事、监事、经理等高级管理人员所应当遵循的基本的行为准则和职业道德等内容。
本准则适用于中国境内的上市公司。上市公司改善公司治理，应当贯彻本准则所阐述的精神。上市公司制定或者修改公司章程及治理细则，应当体现本准则所列明的内容。本准则是评判上市公司是否具有良好的公司治理结构的主要衡量标准，对公司治理存在重大问题的上市公司，证券监管机构将责令其按照本准则的要求进行整改。	本准则适用于中国境内的上市公司。上市公司改善公司治理，应当贯彻本准则所阐述的精神。上市公司制定或者修改公司章程及治理细则，应当体现本准则所列明的内容。本准则是评判上市公司是否具有良好的公司治理结构的主要衡量标准，对公司治理存在重大问题的上市公司，证券监管机构将责令其按照本准则的要求进行整改。
	增加条款：依照《中国共产党章程》的规定，在上市公司中应当设立中国共产党的组织，开展党的相关活动。上市公司应当为党组织的活动提供必要条件。国有上市公司应依照《中国共产党章程》《公司法》和有关规定，结合企业所有权结构、经营管理、境外上市或境外股东构成等实际，把党组织的作用和法人治理结构合规结合起来。
第一章　股东与股东大会	第一章　股东与股东大会
第一节　股东权利	第一节　股东权利
第一条　股东作为公司的所有者，享有法律、行政法规和公司章程规定的合法权利。上市公司应建立能够确保股东充分行使权利的公司治理结构。	第一条　股东作为公司**重要的出资人**，享有法律、行政法规和公司章程规定的合法权利。上市公司应建立能够确保股东充分行使权利的公司治理结构。
第二条　上市公司的治理结构应确保所有股东，特别是中小股东享有平等地位。股东按其持有的股份享有平等的权利，并承担相应的义务。	第二条　上市公司的治理结构应确保所有股东，特别是中小股东和**外资股东**享有平等地位。**同类股东**按其持有的股份享有平等的权利，并承担相应的义务。
第三条　股东对法律、行政法规和公司章程规定的公司重大事项，享有知情权和参与权。上市公司应建立和股东沟通的有效渠道。	第三条　股东对法律、行政法规和公司章程规定的公司重大事项，**例如，（1）公司章程或类似治理文件的修订；（2）股份的增减或回购；（3）重大交易，包括公司转让、受让重大资产或者对外提供担保等方面**享有知情、**参与决策和监督等**权利。上市公司应建立和股东沟通的有效渠道。

161

续表

《上市公司治理准则》（2002年版）	《上市公司治理准则》（修订建议版）
第四条　股东有权按照法律、行政法规的规定，通过民事诉讼或其他法律手段保护其合法权利。股东大会、董事会的决议违反法律、行政法规的规定，侵犯股东合法权益，股东有权依法提起要求停止上述违法行为或侵害行为的诉讼。董事、监事、经理执行职务时违反法律、行政法规或者公司章程的规定，给公司造成损害的，应承担赔偿责任。股东有权要求公司依法提起要求赔偿的诉讼。	第四条　股东有权按照法律、行政法规的规定，通过民事诉讼或其他法律手段保护其合法权利。股东大会、董事会的决议违反法律、行政法规的规定，侵犯股东合法权益，股东有权依法提起要求停止上述违法行为或侵害行为的诉讼。董事、监事、经理执行职务时违反法律、行政法规或者公司章程的规定，给公司造成损害的，应承担赔偿责任。股东有权要求公司依法提起要求赔偿的诉讼。
	增加条款：在中小股东支持的前提下，上市公司应制定应对敌意收购的相关制度。
第二节　股东大会的规范	第二节　股东大会的规范
第五条　上市公司应在公司章程中规定股东大会的召开和表决程序，包括通知、登记、提案的审议、投票、计票、表决结果的宣布、会议决议的形成、会议记录及其签署、公告等。	第五条　上市公司应在公司章程中规定股东大会的召开和表决程序，包括通知、登记、提案的审议、投票、计票、表决结果的宣布、会议决议的形成、会议记录及其签署、公告等。
第六条　董事会应认真审议并安排股东大会审议事项。股东大会应给予每个提案合理的讨论时间。	第六条　董事会应认真审议并安排股东大会审议事项。股东大会应给予每个提案合理的讨论时间。
第七条　上市公司应在公司章程中规定股东大会对董事会的授权原则，授权内容应明确具体。	第七条　上市公司应在公司章程中规定股东大会对董事会的授权原则，授权内容应明确具体。
第八条　上市公司应在保证股东大会合法、有效的前提下，通过各种方式和途径，包括充分运用现代信息技术手段，扩大股东参与股东大会的比例。股东大会时间、地点的选择应有利于让尽可能多的股东参加会议。	第八条　上市公司应在保证股东大会合法、有效的前提下，通过各种方式和途径，包括充分运用现代信息技术手段，扩大股东参与股东大会的比例。股东大会时间、地点的选择应有利于让尽可能多的股东参加会议。
第九条　股东既可以亲自到股东大会现场投票，也可以委托代理人代为投票，两者具有同样的法律效力。	第九条　股东既可以亲自到股东大会现场投票，也可以委托代理人代为投票，两者具有同样的法律效力。
	增加条款：股东应获得有效参加股东大会的投票的机会，并应对股东大会议事规则（包括投票程序）知情，包括但不限于以下方面：（1）股东应充分、及时地得到关于股东大会召开日期、地点和议程的信息，以及将在股东大会上做出决议的议题的全部信息；（2）股东大会的流程与程序应虑及全体股东的公平待遇，公司程序不应使投票过于困难或成本过高；（3）股东应有权向董事会提问（问题可能涉及年度外部审计），有权在股东大会中提出议案、进行表决，但该等权利应受到合理限制；（4）应消除跨国投票障碍。

续表

《上市公司治理准则》（2002年版）	《上市公司治理准则》（修订建议版）
	增加条款：上市公司应当按照相关规定设置会场，以现场会议和网络投票相结合的方式召开股东大会，履行股东大会相关的通知和公告义务，做好股东大会网络投票的相关组织和准备工作，使投资者尤其是中小投资者、境外投资者更便利地参与治理。
	增加条款：在技术条件允许时尽快导入移动终端投票系统等，提供快捷方便的互联网投票系统。
第十条　上市公司董事会、独立董事和符合有关条件的股东可向上市公司股东征集其在股东大会上的投票权。投票权征集应采取无偿的方式进行，并应向被征集人充分披露信息。	第十条　上市公司董事会、独立董事和符合有关条件的股东可向上市公司股东征集其在股东大会上的投票权。投票权征集应采取无偿的方式进行，并应向被征集人充分披露信息。
	增加条款：应确保控制权市场的功能的有效发挥，保证各类反收购工具不致成为公司高级管理者及董事会控制公司、规避股东问责的手段。公司设置反收购机制应由提案人在股东大会中详细论证其必要性，并由股东大会决议通过，确保不损害公司及股东利益。
	新增机构投资者和审计机构。
第十一条　机构投资者应在公司董事选任、经营者激励与监督、重大事项决策等方面发挥作用。	第十一条　机构投资者应在公司董事选任、经营者激励与监督、重大事项决策等方面发挥作用。
	增加条款：鼓励社会保障基金、企业年金、保险基金、公募基金的管理机构和国家金融监督管理机构依法监管的其他投资主体等机构投资者，作为上市公司股东，通过行使表决权、质询权、建议权、监督权等相关股东权利，积极且合理地参与上市公司治理。
	增加条款：机构投资者或其代理人应为股份受益人行使投票权提供便利或按照股份受益人的要求进行投票。
	增加条款：机构投资者应披露与其投资相关的上市公司治理状况、投票政策及其参与上市公司治理的相关信息。
	增加条款：机构投资者应当披露对影响所投项目关键所有权行使的重大利益冲突的管理事宜。
	增加条款：机构投资者应当根据委托投票代理顾问、分析师、经纪商、评级机构以及其他专业人员的分析和建议，披露可能会损及其分析或建议公正性的利益冲突，并将该类冲突控制在最低限度。

续表

《上市公司治理准则》（2002年版）	《上市公司治理准则》（修订建议版）
	增加条款：证券交易所应当发挥公开、公正、高效、竞争的价格发现功能，以利于改善公司治理效果。
	增加条款：公司内部审计应向股东负责，在审计中对公司负有职业审慎的责任。
	增加条款：公司选聘的外部审计师应具有独立性，并且具备相应的公司审计能力。
	增加条款：公司应建立强制性审计师轮换制度，选聘的审计师的任期不得超过5年。
第三节　关联交易	第三节　关联交易
第十二条　上市公司与关联人之间的关联交易应签订书面协议。协议的签订应当遵循平等、自愿、等价、有偿的原则，协议内容应明确、具体。公司应将该协议的订立、变更、终止及履行情况等事项按照有关规定予以披露。	第十二条　上市公司与关联人之间的关联交易应签订书面协议。协议的签订应当遵循平等、自愿、等价、有偿的原则，协议内容应明确、具体。公司应将该协议的订立、变更、终止及履行情况等事项按照有关规定予以披露。
第十三条　上市公司应采取有效措施防止关联人以垄断采购和销售业务渠道等方式干预公司的经营，损害公司利益。关联交易活动应遵循商业原则，关联交易的价格原则上应不偏离市场独立第三方的价格或收费的标准。公司应对关联交易的定价依据予以充分披露。	第十三条　上市公司应采取有效措施防止关联人以垄断采购和销售业务渠道等方式干预公司的经营，损害公司利益。关联交易活动应遵循商业原则，关联交易的价格原则上应不偏离市场独立第三方的价格或收费的标准。公司应对关联交易的定价依据予以充分披露。
第十四条　上市公司的资产属于公司所有。上市公司应采取有效措施防止股东及其关联方以各种形式占用或转移公司的资金、资产及其他资源。上市公司不得为股东及其关联方提供担保。	第十四条　上市公司的资产属于公司所有。上市公司及其关联方不得利用关联交易输送利益或调节利润。上市公司不得违规为股东及其关联方提供担保，不得以任何方式隐瞒关联关系。
	增加条款：上市公司董事与董事会会议决议事项所涉及的企业有关联关系的，不得对该项决议行使表决权，也不得代理其他董事行使表决权。该董事会会议由董事会中过半数的无关联关系董事出席即可举行。董事会会议所作决议须经无关联关系董事过半数通过。出席董事会的无关联关系董事人数不足半数时，应将该事项提交上市公司股东大会审议。
第二章　控股股东与上市公司	第二章　控股股东及其关联方与上市公司
第一节　控股股东行为的规范	第一节　控股股东及其关联方行为的规范
第十五条　控股股东对拟上市公司改制重组时应遵循先改制、后上市的原则，并注重建立合理制衡的股权结构。	第十五条　控股股东、实际控制人对拟上市公司改制重组时应遵循先改制、后上市的原则，**还应关注拟上市公司是否符合证券交易所的发行上市条件**，并注重建立合理、科学的公司治理结构。

续表

《上市公司治理准则》（2002 年版）	《上市公司治理准则》（修订建议版）
	增加条款：上市公司导入控制权优先股、一票否决权等制度以保障创始人等特殊股东的权益。
第十六条　控股股东对拟上市公司改制重组时应分离其社会职能，剥离非经营性资产，非经营性机构、福利性机构及其设施不得进入上市公司。	第十六条　控股股东、实际控制人对拟上市公司改制重组时应分离其社会职能，剥离非经营性资产，非经营性机构、福利性机构及其设施不得进入上市公司。
第十七条　控股股东为上市公司主业服务的存续企业或机构可以按照专业化、市场化的原则改组为专业化公司，并根据商业原则与上市公司签订有关协议。从事其他业务的存续企业应增强其独立发展的能力。无继续经营能力的存续企业，应按有关法律、法规的规定，通过实施破产等途径退出市场。企业重组时具备一定条件的，可以一次性分离其社会职能及分流富余人员，不保留存续企业。	第十七条　控股股东、实际控制人为上市公司主业服务的存续企业或机构可以按照专业化、市场化的原则改组为专业化公司，并根据商业原则与上市公司签订有关协议。从事其他业务的存续企业应增强其独立发展的能力。无继续经营能力的存续企业，应按有关法律、法规的规定，通过实施破产等途径退出市场。企业重组时具备一定条件的，可以一次性分离其社会职能及分流富余人员，不保留存续企业。
第十八条　控股股东应支持上市公司深化劳动、人事、分配制度改革，转换经营管理机制，建立管理人员竞聘上岗、能上能下，职工择优录用、能进能出，收入分配能增能减、有效激励的各项制度。	第十八条　控股股东、实际控制人应支持上市公司深化劳动、人事、分配制度改革，转换经营管理机制，建立管理人员竞聘上岗、能上能下，职工择优录用、能进能出，收入分配能增能减、有效激励的各项制度。
第十九条　控股股东对上市公司及其他股东负有诚信义务。控股股东对其所控股的上市公司应严格依法行使出资人的权利，控股股东不得利用资产重组等方式损害上市公司和其他股东的合法权益，不得利用其特殊地位谋取额外的利益。	第十九条　控股股东、实际控制人对上市公司及其他股东负有诚信义务。控股股东、实际控制人对其所控股的上市公司应严格依法行使出资人的权利，控股股东、实际控制人不得利用**关联交易**、**利润分配**、资产重组、**对外投资**等方式损害上市公司和其他股东的合法权益，不得利用其特殊地位谋取额外的利益。
第二十条　控股股东对上市公司董事、监事候选人的提名，应严格遵循法律、法规和公司章程规定的条件和程序。控股股东提名的董事、监事候选人应当具备相关专业知识和决策、监督能力。控股股东不得对股东大会人事选举决议和董事会人事聘任决议履行任何批准手续；不得越过股东大会、董事会任免上市公司的高级管理人员。	第二十条　控股股东、实际控制人对上市公司董事、监事候选人的提名，应严格遵循法律、法规和公司章程规定的条件和程序。控股股东、实际控制人提名的董事、监事候选人应当具备相关专业知识和决策、监督能力。控股股东、实际控制人不得对股东大会人事选举决议和董事会人事聘任决议履行任何批准手续；不得越过股东大会、董事会任免上市公司的高级管理人员。
第二十一条　上市公司的重大决策应由股东大会和董事会依法作出。控股股东不得直接或间接干预公司的决策及依法开展的生产经营活动，损害公司及其他股东的权益。	第二十一条　上市公司的重大决策应由股东大会和董事会依法作出。控股股东不得直接或间接干预公司的决策及依法开展的生产经营活动，损害公司及其他股东的权益。

续表

《上市公司治理准则》（2002年版）	《上市公司治理准则》（修订建议版）
第二节　上市公司的独立性	第二节　上市公司的独立性
第二十二条　控股股东与上市公司应实行人员、资产、财务分开，机构、业务独立，各自独立核算、独立承担责任和风险。	第二十二条　控股股东、**实际控制人**与上市公司应实行人员、资产、财务分开，机构、业务独立，各自独立核算、独立承担责任和风险。
第二十三条　上市公司人员应独立于控股股东。上市公司的经理人员、财务负责人、营销负责人和董事会秘书在控股股东单位不得担任除董事以外的其他职务。控股股东高级管理人员兼任上市公司董事的，应保证有足够的时间和精力承担上市公司的工作。	第二十三条　上市公司人员应独立于控股股东。上市公司的**高级管理人员**在控股股东单位不得担任除董事以外的其他职务。控股股东高级管理人员兼任上市公司董事的，应保证有足够的时间和精力承担上市公司的工作。
第二十四条　控股股东投入上市公司的资产应独立完整、权属清晰。控股股东以非货币性资产出资的，应办理产权变更手续，明确界定该资产的范围。上市公司应当对该资产独立登记、建账、核算、管理。控股股东不得占用、支配该资产或干预上市公司对该资产的经营管理。	第二十四条　控股股东、**实际控制人**投入上市公司的资产应独立完整、权属清晰。控股股东、**实际控制人**以非货币性资产出资的，应办理产权变更手续，明确界定该资产的范围。上市公司应当对该资产独立登记、建账、核算、管理。控股股东、**实际控制人**不得占用、支配该资产或干预上市公司对该资产的经营管理。
第二十五条　上市公司应按照有关法律、法规的要求建立健全的财务、会计管理制度，独立核算。控股股东应尊重公司财务的独立性，不得干预公司的财务、会计活动。	第二十五条　上市公司应按照有关法律、法规的要求建立健全的财务、会计管理制度，独立核算。控股股东、**实际控制人**应尊重公司财务的独立性，不得干预公司的财务、会计活动。
第二十六条　上市公司的董事会、监事会及其他内部机构应独立运作。控股股东及其职能部门与上市公司及其职能部门之间没有上下级关系。控股股东及其下属机构不得向上市公司及其下属机构下达任何有关上市公司经营的计划和指令，也不得以其他任何形式影响其经营管理的独立性。	第二十六条　上市公司的董事会、监事会及其他内部机构应独立运作。控股股东、**实际控制人**及其职能部门与上市公司及其职能部门之间没有上下级关系。控股股东、**实际控制人**及其下属机构不得向上市公司及其下属机构下达任何有关上市公司经营的计划和指令，也不得以其他任何形式影响其经营管理的独立性。
第二十七条　上市公司业务应完全独立于控股股东。控股股东及其下属的其他单位不应从事与上市公司相同或相近的业务。控股股东应采取有效措施避免同业竞争。	第二十七条　上市公司业务应完全独立于控股股东、**实际控制人**。控股股东、**实际控制人**及其下属的其他单位不应从事与上市公司相同或相近的业务。控股股东、**实际控制人**应采取有效措施避免同业竞争。
第三章　董事与董事会	第三章　董事与董事会
第一节　董事的选聘程序	第一节　董事的选聘程序
第二十八条　上市公司应在公司章程中规定规范、透明的董事选聘程序，保证董事选聘公开、公平、公正、独立。	第二十八条　上市公司应在公司章程中规定规范、透明的董事选聘程序，保证董事选聘公开、公平、公正、独立。

续表

《上市公司治理准则》（2002年版）	《上市公司治理准则》（修订建议版）
第二十九条　上市公司应在股东大会召开前披露董事候选人的详细资料，保证股东在投票时对候选人有足够的了解。	第二十九条　上市公司应在股东大会召开前披露董事候选人的详细资料，保证股东在投票时对候选人有足够的了解。
第三十条　董事候选人应在股东大会召开之前作出书面承诺，同意接受提名，承诺公开披露的董事候选人的资料真实、完整并保证当选后切实履行董事职责。	第三十条　董事候选人应在股东大会召开之前作出书面承诺，同意接受提名，承诺公开披露的董事候选人的资料真实、完整并保证当选后切实履行董事职责。
第三十一条　在董事的选举过程中，应充分反映中小股东的意见。股东大会在董事选举中应积极推行累积投票制度。控股股东控股比例在30%以上的上市公司，应当采用累积投票制。采用累积投票制度的上市公司，应在公司章程里规定该制度的实施细则。	第三十一条　在董事的选举过程中，应充分反映中小股东的意见。股东大会在董事选举中应积极推行累积投票制度。控股股东控股比例在30%以上的上市公司，应当采用累积投票制。采用累积投票制度的上市公司，应在公司章程里规定该制度的实施细则。
第三十二条　上市公司应和董事签订聘任合同，明确公司和董事之间的权利义务、董事的任期、董事违反法律法规和公司章程的责任以及公司因故提前解除合同的补偿等内容。	第三十二条　上市公司应和董事签订聘任合同，明确公司和董事之间的权利义务、董事的任期、董事违反法律法规和公司章程的责任以及公司因故提前解除合同的补偿等内容。
第二节　董事的义务	第二节　董事的义务
第三十三条　董事应根据公司和全体股东的最大利益，忠实、诚信、勤勉地履行职责。	第三十三条　董事应根据公司和全体股东的最大利益，忠实、诚信、勤勉、**谨慎**地履行职责。
第三十四条　董事应保证有足够的时间和精力履行其应尽的职责。	第三十四条　董事应保证有足够的时间和精力履行其应尽的职责。
第三十五条　董事应以认真负责的态度出席董事会，对所议事项表达明确的意见。董事确实无法亲自出席董事会的，可以书面形式委托其他董事按委托人的意愿代为投票，委托人应独立承担法律责任。	第三十五条　董事应以认真负责的态度出席董事会，对所议事项表达明确的意见。董事确实无法亲自出席董事会的，可以书面形式委托其他董事按委托人的意愿代为投票，委托人应独立承担法律责任。
第三十六条　董事应遵守有关法律、法规及公司章程的规定，严格遵守其公开作出的承诺。	第三十六条　董事应遵守有关法律、法规及公司章程的规定，严格遵守其公开作出的承诺。
第三十七条　董事应积极参加有关培训，以了解作为董事的权利、义务和责任，熟悉有关法律法规，掌握作为董事应具备的相关知识。	第三十七条　董事应积极参加有关培训，以了解作为董事的权利、义务和责任，熟悉有关法律法规，掌握作为董事应具备的相关知识。
第三十八条　董事会决议违反法律、法规和公司章程的规定，致使公司遭受损失的，参与决议的董事对公司承担赔偿责任。但经证明在表决时曾表明异议并记载于会议记录的董事除外。	第三十八条　董事会决议违反法律、法规和公司章程的规定，致使公司遭受损失的，参与决议的董事对公司承担赔偿责任。但经证明在表决时曾表明异议并记载于会议记录的董事除外。

续表

《上市公司治理准则》（2002年版）	《上市公司治理准则》（修订建议版）
第三十九条　经股东大会批准，上市公司可以为董事购买责任保险。但董事因违反法律法规和公司章程规定而导致的责任除外。	第三十九条　经股东大会批准，上市公司可以为董事购买责任保险。但董事因违反法律法规和公司章程规定而导致的责任除外。
第三节　董事会的构成和职责	第三节　董事会的构成和职责
第四十条　董事会的人数及人员构成应符合有关法律、法规的要求，确保董事会能够进行富有成效的讨论，作出科学、迅速和谨慎的决策。	第四十条　董事会的人数及人员构成应符合有关法律、法规的要求，确保董事会能够进行富有成效的讨论，作出科学、迅速和谨慎的决策。
	增加条款：董事会成员中应至少有1名女性董事，以促进董事会成员构成的多元化。
	增加条款：董事会成员中应至少有1名职工董事，以便公司员工能够有效行使参与公司决策的权利。职工董事可通过职工代表大会、职工大会或其他形式民主选举产生。
第四十一条　董事会应具备合理的专业结构，其成员应具备履行职务所必需的知识、技能和素质。	第四十一条　董事会应具备合理的专业结构，其成员应具备履行职务所必需的知识、技能和素质。
第四十二条　董事会向股东大会负责。上市公司治理结构应确保董事会能够按照法律、法规和公司章程的规定行使职权。	第四十二条　董事会向股东大会负责。上市公司治理结构应确保董事会能够按照法律、法规和公司章程的规定行使职权。
	增加条款：董事会应负有监督公司风险管理的职责，对风险管理问责机制及责任进行监督，避免公司可能承担过度的风险。
第四十三条　董事会应认真履行有关法律、法规和公司章程规定的职责，确保公司遵守法律、法规和公司章程的规定，公平对待所有股东，并关注其他利益相关者的利益。	第四十三条　董事会应认真履行有关法律、法规和公司章程规定的职责，确保公司遵守法律、法规和公司章程的规定，公平对待所有股东，并关注其他利益相关者的利益。
	增加条款：上市公司应设置董事会秘书职位，董事会秘书应负责筹备并记录股东大会与董事会会议内容，并妥善保管会议相关的文件，做好公司股东资料管理、信息披露及投资者关系管理等工作。董事会秘书有权参加有关会议，并查阅相关文件，了解公司财务及经营情况。
第四节　董事会议事规则	第四节　董事会议事规则
第四十四条　上市公司应在公司章程中规定规范的董事会议事规则，确保董事会高效运作和科学决策。	第四十四条　上市公司应在公司章程中规定规范的董事会议事规则，确保董事会高效运作和科学决策。

续表

《上市公司治理准则》（2002年版）	《上市公司治理准则》（修订建议版）
第四十五条 董事会应定期召开会议，并根据需要及时召开临时会议。董事会会议应有事先拟定的议题。	第四十五条 董事会应定期召开会议，并根据需要及时召开临时会议。董事会会议应有事先拟订的议题。
第四十六条 上市公司董事会会议应严格按照规定的程序进行。董事会应按规定的时间事先通知所有董事，并提供足够的资料，包括会议议题的相关背景材料和有助于董事理解公司业务进展的信息和数据。当2名或2名以上独立董事认为资料不充分或论证不明确时，可联名以书面形式向董事会提出延期召开董事会会议或延期审议该事项，董事会应予以采纳。	第四十六条 上市公司董事会会议应严格按照规定的程序进行。董事会应按规定的时间事先通知所有董事，并提供足够的资料，包括会议议题的相关背景材料和有助于董事理解公司业务进展的信息和数据。当2名或2名以上独立董事认为资料不充分或论证不明确时，可联名以书面形式向董事会提出延期召开董事会会议或延期审议该事项，董事会应予以采纳。
第四十七条 董事会会议记录应完整、真实。董事会秘书对会议所议事项要认真组织记录和整理。出席会议的董事、董事会秘书和记录人应在会议记录上签名。董事会会议记录应作为公司重要档案妥善保存，以作为日后明确董事责任的重要依据。	第四十七条 董事会会议记录应完整、真实。董事会秘书对会议所议事项要认真组织记录和整理。出席会议的董事、董事会秘书和记录人应在会议记录上签名。董事会会议记录应作为公司重要档案妥善保存，以作为日后明确董事责任的重要依据。
第四十八条 董事会授权董事长在董事会闭会期间行使董事会部分职权的，上市公司应在公司章程中明确规定授权原则和授权内容，授权内容应当明确、具体。凡涉及公司重大利益的事项应由董事会集体决策。	第四十八条 董事会授权董事长在董事会闭会期间行使董事会部分职权的，上市公司应在公司章程中明确规定授权原则和授权内容，授权内容应当明确、具体。凡涉及公司重大利益的事项应由董事会集体决策。
第五节 独立董事制度	第五节 独立董事制度
第四十九条 上市公司应按照有关规定建立独立董事制度。独立董事应独立于所受聘的公司及其主要股东。独立董事不得在上市公司担任除独立董事外的其他任何职务。	第四十九条 上市公司应当按照有关规定建立独立董事制度。**独立董事应当独立履行职责，不受上市公司主要股东、实际控制人或者与上市公司及其主要股东、实际控制人存在利害关系的单位或个人的影响**。独立董事不得在上市公司担任除独立董事外的其他任何职务。**为保证公司独立董事能够切实履行职责，独立董事兼职不得超过3家**。
第五十条 独立董事对公司及全体股东负有诚信与勤勉义务。独立董事应按照相关法律、法规、公司章程的要求，认真履行职责，维护公司整体利益，尤其要关注中小股东的合法权益不受损害。独立董事应独立履行职责，不受公司主要股东、实际控制人以及其他与上市公司存在利害关系的单位或个人的影响。	第五十条 独立董事应当忠实履行职务，维护公司利益，尤其要关注**社会公众股股东**的合法权益不受损害。独立董事应按照相关法律、法规、公司章程的要求，认真履行职责，**以公司可持续发展和公司长期价值为导向**，维护公司整体利益，尤其是关注公司**各利益相关者**的合法权益不受损害。
	增加条款：重大关联交易、聘用或解聘会计师事务所，应由1/2以上独立董事同意后，方可提交董事会讨论。经全体独立董事同意，独立董事可独立聘请外部审计机构和咨询机构，对公司的具体事项进行审计和咨询，相关费用由公司承担。

续表

《上市公司治理准则》（2002年版）	《上市公司治理准则》（修订建议版）
	增加条款：上市公司应当建立独立董事工作制度，董事会秘书应当积极配合独立董事履行职责，独立董事每年为所任职上市公司有效工作的时间原则上不少于20个工作日。上市公司应当保证独立董事享有与其他董事同等的知情权，及时向独立董事提供相关材料和信息，定期通报公司运营情况。
	增加条款：独立董事应当按时出席董事会会议，了解上市公司的生产经营和运作情况，主动调查、获取做出决策所需要的情况和资料。独立董事应当向公司股东大会提交年度述职报告，对其履行职责的情况进行说明。
第五十一条　独立董事的任职条件、选举更换程序、职责等，应符合有关规定。	第五十一条　独立董事的任职条件、选举更换程序、职责等，应符合有关规定。独立董事任期届满前，无正当理由不得被免职。提前免职的，上市公司应将其作为特别披露事项予以披露。独立董事每届任期与该上市公司其他董事任期相同，任期届满，连选可以连任，但是连任时间不得超过6年。
	增加条款：强化上市公司协会独立董事委员会职能，加强上市公司独立董事自律，搭建独立董事交流、联谊平台，组织开展独立董事相关专业问题的调研与研究，反映上市公司和独立董事的呼声和诉求，为监管机构改进、完善独立董事相关政策提供建议。
	增加条款：上市公司应创造条件，使独立董事在没有高级管理人员参与的情况下，独立提出意见建议。
	增加条款：提高上市公司独立董事比例，要求上市公司独立董事比例应达到40%以上。
	增加条款：当上市公司内部董事间或股东间发生利益冲突时，独立董事应主动发表意见。但独立董事发声不向公司外部泄露商业机密。
第六节　董事会专门委员会	第六节　董事会专门委员会
第五十二条　上市公司董事会可以按照股东大会的有关决议，设立战略、审计、提名、薪酬与考核等专门委员会。专门委员会成员全部由董事组成，其中审计委员会、提名委员会、薪酬与考核委员会中独立董事应占多数并担任召集人，审计委员会中至少应有1名独立董事是会计专业人士。	第五十二条　上市公司董事会可以按照股东大会的有关决议，设立战略、审计、提名、薪酬与考核等专门委员会。专门委员会成员全部由董事组成，其中审计委员会、提名委员会、薪酬与考核委员会中独立董事应占多数并担任召集人，审计委员会中至少应有1名独立董事是会计专业人士。

续表

《上市公司治理准则》(2002年版)	《上市公司治理准则》(修订建议版)
	增加条款：董事会中应鼓励设立企业社会责任专门委员会，委员会成员应至少半数以上由独立董事组成，其主要职责是对上市公司的企业社会责任行为进行有效的监督和控制，研究公司社会责任管理的政策、治理、战略、规划；审阅公司年度社会责任计划、对外捐赠计划、审阅公司年度社会责任的执行情况及可持续发展报告。
第五十三条 战略委员会的主要职责是对公司长期发展战略和重大投资决策进行研究并提出建议。	第五十三条 战略委员会的主要职责是对公司长期发展战略和重大投资决策进行研究并提出建议。
第五十四条 审计委员会的主要职责是：（1）提议聘请或更换外部审计机构；（2）监督公司的内部审计制度及其实施；（3）负责内部审计与外部审计之间的沟通；（4）审核公司的财务信息及其披露；（5）审查公司的内控制度。	第五十四条 审计委员会的主要职责是：（1）提议聘请或更换外部审计机构；（2）监督公司的内部审计制度及其实施；（3）负责内部审计与外部审计之间的沟通；（4）审核公司的财务信息及其披露；（5）审查公司的内控制度。
第五十五条 提名委员会的主要职责是：（1）研究董事、高级管理人员的选择标准和程序并提出建议；（2）广泛搜寻合格的董事和高级管理人员的人选；（3）对董事候选人和高级管理人员进行审查并提出建议。	第五十五条 提名委员会的主要职责是：（1）研究董事、高级管理人员的选择标准和程序并提出建议；（2）广泛搜寻合格的董事和高级管理人员的人选；（3）对董事候选人和高级管理人员进行审查并提出建议。
第五十六条 薪酬与考核委员会的主要职责是：（1）研究董事与高级管理人员考核的标准，进行考核并提出建议；（2）研究和审查董事、高级管理人员的薪酬政策与方案。	第五十六条 薪酬与考核委员会的主要职责是：（1）研究董事与高级管理人员考核的标准，进行考核并提出建议；（2）研究和审查董事、高级管理人员的薪酬政策与方案。
第五十七条 各专门委员会可以聘请中介机构提供专业意见，有关费用由公司承担。	第五十七条 各专门委员会可以聘请中介机构提供专业意见，有关费用由公司承担。
第五十八条 各专门委员会对董事会负责，各专门委员会的提案应提交董事会审查决定。	第五十八条 各专门委员会对董事会负责，各专门委员会的提案应提交董事会审查决定。
第四章 监事与监事会	第四章 监事与监事会
第一节 监事会的职责	第一节 监事会的职责
	增加条款：监事的选聘应重点突出独立性、专业性、平衡性，并鼓励导入独立监事制度；独立监事不应与上市公司高级管理人员存在任何关联关系，且监事代表应能体现不同类别股东的利益诉求。
	增加条款：上市公司应进一步明确监事会同独立董事制度两者的具体职责范围的划分。

续表

《上市公司治理准则》（2002年版）	《上市公司治理准则》（修订建议版）
	增加条款：上市公司董事、高级管理人员不得兼任监事。
第五十九条　上市公司监事会应向全体股东为代表的各利益相关者负责，对公司财务以及公司董事、经理和其他高级管理人员履行职责的合法合规性进行监督，维护公司及股东的合法权益。	第五十九条　上市公司监事会应向全体股东为代表的各利益相关者负责，对公司财务以及公司董事、经理和其他高级管理人员履行职责的合法合规性进行监督，维护公司及股东的合法权益。
第六十条　监事有了解公司经营情况的权利，并承担相应的保密义务。监事会可以独立聘请中介机构提供专业意见。	第六十条　监事有了解公司经营情况的权利，并承担相应的保密义务。监事会可以独立聘请中介机构提供专业意见。
第六十一条　上市公司应采取措施保障监事的知情权，为监事正常履行职责提供必要的协助，任何人不得干预、阻挠。监事履行职责所需的合理费用应由公司承担。	第六十一条　上市公司应采取措施保障监事的知情权，为监事正常履行职责提供必要的协助，任何人不得干预、阻挠。监事履行职责所需的合理费用应由公司承担。
第六十二条　监事会的监督记录以及进行财务或专项检查的结果应成为对董事、经理和其他高级管理人员绩效评价的重要依据。	第六十二条　监事会的监督记录以及进行财务或专项检查的结果应成为对董事、经理和其他高级管理人员绩效评价的重要依据。
第六十三条　监事会发现董事、经理和其他高级管理人员存在违反法律、法规或公司章程的行为，可以向董事会、股东大会反映，也可以直接向证券监管机构及其他有关部门报告。	第六十三条　监事会发现董事、经理和其他高级管理人员存在违反法律、法规或公司章程的行为，可以向董事会、股东大会反映，也可以直接向证券监管机构及其他有关部门报告。
第二节　监事会的构成和议事规则	第二节　监事会的构成和议事规则
第六十四条　监事应具有法律、会计等方面的专业知识或工作经验。监事会的人员和结构应确保监事会能够独立有效地行使对董事、经理和其他高级管理人员及公司财务的监督和检查。	第六十四条　监事应具有法律、会计等方面的专业知识或工作经验。监事会的人员和结构应确保监事会能够独立有效地行使对董事、经理和其他高级管理人员及公司财务的监督和检查。
	增加条款：建议我国上市公司的监事会应包括适当比例的公司职工代表，其中职工代表的比例不得低于1/3，具体比例由公司章程规定。监事会中的职工代表由公司职工通过职工代表大会、职工大会或者其他形式民主选举产生。
第六十五条　上市公司应在公司章程中规定规范的监事会议事规则。监事会会议应严格按规定程序进行。	第六十五条　上市公司应在公司章程中规定规范的监事会议事规则。监事会会议应严格按规定程序进行。

续表

《上市公司治理准则》（2002年版）	《上市公司治理准则》（修订建议版）
第六十六条　监事会应定期召开会议，并根据需要及时召开临时会议。监事会会议因故不能如期召开，应公告说明原因。	第六十六条　上市公司监事会规模不少于3人，且监事会应每季度至少召开1次会议，每年开会次数不少于6次。并根据需要及时召开临时会议。监事会会议因故不能如期召开，应公告说明原因。
第六十七条　监事会可要求公司董事、经理及其他高级管理人员、内部及外部审计人员出席监事会会议，回答所关注的问题。	第六十七条　监事会可要求公司董事、经理及其他高级管理人员、内部及外部审计人员出席监事会会议，回答所关注的问题。
第六十八条　监事会会议应有记录，出席会议的监事和记录人应当在会议记录上签字。监事有权要求在记录上对其在会议上的发言作出某种说明性记载。监事会会议记录应作为公司重要档案妥善保存。	第六十八条　监事会会议应有记录，出席会议的监事和记录人应当在会议记录上签字。监事有权要求在记录上对其在会议上的发言作出某种说明性记载。监事会会议记录应作为公司重要档案妥善保存。
第五章　绩效评价与激励约束机制	第五章　绩效评价与激励约束机制
第一节　董事、监事和高级管理人员的绩效评价	第一节　董事、监事和高级管理人员的绩效评价
第六十九条　上市公司应建立公正透明的董事、监事和高级管理人员的绩效评价标准和程序。	第六十九条　上市公司应建立公正透明的董事、监事和高级管理人员的绩效评价标准和程序。
第七十条　董事和高级管理人员的绩效评价由董事会或其下设的薪酬与考核委员会负责组织。独立董事、监事的评价应采取自我评价与相互评价相结合的方式进行。	第七十条　董事和高级管理人员的绩效评价由董事会或其下设的薪酬与考核委员会负责组织。独立董事、监事的评价应采取自我评价与相互评价相结合的方式进行。
第七十一条　董事报酬的数额和方式由董事会提出方案报请股东大会决定。在董事会或薪酬与考核委员会对董事个人进行评价或讨论其报酬时，该董事应当回避。	第七十一条　董事报酬的数额和方式由董事会提出方案报请股东大会决定。在董事会或薪酬与考核委员会对董事个人进行评价或讨论其报酬时，该董事应当回避。
	增加条款：股东和投资者应通过公司披露的董事和关键高级管理人员的信息，评估其工作经验和任职资格；应通过董事会成员担任其他公司董事会的职位，以及其他高级管理人员任职情况，评估工作时间压力和独立性，并判断潜在利益冲突和交叉风险。
第七十二条　董事会、监事会应当向股东大会报告董事、监事履行职责的情况、绩效评价结果及其薪酬情况，并予以披露。	第七十二条　上市公司应当定期向**股东和投资者**披露董事、监事和**高级管理人员**履行职责、获得报酬和绩效评价的情况。

续表

《上市公司治理准则》（2002年版）	《上市公司治理准则》（修订建议版）
第二节 高级管理人员的聘任	第二节 高级管理人员的聘任
第七十三条 上市公司高级管理人员的聘任，应严格按照有关法律、法规和公司章程的规定进行。任何组织和个人不得干预公司高级管理人员的正常选聘程序。	第七十三条 上市公司高级管理人员的聘任，应严格按照有关法律、法规和公司章程的规定进行。任何组织和个人不得干预公司高级管理人员的正常选聘程序。
第七十四条 上市公司应尽可能采取公开、透明的方式，从境内外人才市场选聘高级管理人员，并充分发挥中介机构的作用。	第七十四条 上市公司应尽可能采取公开、透明的方式，从境内外人才市场选聘高级管理人员，并充分发挥中介机构的作用。
第七十五条 上市公司应和高级管理人员签订聘任合同，明确双方的权利义务关系。	第七十五条 上市公司应和高级管理人员签订聘任合同，明确双方的权利义务关系。
第七十六条 高级管理人员的任免应履行法定的程序，并向社会公告。	第七十六条 高级管理人员的任免应履行法定的程序，并向社会公告。
第七十七条 上市公司应建立经理人员的薪酬与公司绩效和个人业绩相联系的激励机制，以吸引人才保持经理人员的稳定。	第七十七条 上市公司应建立经理人员的薪酬与公司绩效和个人业绩相联系的激励机制，以吸引人才，保持经理人员的稳定。
第三节 董事、监事和高级管理人员的激励与约束机制	第三节 董事、监事和高级管理人员的激励与约束机制
第七十八条 上市公司对董事、监事和高级管理人员的绩效评价应当成为确定其薪酬以及其他激励方式的依据。	第七十八条 上市公司对董事、监事和高级管理人员的绩效评价应当成为确定其薪酬以及其他激励方式的依据。
第七十九条 经理人员的薪酬分配方案应获得董事会的批准，向股东大会说明，并予以披露。	第七十九条 公司董事及监事的薪酬分配方案应由股东大会通过，高级管理人员的薪酬分配方案应获得董事会的批准，向股东大会说明，并予以披露。
	增加条款：上市公司应不断优化董事、监事和高级管理人员的薪酬结构，实施股权激励和员工持股等计划，建立薪酬与公司绩效和个人业绩相联系的长期激励机制，但长期激励机制应以利于促进上市公司稳定发展及不得损害公司和股东权益为前提。
第八十条 上市公司应在公司章程中明确经理人员的职责。经理人员违反法律、法规和公司章程规定，致使公司遭受损失的，公司董事会应积极采取措施追究其法律责任。	第八十条 上市公司可适度引入扣回条款和追回条款，授权上市公司有权在出现经营欺诈或其他情况的时候，扣留或追回对董事、监事和高级管理人员的报酬。董事、监事及高级管理人员违反法律、法规和公司章程规定，致使公司遭受严重损失的，公司董事会应积极采取措施追究其法律责任。

续表

《上市公司治理准则》（2002年版）	《上市公司治理准则》（修订建议版）
第六章　利益相关者	第六章　利益相关者
第八十一条　上市公司应尊重银行及其他债权人、职工、消费者、供应商、社区等利益相关者的合法权利。	第八十一条　上市公司应尊重银行及其他债权人、职工、消费者、供应商、社区等利益相关者的合法权利。
第八十二条　上市公司应与利益相关者积极合作，共同推动公司持续、健康地发展。	第八十二条　上市公司应与利益相关者积极合作，共同推动公司持续、健康地发展。
第八十三条　上市公司应为维护利益相关者的权益提供必要的条件，当其合法权益受到侵害时，利益相关者应有机会和途径获得赔偿。	第八十三条　上市公司应为维护利益相关者的权益提供必要的条件，当其合法权益受到侵害时，利益相关者应有机会和途径获得赔偿。
	增加条款：上市公司利益相关者应能向董事会以及主管政府机构自由地表达他们对于违法或不符合职业道德行为的关注，并为其设置相应的沟通渠道，他们的各项权利不应由于他们的此种表达而受到影响。
第八十四条　上市公司应向银行及其他债权人提供必要的信息，以便其对公司的经营状况和财务状况作出判断和进行决策	第八十四条　上市公司应向银行及其他债权人提供必要的信息，以便其对公司的经营状况和财务状况作出判断和进行决策。
	增加条款：上市公司应制定《投资者关系管理制度》，并积极鼓励设置投资者关系管理部门，合理安排相关人员；及时有效地为投资者、债权人提供公司战略、经营与财务状况的信息。
第八十五条　上市公司应鼓励职工通过与董事会、监事会和高级管理人员的直接沟通和交流，反映职工对公司经营、财务状况以及涉及职工利益的重大决策的意见。	第八十五条　上市公司应鼓励职工通过与董事会、监事会和高级管理人员的直接沟通和交流，反映职工对公司经营、财务状况以及涉及职工利益的重大决策的意见。
第八十六条　上市公司在保持公司持续发展、实现股东利益最大化的同时，应关注所在社区的福利、环境保护、公益事业等问题，重视公司的社会责任。	第八十六条　上市公司在保持公司持续发展、实现股东利益最大化的同时，应关注所在社区的福利、环境保护、公益事业等问题，重视公司的社会责任。
	增加条款：鼓励上市公司积极践行绿色治理准则，积极开展绿色采购、绿色生产、绿色办公、研发绿色技术，以及其他承担环境保护责任方面的行动。

续表

《上市公司治理准则》（2002年版）	《上市公司治理准则》（修订建议版）
	增加条款：鼓励企业构建环境保护方面的绿色治理机构，高级管理人员应成立专门绿色工作领导小组和日常工作机构，负责指导和监督企业日常的绿色生产经营活动；完善绿色应急突发事件管理体系，确保应急管理制度的科学性和有效执行。
	增加条款：鼓励公司积极行动，利用自身的优势进行环境保护的宣传，引导公司成员积极行动参与环境保护，进行绿色消费、绿色出行等。
第七章　信息披露与透明度	第七章　信息披露与透明度
第一节　上市公司的持续信息披露	第一节　上市公司的持续信息披露
第八十七条　持续信息披露是上市公司的责任。上市公司应严格按照法律、法规和公司章程的规定，真实、准确、完整、及时地披露信息。	第八十七条　持续信息披露是上市公司的责任。上市公司应严格按照法律、法规和公司章程的规定，真实、准确、完整、及时、**公平地披露各项重要信息，其内容不仅涵盖必要的财务信息同时也应包括公司战略、风险以及治理的相关非财务信息；其形式应注重强制性信息披露与自愿性信息披露相结合。**
第八十八条　上市公司除按照强制性规定披露信息外，应主动、及时地披露所有可能对股东和其他利益相关者决策产生实质性影响的信息，并保证所有股东有平等的机会获得信息。	第八十八条　上市公司除按照强制性规定披露信息外，应主动、及时地披露所有可能对股东和其他利益相关者决策产生实质性影响的信息，并保证所有股东有平等的机会获得信息。
第八十九条　上市公司披露的信息应当便于理解。上市公司应保证使用者能够通过经济、便捷的方式（如互联网）获得信息。	第八十九条　上市公司**需以投资者的实际决策为导向**，披露的信息应当便于理解，**并重点突出**。上市公司应保证使用者能够通过经济、便捷的方式（如互联网）获得信息。
	增加条款：上市公司的信息披露应注重适当性；在信息披露过程中，特别是具有预测性的信息披露内容时，应以明确的警示性文字，具体列出相关的风险因素，提示各类投资者可能会出现的不确定性和随之带来的风险。
第九十条　上市公司董事会秘书负责信息披露事项，包括建立信息披露制度、接待来访、回答咨询、联系股东，向投资者提供公司公开披露的资料等。董事会及经理人员应对董事会秘书的工作予以积极支持。任何机构及个人不得干预董事会秘书的工作。	第九十条　上市公司董事会秘书负责信息披露事项，包括建立信息披露制度、接待来访、回答咨询、联系股东，向投资者提供公司公开披露的资料等。董事会及**相关高级管理人员**应对董事会秘书的工作予以积极支持。任何机构及个人不得干预董事会秘书的工作。

续表

《上市公司治理准则》（2002年版）	《上市公司治理准则》（修订建议版）
第二节　公司治理信息的披露	第二节　公司治理信息的披露
第九十一条　上市公司应按照法律、法规及其他有关规定，披露公司治理的有关信息，包括但不限于：（1）董事会、监事会的人员及构成；（2）董事会、监事会的工作及评价；（3）独立董事工作情况及评价，包括独立董事出席董事会的情况、发表独立意见的情况及对关联交易、董事及高级管理人员的任免等事项的意见；（4）各专门委员会的组成及工作情况；（5）公司治理的实际状况，及与本准则存在的差异及其原因；（6）改进公司治理的具体计划和措施。	第九十一条　上市公司应按照法律、法规及其他有关规定，披露公司治理的有关信息，包括但不限于：（1）董事会、监事会的人员及构成；（2）董事会、监事会的工作及评价；（3）独立董事工作情况及评价，包括独立董事出席董事会的情况、发表独立意见的情况及对关联交易、董事及高级管理人员的任免等事项的意见；（4）各专门委员会的组成及工作情况；（5）公司治理的实际状况，及与本准则存在的差异及其原因；（6）改进公司治理的具体计划和措施。
	增加条款：鼓励上市公司增加披露成长性指标，包括公司目标与重大发展战略、增加对核心技术团队或关键技术人员等对公司核心竞争力有重大影响的人员变动情况的说明。
	增加条款：鼓励上市公司构建董事会、监事会成员等人员信息的详细披露制度，其中包括相关的选举流程、担任其他单位职位的情况，以及董事会对其独立性的认定等内容的披露。
	增加条款：上市公司应积极披露公司的股权激励计划。其中应包括雇员股权计划、优先股持股计划等，能够向市场参与者传达关于公司竞争优势的重要信息。
	增加条款：上市公司应当建立内部控制制度，并设立专职部门或者指定相关负责人对公司的重要营运行为、财务信息披露和法律法规遵守执行情况进行管理、检测和监督。上市公司依照有关规定定期面向社会披露内部控制制度的建设及实施情况，以及会计师事务所对公司内部控制有效性的审计意见。
	增加条款：对于交叉上市的上市公司，鼓励其披露其所适用的第一上市地区的公司治理法规，及不同地区间的公司治理法规的主要差异。
第三节　股东权益的披露	第三节　股东权益的披露
第九十二条　上市公司应按照有关规定，及时披露持有公司股份比例较大的股东以及一致行动时可以实际控制公司的股东或实际控制人的详细资料。	第九十二条　上市公司应按照有关规定，及时披露持有公司股份5%以上的股东以及一致行动人或实际控制人的详细资料。
第九十三条　上市公司应及时了解并披露公司股份变动的情况以及其他可能引起股份变动的重要事项。	第九十三条　上市公司应及时了解并披露公司股份变动的情况以及其他可能引起股份变动的重要事项。

续表

《上市公司治理准则》（2002年版）	《上市公司治理准则》（修订建议版）
第九十四条　当上市公司控股股东增持、减持或质押公司股份或上市公司控制权发生转移时，上市公司及其控股股东应及时、准确地向全体股东披露有关信息。	第九十四条　当上市公司控股股东、实际控制人增持、减持或质押公司股份或上市公司控制权发生转移时，上市公司及其控股股东应**在两个交易日内**，准确地向全体股东披露有关信息，保证所提供的信息真实、准确和完整。
	增加条款：上市公司应披露公司分红政策的制定、内容及执行情况。上市公司具备条件而不进行现金分红的，应当充分披露原因。
	增加条款：上市公司应积极构建环境信息披露机制，其中包括但不限于相关经营项目对环境可能带来的危害、环保建设与投资等信息，并且该机制能够得到公司高级管理者的持续性支持。
	增加条款：鼓励上市公司积极构建关于社会责任履行的信息披露机制。
第八章　附则	第八章　附则
第九十五条　本准则自发布之日起施行。	第九十五条　本准则自发布之日起施行。

附　录
主要引用的规章制度

附录1 上市公司治理准则

上市公司治理准则

发布时间：2002年1月7日

生效时间：2002年1月7日

发布主体：中国证券监督管理委员会、国家经济贸易委员会

导　言

为推动上市公司建立和完善现代企业制度，规范上市公司运作，促进我国证券市场健康发展，根据《公司法》《证券法》及其他相关法律、法规确定的基本原则，并参照国外公司治理实践中普遍认同的标准，制定本准则。

本准则阐明了我国上市公司治理的基本原则，投资者权利保护的实现方式，以及上市公司董事、监事、经理等高级管理人员所应当遵循的基本的行为准则和职业道德等内容。

本准则适用于中国境内的上市公司。上市公司改善公司治理，应当贯彻本准则所阐述的精神。上市公司制定或者修改公司章程及治理细则，应当体现本准则所列明的内容。本准则是评判上市公司是否具有良好的公司治理结构的主要衡量标准，对公司治理存在重大问题的上市公司，证券监管机构将责令其按照本准则的要求进行整改。

第一章　股东与股东大会

第一节　股东权利

第一条　股东作为公司的所有者，享有法律、行政法规和公司章程规定的合

法权利。上市公司应建立能够确保股东充分行使权利的公司治理结构。

第二条 上市公司的治理结构应确保所有股东,特别是中小股东享有平等地位。股东按其持有的股份享有平等的权利,并承担相应的义务。

第三条 股东对法律、行政法规和公司章程规定的公司重大事项,享有知情权和参与权。上市公司应建立和股东沟通的有效渠道。

第四条 股东有权按照法律、行政法规的规定,通过民事诉讼或其他法律手段保护其合法权利。股东大会、董事会的决议违反法律、行政法规的规定,侵犯股东合法权益,股东有权依法提起要求停止上述违法行为或侵害行为的诉讼。董事、监事、经理执行职务时违反法律、行政法规或者公司章程的规定,给公司造成损害的,应承担赔偿责任。股东有权要求公司依法提起要求赔偿的诉讼。

第二节 股东大会的规范

第五条 上市公司应在公司章程中规定股东大会的召开和表决程序,包括通知、登记、提案的审议、投票、计票、表决结果的宣布、会议决议的形成、会议记录及其签署、公告等。

第六条 董事会应认真审议并安排股东大会审议事项。股东大会应给予每个提案合理的讨论时间。

第七条 上市公司应在公司章程中规定股东大会对董事会的授权原则,授权内容应明确具体。

第八条 上市公司应在保证股东大会合法、有效的前提下,通过各种方式和途径,包括充分运用现代信息技术手段,扩大股东参与股东大会的比例。股东大会时间、地点的选择应有利于让尽可能多的股东参加会议。

第九条 股东既可以亲自到股东大会现场投票,也可以委托代理人代为投票,两者具有同样的法律效力。

第十条 上市公司董事会、独立董事和符合有关条件的股东可向上市公司股东征集其在股东大会上的投票权。投票权征集应采取无偿的方式进行,并应向被征集人充分披露信息。

第十一条 机构投资者应在公司董事选任、经营者激励与监督、重大事项决策等方面发挥作用。

第三节 关联交易

第十二条 上市公司与关联人之间的关联交易应签订书面协议。协议的签订应当遵循平等、自愿、等价、有偿的原则,协议内容应明确、具体。公司应将该协议的订立、变更、终止及履行情况等事项按照有关规定予以披露。

第十三条 上市公司应采取有效措施防止关联人以垄断采购和销售业务渠道等方式干预公司的经营,损害公司利益。关联交易活动应遵循商业原则,关联交易的价格原则上应不偏离市场独立第三方的价格或收费的标准。公司应对关联交易的定价依据予以充分披露。

第十四条 上市公司的资产属于公司所有。上市公司应采取有效措施防止股东及其关联方以各种形式占用或转移公司的资金、资产及其他资源。上市公司不得为股东及其关联方提供担保。

第二章 控股股东与上市公司

第一节 控股股东行为的规范

第十五条 控股股东对拟上市公司改制重组时应遵循先改制、后上市的原则，并注重建立合理制衡的股权结构。

第十六条 控股股东对拟上市公司改制重组时应分离其社会职能，剥离非经营性资产，非经营性机构、福利性机构及其设施不得进入上市公司。

第十七条 控股股东为上市公司主业服务的存续企业或机构可以按照专业化、市场化的原则改组为专业化公司，并根据商业原则与上市公司签订有关协议。从事其他业务的存续企业应增强其独立发展的能力。无继续经营能力的存续企业，应按有关法律、法规的规定，通过实施破产等途径退出市场。企业重组时具备一定条件的，可以一次性分离其社会职能及分流富余人员，不保留存续企业。

第十八条 控股股东应支持上市公司深化劳动、人事、分配制度改革，转换经营管理机制，建立管理人员竞聘上岗、能上能下、职工择优录用、能进能出、收入分配能增能减、有效激励的各项制度。

第十九条 控股股东对上市公司及其他股东负有诚信义务。控股股东对其所控股的上市公司应严格依法行使出资人的权利，控股股东不得利用资产重组等方式损害上市公司和其他股东的合法权益，不得利用其特殊地位谋取额外的利益。

第二十条 控股股东对上市公司董事、监事候选人的提名，应严格遵循法律、法规和公司章程规定的条件和程序。控股股东提名的董事、监事候选人应当具备相关专业知识和决策、监督能力。控股股东不得对股东大会人事选举决议和董事会人事聘任决议履行任何批准手续；不得越过股东大会、董事会任免上市公司的高级管理人员。

第二十一条 上市公司的重大决策应由股东大会和董事会依法作出。控股股东不得直接或间接干预公司的决策及依法开展的生产经营活动，损害公司及其他股东的权益。

第二节 上市公司的独立性

第二十二条 控股股东与上市公司应实行人员、资产、财务分开，机构、业务独立，各自独立核算、独立承担责任和风险。

第二十三条　上市公司人员应独立于控股股东。上市公司的经理人员、财务负责人、营销负责人和董事会秘书在控股股东单位不得担任除董事以外的其他职务。控股股东高级管理人员兼任上市公司董事的，应保证有足够的时间和精力承担上市公司的工作。

第二十四条　控股股东投入上市公司的资产应独立完整、权属清晰。控股股东以非货币性资产出资的，应办理产权变更手续，明确界定该资产的范围。上市公司应当对该资产独立登记、建账、核算、管理。控股股东不得占用、支配该资产或干预上市公司对该资产的经营管理。

第二十五条　上市公司应按照有关法律、法规的要求建立健全的财务、会计管理制度，独立核算。控股股东应尊重公司财务的独立性，不得干预公司的财务、会计活动。

第二十六条　上市公司的董事会、监事会及其他内部机构应独立运作。控股股东及其职能部门与上市公司及其职能部门之间没有上下级关系。控股股东及其下属机构不得向上市公司及其下属机构下达任何有关上市公司经营的计划和指令，也不得以其他任何形式影响其经营管理的独立性。

第二十七条　上市公司业务应完全独立于控股股东。控股股东及其下属的其他单位不应从事与上市公司相同或相近的业务。控股股东应采取有效措施避免同业竞争。

第三章　董事与董事会

第一节　董事的选聘程序

第二十八条　上市公司应在公司章程中规定规范、透明的董事选聘程序，保证董事选聘公开、公平、公正、独立。

第二十九条　上市公司应在股东大会召开前披露董事候选人的详细资料，保证股东在投票时对候选人有足够的了解。

第三十条　董事候选人应在股东大会召开之前作出书面承诺，同意接受提名，承诺公开披露的董事候选人的资料真实、完整并保证当选后切实履行董事职责。

第三十一条　在董事的选举过程中，应充分反映中小股东的意见。股东大会在董事选举中应积极推行累积投票制度。控股股东控股比例在30%以上的上市公司，应当采用累积投票制。采用累积投票制度的上市公司，应在公司章程里规定该制度的实施细则。

第三十二条　上市公司应和董事签订聘任合同，明确公司和董事之间的权利义务、董事的任期、董事违反法律法规和公司章程的责任以及公司因故提前解除合同的补偿等内容。

第二节 董事的义务

第三十三条 董事应根据公司和全体股东的最大利益，忠实、诚信、勤勉地履行职责。

第三十四条 董事应保证有足够的时间和精力履行其应尽的职责。

第三十五条 董事应以认真负责的态度出席董事会，对所议事项表达明确的意见。董事确实无法亲自出席董事会的，可以书面形式委托其他董事按委托人的意愿代为投票，委托人应独立承担法律责任。

第三十六条 董事应遵守有关法律、法规及公司章程的规定，严格遵守其公开作出的承诺。

第三十七条 董事应积极参加有关培训，以了解作为董事的权利、义务和责任，熟悉有关法律法规，掌握作为董事应具备的相关知识。

第三十八条 董事会决议违反法律、法规和公司章程的规定，致使公司遭受损失的，参与决议的董事对公司承担赔偿责任。但经证明在表决时曾表明异议并记载于会议记录的董事除外。

第三十九条 经股东大会批准，上市公司可以为董事购买责任保险。但董事因违反法律法规和公司章程规定而导致的责任除外。

第三节 董事会的构成和职责

第四十条 董事会的人数及人员构成应符合有关法律、法规的要求，确保董事会能够进行富有成效的讨论，作出科学、迅速和谨慎的决策。

第四十一条 董事会应具备合理的专业结构，其成员应具备履行职务所必需的知识、技能和素质。

第四十二条 董事会向股东大会负责。上市公司治理结构应确保董事会能够按照法律、法规和公司章程的规定行使职权。

第四十三条 董事会应认真履行有关法律、法规和公司章程规定的职责，确保公司遵守法律、法规和公司章程的规定，公平对待所有股东，并关注其他利益相关者的利益。

第四节 董事会议事规则

第四十四条 上市公司应在公司章程中规定规范的董事会议事规则，确保董事会高效运作和科学决策。

第四十五条 董事会应定期召开会议，并根据需要及时召开临时会议。董事会会议应有事先拟订的议题。

第四十六条 上市公司董事会会议应严格按照规定的程序进行。董事会应按规定的时间事先通知所有董事，并提供足够的资料，包括会议议题的相关背景材料和有助于董事理解公司业务进展的信息和数据。当2名或2名以上独立董事认为资料不充分或论证不明确时，可联名以书面形式向董事会提出延期召开董事会会议或延期审议该事项，董事会应予以采纳。

第四十七条 董事会会议记录应完整、真实。董事会秘书对会议所议事项要认真组织记录和整理。出席会议的董事、董事会秘书和记录人应在会议记录上签名。董事会会议记录应作为公司重要档案妥善保存，以作为日后明确董事责任的重要依据。

第四十八条 董事会授权董事长在董事会闭会期间行使董事会部分职权的，上市公司应在公司章程中明确规定授权原则和授权内容，授权内容应当明确、具体。凡涉及公司重大利益的事项应由董事会集体决策。

第五节 独立董事制度

第四十九条 上市公司应按照有关规定建立独立董事制度。独立董事应独立于所受聘的公司及其主要股东。独立董事不得在上市公司担任除独立董事外的其他任何职务。

第五十条 独立董事对公司及全体股东负有诚信与勤勉义务。独立董事应按照相关法律、法规、公司章程的要求，认真履行职责，维护公司整体利益，尤其要关注中小股东的合法权益不受损害。独立董事应独立履行职责，不受公司主要股东、实际控制人以及其他与上市公司存在利害关系的单位或个人的影响。

第五十一条 独立董事的任职条件、选举更换程序、职责等，应符合有关规定。

第六节 董事会专门委员会

第五十二条 上市公司董事会可以按照股东大会的有关决议，设立战略、审计、提名、薪酬与考核等专门委员会。专门委员会成员全部由董事组成，其中审计委员会、提名委员会、薪酬与考核委员会中独立董事应占多数并担任召集人，审计委员会中至少应有一名独立董事是会计专业人士。

第五十三条 战略委员会的主要职责是对公司长期发展战略和重大投资决策进行研究并提出建议。

第五十四条 审计委员会的主要职责是：（1）提议聘请或更换外部审计机构；（2）监督公司的内部审计制度及其实施；（3）负责内部审计与外部审计之间的沟通；（4）审核公司的财务信息及其披露；（5）审查公司的内控制度。

第五十五条 提名委员会的主要职责是：（1）研究董事、经理人员的选择标准和程序并提出建议；（2）广泛搜寻合格的董事和经理人员的人选；（3）对董事候选人和经理人选进行审查并提出建议。

第五十六条 薪酬与考核委员会的主要职责是：（1）研究董事与经理人员考核的标准，进行考核并提出建议；（2）研究和审查董事、高级管理人员的薪酬政策与方案。

第五十七条 各专门委员会可以聘请中介机构提供专业意见，有关费用由公司承担。

第五十八条 各专门委员会对董事会负责，各专门委员会的提案应提交董事会审查决定。

第四章　监事与监事会

第一节　监事会的职责

第五十九条 上市公司监事会应向全体股东负责，对公司财务以及公司董事、经理和其他高级管理人员履行职责的合法合规性进行监督，维护公司及股东的合法权益。

第六十条 监事有了解公司经营情况的权利，并承担相应的保密义务。监事会可以独立聘请中介机构提供专业意见。

第六十一条 上市公司应采取措施保障监事的知情权，为监事正常履行职责提供必要的协助，任何人不得干预、阻挠。监事履行职责所需的合理费用应由公司承担。

第六十二条 监事会的监督记录以及进行财务或专项检查的结果应成为对董事、经理和其他高级管理人员绩效评价的重要依据。

第六十三条 监事会发现董事、经理和其他高级管理人员存在违反法律、法规或公司章程的行为，可以向董事会、股东大会反映，也可以直接向证券监管机构及其他有关部门报告。

第二节　监事会的构成和议事规则

第六十四条 监事应具有法律、会计等方面的专业知识或工作经验。监事会的人员和结构应确保监事会能够独立有效地行使对董事、经理和其他高级管理人员及公司财务的监督和检查。

第六十五条 上市公司应在公司章程中规定规范的监事会议事规则。监事会会议应严格按规定程序进行。

第六十六条 监事会应定期召开会议，并根据需要及时召开临时会议。监事会会议因故不能如期召开，应公告说明原因。

第六十七条 监事会可要求公司董事、经理及其他高级管理人员、内部及外部审计人员出席监事会会议，回答所关注的问题。

第六十八条 监事会会议应有记录，出席会议的监事和记录人应当在会议记录上签字。监事有权要求在记录上对其在会议上的发言作出某种说明性记载。监事会会议记录应作为公司重要档案妥善保存。

第五章 绩效评价与激励约束机制

第一节 董事、监事、经理人员的绩效评价

第六十九条 上市公司应建立公正透明的董事、监事和经理人员的绩效评价标准和程序。

第七十条 董事和经理人员的绩效评价由董事会或其下设的薪酬与考核委员会负责组织。独立董事、监事的评价应采取自我评价与相互评价相结合的方式进行。

第七十一条 董事报酬的数额和方式由董事会提出方案报请股东大会决定。在董事会或薪酬与考核委员会对董事个人进行评价或讨论其报酬时，该董事应当回避。

第七十二条 董事会、监事会应当向股东大会报告董事、监事履行职责的情况、绩效评价结果及其薪酬情况，并予以披露。

第二节 经理人员的聘任

第七十三条 上市公司经理人员的聘任，应严格按照有关法律、法规和公司章程的规定进行。任何组织和个人不得干预公司经理人员的正常选聘程序。

第七十四条 上市公司应尽可能采取公开、透明的方式，从境内外人才市场选聘经理人员，并充分发挥中介机构的作用。

第七十五条 上市公司应和经理人员签订聘任合同，明确双方的权利义务关系。

第七十六条 经理的任免应履行法定的程序，并向社会公告。

第三节 经理人员的激励与约束机制

第七十七条 上市公司应建立经理人员的薪酬与公司绩效和个人业绩相联系的激励机制，以吸引人才，保持经理人员的稳定。

第七十八条 上市公司对经理人员的绩效评价应当成为确定经理人员薪酬以及其他激励方式的依据。

第七十九条 经理人员的薪酬分配方案应获得董事会的批准，向股东大会说明，并予以披露。

第八十条 上市公司应在公司章程中明确经理人员的职责。经理人员违反法律、法规和公司章程规定，致使公司遭受损失的，公司董事会应积极采取措施追究其法律责任。

第六章 利益相关者

第八十一条 上市公司应尊重银行及其他债权人、职工、消费者、供应商、社区等利益相关者的合法权利。

第八十二条 上市公司应与利益相关者积极合作，共同推动公司持续、健康地发展。

第八十三条 上市公司应为维护利益相关者的权益提供必要的条件，当其合法权益受到侵害时，利益相关者应有机会和途径获得赔偿。

第八十四条 上市公司应向银行及其他债权人提供必要的信息，以便其对公司的经营状况和财务状况作出判断和进行决策。

第八十五条 上市公司应鼓励职工通过与董事会、监事会和经理人员的直接沟通和交流，反映职工对公司经营、财务状况以及涉及职工利益的重大决策的意见。

第八十六条 上市公司在保持公司持续发展、实现股东利益最大化的同时，应关注所在社区的福利、环境保护、公益事业等问题，重视公司的社会责任。

第七章 信息披露与透明度

第一节 上市公司的持续信息披露

第八十七条 持续信息披露是上市公司的责任。上市公司应严格按照法律、法规和公司章程的规定，真实、准确、完整、及时地披露信息。

第八十八条 上市公司除按照强制性规定披露信息外，应主动、及时地披露所有可能对股东和其他利益相关者决策产生实质性影响的信息，并保证所有股东有平等的机会获得信息。

第八十九条 上市公司披露的信息应当便于理解。上市公司应保证使用者能够通过经济、便捷的方式（如互联网）获得信息。

第九十条 上市公司董事会秘书负责信息披露事项，包括建立信息披露制度、接待来访、回答咨询、联系股东，向投资者提供公司公开披露的资料等。董事会及经理人员应对董事会秘书的工作予以积极支持。任何机构及个人不得干预董事会秘书的工作。

第二节 公司治理信息的披露

第九十一条 上市公司应按照法律、法规及其他有关规定,披露公司治理的有关信息,包括但不限于:(1)董事会、监事会的人员及构成;(2)董事会、监事会的工作及评价;(3)独立董事工作情况及评价,包括独立董事出席董事会的情况、发表独立意见的情况及对关联交易、董事及高级管理人员的任免等事项的意见;(4)各专门委员会的组成及工作情况;(5)公司治理的实际状况,及与本准则存在的差异及其原因;(6)改进公司治理的具体计划和措施。

第三节 股东权益的披露

第九十二条 上市公司应按照有关规定,及时披露持有公司股份比例较大的股东以及一致行动时可以实际控制公司的股东或实际控制人的详细资料。

第九十三条 上市公司应及时了解并披露公司股份变动的情况以及其他可能引起股份变动的重要事项。

第九十四条 当上市公司控股股东增持、减持或质押公司股份或上市公司控制权发生转移时,上市公司及其控股股东应及时、准确地向全体股东披露有关信息。

第八章 附 则

第九十五条 本准则自发布之日起施行。

附录 2　G20/OECD 公司治理原则

G20/OECD 公司治理原则
（二十国集团/经合组织公司治理原则）

前　言

二十国集团/经合组织《公司治理原则》（G20/OECD Principles of Corporate Governance）帮助政策制定者评估和完善公司治理的法律、监管以及制度框架，从而助力于经济效益，可持续增长和金融稳定。

该原则自 1999 年首次发布以来，已成为全球范围内政策制定者、投资者、公司以及其他利益相关者的国际基准。《公司治理原则》也被金融稳定委员会采纳作为《健全金融体系关键标准》（Key Standards for Sound Financial Systems）之一，并为世界银行《关于遵守标准和守则的报告》（ROSC）提供公司治理方面的根据。

目前版本的《公司治理原则》是修订于 2014～2015 年的第二次修订版。其修订的基础是 2004 年版的《公司治理原则》，包含了在以下方面达成的共识，即高度透明、问责明确、董事会监督、尊重股东权利、关键股东角色是运营良好的公司治理体系的基础部分。这些核心价值被保留和加强以反映自 2004 年以来的经验，同时确保原则一如既往的高质量、相关度和实效性。

第二次修订版由 Marcello Bianchi 先生担任主席的经合组织公司治理委员会牵头。二十国集团中的非经合组织成员国全部受邀平等地参与了修订工作。相关国际组织——尤其是巴塞尔委员会、金融稳定委员会和世界银行集团的专家也积极参与了此次修订。

经合组织在拉丁美洲、亚洲、中东和北非的区域性公司治理圆桌会议、专家、网上公开意见征询，以及经合组织的官方顾问机构：工商顾问委员会（BI-AC）和工会顾问委员会（TUAC）也为此次修订做出重了要贡献。

2015年4月，二十国集团/经合组织公司治理论坛对《公司治理原则》草案进行了讨论。该会议后，经合组织理事会于2015年7月8日通过了《公司治理原则》。随后，《公司治理原则》被提交至于2015年11月15~16日在安塔利亚召开的二十国集团领导人峰会，并获审议通过，被采纳为《二十国集团/经合组织公司治理原则》（G20/OECD Principles of Corporate Governance）。

为了确保持续的相关度和准确性，经合组织开展了大量涉及公司和金融领域改革的实证和分析工作，为此次《公司治理原则》的修订提供了大力支持和所需信息。在开展此项工作过程中，经合组织秘书处和公司治理委员会主动联系了众多的专家、组织和研究机构。同时，包括伊斯坦布尔海峡大学（Boğaziçi University）在内的相关学术机构也为此次修订提供了研究支持。

OECD与二十国集团以及利益相关各方下一步的工作是致力于推动和监督最新版原则的有效实施。这项工作将包括全面修订《公司治理原则实施的评估方法》。

序

公司治理旨在营造一个讲信用、高透明度和问责明确的环境，从而获得长期投资、金融稳定和商业诚信，进而支持更强劲的增长和更具包容性的社会。

《二十国集团/经合组织公司治理原则》正为我们提供了这一基准。它清楚地确定良好公司治理框架的关键组成部分，并为在国家层面的实施提供切实的指南。

与二十国集团的合作为该原则提供了一个真正的全球影响力，并进一步强调该原则反映了不同发展阶段和法律体系下各国的经验与宏愿。公司治理的准则和规定要适应于实施的环境才能切中肯繁。这正是为什么更新版的公司治理原则建立在大量涉及公司和金融领域改革的实证和分析之上。包括在全球金融危机中汲取的公司治理方面的主要经验教训，跨境所有权的增加和证券市场运作方式的变革，以及从居民储蓄到公司投资的更长和更复杂的投资链而带来的后果。这个基于事实的研究成果已反映在建议中。同时，《公司治理原则》还涉及许多利益相关者的权利，而这些利益相关者的就业和退休储蓄取决于企业的绩效和诚信度。

目前的首要工作是使《公司治理原则》得到充分的利用，让国家和公司因更好的公司治理而受益。为此，经合组织将与二十国集团、各国机构以及其他国际组织一道评估公司治理框架的质量，以支持《公司治理原则》的落地实施。

Angel Gurría
经合组织秘书长

关于《公司治理原则》

《公司治理原则》旨在帮助政策制定者评估并完善公司治理的法律、监管和制度框架,以保障经济效率、可持续发展和金融稳定。实现这一目标的主要方式是给予股东、董事会成员、高管以及金融中介机构和专业服务机构正确的引导,使其在分权制衡框架内履行各自职责。

《公司治理原则》力求简明、易懂并能在国际范围内通用。根据《公司治理原则》,政府机构、半政府机构或私营部门负责实施相关计划,以评估公司治理框架的质量,并制定更为细化的能够顾及国别经济、法律和文化差异的强制性或非强制性规定。

《公司治理原则》主要适用于公众公司,无论是金融类公众公司,还是非金融类公众公司。如果《公司治理原则》被视为可适用于非公众公司,则其也可能会成为完善非公众公司之公司治理的有效工具。尽管相对于小型公司而言,《公司治理原则》中的某些原则可能更适宜于大型公司,但是政策制定者或许也会希望凭借该原则来提高所有公司(包括小型公司和非上市公司)良好公司治理的意识。

公司治理涉及公司管理层、董事会、股东和其他利益相关者之间的一系列关系。此外,公司基于公司治理结构来设定公司目标,并确定实现这些目标的手段和绩效监控方式。

《公司治理原则》并无意图影响或事后评判市场参与者、董事会成员和公司高管的具体商业判断。对某家公司或某个投资者群体有效的措施并不一定普遍适用于所有企业,也不一定具有影响全局的经济意义。

《公司治理原则》承认雇员和其他利益相关者的权益,以及其在促进公司长期成功和绩效方面发挥的重要作用。与公司决策流程相关的其他因素,例如环境问题、反腐问题或道德问题,也纳入《公司治理原则》中进行了考量,但是《公司治理原则》提及的许多其他文件,包括《经合组织跨国企业指南》(OECD Guidelines for Multinational Enterprises)、《关于打击国际商业交易中行贿外国公职人员行为的公约》《联合国工商企业与人权指引原则》《国际劳工组织关于工作中基本原则和权利宣言》,对以上因素进行了更为明确的探讨。

《公司治理原则》是在对以下内容有所认识的基础上制定的:公司治理政策对于投资者信心、资本形成和配置等广泛经济目标的实现,发挥着重要作用。公司治理的质量影响公司获取其发展所需资金的成本,以及直接或间接的资金提供方对于是否能公平、合理参与并共享价值创造的信心。

因此,公司治理规则和实践体系共同构成一个框架,有助于缩小居民储蓄存款与实体经济投资之间的差距。因此,良好的公司治理将使股东和其他利益相关者确信其权利受到保护,而且将使公司能够降低资本成本,易于进入资本市场。

在当今全球化的资本市场上,这一点具有重要意义。国际资本流动使公司能够从更大规模的投资者群体获得融资。如果各公司和各国要充分利用全球资本市场,并吸引长期"耐心"资本,公司治理安排必须可信、获得其他国家的充分理解,并符合国际公认的原则。即使公司并没有主要依靠海外融资渠道,可靠的公司治理框架在有效监管和执行机制的支持下,也会有助于提升国内投资者的信心,降低资本成本,支撑金融市场的良好运行,并最终催生更稳定的融资渠道。

目前尚不存在良好公司治理的统一模式。但是,一些常见要素构成了良好公司治理的基础。《公司治理原则》基于这些常见要素而制定,并概括了现存的各种不同模式。例如,《公司治理原则》并没有倡导任何特定的董事会结构,《公司治理原则》中所用"董事会"一词旨在包括各国不同结构模式下的董事会。在某些国家实行的典型双层委员会制度中,《公司治理原则》所用的"董事会"系指"监事会",而"关键高管"系指"管理董事会"。在单层委员会制中,董事会由内部审计机构监督,参照适用双层委员会制中董事会适用的原则。由于"关键高管"一词的定义根据具体的情形(例如薪酬或关联交易等),可能会在不同司法管辖区内有所差异,《公司治理原则》允许各司法管辖区对这一术语灵活地进行定义,以实现《公司治理原则》致力于达到的结果。在《公司治理原则》正文中,"公司"(corporation)和"公司"(company)两词可互换使用。

《公司治理原则》不具有约束力,不旨在对各国立法做出详细规定,而是力求确定各种目标,并提出实现这些目标的各种手段。《公司治理原则》的目标在于为政策制定者和市场参与者提供一个可靠但灵活的参考,供其制定各自的公司治理框架。若要在一个不断变化的世界中保持竞争力,公司必须对公司治理实践进行创新和调整,使其能够满足新需求,把握新机遇。考虑到监管的成本和利益,政府担负着塑造有效的监管框架的重大责任,该等监管框架必须具有足够的灵活性,既能保证市场有效运行,又能满足股东和其他利益相关者新期望。

《公司治理原则》在全球各个司法管辖区被广泛用作基准。同时,《公司治理原则》还是金融稳定委员会《健全金融体系关键标准》中的一项标准,并构成世界银行《关于遵守标准和守则的报告》中公司治理部分的评估基础。

《公司治理原则》不断改进并根据环境的重大变化不断进行修订,以保证其继续发挥公司治理领域政策制定之指导性文件的作用。

《公司治理原则》分为六个不同的章节:第一章为确保有效公司治理框架的基础;第二章为股东权利和公平待遇及关键所有权功能;第三章为机构投资者、证券交易所和其他中介机构;第四章为利益相关者的作用;第五章为信息披露和透明度;第六章为董事会责任。每一章的标题对应的均为一个单项的原则,用斜粗体字标出,之后再对一些支持性的具体原则进行阐述。《公司治理原则》中的各项注释发挥补充作用,对各项公司治理原则进行说明,旨在帮助读者理解其背后的原理。该等注释也对主导趋势或新出现的趋势进行了说明,并提供可能增进《原则》可操作性的替代实施方式和实例。

第一章 确保有效公司治理框架的基础

公司治理框架应提高市场的透明度和公平性,促进资源的高效配置,符合法治原则,并为有效地监督和执行提供支持。

要实现有效的公司治理,必须存在健全的法律、监管和制度框架,供市场参与者在建立私有契约关系(private contractual relations)时能够依靠。这种公司治理框架,通常由法律、监管、自律安排、自愿承诺和商业实践这些要素构成,而这些要素往往受到一国特定的环境、历史状况以及传统习惯的影响。因此,法律、监管、自律安排、自愿标准等的理想融合体,即公司治理框架,也因国而异。基于"遵循或解释"原则的公司治理准则等软性法律要素,能够对公司治理框架中法律和法规要素进行有益的补充,从而为公司提供弹性空间,并解决各个公司的特定问题。特定情况下对一个公司、投资者或利益相关者有效的措施,并不一定对其他运营情况或不同运营环境下的公司、投资人和利益相关者普遍适用。随着新经验的积累和商业环境的变化,应当审议公司治理框架的不同条款,而且必要时应当进行调整。

计划实施《公司治理原则》的国家应当监控本国的公司治理框架,包括监管要求、上市要求和商业实践,以保持并强化公司治理框架在市场完整性和经济绩效方面发挥的作用。在进行上述监控之时,重要的是要考虑公司治理框架内部不同要素之间的相互作用和互补关系,以及公司治理框架提升公司治理实践道德水准、责任性和透明度的整体能力。这种分析应被认为是建立有效公司治理框架过程中的重要工具。为此,有效、持续的征询公众意见是一个必要的环节。在某些司法管辖区,征询公众意见之时,可能需要辅以实施相关计划,将开展健全的公司治理实践所带来的利益告知公司及其利益相关者。此外,在每个司法管辖区建立公司治理框架过程中,国家立法机关和监管机构应适时评估本国对有效的国际对话和合作的需求及其产生的效果。如果满足上述条件,公司治理框架将更有可能避免监管过度,支持创业实践,并降低私营部门和公共机构中具有破坏性的利益冲突所带来的风险。

A. 建立公司治理框架时,应当考虑其对整体经济绩效和市场完整性的影响,其为市场参与者创设的激励,以及其对透明、运作良好市场的促进作用。

公司作为一种经济活动的组织形式,能带来强劲的经济增长动力。因此,公司运行的监管和法律环境对于整体经济发展有十分关键的作用。政策制定者也有责任确保治理框架的灵活性,充分满足在不同环境中运营的公司的需要,推动公司开拓新机遇、创造新价值,提高资源配置效率。治理框架应视情况允许公司按比例原则进行调整，尤其是根据上市公司的不同规模进行调整。不同公司在所有权、控制结构、业务地理分布、业务领域和发展阶段等方面的差异，都要求框架充分发挥灵活性。建立公司治理框架的过程中，政策制定者应始终以宏观经济绩效为核心目标，同时分析政策方案对市场运行主要变量（比如激励机制、自律体系的效率、系统性利益冲突的处理方式）的影响。如果市场更加透明、运作良好，市场参与者的行为也会更规范、更负责。

B. 影响公司治理实践的那些法律的和监管的要求应符合法治原则，并且是透明和可执行的。

在某些情况下可能需要制定新的法律法规，比如用于弥补显著的市场缺陷，此时应保证法律法规被设计为对所有涉及的群体都可实施，并且能得到高效公平的执行。为实现这一目标，一个有效的途径就是由政府部门及其他监管机构，对公司、代表公司的组织或其他利益相关者进行意见征询。还要建立相应机制，维护不同咨询对象的权利。为避免监管过度、执行力低下的法律以及意外出现的结果妨碍或扭曲商业活动，政策措施的设计应着眼于整体成本和收益。

政府当局应具有足够的执行能力与惩罚权力，对不诚实行为构成威慑，促进完善的公司治理实践。私人诉讼（private action）同样可行，但不同司法管辖区的具体情况，会影响公共执行与私人执行之间相互平衡的状况。

某些公司治理目标，包含在并不具有法律法规地位的自愿行为准则（voluntary codes）和标准（standards）中。这类规范虽然能促进公司治理实践，但是其法律地位和执行过程存在不确定性，可能让股东和其他利益相关者产生疑惑。如果要以此作为国家标准或法律法规的补充，那么为维护市场诚信，应对其适用范围、执行、遵守和惩罚进行明确规定。

C. 明确划分管理机构的责任，以便更好地为公众利益服务。

公司治理的要求和实践往往受到各类法律的影响，如公司法、证券法规、会计和审计标准、破产法、合同法、劳工法和税法。某些公司的治理实践还经常受到人权和环境法律的影响。因此，各类法律之间可能出现意外重叠甚至发生冲突，阻碍公司实现核心治理目标。政策制定者要认识到这种风险的存在，并采取相应的预防措施限制此种风险。为确保公司治理框架的有效执行，不同机构之间应明确划分监督、实施和执行方面的责任，以便互补的机构和组织（bodies and agencies）各自的权限得到充分尊重和有效利用。还应注意避免机构的不同目标之间存在潜在冲突，比如避免让一个机构同时负责招商引资和惩罚违规行为，或者在治理要求中加以明确规范。不同司法管辖区的法律法规之间也可能出现重叠甚至冲突，需要加以关注，杜绝监管真空的出现和扩张（比如一些事项未被纳入任何机构的责任范围），争取将公司在多重体制下合规的成本降至最低。如果要把监管责任或监督权力委托给非公共机构（non-public bodies），则必须明确阐述原因，并规定在何种情形下宜于进行委托。政府部门还应制定并维护有效的保障措施，确保委托的职权履行过程中的公平性、连贯性和法制性。而接受委托的机构必须具有透明的管理结构，并以公共利益为核心追求。

D. 证券交易所的监管应为有效的公司治理提供支持。

通过有针对性地制定及执行交易所规则，证券交易所能够鼓励发行人进行有效的公司治理。同时，证券交易所为投资者创造了条件，让他们利用对公司股票的买入或卖出，表达对这家公司治理行为是否认同。证券交易所的规章制度不仅对公司上市提出要求，还起到规范市场内交易活动的作用，因此同样是公司治理框架的重要组成部分。

传统意义上的"证券交易所"在今天已经发生了许多形式上的改变。现代证券交易所大多以盈利最大化为目的，而且交易所本身也是公开交易的股份制公司，与其他同样追求利益最大化的证券交易所或交易场所进行竞争。无论证券交易所的具体结构如何，政策制定者和监管部门都应当评估证券交易所及其他交易场所对于制定标准、监督和执行公司监管规则是否发挥了积极的作用。为进行有效评估，还应分析证券交易所的商业模式如何影响交易所实现上述功能的动力和能力。

E. 应保证监督、监管和执行部门有适当的权力、正直的操守和充足的资源，以专业、客观的态度履行职责，做出及时、透明、解释充分的裁定。

被赋予监督、监管和执行责任的机构应当满足以下条件：运行独立；能为其履行职责和行使权力的相关行为承担责任；拥有足够的权力和所需要的资源；并有能力履行其职责并行使其权力，包括与公司治理相关的职责和权力。许多国家为确保证券监督者不受政治干预，专门建立了正式的管理机构（董事会、理事会或委员会），并为其成员设定固定的任期。如果人员任命也能脱离政治影响，此类管理机构的独立性会进一步增强。还应确保上述管理机构在履行职责时不会发生利益冲突，并可以对其决定进行司法和行政审查。当监管范围内的公司事件增多、披露数量增加时，监督、监管和执行机构可能面临资源紧张的局面。为适应新形势，这些机构必须招收大量合格的员工，以提高其监督和调查能力，并需要充足的资金支持。如果这些机构能提供优厚的待遇，就能吸引更多人才，进而让机构的监管和执行质量更高、独立性更强。

F. 应增强跨境合作，利用双边及多边安排促进信息交换。

大量跨境持股和交易行为的存在，要求各国监管部门之间进行紧密的国际合作，包括利用双边和多边安排促进信息交换。许多公司在不同司法管辖区里设立了上市或未上市的子公司，或在不同司法管辖区里的多个证券交易市场挂牌，这些现象的出现，使得国际合作对于提高公司治理水平的作用越来越突出。

第二章　股东权利和公平待遇以及关键所有权功能

公司治理框架应保护和促进股东行使权力，确保全体股东的平等待遇，包括少数股东及外资股东。在权利受到侵犯时,应保障全体股东均有机会获得有效救济。

股票投资者拥有一定的财产权利,例如股份公开交易的公司的任何股份都可以被购买、出售或转让。任何股份都赋予投资者在承担不超过投资额的有限责任的前提下,分享公司利润的权利。此外任何股份的所有权也提供了主要通过参与股东大会和投票的方式去了解公司信息和影响公司的权利。

然而实践中,公司不能由股东投票进行直接管理。持股人可以区分为个人和机构两种群体,他们的利益、目标、投资期限的长短和能力差异很大。而且公司管理要求必须能够快速做出商业决策。鉴于这些事实以及在快速、瞬息万变的市场中管理公司事务的复杂性,股东不应被期望来承担管理公司事务的责任。公司战略和运营的责任往往掌握在董事会以及由董事会选择、激励和必要时更换的管理团队的手中。

影响公司股东的权利集中在一些基本事项上,例如选举董事会成员或影响董事会组成的其他手段、修订公司组织文件、批准特别交易以及其他由公司法和公司内部规章所规定的基本事项。本节可被视为对股东最基本权利的声明,这些权利获得几乎所有经合组织成员国家的法律认可。对于如审计师遴选的批准、董事会成员的直接提名、质押股份的权利、利润分配的批准、董事会成员及/或关键高管的薪酬表决、重大关联交易的批准等其他权利,各个司法管辖区都进行了规范。

资本市场的发展和正常运行取决于一个关键因素:投资人相信他们所提供的资本不会被企业管理者、董事会成员或有控制权的股东滥用或挪用。董事会、管理者和有控制权的股东有可能参与到损害无控制权的股东利益的活动中,以牟取其个人利益。为保护投资人利益,需要有效区分事前股东权利及事后股东权利。事前权利包括股份优先购买权和以特定多数表决方式进行某些决策的权利。事后权利则允许股东在权利受到侵犯时寻求救济。在法律法规框架执行力较弱的司法管辖区,可能应当加强股东的事前权利,例如,为了有权提出股东大会议程项目所需达到的持股比例门槛应设定在一个较低的水平,或者设置关于在作出某些重要决定时应适用股东绝对多数制的规定。《公司治理原则》(以下简称《原则》)支持在公司治理中,平等对待外资股东和国内股东,但不涉及对外直接投资的监管政策。

股东权利得以执行的渠道之一是其可对管理层和董事会成员提起法律和行政诉讼。经验表明,法律是否提供有效措施,使股东在付出合理代价且不过度耗时的情况下能够获得救济,是股东权利受到保护程度的重要决定因素之一。当法律制度为少数股东提供了适当的机制,使其在有正当理由认为其自身权利受到侵犯时可以提起诉讼,则少数股东的信心会增强。设置该等执法机制也是立法者和监管者的关键责任所在。

然而，如果法律制度允许任何投资人在法庭上对企业活动提出质疑，也会带来滥诉的潜在风险。因此，许多法律制度引入了保护管理层和董事会成员不受滥诉侵扰的办法，包括测试股东投诉的充分性，为管理层和董事会成员的履职行为建立所谓的安全港（比如经营判断规则，business judgement rule），以及为信息披露建立安全港。最终，在允许投资人在所有权被侵犯时能寻求法律救济的同时，必须找到平衡，避免滥诉。许多国家已经发现，替代性裁决程序——例如由证券监管者或其他监管机构安排的行政听证或仲裁程序——是解决争议的有效办法，至少在一裁这一层级上。专门的庭审程序同时可作为一种实用手段，用于获取及时的禁令，并最终促进争议的快速解决。

A. 股东基本权利包括：1）可靠的所有权登记办法；2）股份转让或过户；3）定期、及时地获得公司相关的重大信息；4）参加股东大会并投票；5）选举和罢免董事会成员；6）分享公司利润。

B. 股东应有权批准或参与涉及公司重大变更的决策并为此获得充分的信息，这些变更如：1）公司章程或类似治理文件的修改；2）授权增发股份；3）重大交易，包括实际上导致公司出售的全部（或几乎全部）资产的资产转让。

公司应有能力对外建立合作关系、成立关联公司、向合作伙伴和关联公司转移运营资产、现金流权利和其他权利义务的能力，该等权利至关重要，可以使复杂组织具有业务灵活性，并确保其能进行责任委托。该等权利也允许公司剥离运营资产，从而成为单纯的控股公司。然而在缺乏适当制衡的情况下，这种权利也可能被滥用。

C. 股东应获得有效参加股东大会和投票的机会，并应对股东大会议事规则（包括投票程序）知情：

1. 股东应充分、及时地得到关于股东大会召开的日期、地点和议程的信息，以及将在股东大会上作出决议的议题的全部信息。

2. 股东大会的流程与程序应虑及全体股东的公平待遇。公司程序不应使投票过于困难或成本过高。

参加股东大会是股东的基本权利。管理层和有控制权的投资人有时会阻挠无控制权的投资人或外资投资人对公司发展的方向施加影响。一些公司对股东投票收取费用。其他潜在的障碍包括禁止代理投票，要求股东亲自参加股东大会进行投票，在偏远地点举行大会，以及仅允许举手表决。不仅如此，其他的程序更使得股东几乎不可能行使所有者权益。股东可能在股东大会举行前很短的时间才收到投票材料，导致没有充分的时间进行思考和咨询。许多公司寻求更好的渠道与股东进行交流与决策。应当鼓励公司做出努力消除人为的壁垒，便于股东参加股东大会，公司治理框架应为不在场股东采用电子投票提供便利，包括通过电子手段发送代理材料及设置可靠的投票确认系统。在私人执法较弱的司法管辖区，监管者应能够做到遏制不公平投票行为。

3. 股东应有权向董事会提问（问题可涉及年度外部审计），有权在股东大会中提出议案、进行表决，但该等权利应受到合理限制。

为鼓励股东参与股东大会，许多司法管辖区提升了股东权利，允许他们通过一个简单明确的提交修改意见以及决议的流程，向股东大会提出议案，并在股东大会召开前提交问题，获得管理层及董事会成员的回复。股东还应能就外部审计报告提出问题。公司有正当理由采取措施确保股东不会滥用此等权利。比如公司要求只有持有特定市值或特定比例股份的股东，或拥有投票权的股东，才有权在股东大会提出决议，就是一种合理的措施。这一门槛的设置应该对股权集中的程度予以考量，以确保少数股东能无障碍地提出议案。经股东大会批准且属于股东大会审议范围的议案，应当由董事会负责执行。

4. 应推进股东有效参与企业重要管理决策，例如提名和选取董事会成员。股东针对董事会成员及/或关键高管薪酬（如果适用）的意见应通过包括股东大会投票等渠道表达。董事会成员和员工的薪酬计划中关于股权的部分应通过股东的审批。

选举董事会成员是股东的基本权利。为了有效开展选举流程，股东应有权参与提名董事会成员、对被提名的具体董事或不同的董事名单进行投票。因此，在防止权利滥用的前提下，在许多国家中股东还是有权获得向其提供的投票资料。关于董事候选人的提名，许多公司设立了提名委员会，以确保提名严格符合已有程序，并致力于促进董事会人员构成的均衡性与胜任力。独立董事在该委员会中发挥关键作用是一种良好实践。为进一步改进遴选程序，《原则》也提倡充分知情、及时披露董事会候选人的经验和背景以及任命的程序，以便于在充分信息基础上评估每位候选人的能力和适当性。披露被提名者担任的其他董事职位亦被视作是良好的做法。在某些司法管辖区还会公开候选人的其他被提名职位。

《原则》提倡披露董事会成员以及关键高管的薪酬。甚为重要的是，股东需要了解薪酬政策以及根据该政策制定的薪酬安排总额。特别是对于股东，当他们在评估董事会的能力及被提名董事的素质时，股东需要特别关注薪酬和公司绩效之间是如何挂钩的。不同形式的薪酬表决权（具有约束力的投票或咨询投票，事前制定/事后制定、包含董事会成员和/或关键高管、个体和/或整体的薪酬，薪酬政策和/或实际薪酬）在向董事会传递股东情绪的强度和态度的时候发挥着重要角色。尽管董事会和高管合同并非适合寻求股东大会批准，但仍然应有股东可以表达观点的方式。在股权类的薪酬计划下，可能稀释股东的股权比例，对管理层的积极性产生相当的影响，不论是单个董事的薪酬还是整体的薪酬政策，应当得到股东的批准。越来越多的司法管辖区要求，对现有方案的任何实质性改变都须经股东批准。

5. 股东应能亲自或由代理人投票。不论是亲自还是代理投票，都应具有相同效果。

为了达到促进股东参与的目标，建议各司法管辖区和/或公司应当在投票中更普遍地使用信息技术，包括在所有的上市公司中实行电子投票。《原则》建议普遍采用代理投票的制度。采用指示代理投票制度确实对于促进和保护股东权利很重要。公司治理框架应该确保代理人按照委托人的指示投票。在允许公司接受委托成为代理人的司法管辖区中，披露股东大会主席（是公司获得的股东代理权的通常接受人）如何行使附属于无指示委托代理书的投票权代理投票权是非常重要的。在董事会或管理层代理公司养老基金或员工持股计划持有委托投票权的情况下，应披露投票指示。库存股和子公司持有的股份不参与投票，不计入法定投票票数，这是一种良好实践。

6. 应消除跨国投票障碍。

外国投资者通常通过一系列中介机构持有股票，基本会将其所投资的上市公司股票存管在证券中介机构的账户中；如果所投资的上市公司位于第三国，那么这些中介机构又会在其他司法管辖区的其他中介机构和中央证券存管机构开有账户。这种跨国界的链条带来了两大挑战：首先，难以确定外国投资者是否有权行使投票权，其次，与外国投资者的沟通程序也难以保证畅通，加之商业实践中通知期限一般很短，最后就导致公司发布股东会召开通知之时留给股东的时间往往非常有限，要保证其在知情的基础上作出决策绝非易事，就容易导致跨国界投票出现困难。法律框架和监管框架应阐明，在跨国界情况下谁有权利控制投票权、存管链（depository chain）的哪些环节有必要简化。此外，通知期限应确保外国投资者实际上拥有与国内投资者相同的行使所有权职能的机会。为了进一步便利外国投资者进行投票，法律、法规和公司实践应以无差别的方式允许通过电子技术手段参与投票。

D. 应当设置一定的股东权利（但为预防该等权利被滥用，其应受例外规定约束），从而使包括机构投资者在内的股东能就本《准则》中所界定的股东基本权利有关事宜相互进行协商。

长期以来，人们认为在股权分散的公司，个体股东在公司的持股份额可能太少，因而，难以承担采取行动的成本，也难以投入资金监控绩效。而且，如果真有小投资者投入资源采取此类行动，其他人将不劳而获（即，他们会"搭便车"(free riders)）。这就导致小投资者没有足够的积极性来监控所投资公司的绩效，不过，这个问题这对机构投资者可能并不重要，特别是对于以信义（fiduciary）义务人身份开展活动的金融机构，当其要决定是否增持某公司股权以便持有重大份额时或者是否要分散其投资时，情况更是如此。然而，影响机构投资者持有重大股权的其他成本或许仍然很高——在许多情况下，机构投资者不能作出持有重大股权的决定是因为这超出了他们的能力，抑或持有重大股权将会导致其需要把资产更多地投资于同一个公司，而这种集中投资的做法将失之谨慎。为了克服这种不对称现象，从而避免投资过于分散化，应允许、甚至鼓励股东运用改善公司治理的各种手段，诸如：在提名和选举董事会成员、提出提案、与公司直接讨论的过程中，展开合作和相互协调。更普遍的做法是，应当允许股东彼此交流，而不是死板地遵守投票代理权委托书征集的正式手续。

但是必须承认，如果没有收购或信息披露规则的制约，投资者之间的合作能被用于操纵市场和获取公司的控制权，而且也可能以合作之名达到规避竞争法规的目的。然而，如果股东之间的合作不涉及获取公司控制权，也不会引发与市场效率和公平的冲突，就可以帮助股东更有效地行使其所有权。为了明确何种情况下股东之间可以合作，在制定收购规则与其他规则时，监管者可以针对股东之间展开协调的形式、构成或不构成一致行动的协议发布指引。

E. 同类同级的所有股东都应享有同等待遇。对于使特定股东获得与其股票所有权不成比例的某种支配力或控制权的资本结构和安排，应当予以披露。

1. 同类别的任何股份系列，均具有相同的权利。所有投资者在购买股份之前，都应能够获得附带于各类各系列股份应享有权利的有关信息。经济权利或投票权的任何变动，都应获得受不利影响的那些类别股份持有者的同意。

公司的最佳资本结构最好在经股东批准的情况下由管理层和董事会决定。某些公司发行优先股（preferred shares, or preference shares），这种优先股具有优先获取公司利润的权利，但通常具有有限的投票权或无投票权。公司也可发行参与证（participation certificates）或具备有限投票权或无投票权的股票，其交易价格可能会不同于带完整投票权股票的交易价格。在以最符合公司利益的形式分配风险与回报，进行符合成本效益的融资时，所有这些结构都可能是有效的。

投资者会期望在投资前获知有关其投票权的信息。一旦投资者做出投资，就不应当改变他们的权利，除非持有投票权的人员参与了改变股票所附权利的决策。变更不同系列和类别的股票投票权的提案，应由受影响的股票类别中，带有投票权股份的特定多数持股人（通常情况下比例更高的）向股东大会提交批准。

2. 资本结构和控制安排的披露应当必不可少。

某些资本结构允许股东在一定程度上对公司行使与其股票所有权不成比例的控制权。设置金字塔结构、交叉持股和带有有限或多重投票权（multiple voting rights）的股份，都会减弱非控股股东影响公司政策的能力。

除所有权关系外，其他工具也能影响公司控制权。不同的股东群体（这些股东个人可能持有比较少量的股权）要一致行动组成多数股东，或者至少集结成最大的股东群体，最常见的手段就是达成股东协议。股东协议通常给予协议参加者购买其他协议参加者所出售股份的优先权。这些协议也可以包括要求协议参加者在特定时间段不出售其股份的条款。股东协议可以涵盖像如何选举董事会成员或董事会主席等问题。这些协议也能促使协议方作出相同的表决。一些国家已经发现有必要加强对此类协议的监控并限制其存续期。

不管股东实际拥有多少股票，封顶投票权（voting caps）限制了单一股东可以投票的数量。因而封顶投票权起到了重新分配控制权的作用,并可能影响股东参与股东大会的积极性。考虑到这些机制能重新分配股东对公司政策的影响力,该等资本结构和安排的披露应当必不可少。与该等资本结构和安排相关的披露还可以使股东和潜在投资者在更充分知情的情况下作出决策。(见第五章第三节)

F. 关联交易的批准与执行,应当以确保对利益冲突进行适当管理,并保护公司和其股东的利益的方式进行。

1. 关联交易中内在的利益冲突应当予以处理。

在所有的市场中,潜在的关联交易滥用是一个核心的政策问题,在公司所有权集中、盛行设立集团公司的市场尤为如此。禁止此等交易并非通常的解决之道,因为关联交易本身并没有任何问题,只要此等交易中固有的利益冲突得到充分的处理(包括通过适当的监督和披露)。当公司有较高比例的收入和/或成本来自关联交易时,妥当处理利益冲突尤为重要。

各司法管辖区应当建立有效的框架来明确列举关联交易,包括对关联方进行广泛而精确的定义,并在非重大关联交易的情况下,将其中的某些交易排除在定义之外,因为此等交易并未超过事前禁止门槛(ex ante thresholds),可视为在可验证的交易条件(at verifiable market terms)下反复发生的交易,或者被视为与子公司开展的、但不存在关联方特定利益的交易。一经确定为关联方交易,司法管辖区应以将交易潜在不良后果控制在最低水平的方式,设定批准流程。绝大多数司法管辖区非常重视董事会的批准,独立董事通常在批准时发挥显著作用,或者要求董事会说明交易对公司的利益。在批准特定关联交易时,也可以给予股东发言权,但有利害关系的股东除外。

2. 董事会成员和关键高管应当按照规定向董事会披露,他们是否在任何直接影响公司的交易或事务中有直接、间接或代表第三方的实质性利益。

当董事会成员、关键高管(在某些司法管辖区,还有控制性股东)在公司外部拥有的企业、家庭或其他特殊关系,可能会妨害他们对公司特定交易或事务的判断时,他们有义务告知董事会。上述的特殊关系包括,高管和董事会成员通过与控制性股东联合而产生的特殊关系。如果董事会成员、关键高管、控制性股东已声明存在重大利益,其不得参与任何涉及该等交易和事务的决策,此外,相关决议应明确表示决策程序中排除了此等重大利益的参与,和/或说明此等交易对公司带来的好处,并且,不论是排除利益或说明好处都应提及交易的条款。这些做法应视为良好实践。

G. 少数股东应受到保护,使其不受控制性股东(controlling shareholders)直接或间接地滥用权力,或者他人为控制性股东的利益而滥用权力的侵害,并且应当享有有效的救济手段。滥用自我交易应当予以禁止。

许多股份公开交易的公司存在具有控制权的大股东。虽然控制性股东能够通过密切监控管理层而降低代理问题,但是法律和监管框架中的漏洞可能导致公司其他股东的利益遭受侵害。任何人（包括控制性股东）与公司关系紧密时，就可能利用这些关系来损害公司和投资者的利益，这就是滥用自我交易（abusive self-dealing）。

当法律制度允许且市场也接受这样的行为，即具有控制权的股东利用法律工具使所有权从控制权中分离出来（比如金字塔结构或多重投票权）从而行使过度的控制权，导致其控制权与其作为股东所承担风险的程度不对等，此时，潜在的滥用是很明显的。这种滥用可能以各种方式出现，包括：通过向在本公司就职的家庭成员和亲戚支付高工资和高额奖金来进行直接的私人利益输送，不适当的关联方交易，业务决策系统性地有所偏颇，以及通过向具有控制权的股东专门发行股份来改变资本结构。

除了信息披露，保护少数股东的另一关键是，明确规定董事会成员对公司和所有股东负有忠诚义务（duty of loyalty）。的确，在法律和监管框架中对于忠诚义务的规定较弱的国家，侵害少数股东的现象最为常见。在企业集团很普及、董事会成员的忠诚义务暧昧不清甚至被解释为对集团的义务的某些司法管辖区，这个问题的重要性尤为明显。其中某些国家现已制定了一系列规则，以控制消极影响，包括规定：某公司作出有利于集团内另一家公司的交易时，必须获得集团内其他的公司给出的相当利益来抵消。

其他行之有效的保护少数股东的通用条款有：与股票发行有关的优先购股权（pre-emptive rights）、某些股东决策的特定多数制（qualified majorities）以及在选举董事会成员中采用累积投票制的可能性。在特定情况下，某些司法管辖区要求或允许具有控制权的股东以独立机构所估价格收购其余股东的股票。这在当控股股东决定一个企业退市（de-list）时特别重要。其他加强少数股东权利的手段包括派生诉讼（包括多重派生诉讼）和集体诉讼（class action law suits）。某些监管机构已建立投诉处理机制，而且某些监管机构能够通过披露相关信息和/或相关经费为诉讼提供支持。尽管都以提高市场信用为目标，保护少数股东的条款选择与最终的设计还是取决于整体的监管框架和国家法律制度。

H. 应允许公司控制权市场以有效和透明的方式运行。

1. 有关资本市场中公司控制权收购、较大比例公司资产出售，以及类似于合并的特别交易（extraordinary transactions）的规则和程序，都应清楚、详细予以披露，以使投资者理解自己的权利和追索权。交易应当在价格透明和公平条件下进行，以使各类股东的权利受到保护。

2. 反收购工具（Anti-take-over devices）不应当成为管理层和董事会规避问责（accountability）的庇护工具。

在某些司法管辖区，公司可以运用反收购工具。然而，投资者和证券交易所都担心，反收购工具的广泛应用可能会严重阻碍公司控制权市场功能的发挥。有时，抵御收购完全可以被管理层或董事会用于规避股东的监控。在采用任何反收购工具和处理收购要约时,有必要将董事会向股东和公司承担的信义义务(fiduciary duty)放在首要位置。某些司法管辖区在公司发生重大重组(包括兼并和合并)时,为持异议的股东提供退出选择。

第三章 机构投资者、证券交易所和其他中介机构

公司治理框架应当在投资链条的每一个环节中提供健全的激励因素,并规定证券交易所的运行有利于促进良好公司治理实践。

在制定公司治理法律和监管框架时,为了使其有效发挥作用,必须考虑到当地的经济实况。在许多司法管辖区,公司绩效和最终受益人的持股收入之间原本明确直接的关系在减弱,公司治理实践和所有权关系发生了变化。实际上,投资链往往长而复杂,在最终的受益人和公司之间存在很多的中介机构。作为独立决策者存在的中介结构,对投资者参与公司治理的诱因和能力产生影响。

机构投资者(比如,共同基金、养老基金、保险公司和对冲基金)持有的股权投资份额已显著增长,其所拥有的很多资产由专业的资产管理人管理。机构投资者和资产管理人参与公司治理的能力和利益发生了很大变化。对某些机构投资而言,参与公司治理,包括投票权的实施,是其经营模式的天然组成部分。但是,另外一些机构投资者向其受益人和客户提供的商业模式和投资战略可能就不鼓吹积极的股东参与,也不鼓励投入资源来支持积极的股东参与。如果股东参与并非机构投资者商业模式的一个要素,也非投资战略的组成部分,那么强制其参与(比如,通过投票)可能起不了任何作用,同时也容易导致参与行为流于过场。

《原则》建议机构投资者披露与公司治理有关的政策。然而,在股东会行使投票权还是股东参与公司治理的唯一渠道。至于直接与董事会、管理层接触和对话,也是经常使用的其他股东参与方式。近年来,某些国家已开始考虑采用要求机构投资者自愿签署参与治理的股东参与守则("股东尽职治理守则"(stewardship codes))。

A. 作为信义义务人,机构投资者应当披露与投资有关的公司治理及投票政策,包括决定使用投票权的相关程序。

机构投资者的整个公司治理框架和公司监管的有效性及可信性,在很大程度上取决于机构投资者的意愿和能力,即其是否有意愿和能力基于充分信息行使其股东权利,并有效发挥其在所投资公司中所享有的所有权职能。虽然本项原则并不要求机构投资者一定要就其所持有之股权进行投票,但是要求机构投资者披露根据成本效率的考量以何等方式行使所有权。对于充当信义义务人的机构投资者而言,例如养老基金、集合投资计划、保险公司的某些业务和代其行事的资产管理机构,可以认为投票权也是其客户投资价值的一部分。不行使所有权可能会损

害投资者利益，因此投资者应关注机构投资者遵循的政策。

在某些国家，向市场披露公司治理政策的要求相当具体，包括：要求机构投资者设有明确的战略，指引其在何种情况下会对所投资的公司进行干预、此类干预所采取的方式、评估此类战略有效性的方法。对实际投票记录进行披露被视为良好实践，尤其是对于已经明确规定须行使投票权的机构而言，更是如此。披露要么向客户做出（该等披露仅针对每名客户所涉之证券），要么向市场做出（对于投资顾问向注册投资公司所作披露而言）。除了参与股东大会之外，还有一个补充的参与方法，就是与投资组合公司构建持续的对话机制。尽管公司在平等对待所有投资者上义不容辞，不应在未向市场披露时先向机构投资者泄露信息，但是还是应鼓励机构投资者与公司之间开展此类对话。公司提供的补充信息通常包括公司经营所处市场的一般背景以及进一步详细说明已向市场披露的信息。

机构投资者已制定并披露了其公司治理政策后，政策执行的有效性要求其投入恰当的人力和资金资源，并按照符合受益人和投资组合公司要求的方式实施治理政策。对于实施积极公司治理政策的机构投资者的客户而言，机构投资者应当向其披露该等积极公司治理政策的性质和实际实施情况，包括人员配备。

B. 存管人或代理人应按照股份受益所有人的指示进行投票。

除非获得特定指示，否则代客户持有证券的托管机构不得就这些证券进行投票。在某些司法管辖区，虽然上市规则中大量列出存管人未经指示不得进行投票的事项，但是对于特定的常规项目，未经指示进行投票可能性仍然存在。上市规则应当要求托管机构向股东及时提供信息，使股东对其投票权行使的相关选项作出充分考量。股东可以选择亲自进行投票，也可以选择向存管人委托全部投票权。此外，股东也可以选择获知所有将要进行投票的议题，可以决定自己投一部分票，并向存管人委托一部分投票权。

存托凭证（depository receipts）持有人应当获得与标的股票（underlying shares）持有人相同的最终权利和参与公司治理的实际机会。在股票直接持有人可能采用代理投票时，存管人、信托机构或同等实体应及时向存托凭证持有人发出投票代理权委托书。存托凭证持有人须有能力针对存管人或信托机构所持有股票，发出有约束力的投票指示。

应当注意的是，本项原则不适用于受托人或其他人员接受某种特殊的法定授权（例如，破产管理人和遗产执行人）而行使投票权的情况。

C. 作为信义义务人，机构投资者应当披露如何管理可能会影响所投项目之关键所有权行使的重大利益冲突。

在特定情况下，中介所有者（intermediary owners）投票和行使关键所有权职责的动力可能不同于直接所有者。这种差别有时从商业逻辑的角度来看是合理的，但也可能源于利益冲突。当信义义务人是另外一家金融机构的子公司或分公司时，利益冲突可能变得十分严重，特别是在综合性金融集团中。如果这类利益冲突是由某种重要的业务关系——例如通过协议安排来管理投资组合公司的资金——所引起，应明确识别该等利益冲突并加以披露。

与此同时，机构投资者应当披露为了将行使关键所有权的能力所受潜在负面影响最小化，采取了何种行动。这类行动可以包括分离因基金管理和因集团其他单位收购新业务而获的奖金。资产管理和其他中介服务的收费结构应当保持透明。

D. 公司治理框架应当要求委托投票代理顾问、分析师、经经商、评级机构，以及为投资人决策提供分析或建议的其他人员，披露可能会损及其分析或建议公正性的利益冲突，并将该等冲突控制在最低限度。

投资链从最终的所有者开始，一环扣一环直至公司，其中不仅仅涉及多方中介所有者，还包括向中介所有者提供建议和服务的各种专业人士。投票代理顾问（proxy advisor）向机构投资者提供关于如何投票以及如何销售有利于投票过程的服务的咨询建议，从公司治理角度来讲，是其中最重要的一环。在某些情况下，投票代理顾问也向公司提供有关公司治理的咨询服务。其他的专业服务机构则会根据不同的公司治理标准评估公司。分析师、经纪商和评级机构都履行了相似的职能，并面临相同的潜在利益冲突。

考虑到公司治理中各种服务的重要性，以及某些情况下公司治理对各种服务的依赖性，公司治理框架应当促进专业人士的诚信，比如分析师、经纪商、评级机构和投票代理顾问。如果对此等服务进行恰当的管理，则可以在塑造良好的公司治理实践中发挥重要作用。与此同时，上述专业人士仍然可能会产生影响其判断的利益冲突，比如在咨询建议的提供者也寻求向公司提供其他服务时，或者服务机构对公司或其竞争者有直接的重大利益时，就可能产生利益冲突。许多司法管辖区已经通过规章，或提倡实施自律规范，来缓解此等利益冲突或与诚信有关的其他风险，并规定私人部门和/或公共部门对此进行监督。

在适当的情况下，投票代理顾问服务的提供者应当向其客户（即投资人）公开披露其咨询服务赖以做出的程序和方法，以及与客户相关的投票政策标准。

E. 内幕交易和市场操纵应当予以禁止，适用的规则应当予以执行。

由于内幕交易会导致操纵资本市场，因此，内幕交易在大多数国家被证券法规、公司法和刑法所禁止。内幕交易被视为有悖于良好的公司治理，原因是它们违反了平等对待股东的原则。但是，该等禁止规定是否有效取决于执法行动是否严格。

F. 对于在设立地以外司法管辖区上市的公司，应当明确披露其适用的公司治理法律法规。在交叉上市（cross listings）的情况下，关于如何承认（recognition）第一上市（primary listing）所适用的上市规则，相关的标准和流程应当透明、并明文规定。

公司在设立地以外的司法管辖区上市或交易其股票的情况日益普遍。这可能令投资者不确定应遵循哪种公司治理规章制度。这可能影响到公司治理事务的方方面面，从年度股东会的召开流程、地点至少数股东的权利。因此，公司应当明确披露适用哪一司法管辖区的规则。如果公司所适用的主要公司治理规定并非股票交易所在的司法管辖区的规定，而是另一个司法管辖区的规定，则应当披露两个司法管辖区的规定之间的主要差异。

已在某一证券交易所上市的公司在其他证券交易所再上市（secondary listings）的盛行，即所谓的交叉上市（cross-listings），是证券交易所日益国际化和一体化催生的另一重要现象。交叉上市的公司通常受制于第一上市所在司法管辖区的监管和许可。在第二上市的情况下，基于对公司第一上市所在地证券交易所的上市要求和公司治理法规的承认，通常会豁免公司遵守第二上市当地的上市规则。证券交易所应当明确披露适用于交叉上市公司的规则和程序，以及对当地公司治理规则豁免的规定。

G. 证券交易所应当发挥公平高效的价格发现功能，以利于改善公司治理效果。

有效的公司治理意味着，股东可以通过将市场相关信息与公司的前景和绩效信息相对比，能够监督和评估其对公司的投资。如果股东认为这是有利可图的，他们可以通过行使股东权利来影响公司行为，或者出售其股份（或增购股份），或者在其投资组合中重新评估公司股票。因此，市场信息的质量、获取（包括有关股东投资的公允高效的价格发现功能），对股东行使权利意义重大。

第四章 利益相关者在公司治理中的作用

公司治理框架应承认利益相关者的各项经法律或共同协商而确立的权利，并鼓励公司与利益相关者之间在创造财富和就业以及促进企业财务的持续稳健性等方面展开积极合作。

公司治理的一个关键方面是关于确保外部资本以权益和债务两种形式流入公司。公司治理也努力寻找途径，去鼓励公司各类利益相关者对公司进行从经济角度上最优化的人力和实物资本投资。一个公司的竞争力和最终成功是众多不同资源提供者联合贡献的结果，包括投资者、员工、债权人、客户和供应商，以及其他利益相关者。公司应承认，对于打造富有竞争力和盈利能力的企业，利益相关者的贡献是一种宝贵的资源。因此，促进利益相关者之间开展创造财富的合作，是符合公司长期利益的。治理框架应承认利益相关者的利益及其对公司长期成功的贡献。

A. 经法律或共同协议而确立的利益相关者各项权利应该得到尊重。

利益相关者的权利经常是由法律（如劳动法、商法、环境法、贸易法和破产法）或契约关系加以规定的。公司必须尊重该等权利。然而，即使在对利益相关者的利益缺乏法律规定的地区，许多公司也不会因此而漠视利益相关者，反之会对其做出附加的承诺，并且，当公司重视自己的声誉和绩效时，往往也会去认可更广泛的利益相关者的利益。对跨国公司而言，在某些司法管辖区，通过实施《经合组织跨国企业指南》（OECD Guidelines for Multinational Enterprises）规定的尽职流程来规范对利益相关者承诺的影响，可以实现这一点。

B. 在利益相关者的利益受到法律保护的情况下，当其权利受到侵害时，应当有机会获得有效救济。

法律框架和程序应当透明，并且不应当妨碍利益相关者之间相互沟通，以及权利受侵害时而获得救济。

C. 应允许制定员工参与机制。

员工参与公司治理的程度取决于国家法律和实践，并因公司不同而有所不同。在公司治理中，员工参与机制可直接或间接地使公司受益，因为员工会有更大的积极性向公司投入特定技能。员工参与机制包括：员工代表列席董事会、在治理程序（如企业职工委员会）的特定关键决策中考虑员工意见。国际惯例和国内规范也承认员工的知情权、咨询权和谈判权。就绩效强化机制而言，在许多国家可以看到员工持股计划或其他利润共享机制的实施。养老金义务一般也是公司与退休员工与现有员工关系的一部分。当此类义务涉及成立一只独立基金时，受托人应独立于公司管理层并为所有受益人的利益管理基金。

D. 在利益相关者参与公司治理程序的情况下，他们应该有权定期及时地获得相关的、充分的、可靠的信息。

在法律和公司治理框架实践向利益相关者提供了参与机会的情况下，利益相关者能够获取履行其责任所需的信息是非常重要的。

E. 利益相关者（包括个体员工及其代表团体）应能向董事会以及主管政府机构自由地表达他们对于违法或者不符合职业道德行为的关注，他们的各项权利不应由于他们的此种表达而受到影响。

公司管理人员不符合职业道德和违法的行为，不仅会侵害利益相关者的权利，也会损害公司和股东的声誉、增加未来财务债务的风险。因此，应建立相关程序和安全港，使得员工（不论是员工个人还是通过其代表机构）和公司外部人员能据以投诉公司的违法和不符合职业道德行为，这种做法符合公司及其股东的利益。法律和/或原则应当鼓励董事会保护此等员工个人和员工代表机构，给予他们秘密地接触董事会中独立董事的直接渠道，这些独立董事通常是审计或职业道德委员会的成员。某些公司已建立了调查官制度（ombudsman）来处理投诉，某些监管机构也已设置了机密电话和电子邮箱等工具来接收投诉。尽管某些国家的员工代表机构承担起向公司传递意见的任务，但也应使员工个人的独自行动不受阻碍并获得同等的保护。员工对违法行为作出投诉时，公司若未及时采取救济措施，或者公司的消极处理引发合理风险时，应当鼓励员工向相关的政府机构报告其善意投诉。许多国家还规定，举报人可以将违反《经合组织跨国企业指南》规定的情况向国家联络机构（National Contact Point）反映。公司不应对这些员工或其代表机构采取歧视或惩戒性的行动。

F. 公司治理框架应当以富有成效并且高效率的破产制度框架和有效的债权人权利执行机制作为补充。

债权人是重要的利益相关者，其向公司提供债权的期限、金额和种类很大程度上依赖于债权人的权利和执行能力。较之记录不良或者在透明度不足的市场中经营的公司，有良好公司治理记录的公司一般能够借贷更大的金额并享受更优惠的条件。各国的公司破产框架差异很大，在某些国家，当公司临近破产时，法律框架规定董事有义务为债权人的利益行动，因而债权人可在该公司的治理中发挥显著作用。其他国家则制定了鼓励债务人及时披露公司困难信息的机制，以有利于债务人和债权人之间达成共同解决方案。

无论是有担保的债权人，还是无担保债权人，债权人的权利也有所差异。破产程序通常要求建立协调不同类别债权人利益的有效的机制。许多司法管辖区规定了特殊权利，比如通过规定"债务人持有资产（debtor in possession）"融资，为新资金流入破产企业提供了激励措施/保护措施。

第五章　信息披露与透明度

公司治理框架应确保及时准确地披露公司所有重要事务，包括财务状况、绩效、所有权和公司的治理。

在大多数国家，股份公开交易的公司和大型非上市公司，不论基于强制性规定或出于自愿，都编制了大量信息，并最终披露给广泛的使用者。上市公司信息披露往往是必需的，至少每年一次，某些国家甚至要求每半年或每季度定期披露一次，在发生影响公司的重大事件时披露须更加频繁。公司为了对市场作出回应，经常主动披露信息，该等披露往往超过法定最低披露要求。

《原则》提倡及时披露在定期报告期间发生的所有重大变化。《原则》也提倡对所有股东同时报告重大或必要信息，以确保他们得到平等对待。公司在与投资者和市场参与者保持密切关系时，必须足够谨慎，以避免违反平等对待的基本原则。

对信息披露的要求，不应使企业承担不合理的行政管理或成本负担，也不应迫使公司披露可能危害其竞争地位的信息，除非对于投资者作出知情决策和避免误导投资者确属必要。为了确定哪些信息属于应披露的最低限度的信息，许多国家采用了"重要性"（materiality）信息的概念。重要性信息可以定义为，如果遗漏或虚假陈述这些信息，将影响信息使用者进行经济决策。重要性信息也可以被定义为理性投资者在做出投资或投票决策时会考虑的信息。

健全的信息披露制度能够推动真正透明的产生,这是市场化公司监管的关键特征,也是股东得以在知情基础上行使股东权利的核心。经验表明,信息披露也是影响公司行为、保护投资者的强大工具。一个健全的信息披露制度有助于资本市场吸引资本和保持信心。相反,不充分的信息披露和不透明的实践会导致不符合职业道德的行为,损害市场诚信,付出巨大代价。不仅对公司和股东是如此,对整体经济也是如此。股东和潜在投资者要求获得定期、可靠、可比和足够详细的信息,以评估管理层是否尽职治理公司,并对估值、所有权和投票做出知情决策。不充分或不透明的信息可能妨碍市场功能的发挥,增加资本成本,导致资源的低效配置。信息披露也有助于加强公众对企业的组织和活动、有关环境和职业道德标准的公司政策和绩效,以及公司与所在社区关系的理解。《经合组织跨国企业指南》可能对许多司法管辖区的跨国企业具有借鉴意义。

A. 应披露的实质性信息包括但不限于:

1. 公司财务和经营成果。

反映公司财务绩效和财务状况的经审计的财务报表(主要包括资产负债表、损益表、现金流量表和财务报表附注),是使用最广泛的公司信息来源。该等财务报表使投资人能对公司开展适度监控,而且还有助于证券估值。管理层对经营的阐述和分析往往包含在年度报告中,投资者如能结合财务报表来阅读这种阐述,效果是最好的。投资者对可能反映企业未来绩效的信息特别感兴趣。

失败的治理往往与未能披露"全景"(whole picture)信息有关,特别是当资产负债表外项目被用来在关联公司之间提供担保或类似承诺时更是如此。因此,按照国际公认的高质量标准披露整个企业集团的交易,包括关于或有负债和资产负债表外交易以及特殊目的实体的信息将尤为重要。

2. 公司目标和非财务信息。

除披露商业目标外,还应鼓励公司披露与商业道德、环境以及对公司有重要意义的社会问题、人权和其他公共政策承诺相关的政策和绩效。这些信息可能对特定投资者和其他信息使用者很重要,有利于他们更好地评估公司与其经营所在社区之间的关系以及公司为实现目标所采取的措施。

在许多国家,大型公司必须作出该等信息披露,经常是作为管理层报告的内容,或者由公司主动披露非财务信息。该等信息披露的内容可能包括政治用途捐赠,尤其是该等信息无法通过其他披露途径轻易获取时。某些国家要求大型公司作出额外的信息披露,例如按业务类型和业务所在国家逐一列明净营业额数据或缴付给政府的款项明细表。

3. 主要股权(包括受益所有人)和投票权。

投资者的基本权利之一是获知关于企业所有权结构、自身权利和其他所有者权利的信息。这一信息获取权应该扩展到关于企业集团结构、集团内部关系的信息。此类披露应使集团目标、性质和结构保持透明。一旦持股超过一定的股权比例，应当披露股权数据。此类披露的内容可能包括：通过特别投票权、股东协议、持有具有控制权的股份或大额股份、大比例交叉持股（cross shareholding）关系和交叉担保（cross guarantees）等方式，直接或间接地对公司实施重大影响或控制权，或者可能直接或间接地对公司实施重大影响或控制权的主要股东和其他人。披露董事（包括非执行董事）的持股情况也是一种良好实践。

尤其为了便于相关规定的执行，以及为了识别潜在利益冲突、关联交易和内幕交易，记名股权的相关信息需要以最新的受益所有权信息作为补充。在主要股权（major shareholdings）通过中间结构或安排（intermediary structures or arrangements）持有的情况下，至少要保证监管、执法机构可获得受益所有人的信息，和/或可通过司法程序获得此等信息。此外，经合组织的《获取受益所有权和控制权信息的可选方式》（Options for Obtaining Beneficial Ownership and Control Information）范本，以及反洗钱金融行动特别工作组的《透明度和受益所有权指引》（Financial Action Task Force's Guidance on Transparency and Beneficial Ownership）也可能有助于获得此等信息。

4. 董事会成员和关键高管的薪酬。

董事会成员和高管的薪酬也是股东所关心的。特别让股东感兴趣的是薪酬和公司长期绩效之间的关联性。公司往往被要求披露董事会成员和关键高管的薪酬相关信息，以使投资者能够评估薪酬计划执行的成本和收益，以及激励方案（如股票期权计划）对公司绩效的贡献。具体到个体的信息披露（包括雇佣终止和退休的条款）已逐渐被认为是良好实践，并在许多国家强制实施。在这些情况下，某些司法管辖区要求对一定数量的获得最高薪酬的高管的薪酬进行披露，而其他司法管辖区则仅限于披露特定职位的高管的薪酬。

5. 关于董事会成员信息，包括其任职资格、选举流程、担任其他公司董事职位的情况，以及董事会对其独立性的认定。

投资者要求获取董事会成员个体和关键高管的信息，以便评估其经验和任职资格，并考量是否存在影响其判断的潜在利益冲突。对于董事会成员而言，应当披露的信息包括任职资格、在公司中的持股、在其他董事会的任职、其他的高管任职，以及董事会是否认定其具有独立性。披露董事在其他董事会中的任职非常重要，因为这不仅这意味着董事的工作经验和该董事可能面临的工作时间上的压力，而且还可以揭露潜在的利益冲突，并披露与其他公司董事会之间利益交叉（inter-locking boards）的程度。

许多国家的原则和某些判例法对董事会成员中可认定为独立董事的人员规定了特定职责，并建议董事会成员的重要一部分（某些情况下是大部分）成员具备独立性。在许多国家，董事会必须说明为何某位董事会成员被视为是独立的。然后由股东、最终由市场来决定这些理由是否正当。若干国家已经规定公司应当披露董事的遴选过程，特别是要披露遴选过程是否对大量候选人开放。此等信息应当在股东大会做出任何决策之前提供,或者,在情况发生重大变化时应持续提供。

6. 关联交易。

为了使公司的运营能够适当的顾及所有投资者的利益,在市场中充分披露所有的重大关联交易及其各自的条款至关重要。在许多司法管辖区,这实际已成为一项法律要求。如果某一司法管辖区并未界定何谓重大关联交易,应当同时要求公司披露其采用的判定重大关联交易的政策/标准。关联方应当至少包括对公司实施控制的实体,或与公司处于同一控制的实体,持有大量股份的股东(包括其家庭成员)和关键的管理人员。尽管国际公认的会计准则为关联方的定义提供了有益的参照,但是公司治理框架应当确保对全部的关联方进行适当的界定,并且当关联方存在特定利益时,也要披露该等关联方和并表子公司之间的重大交易。

直接或间接牵涉到主要股东(或其近亲、关系密切的人等)的交易可能是最难处理的交易类型。在某些司法管辖区,达到规定的持股比例门槛(最低如5%)的股东有义务报告相关交易情况。应将控制关系的性质、关联交易的性质和金额合理分组披露。鉴于许多交易固有的不透明性,可能需要由受益人来承担向董事会报告交易的义务,然后再由董事会向市场做出披露。这不应当免除公司维持自我监督的责任,该责任也是董事会的一项重要任务。

为了提供有用的披露信息,某些司法管辖区按照关联交易是否属于重大交易以及交易条件对关联交易进行了区分。对重大交易要进行持续披露,但可能的例外是,对于按"市场条件"重复发生的交易仅需定期披露。为了有效披露信息,可能需主要根据定量标准制定披露门槛,但是不应当允许通过分割和同一关联方的交易来避免披露的做法。

7. 可预见的风险因素。

财务信息使用者和市场参与者需要获得可合理预测的重大风险的信息,包括:公司经营所在行业或地理区域的特定风险;对大宗商品的依赖;金融市场风险,包括利率或汇率风险;有关衍生品交易和资产负债表外交易的风险;商业行为风险;有关环境责任的风险。

《原则》着眼于充分、全面披露公司信息,以充分告知投资者重大、可预见的风险。根据所涉公司和产业所做的有针对性的风险披露最为有效。关于风险监控和管理制度的披露逐渐被认为是良好实践。

8. 有关员工和其他利益相关者的问题。

对与员工和其他利益相关者相关并可能对公司绩效或员工和其他利益相关者产生重大影响的关键问题,应鼓励公司提供与关键问题相关的信息,有些国家甚至将此规定为义务。披露内容可包括与管理层/员工的关系,其中包括薪酬、集体协议覆盖率、员工代表机制,以及与其他利益相关者(如债权人、供应商和当地社区)的关系。

有些国家要求广泛披露人力资源信息。人力资源政策（如人力资源开发和培训计划、雇员留任率和雇员股权计划等）能够向市场参与者传达关于公司竞争优势的重要信息。

9. 治理结构和政策，包括任何公司治理准则或政策的内容，以及实施流程。

公司应报告自己的公司治理实践，应当要求公司在定期报告中强制披露这类信息。公司应当按照监管机构或上市监管机构（listing authority）规定或批准的公司治理原则，执行"遵循或解释"（comply or explain）的强制性报告制度或类似制度。披露治理结构和公司政策，包括对非经营性控股公司的重要子公司的治理结构和公司政策的披露，对公司治理的评估有重要意义，并应当涵盖股东、管理层和董事会之间的权力划分。公司应当明确披露首席执行官和/或董事会主席的不同的职能与义务，当某人兼任这两个职位时，应披露这种兼任安排的原因。披露公司的章程、董事会宪章以及专业委员会的结构和宪章（若适用），也是一种良好的实践。

就透明性而言，股东会议程应确保正确的统计和记录所有投票，并及时公布投票结果。

B. 应根据高质量会计、财务和非财务报告标准，编制并披露信息

使用高质量会计和披露标准可以提高报告的相关性、可靠性和可比性，从而加强对公司绩效的深入了解，大幅度提高投资者监督公司的能力。大部分的国家规定采用国际公认的财务报告标准，这有助于提升不同国家间会计报表和其他财务报告的透明度和可比性。这类标准应该通过开放、独立、公开的流程制定，纳入专业人员协会、独立专家等私营部门和其他有关部门及人士的意见。通过制定和实施与某一套国际公认的会计标准一致的规则，可以设立高质量的国内会计标准。许多国家要求上市公司遵守此类标准。

C. 年度审计应由独立、称职和有任职资格的审计师按照高质量的审计标准编制，以向董事会和股东提供外部客观保证，即财务报告在所有重要方面均公允地陈述了公司的财务状况和绩效。

除了证明财务报表公允反映了公司财务状况以外，审计报告还应包含对财务报表的编制方法和列示方式的意见。这些意见应有利于公司内部控制环境的改善。在有些司法管辖区，外部审计师也被要求报告公司治理情况。

应当要求审计师具备独立性，该等审计师应接受股东的问责。根据独立审计监管机构国际论坛的核心原则（Core Principles of the International Forum of Independent Audit Regulators, IFIAR），指定一个与审计行业保持独立性的审计监管者是提升审计质量的重要因素。

外部审计师由董事会内独立的审计委员会或同等机构推荐，并由该委员会（机构）任命或直接由股东任命，被认为是良好实践。而且，国际证监会组织（IOSCO）发布的《审计师独立性原则及公司治理在监督审计师独立性中的作用》

(Principles of Auditor Independence and the Role of Corporate Governance in Monitoring an Auditor's Independence) 指出:"应当就审计师独立标准制定原则框架,并通过各种禁止性规定、限制性规定、其他政策、流程和披露要求对框架原则提供支持,上述各项至少能解决对独立性构成威胁的如下因素:私利、自我审查、推介、密切关系和胁迫。"

审计委员会或同等机构应监控内部审计活动,并负责监督与外部审计师的全部关系,包括审计师向公司提供非审计服务的性质。外部审计师向公司提供非审计服务,可能会严重削弱其独立性并可能导致其审计自己的工作。为了应对可能出现的激励扭曲,向外部审计师支付的非审计服务的费用应加以披露。其他可改善审计师独立性的规定包括如下示例:彻底禁止或严格限制审计师为审计客户提供非审计工作,或严格限制审计师为审计客户提供非审计工作的种类,强制性审计师轮换制度(无论是合伙人还是某些情况下审计合伙企业的轮换),设定审计师固定任期,联合审计,不允许被审计公司雇佣前任审计师的暂时禁止期,禁止审计师或其家属在被审计公司持有财务利益或担当管理职位。某些国家采取更直接的监管措施,限制审计师从某一特定客户获得的非审计收入比重,或限制从同一客户获取的审计收入总比例。

某些司法管辖区则出现了另一问题,就是急需确保审计行业的执业能力。通过注册程序确认审计师任职资格被认为是良好实践。然而,仍然需要持续培训和监督审计师的工作经验来作为补充,从而确保审计师具备相应的专业胜任力和职业怀疑能力(scepticism)。

D. 外部审计师应向股东负责,在审计中对公司负有职业审慎(due professional care)责任。

外部审计师由董事会的独立审计委员会或同等机构推荐,并由该委员会(机构)任命或直接由股东会任命,这可被视为是良好实践,因为这说明外部审计师应当向股东负责。这同时也强调了外部审计师对公司负有职业审慎的责任,而不是对可能因工作目的而接触到的公司管理者个人或集体负有职业审慎的责任。

E. 信息传播渠道设置,应使用户平等、及时和低成本地获取有关信息。

信息传播渠道与信息内容本身可以同等重要。虽然信息披露往往是法律要求的,但是信息的提交和获取可能既不方便又昂贵。在某些国家,通过使用电子编辑和数据检索系统,法定报表的提交效率已得到显著地提高。我们鼓励各国转向下一阶段,对公司信息的不同来源进行整合,包括股东提交的信息。公司网站也有助于提高信息传播水平。目前,有些国家要求公司开设网站,在网站公布公司的相关、重大的信息。

各国应当实施持续披露(ongoing disclosure)规定——包括定期披露和连续或更新披露(continuous or current disclosure),即临时性披露。关于连续/更新披露,良好的实践呼吁"立即"披露重要的发展状况,不论这是指"尽可能早"

还是被定义为最晚必须在具体的天数内提交披露信息。国际证监会组织发布的《上市实体定期披露原则》(Principles for Periodic Disclosure by Listed Entities) 针对在某一受监管市场上市的证券或获准交易证券的公司规定了定期报告指引,上述之受监管市场指散户投资者可开展交易的市场。国际证监会组织发布的《上市实体的持续披露和重要发展情况报告原则》(Principles for Ongoing Disclosure and Material Development Reporting by Listed Entities) 规定了上市公司持续披露和重要发展情况报告的通用原则。

第六章 董事会责任

公司治理框架应确保董事会对公司的战略指导和对管理层的有效监督,确保董事会对公司和股东的问责制。

董事会的结构和流程在不同国家甚至一国内部均各有不同。某些国家采取"双层董事会制"(two-tier boards)。由不同机构分别行使监督和管理职能。这种体制一般设置一个由非执行董事会成员组成的"监事会"(supemsory board) 和完全由执行董事组成的"管理董事会"(management board)。另外一些国家则采取"单层董事会制"(unitary boards),将执行董事和非执行董事融合到一个董事会中。某些国家还设置承担审计职能的附加法定机构。《原则》力求普遍适用于任何一种承担治理企业和监控管理层功能的董事会结构。

在指导公司战略的同时,董事会主要负责监控管理层绩效和为股东获取充足的回报,同时防止利益冲突,平衡各方面对公司的要求。董事会必须做出客观、独立的判断,以便有效的履行其职责。董事会的另一项重要职责是,监督风险管理制度和公司设计的用以确保遵守所适用法律的体制,这些法律包括税法、竞争法、劳动法、环境法、均等机会法、健康和安全法。在某些国家中,公司已普遍认为,明确规定董事会应承担的责任和管理层应负的责任十分有用。

董事会不仅对公司和股东负有责任,而且有责任为其谋求最佳利益。另外,董事会也应当重视并公平对待其他利益相关者的利益,包括员工、债权人、客户、供应商和地方社区等。遵守环境和社会标准也与此相关。

A. 董事会成员应在充分知情的基础上,善意、尽职、谨慎地开展工作,最大限度地维护公司和股东的利益。

某些国家,法律要求董事会以公司利益为原则,兼顾股东、员工和公共机构的利益。为公司谋求最佳利益不应使管理层裹足不前。

该原则明确了董事会成员信义义务的两个关键因素:审慎义务(duty of care) 和忠诚义务(duty of loyalty)。注意义务要求董事会成员的行为是以充分知情、善意、尽职调查(due diligence) 和审慎为基础的。某些司法管辖区对此设立了参考标准,即具备合理谨慎性的人员在相似环境下所展现的行为。几乎在所有司法管辖区,只要董事会成员不存在重大过失而且决策是基于尽职调查做出的,注意义务并不适用于商业判断失误。《原则》提倡董事会成员要在充分知情的情况下履行职权。根据良好的实践,这意味着董事会成员应当确保,关键的公司信息和合规制度在根本上是健全的,并且董事会具有《原则》所提出的关键的监控功能。该含义在多个司法管辖区已被认为是注意义务的有机组成部分,而在其他司法管辖区,该等要求则是由证券法规、会计原则等作出规定。忠实义务至关重要,因为它是本文中其他原则有效执行的基础,如关于平等对待股东、监控关联交易、制定关键高管和董事会成员的薪酬政策等原则。它也是在集团公司结构中任职的董事会成员的关键原则:尽管一个公司可能被另一企业所控制,董事会成员的忠诚义务应当是针对公司和所有股东的,而不是针对控制该集团的公司。

B. 当董事会决策可能对不同股东团体造成不同影响时,董事会应公平对待所有股东。

在履行该等职责时,董事会不应被视为或作为不同利益派别的个人代表的集会。尽管特定的董事会成员可能实际上被特定的股东提名或选举(有时会招致其他股东的反对),但是董事会工作的重要特点是:董事会成员在履行职责时对所有的股东一视同仁。在具有控制权的股东事实上能够选举全部董事会成员的情形下,该原则的确立尤为重要。

C. 董事会应当适用严格的职业道德标准,应当考虑利益相关者的利益。

董事会的核心作用之一是建立公司的职业道德环境,不仅要通过自己的行为,而且要在任命和监督关键高管(从而任命和监督管理层全体)中发挥这一作用。执行严格的职业道德准则符合公司的长远利益,是提升公司的可信度、可靠度的方式之一,不但有利于公司的日常运营,也有利于公司长期计划的实现。为了使董事会的目标清晰且具有操作性,许多公司已发现,在专业标准和广义的行为规范等基础上制定公司职业道德准则,并在公司中宣传公司职业道德,这种实践非常有效。更宽泛的行为准则可能包括公司(包括其子公司)对遵循《经合组织跨国企业指南》[其反映了《国际劳工组织关于工作中的基本原则和权利的宣言》(ILO Declaration on Fundamental Principles and Rights at Work)包含的四个原则]的自愿承诺。同理,司法管辖区日益严格地要求董事会监督管理层有权实施的财务和税务规划管理,从而打击不符合公司和股东的长远利益、并会引起法律和信誉风险的行为,例如积极避税的做法。

公司的职业道德准则是董事会和关键高管的行为标准,为在处理彼此有所差异、甚至经常发生冲突的股东群体间的事务时,提供判断框架。公司的职业道德准则至少应当明确规定对追求个人利益的限制,包括公司股份的交易。遵守法律规定应当始终是最基本的要求,公司的职业道德准则的整体框架应该远不止遵守法律的规定。

D. 董事会应当履行特定的关键职能,包括:

1. 审议、指导公司经营战略,重要的行动规划,风险管理政策和流程,年度预算和商业计划;设定绩效目标;监督战略实施和公司绩效;并审查重要的资本开支,收购和资产剥离。

在董事会职能中,日益重要的一个领域是对公司风险管理工作的监督,这与公司战略紧密相连。风险管理工作的监督涉及:对风险管理的问责机制与责任进行监督,明确公司在寻求达成业绩目标过程中所能承受的风险类型和程度,以及如何管理因其自身的运营和关系而导致的风险。鉴于管理层必须对公司风险进行管理才能达到公司希望达到的风险特征(risk profile),因此,公司风险管理工作的监督对于公司管理层而言是一项关键的指引。

2. 监督公司治理实践的有效性,并在必要时加以调整。

董事会对治理的监督也包括不断评估公司内部结构,以确保对整个组织中的各级管理层的责任有明确的界定。除了要求定期监督和披露公司治理实践,多个国家还建议或甚至要求董事会开展绩效自我评估,并对董事会成员个人、董事会主席、首席执行官的绩效进行审评。

3. 在必要时,遴选、补偿、监督、替换关键高管,并监督继任规划。

在大多数的双层董事会制度下,监事会同时负责任命管理董事会(management board),其通常包括了大多数的关键高管。

4. 使关键高管和董事的薪酬与公司和股东的长期利益相一致。

董事会制定并披露涵盖董事成员和关键高管的薪酬政策声明,应当被视为良好实践。此等声明规定薪酬和绩效的关系,并包括可量化的标准,其注重公司的长远利益甚于短期利益。薪酬政策声明通常对董事会成员职责范围之外的活动设定薪酬支付条件,比如咨询。薪酬政策声明通常也规定董事会成员和关键高管持有和交易公司股票需要遵守的条件,以及在授予期权并对期权重新定价时所遵循的流程。在有些国家,薪酬政策声明同时包括在雇佣和/或解除高管的劳动合同时支付的金额。

在大型公司以下设置被视为是良好实践,董事会设有专业委员会处理董事会成员和关键高管的薪酬政策和劳动合同,专业委员会全体或大部分由独立董事组成,但排除在彼此的薪酬委员会任职的高管,因为这可能导致利益冲突。扣回条款和追回条款(malus and claw-back provisions)的引入应当被视为良好实践,其授权企业有权在出现经营欺诈或其他情况的时候,扣留或追回对高管的报酬,例如,由于严重不符合财务报告规定而要求企业重编财务报表的时候。

5. 确保制定正式、透明的董事会提名和选举流程。

《原则》促使股东在提名和选举董事会成员时发挥积极的作用。对于确保提名和选举流程得到遵守,董事会的作用至关重要。首先,尽管实际的提名流程在各国可能有所不同,但是董事会或提名委员会对确保流程的透明化和流程得到遵守都负有特殊的责任。其次，在公司需要提名董事的时候，应考虑候选人所具备的相关知识、胜任力和专长，是否与现有董事会的技能互补，然后界定董事会成员应普遍具备的素质或个体所应具备的素质，在此界定的过程中，董事会扮演着重要角色。最后，董事会或提名委员会负有义务辨识潜在的董事候选人是否具备所需的素质，并决定是否向股东推荐，和/或对有权提名董事候选人的股东所推荐的候选人作出审议。目前，人们不断要求将公开遴选的范围扩展至更广的范围。

6. 监督和管理管理层、董事会成员和股东间的潜在利益冲突，包括滥用公司资产、滥用关联方交易。

董事会的一项重要职责是监督内部控制体系，包括财务报告、公司资产使用、防止滥用关联交易等。这些职责往往分配给内部审计师，内部审计师应当始终直接向董事会汇报。当总法律顾问等公司管理人员负责内部控制系统时，确保其承担与内部审计师类似的报告责任很重要。

在履行控制监督责任时，董事会应鼓励通过举报发现不符合公司行为准则/不合法的行为，并保护举报人使其无须担心受到报复，这一点很重要。公司的职业道德准则应当促进改等控制监督流程的实施，并应当通过对相关的个人提供法律保护来巩固这一流程。审计委员会或者职业道德委员会或者同等机构应当设置举报联络人员，希望向公司报告不符合公司职业道德准则的可疑行为或不合法的可疑行为（此等行为可能也会损害财务报告的完整性）的员工可以直接联系该等联络人员。

7. 确保公司会计和财务报告系统（包括独立审计）的完整性，并确保适当的管理控制系统到位，特别是风险管理系统、财务和经营控制系统，以及合规系统。

董事会应当体现其领导职能，以确保有效的监督措施到位。为了确保关键的报告和监督系统的完整性，董事会需要在整个组织内制定并执行清晰的责任制和问责制。董事会同时需要确保高管团队对公司享有适当的监督权。通常这意味着设立一个直接向董事会报告的内部审计系统。公司内部审计向董事会的独立审计委员会，或向某个也负责管理与外部审计者关系的同等机构报告，通过这种方式，董事会可以在审计方面作出协调一致的回应，这应被视为最佳实践。由审计委员会或同等的机构审查构成财务报告基础的重要会计政策，并向董事会报告此等会计政策，这也是一种良好的实践。但是，董事会应当对公司的风险管理系统的监督以及确保报告系统的完整性承担最终的责任。有些司法管辖区已规定董事会主席对内部控制流程进行报告。对于存在巨大或复杂的财务或非财务风险的公司（不仅是金融行业的公司），在进行风险管理时应当考虑引入类似的风险报告系统（包括直接向董事会报告风险）。

我们同时也建议公司制定内部控制、职业道德准则以及合规计划或措施，并确保其有效性，以遵守适用的法律法规和标准，包括《关于打击国际商业交易中行贿外国公职人员行为的公约》要求制定的针对外国公职人员的刑事法律，以及其他形式的反贿赂和反腐败的规定。此外，合规计划还须涵盖对其他的法律法规的合规，比如涉及证券法、竞争法和安全工作条件的法律。其他可能适用的法律包括有关税收、人权、环境、欺诈和洗钱的法律。此等合规计划也将成为公司职业道德准则的基础。为了有效发挥作用，业务的激励结构需要和公司的职业道德准则和专业标准相一致，以便对遵守此等价值理念的人员进行奖励，对违反法律的人员加以告诫或惩罚。合规计划应当扩展至子公司，或者在可能情况下，扩展至第三方，比如代理人和其他中介、咨询公司、代表、承包商和供应商、企业联合体以及合资企业合作伙伴。

8. 监督披露和沟通流程。

董事会需要明确的规定董事会自身和管理层的披露和沟通的职责和义务。在有些司法管辖区，在大型上市公司中任命一名直接向董事会报告的投资人关系经理人（investment relations officer），被认为是一种最佳实践。

E. 董事会应当有能力对公司事务进行客观的独立判断。

为了行使监控管理层绩效的职责，防止利益冲突，并平衡各方面对公司的相互冲突的要求，董事会是否能够进行客观判断非常关键，而进行客观判断首先意味着董事会相对于管理层的独立性和客观性，这就意味着董事会的组成和结构必须满足一定的要求。在这种情况下要实现董事会的独立性，通常要求董事会中应有足够多的独立于管理层的成员。

在实行单层制的国家，董事会的客观性和相对于管理层的独立性可以通过分任首席执行官和董事会主席角色而得以加强，这有助于实现合理的平衡权力、增强问责性和提高董事会独立于管理层的决策能力，因而被认为是良好实践。在某些司法管辖区，指派一位首席董事（lead director）也被认为是良好实践的可选方法，前提是在管理层与公司明显存在利害冲突时，给予该角色充分的授权去领导董事会。这种机制也有助于确保高品质的企业治理和董事会职能的有效发挥。

在某些国家，董事会主席或首席董事可得到公司秘书的协助。在双层制的情况下，如果存在管理董事会主席其退休后成为监督董事会主席的传统，应当关注这种做法是否会导致公司治理问题的出现。

加强董事会客观性的方式也可能取决于公司的所有权结构。有控制权的股东有相当大的权力来任命董事会和管理层。然而在这种情况下，董事会仍然对公司和包括少数股东在内的所有股东负有受信义务（a fiduciary responsibility）。

不同国家中各不相同的董事会结构、所有权模式和实践要求对董事会的客观性问题采取不同方法。在许多情况下，客观性意味着足够数量的董事会成员不受公司和子公司的雇用，并与公司或管理层没有密切的重大的经济、家庭或其他关系。这并不禁止股东成为董事会成员。在其他情况下，特别是在少数股东的事前救济权利非常薄弱且获取赔偿的机会很有限的情况下，客观性意味着需要强调董事会独立于控制性股东或其他控制性机构，有鉴于此，大多数司法管辖区的职业道德准则和法律已纷纷要求某些董事会成员独立于有控制权的股东，在这种情况下，董事会的独立性要求扩展到：董事会成员不得成为有控制权的股东的代表，也不得与其产生密切的商业关系。在其他情况下，某些主体如特殊债权人也能够对公司施加重大影响。如果董事会中某一主体处于能够影响公司决策的特殊地位，应进行严格检验以确保董事会的客观决策。

在定义董事会成员的独立性时，某些国家的公司治理原则已经规定了相当详细的、常见于上市要求中的非独立性推定（presumptions for non-independence）。此等"否定"（negative）式标准（即对何种情况下某人被视为不具有独立性作出规定）给出了用于确定董事会成员独立性的必要条件，但是，当某个董事不视为具有独立性时，也可以通过能增强有效独立性概率的"肯定"（positive）式列举法，来对此等"否定"式标准进行有效的补充。独立董事可对董事会的决策做出重大贡献。他们能够为董事会和管理层的绩效评估带来客观的观点。此外，他们也可在管理层、公司和股东利益有分歧的领域发挥重要作用，如高管薪酬、继任计划、公司控制权的变更、反收购防御、大型收购和审计职能等。为使其发挥这一关键作用，最好由董事会宣布具备独立性的人士，以及独立性的判断标准。有些司法管辖区要求定期召开单独的独立董事会议。

1. 董事会应考虑指派足够数量的、有能力独立判断的非执行董事负责存在潜在利益冲突的任务。像这类重要的任务有：确保财务和非财务报告的完整性、审核关联交易、提名董事会成员和关键高管、制定董事会的薪酬。

尽管财务报告、薪酬和提名责任常常是董事会的整体责任，但是独立非执行董事会成员可以向市场参与者提供进一步的保证，使市场参与者更容易相信自身利益受到保护。董事会应当考虑设立专业委员会来对潜在利益冲突问题作出考量。应当要求这些专业委员会中非执行董事成员的最低人数，或者干脆要求全部由非执行董事组成。在某些国家，股东直接负责提名和选举非执行董事履行专业职能。

2. 董事会应当考虑设立专业委员会，以支持全部董事会成员履行职能，特别是在审计领域，以及风险管理和薪酬领域（取决于公司的规模和风险特征）。如果要设立专业委员会，董事会应当适当地界定并披露其任务、人员组成和工作流程。

在公司的规模符合条件，且在董事会同意的情况下，设置委员会可以改善董事会的工作水平。为了评估董事会委员会的价值，市场主体应对这些委员会的目的、责任和人员构成情况全面而明确的了解，这是一种重要的实践。在许多司法管辖区，董事会已经设立独立审计委员会，使其有权监督与外部审计师的关系，并使其在多数情况下有权独立履行职责，在这些司法管辖区里，向市场主体提供关于独立审计委员会的信息尤其重要。审计委员会也可以监督内部控制系统的有效性和完整性。其他的专业委员会还包括处理提名、薪酬以及风险的委员会。有时，在审计委员会之外再设立其他的专业委员会可以有助于避免审计委员会超负荷工作，并可以给董事会留出更多时间在董事会会议上处理相关问题。但是，应当明确界定董事会其他成员和董事会整体的问责制。披露要求不应该适用于所设立的诸如处理机密商业交易的委员会。

3. 董事会成员应能有效地承担其职责。

服务于太多的董事会将妨碍董事会成员的绩效。某些国家已经限制同一人可担任的董事职位的数量。确保董事会成员在股东眼中具有合理性（legitimacy）和可信度是最关键的，比设置具体的限制规定更加重要。因此，向股东披露被提名董事在其他公司的董事任职情况也是一种重要的方法，能完善董事提名程序。此外，公布董事会成员个人的会议出席记录（例如他是否多次缺席会议）、其代表董事会承担的任何其他工作以及相关的薪酬，都可以有助于确保董事的合理性。

4. 董事会应当定期开展评估，对自身绩效做出评价，并评估其是否具备适当的背景和能力配置。

为了提高董事会的业务水平和董事会成员的绩效，目前，越来越多的司法管辖区鼓励公司开展董事会培训，自愿进行符合个体公司需求的董事会绩效评估。尤其是在大型公司，董事会评估工作可以由外部专业人士主持，以促进董事会评估的客观性。绩效评估工作可能会包括要求董事会成员学习相应的技能（但董事会成员任命前即被要求具备的特定资格除外，比如金融机构的从业资格）。此后，董事会成员可以通过内部培训和外部培训详细了解相关新出台的法律、法规，以及不断变化的商业风险和其他风险。为了避免小集团思想，为董事会的讨论带来多样化的思考方式，董事会应当考虑全体董事会成员的整体搭配是否确保其具备完整的背景和能力配置。

很多国家可能需要考虑采取一些措施，比如自愿采取的指标、披露要求、董事会人员配额以及自行采取的措施等，来提高董事会和高管层的性别均衡化程度。

F. 为了履行其职责，董事会成员应有权获取准确的、相关的、及时的信息。

董事会成员需要及时获得相关信息，以有利于其作出决策。非执行董事会成员一般不享有和公司的管理者同等的知情权。通过向非执行董事提供渠道接触公司的特定的关键管理者，比如公司秘书、内部审计师，以及风险管理主管或首席风险官，或者通过公司付费诉诸独立的外部专业人士的咨询建议，非执行董事会成员对公司的贡献可以得到加强。为了履行职责，董事会成员应当确保获得的准确的、相关的、及时的信息。若公司采用复杂的风险管理模式，董事会成员应当意识到此等模式可能出现的短板。

G. 如果在董事会中设置员工代表是一项强制规定，应当制定促进员工代表知情权和培训权的机制,以便员工代表有效地行使权利,最大限度地提高促进董事会技能、知情权和独立性。

如果法律强制规定或集体劳资协议约定,或者企业主动决定在董事会中设置员工代表,员工代表的设置方式应当最大程度促进董事的独立性、能力和知情权。员工代表应当负有与所有其他董事会成员相同的义务和责任,并应当以公司的最佳利益行事。

公司应当设立有利于员工代表获得信息、培训和专门知识的程序,以及有利于提高员工代表相对于首席执行官和管理层的独立性的程序。此等程序应当包括:适当、透明的任命程序、定期向员工报告的权利(前提是董事会的保密规定得到充分的遵守)、培训权以及管理利益冲突的明确程序。要使员工代表对董事会工作发挥积极的贡献,还需要董事会其他成员和管理层的认同以及有建设性的配合。

附录

理事会关于公司治理原则的建议

2015 年 7 月 8 日

理事会

根据根据经合组织创始成员国于 1960 年 12 月 14 日签署的《经济合作与发展组织公约》第 5b)条的规定;

根据《理事会关于国有企业的公司治理指南的建议》中提出的关于国有企业的补充指南;

根据作为《关于国际投资和跨国企业的宣言》《关于打击国际商业交易中行贿外国公职人员行为的公约》《理事会关于在教育、就业和创业中实现性别平等的建议》不可或缺组成部分的《跨国企业指南》的规定;

鉴于《公司治理原则》已在全球范围内获得认可,而且是各国以及国际社会据以完善公司治理的重要根据;

认识到《公司治理原则》的执行根据法律、经济、社会和监管环境的不同而有所差异;

理事会基于公司治理委员会的提议:

1. 建议已加入《理事会关于公司治理原则的建议》的经合组织成员国和非成员国(下称"加入国")妥善考虑《理事会关于公司治理原则的建议》附件中所载且构成该附件不可或缺组成部分的《公司治理原则》;

2. 邀请秘书长宣传《理事会关于公司治理原则的建议》;

3. 邀请加入国宣传《理事会关于公司治理原则的建议》;

4. 邀请非加入国妥善考虑并加入《理事会关于公司治理原则的建议》；

5. 指示公司治理委员会做好《理事会关于公司治理原则的建议》执行工作的跟进，并在《理事会关于公司治理原则的建议》获得通过后五年内以及之后的适当时候，向理事会进行汇报。

经济合作与发展组织

经济合作与发展组织（Organisation for Economic Cooperation and Development，以下简称"经合组织"）是一个多国政府协力应对全球化带来的经济、社会、环境挑战的独特组织。同时，经合组织在研究和帮助各国政府应对公司治理、数字经济、人口老龄化挑战等新的发展和焦点问题方面也走在前列。该组织为各国政府比较政策经验、寻求共同问题的解决方案、识别优良实践和协调国内外政策提供了一个平台。

经合组织的成员国有：澳大利亚、奥地利、比利时、加拿大、捷克共和国、丹麦、爱沙尼亚、芬兰、法国、德国、希腊、匈牙利、冰岛、爱尔兰、以色列、意大利、日本、韩国、卢森堡、墨西哥、荷兰、新西兰、挪威、波兰、葡萄牙、斯洛伐克共和国、斯洛文尼亚、西班牙、瑞典、瑞士、土耳其、英国和美利坚合众国。此外，欧盟委员会也参与了经济合作与发展组织的工作。经合组织出版物内容广博，广泛传播该组织在经济、社会、环境问题上收集的统计资料和获得的研究成果以及成员国公认的协定、方针和准则。

二十国集团/经合组织公司治理原则

二十国集团/经合组织《公司治理原则》帮助政策制定者评估和完善公司治理的法律、监管以及制度框架。同时也为以下各方提供指南：证券交易所、投资者、公司、其他在发展良好的公司治理过程中发挥作用的各方。该原则自1999年首次发布以来，已成为公司治理的国际准则。并被金融稳定委员会采纳为健全金融体系的关键标准之一，同时得到二十国集团的认可。

2015年版《公司治理原则》对金融和企业部门可能影响公司治理政策的实践效率和相关性的发展变化进行了考量。

附录3 关于在上市公司建立独立董事制度的指导意见

关于在上市公司建立独立董事制度的指导意见

发布时间：2001 年 8 月 16 日
生效时间：2001 年 8 月 16 日
发布主体：中国证券监督管理委员会

为进一步完善上市公司治理结构，促进上市公司规范运作，现就上市公司建立独立的外部董事（以下简称"独立董事"）制度提出以下指导意见：

一、上市公司应当建立独立董事制度

（一）上市公司独立董事是指不在公司担任除董事外的其他职务，并与其所受聘的上市公司及其主要股东不存在可能妨碍其进行独立客观判断的关系的董事。

（二）独立董事对上市公司及全体股东负有诚信与勤勉义务。独立董事应当按照相关法律法规、本指导意见和公司章程的要求，认真履行职责，维护公司整体利益，尤其要关注中小股东的合法权益不受损害。独立董事应当独立履行职责，不受上市公司主要股东、实际控制人，或者其他与上市公司存在利害关系的单位或个人的影响。独立董事原则上最多在 5 家上市公司兼任独立董事，并确保有足够的时间和精力有效地履行独立董事的职责。

（三）各境内上市公司应当按照本指导意见的要求修改公司章程，聘任适当人员担任独立董事，其中至少包括一名会计专业人士（会计专业人士是指具有高级职称或注册会计师资格的人士）。在二〇〇二年六月三十日前，董事会成员中应当至少包括 2 名独立董事；在二〇〇三年六月三十日前，上市公司董事会成员中应当至少包括三分之一独立董事。

（四）独立董事出现不符合独立性条件或其他不适宜履行独立董事职责的情形，由此造成上市公司独立董事达不到本《指导意见》要求的人数时，上市公司

应按规定补足独立董事人数。

（五）独立董事及拟担任独立董事的人士应当按照中国证监会的要求，参加中国证监会及其授权机构所组织的培训。

二、独立董事应当具备与其行使职权相适应的任职条件

担任独立董事应当符合下列基本条件：

（一）根据法律、行政法规及其他有关规定，具备担任上市公司董事的资格；

（二）具有本《指导意见》所要求的独立性；

（三）具备上市公司运作的基本知识，熟悉相关法律、行政法规、规章及规则；

（四）具有五年以上法律、经济或者其他履行独立董事职责所必需的工作经验；

（五）公司章程规定的其他条件。

三、独立董事必须具有独立性

下列人员不得担任独立董事：

（一）在上市公司或者其附属企业任职的人员及其直系亲属、主要社会关系（直系亲属是指配偶、父母、子女等；主要社会关系是指兄弟姐妹、岳父母、儿媳女婿、兄弟姐妹的配偶、配偶的兄弟姐妹等）；

（二）直接或间接持有上市公司已发行股份1%以上或者是上市公司前十名股东中的自然人股东及其直系亲属；

（三）在直接或间接持有上市公司已发行股份5%以上的股东单位或者在上市公司前五名股东单位任职的人员及其直系亲属；

（四）最近一年内曾经具有前三项所列举情形的人员；

（五）为上市公司或者其附属企业提供财务、法律、咨询等服务的人员；

（六）公司章程规定的其他人员；

（七）中国证监会认定的其他人员。

四、独立董事的提名、选举和更换应当依法、规范地进行

（一）上市公司董事会、监事会、单独或者合并持有上市公司已发行股份1%以上的股东可以提出独立董事候选人，并经股东大会选举决定。

（二）独立董事的提名人在提名前应当征得被提名人的同意。提名人应当充分了解被提名人职业、学历、职称、详细的工作经历、全部兼职等情况，并对其

担任独立董事的资格和独立性发表意见,被提名人应当就其本人与上市公司之间不存在任何影响其独立客观判断的关系发表公开声明。

在选举独立董事的股东大会召开前,上市公司董事会应当按照规定公布上述内容。

(三)在选举独立董事的股东大会召开前,上市公司应将所有被提名人的有关材料同时报送中国证监会、公司所在地中国证监会派出机构和公司股票挂牌交易的证券交易所。上市公司董事会对被提名人的有关情况有异议的,应同时报送董事会的书面意见。

中国证监会在15个工作日内对独立董事的任职资格和独立性进行审核。对中国证监会持有异议的被提名人,可作为公司董事候选人,但不作为独立董事候选人。

在召开股东大会选举独立董事时,上市公司董事会应对独立董事候选人是否被中国证监会提出异议的情况进行说明。

对于本《指导意见》发布前已担任上市公司独立董事的人士,上市公司应将前述材料在本《指导意见》发布实施起一个月内报送中国证监会、公司所在地中国证监会派出机构和公司股票挂牌交易的证券交易所。

(四)独立董事每届任期与该上市公司其他董事任期相同,任期届满,连选可以连任,但是连任时间不得超过六年。

(五)独立董事连续3次未亲自出席董事会会议的,由董事会提请股东大会予以撤换。

除出现上述情况及《公司法》中规定的不得担任董事的情形外,独立董事任期届满前不得无故被免职。提前免职的,上市公司应将其作为特别披露事项予以披露,被免职的独立董事认为公司的免职理由不当的,可以作出公开的声明。

(六)独立董事在任期届满前可以提出辞职。独立董事辞职应向董事会提交书面辞职报告,对任何与其辞职有关或其认为有必要引起公司股东和债权人注意的情况进行说明。

如因独立董事辞职导致公司董事会中独立董事所占的比例低于本《指导意见》规定的最低要求时,该独立董事的辞职报告应当在下任独立董事填补其缺额后生效。

五、上市公司应当充分发挥独立董事的作用

(一)为了充分发挥独立董事的作用,独立董事除应当具有公司法和其他相关法律、法规赋予董事的职权外,上市公司还应当赋予独立董事以下特别职权:

1. 重大关联交易(指上市公司拟与关联人达成的总额高于300万元或高于上市公司最近经审计净资产值的5%的关联交易)应由独立董事认可后,提交董

事会讨论；

独立董事作出判断前，可以聘请中介机构出具独立财务顾问报告，作为其判断的依据。

2. 向董事会提议聘用或解聘会计师事务所；

3. 向董事会提请召开临时股东大会；

4. 提议召开董事会；

5. 独立聘请外部审计机构和咨询机构；

6. 可以在股东大会召开前公开向股东征集投票权。

（二）独立董事行使上述职权应当取得全体独立董事的二分之一以上同意。

（三）如上述提议未被采纳或上述职权不能正常行使，上市公司应将有关情况予以披露。

（四）如果上市公司董事会下设薪酬、审计、提名等委员会的，独立董事应当在委员会成员中占有二分之一以上的比例。

六、独立董事应当对上市公司重大事项发表独立意见

（一）独立董事除履行上述职责外，还应当对以下事项向董事会或股东大会发表独立意见：

1. 提名、任免董事；

2. 聘任或解聘高级管理人员；

3. 公司董事、高级管理人员的薪酬；

4. 上市公司的股东、实际控制人及其关联企业对上市公司现有或新发生的总额高于300万元或高于上市公司最近经审计净资产值的5%的借款或其他资金往来，以及公司是否采取有效措施回收欠款；

5. 独立董事认为可能损害中小股东权益的事项；

6. 公司章程规定的其他事项。

（二）独立董事应当就上述事项发表以下几类意见之一：同意；保留意见及其理由；反对意见及其理由；无法发表意见及其障碍。

（三）如有关事项属于需要披露的事项，上市公司应当将独立董事的意见予以公告，独立董事出现意见分歧无法达成一致时，董事会应将各独立董事的意见分别披露。

七、为了保证独立董事有效行使职权，上市公司应当为独立董事提供必要的条件

（一）上市公司应当保证独立董事享有与其他董事同等的知情权。凡须经董

事会决策的事项，上市公司必须按法定的时间提前通知独立董事并同时提供足够的资料，独立董事认为资料不充分的，可以要求补充。当2名或2名以上独立董事认为资料不充分或论证不明确时，可联名书面向董事会提出延期召开董事会会议或延期审议该事项，董事会应予以采纳。

上市公司向独立董事提供的资料，上市公司及独立董事本人应当至少保存5年。

（二）上市公司应提供独立董事履行职责所必需的工作条件。上市公司董事会秘书应积极为独立董事履行职责提供协助，如介绍情况、提供材料等。独立董事发表的独立意见、提案及书面说明应当公告的，董事会秘书应及时到证券交易所办理公告事宜。

（三）独立董事行使职权时，上市公司有关人员应当积极配合，不得拒绝、阻碍或隐瞒，不得干预其独立行使职权。

（四）独立董事聘请中介机构的费用及其他行使职权时所需的费用由上市公司承担。

（五）上市公司应当给予独立董事适当的津贴。津贴的标准应当由董事会制订预案，股东大会审议通过，并在公司年报中进行披露。

除上述津贴外，独立董事不应从该上市公司及其主要股东或有利害关系的机构和人员取得额外的、未予披露的其他利益。

（六）上市公司可以建立必要的独立董事责任保险制度，以降低独立董事正常履行职责可能引致的风险。

附录4 中华人民共和国公司法

中华人民共和国公司法

发布时间：1993年12月29日
最新修订时间：2013年12月28日
最新生效时间：2014年3月1日
发布主体：全国人民代表大会常务委员会

目　录

第一章　总则
第二章　有限责任公司的设立和组织机构
　　第一节　设立
　　第二节　组织机构
　　第三节　一人有限责任公司的特别规定
　　第四节　国有独资公司的特别规定
第三章　有限责任公司的股权转让
第四章　股份有限公司的设立和组织机构
　　第一节　设立
　　第二节　股东大会
　　第三节　董事会、经理
　　第四节　监事会
　　第五节　上市公司组织机构的特别规定
第五章　股份有限公司的股份发行和转让
　　第一节　股份发行
　　第二节　股份转让
第六章　公司董事、监事、高级管理人员的资格和义务
第七章　公司债券

第八章　公司财务、会计
第九章　公司合并、分立、增资、减资
第十章　公司解散和清算
第十一章　外国公司的分支机构
第十二章　法律责任
第十三章　附则

第一章　总　　则

第一条　为了规范公司的组织和行为，保护公司、股东和债权人的合法权益，维护社会经济秩序，促进社会主义市场经济的发展，制定本法。

第二条　本法所称公司是指依照本法在中国境内设立的有限责任公司和股份有限公司。

第三条　公司是企业法人，有独立的法人财产，享有法人财产权。公司以其全部财产对公司的债务承担责任。

有限责任公司的股东以其认缴的出资额为限对公司承担责任；股份有限公司的股东以其认购的股份为限对公司承担责任。

第四条　公司股东依法享有资产收益、参与重大决策和选择管理者等权利。

第五条　公司从事经营活动，必须遵守法律、行政法规，遵守社会公德、商业道德，诚实守信，接受政府和社会公众的监督，承担社会责任。

公司的合法权益受法律保护，不受侵犯。

第六条　设立公司，应当依法向公司登记机关申请设立登记。符合本法规定的设立条件的，由公司登记机关分别登记为有限责任公司或者股份有限公司；不符合本法规定的设立条件的，不得登记为有限责任公司或者股份有限公司。

法律、行政法规规定设立公司必须报经批准的，应当在公司登记前依法办理批准手续。

公众可以向公司登记机关申请查询公司登记事项，公司登记机关应当提供查询服务。

第七条　依法设立的公司，由公司登记机关发给公司营业执照。公司营业执照签发日期为公司成立日期。

公司营业执照应当载明公司的名称、住所、注册资本、经营范围、法定代表人姓名等事项。

公司营业执照记载的事项发生变更的，公司应当依法办理变更登记，由公司登记机关换发营业执照。

第八条 依照本法设立的有限责任公司,必须在公司名称中标明有限责任公司或者有限公司字样。

依照本法设立的股份有限公司,必须在公司名称中标明股份有限公司或者股份公司字样。

第九条 有限责任公司变更为股份有限公司,应当符合本法规定的股份有限公司的条件。股份有限公司变更为有限责任公司,应当符合本法规定的有限责任公司的条件。

有限责任公司变更为股份有限公司的,或者股份有限公司变更为有限责任公司的,公司变更前的债权、债务由变更后的公司承继。

第十条 公司以其主要办事机构所在地为住所。

第十一条 设立公司必须依法制定公司章程。公司章程对公司、股东、董事、监事、高级管理人员具有约束力。

第十二条 公司的经营范围由公司章程规定,并依法登记。公司可以修改公司章程,改变经营范围,但是应当办理变更登记。

公司的经营范围中属于法律、行政法规规定须经批准的项目,应当依法经过批准。

第十三条 公司法定代表人依照公司章程的规定,由董事长、执行董事或者经理担任,并依法登记。公司法定代表人变更,应当办理变更登记。

第十四条 公司可以设立分公司。设立分公司,应当向公司登记机关申请登记,领取营业执照。分公司不具有法人资格,其民事责任由公司承担。

公司可以设立子公司,子公司具有法人资格,依法独立承担民事责任。

第十五条 公司可以向其他企业投资;但是,除法律另有规定外,不得成为对所投资企业的债务承担连带责任的出资人。

第十六条 公司向其他企业投资或者为他人提供担保,依照公司章程的规定,由董事会或者股东会、股东大会决议;公司章程对投资或者担保的总额及单项投资或者担保的数额有限额规定的,不得超过规定的限额。

公司为公司股东或者实际控制人提供担保的,必须经股东会或者股东大会决议。

前款规定的股东或者受前款规定的实际控制人支配的股东,不得参加前款规定事项的表决。该项表决由出席会议的其他股东所持表决权的过半数通过。

第十七条 公司必须保护职工的合法权益,依法与职工签订劳动合同,参加社会保险,加强劳动保护,实现安全生产。

公司应当采用多种形式,加强公司职工的职业教育和岗位培训,提高职工素质。

第十八条 公司职工依照《中华人民共和国工会法》组织工会,开展工会活动,维护职工合法权益。公司应当为本公司工会提供必要的活动条件。公司工会代表职工就职工的劳动报酬、工作时间、福利、保险和劳动安全卫生等事项依法与公司签订集体合同。

公司依照宪法和有关法律的规定，通过职工代表大会或者其他形式，实行民主管理。

公司研究决定改制以及经营方面的重大问题、制定重要的规章制度时，应当听取公司工会的意见，并通过职工代表大会或者其他形式听取职工的意见和建议。

第十九条 在公司中，根据中国共产党章程的规定，设立中国共产党的组织，开展党的活动。公司应当为党组织的活动提供必要条件。

第二十条 公司股东应当遵守法律、行政法规和公司章程，依法行使股东权利，不得滥用股东权利损害公司或者其他股东的利益；不得滥用公司法人独立地位和股东有限责任损害公司债权人的利益。

公司股东滥用股东权利给公司或者其他股东造成损失的，应当依法承担赔偿责任。

公司股东滥用公司法人独立地位和股东有限责任，逃避债务，严重损害公司债权人利益的，应当对公司债务承担连带责任。

第二十一条 公司的控股股东、实际控制人、董事、监事、高级管理人员不得利用其关联关系损害公司利益。

违反前款规定，给公司造成损失的，应当承担赔偿责任。

第二十二条 公司股东会或者股东大会、董事会的决议内容违反法律、行政法规的无效。

股东会或者股东大会、董事会的会议召集程序、表决方式违反法律、行政法规或者公司章程，或者决议内容违反公司章程的，股东可以自决议作出之日起六十日内，请求人民法院撤销。

股东依照前款规定提起诉讼的，人民法院可以应公司的请求，要求股东提供相应担保。

公司根据股东会或者股东大会、董事会决议已办理变更登记的，人民法院宣告该决议无效或者撤销该决议后，公司应当向公司登记机关申请撤销变更登记。

第二章 有限责任公司的设立和组织机构

第一节 设 立

第二十三条 设立有限责任公司，应当具备下列条件：
（一）股东符合法定人数；

（二）有符合公司章程规定的全体股东认缴的出资额；

（三）股东共同制定公司章程；

（四）有公司名称，建立符合有限责任公司要求的组织机构；

（五）有公司住所。

第二十四条 有限责任公司由五十个以下股东出资设立。

第二十五条 有限责任公司章程应当载明下列事项：

（一）公司名称和住所；

（二）公司经营范围；

（三）公司注册资本；

（四）股东的姓名或者名称；

（五）股东的出资方式、出资额和出资时间；

（六）公司的机构及其产生办法、职权、议事规则；

（七）公司法定代表人；

（八）股东会会议认为需要规定的其他事项。

股东应当在公司章程上签名、盖章。

第二十六条 有限责任公司的注册资本为在公司登记机关登记的全体股东认缴的出资额。

法律、行政法规以及国务院决定对有限责任公司注册资本实缴、注册资本最低限额另有规定的，从其规定。

第二十七条 股东可以用货币出资，也可以用实物、知识产权、土地使用权等可以用货币估价并可以依法转让的非货币财产作价出资；但是，法律、行政法规规定不得作为出资的财产除外。

对作为出资的非货币财产应当评估作价，核实财产，不得高估或者低估作价。法律、行政法规对评估作价有规定的，从其规定。

第二十八条 股东应当按期足额缴纳公司章程中规定的各自所认缴的出资额。股东以货币出资的，应当将货币出资足额存入有限责任公司在银行开设的账户；以非货币财产出资的，应当依法办理其财产权的转移手续。

股东不按照前款规定缴纳出资的，除应当向公司足额缴纳外，还应当向已按期足额缴纳出资的股东承担违约责任。

第二十九条 股东认足公司章程规定的出资后，由全体股东指定的代表或者共同委托的代理人向公司登记机关报送公司登记申请书、公司章程等文件，申请设立登记。

第三十条 有限责任公司成立后，发现作为设立公司出资的非货币财产的实际价额显著低于公司章程所定价额的，应当由交付该出资的股东补足其差额；公司设立时的其他股东承担连带责任。

第三十一条 有限责任公司成立后，应当向股东签发出资证明书。

出资证明书应当载明下列事项：

（一）公司名称；

（二）公司成立日期；

（三）公司注册资本；

（四）股东的姓名或者名称、缴纳的出资额和出资日期；

（五）出资证明书的编号和核发日期。

出资证明书由公司盖章。

第三十二条 有限责任公司应当置备股东名册，记载下列事项：

（一）股东的姓名或者名称及住所；

（二）股东的出资额；

（三）出资证明书编号。

记载于股东名册的股东，可以依股东名册主张行使股东权利。

公司应当将股东的姓名或者名称向公司登记机关登记；登记事项发生变更的，应当办理变更登记。未经登记或者变更登记的，不得对抗第三人。

第三十三条 股东有权查阅、复制公司章程、股东会会议记录、董事会会议决议、监事会会议决议和财务会计报告。

股东可以要求查阅公司会计账簿。股东要求查阅公司会计账簿的，应当向公司提出书面请求，说明目的。公司有合理根据认为股东查阅会计账簿有不正当目的，可能损害公司合法利益的，可以拒绝提供查阅，并应当自股东提出书面请求之日起十五日内书面答复股东并说明理由。公司拒绝提供查阅的，股东可以请求人民法院要求公司提供查阅。

第三十四条 股东按照实缴的出资比例分取红利；公司新增资本时，股东有权优先按照实缴的出资比例认缴出资。但是，全体股东约定不按照出资比例分取红利或者不按照出资比例优先认缴出资的除外。

第三十五条 公司成立后，股东不得抽逃出资。

第二节 组织机构

第三十六条 有限责任公司股东会由全体股东组成。股东会是公司的权力机构，依照本法行使职权。

第三十七条 股东会行使下列职权：

（一）决定公司的经营方针和投资计划；

（二）选举和更换非由职工代表担任的董事、监事，决定有关董事、监事的报酬事项；

（三）审议批准董事会的报告；

（四）审议批准监事会或者监事的报告；

（五）审议批准公司的年度财务预算方案、决算方案；

（六）审议批准公司的利润分配方案和弥补亏损方案；

（七）对公司增加或者减少注册资本作出决议；

（八）对发行公司债券作出决议；

（九）对公司合并、分立、解散、清算或者变更公司形式作出决议；

（十）修改公司章程；

（十一）公司章程规定的其他职权。

对前款所列事项股东以书面形式一致表示同意的，可以不召开股东会会议，直接作出决定，并由全体股东在决定文件上签名、盖章。

第三十八条 首次股东会会议由出资最多的股东召集和主持，依照本法规定行使职权。

第三十九条 股东会会议分为定期会议和临时会议。

定期会议应当依照公司章程的规定按时召开。代表十分之一以上表决权的股东，三分之一以上的董事，监事会或者不设监事会的公司的监事提议召开临时会议的，应当召开临时会议。

第四十条 有限责任公司设立董事会的，股东会会议由董事会召集，董事长主持；董事长不能履行职务或者不履行职务的，由副董事长主持；副董事长不能履行职务或者不履行职务的，由半数以上董事共同推举一名董事主持。

有限责任公司不设董事会的，股东会会议由执行董事召集和主持。

董事会或者执行董事不能履行或者不履行召集股东会会议职责的，由监事会或者不设监事会的公司的监事召集和主持；监事会或者监事不召集和主持的，代表十分之一以上表决权的股东可以自行召集和主持。

第四十一条 召开股东会会议，应当于会议召开十五日前通知全体股东；但是，公司章程另有规定或者全体股东另有约定的除外。

股东会应当对所议事项的决定作成会议记录，出席会议的股东应当在会议记录上签名。

第四十二条 股东会会议由股东按照出资比例行使表决权；但是，公司章程另有规定的除外。

第四十三条 股东会的议事方式和表决程序，除本法有规定的外，由公司章程规定。

股东会会议作出修改公司章程、增加或者减少注册资本的决议，以及公司合并、分立、解散或者变更公司形式的决议，必须经代表三分之二以上表决权的股东通过。

第四十四条 有限责任公司设董事会，其成员为三人至十三人；但是，本法第五十条另有规定的除外。

两个以上的国有企业或者两个以上的其他国有投资主体投资设立的有限责任公司，其董事会成员中应当有公司职工代表；其他有限责任公司董事会成员中可以有公司职工代表。董事会中的职工代表由公司职工通过职工代表大会、职工大会或者其他形式民主选举产生。

董事会设董事长一人，可以设副董事长。董事长、副董事长的产生办法由公司章程规定。

第四十五条 董事任期由公司章程规定，但每届任期不得超过三年。董事任期届满，连选可以连任。

董事任期届满未及时改选，或者董事在任期内辞职导致董事会成员低于法定人数的，在改选出的董事就任前，原董事仍应当依照法律、行政法规和公司章程的规定，履行董事职务。

第四十六条 董事会对股东会负责，行使下列职权：

（一）召集股东会会议，并向股东会报告工作；

（二）执行股东会的决议；

（三）决定公司的经营计划和投资方案；

（四）制订公司的年度财务预算方案、决算方案；

（五）制订公司的利润分配方案和弥补亏损方案；

（六）制订公司增加或者减少注册资本以及发行公司债券的方案；

（七）制订公司合并、分立、解散或者变更公司形式的方案；

（八）决定公司内部管理机构的设置；

（九）决定聘任或者解聘公司经理及其报酬事项，并根据经理的提名决定聘任或者解聘公司副经理、财务负责人及其报酬事项；

（十）制定公司的基本管理制度；

（十一）公司章程规定的其他职权。

第四十七条 董事会会议由董事长召集和主持；董事长不能履行职务或者不履行职务的，由副董事长召集和主持；副董事长不能履行职务或者不履行职务的，由半数以上董事共同推举一名董事召集和主持。

第四十八条 董事会的议事方式和表决程序，除本法有规定的外，由公司章程规定。

董事会应当对所议事项的决定作成会议记录，出席会议的董事应当在会议记录上签名。

董事会决议的表决，实行一人一票。

第四十九条 有限责任公司可以设经理，由董事会决定聘任或者解聘。经理对董事会负责，行使下列职权：

（一）主持公司的生产经营管理工作，组织实施董事会决议；

（二）组织实施公司年度经营计划和投资方案；

（三）拟订公司内部管理机构设置方案；

（四）拟订公司的基本管理制度；

（五）制定公司的具体规章；

（六）提请聘任或者解聘公司副经理、财务负责人；

（七）决定聘任或者解聘除应由董事会决定聘任或者解聘以外的负责管理人员；

（八）董事会授予的其他职权。

公司章程对经理职权另有规定的，从其规定。

经理列席董事会会议。

第五十条 股东人数较少或者规模较小的有限责任公司，可以设一名执行董事，不设董事会。执行董事可以兼任公司经理。

执行董事的职权由公司章程规定。

第五十一条 有限责任公司设监事会，其成员不得少于三人。股东人数较少或者规模较小的有限责任公司，可以设一至二名监事，不设监事会。

监事会应当包括股东代表和适当比例的公司职工代表，其中职工代表的比例不得低于三分之一，具体比例由公司章程规定。监事会中的职工代表由公司职工通过职工代表大会、职工大会或者其他形式民主选举产生。

监事会设主席一人，由全体监事过半数选举产生。监事会主席召集和主持监事会会议；监事会主席不能履行职务或者不履行职务的，由半数以上监事共同推举一名监事召集和主持监事会会议。

董事、高级管理人员不得兼任监事。

第五十二条 监事的任期每届为三年。监事任期届满，连选可以连任。

监事任期届满未及时改选，或者监事在任期内辞职导致监事会成员低于法定人数的，在改选出的监事就任前，原监事仍应当依照法律、行政法规和公司章程的规定，履行监事职务。

第五十三条 监事会、不设监事会的公司的监事行使下列职权：

（一）检查公司财务；

（二）对董事、高级管理人员执行公司职务的行为进行监督，对违反法律、行政法规、公司章程或者股东会决议的董事、高级管理人员提出罢免的建议；

（三）当董事、高级管理人员的行为损害公司的利益时，要求董事、高级管理人员予以纠正；

（四）提议召开临时股东会会议，在董事会不履行本法规定的召集和主持股东会会议职责时召集和主持股东会会议；

（五）向股东会会议提出提案；

（六）依照本法第一百五十一条的规定，对董事、高级管理人员提起诉讼；

（七）公司章程规定的其他职权。

第五十四条 监事可以列席董事会会议，并对董事会决议事项提出质询或者建议。

监事会、不设监事会的公司的监事发现公司经营情况异常,可以进行调查;必要时,可以聘请会计师事务所等协助其工作,费用由公司承担。

第五十五条 监事会每年度至少召开一次会议,监事可以提议召开临时监事会会议。

监事会的议事方式和表决程序,除本法有规定的外,由公司章程规定。

监事会决议应当经半数以上监事通过。

监事会应当对所议事项的决定作成会议记录,出席会议的监事应当在会议记录上签名。

第五十六条 监事会、不设监事会的公司的监事行使职权所必需的费用,由公司承担。

第三节 一人有限责任公司的特别规定

第五十七条 一人有限责任公司的设立和组织机构,适用本节规定;本节没有规定的,适用本章第一节、第二节的规定。

本法所称一人有限责任公司,是指只有一个自然人股东或者一个法人股东的有限责任公司。

第五十八条 一个自然人只能投资设立一个一人有限责任公司。该一人有限责任公司不能投资设立新的一人有限责任公司。

第五十九条 一人有限责任公司应当在公司登记中注明自然人独资或者法人独资,并在公司营业执照中载明。

第六十条 一人有限责任公司章程由股东制定。

第六十一条 一人有限责任公司不设股东会。股东作出本法第三十七条第一款所列决定时,应当采用书面形式,并由股东签名后置备于公司。

第六十二条 一人有限责任公司应当在每一会计年度终了时编制财务会计报告,并经会计师事务所审计。

第六十三条 一人有限责任公司的股东不能证明公司财产独立于股东自己的财产的,应当对公司债务承担连带责任。

第四节 国有独资公司的特别规定

第六十四条 国有独资公司的设立和组织机构,适用本节规定;本节没有规定的,适用本章第一节、第二节的规定。

本法所称国有独资公司,是指国家单独出资、由国务院或者地方人民政府授权本级人民政府国有资产监督管理机构履行出资人职责的有限责任公司。

第六十五条 国有独资公司章程由国有资产监督管理机构制定,或者由董事会制定报国有资产监督管理机构批准。

第六十六条 国有独资公司不设股东会,由国有资产监督管理机构行使股东会职权。国有资产监督管理机构可以授权公司董事会行使股东会的部分职权，决定公司的重大事项，但公司的合并、分立、解散、增加或者减少注册资本和发行公司债券，必须由国有资产监督管理机构决定；其中，重要的国有独资公司合并、分立、解散、申请破产的，应当由国有资产监督管理机构审核后，报本级人民政府批准。

前款所称重要的国有独资公司，按照国务院的规定确定。

第六十七条 国有独资公司设董事会，依照本法第四十六条、第六十六条的规定行使职权。董事每届任期不得超过三年。董事会成员中应当有公司职工代表。

董事会成员由国有资产监督管理机构委派；但是，董事会成员中的职工代表由公司职工代表大会选举产生。

董事会设董事长一人，可以设副董事长。董事长、副董事长由国有资产监督管理机构从董事会成员中指定。

第六十八条 国有独资公司设经理，由董事会聘任或者解聘。经理依照本法第四十九条规定行使职权。

经国有资产监督管理机构同意，董事会成员可以兼任经理。

第六十九条 国有独资公司的董事长、副董事长、董事、高级管理人员，未经国有资产监督管理机构同意，不得在其他有限责任公司、股份有限公司或者其他经济组织兼职。

第七十条 国有独资公司监事会成员不得少于五人，其中职工代表的比例不得低于三分之一，具体比例由公司章程规定。

监事会成员由国有资产监督管理机构委派；但是，监事会成员中的职工代表由公司职工代表大会选举产生。监事会主席由国有资产监督管理机构从监事会成员中指定。

监事会行使本法第五十三条第（一）项至第（三）项规定的职权和国务院规定的其他职权。

第三章 有限责任公司的股权转让

第七十一条 有限责任公司的股东之间可以相互转让其全部或者部分股权。

股东向股东以外的人转让股权，应当经其他股东过半数同意。股东应就其股权转让事项书面通知其他股东征求同意，其他股东自接到书面通知之日起满三十日未答复的，视为同意转让。其他股东半数以上不同意转让的，不同意的股东应当购买该转让的股权；不购买的，视为同意转让。

经股东同意转让的股权，在同等条件下，其他股东有优先购买权。两个以上股东主张行使优先购买权的，协商确定各自的购买比例；协商不成的，按照转让时各自的出资比例行使优先购买权。

公司章程对股权转让另有规定的,从其规定。

第七十二条 人民法院依照法律规定的强制执行程序转让股东的股权时,应当通知公司及全体股东,其他股东在同等条件下有优先购买权。其他股东自人民法院通知之日起满二十日不行使优先购买权的,视为放弃优先购买权。

第七十三条 依照本法第七十一条、第七十二条转让股权后,公司应当注销原股东的出资证明书,向新股东签发出资证明书,并相应修改公司章程和股东名册中有关股东及其出资额的记载。对公司章程的该项修改不需再由股东会表决。

第七十四条 有下列情形之一的,对股东会该项决议投反对票的股东可以请求公司按照合理的价格收购其股权:

(一)公司连续五年不向股东分配利润,而公司该五年连续盈利,并且符合本法规定的分配利润条件的;

(二)公司合并、分立、转让主要财产的;

(三)公司章程规定的营业期限届满或者章程规定的其他解散事由出现,股东会会议通过决议修改章程使公司存续的。

自股东会会议决议通过之日起六十日内,股东与公司不能达成股权收购协议的,股东可以自股东会会议决议通过之日起九十日内向人民法院提起诉讼。

第七十五条 自然人股东死亡后,其合法继承人可以继承股东资格;但是,公司章程另有规定的除外。

第四章 股份有限公司的设立和组织机构

第一节 设 立

第七十六条 设立股份有限公司,应当具备下列条件:

(一)发起人符合法定人数;

(二)有符合公司章程规定的全体发起人认购的股本总额或者募集的实收股本总额;

(三)股份发行、筹办事项符合法律规定;

(四)发起人制定公司章程,采用募集方式设立的经创立大会通过;

(五)有公司名称,建立符合股份有限公司要求的组织机构;

(六)有公司住所。

第七十七条 股份有限公司的设立,可以采取发起设立或者募集设立的方式。

发起设立,是指由发起人认购公司应发行的全部股份而设立公司。

募集设立,是指由发起人认购公司应发行股份的一部分,其余股份向社会公开募集或者向特定对象募集而设立公司。

第七十八条 设立股份有限公司，应当有二人以上二百人以下为发起人，其中须有半数以上的发起人在中国境内有住所。

第七十九条 股份有限公司发起人承担公司筹办事务。

发起人应当签订发起人协议，明确各自在公司设立过程中的权利和义务。

第八十条 股份有限公司采取发起设立方式设立的，注册资本为在公司登记机关登记的全体发起人认购的股本总额。在发起人认购的股份缴足前，不得向他人募集股份。

股份有限公司采取募集方式设立的，注册资本为在公司登记机关登记的实收股本总额。

法律、行政法规以及国务院决定对股份有限公司注册资本实缴、注册资本最低限额另有规定的，从其规定。

第八十一条 股份有限公司章程应当载明下列事项：

（一）公司名称和住所；

（二）公司经营范围；

（三）公司设立方式；

（四）公司股份总数、每股金额和注册资本；

（五）发起人的姓名或者名称、认购的股份数、出资方式和出资时间；

（六）董事会的组成、职权和议事规则；

（七）公司法定代表人；

（八）监事会的组成、职权和议事规则；

（九）公司利润分配办法；

（十）公司的解散事由与清算办法；

（十一）公司的通知和公告办法；

（十二）股东大会会议认为需要规定的其他事项。

第八十二条 发起人的出资方式，适用本法第二十七条的规定。

第八十三条 以发起设立方式设立股份有限公司的，发起人应当书面认足公司章程规定其认购的股份，并按照公司章程规定缴纳出资。以非货币财产出资的，应当依法办理其财产权的转移手续。

发起人不依照前款规定缴纳出资的，应当按照发起人协议承担违约责任。

发起人认足公司章程规定的出资后，应当选举董事会和监事会，由董事会向公司登记机关报送公司章程以及法律、行政法规规定的其他文件，申请设立登记。

第八十四条 以募集设立方式设立股份有限公司的，发起人认购的股份不得少于公司股份总数的百分之三十五；但是，法律、行政法规另有规定的，从其规定。

第八十五条 发起人向社会公开募集股份,必须公告招股说明书,并制作认股书。认股书应当载明本法第八十六条所列事项,由认股人填写认购股数、金额、住所,并签名、盖章。认股人按照所认购股数缴纳股款。

第八十六条 招股说明书应当附有发起人制定的公司章程,并载明下列事项:

(一) 发起人认购的股份数;

(二) 每股的票面金额和发行价格;

(三) 无记名股票的发行总数;

(四) 募集资金的用途;

(五) 认股人的权利、义务;

(六) 本次募股的起止期限及逾期未募足时认股人可以撤回所认股份的说明。

第八十七条 发起人向社会公开募集股份,应当由依法设立的证券公司承销,签订承销协议。

第八十八条 发起人向社会公开募集股份,应当同银行签订代收股款协议。

代收股款的银行应当按照协议代收和保存股款,向缴纳股款的认股人出具收款单据,并负有向有关部门出具收款证明的义务。

第八十九条 发行股份的股款缴足后,必须经依法设立的验资机构验资并出具证明。发起人应当自股款缴足之日起三十日内主持召开公司创立大会。创立大会由发起人、认股人组成。

发行的股份超过招股说明书规定的截止期限尚未募足的,或者发行股份的股款缴足后,发起人在三十日内未召开创立大会的,认股人可以按照所缴股款并加算银行同期存款利息,要求发起人返还。

第九十条 发起人应当在创立大会召开十五日前将会议日期通知各认股人或者予以公告。创立大会应有代表股份总数过半数的发起人、认股人出席,方可举行。

创立大会行使下列职权:

(一) 审议发起人关于公司筹办情况的报告;

(二) 通过公司章程;

(三) 选举董事会成员;

(四) 选举监事会成员;

(五) 对公司的设立费用进行审核;

(六) 对发起人用于抵作股款的财产的作价进行审核;

(七) 发生不可抗力或者经营条件发生重大变化直接影响公司设立的,可以作出不设立公司的决议。

创立大会对前款所列事项作出决议,必须经出席会议的认股人所持表决权过半数通过。

第九十一条　发起人、认股人缴纳股款或者交付抵作股款的出资后，除未按期募足股份、发起人未按期召开创立大会或者创立大会决议不设立公司的情形外，不得抽回其股本。

第九十二条　董事会应于创立大会结束后三十日内，向公司登记机关报送下列文件，申请设立登记：

（一）公司登记申请书；

（二）创立大会的会议记录；

（三）公司章程；

（四）验资证明；

（五）法定代表人、董事、监事的任职文件及其身份证明；

（六）发起人的法人资格证明或者自然人身份证明；

（七）公司住所证明。

以募集方式设立股份有限公司公开发行股票的，还应当向公司登记机关报送国务院证券监督管理机构的核准文件。

第九十三条　股份有限公司成立后，发起人未按照公司章程的规定缴足出资的，应当补缴；其他发起人承担连带责任。

股份有限公司成立后，发现作为设立公司出资的非货币财产的实际价额显著低于公司章程所定价额的，应当由交付该出资的发起人补足其差额；其他发起人承担连带责任。

第九十四条　股份有限公司的发起人应当承担下列责任：

（一）公司不能成立时，对设立行为所产生的债务和费用负连带责任；

（二）公司不能成立时，对认股人已缴纳的股款，负返还股款并加算银行同期存款利息的连带责任；

（三）在公司设立过程中，由于发起人的过失致使公司利益受到损害的，应当对公司承担赔偿责任。

第九十五条　有限责任公司变更为股份有限公司时，折合的实收股本总额不得高于公司净资产额。有限责任公司变更为股份有限公司，为增加资本公开发行股份时，应当依法办理。

第九十六条　股份有限公司应当将公司章程、股东名册、公司债券存根、股东大会会议记录、董事会会议记录、监事会会议记录、财务会计报告置备于本公司。

第九十七条　股东有权查阅公司章程、股东名册、公司债券存根、股东大会会议记录、董事会会议决议、监事会会议决议、财务会计报告，对公司的经营提出建议或者质询。

第二节　股东大会

第九十八条　股份有限公司股东大会由全体股东组成。股东大会是公司的权力机构，依照本法行使职权。

第九十九条 本法第三十七条第一款关于有限责任公司股东会职权的规定，适用于股份有限公司股东大会。

第一百条 股东大会应当每年召开一次年会。有下列情形之一的，应当在两个月内召开临时股东大会：

（一）董事人数不足本法规定人数或者公司章程所定人数的三分之二时；

（二）公司未弥补的亏损达实收股本总额三分之一时；

（三）单独或者合计持有公司百分之十以上股份的股东请求时；

（四）董事会认为必要时；

（五）监事会提议召开时；

（六）公司章程规定的其他情形。

第一百零一条 股东大会会议由董事会召集，董事长主持；董事长不能履行职务或者不履行职务的，由副董事长主持；副董事长不能履行职务或者不履行职务的，由半数以上董事共同推举一名董事主持。

董事会不能履行或者不履行召集股东大会会议职责的，监事会应当及时召集和主持；监事会不召集和主持的，连续九十日以上单独或者合计持有公司百分之十以上股份的股东可以自行召集和主持。

第一百零二条 召开股东大会会议，应当将会议召开的时间、地点和审议的事项于会议召开二十日前通知各股东；临时股东大会应当于会议召开十五日前通知各股东；发行无记名股票的，应当于会议召开三十日前公告会议召开的时间、地点和审议事项。

单独或者合计持有公司百分之三以上股份的股东，可以在股东大会召开十日前提出临时提案并书面提交董事会；董事会应当在收到提案后二日内通知其他股东，并将该临时提案提交股东大会审议。临时提案的内容应当属于股东大会职权范围，并有明确议题和具体决议事项。

股东大会不得对前两款通知中未列明的事项作出决议。

无记名股票持有人出席股东大会会议的，应当于会议召开五日前至股东大会闭会时将股票交存于公司。

第一百零三条 股东出席股东大会会议，所持每一股份有一表决权。但是，公司持有的本公司股份没有表决权。

股东大会作出决议，必须经出席会议的股东所持表决权过半数通过。但是，股东大会作出修改公司章程、增加或者减少注册资本的决议，以及公司合并、分立、解散或者变更公司形式的决议，必须经出席会议的股东所持表决权的三分之二以上通过。

第一百零四条 本法和公司章程规定公司转让、受让重大资产或者对外提供担保等事项必须经股东大会作出决议的，董事会应当及时召集股东大会会议，由股东大会就上述事项进行表决。

第一百零五条 股东大会选举董事、监事，可以依照公司章程的规定或者股东大会的决议，实行累积投票制。

本法所称累积投票制，是指股东大会选举董事或者监事时，每一股份拥有与应选董事或者监事人数相同的表决权，股东拥有的表决权可以集中使用。

第一百零六条 股东可以委托代理人出席股东大会会议，代理人应当向公司提交股东授权委托书，并在授权范围内行使表决权。

第一百零七条 股东大会应当对所议事项的决定作成会议记录，主持人、出席会议的董事应当在会议记录上签名。会议记录应当与出席股东的签名册及代理出席的委托书一并保存。

第三节　董事会、经理

第一百零八条 股份有限公司设董事会，其成员为五人至十九人。

董事会成员中可以有公司职工代表。董事会中的职工代表由公司职工通过职工代表大会、职工大会或者其他形式民主选举产生。

本法第四十五条关于有限责任公司董事任期的规定，适用于股份有限公司董事。

本法第四十六条关于有限责任公司董事会职权的规定，适用于股份有限公司董事会。

第一百零九条 董事会设董事长一人，可以设副董事长。董事长和副董事长由董事会以全体董事的过半数选举产生。

董事长召集和主持董事会会议，检查董事会决议的实施情况。副董事长协助董事长工作，董事长不能履行职务或者不履行职务的，由副董事长履行职务；副董事长不能履行职务或者不履行职务的，由半数以上董事共同推举一名董事履行职务。

第一百一十条 董事会每年度至少召开两次会议，每次会议应当于会议召开十日前通知全体董事和监事。

代表十分之一以上表决权的股东、三分之一以上董事或者监事会，可以提议召开董事会临时会议。董事长应当自接到提议后十日内，召集和主持董事会会议。

董事会召开临时会议，可以另定召集董事会的通知方式和通知时限。

第一百一十一条 董事会会议应有过半数的董事出席方可举行。董事会作出决议，必须经全体董事的过半数通过。

董事会决议的表决，实行一人一票。

第一百一十二条 董事会会议，应由董事本人出席；董事因故不能出席，可以书面委托其他董事代为出席，委托书中应载明授权范围。

董事会应当对会议所议事项的决定作成会议记录，出席会议的董事应当在会议记录上签名。

董事应当对董事会的决议承担责任。董事会的决议违反法律、行政法规或者公司章程、股东大会决议，致使公司遭受严重损失的，参与决议的董事对公司负赔偿责任。但经证明在表决时曾表明异议并记载于会议记录的，该董事可以免除责任。

第一百一十三条 股份有限公司设经理，由董事会决定聘任或者解聘。

本法第四十九条关于有限责任公司经理职权的规定，适用于股份有限公司经理。

第一百一十四条 公司董事会可以决定由董事会成员兼任经理。

第一百一十五条 公司不得直接或者通过子公司向董事、监事、高级管理人员提供借款。

第一百一十六条 公司应当定期向股东披露董事、监事、高级管理人员从公司获得报酬的情况。

第四节　监　事　会

第一百一十七条 股份有限公司设监事会，其成员不得少于三人。

监事会应当包括股东代表和适当比例的公司职工代表，其中职工代表的比例不得低于三分之一，具体比例由公司章程规定。监事会中的职工代表由公司职工通过职工代表大会、职工大会或者其他形式民主选举产生。

监事会设主席一人，可以设副主席。监事会主席和副主席由全体监事过半数选举产生。监事会主席召集和主持监事会会议；监事会主席不能履行职务或者不履行职务的，由监事会副主席召集和主持监事会会议；监事会副主席不能履行职务或者不履行职务的，由半数以上监事共同推举一名监事召集和主持监事会会议。

董事、高级管理人员不得兼任监事。

本法第五十二条关于有限责任公司监事任期的规定，适用于股份有限公司监事。

第一百一十八条 本法第五十三条、第五十四条关于有限责任公司监事会职权的规定，适用于股份有限公司监事会。

监事会行使职权所必需的费用，由公司承担。

第一百一十九条 监事会每六个月至少召开一次会议。监事可以提议召开临时监事会会议。

监事会的议事方式和表决程序，除本法有规定的外，由公司章程规定。

监事会决议应当经半数以上监事通过。

监事会应当对所议事项的决定作成会议记录，出席会议的监事应当在会议记录上签名。

第五节 上市公司组织机构的特别规定

第一百二十条 本法所称上市公司,是指其股票在证券交易所上市交易的股份有限公司。

第一百二十一条 上市公司在一年内购买、出售重大资产或者担保金额超过公司资产总额百分之三十的,应当由股东大会作出决议,并经出席会议的股东所持表决权的三分之二以上通过。

第一百二十二条 上市公司设独立董事,具体办法由国务院规定。

第一百二十三条 上市公司设董事会秘书,负责公司股东大会和董事会会议的筹备、文件保管以及公司股东资料的管理,办理信息披露事务等事宜。

第一百二十四条 上市公司董事与董事会会议决议事项所涉及的企业有关联关系的,不得对该项决议行使表决权,也不得代理其他董事行使表决权。该董事会会议由过半数的无关联关系董事出席即可举行,董事会会议所作决议须经无关联关系董事过半数通过。出席董事会的无关联关系董事人数不足三人的,应将该事项提交上市公司股东大会审议。

第五章 股份有限公司的股份发行和转让

第一节 股份发行

第一百二十五条 股份有限公司的资本划分为股份,每一股的金额相等。
公司的股份采取股票的形式。股票是公司签发的证明股东所持股份的凭证。

第一百二十六条 股份的发行,实行公平、公正的原则,同种类的每一股份应当具有同等权利。

同次发行的同种类股票,每股的发行条件和价格应当相同;任何单位或者个人所认购的股份,每股应当支付相同价额。

第一百二十七条 股票发行价格可以按票面金额,也可以超过票面金额,但不得低于票面金额。

第一百二十八条 股票采用纸面形式或者国务院证券监督管理机构规定的其他形式。

股票应当载明下列主要事项:
(一)公司名称;
(二)公司成立日期;
(三)股票种类、票面金额及代表的股份数;
(四)股票的编号。

股票由法定代表人签名，公司盖章。

发起人的股票，应当标明发起人股票字样。

第一百二十九条 公司发行的股票，可以为记名股票，也可以为无记名股票。

公司向发起人、法人发行的股票，应当为记名股票，并应当记载该发起人、法人的名称或者姓名，不得另立户名或者以代表人姓名记名。

第一百三十条 公司发行记名股票的，应当置备股东名册，记载下列事项：

（一）股东的姓名或者名称及住所；

（二）各股东所持股份数；

（三）各股东所持股票的编号；

（四）各股东取得股份的日期。

发行无记名股票的，公司应当记载其股票数量、编号及发行日期。

第一百三十一条 国务院可以对公司发行本法规定以外的其他种类的股份，另行作出规定。

第一百三十二条 股份有限公司成立后，即向股东正式交付股票。公司成立前不得向股东交付股票。

第一百三十三条 公司发行新股，股东大会应当对下列事项作出决议：

（一）新股种类及数额；

（二）新股发行价格；

（三）新股发行的起止日期；

（四）向原有股东发行新股的种类及数额。

第一百三十四条 公司经国务院证券监督管理机构核准公开发行新股时，必须公告新股招股说明书和财务会计报告，并制作认股书。

本法第八十七条、第八十八条的规定适用于公司公开发行新股。

第一百三十五条 公司发行新股，可以根据公司经营情况和财务状况，确定其作价方案。

第一百三十六条 公司发行新股募足股款后，必须向公司登记机关办理变更登记，并公告。

第二节 股份转让

第一百三十七条 股东持有的股份可以依法转让。

第一百三十八条 股东转让其股份，应当在依法设立的证券交易场所进行或者按照国务院规定的其他方式进行。

第一百三十九条 记名股票，由股东以背书方式或者法律、行政法规规定的其他方式转让；转让后由公司将受让人的姓名或者名称及住所记载于股东名册。

股东大会召开前二十日内或者公司决定分配股利的基准日前五日内，不得进行前款规定的股东名册的变更登记。但是,法律对上市公司股东名册变更登记另有规定的,从其规定。

第一百四十条　无记名股票的转让,由股东将该股票交付给受让人后即发生转让的效力。

第一百四十一条　发起人持有的本公司股份,自公司成立之日起一年内不得转让。公司公开发行股份前已发行的股份,自公司股票在证券交易所上市交易之日起一年内不得转让。

公司董事、监事、高级管理人员应当向公司申报所持有的本公司的股份及其变动情况,在任职期间每年转让的股份不得超过其所持有本公司股份总数的百分之二十五;所持本公司股份自公司股票上市交易之日起一年内不得转让。上述人员离职后半年内,不得转让其所持有的本公司股份。公司章程可以对公司董事、监事、高级管理人员转让其所持有的本公司股份作出其他限制性规定。

第一百四十二条　公司不得收购本公司股份。但是,有下列情形之一的除外:

（一）减少公司注册资本;

（二）与持有本公司股份的其他公司合并;

（三）将股份奖励给本公司职工;

（四）股东因对股东大会作出的公司合并、分立决议持异议,要求公司收购其股份的。

公司因前款第（一）项至第（三）项的原因收购本公司股份的,应当经股东大会决议。公司依照前款规定收购本公司股份后,属于第（一）项情形的,应当自收购之日起十日内注销;属于第（二）项、第（四）项情形的,应当在六个月内转让或者注销。

公司依照第一款第（三）项规定收购的本公司股份,不得超过本公司已发行股份总额的百分之五;用于收购的资金应当从公司的税后利润中支出;所收购的股份应当在一年内转让给职工。

公司不得接受本公司的股票作为质押权的标的。

第一百四十三条　记名股票被盗、遗失或者灭失,股东可以依照《中华人民共和国民事诉讼法》规定的公示催告程序,请求人民法院宣告该股票失效。人民法院宣告该股票失效后,股东可以向公司申请补发股票。

第一百四十四条　上市公司的股票,依照有关法律、行政法规及证券交易所交易规则上市交易。

第一百四十五条　上市公司必须依照法律、行政法规的规定,公开其财务状况、经营情况及重大诉讼,在每会计年度内半年公布一次财务会计报告。

第六章　公司董事、监事、高级管理人员的资格和义务

第一百四十六条　有下列情形之一的，不得担任公司的董事、监事、高级管理人员：

（一）无民事行为能力或者限制民事行为能力；

（二）因贪污、贿赂、侵占财产、挪用财产或者破坏社会主义市场经济秩序，被判处刑罚，执行期满未逾五年，或者因犯罪被剥夺政治权利，执行期满未逾五年；

（三）担任破产清算的公司、企业的董事或者厂长、经理，对该公司、企业的破产负有个人责任的，自该公司、企业破产清算完结之日起未逾三年；

（四）担任因违法被吊销营业执照、责令关闭的公司、企业的法定代表人，并负有个人责任的，自该公司、企业被吊销营业执照之日起未逾三年；

（五）个人所负数额较大的债务到期未清偿。

公司违反前款规定选举、委派董事、监事或者聘任高级管理人员的，该选举、委派或者聘任无效。

董事、监事、高级管理人员在任职期间出现本条第一款所列情形的，公司应当解除其职务。

第一百四十七条　董事、监事、高级管理人员应当遵守法律、行政法规和公司章程，对公司负有忠实义务和勤勉义务。

董事、监事、高级管理人员不得利用职权收受贿赂或者其他非法收入，不得侵占公司的财产。

第一百四十八条　董事、高级管理人员不得有下列行为：

（一）挪用公司资金；

（二）将公司资金以其个人名义或者以其他个人名义开立账户存储；

（三）违反公司章程的规定，未经股东会、股东大会或者董事会同意，将公司资金借贷给他人或者以公司财产为他人提供担保；

（四）违反公司章程的规定或者未经股东会、股东大会同意，与本公司订立合同或者进行交易；

（五）未经股东会或者股东大会同意，利用职务便利为自己或者他人谋取属于公司的商业机会，自营或者为他人经营与所任职公司同类的业务；

（六）接受他人与公司交易的佣金归为己有；

（七）擅自披露公司秘密；

（八）违反对公司忠实义务的其他行为。

董事、高级管理人员违反前款规定所得的收入应当归公司所有。

第一百四十九条　董事、监事、高级管理人员执行公司职务时违反法律、行

政法规或者公司章程的规定,给公司造成损失的,应当承担赔偿责任。

第一百五十条 股东会或者股东大会要求董事、监事、高级管理人员列席会议的,董事、监事、高级管理人员应当列席并接受股东的质询。

董事、高级管理人员应当如实向监事会或者不设监事会的有限责任公司的监事提供有关情况和资料,不得妨碍监事会或者监事行使职权。

第一百五十一条 董事、高级管理人员有本法第一百四十九条规定的情形的,有限责任公司的股东、股份有限公司连续一百八十日以上单独或者合计持有公司百分之一以上股份的股东,可以书面请求监事会或者不设监事会的有限责任公司的监事向人民法院提起诉讼;监事有本法第一百四十九条规定的情形的,前述股东可以书面请求董事会或者不设董事会的有限责任公司的执行董事向人民法院提起诉讼。

监事会、不设监事会的有限责任公司的监事,或者董事会、执行董事收到前款规定的股东书面请求后拒绝提起诉讼,或者自收到请求之日起三十日内未提起诉讼,或者情况紧急、不立即提起诉讼将会使公司利益受到难以弥补的损害的,前款规定的股东有权为了公司的利益以自己的名义直接向人民法院提起诉讼。

他人侵犯公司合法权益,给公司造成损失的,本条第一款规定的股东可以依照前两款的规定向人民法院提起诉讼。

第一百五十二条 董事、高级管理人员违反法律、行政法规或者公司章程的规定,损害股东利益的,股东可以向人民法院提起诉讼。

第七章 公 司 债 券

第一百五十三条 本法所称公司债券,是指公司依照法定程序发行、约定在一定期限还本付息的有价证券。

公司发行公司债券应当符合《中华人民共和国证券法》规定的发行条件。

第一百五十四条 发行公司债券的申请经国务院授权的部门核准后,应当公告公司债券募集办法。

公司债券募集办法中应当载明下列主要事项:

(一)公司名称;

(二)债券募集资金的用途;

(三)债券总额和债券的票面金额;

(四)债券利率的确定方式;

(五)还本付息的期限和方式;

(六)债券担保情况;

(七)债券的发行价格、发行的起止日期;

(八)公司净资产额;

（九）已发行的尚未到期的公司债券总额；

（十）公司债券的承销机构。

第一百五十五条 公司以实物券方式发行公司债券的，必须在债券上载明公司名称、债券票面金额、利率、偿还期限等事项，并由法定代表人签名，公司盖章。

第一百五十六条 公司债券，可以为记名债券，也可以为无记名债券。

第一百五十七条 公司发行公司债券应当置备公司债券存根簿。

发行记名公司债券的，应当在公司债券存根簿上载明下列事项：

（一）债券持有人的姓名或者名称及住所；

（二）债券持有人取得债券的日期及债券的编号；

（三）债券总额，债券的票面金额、利率、还本付息的期限和方式；

（四）债券的发行日期。

发行无记名公司债券的，应当在公司债券存根簿上载明债券总额、利率、偿还期限和方式、发行日期及债券的编号。

第一百五十八条 记名公司债券的登记结算机构应当建立债券登记、存管、付息、兑付等相关制度。

第一百五十九条 公司债券可以转让，转让价格由转让人与受让人约定。

公司债券在证券交易所上市交易的，按照证券交易所的交易规则转让。

第一百六十条 记名公司债券，由债券持有人以背书方式或者法律、行政法规规定的其他方式转让；转让后由公司将受让人的姓名或者名称及住所记载于公司债券存根簿。

无记名公司债券的转让，由债券持有人将该债券交付给受让人后即发生转让的效力。

第一百六十一条 上市公司经股东大会决议可以发行可转换为股票的公司债券，并在公司债券募集办法中规定具体的转换办法。上市公司发行可转换为股票的公司债券，应当报国务院证券监督管理机构核准。

发行可转换为股票的公司债券，应当在债券上标明可转换公司债券字样，并在公司债券存根簿上载明可转换公司债券的数额。

第一百六十二条 发行可转换为股票的公司债券的，公司应当按照其转换办法向债券持有人换发股票，但债券持有人对转换股票或者不转换股票有选择权。

第八章　公司财务、会计

第一百六十三条 公司应当依照法律、行政法规和国务院财政部门的规定建立本公司的财务、会计制度。

第一百六十四条 公司应当在每一会计年度终了时编制财务会计报告，并依法经会计师事务所审计。

财务会计报告应当依照法律、行政法规和国务院财政部门的规定制作。

第一百六十五条 有限责任公司应当依照公司章程规定的期限将财务会计报告送交各股东。

股份有限公司的财务会计报告应当在召开股东大会年会的二十日前置备于本公司，供股东查阅；公开发行股票的股份有限公司必须公告其财务会计报告。

第一百六十六条 公司分配当年税后利润时，应当提取利润的百分之十列入公司法定公积金。公司法定公积金累计额为公司注册资本的百分之五十以上的，可以不再提取。

公司的法定公积金不足以弥补以前年度亏损的，在依照前款规定提取法定公积金之前，应当先用当年利润弥补亏损。

公司从税后利润中提取法定公积金后，经股东会或者股东大会决议，还可以从税后利润中提取任意公积金。

公司弥补亏损和提取公积金后所余税后利润，有限责任公司依照本法第三十四条的规定分配；股份有限公司按照股东持有的股份比例分配，但股份有限公司章程规定不按持股比例分配的除外。

股东会、股东大会或者董事会违反前款规定，在公司弥补亏损和提取法定公积金之前向股东分配利润的，股东必须将违反规定分配的利润退还公司。

公司持有的本公司股份不得分配利润。

第一百六十七条 股份有限公司以超过股票票面金额的发行价格发行股份所得的溢价款以及国务院财政部门规定列入资本公积金的其他收入，应当列为公司资本公积金。

第一百六十八条 公司的公积金用于弥补公司的亏损、扩大公司生产经营或者转为增加公司资本。但是，资本公积金不得用于弥补公司的亏损。

法定公积金转为资本时，所留存的该项公积金不得少于转增前公司注册资本的百分之二十五。

第一百六十九条 公司聘用、解聘承办公司审计业务的会计师事务所，依照公司章程的规定，由股东会、股东大会或者董事会决定。

公司股东会、股东大会或者董事会就解聘会计师事务所进行表决时，应当允许会计师事务所陈述意见。

第一百七十条 公司应当向聘用的会计师事务所提供真实、完整的会计凭证、会计账簿、财务会计报告及其他会计资料，不得拒绝、隐匿、谎报。

第一百七十一条 公司除法定的会计账簿外，不得另立会计账簿。

对公司资产，不得以任何个人名义开立账户存储。

第九章 公司合并、分立、增资、减资

第一百七十二条 公司合并可以采取吸收合并或者新设合并。

一个公司吸收其他公司为吸收合并，被吸收的公司解散。两个以上公司合并设立一个新的公司为新设合并，合并各方解散。

第一百七十三条 公司合并，应当由合并各方签订合并协议，并编制资产负债表及财产清单。公司应当自作出合并决议之日起十日内通知债权人，并于三十日内在报纸上公告。债权人自接到通知书之日起三十日内，未接到通知书的自公告之日起四十五日内，可以要求公司清偿债务或者提供相应的担保。

第一百七十四条 公司合并时，合并各方的债权、债务，应当由合并后存续的公司或者新设的公司承继。

第一百七十五条 公司分立，其财产作相应的分割。

公司分立，应当编制资产负债表及财产清单。公司应当自作出分立决议之日起十日内通知债权人，并于三十日内在报纸上公告。

第一百七十六条 公司分立前的债务由分立后的公司承担连带责任。但是，公司在分立前与债权人就债务清偿达成的书面协议另有约定的除外。

第一百七十七条 公司需要减少注册资本时，必须编制资产负债表及财产清单。

公司应当自作出减少注册资本决议之日起十日内通知债权人，并于三十日内在报纸上公告。债权人自接到通知书之日起三十日内，未接到通知书的自公告之日起四十五日内，有权要求公司清偿债务或者提供相应的担保。

第一百七十八条 有限责任公司增加注册资本时，股东认缴新增资本的出资，依照本法设立有限责任公司缴纳出资的有关规定执行。

股份有限公司为增加注册资本发行新股时，股东认购新股，依照本法设立股份有限公司缴纳股款的有关规定执行。

第一百七十九条 公司合并或者分立，登记事项发生变更的，应当依法向公司登记机关办理变更登记；公司解散的，应当依法办理公司注销登记；设立新公司的，应当依法办理公司设立登记。

公司增加或者减少注册资本，应当依法向公司登记机关办理变更登记。

第十章 公司解散和清算

第一百八十条 公司因下列原因解散：

（一）公司章程规定的营业期限届满或者公司章程规定的其他解散事由出现；

（二）股东会或者股东大会决议解散；

（三）因公司合并或者分立需要解散；

（四）依法被吊销营业执照、责令关闭或者被撤销；

（五）人民法院依照本法第一百八十二条的规定予以解散。

第一百八十一条 公司有本法第一百八十条第（一）项情形的，可以通过修改公司章程而存续。

依照前款规定修改公司章程，有限责任公司须经持有三分之二以上表决权的股东通过，股份有限公司须经出席股东大会会议的股东所持表决权的三分之二以上通过。

第一百八十二条 公司经营管理发生严重困难，继续存续会使股东利益受到重大损失，通过其他途径不能解决的，持有公司全部股东表决权百分之十以上的股东，可以请求人民法院解散公司。

第一百八十三条 公司因本法第一百八十条第（一）项、第（二）项、第（四）项、第（五）项规定而解散的，应当在解散事由出现之日起十五日内成立清算组，开始清算。有限责任公司的清算组由股东组成，股份有限公司的清算组由董事或者股东大会确定的人员组成。逾期不成立清算组进行清算的，债权人可以申请人民法院指定有关人员组成清算组进行清算。人民法院应当受理该申请，并及时组织清算组进行清算。

第一百八十四条 清算组在清算期间行使下列职权：

（一）清理公司财产，分别编制资产负债表和财产清单；

（二）通知、公告债权人；

（三）处理与清算有关的公司未了结的业务；

（四）清缴所欠税款以及清算过程中产生的税款；

（五）清理债权、债务；

（六）处理公司清偿债务后的剩余财产；

（七）代表公司参与民事诉讼活动。

第一百八十五条 清算组应当自成立之日起十日内通知债权人，并于六十日内在报纸上公告。债权人应当自接到通知书之日起三十日内，未接到通知书的自公告之日起四十五日内，向清算组申报其债权。

债权人申报债权，应当说明债权的有关事项，并提供证明材料。清算组应当对债权进行登记。

在申报债权期间，清算组不得对债权人进行清偿。

第一百八十六条 清算组在清理公司财产、编制资产负债表和财产清单后，应当制订清算方案，并报股东会、股东大会或者人民法院确认。

公司财产在分别支付清算费用、职工的工资、社会保险费用和法定补偿金，缴纳所欠税款，清偿公司债务后的剩余财产，有限责任公司按照股东的出资比例分配，股份有限公司按照股东持有的股份比例分配。

清算期间，公司存续，但不得开展与清算无关的经营活动。公司财产在未依照前款规定清偿前，不得分配给股东。

第一百八十七条 清算组在清理公司财产、编制资产负债表和财产清单后，发现公司财产不足清偿债务的，应当依法向人民法院申请宣告破产。

公司经人民法院裁定宣告破产后，清算组应当将清算事务移交给人民法院。

第一百八十八条 公司清算结束后，清算组应当制作清算报告，报股东会、股东大会或者人民法院确认，并报送公司登记机关，申请注销公司登记，公告公司终止。

第一百八十九条 清算组成员应当忠于职守，依法履行清算义务。

清算组成员不得利用职权收受贿赂或者其他非法收入，不得侵占公司财产。

清算组成员因故意或者重大过失给公司或者债权人造成损失的，应当承担赔偿责任。

第一百九十条 公司被依法宣告破产的，依照有关企业破产的法律实施破产清算。

第十一章　外国公司的分支机构

第一百九十一条 本法所称外国公司是指依照外国法律在中国境外设立的公司。

第一百九十二条 外国公司在中国境内设立分支机构，必须向中国主管机关提出申请，并提交其公司章程、所属国的公司登记证书等有关文件，经批准后，向公司登记机关依法办理登记，领取营业执照。

外国公司分支机构的审批办法由国务院另行规定。

第一百九十三条 外国公司在中国境内设立分支机构，必须在中国境内指定负责该分支机构的代表人或者代理人，并向该分支机构拨付与其所从事的经营活动相适应的资金。

对外国公司分支机构的经营资金需要规定最低限额的，由国务院另行规定。

第一百九十四条 外国公司的分支机构应当在其名称中标明该外国公司的国籍及责任形式。

外国公司的分支机构应当在本机构中置备该外国公司章程。

第一百九十五条 外国公司在中国境内设立的分支机构不具有中国法人资格。

外国公司对其分支机构在中国境内进行经营活动承担民事责任。

第一百九十六条 经批准设立的外国公司分支机构，在中国境内从事业务活动，必须遵守中国的法律，不得损害中国的社会公共利益，其合法权益受中国法律保护。

第一百九十七条 外国公司撤销其在中国境内的分支机构时，必须依法清偿债务，依照本法有关公司清算程序的规定进行清算。未清偿债务之前，不得将其分支机构的财产移至中国境外。

第十二章　法　律　责　任

　　第一百九十八条 违反本法规定，虚报注册资本、提交虚假材料或者采取其他欺诈手段隐瞒重要事实取得公司登记的，由公司登记机关责令改正，对虚报注册资本的公司，处以虚报注册资本金额百分之五以上百分之十五以下的罚款；对提交虚假材料或者采取其他欺诈手段隐瞒重要事实的公司，处以五万元以上五十万元以下的罚款；情节严重的，撤销公司登记或者吊销营业执照。

　　第一百九十九条 公司的发起人、股东虚假出资，未交付或者未按期交付作为出资的货币或者非货币财产的，由公司登记机关责令改正，处以虚假出资金额百分之五以上百分之十五以下的罚款。

　　第二百条 公司的发起人、股东在公司成立后，抽逃其出资的，由公司登记机关责令改正，处以所抽逃出资金额百分之五以上百分之十五以下的罚款。

　　第二百零一条 公司违反本法规定，在法定的会计账簿以外另立会计账簿的，由县级以上人民政府财政部门责令改正，处以五万元以上五十万元以下的罚款。

　　第二百零二条 公司在依法向有关主管部门提供的财务会计报告等材料上作虚假记载或者隐瞒重要事实的，由有关主管部门对直接负责的主管人员和其他直接责任人员处以三万元以上三十万元以下的罚款。

　　第二百零三条 公司不依照本法规定提取法定公积金的，由县级以上人民政府财政部门责令如数补足应当提取的金额，可以对公司处以二十万元以下的罚款。

　　第二百零四条 公司在合并、分立、减少注册资本或者进行清算时，不依照本法规定通知或者公告债权人的，由公司登记机关责令改正，对公司处以一万元以上十万元以下的罚款。

　　公司在进行清算时，隐匿财产，对资产负债表或者财产清单作虚假记载或者在未清偿债务前分配公司财产的，由公司登记机关责令改正，对公司处以隐匿财产或者未清偿债务前分配公司财产金额百分之五以上百分之十以下的罚款；对直接负责的主管人员和其他直接责任人员处以一万元以上十万元以下的罚款。

　　第二百零五条 公司在清算期间开展与清算无关的经营活动的，由公司登记机关予以警告，没收违法所得。

　　第二百零六条 清算组不依照本法规定向公司登记机关报送清算报告，或者报送清算报告隐瞒重要事实或者有重大遗漏的，由公司登记机关责令改正。

清算组成员利用职权徇私舞弊、谋取非法收入或者侵占公司财产的，由公司登记机关责令退还公司财产，没收违法所得，并可以处以违法所得一倍以上五倍以下的罚款。

第二百零七条 承担资产评估、验资或者验证的机构提供虚假材料的，由公司登记机关没收违法所得，处以违法所得一倍以上五倍以下的罚款，并可以由有关主管部门依法责令该机构停业、吊销直接责任人员的资格证书，吊销营业执照。

承担资产评估、验资或者验证的机构因过失提供有重大遗漏的报告的，由公司登记机关责令改正，情节较重的，处以所得收入一倍以上五倍以下的罚款，并可以由有关主管部门依法责令该机构停业、吊销直接责任人员的资格证书，吊销营业执照。

承担资产评估、验资或者验证的机构因其出具的评估结果、验资或者验证证明不实，给公司债权人造成损失的，除能够证明自己没有过错的外，在其评估或者证明不实的金额范围内承担赔偿责任。

第二百零八条 公司登记机关对不符合本法规定条件的登记申请予以登记，或者对符合本法规定条件的登记申请不予登记的，对直接负责的主管人员和其他直接责任人员，依法给予行政处分。

第二百零九条 公司登记机关的上级部门强令公司登记机关对不符合本法规定条件的登记申请予以登记，或者对符合本法规定条件的登记申请不予登记的，或者对违法登记进行包庇的，对直接负责的主管人员和其他直接责任人员依法给予行政处分。

第二百一十条 未依法登记为有限责任公司或者股份有限公司，而冒用有限责任公司或者股份有限公司名义的，或者未依法登记为有限责任公司或者股份有限公司的分公司，而冒用有限责任公司或者股份有限公司的分公司名义的，由公司登记机关责令改正或者予以取缔，可以并处十万元以下的罚款。

第二百一十一条 公司成立后无正当理由超过六个月未开业的，或者开业后自行停业连续六个月以上的，可以由公司登记机关吊销营业执照。

公司登记事项发生变更时，未依照本法规定办理有关变更登记的，由公司登记机关责令限期登记；逾期不登记的，处以一万元以上十万元以下的罚款。

第二百一十二条 外国公司违反本法规定，擅自在中国境内设立分支机构的，由公司登记机关责令改正或者关闭，可以并处五万元以上二十万元以下的罚款。

第二百一十三条 利用公司名义从事危害国家安全、社会公共利益的严重违法行为的，吊销营业执照。

第二百一十四条 公司违反本法规定，应当承担民事赔偿责任和缴纳罚款、罚金的，其财产不足以支付时，先承担民事赔偿责任。

第二百一十五条 违反本法规定，构成犯罪的，依法追究刑事责任。

第十三章 附　　则

第二百一十六条 本法下列用语的含义：

（一）高级管理人员，是指公司的经理、副经理、财务负责人，上市公司董事会秘书和公司章程规定的其他人员。

（二）控股股东，是指其出资额占有限责任公司资本总额百分之五十以上或者其持有的股份占股份有限公司股本总额百分之五十以上的股东；出资额或者持有股份的比例虽然不足百分之五十，但依其出资额或者持有的股份所享有的表决权已足以对股东会、股东大会的决议产生重大影响的股东。

（三）实际控制人，是指虽不是公司的股东，但通过投资关系、协议或者其他安排，能够实际支配公司行为的人。

（四）关联关系，是指公司控股股东、实际控制人、董事、监事、高级管理人员与其直接或者间接控制的企业之间的关系，以及可能导致公司利益转移的其他关系。但是，国家控股的企业之间不仅因为同受国家控股而具有关联关系。

第二百一十七条 外商投资的有限责任公司和股份有限公司适用本法；有关外商投资的法律另有规定的，适用其规定。

第二百一十八条 本法自 2006 年 1 月 1 日起施行。

附录 5　中华人民共和国证券法

中华人民共和国证券法

发布时间：1998 年 12 月 29 日
最新修订时间：2014 年 8 月 31 日
最新生效时间：2014 年 8 月 31 日
发布主体：全国人民代表大会常务委员会

目　录

第一章　总则
第二章　证券发行
第三章　证券交易
　　第一节　一般规定
　　第二节　证券上市
　　第三节　持续信息公开
　　第四节　禁止的交易行为
第四章　上市公司的收购
第五章　证券交易所
第六章　证券公司
第七章　证券登记结算机构
第八章　证券服务机构
第九章　证券业协会
第十章　证券监督管理机构

第十一章　法律责任
第十二章　附则

第一章　总　　则

第一条　为了规范证券发行和交易行为，保护投资者的合法权益，维护社会经济秩序和社会公共利益，促进社会主义市场经济的发展，制定本法。

第二条　在中华人民共和国境内，股票、公司债券和国务院依法认定的其他证券的发行和交易，适用本法；本法未规定的，适用《中华人民共和国公司法》和其他法律、行政法规的规定。

政府债券、证券投资基金份额的上市交易，适用本法；其他法律、行政法规另有规定的，适用其规定。

证券衍生品种发行、交易的管理办法，由国务院依照本法的原则规定。

第三条　证券的发行、交易活动，必须实行公开、公平、公正的原则。

第四条　证券发行、交易活动的当事人具有平等的法律地位，应当遵守自愿、有偿、诚实信用的原则。

第五条　证券的发行、交易活动，必须遵守法律、行政法规；禁止欺诈、内幕交易和操纵证券市场的行为。

第六条　证券业和银行业、信托业、保险业实行分业经营、分业管理，证券公司与银行、信托、保险业务机构分别设立。国家另有规定的除外。

第七条　国务院证券监督管理机构依法对全国证券市场实行集中统一监督管理。

国务院证券监督管理机构根据需要可以设立派出机构，按照授权履行监督管理职责。

第八条　在国家对证券发行、交易活动实行集中统一监督管理的前提下，依法设立证券业协会，实行自律性管理。

第九条　国家审计机关依法对证券交易所、证券公司、证券登记结算机构、证券监督管理机构进行审计监督。

第二章　证券发行

第十条　公开发行证券，必须符合法律、行政法规规定的条件，并依法报经国务院证券监督管理机构或者国务院授权的部门核准；未经依法核准，任何单位和个人不得公开发行证券。

有下列情形之一的，为公开发行：

（一）向不特定对象发行证券的；
（二）向特定对象发行证券累计超过二百人的；
（三）法律、行政法规规定的其他发行行为。
非公开发行证券，不得采用广告、公开劝诱和变相公开方式。

第十一条 发行人申请公开发行股票、可转换为股票的公司债券，依法采取承销方式的，或者公开发行法律、行政法规规定实行保荐制度的其他证券的，应当聘请具有保荐资格的机构担任保荐人。

保荐人应当遵守业务规则和行业规范，诚实守信，勤勉尽责，对发行人的申请文件和信息披露资料进行审慎核查，督导发行人规范运作。

保荐人的资格及其管理办法由国务院证券监督管理机构规定。

第十二条 设立股份有限公司公开发行股票，应当符合《中华人民共和国公司法》规定的条件和经国务院批准的国务院证券监督管理机构规定的其他条件，向国务院证券监督管理机构报送募股申请和下列文件：

（一）公司章程；
（二）发起人协议；
（三）发起人姓名或者名称，发起人认购的股份数、出资种类及验资证明；
（四）招股说明书；
（五）代收股款银行的名称及地址；
（六）承销机构名称及有关的协议。

依照本法规定聘请保荐人的，还应当报送保荐人出具的发行保荐书。

法律、行政法规规定设立公司必须报经批准的，还应当提交相应的批准文件。

第十三条 公司公开发行新股，应当符合下列条件：
（一）具备健全且运行良好的组织机构；
（二）具有持续盈利能力，财务状况良好；
（三）最近三年财务会计文件无虚假记载，无其他重大违法行为；
（四）经国务院批准的国务院证券监督管理机构规定的其他条件。

上市公司非公开发行新股，应当符合经国务院批准的国务院证券监督管理机构规定的条件，并报国务院证券监督管理机构核准。

第十四条 公司公开发行新股，应当向国务院证券监督管理机构报送募股申请和下列文件：
（一）公司营业执照；
（二）公司章程；
（三）股东大会决议；
（四）招股说明书；

（五）财务会计报告；

（六）代收股款银行的名称及地址；

（七）承销机构名称及有关的协议。

依照本法规定聘请保荐人的，还应当报送保荐人出具的发行保荐书。

第十五条　公司对公开发行股票所募集资金，必须按照招股说明书所列资金用途使用。改变招股说明书所列资金用途，必须经股东大会作出决议。擅自改变用途而未作纠正的，或者未经股东大会认可的，不得公开发行新股。

第十六条　公开发行公司债券，应当符合下列条件：

（一）股份有限公司的净资产不低于人民币三千万元，有限责任公司的净资产不低于人民币六千万元；

（二）累计债券余额不超过公司净资产的百分之四十；

（三）最近三年平均可分配利润足以支付公司债券一年的利息；

（四）筹集的资金投向符合国家产业政策；

（五）债券的利率不超过国务院限定的利率水平；

（六）国务院规定的其他条件。

公开发行公司债券筹集的资金，必须用于核准的用途，不得用于弥补亏损和非生产性支出。

上市公司发行可转换为股票的公司债券，除应当符合第一款规定的条件外，还应当符合本法关于公开发行股票的条件，并报国务院证券监督管理机构核准。

第十七条　申请公开发行公司债券，应当向国务院授权的部门或者国务院证券监督管理机构报送下列文件：

（一）公司营业执照；

（二）公司章程；

（三）公司债券募集办法；

（四）资产评估报告和验资报告；

（五）国务院授权的部门或者国务院证券监督管理机构规定的其他文件。

依照本法规定聘请保荐人的，还应当报送保荐人出具的发行保荐书。

第十八条　有下列情形之一的，不得再次公开发行公司债券：

（一）前一次公开发行的公司债券尚未募足；

（二）对已公开发行的公司债券或者其他债务有违约或者延迟支付本息的事实，仍处于继续状态；

（三）违反本法规定，改变公开发行公司债券所募资金的用途。

第十九条　发行人依法申请核准发行证券所报送的申请文件的格式、报送方式，由依法负责核准的机构或者部门规定。

第二十条　发行人向国务院证券监督管理机构或者国务院授权的部门报送的证券发行申请文件，必须真实、准确、完整。

为证券发行出具有关文件的证券服务机构和人员，必须严格履行法定职责，保证其所出具文件的真实性、准确性和完整性。

第二十一条 发行人申请首次公开发行股票的，在提交申请文件后，应当按照国务院证券监督管理机构的规定预先披露有关申请文件。

第二十二条 国务院证券监督管理机构设发行审核委员会，依法审核股票发行申请。

发行审核委员会由国务院证券监督管理机构的专业人员和所聘请的该机构外的有关专家组成，以投票方式对股票发行申请进行表决，提出审核意见。

发行审核委员会的具体组成办法、组成人员任期、工作程序，由国务院证券监督管理机构规定。

第二十三条 国务院证券监督管理机构依照法定条件负责核准股票发行申请。核准程序应当公开，依法接受监督。

参与审核和核准股票发行申请的人员，不得与发行申请人有利害关系，不得直接或者间接接受发行申请人的馈赠，不得持有所核准的发行申请的股票，不得私下与发行申请人进行接触。

国务院授权的部门对公司债券发行申请的核准，参照前两款的规定执行。

第二十四条 国务院证券监督管理机构或者国务院授权的部门应当自受理证券发行申请文件之日起三个月内，依照法定条件和法定程序作出予以核准或者不予核准的决定，发行人根据要求补充、修改发行申请文件的时间不计算在内；不予核准的，应当说明理由。

第二十五条 证券发行申请经核准，发行人应当依照法律、行政法规的规定，在证券公开发行前，公告公开发行募集文件，并将该文件置备于指定场所供公众查阅。

发行证券的信息依法公开前，任何知情人不得公开或者泄露该信息。

发行人不得在公告公开发行募集文件前发行证券。

第二十六条 国务院证券监督管理机构或者国务院授权的部门对已作出的核准证券发行的决定，发现不符合法定条件或者法定程序，尚未发行证券的，应当予以撤销，停止发行。已经发行尚未上市的，撤销发行核准决定，发行人应当按照发行价并加算银行同期存款利息返还证券持有人；保荐人应当与发行人承担连带责任，但是能够证明自己没有过错的除外；发行人的控股股东、实际控制人有过错的，应当与发行人承担连带责任。

第二十七条 股票依法发行后，发行人经营与收益的变化，由发行人自行负责；由此变化引致的投资风险，由投资者自行负责。

第二十八条 发行人向不特定对象发行的证券，法律、行政法规规定应当由证券公司承销的，发行人应当同证券公司签订承销协议。证券承销业务采取代销或者包销方式。

证券代销是指证券公司代发行人发售证券,在承销期结束时,将未售出的证券全部退还给发行人的承销方式。

证券包销是指证券公司将发行人的证券按照协议全部购入或者在承销期结束时将售后剩余证券全部自行购入的承销方式。

第二十九条 公开发行证券的发行人有权依法自主选择承销的证券公司。证券公司不得以不正当竞争手段招揽证券承销业务。

第三十条 证券公司承销证券,应当同发行人签订代销或者包销协议,载明下列事项:

(一)当事人的名称、住所及法定代表人姓名;

(二)代销、包销证券的种类、数量、金额及发行价格;

(三)代销、包销的期限及起止日期;

(四)代销、包销的付款方式及日期;

(五)代销、包销的费用和结算办法;

(六)违约责任;

(七)国务院证券监督管理机构规定的其他事项。

第三十一条 证券公司承销证券,应当对公开发行募集文件的真实性、准确性、完整性进行核查;发现有虚假记载、误导性陈述或者重大遗漏的,不得进行销售活动;已经销售的,必须立即停止销售活动,并采取纠正措施。

第三十二条 向不特定对象发行的证券票面总值超过人民币五千万元的,应当由承销团承销。承销团应当由主承销和参与承销的证券公司组成。

第三十三条 证券的代销、包销期限最长不得超过九十日。

证券公司在代销、包销期内,对所代销、包销的证券应当保证先行出售给认购人,证券公司不得为本公司预留所代销的证券和预先购入并留存所包销的证券。

第三十四条 股票发行采取溢价发行的,其发行价格由发行人与承销的证券公司协商确定。

第三十五条 股票发行采用代销方式,代销期限届满,向投资者出售的股票数量未达到拟公开发行股票数量百分之七十的,为发行失败。发行人应当按照发行价并加算银行同期存款利息返还股票认购人。

第三十六条 公开发行股票,代销、包销期限届满,发行人应当在规定的期限内将股票发行情况报国务院证券监督管理机构备案。

第三章 证 券 交 易

第一节 一 般 规 定

第三十七条 证券交易当事人依法买卖的证券,必须是依法发行并交付的证券。

非依法发行的证券,不得买卖。

第三十八条 依法发行的股票、公司债券及其他证券,法律对其转让期限有限制性规定的,在限定的期限内不得买卖。

第三十九条 依法公开发行的股票、公司债券及其他证券,应当在依法设立的证券交易所上市交易或者在国务院批准的其他证券交易场所转让。

第四十条 证券在证券交易所上市交易,应当采用公开的集中交易方式或者国务院证券监督管理机构批准的其他方式。

第四十一条 证券交易当事人买卖的证券可以采用纸面形式或者国务院证券监督管理机构规定的其他形式。

第四十二条 证券交易以现货和国务院规定的其他方式进行交易。

第四十三条 证券交易所、证券公司和证券登记结算机构的从业人员、证券监督管理机构的工作人员以及法律、行政法规禁止参与股票交易的其他人员,在任期或者法定限期内,不得直接或者以化名、借他人名义持有、买卖股票,也不得收受他人赠送的股票。

任何人在成为前款所列人员时,其原已持有的股票,必须依法转让。

第四十四条 证券交易所、证券公司、证券登记结算机构必须依法为客户开立的账户保密。

第四十五条 为股票发行出具审计报告、资产评估报告或者法律意见书等文件的证券服务机构和人员,在该股票承销期内和期满后六个月内,不得买卖该种股票。

除前款规定外,为上市公司出具审计报告、资产评估报告或者法律意见书等文件的证券服务机构和人员,自接受上市公司委托之日起至上述文件公开后五日内,不得买卖该种股票。

第四十六条 证券交易的收费必须合理,并公开收费项目、收费标准和收费办法。

证券交易的收费项目、收费标准和管理办法由国务院有关主管部门统一规定。

第四十七条 上市公司董事、监事、高级管理人员、持有上市公司股份百分之五以上的股东,将其持有的该公司的股票在买入后六个月内卖出,或者在卖出后六个月内又买入,由此所得收益归该公司所有,公司董事会应当收回其所得收益。但是,证券公司因包销购入售后剩余股票而持有百分之五以上股份的,卖出该股票不受六个月时间限制。

公司董事会不按照前款规定执行的,股东有权要求董事会在三十日内执行。公司董事会未在上述期限内执行的,股东有权为了公司的利益以自己的名义直接向人民法院提起诉讼。

公司董事会不按照第一款的规定执行的，负有责任的董事依法承担连带责任。

第二节 证券上市

第四十八条 申请证券上市交易，应当向证券交易所提出申请，由证券交易所依法审核同意，并由双方签订上市协议。

证券交易所根据国务院授权的部门的决定安排政府债券上市交易。

第四十九条 申请股票、可转换为股票的公司债券或者法律、行政法规规定实行保荐制度的其他证券上市交易，应当聘请具有保荐资格的机构担任保荐人。

本法第十一条第二款、第三款的规定适用于上市保荐人。

第五十条 股份有限公司申请股票上市，应当符合下列条件：

（一）股票经国务院证券监督管理机构核准已公开发行；

（二）公司股本总额不少于人民币三千万元；

（三）公开发行的股份达到公司股份总数的百分之二十五以上；公司股本总额超过人民币四亿元的，公开发行股份的比例为百分之十以上；

（四）公司最近三年无重大违法行为，财务会计报告无虚假记载。

证券交易所可以规定高于前款规定的上市条件，并报国务院证券监督管理机构批准。

第五十一条 国家鼓励符合产业政策并符合上市条件的公司股票上市交易。

第五十二条 申请股票上市交易，应当向证券交易所报送下列文件：

（一）上市报告书；

（二）申请股票上市的股东大会决议；

（三）公司章程；

（四）公司营业执照；

（五）依法经会计师事务所审计的公司最近三年的财务会计报告；

（六）法律意见书和上市保荐书；

（七）最近一次的招股说明书；

（八）证券交易所上市规则规定的其他文件。

第五十三条 股票上市交易申请经证券交易所审核同意后，签订上市协议的公司应当在规定的期限内公告股票上市的有关文件，并将该文件置备于指定场所供公众查阅。

第五十四条 签订上市协议的公司除公告前条规定的文件外，还应当公告下列事项：

（一）股票获准在证券交易所交易的日期；

（二）持有公司股份最多的前十名股东的名单和持股数额；

（三）公司的实际控制人；

（四）董事、监事、高级管理人员的姓名及其持有本公司股票和债券的情况。

第五十五条 上市公司有下列情形之一的，由证券交易所决定暂停其股票上市交易：

（一）公司股本总额、股权分布等发生变化不再具备上市条件；

（二）公司不按照规定公开其财务状况，或者对财务会计报告作虚假记载，可能误导投资者；

（三）公司有重大违法行为；

（四）公司最近三年连续亏损；

（五）证券交易所上市规则规定的其他情形。

第五十六条 上市公司有下列情形之一的，由证券交易所决定终止其股票上市交易：

（一）公司股本总额、股权分布等发生变化不再具备上市条件，在证券交易所规定的期限内仍不能达到上市条件；

（二）公司不按照规定公开其财务状况，或者对财务会计报告作虚假记载，且拒绝纠正；

（三）公司最近三年连续亏损，在其后一个年度内未能恢复盈利；

（四）公司解散或者被宣告破产；

（五）证券交易所上市规则规定的其他情形。

第五十七条 公司申请公司债券上市交易，应当符合下列条件：

（一）公司债券的期限为一年以上；

（二）公司债券实际发行额不少于人民币五千万元；

（三）公司申请债券上市时仍符合法定的公司债券发行条件。

第五十八条 申请公司债券上市交易，应当向证券交易所报送下列文件：

（一）上市报告书；

（二）申请公司债券上市的董事会决议；

（三）公司章程；

（四）公司营业执照；

（五）公司债券募集办法；

（六）公司债券的实际发行数额；

（七）证券交易所上市规则规定的其他文件。

申请可转换为股票的公司债券上市交易，还应当报送保荐人出具的上市保荐书。

第五十九条 公司债券上市交易申请经证券交易所审核同意后，签订上市协议的公司应当在规定的期限内公告公司债券上市文件及有关文件，并将其申请文件置备于指定场所供公众查阅。

第六十条 公司债券上市交易后，公司有下列情形之一的，由证券交易所决定暂停其公司债券上市交易：

（一）公司有重大违法行为；

（二）公司情况发生重大变化不符合公司债券上市条件；

（三）发行公司债券所募集的资金不按照核准的用途使用；

（四）未按照公司债券募集办法履行义务；

（五）公司最近两年连续亏损。

第六十一条　公司有前条第（一）项、第（四）项所列情形之一经查实后果严重的，或者有前条第（二）项、第（三）项、第（五）项所列情形之一，在限期内未能消除的，由证券交易所决定终止其公司债券上市交易。

公司解散或者被宣告破产的，由证券交易所终止其公司债券上市交易。

第六十二条　对证券交易所作出的不予上市、暂停上市、终止上市决定不服的，可以向证券交易所设立的复核机构申请复核。

第三节　持续信息公开

第六十三条　发行人、上市公司依法披露的信息，必须真实、准确、完整，不得有虚假记载、误导性陈述或者重大遗漏。

第六十四条　经国务院证券监督管理机构核准依法公开发行股票，或者经国务院授权的部门核准依法公开发行公司债券，应当公告招股说明书、公司债券募集办法。依法公开发行新股或者公司债券的，还应当公告财务会计报告。

第六十五条　上市公司和公司债券上市交易的公司，应当在每一会计年度的上半年结束之日起两个月内，向国务院证券监督管理机构和证券交易所报送记载以下内容的中期报告，并予公告：

（一）公司财务会计报告和经营情况；

（二）涉及公司的重大诉讼事项；

（三）已发行的股票、公司债券变动情况；

（四）提交股东大会审议的重要事项；

（五）国务院证券监督管理机构规定的其他事项。

第六十六条　上市公司和公司债券上市交易的公司，应当在每一会计年度结束之日起四个月内，向国务院证券监督管理机构和证券交易所报送记载以下内容的年度报告，并予公告：

（一）公司概况；

（二）公司财务会计报告和经营情况；

（三）董事、监事、高级管理人员简介及其持股情况；

（四）已发行的股票、公司债券情况，包括持有公司股份最多的前十名股东的名单和持股数额；

（五）公司的实际控制人；

（六）国务院证券监督管理机构规定的其他事项。

第六十七条 发生可能对上市公司股票交易价格产生较大影响的重大事件，投资者尚未得知时，上市公司应当立即将有关该重大事件的情况向国务院证券监督管理机构和证券交易所报送临时报告，并予公告，说明事件的起因、目前的状态和可能产生的法律后果。

下列情况为前款所称重大事件：

（一）公司的经营方针和经营范围的重大变化；

（二）公司的重大投资行为和重大的购置财产的决定；

（三）公司订立重要合同，可能对公司的资产、负债、权益和经营成果产生重要影响；

（四）公司发生重大债务和未能清偿到期重大债务的违约情况；

（五）公司发生重大亏损或者重大损失；

（六）公司生产经营的外部条件发生的重大变化；

（七）公司的董事、三分之一以上监事或者经理发生变动；

（八）持有公司百分之五以上股份的股东或者实际控制人，其持有股份或者控制公司的情况发生较大变化；

（九）公司减资、合并、分立、解散及申请破产的决定；

（十）涉及公司的重大诉讼，股东大会、董事会决议被依法撤销或者宣告无效；

（十一）公司涉嫌犯罪被司法机关立案调查，公司董事、监事、高级管理人员涉嫌犯罪被司法机关采取强制措施；

（十二）国务院证券监督管理机构规定的其他事项。

第六十八条 上市公司董事、高级管理人员应当对公司定期报告签署书面确认意见。

上市公司监事会应当对董事会编制的公司定期报告进行审核并提出书面审核意见。

上市公司董事、监事、高级管理人员应当保证上市公司所披露的信息真实、准确、完整。

第六十九条 发行人、上市公司公告的招股说明书、公司债券募集办法、财务会计报告、上市报告文件、年度报告、中期报告、临时报告以及其他信息披露资料，有虚假记载、误导性陈述或者重大遗漏，致使投资者在证券交易中遭受损失的，发行人、上市公司应当承担赔偿责任；发行人、上市公司的董事、监事、高级管理人员和其他直接责任人员以及保荐人、承销的证券公司，应当与发行人、上市公司承担连带赔偿责任，但是能够证明自己没有过错的除外；发行人、上市公司的控股股东、实际控制人有过错的，应当与发行人、上市公司承担连带赔偿责任。

第七十条　依法必须披露的信息，应当在国务院证券监督管理机构指定的媒体发布，同时将其置备于公司住所、证券交易所，供社会公众查阅。

第七十一条　国务院证券监督管理机构对上市公司年度报告、中期报告、临时报告以及公告的情况进行监督，对上市公司分派或者配售新股的情况进行监督，对上市公司控股股东和信息披露义务人的行为进行监督。

证券监督管理机构、证券交易所、保荐人、承销的证券公司及有关人员，对公司依照法律、行政法规规定必须作出的公告，在公告前不得泄露其内容。

第七十二条　证券交易所决定暂停或者终止证券上市交易的，应当及时公告，并报国务院证券监督管理机构备案。

第四节　禁止的交易行为

第七十三条　禁止证券交易内幕信息的知情人和非法获取内幕信息的人利用内幕信息从事证券交易活动。

第七十四条　证券交易内幕信息的知情人包括：

（一）发行人的董事、监事、高级管理人员；

（二）持有公司百分之五以上股份的股东及其董事、监事、高级管理人员，公司的实际控制人及其董事、监事、高级管理人员；

（三）发行人控股的公司及其董事、监事、高级管理人员；

（四）由于所任公司职务可以获取公司有关内幕信息的人员；

（五）证券监督管理机构工作人员以及由于法定职责对证券的发行、交易进行管理的其他人员；

（六）保荐人、承销的证券公司、证券交易所、证券登记结算机构、证券服务机构的有关人员；

（七）国务院证券监督管理机构规定的其他人。

第七十五条　证券交易活动中，涉及公司的经营、财务或者对该公司证券的市场价格有重大影响的尚未公开的信息，为内幕信息。

下列信息皆属内幕信息：

（一）本法第六十七条第二款所列重大事件；

（二）公司分配股利或者增资的计划；

（三）公司股权结构的重大变化；

（四）公司债务担保的重大变更；

（五）公司营业用主要资产的抵押、出售或者报废一次超过该资产的百分之三十；

（六）公司的董事、监事、高级管理人员的行为可能依法承担重大损害赔偿责任；

（七）上市公司收购的有关方案；

（八）国务院证券监督管理机构认定的对证券交易价格有显著影响的其他重要信息。

第七十六条 证券交易内幕信息的知情人和非法获取内幕信息的人，在内幕信息公开前，不得买卖该公司的证券，或者泄露该信息，或者建议他人买卖该证券。

持有或者通过协议、其他安排与他人共同持有公司百分之五以上股份的自然人、法人、其他组织收购上市公司的股份，本法另有规定的，适用其规定。

内幕交易行为给投资者造成损失的，行为人应当依法承担赔偿责任。

第七十七条 禁止任何人以下列手段操纵证券市场：

（一）单独或者通过合谋，集中资金优势、持股优势或者利用信息优势联合或者连续买卖，操纵证券交易价格或者证券交易量；

（二）与他人串通，以事先约定的时间、价格和方式相互进行证券交易，影响证券交易价格或者证券交易量；

（三）在自己实际控制的账户之间进行证券交易，影响证券交易价格或者证券交易量；

（四）以其他手段操纵证券市场。

操纵证券市场行为给投资者造成损失的，行为人应当依法承担赔偿责任。

第七十八条 禁止国家工作人员、传播媒介从业人员和有关人员编造、传播虚假信息，扰乱证券市场。

禁止证券交易所、证券公司、证券登记结算机构、证券服务机构及其从业人员，证券业协会、证券监督管理机构及其工作人员，在证券交易活动中作出虚假陈述或者信息误导。

各种传播媒介传播证券市场信息必须真实、客观，禁止误导。

第七十九条 禁止证券公司及其从业人员从事下列损害客户利益的欺诈行为：

（一）违背客户的委托为其买卖证券；

（二）不在规定时间内向客户提供交易的书面确认文件；

（三）挪用客户所委托买卖的证券或者客户账户上的资金；

（四）未经客户的委托，擅自为客户买卖证券，或者假借客户的名义买卖证券；

（五）为牟取佣金收入，诱使客户进行不必要的证券买卖；

（六）利用传播媒介或者通过其他方式提供、传播虚假或者误导投资者的信息；

（七）其他违背客户真实意思表示，损害客户利益的行为。

欺诈客户行为给客户造成损失的，行为人应当依法承担赔偿责任。

第八十条 禁止法人非法利用他人账户从事证券交易；禁止法人出借自己或

者他人的证券账户。

第八十一条　依法拓宽资金入市渠道，禁止资金违规流入股市。

第八十二条　禁止任何人挪用公款买卖证券。

第八十三条　国有企业和国有资产控股的企业买卖上市交易的股票，必须遵守国家有关规定。

第八十四条　证券交易所、证券公司、证券登记结算机构、证券服务机构及其从业人员对证券交易中发现的禁止的交易行为，应当及时向证券监督管理机构报告。

第四章　上市公司的收购

第八十五条　投资者可以采取要约收购、协议收购及其他合法方式收购上市公司。

第八十六条　通过证券交易所的证券交易，投资者持有或者通过协议、其他安排与他人共同持有一个上市公司已发行的股份达到百分之五时，应当在该事实发生之日起三日内，向国务院证券监督管理机构、证券交易所作出书面报告，通知该上市公司，并予公告；在上述期限内，不得再行买卖该上市公司的股票。

投资者持有或者通过协议、其他安排与他人共同持有一个上市公司已发行的股份达到百分之五后，其所持该上市公司已发行的股份比例每增加或者减少百分之五，应当依照前款规定进行报告和公告。在报告期限内和作出报告、公告后两日内，不得再行买卖该上市公司的股票。

第八十七条　依照前条规定所作的书面报告和公告，应当包括下列内容：

（一）持股人的名称、住所；

（二）持有的股票的名称、数额；

（三）持股达到法定比例或者持股增减变化达到法定比例的日期。

第八十八条　通过证券交易所的证券交易，投资者持有或者通过协议、其他安排与他人共同持有一个上市公司已发行的股份达到百分之三十时，继续进行收购的，应当依法向该上市公司所有股东发出收购上市公司全部或者部分股份的要约。

收购上市公司部分股份的收购要约应当约定，被收购公司股东承诺出售的股份数额超过预定收购的股份数额的，收购人按比例进行收购。

第八十九条　依照前条规定发出收购要约，收购人必须公告上市公司收购报告书，并载明下列事项：

（一）收购人的名称、住所；

（二）收购人关于收购的决定；

（三）被收购的上市公司名称；

（四）收购目的；

（五）收购股份的详细名称和预定收购的股份数额；

（六）收购期限、收购价格；

（七）收购所需资金额及资金保证；

（八）公告上市公司收购报告书时持有被收购公司股份数占该公司已发行的股份总数的比例。

第九十条 收购要约约定的收购期限不得少于三十日，并不得超过六十日。

第九十一条 在收购要约确定的承诺期限内，收购人不得撤销其收购要约。收购人需要变更收购要约的，必须及时公告，载明具体变更事项。

第九十二条 收购要约提出的各项收购条件，适用于被收购公司的所有股东。

第九十三条 采取要约收购方式的，收购人在收购期限内，不得卖出被收购公司的股票，也不得采取要约规定以外的形式和超出要约的条件买入被收购公司的股票。

第九十四条 采取协议收购方式的，收购人可以依照法律、行政法规的规定同被收购公司的股东以协议方式进行股份转让。

以协议方式收购上市公司时，达成协议后，收购人必须在三日内将该收购协议向国务院证券监督管理机构及证券交易所作出书面报告，并予公告。

在公告前不得履行收购协议。

第九十五条 采取协议收购方式的，协议双方可以临时委托证券登记结算机构保管协议转让的股票，并将资金存放于指定的银行。

第九十六条 采取协议收购方式的，收购人收购或者通过协议、其他安排与他人共同收购一个上市公司已发行的股份达到百分之三十时，继续进行收购的，应当向该上市公司所有股东发出收购上市公司全部或者部分股份的要约。但是，经国务院证券监督管理机构免除发出要约的除外。

收购人依照前款规定以要约方式收购上市公司股份，应当遵守本法第八十九条至第九十三条的规定。

第九十七条 收购期限届满，被收购公司股权分布不符合上市条件的，该上市公司的股票应当由证券交易所依法终止上市交易；其余仍持有被收购公司股票的股东，有权向收购人以收购要约的同等条件出售其股票，收购人应当收购。

收购行为完成后，被收购公司不再具备股份有限公司条件的，应当依法变更企业形式。

第九十八条 在上市公司收购中，收购人持有的被收购的上市公司的股票，在收购行为完成后的十二个月内不得转让。

第九十九条 收购行为完成后，收购人与被收购公司合并，并将该公司解散的，被解散公司的原有股票由收购人依法更换。

第一百条 收购行为完成后,收购人应当在十五日内将收购情况报告国务院证券监督管理机构和证券交易所,并予公告。

第一百零一条 收购上市公司中由国家授权投资的机构持有的股份,应当按照国务院的规定,经有关主管部门批准。

国务院证券监督管理机构应当依照本法的原则制定上市公司收购的具体办法。

第五章 证券交易所

第一百零二条 证券交易所是为证券集中交易提供场所和设施,组织和监督证券交易,实行自律管理的法人。

证券交易所的设立和解散,由国务院决定。

第一百零三条 设立证券交易所必须制定章程。

证券交易所章程的制定和修改,必须经国务院证券监督管理机构批准。

第一百零四条 证券交易所必须在其名称中标明证券交易所字样。其他任何单位或者个人不得使用证券交易所或者近似的名称。

第一百零五条 证券交易所可以自行支配的各项费用收入,应当首先用于保证其证券交易场所和设施的正常运行并逐步改善。

实行会员制的证券交易所的财产积累归会员所有,其权益由会员共同享有,在其存续期间,不得将其财产积累分配给会员。

第一百零六条 证券交易所设理事会。

第一百零七条 证券交易所设总经理一人,由国务院证券监督管理机构任免。

第一百零八条 有《中华人民共和国公司法》第一百四十六条规定的情形或者下列情形之一的,不得担任证券交易所的负责人:

(一)因违法行为或者违纪行为被解除职务的证券交易所、证券登记结算机构的负责人或者证券公司的董事、监事、高级管理人员,自被解除职务之日起未逾五年;

(二)因违法行为或者违纪行为被撤销资格的律师、注册会计师或者投资咨询机构、财务顾问机构、资信评级机构、资产评估机构、验证机构的专业人员,自被撤销资格之日起未逾五年。

第一百零九条 因违法行为或者违纪行为被开除的证券交易所、证券登记结算机构、证券服务机构、证券公司的从业人员和被开除的国家机关工作人员,不得招聘为证券交易所的从业人员。

第一百一十条 进入证券交易所参与集中交易的,必须是证券交易所的会员。

第一百一十一条 投资者应当与证券公司签订证券交易委托协议，并在证券公司开立证券交易账户，以书面、电话以及其他方式，委托该证券公司代其买卖证券。

第一百一十二条 证券公司根据投资者的委托，按照证券交易规则提出交易申报，参与证券交易所场内的集中交易，并根据成交结果承担相应的清算交收责任；证券登记结算机构根据成交结果，按照清算交收规则，与证券公司进行证券和资金的清算交收，并为证券公司客户办理证券的登记过户手续。

第一百一十三条 证券交易所应当为组织公平的集中交易提供保障，公布证券交易即时行情，并按交易日制作证券市场行情表，予以公布。

未经证券交易所许可，任何单位和个人不得发布证券交易即时行情。

第一百一十四条 因突发性事件而影响证券交易的正常进行时，证券交易所可以采取技术性停牌的措施；因不可抗力的突发性事件或者为维护证券交易的正常秩序，证券交易所可以决定临时停市。

证券交易所采取技术性停牌或者决定临时停市，必须及时报告国务院证券监督管理机构。

第一百一十五条 证券交易所对证券交易实行实时监控，并按照国务院证券监督管理机构的要求，对异常的交易情况提出报告。

证券交易所应当对上市公司及相关信息披露义务人披露信息进行监督，督促其依法及时、准确地披露信息。

证券交易所根据需要，可以对出现重大异常交易情况的证券账户限制交易，并报国务院证券监督管理机构备案。

第一百一十六条 证券交易所应当从其收取的交易费用和会员费、席位费中提取一定比例的金额设立风险基金。风险基金由证券交易所理事会管理。

风险基金提取的具体比例和使用办法，由国务院证券监督管理机构会同国务院财政部门规定。

第一百一十七条 证券交易所应当将收存的风险基金存入开户银行专门账户，不得擅自使用。

第一百一十八条 证券交易所依照证券法律、行政法规制定上市规则、交易规则、会员管理规则和其他有关规则，并报国务院证券监督管理机构批准。

第一百一十九条 证券交易所的负责人和其他从业人员在执行与证券交易有关的职务时，与其本人或者其亲属有利害关系的，应当回避。

第一百二十条 按照依法制定的交易规则进行的交易，不得改变其交易结果。对交易中违规交易者应负的民事责任不得免除；在违规交易中所获利益，依照有关规定处理。

第一百二十一条 在证券交易所内从事证券交易的人员，违反证券交易所有关交易规则的，由证券交易所给予纪律处分；对情节严重的，撤销其资格，禁止其人场进行证券交易。

第六章 证券公司

第一百二十二条 设立证券公司，必须经国务院证券监督管理机构审查批准。未经国务院证券监督管理机构批准，任何单位和个人不得经营证券业务。

第一百二十三条 本法所称证券公司是指依照《中华人民共和国公司法》和本法规定设立的经营证券业务的有限责任公司或者股份有限公司。

第一百二十四条 设立证券公司，应当具备下列条件：

（一）有符合法律、行政法规规定的公司章程；

（二）主要股东具有持续盈利能力，信誉良好，最近三年无重大违法违规记录，净资产不低于人民币两亿元；

（三）有符合本法规定的注册资本；

（四）董事、监事、高级管理人员具备任职资格，从业人员具有证券从业资格；

（五）有完善的风险管理与内部控制制度；

（六）有合格的经营场所和业务设施；

（七）法律、行政法规规定的和经国务院批准的国务院证券监督管理机构规定的其他条件。

第一百二十五条 经国务院证券监督管理机构批准，证券公司可以经营下列部分或者全部业务：

（一）证券经纪；

（二）证券投资咨询；

（三）与证券交易、证券投资活动有关的财务顾问；

（四）证券承销与保荐；

（五）证券自营；

（六）证券资产管理；

（七）其他证券业务。

第一百二十六条 证券公司必须在其名称中标明证券有限责任公司或者证券股份有限公司字样。

第一百二十七条 证券公司经营本法第一百二十五条第（一）项至第（三）项业务的，注册资本最低限额为人民币五千万元；经营第（四）项至第（七）项业务之一的，注册资本最低限额为人民币一亿元；经营第（四）项至第（七）项业务中两项以上的，注册资本最低限额为人民币五亿元。证券公司的注册资本应当是实缴资本。

国务院证券监督管理机构根据审慎监管原则和各项业务的风险程度，可以调整注册资本最低限额，但不得少于前款规定的限额。

第一百二十八条 国务院证券监督管理机构应当自受理证券公司设立申请之日起六个月内，依照法定条件和法定程序并根据审慎监管原则进行审查，作出批准或者不予批准的决定，并通知申请人；不予批准的，应当说明理由。

证券公司设立申请获得批准的，申请人应当在规定的期限内向公司登记机关申请设立登记，领取营业执照。

证券公司应当自领取营业执照之日起十五日内，向国务院证券监督管理机构申请经营证券业务许可证。未取得经营证券业务许可证，证券公司不得经营证券业务。

第一百二十九条 证券公司设立、收购或者撤销分支机构，变更业务范围，增加注册资本且股权结构发生重大调整，减少注册资本，变更持有百分之五以上股权的股东、实际控制人，变更公司章程中的重要条款，合并、分立、停业、解散、破产，必须经国务院证券监督管理机构批准。

证券公司在境外设立、收购或者参股证券经营机构，必须经国务院证券监督管理机构批准。

第一百三十条 国务院证券监督管理机构应当对证券公司的净资本，净资本与负债的比例，净资本与净资产的比例，净资本与自营、承销、资产管理等业务规模的比例，负债与净资产的比例，以及流动资产与流动负债的比例等风险控制指标作出规定。

证券公司不得为其股东或者股东的关联人提供融资或者担保。

第一百三十一条 证券公司的董事、监事、高级管理人员，应当正直诚实，品行良好，熟悉证券法律、行政法规，具有履行职责所需的经营管理能力，并在任职前取得国务院证券监督管理机构核准的任职资格。

有《中华人民共和国公司法》第一百四十六条规定的情形或者下列情形之一的，不得担任证券公司的董事、监事、高级管理人员：

（一）因违法行为或者违纪行为被解除职务的证券交易所、证券登记结算机构的负责人或者证券公司的董事、监事、高级管理人员，自被解除职务之日起未逾五年；

（二）因违法行为或者违纪行为被撤销资格的律师、注册会计师或者投资咨询机构、财务顾问机构、资信评级机构、资产评估机构、验证机构的专业人员，自被撤销资格之日起未逾五年。

第一百三十二条 因违法行为或者违纪行为被开除的证券交易所、证券登记结算机构、证券服务机构、证券公司的从业人员和被开除的国家机关工作人员，不得招聘为证券公司的从业人员。

第一百三十三条 国家机关工作人员和法律、行政法规规定的禁止在公司中兼职的其他人员，不得在证券公司中兼任职务。

第一百三十四条 国家设立证券投资者保护基金。证券投资者保护基金由证券公司缴纳的资金及其他依法筹集的资金组成,其筹集、管理和使用的具体办法由国务院规定。

第一百三十五条 证券公司从每年的税后利润中提取交易风险准备金,用于弥补证券交易的损失,其提取的具体比例由国务院证券监督管理机构规定。

第一百三十六条 证券公司应当建立健全内部控制制度,采取有效隔离措施,防范公司与客户之间、不同客户之间的利益冲突。

证券公司必须将其证券经纪业务、证券承销业务、证券自营业务和证券资产管理业务分开办理,不得混合操作。

第一百三十七条 证券公司的自营业务必须以自己的名义进行,不得假借他人名义或者以个人名义进行。

证券公司的自营业务必须使用自有资金和依法筹集的资金。

证券公司不得将其自营账户借给他人使用。

第一百三十八条 证券公司依法享有自主经营的权利,其合法经营不受干涉。

第一百三十九条 证券公司客户的交易结算资金应当存放在商业银行,以每个客户的名义单独立户管理。具体办法和实施步骤由国务院规定。

证券公司不得将客户的交易结算资金和证券归入其自有财产。禁止任何单位或者个人以任何形式挪用客户的交易结算资金和证券。证券公司破产或者清算时,客户的交易结算资金和证券不属于其破产财产或者清算财产。非因客户本身的债务或者法律规定的其他情形,不得查封、冻结、扣划或者强制执行客户的交易结算资金和证券。

第一百四十条 证券公司办理经纪业务,应当置备统一制定的证券买卖委托书,供委托人使用。采取其他委托方式的,必须作出委托记录。

客户的证券买卖委托,不论是否成交,其委托记录应当按照规定的期限,保存于证券公司。

第一百四十一条 证券公司接受证券买卖的委托,应当根据委托书载明的证券名称、买卖数量、出价方式、价格幅度等,按照交易规则代理买卖证券,如实进行交易记录;买卖成交后,应当按照规定制作买卖成交报告单交付客户。

证券交易中确认交易行为及其交易结果的对账单必须真实,并由交易经办人员以外的审核人员逐笔审核,保证账面证券余额与实际持有的证券相一致。

第一百四十二条 证券公司为客户买卖证券提供融资融券服务,应当按照国务院的规定并经国务院证券监督管理机构批准。

第一百四十三条 证券公司办理经纪业务,不得接受客户的全权委托而决定证券买卖、选择证券种类、决定买卖数量或者买卖价格。

第一百四十四条 证券公司不得以任何方式对客户证券买卖的收益或者赔偿

证券买卖的损失作出承诺。

第一百四十五条 证券公司及其从业人员不得未经过其依法设立的营业场所私下接受客户委托买卖证券。

第一百四十六条 证券公司的从业人员在证券交易活动中，执行所属的证券公司的指令或者利用职务违反交易规则的，由所属的证券公司承担全部责任。

第一百四十七条 证券公司应当妥善保存客户开户资料、委托记录、交易记录和与内部管理、业务经营有关的各项资料，任何人不得隐匿、伪造、篡改或者毁损。上述资料的保存期限不得少于二十年。

第一百四十八条 证券公司应当按照规定向国务院证券监督管理机构报送业务、财务等经营管理信息和资料。国务院证券监督管理机构有权要求证券公司及其股东、实际控制人在指定的期限内提供有关信息、资料。

证券公司及其股东、实际控制人向国务院证券监督管理机构报送或者提供的信息、资料，必须真实、准确、完整。

第一百四十九条 国务院证券监督管理机构认为有必要时，可以委托会计师事务所、资产评估机构对证券公司的财务状况、内部控制状况、资产价值进行审计或者评估。具体办法由国务院证券监督管理机构会同有关主管部门制定。

第一百五十条 证券公司的净资本或者其他风险控制指标不符合规定的，国务院证券监督管理机构应当责令其限期改正；逾期未改正，或者其行为严重危及该证券公司的稳健运行、损害客户合法权益的，国务院证券监督管理机构可以区别情形，对其采取下列措施：

（一）限制业务活动，责令暂停部分业务，停止批准新业务；

（二）停止批准增设、收购营业性分支机构；

（三）限制分配红利，限制向董事、监事、高级管理人员支付报酬、提供福利；

（四）限制转让财产或者在财产上设定其他权利；

（五）责令更换董事、监事、高级管理人员或者限制其权利；

（六）责令控股股东转让股权或者限制有关股东行使股东权利；

（七）撤销有关业务许可。

证券公司整改后，应当向国务院证券监督管理机构提交报告。国务院证券监督管理机构经验收，符合有关风险控制指标的，应当自验收完毕之日起三日内解除对其采取的前款规定的有关措施。

第一百五十一条 证券公司的股东有虚假出资、抽逃出资行为的，国务院证券监督管理机构应当责令其限期改正，并可责令其转让所持证券公司的股权。

在前款规定的股东按照要求改正违法行为、转让所持证券公司的股权前，国务院证券监督管理机构可以限制其股东权利。

第一百五十二条 证券公司的董事、监事、高级管理人员未能勤勉尽责，致使证券公司存在重大违法违规行为或者重大风险的,国务院证券监督管理机构可以撤销其任职资格,并责令公司予以更换。

第一百五十三条 证券公司违法经营或者出现重大风险,严重危害证券市场秩序、损害投资者利益的,国务院证券监督管理机构可以对该证券公司采取责令停业整顿、指定其他机构托管、接管或者撤销等监管措施。

第一百五十四条 在证券公司被责令停业整顿、被依法指定托管、接管或者清算期间,或者出现重大风险时,经国务院证券监督管理机构批准,可以对该证券公司直接负责的董事、监事、高级管理人员和其他直接责任人员采取以下措施:

(一)通知出境管理机关依法阻止其出境;

(二)申请司法机关禁止其转移、转让或者以其他方式处分财产,或者在财产上设定其他权利。

第七章 证券登记结算机构

第一百五十五条 证券登记结算机构是为证券交易提供集中登记、存管与结算服务,不以营利为目的的法人。

设立证券登记结算机构必须经国务院证券监督管理机构批准。

第一百五十六条 设立证券登记结算机构,应当具备下列条件:

(一)自有资金不少于人民币两亿元;

(二)具有证券登记、存管和结算服务所必需的场所和设施;

(三)主要管理人员和从业人员必须具有证券从业资格;

(四)国务院证券监督管理机构规定的其他条件。

证券登记结算机构的名称中应当标明证券登记结算字样。

第一百五十七条 证券登记结算机构履行下列职能:

(一)证券账户、结算账户的设立;

(二)证券的存管和过户;

(三)证券持有人名册登记;

(四)证券交易所上市证券交易的清算和交收;

(五)受发行人的委托派发证券权益;

(六)办理与上述业务有关的查询;

(七)国务院证券监督管理机构批准的其他业务。

第一百五十八条 证券登记结算采取全国集中统一的运营方式。

证券登记结算机构章程、业务规则应当依法制定,并经国务院证券监督管理机构批准。

第一百五十九条 证券持有人持有的证券,在上市交易时,应当全部存管在证券登记结算机构。

证券登记结算机构不得挪用客户的证券。

第一百六十条 证券登记结算机构应当向证券发行人提供证券持有人名册及其有关资料。

证券登记结算机构应当根据证券登记结算的结果，确认证券持有人持有证券的事实，提供证券持有人登记资料。

证券登记结算机构应当保证证券持有人名册和登记过户记录真实、准确、完整，不得隐匿、伪造、篡改或者毁损。

第一百六十一条 证券登记结算机构应当采取下列措施保证业务的正常进行：

（一）具有必备的服务设备和完善的数据安全保护措施；

（二）建立完善的业务、财务和安全防范等管理制度；

（三）建立完善的风险管理系统。

第一百六十二条 证券登记结算机构应当妥善保存登记、存管和结算的原始凭证及有关文件和资料。其保存期限不得少于二十年。

第一百六十三条 证券登记结算机构应当设立证券结算风险基金，用于垫付或者弥补因违约交收、技术故障、操作失误、不可抗力造成的证券登记结算机构的损失。

证券结算风险基金从证券登记结算机构的业务收入和收益中提取，并可以由结算参与人按照证券交易业务量的一定比例缴纳。

证券结算风险基金的筹集、管理办法，由国务院证券监督管理机构会同国务院财政部门规定。

第一百六十四条 证券结算风险基金应当存入指定银行的专门账户，实行专项管理。

证券登记结算机构以证券结算风险基金赔偿后，应当向有关责任人追偿。

第一百六十五条 证券登记结算机构申请解散，应当经国务院证券监督管理机构批准。

第一百六十六条 投资者委托证券公司进行证券交易，应当申请开立证券账户。证券登记结算机构应当按照规定以投资者本人的名义为投资者开立证券账户。

投资者申请开立账户，必须持有证明中国公民身份或者中国法人资格的合法证件。国家另有规定的除外。

第一百六十七条 证券登记结算机构为证券交易提供净额结算服务时，应当要求结算参与人按照货银对付的原则，足额交付证券和资金，并提供交收担保。

在交收完成之前，任何人不得动用用于交收的证券、资金和担保物。

结算参与人未按时履行交收义务的，证券登记结算机构有权按照业务规则处理前款所述财产。

第一百六十八条　证券登记结算机构按照业务规则收取的各类结算资金和证券，必须存放于专门的清算交收账户，只能按业务规则用于已成交的证券交易的清算交收，不得被强制执行。

第八章　证券服务机构

第一百六十九条　投资咨询机构、财务顾问机构、资信评级机构、资产评估机构、会计师事务所从事证券服务业务，必须经国务院证券监督管理机构和有关主管部门批准。

投资咨询机构、财务顾问机构、资信评级机构、资产评估机构、会计师事务所从事证券服务业务的审批管理办法，由国务院证券监督管理机构和有关主管部门制定。

第一百七十条　投资咨询机构、财务顾问机构、资信评级机构从事证券服务业务的人员，必须具备证券专业知识和从事证券业务或者证券服务业务两年以上经验。认定其证券从业资格的标准和管理办法，由国务院证券监督管理机构制定。

第一百七十一条　投资咨询机构及其从业人员从事证券服务业务不得有下列行为：

（一）代理委托人从事证券投资；

（二）与委托人约定分享证券投资收益或者分担证券投资损失；

（三）买卖本咨询机构提供服务的上市公司股票；

（四）利用传播媒介或者通过其他方式提供、传播虚假或者误导投资者的信息；

（五）法律、行政法规禁止的其他行为。

有前款所列行为之一，给投资者造成损失的，依法承担赔偿责任。

第一百七十二条　从事证券服务业务的投资咨询机构和资信评级机构，应当按照国务院有关主管部门规定的标准或者收费办法收取服务费用。

第一百七十三条　证券服务机构为证券的发行、上市、交易等证券业务活动制作、出具审计报告、资产评估报告、财务顾问报告、资信评级报告或者法律意见书等文件，应当勤勉尽责，对所依据的文件资料内容的真实性、准确性、完整性进行核查和验证。其制作、出具的文件有虚假记载、误导性陈述或者重大遗漏，给他人造成损失的，应当与发行人、上市公司承担连带赔偿责任，但是能够证明自己没有过错的除外。

第九章 证券业协会

第一百七十四条 证券业协会是证券业的自律性组织，是社会团体法人。

证券公司应当加入证券业协会。

证券业协会的权力机构为全体会员组成的会员大会。

第一百七十五条 证券业协会章程由会员大会制定，并报国务院证券监督管理机构备案。

第一百七十六条 证券业协会履行下列职责：

（一）教育和组织会员遵守证券法律、行政法规；

（二）依法维护会员的合法权益，向证券监督管理机构反映会员的建议和要求；

（三）收集整理证券信息，为会员提供服务；

（四）制定会员应遵守的规则，组织会员单位的从业人员的业务培训，开展会员间的业务交流；

（五）对会员之间、会员与客户之间发生的证券业务纠纷进行调解；

（六）组织会员就证券业的发展、运作及有关内容进行研究；

（七）监督、检查会员行为，对违反法律、行政法规或者协会章程的，按照规定给予纪律处分；

（八）证券业协会章程规定的其他职责。

第一百七十七条 证券业协会设理事会。理事会成员依章程的规定由选举产生。

第十章 证券监督管理机构

第一百七十八条 国务院证券监督管理机构依法对证券市场实行监督管理，维护证券市场秩序，保障其合法运行。

第一百七十九条 国务院证券监督管理机构在对证券市场实施监督管理中履行下列职责：

（一）依法制定有关证券市场监督管理的规章、规则，并依法行使审批或者核准权；

（二）依法对证券的发行、上市、交易、登记、存管、结算，进行监督管理；

（三）依法对证券发行人、上市公司、证券公司、证券投资基金管理公司、证券服务机构、证券交易所、证券登记结算机构的证券业务活动，进行监督管理；

（四）依法制定从事证券业务人员的资格标准和行为准则，并监督实施；

（五）依法监督检查证券发行、上市和交易的信息公开情况；

（六）依法对证券业协会的活动进行指导和监督；

（七）依法对违反证券市场监督管理法律、行政法规的行为进行查处；

（八）法律、行政法规规定的其他职责。

国务院证券监督管理机构可以和其他国家或者地区的证券监督管理机构建立监督管理合作机制，实施跨境监督管理。

第一百八十条 国务院证券监督管理机构依法履行职责，有权采取下列措施：

（一）对证券发行人、上市公司、证券公司、证券投资基金管理公司、证券服务机构、证券交易所、证券登记结算机构进行现场检查；

（二）进入涉嫌违法行为发生场所调查取证；

（三）询问当事人和与被调查事件有关的单位和个人，要求其对与被调查事件有关的事项作出说明；

（四）查阅、复制与被调查事件有关的财产权登记、通讯记录等资料；

（五）查阅、复制当事人和与被调查事件有关的单位和个人的证券交易记录、登记过户记录、财务会计资料及其他相关文件和资料；对可能被转移、隐匿或者毁损的文件和资料，可以予以封存；

（六）查询当事人和与被调查事件有关的单位和个人的资金账户、证券账户和银行账户；对有证据证明已经或者可能转移或者隐匿违法资金、证券等涉案财产或者隐匿、伪造、毁损重要证据的，经国务院证券监督管理机构主要负责人批准，可以冻结或者查封；

（七）在调查操纵证券市场、内幕交易等重大证券违法行为时，经国务院证券监督管理机构主要负责人批准，可以限制被调查事件当事人的证券买卖，但限制的期限不得超过十五个交易日；案情复杂的，可以延长十五个交易日。

第一百八十一条 国务院证券监督管理机构依法履行职责，进行监督检查或者调查，其监督检查、调查的人员不得少于两人，并应当出示合法证件和监督检查、调查通知书。监督检查、调查的人员少于两人或者未出示合法证件和监督检查、调查通知书的，被检查、调查的单位有权拒绝。

第一百八十二条 国务院证券监督管理机构工作人员必须忠于职守，依法办事，公正廉洁，不得利用职务便利牟取不正当利益，不得泄露所知悉的有关单位和个人的商业秘密。

第一百八十三条 国务院证券监督管理机构依法履行职责，被检查、调查的单位和个人应当配合，如实提供有关文件和资料，不得拒绝、阻碍和隐瞒。

第一百八十四条 国务院证券监督管理机构依法制定的规章、规则和监督管理工作制度应当公开。

国务院证券监督管理机构依据调查结果，对证券违法行为作出的处罚决定，应当公开。

第一百八十五条 国务院证券监督管理机构应当与国务院其他金融监督管理机构建立监督管理信息共享机制。

国务院证券监督管理机构依法履行职责,进行监督检查或者调查时,有关部门应当予以配合。

第一百八十六条 国务院证券监督管理机构依法履行职责,发现证券违法行为涉嫌犯罪的,应当将案件移送司法机关处理。

第一百八十七条 国务院证券监督管理机构的人员不得在被监管的机构中任职。

第十一章 法 律 责 任

第一百八十八条 未经法定机关核准,擅自公开或者变相公开发行证券的,责令停止发行,退还所募资金并加算银行同期存款利息,处以非法所募资金金额百分之一以上百分之五以下的罚款;对擅自公开或者变相公开发行证券设立的公司,由依法履行监督管理职责的机构或者部门会同县级以上地方人民政府予以取缔。对直接负责的主管人员和其他直接责任人员给予警告,并处以三万元以上三十万元以下的罚款。

第一百八十九条 发行人不符合发行条件,以欺骗手段骗取发行核准,尚未发行证券的,处以三十万元以上六十万元以下的罚款;已经发行证券的,处以非法所募资金金额百分之一以上百分之五以下的罚款。对直接负责的主管人员和其他直接责任人员处以三万元以上三十万元以下的罚款。

发行人的控股股东、实际控制人指使从事前款违法行为的,依照前款的规定处罚。

第一百九十条 证券公司承销或者代理买卖未经核准擅自公开发行的证券的,责令停止承销或者代理买卖,没收违法所得,并处以违法所得一倍以上五倍以下的罚款;没有违法所得或者违法所得不足三十万元的,处以三十万元以上六十万元以下的罚款。给投资者造成损失的,应当与发行人承担连带赔偿责任。对直接负责的主管人员和其他直接责任人员给予警告,撤销任职资格或者证券从业资格,并处以三万元以上三十万元以下的罚款。

第一百九十一条 证券公司承销证券,有下列行为之一的,责令改正,给予警告,没收违法所得,可以并处三十万元以上六十万元以下的罚款;情节严重的,暂停或者撤销相关业务许可。给其他证券承销机构或者投资者造成损失的,依法承担赔偿责任。对直接负责的主管人员和其他直接责任人员给予警告,可以并处三万元以上三十万元以下的罚款;情节严重的,撤销任职资格或者证券从业资格:

（一）进行虚假的或者误导投资者的广告或者其他宣传推介活动；

（二）以不正当竞争手段招揽承销业务；

（三）其他违反证券承销业务规定的行为。

第一百九十二条 保荐人出具有虚假记载、误导性陈述或者重大遗漏的保荐书，或者不履行其他法定职责的，责令改正，给予警告，没收业务收入，并处以业务收入一倍以上五倍以下的罚款；情节严重的，暂停或者撤销相关业务许可。对直接负责的主管人员和其他直接责任人员给予警告，并处以三万元以上三十万元以下的罚款；情节严重的，撤销任职资格或者证券从业资格。

第一百九十三条 发行人、上市公司或者其他信息披露义务人未按照规定披露信息，或者所披露的信息有虚假记载、误导性陈述或者重大遗漏的，责令改正，给予警告，并处以三十万元以上六十万元以下的罚款。对直接负责的主管人员和其他直接责任人员给予警告，并处以三万元以上三十万元以下的罚款。

发行人、上市公司或者其他信息披露义务人未按照规定报送有关报告，或者报送的报告有虚假记载、误导性陈述或者重大遗漏的，责令改正，给予警告，并处以三十万元以上六十万元以下的罚款。对直接负责的主管人员和其他直接责任人员给予警告，并处以三万元以上三十万元以下的罚款。

发行人、上市公司或者其他信息披露义务人的控股股东、实际控制人指使从事前两款违法行为的，依照前两款的规定处罚。

第一百九十四条 发行人、上市公司擅自改变公开发行证券所募集资金的用途的，责令改正，对直接负责的主管人员和其他直接责任人员给予警告，并处以三万元以上三十万元以下的罚款。

发行人、上市公司的控股股东、实际控制人指使从事前款违法行为的，给予警告，并处以三十万元以上六十万元以下的罚款。对直接负责的主管人员和其他直接责任人员依照前款的规定处罚。

第一百九十五条 上市公司的董事、监事、高级管理人员、持有上市公司股份百分之五以上的股东，违反本法第四十七条的规定买卖本公司股票的，给予警告，可以并处三万元以上十万元以下的罚款。

第一百九十六条 非法开设证券交易场所的，由县级以上人民政府予以取缔，没收违法所得，并处以违法所得一倍以上五倍以下的罚款；没有违法所得或者违法所得不足十万元的，处以十万元以上五十万元以下的罚款。对直接负责的主管人员和其他直接责任人员给予警告，并处以三万元以上三十万元以下的罚款。

第一百九十七条 未经批准，擅自设立证券公司或者非法经营证券业务的，由证券监督管理机构予以取缔，没收违法所得，并处以违法所得一倍以上五倍以下的罚款；没有违法所得或者违法所得不足三十万元的，处以三十万元以上六十万元以下的罚款。对直接负责的主管人员和其他直接责任人员给予警告，并处以三万元以上三十万元以下的罚款。

第一百九十八条 违反本法规定，聘任不具有任职资格、证券从业资格的人员的，由证券监督管理机构责令改正，给予警告，可以并处十万元以上三十万元以下的罚款；对直接负责的主管人员给予警告，可以并处三万元以上十万元以下的罚款。

第一百九十九条 法律、行政法规规定禁止参与股票交易的人员，直接或者以化名、借他人名义持有、买卖股票的，责令依法处理非法持有的股票，没收违法所得，并处以买卖股票等值以下的罚款；属于国家工作人员的，还应当依法给予行政处分。

第二百条 证券交易所、证券公司、证券登记结算机构、证券服务机构的从业人员或者证券业协会的工作人员，故意提供虚假资料，隐匿、伪造、篡改或者毁损交易记录，诱骗投资者买卖证券的，撤销证券从业资格，并处以三万元以上十万元以下的罚款；属于国家工作人员的，还应当依法给予行政处分。

第二百零一条 为股票的发行、上市、交易出具审计报告、资产评估报告或者法律意见书等文件的证券服务机构和人员，违反本法第四十五条的规定买卖股票的，责令依法处理非法持有的股票，没收违法所得，并处以买卖股票等值以下的罚款。

第二百零二条 证券交易内幕信息的知情人或者非法获取内幕信息的人，在涉及证券的发行、交易或者其他对证券的价格有重大影响的信息公开前，买卖该证券，或者泄露该信息，或者建议他人买卖该证券的，责令依法处理非法持有的证券，没收违法所得，并处以违法所得一倍以上五倍以下的罚款；没有违法所得或者违法所得不足三万元的，处以三万元以上六十万元以下的罚款。单位从事内幕交易的，还应当对直接负责的主管人员和其他直接责任人员给予警告，并处以三万元以上三十万元以下的罚款。证券监督管理机构工作人员进行内幕交易的，从重处罚。

第二百零三条 违反本法规定，操纵证券市场的，责令依法处理非法持有的证券，没收违法所得，并处以违法所得一倍以上五倍以下的罚款；没有违法所得或者违法所得不足三十万元的，处以三十万元以上三百万元以下的罚款。单位操纵证券市场的，还应当对直接负责的主管人员和其他直接责任人员给予警告，并处以十万元以上六十万元以下的罚款。

第二百零四条 违反法律规定，在限制转让期限内买卖证券的，责令改正，给予警告，并处以买卖证券等值以下的罚款。对直接负责的主管人员和其他直接责任人员给予警告，并处以三万元以上三十万元以下的罚款。

第二百零五条 证券公司违反本法规定，为客户买卖证券提供融资融券的，没收违法所得，暂停或者撤销相关业务许可，并处以非法融资融券等值以下的罚款。对直接负责的主管人员和其他直接责任人员给予警告，撤销任职资格或者证券从业资格，并处以三万元以上三十万元以下的罚款。

第二百零六条 违反本法第七十八条第一款、第三款的规定，扰乱证券市场的，由证券监督管理机构责令改正，没收违法所得，并处以违法所得一倍以上五倍以下的罚款；没有违法所得或者违法所得不足三万元的，处以三万元以上二十万元以下的罚款。

第二百零七条 违反本法第七十八条第二款的规定，在证券交易活动中作出虚假陈述或者信息误导的，责令改正，处以三万元以上二十万元以下的罚款；属于国家工作人员的，还应当依法给予行政处分。

第二百零八条 违反本法规定，法人以他人名义设立账户或者利用他人账户买卖证券的，责令改正，没收违法所得，并处以违法所得一倍以上五倍以下的罚款；没有违法所得或者违法所得不足三万元的，处以三万元以上三十万元以下的罚款。对直接负责的主管人员和其他直接责任人员给予警告，并处以三万元以上十万元以下的罚款。

证券公司为前款规定的违法行为提供自己或者他人的证券交易账户的，除依照前款的规定处罚外，还应当撤销直接负责的主管人员和其他直接责任人员的任职资格或者证券从业资格。

第二百零九条 证券公司违反本法规定，假借他人名义或者以个人名义从事证券自营业务的，责令改正，没收违法所得，并处以违法所得一倍以上五倍以下的罚款；没有违法所得或者违法所得不足三十万元的，处以三十万元以上六十万元以下的罚款；情节严重的，暂停或者撤销证券自营业务许可。对直接负责的主管人员和其他直接责任人员给予警告，撤销任职资格或者证券从业资格，并处以三万元以上十万元以下的罚款。

第二百一十条 证券公司违背客户的委托买卖证券、办理交易事项，或者违背客户真实意思表示，办理交易以外的其他事项的，责令改正，处以一万元以上十万元以下的罚款。给客户造成损失的，依法承担赔偿责任。

第二百一十一条 证券公司、证券登记结算机构挪用客户的资金或者证券，或者未经客户的委托，擅自为客户买卖证券的，责令改正，没收违法所得，并处以违法所得一倍以上五倍以下的罚款；没有违法所得或者违法所得不足十万元的，处以十万元以上六十万元以下的罚款；情节严重的，责令关闭或者撤销相关业务许可。对直接负责的主管人员和其他直接责任人员给予警告，撤销任职资格或者证券从业资格，并处以三万元以上三十万元以下的罚款。

第二百一十二条 证券公司办理经纪业务，接受客户的全权委托买卖证券的，或者证券公司对客户买卖证券的收益或者赔偿证券买卖的损失作出承诺的，责令改正，没收违法所得，并处以五万元以上二十万元以下的罚款，可以暂停或者撤销相关业务许可。对直接负责的主管人员和其他直接责任人员给予警告，并处以三万元以上十万元以下的罚款，可以撤销任职资格或者证券从业资格。

第二百一十三条 收购人未按照本法规定履行上市公司收购的公告、发出收购要约等义务的,责令改正,给予警告,并处以十万元以上三十万元以下的罚款;在改正前,收购人对其收购或者通过协议、其他安排与他人共同收购的股份不得行使表决权。对直接负责的主管人员和其他直接责任人员给予警告,并处以三万元以上三十万元以下的罚款。

第二百一十四条 收购人或者收购人的控股股东,利用上市公司收购,损害被收购公司及其股东的合法权益的,责令改正,给予警告;情节严重的,并处以十万元以上六十万元以下的罚款。给被收购公司及其股东造成损失的,依法承担赔偿责任。对直接负责的主管人员和其他直接责任人员给予警告,并处以三万元以上三十万元以下的罚款。

第二百一十五条 证券公司及其从业人员违反本法规定,私下接受客户委托买卖证券的,责令改正,给予警告,没收违法所得,并处以违法所得一倍以上五倍以下的罚款;没有违法所得或者违法所得不足十万元的,处以十万元以上三十万元以下的罚款。

第二百一十六条 证券公司违反规定,未经批准经营非上市证券的交易的,责令改正,没收违法所得,并处以违法所得一倍以上五倍以下的罚款。

第二百一十七条 证券公司成立后,无正当理由超过三个月未开始营业的,或者开业后自行停业连续三个月以上的,由公司登记机关吊销其公司营业执照。

第二百一十八条 证券公司违反本法第一百二十九条的规定,擅自设立、收购、撤销分支机构,或者合并、分立、停业、解散、破产,或者在境外设立、收购、参股证券经营机构的,责令改正,没收违法所得,并处以违法所得一倍以上五倍以下的罚款;没有违法所得或者违法所得不足十万元的,处以十万元以上六十万元以下的罚款。对直接负责的主管人员给予警告,并处以三万元以上十万元以下的罚款。

证券公司违反本法第一百二十九条的规定,擅自变更有关事项的,责令改正,并处以十万元以上三十万元以下的罚款。对直接负责的主管人员给予警告,并处以五万元以下的罚款。

第二百一十九条 证券公司违反本法规定,超出业务许可范围经营证券业务的,责令改正,没收违法所得,并处以违法所得一倍以上五倍以下的罚款;没有违法所得或者违法所得不足三十万元的,处以三十万元以上六十万元以下罚款;情节严重的,责令关闭。对直接负责的主管人员和其他直接责任人员给予警告,撤销任职资格或者证券从业资格,并处以三万元以上十万元以下的罚款。

第二百二十条 证券公司对其证券经纪业务、证券承销业务、证券自营业务、证券资产管理业务,不依法分开办理,混合操作的,责令改正,没收违法所得,并处以三十万元以上六十万元以下的罚款;情节严重的,撤销相关业务许可。对直接负责的主管人员和其他直接责任人员给予警告,并处以三万元以上十万元以下的罚款;情节严重的,撤销任职资格或者证券从业资格。

第二百二十一条 提交虚假证明文件或者采取其他欺诈手段隐瞒重要事实骗取证券业务许可的,或者证券公司在证券交易中有严重违法行为,不再具备经营资格的,由证券监督管理机构撤销证券业务许可。

第二百二十二条 证券公司或者其股东、实际控制人违反规定,拒不向证券监督管理机构报送或者提供经营管理信息和资料,或者报送、提供的经营管理信息和资料有虚假记载、误导性陈述或者重大遗漏的,责令改正,给予警告,并处以三万元以上三十万元以下的罚款,可以暂停或者撤销证券公司相关业务许可。对直接负责的主管人员和其他直接责任人员,给予警告,并处以三万元以下的罚款,可以撤销任职资格或者证券从业资格。

证券公司为其股东或者股东的关联人提供融资或者担保的,责令改正,给予警告,并处以十万元以上三十万元以下的罚款。对直接负责的主管人员和其他直接责任人员,处以三万元以上十万元以下的罚款。股东有过错的,在按照要求改正前,国务院证券监督管理机构可以限制其股东权利;拒不改正的,可以责令其转让所持证券公司股权。

第二百二十三条 证券服务机构未勤勉尽责,所制作、出具的文件有虚假记载、误导性陈述或者重大遗漏的,责令改正,没收业务收入,暂停或者撤销证券服务业务许可,并处以业务收入一倍以上五倍以下的罚款。对直接负责的主管人员和其他直接责任人员给予警告,撤销证券从业资格,并处以三万元以上十万元以下的罚款。

第二百二十四条 违反本法规定,发行、承销公司债券的,由国务院授权的部门依照本法有关规定予以处罚。

第二百二十五条 上市公司、证券公司、证券交易所、证券登记结算机构、证券服务机构,未按照有关规定保存有关文件和资料的,责令改正,给予警告,并处以三万元以上三十万元以下的罚款;隐匿、伪造、篡改或者毁损有关文件和资料的,给予警告,并处以三十万元以上六十万元以下的罚款。

第二百二十六条 未经国务院证券监督管理机构批准,擅自设立证券登记结算机构的,由证券监督管理机构予以取缔,没收违法所得,并处以违法所得一倍以上五倍以下的罚款。

投资咨询机构、财务顾问机构、资信评级机构、资产评估机构、会计师事务所未经批准,擅自从事证券服务业务的,责令改正,没收违法所得,并处以违法所得一倍以上五倍以下的罚款。

证券登记结算机构、证券服务机构违反本法规定或者依法制定的业务规则的,由证券监督管理机构责令改正,没收违法所得,并处以违法所得一倍以上五倍以下的罚款;没有违法所得或者违法所得不足十万元的,处以十万元以上三十万元以下的罚款;情节严重的,责令关闭或者撤销证券服务业务许可。

第二百二十七条 国务院证券监督管理机构或者国务院授权的部门有下列情形之一的，对直接负责的主管人员和其他直接责任人员，依法给予行政处分：

（一）对不符合本法规定的发行证券、设立证券公司等申请予以核准、批准的；

（二）违反规定采取本法第一百八十条规定的现场检查、调查取证、查询、冻结或者查封等措施的；

（三）违反规定对有关机构和人员实施行政处罚的；

（四）其他不依法履行职责的行为。

第二百二十八条 证券监督管理机构的工作人员和发行审核委员会的组成人员，不履行本法规定的职责，滥用职权、玩忽职守，利用职务便利牟取不正当利益，或者泄露所知悉的有关单位和个人的商业秘密的，依法追究法律责任。

第二百二十九条 证券交易所对不符合本法规定条件的证券上市申请予以审核同意的，给予警告，没收业务收入，并处以业务收入一倍以上五倍以下的罚款。对直接负责的主管人员和其他直接责任人员给予警告，并处以三万元以上三十万元以下的罚款。

第二百三十条 拒绝、阻碍证券监督管理机构及其工作人员依法行使监督检查、调查职权未使用暴力、威胁方法的，依法给予治安管理处罚。

第二百三十一条 违反本法规定，构成犯罪的，依法追究刑事责任。

第二百三十二条 违反本法规定，应当承担民事赔偿责任和缴纳罚款、罚金，其财产不足以同时支付时，先承担民事赔偿责任。

第二百三十三条 违反法律、行政法规或者国务院证券监督管理机构的有关规定，情节严重的，国务院证券监督管理机构可以对有关责任人员采取证券市场禁入的措施。

前款所称证券市场禁入，是指在一定期限内直至终身不得从事证券业务或者不得担任上市公司董事、监事、高级管理人员的制度。

第二百三十四条 依照本法收缴的罚款和没收的违法所得，全部上缴国库。

第二百三十五条 当事人对证券监督管理机构或者国务院授权的部门的处罚决定不服的，可以依法申请行政复议，或者依法直接向人民法院提起诉讼。

第十二章 附　　则

第二百三十六条 本法施行前依照行政法规已批准在证券交易所上市交易的证券继续依法进行交易。

本法施行前依照行政法规和国务院金融行政管理部门的规定经批准设立的证券经营机构，不完全符合本法规定的，应当在规定的限期内达到本法规定的要求。具体实施办法，由国务院另行规定。

第二百三十七条 发行人申请核准公开发行股票、公司债券,应当按照规定缴纳审核费用。

第二百三十八条 境内企业直接或者间接到境外发行证券或者将其证券在境外上市交易,必须经国务院证券监督管理机构依照国务院的规定批准。

第二百三十九条 境内公司股票以外币认购和交易的,具体办法由国务院另行规定。

第二百四十条 本法自2006年1月1日起施行。

附录6 上市公司章程指引

上市公司章程指引

发布时间：1997年12月16日
最新修订时间：2016年9月30日
最新生效时间：2016年9月30日
发布主体：中国证券监督管理委员会

目 录

第一章 总则
第二章 经营宗旨和范围
第三章 股份
  第一节 股份发行
  第二节 股份增减和回购
  第三节 股份转让
第四章 股东和股东大会
  第一节 股东
  第二节 股东大会的一般规定
  第三节 股东大会的召集
  第四节 股东大会的提案与通知
  第五节 股东大会的召开
  第六节 股东大会的表决和决议
第五章 董事会
  第一节 董事

第二节　董事会
第六章　经理及其他高级管理人员
第七章　监事会
　　第一节　监事
　　第二节　监事会
第八章　财务会计制度、利润分配和审计
　　第一节　财务会计制度
　　第二节　内部审计
　　第三节　会计师事务所的聘任
第九章　通知和公告
　　第一节　通知
　　第二节　公告
第十章　合并、分立、增资、减资、解散和清算
　　第一节　合并、分立、增资和减资
　　第二节　解散和清算
第十一章　修改章程
第十二章　附则

第一章　总　　则

第一条　为维护公司、股东和债权人的合法权益，规范公司的组织和行为，根据《中华人民共和国公司法》（以下简称《公司法》）、《中华人民共和国证券法》（以下简称《证券法》）和其他有关规定，制订本章程。

第二条　公司系依照【法规名称】和其他有关规定成立的股份有限公司（以下简称公司）。

公司【设立方式】设立；在【公司登记机关所在地名】工商行政管理局注册登记，取得营业执照，营业执照号【营业执照号码】。

注释：依法律、行政法规规定，公司设立必须报经批准的，应当说明批准机关和批准文件名称。

第三条　公司于【批/核准日期】经【批/核准机关全称】批/核准，首次向社会公众发行人民币普通股【股份数额】股，于【上市日期】在【证券交易所全称】上市。公司于【批/核准日期】经【批/核准机关全称】批/核准，发行优先股【股份数额】股，于【上市日期】在【证券交易所全称】上市。公司向境外投资人发行的以外币认购并且在境内上市的境内上市外资股为【股份数额】，于【上市日期】在【证券交易所全称】上市。

注释：本指引所称优先股，是指依照《公司法》，在一般规定的普通种类股

份之外，另行规定的其他种类股份，其股份持有人优先于普通股股东分配公司利润和剩余财产，但参与公司决策管理等权利受到限制。

没有发行（或拟发行）优先股或者境内上市外资股的公司，无需就本条有关优先股或者境内上市外资股的内容作出说明。以下同。

第四条 公司注册名称：【中文全称】【英文全称】。

第五条 公司住所：【公司住所地址全称，邮政编码】。

第六条 公司注册资本为人民币【注册资本数额】元。

注释：公司因增加或者减少注册资本而导致注册资本总额变更的，可以在股东大会通过同意增加或减少注册资本的决议后，再就因此而需要修改公司章程的事项通过一项决议，并说明授权董事会具体办理注册资本的变更登记手续。

第七条 公司营业期限为【年数】或者【公司为永久存续的股份有限公司】。

第八条 【董事长或经理】为公司的法定代表人。

第九条 公司全部资产分为等额股份，股东以其认购的股份为限对公司承担责任，公司以其全部资产对公司的债务承担责任。

第十条 本公司章程自生效之日起，即成为规范公司的组织与行为、公司与股东、股东与股东之间权利义务关系的具有法律约束力的文件，对公司、股东、董事、监事、高级管理人员具有法律约束力的文件。依据本章程，股东可以起诉股东，股东可以起诉公司董事、监事、经理和其他高级管理人员，股东可以起诉公司，公司可以起诉股东、董事、监事、经理和其他高级管理人员。

第十一条 本章程所称其他高级管理人员是指公司的副经理、董事会秘书、财务负责人。

注释：公司可以根据实际情况，在章程中确定属于公司高级管理人员的人员。

第二章 经营宗旨和范围

第十二条 公司的经营宗旨：【宗旨内容】。

第十三条 经依法登记，公司的经营范围：【经营范围内容】。

注释：公司的经营范围中属于法律、行政法规规定须经批准的项目，应当依法经过批准。

第三章 股　　份

第一节 股份发行

第十四条 公司的股份采取股票的形式。

第十五条 公司股份的发行，实行公开、公平、公正的原则，同种类的每一股份应当具有同等权利。

同次发行的同种类股票，每股的发行条件和价格应当相同；任何单位或者个人所认购的股份，每股应当支付相同价额。

注释：发行优先股的公司，应当在章程中明确以下事项：（1）优先股股息率采用固定股息率或浮动股息率，并相应明确固定股息率水平或浮动股息率的计算方法；（2）公司在有可分配税后利润的情况下是否必须分配利润；（3）如果公司因本会计年度可分配利润不足而未向优先股股东足额派发股息，差额部分是否累积到下一会计年度；（4）优先股股东按照约定的股息率分配股息后，是否有权同普通股股东一起参加剩余利润分配，以及参与剩余利润分配的比例、条件等事项；（5）其他涉及优先股股东参与公司利润分配的事项；（6）除利润分配和剩余财产分配外，优先股是否在其他条款上具有不同的设置；（7）优先股表决权恢复时，每股优先股股份享有表决权的具体计算方法。

其中，公开发行优先股的，应当在公司章程中明确：（1）采取固定股息率；（2）在有可分配税后利润的情况下必须向优先股股东分配股息；（3）未向优先股股东足额派发股息的差额部分应当累积到下一会计年度；（4）优先股股东按照约定的股息率分配股息后，不再同普通股股东一起参加剩余利润分配。商业银行发行优先股补充资本的，可就第（2）项和第（3）项事项另作规定。

第十六条 公司发行的股票，以人民币标明面值。

第十七条 公司发行的股份，在【证券登记机构名称】集中存管。

第十八条 公司发起人为【各发起人姓名或者名称】、认购的股份数分别为【股份数量】、出资方式和出资时间为【具体方式和时间】。

注释：已成立1年或1年以上的公司，发起人已将所持股份转让的，无须填入发起人的持股数额。

第十九条 公司股份总数为【股份数额】，公司的股本结构为：普通股【数额】股，其他种类股【数额】股。

注释：公司发行优先股等其他种类股份的，应作出说明。

第二十条 公司或公司的子公司（包括公司的附属企业）不以赠与、垫资、担保、补偿或贷款等形式，对购买或者拟购买公司股份的人提供任何资助。

第二节 股份增减和回购

第二十一条 公司根据经营和发展的需要，依照法律、法规的规定，经股东大会分别作出决议，可以采用下列方式增加资本：

（一）公开发行股份；

（二）非公开发行股份；

（三）向现有股东派送红股；

（四）以公积金转增股本；

（五）法律、行政法规规定以及中国证监会批准的其他方式。

注释：发行优先股的公司，应当在章程中对发行优先股的以下事项作出规定：公司已发行的优先股不得超过公司普通股股份总数的百分之五十，且筹资金额不得超过发行前净资产的百分之五十，已回购、转换的优先股不纳入计算。

公司不得发行可转换为普通股的优先股。但商业银行可以根据商业银行资本监管规定，非公开发行触发事件发生时强制转换为普通股的优先股，并遵守有关规定。

发行可转换公司债的公司，还应当在章程中对可转换公司债的发行、转股程序和安排以及转股所导致的公司股本变更等事项作出具体规定。

第二十二条 公司可以减少注册资本。公司减少注册资本，应当按照《公司法》以及其他有关规定和本章程规定的程序办理。

第二十三条 公司在下列情况下，可以依照法律、行政法规、部门规章和本章程的规定，收购本公司的股份：

（一）减少公司注册资本；

（二）与持有本公司股票的其他公司合并；

（三）将股份奖励给本公司职工；

（四）股东因对股东大会作出的公司合并、分立决议持异议，要求公司收购其股份的。

除上述情形外，公司不进行买卖本公司股份的活动。

注释：发行优先股的公司，还应当在公司章程中对回购优先股的选择权由发行人或股东行使、回购的条件、价格和比例等作出具体规定。发行人按章程规定要求回购优先股的，必须完全支付所欠股息，但商业银行发行优先股补充资本的除外。

第二十四条 公司收购本公司股份，可以选择下列方式之一进行：

（一）证券交易所集中竞价交易方式；（二）要约方式；（三）中国证监会认可的其他方式。

第二十五条 公司因本章程第二十三条第（一）项至第（三）项的原因收购本公司股份的，应当经股东大会决议。公司依照第二十三条规定收购本公司股份后，属于第（一）项情形的，应当自收购之日起 10 日内注销；属于第（二）项、第（四）项情形的，应当在 6 个月内转让或者注销。

公司依照第二十三条第（三）项规定收购的本公司股份，将不超过本公司已发行股份总额的 5%；用于收购的资金应当从公司的税后利润中支出；所收购的股份应当 1 年内转让给职工。

注释：公司按本条规定回购优先股后，应当相应减记发行在外的优先股股份总数。

第三节 股份转让

第二十六条 公司的股份可以依法转让。

第二十七条 公司不接受本公司的股票作为质押权的标的。

第二十八条 发起人持有的本公司股份,自公司成立之日起 1 年内不得转让。公司公开发行股份前已发行的股份,自公司股票在证券交易所上市交易之日起 1 年内不得转让。

公司董事、监事、高级管理人员应当向公司申报所持有的本公司的股份(含优先股股份)及其变动情况,在任职期间每年转让的股份不得超过其所持有本公司同一种类股份总数的 25%;所持本公司股份自公司股票上市交易之日起 1 年内不得转让。上述人员离职后半年内,不得转让其所持有的本公司股份。

注释:若公司章程对公司董事、监事、高级管理人员转让其所持有的本公司股份(含优先股股份)作出其他限制性规定的,应当进行说明。

第二十九条 公司董事、监事、高级管理人员、持有本公司股份 5% 以上的股东,将其持有的本公司股票在买入后 6 个月内卖出,或者在卖出后 6 个月内又买入,由此所得收益归本公司所有,本公司董事会将收回其所得收益。但是,证券公司因包销购入售后剩余股票而持有 5% 以上股份的,卖出该股票不受 6 个月时间限制。

公司董事会不按照前款规定执行的,股东有权要求董事会在 30 日内执行。公司董事会未在上述期限内执行的,股东有权为了公司的利益以自己的名义直接向人民法院提起诉讼。

公司董事会不按照第一款的规定执行的,负有责任的董事依法承担连带责任。

第四章 股东和股东大会

第一节 股 东

第三十条 公司依据证券登记机构提供的凭证建立股东名册,股东名册是证明股东持有公司股份的充分证据。股东按其所持有股份的种类享有权利,承担义务;持有同一种类股份的股东,享有同等权利,承担同种义务。

注释:公司应当与证券登记机构签订股份保管协议,定期查询主要股东资料以及主要股东的持股变更(包括股权的出质)情况,及时掌握公司的股权结构。

第三十一条 公司召开股东大会、分配股利、清算及从事其他需要确认股东身份的行为时,由董事会或股东大会召集人确定股权登记日,股权登记日收市后登记在册的股东为享有相关权益的股东。

第三十二条 公司股东享有下列权利:
(一)依照其所持有的股份份额获得股利和其他形式的利益分配;
(二)依法请求、召集、主持、参加或者委派股东代理人参加股东大会,并行使相应的表决权;
(三)对公司的经营进行监督,提出建议或者质询;

（四）依照法律、行政法规及本章程的规定转让、赠与或质押其所持有的股份；

（五）查阅本章程、股东名册、公司债券存根、股东大会会议记录、董事会会议决议、监事会会议决议、财务会计报告；

（六）公司终止或者清算时，按其所持有的股份份额参加公司剩余财产的分配；

（七）对股东大会作出的公司合并、分立决议持异议的股东，要求公司收购其股份；

（八）法律、行政法规、部门规章或本章程规定的其他权利。

注释：发行优先股的公司，应当在章程中明确优先股股东不出席股东大会会议，所持股份没有表决权，但以下情况除外：（1）修改公司章程中与优先股相关的内容；（2）一次或累计减少公司注册资本超过10%；（3）公司合并、分立、解散或变更公司形式；（4）发行优先股；（5）公司章程规定的其他情形。

发行优先股的公司，还应当在章程中明确规定：公司累计3个会计年度或者连续2个会计年度未按约定支付优先股股息的，优先股股东有权出席股东大会，每股优先股股份享有公司章程规定的表决权。对于股息可以累积到下一会计年度的优先股，表决权恢复直至公司全额支付所欠股息。对于股息不可累积的优先股，表决权恢复直至公司全额支付当年股息。公司章程可以规定优先股表决权恢复的其他情形。

第三十三条 股东提出查阅前条所述有关信息或者索取资料的，应当向公司提供证明其持有公司股份的种类以及持股数量的书面文件，公司经核实股东身份后按照股东的要求予以提供。

第三十四条 公司股东大会、董事会决议内容违反法律、行政法规的，股东有权请求人民法院认定无效。

股东大会、董事会的会议召集程序、表决方式违反法律、行政法规或者本章程，或者决议内容违反本章程的，股东有权自决议作出之日起60日内，请求人民法院撤销。

第三十五条 董事、高级管理人员执行公司职务时违反法律、行政法规或者本章程的规定，给公司造成损失的，连续180日以上单独或合并持有公司1%以上股份的股东有权书面请求监事会向人民法院提起诉讼；监事会执行公司职务时违反法律、行政法规或者本章程的规定，给公司造成损失的，股东可以书面请求董事会向人民法院提起诉讼。

监事会、董事会收到前款规定的股东书面请求后拒绝提起诉讼，或者自收到请求之日起30日内未提起诉讼，或者情况紧急、不立即提起诉讼将会使公司利益受到难以弥补的损害的，前款规定的股东有权为了公司的利益以自己的名义直接向人民法院提起诉讼。

他人侵犯公司合法权益,给公司造成损失的,本条第一款规定的股东可以依照前两款的规定向人民法院提起诉讼。

第三十六条　董事、高级管理人员违反法律、行政法规或者本章程的规定,损害股东利益的,股东可以向人民法院提起诉讼。

第三十七条　公司股东承担下列义务:

(一)遵守法律、行政法规和本章程;

(二)依其所认购的股份和入股方式缴纳股金;

(三)除法律、法规规定的情形外,不得退股;

(四)不得滥用股东权利损害公司或者其他股东的利益;不得滥用公司法人独立地位和股东有限责任损害公司债权人的利益;公司股东滥用股东权利给公司或者其他股东造成损失的,应当依法承担赔偿责任。

公司股东滥用公司法人独立地位和股东有限责任,逃避债务,严重损害公司债权人利益的,应当对公司债务承担连带责任。

(五)法律、行政法规及本章程规定应当承担的其他义务。

第三十八条　持有公司5%以上有表决权股份的股东,将其持有的股份进行质押的,应当自该事实发生当日,向公司作出书面报告。

第三十九条　公司的控股股东、实际控制人不得利用其关联关系损害公司利益。违反规定的,给公司造成损失的,应当承担赔偿责任。

公司控股股东及实际控制人对公司和公司社会公众股股东负有诚信义务。控股股东应严格依法行使出资人的权利,控股股东不得利用利润分配、资产重组、对外投资、资金占用、借款担保等方式损害公司和社会公众股股东的合法权益,不得利用其控制地位损害公司和社会公众股股东的利益。

第二节　股东大会的一般规定

第四十条　股东大会是公司的权力机构,依法行使下列职权:

(一)决定公司的经营方针和投资计划;

(二)选举和更换非由职工代表担任的董事、监事,决定有关董事、监事的报酬事项;

(三)审议批准董事会的报告;

(四)审议批准监事会报告;

(五)审议批准公司的年度财务预算方案、决算方案;

(六)审议批准公司的利润分配方案和弥补亏损方案;

(七)对公司增加或者减少注册资本作出决议;

(八)对发行公司债券作出决议;

(九)对公司合并、分立、解散、清算或者变更公司形式作出决议;

(十)修改本章程;

（十一）对公司聘用、解聘会计师事务所作出决议；

（十二）审议批准第四十一条规定的担保事项；

（十三）审议公司在一年内购买、出售重大资产超过公司最近一期经审计总资产30%的事项；

（十四）审议批准变更募集资金用途事项；

（十五）审议股权激励计划；

（十六）审议法律、行政法规、部门规章或本章程规定应当由股东大会决定的其他事项。

注释：上述股东大会的职权不得通过授权的形式由董事会或其他机构和个人代为行使。

第四十一条 公司下列对外担保行为，须经股东大会审议通过。

（一）本公司及本公司控股子公司的对外担保总额，达到或超过最近一期经审计净资产的50%以后提供的任何担保；

（二）公司的对外担保总额，达到或超过最近一期经审计总资产的30%以后提供的任何担保；

（三）为资产负债率超过70%的担保对象提供的担保；

（四）单笔担保额超过最近一期经审计净资产10%的担保；

（五）对股东、实际控制人及其关联方提供的担保。

第四十二条 股东大会分为年度股东大会和临时股东大会。

年度股东大会每年召开1次，应当于上一会计年度结束后的6个月内举行。

第四十三条 有下列情形之一的，公司在事实发生之日起2个月以内召开临时股东大会：

（一）董事人数不足《公司法》规定人数或者本章程所定人数的2/3时；

（二）公司未弥补的亏损达实收股本总额的1/3时；

（三）单独或者合计持有公司10%以上股份的股东请求时；

（四）董事会认为必要时；

（五）监事会提议召开时；

（六）法律、行政法规、部门规章或本章程规定的其他情形。

注释：公司应当在章程中确定本条第（一）项的具体人数。

计算本条第（三）项所称持股比例时，仅计算普通股和表决权恢复的优先股。

第四十四条 本公司召开股东大会的地点为：【具体地点】。

股东大会将设置会场，以现场会议形式召开。公司还将提供【网络或其他方式】为股东参加股东大会提供便利。股东通过上述方式参加股东大会的，视为出席。

注释：公司章程可以规定召开股东大会的地点为公司住所地或其他明确地

点。召开股东大会公司采用其他参加股东大会方式的，必须在公司章程中予以明确，并明确合法有效的股东身份确认方式。

第四十五条 本公司召开股东大会时将聘请律师对以下问题出具法律意见并公告：

（一）会议的召集、召开程序是否符合法律、行政法规、本章程；

（二）出席会议人员的资格、召集人资格是否合法有效；

（三）会议的表决程序、表决结果是否合法有效；

（四）应本公司要求对其他有关问题出具的法律意见。

第三节 股东大会的召集

第四十六条 独立董事有权向董事会提议召开临时股东大会。对独立董事要求召开临时股东大会的提议，董事会应当根据法律、行政法规和本章程的规定，在收到提议后10日内提出同意或不同意召开临时股东大会的书面反馈意见。董事会同意召开临时股东大会的，将在作出董事会决议后的5日内发出召开股东大会的通知；董事会不同意召开临时股东大会的，将说明理由并公告。

第四十七条 监事会有权向董事会提议召开临时股东大会，并应当以书面形式向董事会提出。董事会应当根据法律、行政法规和本章程的规定，在收到提案后10日内提出同意或不同意召开临时股东大会的书面反馈意见。

董事会同意召开临时股东大会的，将在作出董事会决议后的5日内发出召开股东大会的通知，通知中对原提议的变更，应征得监事会的同意。

董事会不同意召开临时股东大会，或者在收到提案后10日内未作出反馈的，视为董事会不能履行或者不履行召集股东大会会议职责，监事会可以自行召集和主持。

第四十八条 单独或者合计持有公司10%以上股份的股东有权向董事会请求召开临时股东大会，并应当以书面形式向董事会提出。董事会应当根据法律、行政法规和本章程的规定，在收到请求后10日内提出同意或不同意召开临时股东大会的书面反馈意见。

董事会同意召开临时股东大会的，应当在作出董事会决议后的5日内发出召开股东大会的通知，通知中对原请求的变更，应当征得相关股东的同意。

董事会不同意召开临时股东大会，或者在收到请求后10日内未作出反馈的，单独或者合计持有公司10%以上股份的股东有权向监事会提议召开临时股东大会，并应当以书面形式向监事会提出请求。

监事会同意召开临时股东大会的，应在收到请求5日内发出召开股东大会的通知，通知中对原提案的变更，应当征得相关股东的同意。

监事会未在规定期限内发出股东大会通知的，视为监事会不召集和主持股东大会，连续90日以上单独或者合计持有公司10%以上股份的股东可以自行召集和主持。

注释：计算本条所称持股比例时，仅计算普通股和表决权恢复的优先股。

第四十九条 监事会或股东决定自行召集股东大会的，须书面通知董事会，同时向公司所在地中国证监会派出机构和证券交易所备案。

在股东大会决议公告前，召集股东持股比例不得低于10%。

召集股东应在发出股东大会通知及股东大会决议公告时，向公司所在地中国证监会派出机构和证券交易所提交有关证明材料。

注释：计算本条所称持股比例时，仅计算普通股和表决权恢复的优先股。

第五十条 对于监事会或股东自行召集的股东大会，董事会和董事会秘书将予以配合。董事会应当提供股权登记日的股东名册。

第五十一条 监事会或股东自行召集的股东大会，会议所必需的费用由本公司承担。

第四节 股东大会的提案与通知

第五十二条 提案的内容应当属于股东大会职权范围，有明确议题和具体决议事项，并且符合法律、行政法规和本章程的有关规定。

第五十三条 公司召开股东大会，董事会、监事会以及单独或者合并持有公司3%以上股份的股东，有权向公司提出提案。

单独或者合计持有公司3%以上股份的股东，可以在股东大会召开10日前提出临时提案并书面提交召集人。召集人应当在收到提案后2日内发出股东大会补充通知，公告临时提案的内容。

除前款规定的情形外，召集人在发出股东大会通知公告后，不得修改股东大会通知中已列明的提案或增加新的提案。

股东大会通知中未列明或不符合本章程第五十二条规定的提案，股东大会不得进行表决并作出决议。

注释：计算本条所称持股比例时，仅计算普通股和表决权恢复的优先股。

第五十四条 召集人将在年度股东大会召开20日前以公告方式通知各股东，临时股东大会将于会议召开15日前以公告方式通知各股东。

注释：公司在计算起始期限时，不应当包括会议召开当日。

公司可以根据实际情况，决定是否在章程中规定催告程序。

第五十五条 股东大会的通知包括以下内容：

（一）会议的时间、地点和会议期限；

（二）提交会议审议的事项和提案；

（三）以明显的文字说明：全体普通股股东（含表决权恢复的优先股股东）均有权出席股东大会，并可以书面委托代理人出席会议和参加表决，该股东代理人不必是公司的股东；

（四）有权出席股东大会股东的股权登记日；

（五）会务常设联系人姓名，电话号码。

注释：1. 股东大会通知和补充通知中应当充分、完整披露所有提案的全部具体内容。拟讨论的事项需要独立董事发表意见的，发布股东大会通知或补充通知时将同时披露独立董事的意见及理由。

2. 股东大会采用网络或其他方式的，应当在股东大会通知中明确载明网络或其他方式的表决时间及表决程序。股东大会网络或其他方式投票的开始时间，不得早于现场股东大会召开前一日下午3：00，并不得迟于现场股东大会召开当日上午9：30，其结束时间不得早于现场股东大会结束当日下午3：00。

3. 股权登记日与会议日期之间的间隔应当不多于7个工作日。股权登记日一旦确认，不得变更。

第五十六条 股东大会拟讨论董事、监事选举事项的，股东大会通知中将充分披露董事、监事候选人的详细资料，至少包括以下内容：

（一）教育背景、工作经历、兼职等个人情况；

（二）与本公司或本公司的控股股东及实际控制人是否存在关联关系；

（三）披露持有本公司股份数量；

（四）是否受过中国证监会及其他有关部门的处罚和证券交易所惩戒。

除采取累积投票制选举董事、监事外，每位董事、监事候选人应当以单项提案提出。

第五十七条 发出股东大会通知后，无正当理由，股东大会不应延期或取消，股东大会通知中列明的提案不应取消。一旦出现延期或取消的情形，召集人应当在原定召开日前至少2个工作日公告并说明原因。

第五节 股东大会的召开

第五十八条 本公司董事会和其他召集人将采取必要措施，保证股东大会的正常秩序。对于干扰股东大会、寻衅滋事和侵犯股东合法权益的行为，将采取措施加以制止并及时报告有关部门查处。

第五十九条 股权登记日登记在册的所有普通股股东（含表决权恢复的优先股股东）或其代理人，均有权出席股东大会。并依照有关法律、法规及本章程行使表决权。

股东可以亲自出席股东大会，也可以委托代理人代为出席和表决。

第六十条 个人股东亲自出席会议的，应出示本人身份证或其他能够表明其身份的有效证件或证明、股票账户卡；委托代理他人出席会议的，应出示本人有效身份证件、股东授权委托书。

法人股东应由法定代表人或者法定代表人委托的代理人出席会议。法定代表人出席会议的，应出示本人身份证、能证明其具有法定代表人资格的有效证明；

委托代理人出席会议的，代理人应出示本人身份证、法人股东单位的法定代表人依法出具的书面授权委托书。

第六十一条 股东出具的委托他人出席股东大会的授权委托书应当载明下列内容：

（一）代理人的姓名；

（二）是否具有表决权；

（三）分别对列入股东大会议程的每一审议事项投赞成、反对或弃权票的指示；

（四）委托书签发日期和有效期限；

（五）委托人签名（或盖章）。委托人为法人股东的，应加盖法人单位印章。

第六十二条 委托书应当注明如果股东不做具体指示，股东代理人是否可以按自己的意思表决。

第六十三条 代理投票授权委托书由委托人授权他人签署的，授权签署的授权书或者其他授权文件应当经过公证。经公证的授权书或者其他授权文件，和投票代理委托书均需备置于公司住所或者召集会议的通知中指定的其他地方。

委托人为法人的，由其法定代表人或者董事会、其他决策机构决议授权的人作为代表出席公司的股东大会。

第六十四条 出席会议人员的会议登记册由公司负责制作。

会议登记册载明参加会议人员姓名（或单位名称）、身份证号码、住所地址、持有或者代表有表决权的股份数额、被代理人姓名（或单位名称）等事项。

第六十五条 召集人和公司聘请的律师将依据证券登记结算机构提供的股东名册共同对股东资格的合法性进行验证，并登记股东姓名（或名称）及其所持有表决权的股份数。在会议主持人宣布现场出席会议的股东和代理人人数及所持有表决权的股份总数之前，会议登记应当终止。

第六十六条 股东大会召开时，本公司全体董事、监事和董事会秘书应当出席会议，经理和其他高级管理人员应当列席会议。

第六十七条 股东大会由董事长主持。董事长不能履行职务或不履行职务时，由副董事长（公司有两位或两位以上副董事长的，由半数以上董事共同推举的副董事长主持）主持，副董事长不能履行职务或者不履行职务时，由半数以上董事共同推举的一名董事主持。

监事会自行召集的股东大会，由监事会主席主持。监事会主席不能履行职务或不履行职务时，由监事会副主席主持，监事会副主席不能履行职务或者不履行职务时，由半数以上监事共同推举的一名监事主持。

股东自行召集的股东大会，由召集人推举代表主持。

召开股东大会时，会议主持人违反议事规则使股东大会无法继续进行的，经现场出席股东大会有表决权过半数的股东同意，股东大会可推举一人担任会议主持人，继续开会。

第六十八条　公司制定股东大会议事规则，详细规定股东大会的召开和表决程序，包括通知、登记、提案的审议、投票、计票、表决结果的宣布、会议决议的形成、会议记录及其签署、公告等内容，以及股东大会对董事会的授权原则，授权内容应明确具体。股东大会议事规则应作为章程的附件，由董事会拟订，股东大会批准。

第六十九条　在年度股东大会上，董事会、监事会应当就其过去一年的工作向股东大会作出报告。每名独立董事也应作出述职报告。

第七十条　董事、监事、高级管理人员在股东大会上就股东的质询和建议作出解释和说明。

第七十一条　会议主持人应当在表决前宣布现场出席会议的股东和代理人人数及所持有表决权的股份总数，现场出席会议的股东和代理人人数及所持有表决权的股份总数以会议登记为准。

第七十二条　股东大会应有会议记录，由董事会秘书负责。

会议记录记载以下内容：

（一）会议时间、地点、议程和召集人姓名或名称；

（二）会议主持人以及出席或列席会议的董事、监事、经理和其他高级管理人员姓名；

（三）出席会议的股东和代理人人数、所持有表决权的股份总数及占公司股份总数的比例；

（四）对每一提案的审议经过、发言要点和表决结果；

（五）股东的质询意见或建议以及相应的答复或说明；

（六）律师及计票人、监票人姓名；

（七）本章程规定应当载入会议记录的其他内容。

注释：既发行内资股又发行境内上市外资股的公司，会议记录的内容还应当包括：（1）出席股东大会的内资股股东（包括股东代理人）和境内上市外资股股东（包括股东代理人）所持有表决权的股份数，各占公司总股份的比例；（2）在记载表决结果时，还应当记载内资股股东和境内上市外资股股东对每一决议事项的表决情况。

未完成股权分置改革的公司，会议记录还应该包括：（1）出席股东大会的流通股股东（包括股东代理人）和非流通股股东（包括股东代理人）所持有表决权的股份数，各占公司总股份的比例；（2）在记载表决结果时，还应当记载流通股股东和非流通股股东对每一决议事项的表决情况。

公司应当根据实际情况，在章程中规定股东大会会议记录需要记载的其他内容。

第七十三条　召集人应当保证会议记录内容真实、准确和完整。出席会议的董事、监事、董事会秘书、召集人或其代表、会议主持人应当在会议记录上签名。会议记录应当与现场出席股东的签名册及代理出席的委托书、网络及其他方式表决情况的有效资料一并保存，保存期限不少于10年。

注释：公司应当根据具体情况，在章程中规定股东大会会议记录的保管期限。

第七十四条 召集人应当保证股东大会连续举行，直至形成最终决议。因不可抗力等特殊原因导致股东大会中止或不能作出决议的，应采取必要措施尽快恢复召开股东大会或直接终止本次股东大会，并及时公告。同时，召集人应向公司所在地中国证监会派出机构及证券交易所报告。

第六节 股东大会的表决和决议

第七十五条 股东大会决议分为普通决议和特别决议。

股东大会作出普通决议，应当由出席股东大会的股东（包括股东代理人）所持表决权的1/2以上通过。

股东大会作出特别决议，应当由出席股东大会的股东（包括股东代理人）所持表决权的2/3以上通过。

第七十六条 下列事项由股东大会以普通决议通过：

（一）董事会和监事会的工作报告；

（二）董事会拟订的利润分配方案和弥补亏损方案；

（三）董事会和监事会成员的任免及其报酬和支付方法；

（四）公司年度预算方案、决算方案；

（五）公司年度报告；

（六）除法律、行政法规规定或者本章程规定应当以特别决议通过以外的其他事项。

第七十七条 下列事项由股东大会以特别决议通过：

（一）公司增加或者减少注册资本；

（二）公司的分立、合并、解散和清算；

（三）本章程的修改；

（四）公司在一年内购买、出售重大资产或者担保金额超过公司最近一期经审计总资产30%的；

（五）股权激励计划；

（六）法律、行政法规或本章程规定的，以及股东大会以普通决议认定会对公司产生重大影响的、需要以特别决议通过的其他事项。

注释：股东大会就以下事项作出特别决议，除须经出席会议的普通股股东（含表决权恢复的优先股股东，包括股东代理人）所持表决权的2/3以上通过之外，还须经出席会议的优先股股东（不含表决权恢复的优先股股东，包括股东代理人）所持表决权的 2/3 以上通过：（1）修改公司章程中与优先股相关的内容；（2）一次或累计减少公司注册资本超过 10%；（3）公司合并、分立、解散或变更公司形式；（4）发行优先股；（5）公司章程规定的其他情形。

第七十八条 股东（包括股东代理人）以其所代表的有表决权的股份数额行使表决权，每一股份享有一票表决权。

股东大会审议影响中小投资者利益的重大事项时，对中小投资者表决应当单独计票。单独计票结果应当及时公开披露。

公司持有的本公司股份没有表决权，且该部分股份不计入出席股东大会有表决权的股份总数。

公司董事会、独立董事和符合相关规定条件的股东可以公开征集股东投票权。征集股东投票权应当向被征集人充分披露具体投票意向等信息。禁止以有偿或者变相有偿的方式征集股东投票权。公司不得对征集投票权提出最低持股比例限制。

注释：若公司有发行在外的其他股份，应当说明是否享有表决权。优先股表决权恢复的，应当根据章程规定的具体计算方法确定每股优先股股份享有的表决权。

第七十九条 股东大会审议有关关联交易事项时，关联股东不应当参与投票表决，其所代表的有表决权的股份数不计入有效表决总数；股东大会决议的公告应当充分披露非关联股东的表决情况。

注释：公司应当根据具体情况，在章程中制订有关联关系股东的回避和表决程序。

第八十条 公司应在保证股东大会合法、有效的前提下，通过各种方式和途径，优先提供网络形式的投票平台等现代信息技术手段，为股东参加股东大会提供便利。

注释：公司就发行优先股事项召开股东大会的，应当提供网络投票，并可以通过中国证监会认可的其他方式为股东参加股东大会提供便利。

第八十一条 除公司处于危机等特殊情况外，非经股东大会以特别决议批准，公司将不与董事、经理和其他高级管理人员以外的人订立将公司全部或者重要业务的管理交予该人负责的合同。

第八十二条 董事、监事候选人名单以提案的方式提请股东大会表决。

股东大会就选举董事、监事进行表决时，根据本章程的规定或者股东大会的决议，可以实行累积投票制。

前款所称累积投票制是指股东大会选举董事或者监事时，每一股份拥有与应选董事或者监事人数相同的表决权，股东拥有的表决权可以集中使用。董事会应当向股东公告候选董事、监事的简历和基本情况。

注释：公司应当在章程中规定董事、监事提名的方式和程序，以及累积投票制的相关事宜。

第八十三条 除累积投票制外，股东大会将对所有提案进行逐项表决，对同一事项有不同提案的，将按提案提出的时间顺序进行表决。除因不可抗力等特殊原因导致股东大会中止或不能作出决议外，股东大会将不会对提案进行搁置或不予表决。

第八十四条 股东大会审议提案时，不会对提案进行修改，否则，有关变更应当被视为一个新的提案，不能在本次股东大会上进行表决。

第八十五条 同一表决权只能选择现场、网络或其他表决方式中的一种。同一表决权出现重复表决的以第一次投票结果为准。

第八十六条 股东大会采取记名方式投票表决。

第八十七条 股东大会对提案进行表决前，应当推举两名股东代表参加计票和监票。审议事项与股东有利害关系的，相关股东及代理人不得参加计票、监票。

股东大会对提案进行表决时，应当由律师、股东代表与监事代表共同负责计票、监票，并当场公布表决结果，决议的表决结果载入会议记录。

通过网络或其他方式投票的公司股东或其代理人，有权通过相应的投票系统查验自己的投票结果。

第八十八条 股东大会现场结束时间不得早于网络或其他方式，会议主持人应当宣布每一提案的表决情况和结果，并根据表决结果宣布提案是否通过。

在正式公布表决结果前，股东大会现场、网络及其他表决方式中所涉及的公司、计票人、监票人、主要股东、网络服务方等相关各方对表决情况均负有保密义务。

第八十九条 出席股东大会的股东，应当对提交表决的提案发表以下意见之一：同意、反对或弃权。证券登记结算机构作为内地与香港股票市场交易互联互通机制股票的名义持有人，按照实际持有人意思表示进行申报的除外。

未填、错填、字迹无法辨认的表决票、未投的表决票均视为投票人放弃表决权利，其所持股份数的表决结果应计为"弃权"。

第九十条 会议主持人如果对提交表决的决议结果有任何怀疑，可以对所投票数组织点票；如果会议主持人未进行点票，出席会议的股东或者股东代理人对会议主持人宣布结果有异议的，有权在宣布表决结果后立即要求点票，会议主持人应当立即组织点票。

第九十一条 股东大会决议应当及时公告，公告中应列明出席会议的股东和代理人人数、所持有表决权的股份总数及占公司有表决权股份总数的比例、表决方式、每项提案的表决结果和通过的各项决议的详细内容。

注释：发行境内上市外资股的公司，应当对内资股股东和外资股股东出席会议及表决情况分别统计并公告。

第九十二条 提案未获通过，或者本次股东大会变更前次股东大会决议的，应当在股东大会决议公告中做特别提示。

第九十三条 股东大会通过有关董事、监事选举提案的,新任董事、监事就任时间在【就任时间】。

注释：新任董事、监事就任时间确认方式应在公司章程中予以明确。

第九十四条 股东大会通过有关派现、送股或资本公积转增股本提案的,公司将在股东大会结束后 2 个月内实施具体方案。

第五章 董 事 会

第一节 董 事

第九十五条 公司董事为自然人,有下列情形之一的,不能担任公司的董事：

（一）无民事行为能力或者限制民事行为能力;

（二）因贪污、贿赂、侵占财产、挪用财产或者破坏社会主义市场经济秩序,被判处刑罚,执行期满未逾 5 年,或者因犯罪被剥夺政治权利,执行期满未逾 5 年;

（三）担任破产清算的公司、企业的董事或者厂长、经理,对该公司、企业的破产负有个人责任的,自该公司、企业破产清算完结之日起未逾 3 年;

（四）担任因违法被吊销营业执照、责令关闭的公司、企业的法定代表人,并负有个人责任的,自该公司、企业被吊销营业执照之日起未逾 3 年;

（五）个人所负数额较大的债务到期未清偿;

（六）被中国证监会处以证券市场禁入处罚,期限未满的;

（七）法律、行政法规或部门规章规定的其他内容。

违反本条规定选举、委派董事的,该选举、委派或者聘任无效。董事在任职期间出现本条情形的,公司解除其职务。

第九十六条 董事由股东大会选举或更换,任期【年数】。

董事任期届满,可连选连任。董事在任期届满以前,股东大会不能无故解除其职务。

董事任期从就任之日起计算,至本届董事会任期届满时为止。董事任期届满未及时改选,在改选出的董事就任前,原董事仍应当依照法律、行政法规、部门规章和本章程的规定,履行董事职务。

董事可以由经理或者其他高级管理人员兼任,但兼任经理或者其他高级管理人员职务的董事以及由职工代表担任的董事,总计不得超过公司董事总数的1/2。

注释：公司章程应规定规范、透明的董事选聘程序。董事会成员中可以有公司职工代表,公司章程应明确本公司董事会是否可以由职工代表担任董事,以及职工代表担任董事的名额。董事会中的职工代表由公司职工通过职工代表大会、职工大会或者其他形式民主选举产生后，直接进入董事会。

第九十七条 董事应当遵守法律、行政法规和本章程，对公司负有下列忠实义务：

（一）不得利用职权收受贿赂或者其他非法收入，不得侵占公司的财产；

（二）不得挪用公司资金；

（三）不得将公司资产或者资金以其个人名义或者其他个人名义开立账户存储；

（四）不得违反本章程的规定，未经股东大会或董事会同意，将公司资金借贷给他人或者以公司财产为他人提供担保；

（五）不得违反本章程的规定或未经股东大会同意，与本公司订立合同或者进行交易；

（六）未经股东大会同意，不得利用职务便利，为自己或他人谋取本应属于公司的商业机会，自营或者为他人经营与本公司同类的业务；

（七）不得接受与公司交易的佣金归为己有；

（八）不得擅自披露公司秘密；

（九）不得利用其关联关系损害公司利益；

（十）法律、行政法规、部门规章及本章程规定的其他忠实义务。

董事违反本条规定所得的收入，应当归公司所有；给公司造成损失的，应当承担赔偿责任。

注释：除以上各项义务要求外，公司可以根据具体情况，在章程中增加对本公司董事其他义务的要求。

第九十八条 董事应当遵守法律、行政法规和本章程，对公司负有下列勤勉义务：

（一）应谨慎、认真、勤勉地行使公司赋予的权利，以保证公司的商业行为符合国家法律、行政法规以及国家各项经济政策的要求，商业活动不超过营业执照规定的业务范围；

（二）应公平对待所有股东；

（三）及时了解公司业务经营管理状况；

（四）应当对公司定期报告签署书面确认意见。保证公司所披露的信息真实、准确、完整；

（五）应当如实向监事会提供有关情况和资料，不得妨碍监事会或者监事行使职权；

（六）法律、行政法规、部门规章及本章程规定的其他勤勉义务。

注释：公司可以根据具体情况，在章程中增加对本公司董事勤勉义务的要求。

第九十九条 董事连续两次未能亲自出席，也不委托其他董事出席董事会会议，视为不能履行职责，董事会应当建议股东大会予以撤换。

第一百条 董事可以在任期届满以前提出辞职。董事辞职应向董事会提交书面辞职报告。董事会将在2日内披露有关情况。

如因董事的辞职导致公司董事会低于法定最低人数时，在改选出的董事就任前，原董事仍应当依照法律、行政法规、部门规章和本章程规定，履行董事职务。

除前款所列情形外，董事辞职自辞职报告送达董事会时生效。

第一百零一条 董事辞职生效或者任期届满，应向董事会办妥所有移交手续，其对公司和股东承担的忠实义务，在任期结束后并不当然解除，在本章程规定的合理期限内仍然有效。

注释：公司章程应规定董事辞职生效或者任期届满后承担忠实义务的具体期限。

第一百零二条 未经本章程规定或者董事会的合法授权，任何董事不得以个人名义代表公司或者董事会行事。董事以其个人名义行事时，在第三方会合理地认为该董事在代表公司或者董事会行事的情况下，该董事应当事先声明其立场和身份。

第一百零三条 董事执行公司职务时违反法律、行政法规、部门规章或本章程的规定，给公司造成损失的，应当承担赔偿责任。

第一百零四条 独立董事应按照法律、行政法规及部门规章的有关规定执行。

第二节 董事会

第一百零五条 公司设董事会，对股东大会负责。

第一百零六条 董事会由【人数】名董事组成，设董事长1人，副董事长【人数】人。

注释：公司应当在章程中确定董事会人数。

第一百零七条 董事会行使下列职权：

（一）召集股东大会，并向股东大会报告工作；

（二）执行股东大会的决议；

（三）决定公司的经营计划和投资方案；

（四）制订公司的年度财务预算方案、决算方案；

（五）制订公司的利润分配方案和弥补亏损方案；

（六）制订公司增加或者减少注册资本、发行债券或其他证券及上市方案；

（七）拟订公司重大收购、收购本公司股票或者合并、分立、解散及变更公司形式的方案；

（八）在股东大会授权范围内，决定公司对外投资、收购出售资产、资产抵押、对外担保事项、委托理财、关联交易等事项；

（九）决定公司内部管理机构的设置；

（十）聘任或者解聘公司经理、董事会秘书；根据经理的提名，聘任或者解聘公司副经理、财务负责人等高级管理人员，并决定其报酬事项和奖惩事项；

（十一）制订公司的基本管理制度；

（十二）制订本章程的修改方案；

（十三）管理公司信息披露事项；

（十四）向股东大会提请聘请或更换为公司审计的会计师事务所；

（十五）听取公司经理的工作汇报并检查经理的工作；

（十六）法律、行政法规、部门规章或本章程授予的其他职权。

注释：公司股东大会可以授权公司董事会按照公司章程的约定向优先股股东支付股息。

超过股东大会授权范围的事项，应当提交股东大会审议。

第一百零八条 公司董事会应当就注册会计师对公司财务报告出具的非标准审计意见向股东大会作出说明。

第一百零九条 董事会制定董事会议事规则，以确保董事会落实股东大会决议，提高工作效率，保证科学决策。

注释：该规则规定董事会的召开和表决程序，董事会议事规则应列入公司章程或作为章程的附件，由董事会拟订，股东大会批准。

第一百一十条 董事会应当确定对外投资、收购出售资产、资产抵押、对外担保事项、委托理财、关联交易的权限，建立严格的审查和决策程序；重大投资项目应当组织有关专家、专业人员进行评审，并报股东大会批准。

注释：公司董事会应当根据相关的法律、法规及公司实际情况，在章程中确定符合公司具体要求的权限范围，以及涉及资金占公司资产的具体比例。

第一百一十一条 董事会设董事长1人，可以设副董事长。

董事长和副董事长由董事会以全体董事的过半数选举产生。

第一百一十二条 董事长行使下列职权：

（一）主持股东大会和召集、主持董事会会议；

（二）督促、检查董事会决议的执行；

（三）董事会授予的其他职权。

注释：董事会应谨慎授予董事长职权，例行或长期授权须在章程中明确规定。

第一百一十三条 公司副董事长协助董事长工作，董事长不能履行职务或者不履行职务的，由副董事长履行职务（公司有两位或两位以上副董事长的，由半数以上董事共同推举的副董事长履行职务）；副董事长不能履行职务或者不履行职务的，由半数以上董事共同推举一名董事履行职务。

第一百一十四条 董事会每年至少召开两次会议，由董事长召集，于会议召开 10 日以前书面通知全体董事和监事。

第一百一十五条　代表 1/10 以上表决权的股东、1/3 以上董事或者监事会，可以提议召开董事会临时会议。董事长应当自接到提议后 10 日内，召集和主持董事会会议。

第一百一十六条　董事会召开临时董事会会议的通知方式为：【具体通知方式】；通知时限为：【具体通知时限】。

第一百一十七条　董事会会议通知包括以下内容：

（一）会议日期和地点；

（二）会议期限；

（三）事由及议题；

（四）发出通知的日期。

第一百一十八条　董事会会议应有过半数的董事出席方可举行。董事会作出决议，必须经全体董事的过半数通过。

董事会决议的表决，实行一人一票。

第一百一十九条　董事与董事会会议决议事项所涉及的企业有关联关系的，不得对该项决议行使表决权，也不得代理其他董事行使表决权。该董事会会议由过半数的无关联关系董事出席即可举行，董事会会议所作决议须经无关联关系董事过半数通过。出席董事会的无关联董事人数不足 3 人的，应将该事项提交股东大会审议。

第一百二十条　董事会决议表决方式为：【具体表决方式】。

董事会临时会议在保障董事充分表达意见的前提下，可以用【其他方式】进行并作出决议，并由参会董事签字。

注释：此项为选择性条款，公司可自行决定是否在其章程中予以采纳。

第一百二十一条　董事会会议，应由董事本人出席；董事因故不能出席，可以书面委托其他董事代为出席，委托书中应载明代理人的姓名、代理事项、授权范围和有效期限，并由委托人签名或盖章。代为出席会议的董事应当在授权范围内行使董事的权利。董事未出席董事会会议，亦未委托代表出席的，视为放弃在该次会议上的投票权。

第一百二十二条　董事会应当对会议所议事项的决定作成会议记录，出席会议的董事应当在会议记录上签名。

董事会会议记录作为公司档案保存，保存期限不少于 10 年。

注释：公司应当根据具体情况，在章程中规定会议记录的保管期限。

第一百二十三条　董事会会议记录包括以下内容：

（一）会议召开的日期、地点和召集人姓名；

（二）出席董事的姓名以及受他人委托出席董事会的董事（代理人）姓名；

（三）会议议程；

（四）董事发言要点；

（五）每一决议事项的表决方式和结果（表决结果应载明赞成、反对或弃权的票数）。

第六章　经理及其他高级管理人员

第一百二十四条　公司设经理1名，由董事会聘任或解聘。

公司设副经理【人数】名，由董事会聘任或解聘。

公司经理、副经理、财务负责人、董事会秘书和【职务】为公司高级管理人员。

注释：公司可以根据具体情况，在章程中规定属于公司高级管理人员的其他人选。

第一百二十五条　本章程第九十五条关于不得担任董事的情形、同时适用于高级管理人员。

本章程第九十七条关于董事的忠实义务和第九十八条（四）~（六）关于勤勉义务的规定，同时适用于高级管理人员。

第一百二十六条　在公司控股股东、实际控制人单位担任除董事以外其他职务的人员，不得担任公司的高级管理人员。

第一百二十七条　经理每届任期【年数】年，经理连聘可以连任。

第一百二十八条　经理对董事会负责，行使下列职权：

（一）主持公司的生产经营管理工作，组织实施董事会决议，并向董事会报告工作；

（二）组织实施公司年度经营计划和投资方案；

（三）拟订公司内部管理机构设置方案；

（四）拟订公司的基本管理制度；

（五）制订公司的具体规章；

（六）提请董事会聘任或者解聘公司副经理、财务负责人；

（七）决定聘任或者解聘除应由董事会决定聘任或者解聘以外的负责管理人员；

（八）本章程或董事会授予的其他职权。

经理列席董事会会议。

注释：公司应当根据自身情况，在章程中制订符合公司实际要求的经理的职权和具体实施办法。

第一百二十九条　经理应制订经理工作细则，报董事会批准后实施。

第一百三十条　经理工作细则包括下列内容：

（一）经理会议召开的条件、程序和参加的人员；

（二）经理及其他高级管理人员各自具体的职责及其分工；

（三）公司资金、资产运用，签订重大合同的权限，以及向董事会、监事会的报告制度；

（四）董事会认为必要的其他事项。

第一百三十一条 经理可以在任期届满以前提出辞职。有关经理辞职的具体程序和办法由经理与公司之间的劳务合同规定。

第一百三十二条 公司根据自身情况，在章程中应当规定副经理的任免程序、副经理与经理的关系，并可以规定副经理的职权。

第一百三十三条 公司设董事会秘书，负责公司股东大会和董事会会议的筹备、文件保管以及公司股东资料管理，办理信息披露事务等事宜。

董事会秘书应遵守法律、行政法规、部门规章及本章程的有关规定。

第一百三十四条 高级管理人员执行公司职务时违反法律、行政法规、部门规章或本章程的规定，给公司造成损失的，应当承担赔偿责任。

第七章 监 事 会

第一节 监 事

第一百三十五条 本章程第九十五条 关于不得担任董事的情形，同时适用于监事。

董事、经理和其他高级管理人员不得兼任监事。

第一百三十六条 监事应当遵守法律、行政法规和本章程，对公司负有忠实义务和勤勉义务，不得利用职权收受贿赂或者其他非法收入，不得侵占公司的财产。

第一百三十七条 监事的任期每届为3年。监事任期届满，连选可以连任。

第一百三十八条 监事任期届满未及时改选，或者监事在任期内辞职导致监事会成员低于法定人数的，在改选出的监事就任前，原监事仍应当依照法律、行政法规和本章程的规定，履行监事职务。

第一百三十九条 监事应当保证公司披露的信息真实、准确、完整。

第一百四十条 监事可以列席董事会会议，并对董事会决议事项提出质询或者建议。

第一百四十一条 监事不得利用其关联关系损害公司利益，若给公司造成损失的，应当承担赔偿责任。

第一百四十二条 监事执行公司职务时违反法律、行政法规、部门规章或本章程的规定，给公司造成损失的，应当承担赔偿责任。

第二节 监事会

第一百四十三条 公司设监事会。监事会由【人数】名监事组成，监事会设主席1人，可以设副主席。监事会主席和副主席由全体监事过半数选举产生。监事会主席召集和主持监事会会议；监事会主席不能履行职务或者不履行职务的，由监事会副主席召集和主持监事会会议；监事会副主席不能履行职务或者不履行职务的，由半数以上监事共同推举一名监事召集和主持监事会会议。

监事会应当包括股东代表和适当比例的公司职工代表，其中职工代表的比例不低于1/3。监事会中的职工代表由公司职工通过职工代表大会、职工大会或者其他形式民主选举产生。

注释：监事会成员不得少于3人。公司章程应规定职工代表在监事会中的具体比例。

第一百四十四条 监事会行使下列职权：

（一）应当对董事会编制的公司定期报告进行审核并提出书面审核意见；

（二）检查公司财务；

（三）对董事、高级管理人员执行公司职务的行为进行监督，对违反法律、行政法规、本章程或者股东大会决议的董事、高级管理人员提出罢免的建议；

（四）当董事、高级管理人员的行为损害公司的利益时，要求董事、高级管理人员予以纠正；

（五）提议召开临时股东大会，在董事会不履行《公司法》规定的召集和主持股东大会职责时召集和主持股东大会；

（六）向股东大会提出提案；

（七）依照《公司法》第一百五十一条的规定，对董事、高级管理人员提起诉讼；

（八）发现公司经营情况异常，可以进行调查；必要时，可以聘请会计师事务所、律师事务所等专业机构协助其工作，费用由公司承担。

注释：公司章程可以规定监事的其他职权。

第一百四十五条 监事会每6个月至少召开一次会议。监事可以提议召开临时监事会会议。

监事会决议应当经半数以上监事通过。

第一百四十六条 监事会制定监事会议事规则，明确监事会的议事方式和表决程序，以确保监事会的工作效率和科学决策。

注释：监事会议事规则规定监事会的召开和表决程序。监事会议事规则应列入公司章程或作为章程的附件，由监事会拟订，股东大会批准。

第一百四十七条 监事会应当将所议事项的决定作成会议记录，出席会议的监事应当在会议记录上签名。

监事有权要求在记录上对其在会议上的发言作出某种说明性记载。监事会会议记录作为公司档案至少保存10年。

注释：公司应当根据具体情况，在章程中规定会议记录的保管期限。

第一百四十八条 监事会会议通知包括以下内容：

（一）举行会议的日期、地点和会议期限；

（二）事由及议题；

（三）发出通知的日期。

第八章 财务会计制度、利润分配和审计

第一节 财务会计制度

第一百四十九条 公司依照法律、行政法规和国家有关部门的规定，制定公司的财务会计制度。

第一百五十条 公司在每一会计年度结束之日起4个月内向中国证监会和证券交易所报送年度财务会计报告，在每一会计年度前6个月结束之日起2个月内向中国证监会派出机构和证券交易所报送半年度财务会计报告，在每一会计年度前3个月和前9个月结束之日起的1个月内向中国证监会派出机构和证券交易所报送季度财务会计报告。

上述财务会计报告按照有关法律、行政法规及部门规章的规定进行编制。

第一百五十一条 公司除法定的会计账簿外，将不另立会计账簿。公司的资产，不以任何个人名义开立账户存储。

第一百五十二条 公司分配当年税后利润时，应当提取利润的10%列入公司法定公积金。公司法定公积金累计额为公司注册资本的50%以上的，可以不再提取。

公司的法定公积金不足以弥补以前年度亏损的，在依照前款规定提取法定公积金之前，应当先用当年利润弥补亏损。

公司从税后利润中提取法定公积金后，经股东大会决议，还可以从税后利润中提取任意公积金。

公司弥补亏损和提取公积金后所余税后利润，按照股东持有的股份比例分配，但本章程规定不按持股比例分配的除外。

股东大会违反前款规定，在公司弥补亏损和提取法定公积金之前向股东分配利润的，股东必须将违反规定分配的利润退还公司。

公司持有的本公司股份不参与分配利润。

公司应当在公司章程中明确现金分红相对于股票股利在利润分配方式中的优先顺序，并载明以下内容：

（一）公司董事会、股东大会对利润分配尤其是现金分红事项的决策程序和机制，对既定利润分配政策尤其是现金分红政策作出调整的具体条件、决策程序和机制，以及为充分听取独立董事和中小股东意见所采取的措施。

（二）公司的利润分配政策尤其是现金分红政策的具体内容，利润分配的形式，利润分配尤其是现金分红的期间间隔，现金分红的具体条件，发放股票股利的条件，各期现金分红最低金额或比例（如有）等。

注释：公司应当以现金的形式向优先股股东支付股息，在完全支付约定的股息之前，不得向普通股股东分配利润。

第一百五十三条 公司的公积金用于弥补公司的亏损、扩大公司生产经营或者转为增加公司资本。但是，资本公积金将不用于弥补公司的亏损。

法定公积金转为资本时，所留存的该项公积金将不少于转增前公司注册资本的25%。

第一百五十四条 公司股东大会对利润分配方案作出决议后，公司董事会须在股东大会召开后2个月内完成股利（或股份）的派发事项。

第一百五十五条 公司利润分配政策为【具体政策】。

注释：发行境内上市外资股的公司应当按照《境内上市外资股规定实施细则》中的有关规定补充本节的内容。

第二节　内部审计

第一百五十六条 公司实行内部审计制度，配备专职审计人员，对公司财务收支和经济活动进行内部审计监督。

第一百五十七条 公司内部审计制度和审计人员的职责，应当经董事会批准后实施。审计负责人向董事会负责并报告工作。

第三节　会计师事务所的聘任

第一百五十八条 公司聘用取得"从事证券相关业务资格"的会计师事务所进行会计报表审计、净资产验证及其他相关的咨询服务等业务，聘期1年，可以续聘。

第一百五十九条 公司聘用会计师事务所必须由股东大会决定，董事会不得在股东大会决定前委任会计师事务所。

第一百六十条 公司保证向聘用的会计师事务所提供真实、完整的会计凭证、会计账簿、财务会计报告及其他会计资料，不得拒绝、隐匿、谎报。

第一百六十一条 会计师事务所的审计费用由股东大会决定。

第一百六十二条 公司解聘或者不再续聘会计师事务所时，提前【天数】天事先通知会计师事务所，公司股东大会就解聘会计师事务所进行表决时，允许会计师事务所陈述意见。

会计师事务所提出辞聘的，应当向股东大会说明公司有无不当情形。

第九章 通知和公告

第一节 通　　知

第一百六十三条　公司的通知以下列形式发出：
（一）以专人送出；
（二）以邮件方式送出；
（三）以公告方式进行；
（四）本章程规定的其他形式。

第一百六十四条　公司发出的通知，以公告方式进行的，一经公告，视为所有相关人员收到通知。

第一百六十五条　公司召开股东大会的会议通知，以【具体通知方式】进行。

第一百六十六条　公司召开董事会的会议通知，以【具体通知方式】进行。

第一百六十七条　公司召开监事会的会议通知，以【具体通知方式】进行。

注释：公司应当根据实际情况，在章程中确定公司各种会议的具体通知方式。

第一百六十八条　公司通知以专人送出的，由被送达人在送达回执上签名（或盖章），被送达人签收日期为送达日期；公司通知以邮件送出的，自交付邮局之日起第【天数】个工作日为送达日期；公司通知以公告方式送出的，第一次公告刊登日为送达日期。

第一百六十九条　因意外遗漏未向某有权得到通知的人送出会议通知或者该等人没有收到会议通知，会议及会议作出的决议并不因此无效。

第二节 公　　告

第一百七十条　公司指定【媒体名称】为刊登公司公告和其他需要披露信息的媒体。

注释：公司应当在中国证监会指定的媒体范围内，在章程中确定一份或者多份报纸和一个网站作为公司披露信息的媒体。

第十章 合并、分立、增资、减资、解散和清算

第一节 合并、分立、增资和减资

第一百七十一条　公司合并可以采取吸收合并或者新设合并。

一个公司吸收其他公司为吸收合并，被吸收的公司解散。两个以上公司合并设立一个新的公司为新设合并，合并各方解散。

第一百七十二条 公司合并，应当由合并各方签订合并协议，并编制资产负债表及财产清单。公司应当自作出合并决议之日起 10 日内通知债权人，并于 30 日内在【报纸名称】上公告。

债权人自接到通知书之日起 30 日内，未接到通知书的自公告之日起 45 日内，可以要求公司清偿债务或者提供相应的担保。

第一百七十三条 公司合并时，合并各方的债权、债务，由合并后存续的公司或者新设的公司承继。

第一百七十四条 公司分立，其财产作相应的分割。

公司分立，应当编制资产负债表及财产清单。公司应当自作出分立决议之日起 10 日内通知债权人，并于 30 日内在【报纸名称】上公告。

第一百七十五条 公司分立前的债务由分立后的公司承担连带责任。但是，公司在分立前与债权人就债务清偿达成的书面协议另有约定的除外。

第一百七十六条 公司需要减少注册资本时，必须编制资产负债表及财产清单。

公司应当自作出减少注册资本决议之日起 10 日内通知债权人，并于 30 日内在【报纸名称】上公告。债权人自接到通知书之日起 30 日内，未接到通知书的自公告之日起 45 日内，有权要求公司清偿债务或者提供相应的担保。

公司减资后的注册资本将不低于法定的最低限额。

第一百七十七条 公司合并或者分立，登记事项发生变更的，应当依法向公司登记机关办理变更登记；公司解散的，应当依法办理公司注销登记；设立新公司的，应当依法办理公司设立登记。

公司增加或者减少注册资本，应当依法向公司登记机关办理变更登记。

第二节 解散和清算

第一百七十八条 公司因下列原因解散：

（一）本章程规定的营业期限届满或者本章程规定的其他解散事由出现；

（二）股东大会决议解散；

（三）因公司合并或者分立需要解散；

（四）依法被吊销营业执照、责令关闭或者被撤销；

（五）公司经营管理发生严重困难，继续存续会使股东利益受到重大损失，通过其他途径不能解决的，持有公司全部股东表决权 10% 以上的股东，可以请求人民法院解散公司。

第一百七十九条 公司有本章程第一百七十八条第（一）项情形的，可以通过修改本章程而存续。

依照前款规定修改本章程，须经出席股东大会会议的股东所持表决权的 2/3 以上通过。

第一百八十条 公司因本章程第一百七十八条第（一）项、第（二）项、第（四）项、第（五）项规定而解散的，应当在解散事由出现之日起 15 日内成立清算组，开始清算。清算组由董事或者股东大会确定的人员组成。逾期不成立清算组进行清算的，债权人可以申请人民法院指定有关人员组成清算组进行清算。

第一百八十一条 清算组在清算期间行使下列职权：

（一）清理公司财产，分别编制资产负债表和财产清单；

（二）通知、公告债权人；

（三）处理与清算有关的公司未了结的业务；

（四）清缴所欠税款以及清算过程中产生的税款；

（五）清理债权、债务；

（六）处理公司清偿债务后的剩余财产；

（七）代表公司参与民事诉讼活动。

第一百八十二条 清算组应当自成立之日起 10 日内通知债权人，并于 60 日内在【报纸名称】上公告。债权人应当自接到通知书之日起 30 日内，未接到通知书的自公告之日起 45 日内，向清算组申报其债权。

债权人申报债权，应当说明债权的有关事项，并提供证明材料。清算组应当对债权进行登记。

在申报债权期间，清算组不得对债权人进行清偿。

第一百八十三条 清算组在清理公司财产、编制资产负债表和财产清单后，应当制订清算方案，并报股东大会或者人民法院确认。

公司财产在分别支付清算费用、职工的工资、社会保险费用和法定补偿金，缴纳所欠税款，清偿公司债务后的剩余财产，公司按照股东持有的股份比例分配。

清算期间，公司存续，但不能开展与清算无关的经营活动。

公司财产在未按前款规定清偿前，将不会分配给股东。

注释：已发行优先股的公司因解散、破产等原因进行清算时，公司财产在按照公司法和破产法有关规定进行清偿后的剩余财产，应当优先向优先股股东支付未派发的股息和公司章程约定的清算金额，不足以全额支付的，按照优先股股东持股比例分配。

第一百八十四条 清算组在清理公司财产、编制资产负债表和财产清单后，发现公司财产不足清偿债务的，应当依法向人民法院申请宣告破产。

公司经人民法院裁定宣告破产后，清算组应当将清算事务移交给人民法院。

第一百八十五条 公司清算结束后，清算组应当制作清算报告，报股东大会或者人民法院确认,并报送公司登记机关,申请注销公司登记,公告公司终止。

第一百八十六条 清算组成员应当忠于职守,依法履行清算义务。

清算组成员不得利用职权收受贿赂或者其他非法收入,不得侵占公司财产。

清算组成员因故意或者重大过失给公司或者债权人造成损失的,应当承担赔偿责任。

第一百八十七条 公司被依法宣告破产的,依照有关企业破产的法律实施破产清算。

第十一章 修改章程

第一百八十八条 有下列情形之一的,公司应当修改章程:

(一)《公司法》或有关法律、行政法规修改后,章程规定的事项与修改后的法律、行政法规的规定相抵触;

(二)公司的情况发生变化,与章程记载的事项不一致;

(三)股东大会决定修改章程。

第一百八十九条 股东大会决议通过的章程修改事项应经主管机关审批的,须报主管机关批准;涉及公司登记事项的,依法办理变更登记。

第一百九十条 董事会依照股东大会修改章程的决议和有关主管机关的审批意见修改本章程。

第一百九十一条 章程修改事项属于法律、法规要求披露的信息,按规定予以公告。

第十二章 附 则

第一百九十二条 释义。

(一)控股股东,是指其持有的普通股(含表决权恢复的优先股)占公司股本总额50%以上的股东;持有股份的比例虽然不足50%,但依其持有的股份所享有的表决权已足以对股东大会的决议产生重大影响的股东。

(二)实际控制人,是指虽不是公司的股东,但通过投资关系、协议或者其他安排,能够实际支配公司行为的人。

(三)关联关系,是指公司控股股东、实际控制人、董事、监事、高级管理人员与其直接或者间接控制的企业之间的关系,以及可能导致公司利益转移的其他关系。但是,国家控股的企业之间不仅因为同受国家控股而具有关联关系。

第一百九十三条 董事会可依照章程的规定,制定章程细则。章程细则不得与章程的规定相抵触。

第一百九十四条 本章程以中文书写,其他任何语种或不同版本的章程与本章程有歧义时，以在【公司登记机关全称】最近一次核准登记后的中文版章程为准。

第一百九十五条 本章程所称"以上""以内""以下"，都含本数；"以外""低于""多于"不含本数。

第一百九十六条 本章程由公司董事会负责解释。

第一百九十七条 本章程附件包括股东大会议事规则、董事会议事规则和监事会议事规则。

第一百九十八条 国家对优先股另有规定的，从其规定。

第一百九十九条 本章程自公布之日起施行。《上市公司章程指引（2014年修订）》（证监会公告〔2014〕47号）同时废止。

附录 7 深圳证券交易所创业板上市公司规范运作指引

深圳证券交易所创业板上市公司规范运作指引

发布时间：2009 年 10 月 15 日
最新修订时间：2015 年 2 月 11 日
最新生效时间：2015 年 3 月 20 日
发布主体：深圳证券交易所

目　录

第一章　总则
第二章　公司治理
　　第一节　总体要求
　　第二节　股东大会
　　第三节　董事会
　　第四节　监事会
第三章　董事、监事和高级管理人员管理
　　第一节　总体要求
　　第二节　任职管理
　　第三节　董事行为规范
　　第四节　董事长行为规范
　　第五节　独立董事特别行为规范
　　第六节　监事行为规范
　　第七节　高级管理人员行为规范
　　第八节　股份及其变动管理

第四章 股东、控股股东和实际控制人行为规范
　　第一节 总体要求
　　第二节 控股股东和实际控制人行为规范
　　第三节 限售股份上市流通管理
　　第四节 股东及其一致行动人增持股份业务管理
　　第五节 承诺及承诺履行

第五章 信息披露管理
　　第一节 公平信息披露
　　第二节 内幕信息知情人登记管理

第六章 募集资金管理
　　第一节 总体要求
　　第二节 募集资金专户存储
　　第三节 募集资金使用
　　第四节 募集资金用途变更
　　第五节 募集资金管理与监督

第七章 其他重大事件管理
　　第一节 对外提供财务资助
　　第二节 会计政策及会计估计变更
　　第三节 利润分配和资本公积转增股本

第八章 内部控制
　　第一节 总体要求
　　第二节 关联交易的内部控制
　　第三节 对外担保的内部控制
　　第四节 重大投资的内部控制
　　第五节 信息披露的内部控制
　　第六节 对控股子公司的内部控制
　　第七节 内部审计工作规范
　　第八节 内部控制的检查和披露

第九章 投资者关系管理

第十章 社会责任

第十一章 附则

第一章 总　　则

1.1 为了规范创业板上市公司（以下简称"上市公司"）的组织和行为，提高上市公司规范运作水平，保护上市公司和投资者的合法权益，促进上市公司

质量不断提高，推动创业板市场健康稳定发展，根据《中华人民共和国公司法》（以下简称《公司法》）、《中华人民共和国证券法》（以下简称《证券法》）等法律、行政法规、部门规章、规范性文件和《深圳证券交易所创业板股票上市规则（2014年修订）》（以下简称《创业板上市规则》），制定本指引。

1.2 本指引适用于股票在深圳证券交易所（以下简称"本所"）创业板上市的公司。

1.3 上市公司及其董事、监事、高级管理人员、股东、实际控制人、收购人等自然人、机构及其相关人员，以及保荐机构及其保荐代表人、证券服务机构及其相关人员应当遵守法律、行政法规、部门规章、规范性文件、《创业板上市规则》、本指引和本所发布的细则、指引、通知、办法、备忘录等相关规定（以下简称"本所其他相关规定"），诚实守信，自觉接受本所和其他相关监管部门的监督管理。

1.4 上市公司应当根据国家有关法律、行政法规、部门规章、规范性文件、《创业板上市规则》、本指引、本所其他相关规定和公司章程，建立规范的公司治理结构和健全的内部控制制度，完善股东大会、董事会、监事会议事规则和权力制衡机制，规范董事、监事、高级管理人员的行为及选聘任免，履行信息披露义务，积极承担社会责任，采取有效措施保护投资者特别是中小投资者的合法权益。

第二章 公 司 治 理

第一节 总体要求

2.1.1 上市公司应当健全治理机制、建立有效的公司治理结构，明确股东、董事、监事和高级管理人员的权利和义务，保证股东充分行使其合法权利，确保董事会对公司和股东负责，保障重大信息披露透明，依法运作、诚实守信。

2.1.2 上市公司应当与控股股东、实际控制人及其关联人的人员、资产、财务分开，机构、业务独立，各自独立核算、独立承担责任和风险。

2.1.3 上市公司人员应当独立于控股股东、实际控制人及其关联人。上市公司的经理人员、财务负责人、营销负责人和董事会秘书在控股股东单位不得担任除董事以外的其他职务。控股股东高级管理人员兼任上市公司董事的，应当保证有足够的时间和精力承担上市公司的工作。

2.1.4 上市公司的资产应当独立完整、权属清晰，不被董事、监事、高级管理人员、控股股东、实际控制人及其关联人占用或者支配。

2.1.5 上市公司应当建立健全独立的财务核算体系，能够独立做出财务决策，具有规范的财务会计制度和对分公司、子公司的财务管理制度。

2.1.6 上市公司在与董事、监事、高级管理人员、控股股东、实际控制人及其关联人发生经营性资金往来时，应当严格履行相关审批程序和信息披露义务，明确经营性资金往来的结算期限，不得以经营性资金往来的形式变相为董事、监事、高级管理人员、控股股东、实际控制人及其关联人提供资金等财务资助。

2.1.7 上市公司在拟购买或者参与竞买控股股东、实际控制人或者其关联人的项目或者资产时，应当核查其是否存在违法违规占用公司资金、要求公司违法违规提供担保等情形。在上述违法违规情形未有效解决之前，公司不得向其购买有关项目或者资产。

2.1.8 上市公司的董事会、监事会和其他内部机构应当独立运作，独立行使经营管理职权，不得与控股股东、实际控制人及其关联人存在机构混同的情形。

2.1.9 上市公司业务应当完全独立于控股股东、实际控制人及其关联人。控股股东及其下属的其他单位不得从事与上市公司相同或者相近的业务。控股股东应当采取有效措施避免同业竞争。

第二节 股东大会

2.2.1 上市公司应当完善股东大会运作机制，平等对待全体股东，保障股东依法享有的知情权、查询权、分配权、质询权、建议权、股东大会召集权、提案权、提名权、表决权等权利，积极为股东行使股东权利提供便利，切实保障股东特别是中小股东的合法权益。

2.2.2 上市公司应当充分保障中小股东享有的股东大会召集请求权。对于股东提议要求召开股东大会的书面提案，公司董事会应当依据法律、行政法规、部门规章、规范性文件、《创业板上市规则》、本指引、本所其他相关规定和公司章程在规定期限内提出是否同意召开股东大会的书面反馈意见，不得无故拖延。

2.2.3 对于股东依法自行召集的股东大会，上市公司董事会和董事会秘书应当予以配合，提供必要的支持，并及时履行信息披露义务。

2.2.4 上市公司股东可向其他股东公开征集其合法享有的股东大会召集权、提案权、提名权、表决权等股东权利，但不得采取有偿或者变相有偿方式进行征集。

本所鼓励公司在公司章程中规定股东权利征集制度的实施细则，但不得对征集投票行为设置最低持股比例等不适当障碍而损害股东的合法权益。

2.2.5 上市公司不得通过授权的形式由董事会或者其他机构和个人代为行使《公司法》规定的股东大会的法定职权。股东大会授权董事会或者其他机构和个人代为行使其他职权的，应当符合法律、行政法规、部门规章、规范性文件、《创业板上市规则》、本指引、本所其他相关规定和公司章程、股东大会议事规则等规定的授权原则,并明确授权的具体内容。

2.2.6　上市公司股东大会应当设置会场,以现场会议形式召开,召开地点应当明确具体。

公司召开股东大会,除现场会议投票外,应当向股东提供股东大会网络投票服务。

2.2.7　股东大会审议影响中小投资者利益的重大事项时,对中小投资者的表决应当单独计票。单独计票结果应当及时公开披露。

前款所称影响中小投资者利益的重大事项是指依据本指引第3.5.3条应当由独立董事发表独立意见的事项,中小投资者是指除上市公司董事、监事、高级管理人员以及单独或者合计持有公司5%以上股份的股东以外的其他股东。

2.2.8　上市公司在召开股东大会的通知中应当充分、完整地披露本次股东大会提案的具体内容。有关提案需要独立董事、保荐机构发表意见的,独立董事和保荐机构的意见最迟应当在发出股东大会通知时披露。

2.2.9　对同一事项有不同提案的,股东或者其代理人在股东大会上不得对同一事项不同的提案同时投同意票。

2.2.10　中小股东有权对上市公司经营和相关议案提出建议或者质询,公司相关董事、监事或者高级管理人员在遵守公平信息披露原则的前提下,应当对中小股东的质询予以真实、准确答复。

2.2.11　上市公司应当在公司章程中规定选举二名及以上董事或者监事时实行累积投票制度。本所鼓励公司选举董事、监事实行差额选举。

股东大会以累积投票方式选举董事的,独立董事和非独立董事的表决应当分别进行。

2.2.12　上市公司召开股东大会应当平等对待全体股东,不得以利益输送、利益交换等方式影响股东的表决,操纵表决结果,损害其他股东的合法权益。

2.2.13　上市公司召开股东大会,应当聘请律师对会议的召集、召开程序、出席会议人员的资格、召集人资格、表决程序及表决结果等事项出具法律意见书,并与股东大会决议一并公告。

律师出具的法律意见不得使用"基本符合""未发现"等含糊措辞,并应当由执业律师和所在律师事务所负责人签名,加盖该律师事务所印章并签署日期。

第三节　董　事　会

2.3.1　董事会应当认真履行有关法律、行政法规、部门规章、规范性文件、《创业板上市规则》、本指引、本所其他相关规定和公司章程规定的职责,确保公司遵守法律、行政法规、部门规章、规范性文件、《创业板上市规则》、本指引、本所其他相关规定和公司章程的规定，公平对待所有股东，并关注其他利益相关者的合法权益。

2.3.2　上市公司应当制定董事会议事规则，确保董事会规范、高效运作和审慎、科学决策。

2.3.3　董事会的人数及人员构成应当符合有关法律、行政法规、部门规章、规范性文件、公司章程等的要求。

2.3.4　上市公司可以根据公司章程或者股东大会决议，在董事会中设立专门委员会。公司章程中应当对专门委员会的组成、职责等作出规定。

2.3.5　董事会会议应当严格按照董事会议事规则召集和召开，按规定事先通知所有董事，并提供充分的会议材料，包括会议议题的相关背景材料、独立董事事前认可情况等董事对议案进行表决所需的所有信息、数据和资料，及时答复董事提出的问询，在会议召开前根据董事的要求补充相关会议材料。

董事会可以公开征集股东投票权，但不得采取有偿或者变相有偿的方式征集股东投票权。

2.3.6　董事会会议记录应当真实、准确、完整，充分反映与会人员对所审议事项提出的意见，出席会议的董事、董事会秘书和记录人员应当在会议记录上签名。董事会会议记录应当作为公司重要档案妥善保存。

2.3.7　《公司法》规定的董事会各项具体职权应当由董事会集体行使，不得授权他人行使，并不得以公司章程、股东大会决议等方式加以变更或者剥夺。

公司章程规定的董事会其他职权，对于涉及重大业务和事项的，应当实行集体决策审批，不得授权单个或者几个董事单独决策。

董事会可以授权董事会成员在会议闭会期间行使除前两款规定外的部分职权，但授权内容必须明确、具体，并对授权事项的执行情况进行持续监督。公司章程应当对授权的范围、权限、程序和责任作出具体规定。

第四节　监　事　会

2.4.1　上市公司监事会应当向全体股东负责，对公司财务以及公司董事、经理和其他高级管理人员履行职责的合法合规性进行监督，维护公司及股东的合法权益。

2.4.2　上市公司应当采取有效措施保障监事的知情权，为监事正常履行职责提供必要的协助，任何人不得干预、阻挠。

2.4.3　监事会成员应当确保监事会能够独立有效地行使对董事、高级管理人员以及上市公司财务监督和检查的权利。

2.4.4　监事会会议记录应当真实、准确、完整，充分反映与会人员对所审议事项提出的意见，出席会议的监事和记录人员应当在会议记录上签字。监事会会议记录应当作为上市公司重要档案妥善保存。

2.4.5 监事会应当提出书面审核意见，说明董事会对定期报告的编制和审核程序是否符合法律、行政法规、中国证监会和本所的规定，报告的内容是否能够真实、准确、完整地反映上市公司的实际情况。

第三章 董事、监事和高级管理人员管理

第一节 总体要求

3.1.1 董事、监事和高级管理人员应当遵守有关法律、行政法规、部门规章、规范性文件、《创业板上市规则》、本指引、本所其他相关规定和公司章程，并严格履行其作出的各项承诺。

3.1.2 董事、监事和高级管理人员作为上市公司和全体股东的受托人，对公司和全体股东负有忠实义务和勤勉义务。

3.1.3 董事、监事和高级管理人员应当忠实、勤勉地为上市公司和全体股东利益行使职权，避免与公司和全体股东发生利益冲突，在发生利益冲突时应当将公司和全体股东利益置于自身利益之上。

3.1.4 董事、监事和高级管理人员不得利用其在上市公司的职权牟取个人利益，不得因其作为董事、监事和高级管理人员身份从第三方获取不当利益。

3.1.5 董事、监事和高级管理人员应当保护上市公司资产的安全、完整，不得挪用公司资金和侵占公司财产。

董事、监事和高级管理人员应当严格区分公务支出和个人支出，不得利用公司为其支付应当由其个人负担的费用。

3.1.6 董事、监事和高级管理人员与上市公司订立合同或者进行交易的，应当根据《创业板上市规则》和公司章程的规定提交公司股东大会审议通过，并严格遵守公平性原则。

3.1.7 董事、监事和高级管理人员不得利用职务便利为自己或者他人牟取属于上市公司的商业机会，不得自营或者为他人经营与公司相同或者类似的业务。

3.1.8 董事、监事和高级管理人员应当勤勉尽责地履行职责，具备正常履行职责所需的必要知识、技能和经验，并保证有足够的时间和精力履行职责。

3.1.9 董事、监事和高级管理人员行使职权应当符合有关法律、行政法规、部门规章、规范性文件、《创业板上市规则》、本指引、本所其他相关规定和公司章程的规定，并在公司章程、股东大会决议或者董事会决议授权范围内行使。

3.1.10 董事、监事和高级管理人员应当严格按照有关规定履行报告义务和信息披露义务，并保证报告和披露的信息真实、准确、完整，不存在虚假记载、误导性陈述或者重大遗漏。

3.1.11 董事、监事和高级管理人员应当严格遵守公平信息披露原则,做好上市公司未公开重大信息的保密工作,不得以任何方式泄漏公司未公开重大信息,不得进行内幕交易、操纵市场或者其他欺诈活动。一旦出现泄漏,应当立即通知公司并督促其公告,公司不予披露的,应当立即向本所报告。

3.1.12 董事、监事和高级管理人员应当积极配合本所的日常监管,在规定期限内回答本所问询并按本所要求提交书面说明和相关资料,按时参加本所的约见谈话,并按照本所要求按时参加本所组织的相关培训和会议。

3.1.13 董事、监事和高级管理人员获悉上市公司控股股东、实际控制人及其关联人出现下列情形之一的,应当及时向公司董事会或者监事会报告,并督促公司按照有关规定履行信息披露义务:

(一)占用公司资金,挪用、侵占公司资产的;

(二)要求公司违法违规提供担保的;

(三)对公司进行或者拟进行重大资产重组的;

(四)持股或者控制公司的情况已发生或者拟发生较大变化的;

(五)持有、控制公司5%以上的股份被质押、冻结、司法拍卖、托管、设置信托或者被依法限制表决权的;

(六)自身经营状况恶化,进入或者拟进入破产、清算等程序的;

(七)对公司股票及其衍生品种交易价格有较大影响的其他情形。

公司未及时履行信息披露义务,或者披露内容与实际情况不符的,相关董事、监事和高级管理人员应当立即向本所报告。

3.1.14 董事、监事和高级管理人员向上市公司董事会、监事会报告重大事项的,应当同时通报董事会秘书。

3.1.15 董事、监事和高级管理人员应当及时阅读并核查上市公司在中国证监会指定信息披露媒体(以下简称"中国证监会指定媒体")上刊登的信息披露文件,发现与董事会决议、监事会决议不符或者与事实不符的,应当及时了解原因,提请董事会、监事会予以纠正,董事会、监事会不予纠正的,应当立即向本所报告。

第二节 任职管理

3.2.1 上市公司应当在公司章程中规定规范、透明的董事、监事和高级管理人员选聘程序,保证董事、监事和高级管理人员选聘公开、公平、公正、独立。

3.2.2 董事会秘书在董事会审议其受聘议案前,应当取得本所认可的董事会秘书资格证书;独立董事在被提名前,应当取得中国证监会认可的独立董事资格证书。

3.2.3 董事、监事和高级管理人员候选人存在下列情形之一的,不得被提名担任上市公司董事、监事和高级管理人员：

（一）《公司法》第一百四十六条规定的情形之一；

（二）被中国证监会采取证券市场禁入措施，期限尚未届满；

（三）被证券交易所公开认定为不适合担任公司董事、监事和高级管理人员，期限尚未届满；

（四）本所规定的其他情形。

董事、监事和高级管理人员候选人存在下列情形之一的，公司应当披露该候选人具体情形、拟聘请该候选人的原因以及是否影响公司规范运作，并提示相关风险：

（一）最近三年内受到中国证监会行政处罚；

（二）最近三年内受到证券交易所公开谴责或者三次以上通报批评；

（三）因涉嫌犯罪被司法机关立案侦查或者涉嫌违法违规被中国证监会立案调查，尚未有明确结论意见。

上述期间，应当以公司董事会、股东大会等有权机构审议董事、监事和高级管理人员候选人聘任议案的日期为截止日。

3.2.4 上市公司董事会中兼任公司高级管理人员以及由职工代表担任的董事人数总计不得超过公司董事总数的二分之一。

最近两年内曾担任过公司董事或者高级管理人员的监事人数不得超过公司监事总数的二分之一。

公司董事、高级管理人员及其配偶和直系亲属在公司董事、高级管理人员任职期间不得担任公司监事。

3.2.5 董事、监事和高级管理人员候选人被提名后，应当自查是否符合任职资格，及时向上市公司提供其是否符合任职资格的书面说明和相关资格证书（如适用）。

公司董事会、监事会应当对候选人的任职资格进行核查，发现不符合任职资格的，应当要求提名人撤销对该候选人的提名。

3.2.6 董事会秘书应当由上市公司董事、副总经理、财务负责人或者公司章程规定的其他高级管理人员担任。

3.2.7 独立董事任职资格应当符合有关法律、行政法规、部门规章、规范性文件、《创业板上市规则》、本指引和本所其他相关规定等。

3.2.8 本所鼓励上市公司在独立董事中配备公司业务所在行业方面的专家。

3.2.9 董事、监事和高级管理人员候选人简历中，应当包括下列内容：

（一）工作经历，其中应当特别说明在公司股东、实际控制人等单位的工作情况；

（二）专业背景、从业经验等；

（三）是否存在本指引第3.2.3条所列情形；

（四）是否与持有公司5%以上股份的股东、实际控制人、公司其他董事、监事和高级管理人员存在关联关系；

（五）本所要求披露的其他重要事项。

3.2.10 董事、监事和高级管理人员离任后三年内，再次被提名为董事、监事和高级管理人员的，应当及时将聘任理由、离任后买卖上市公司股票情况书面报告公司并对外披露。

3.2.11 董事、监事和高级管理人员候选人在股东大会、董事会或者职工代表大会等有权机构审议其受聘议案时，应当亲自出席会议，就其任职资格、专业能力、从业经历、违法违规情况、与上市公司是否存在利益冲突，与公司控股股东、实际控制人以及其他董事、监事和高级管理人员的关系等情况进行说明。

3.2.12 董事、监事和高级管理人员辞职应当提交书面辞职报告。除下列情形外，董事、监事和高级管理人员的辞职自辞职报告送达董事会或者监事会时生效：

（一）董事、监事辞职导致董事会、监事会成员低于法定最低人数；

（二）职工代表监事辞职导致职工代表监事人数少于监事会成员的三分之一；

（三）独立董事辞职导致独立董事人数少于董事会成员的三分之一或者独立董事中没有会计专业人士。

在上述情形下，辞职报告应当在下任董事或者监事填补因其辞职产生的空缺后方能生效。在辞职报告尚未生效之前，拟辞职董事或者监事仍应当按照有关法律、行政法规和公司章程的规定继续履行职责。

出现第一款情形的，上市公司应当在两个月内完成补选。

3.2.13 董事、监事和高级管理人员应当在辞职报告中说明辞职时间、辞职原因、辞去的职务、辞职后是否继续在上市公司任职（如继续任职，说明继续任职的情况）等情况。

辞职原因可能涉及公司或者其他董事、监事和高级管理人员违法违规或者不规范运作的，提出辞职的董事、监事和高级管理人员应当及时向本所报告。

3.2.14 董事、监事和高级管理人员在任职期间出现本指引第3.2.3条第一款所列情形之一的，相关董事、监事和高级管理人员应当在该事实发生之日起一个月内离职。

3.2.15 董事、监事和高级管理人员在离职生效之前，以及离职生效后或者任期结束后的合理期间或者约定的期限内，对上市公司和全体股东承担的忠实义务并不当然解除。

董事、监事和高级管理人员离职后，其对公司的商业秘密负有的保密义务在该商业秘密成为公开信息之前仍然有效，并应当严格履行与公司约定的禁止同业竞争等义务。

第三节 董事行为规范

3.3.1 董事应当在调查、获取作出决策所需文件情况和资料的基础上，充分考虑所审议事项的合法合规性、对上市公司的影响（包括潜在影响）以及存在的风险，以正常合理的谨慎态度勤勉履行职责并对所议事项表示明确的个人意见。对所议事项有疑问的，应当主动调查或者要求董事会提供决策所需的更充足的资料或者信息。

3.3.2 董事应当关注董事会审议事项的决策程序，特别关注相关事项的提议程序、决策权限、表决程序和回避事宜。

3.3.3 董事应当亲自出席董事会会议，因故不能亲自出席董事会会议的，应当审慎选择并以书面形式委托其他董事代为出席，独立董事不得委托非独立董事代为出席会议。涉及表决事项的，委托人应当在委托书中明确对每一事项发表同意、反对或者弃权的意见。董事不得作出或者接受无表决意向的委托、全权委托或者授权范围不明确的委托。董事对表决事项的责任不因委托其他董事出席而免除。

一名董事不得在一次董事会会议上接受超过两名董事的委托代为出席会议。在审议关联交易事项时，非关联董事不得委托关联董事代为出席会议。

3.3.4 出现下列情形之一的，董事应当作出书面说明并对外披露：

（一）连续二次未亲自出席董事会会议；

（二）任职期内连续十二个月未亲自出席董事会会议次数超过其间董事会会议总次数的二分之一。

3.3.5 董事审议授权事项时，应当对授权的范围、合法合规性、合理性和风险进行审慎判断，充分关注是否超出公司章程、股东大会议事规则和董事会议事规则等规定的授权范围，授权事项是否存在重大风险。

董事应当对授权事项的执行情况进行持续监督。

3.3.6 董事审议重大交易事项时，应当详细了解发生交易的原因，审慎评估交易对上市公司财务状况和长远发展的影响，特别关注是否存在通过关联交易非关联化的方式掩盖关联交易的实质以及损害公司和中小股东合法权益的行为。

3.3.7 董事在审议关联交易事项时，应当对关联交易的必要性、公平性、真实意图、对上市公司的影响作出明确判断，特别关注交易的定价政策及定价依据，包括评估值的公允性、交易标的的成交价格与账面值或者评估值之间的关系等，严格遵守关联董事回避制度，防止利用关联交易调控利润、向关联人输送利益以及损害公司和中小股东的合法权益。

3.3.8 董事在审议重大投资事项时，应当认真分析投资项目的可行性和投资前景，充分关注投资项目是否与上市公司主营业务相关、资金来源安排是否合理、投资风险是否可控以及该事项对公司的影响。

3.3.9 董事在审议对外担保议案前,应当积极了解被担保方的基本情况,如经营和财务状况、资信情况、纳税情况等。

董事在审议对外担保议案时,应当对担保的合规性、合理性、被担保方偿还债务的能力以及反担保措施是否有效等作出审慎判断。

董事在审议对上市公司的控股公司、参股公司的担保议案时,应当重点关注控股子公司、参股公司的各股东是否按股权比例进行同比例担保。

3.3.10 董事在审议计提资产减值准备议案时,应当关注该项资产形成的过程及计提减值准备的原因、计提资产减值准备是否符合上市公司实际情况、计提减值准备金额是否充足以及对公司财务状况和经营成果的影响。

董事在审议资产核销议案时,应当关注追踪催讨和改进措施、相关责任人处理、资产减值准备计提和损失处理的内部控制制度的有效性。

3.3.11 董事在审议涉及会计政策变更、会计估计变更、重大会计差错更正等议案时,应当关注变更或者更正的合理性、对上市公司定期报告会计数据的影响、是否涉及追溯调整、是否导致公司相关年度盈亏性质改变、是否存在利用该等事项调节各期利润误导投资者的情形。

3.3.12 董事在审议对外提供财务资助议案前,应当积极了解被资助方的基本情况,如经营和财务状况、资信情况、纳税情况等。

董事在审议对外财务资助议案时,应当对提供财务资助的合规性、合理性、被资助方偿还能力以及担保措施是否有效等作出审慎判断。

3.3.13 董事在审议为控股子公司(上市公司合并报表范围内且持股比例超过50%的控股子公司除外)、参股公司提供财务资助时,应当关注被资助对象的其他股东是否按出资比例提供财务资助且条件同等,是否存在直接或者间接损害上市公司利益的情形,以及上市公司是否按规定履行审批程序和信息披露义务。

3.3.14 董事在审议出售或者转让在用的商标、专利、专有技术、特许经营权等与公司核心竞争能力相关的资产时,应当充分关注该事项是否存在损害公司和中小股东合法权益的情形,并应对此发表明确意见。前述意见应在董事会会议记录中作出记载。

3.3.15 董事在审议委托理财事项时,应当充分关注是否将委托理财的审批权授予董事或者高级管理人员个人行使,相关风险控制制度和措施是否健全有效,受托方的诚信记录、经营状况和财务状况是否良好。

3.3.16 董事在审议证券投资、风险投资等事项时,应当充分关注上市公司是否建立专门内部控制制度,投资风险是否可控以及风险控制措施是否有效,投资规模是否影响公司正常经营,资金来源是否为自有资金,是否存在违反规定的证券投资、风险投资等情形。

3.3.17 董事在审议变更募集资金用途议案时,应当充分关注变更的合理性和必要性,在充分了解变更后项目的可行性、投资前景、预期收益等情况后作出审慎判断。

3.3.18 董事在审议上市公司收购和重大资产重组事项时，应当充分调查收购或者重组的意图，关注收购方或者重组交易对方的资信状况和财务状况，交易价格是否公允、合理，收购或者重组是否符合公司的整体利益，审慎评估收购或者重组对公司财务状况和长远发展的影响。

3.3.19 董事在审议利润分配和资本公积金转增股本（以下简称"利润分配"）方案时，应当关注利润分配的合规性和合理性，方案是否与上市公司可分配利润总额、资金充裕程度、成长性、公司可持续发展等状况相匹配。

3.3.20 董事在审议重大融资议案时，应当关注上市公司是否符合融资条件，并结合公司实际，分析各种融资方式的利弊，合理确定融资方式。涉及向关联人非公开发行股票议案的，应当特别关注发行价格的合理性。

3.3.21 董事在审议定期报告时，应当认真阅读定期报告全文，重点关注定期报告内容是否真实、准确、完整，是否存在重大编制错误或者遗漏，主要会计数据和财务指标是否发生大幅波动及波动原因的解释是否合理，是否存在异常情况，董事会报告是否全面分析了上市公司报告期财务状况与经营成果并且充分披露了可能影响公司未来财务状况与经营成果的重大事项和不确定性因素等。

董事应当依法对定期报告是否真实、准确、完整签署书面确认意见，不得委托他人签署，也不得以任何理由拒绝签署。

董事对定期报告内容的真实性、准确性、完整性无法保证或者存在异议的，应当说明具体原因并公告，董事会和监事会应当对所涉及事项及其对公司的影响作出说明并公告。

3.3.22 董事应当严格执行并督促高级管理人员执行董事会决议、股东大会决议等相关决定。在执行相关决议过程中发现下列情形之一时，董事应当及时向上市公司董事会报告，提请董事会采取应对措施：

（一）实施环境、实施条件等出现重大变化，导致相关决议无法实施或者继续实施可能导致公司利益受损；

（二）实际执行情况与相关决议内容不一致，或者执行过程中发现重大风险；

（三）实际执行进度与相关决议存在重大差异，继续实施难以实现预期目标。

3.3.23 董事应当及时关注公共传媒对上市公司的报道，发现与公司实际情况不符、可能或者已经对公司股票及其衍生品种交易产生较大影响的，应当及时向有关方面了解情况，督促公司查明真实情况并做好信息披露工作，必要时应当向本所报告。

3.3.24 出现下列情形之一的，董事应当立即向本所报告并披露：

（一）向董事会报告所发现的上市公司经营活动中的重大问题或者其他董事、高级管理人员损害公司利益的行为，但董事会未采取有效措施的；

（二）董事会拟作出涉嫌违反法律、行政法规、部门规章、规范性文件、

《创业板上市规则》、本指引、本所其他相关规定或者公司章程的决议时，董事明确提出反对意见，但董事会仍然坚持作出决议的；

（三）其他应报告的重大事项。

3.3.25 董事应当积极关注上市公司事务，通过审阅文件、问询相关人员、现场考察、组织调查等多种形式，主动了解公司的经营、运作、管理和财务等情况。对于关注到的重大事项、重大问题或者市场传闻，董事应当要求公司相关人员及时予以说明或者澄清，必要时应当提议召开董事会审议。

3.3.26 董事应当保证上市公司所披露信息的真实、准确、完整，董事不能保证公司披露的信息真实、准确、完整或者存在异议的，应当在公告中作出相应声明并说明理由，董事会、监事会应当对所涉及事项及其对公司的影响作出说明并公告。

3.3.27 董事应当监督上市公司的规范运作情况，积极推动公司各项内部制度建设，主动了解已发生和可能发生的重大事项及其进展情况对公司的影响，及时向董事会报告公司经营活动中存在的问题，不得以不直接从事或者不熟悉相关业务为由推卸责任。

3.3.28 董事发现上市公司或者公司董事、监事、高级管理人员存在涉嫌违法违规行为时，应当要求相关方立即纠正或者停止，并及时向董事会报告，提请董事会进行核查，必要时应当向本所以及其他相关监管机构报告。

第四节 董事长行为规范

3.4.1 董事长应当积极推动上市公司内部各项制度的制定和完善，加强董事会建设，确保董事会工作依法正常开展，依法召集、主持董事会会议并督促董事亲自出席董事会会议。

3.4.2 董事长应当遵守董事会议事规则，保证上市公司董事会会议的正常召开，及时将应当由董事会审议的事项提交董事会审议，不得以任何形式限制或者阻碍其他董事独立行使其职权。

董事长应当严格遵守董事会集体决策机制，不得以个人意见代替董事会决策，不得影响其他董事独立决策。

3.4.3 董事长不得从事超越其职权范围的行为。

董事长在其职权范围（包括授权）内行使权力时，遇到上市对公司经营可能产生重大影响的事项时，应当审慎决策，必要时应当提交董事会集体决策。

对于授权事项的执行情况，董事长应当及时告知全体董事。

3.4.4 董事长应当积极督促董事会决议的执行，并及时将有关情况告知其他董事。

实际执行情况与董事会决议内容不一致，或者执行过程中发现重大风险的，董事长应当及时召集董事会进行审议并采取有效措施。

董事长应当定期向总经理和其他高级管理人员了解董事会决议的执行情况。

3.4.5 董事长应当保证全体董事和董事会秘书的知情权，为其履行职责创造良好的工作条件，不得以任何形式阻挠其依法行使职权。

3.4.6 董事长在接到有关上市公司重大事件的报告后，应当立即敦促董事会秘书及时履行信息披露义务。

第五节 独立董事特别行为规范

3.5.1 独立董事应当独立公正地履行职责，不受上市公司主要股东、实际控制人或者其他与公司存在利害关系的单位和个人的影响。若发现所审议事项存在影响其独立性的情况，应当向公司申明并实行回避。任职期间出现明显影响独立性情形的，应当及时通知公司，提出解决措施，必要时应当提出辞职。

3.5.2 独立董事应当充分行使下列特别职权：

（一）需要提交股东大会审议的关联交易应当由独立董事认可后，提交董事会讨论。独立董事在作出判断前，可以聘请中介机构出具独立财务顾问报告；

（二）向董事会提议聘用或者解聘会计师事务所；

（三）向董事会提请召开临时股东大会；

（四）征集中小股东的意见，提出利润分配提案，并直接提交董事会审议；

（五）提议召开董事会；

（六）独立聘请外部审计机构和咨询机构；

（七）在股东大会召开前公开向股东征集投票权，但不得采取有偿或者变相有偿方式进行征集。

独立董事行使上述职权应当取得全体独立董事的二分之一以上同意。

3.5.3 独立董事应当对下述上市公司重大事项发表独立意见：

（一）提名、任免董事；

（二）聘任、解聘高级管理人员；

（三）董事、高级管理人员的薪酬；

（四）公司现金分红政策的制定、调整、决策程序、执行情况及信息披露，以及利润分配政策是否损害中小投资者合法权益；

（五）需要披露的关联交易、对外担保（不含对合并报表范围内子公司提供担保）、委托理财、对外提供财务资助、变更募集资金用途、公司自主变更会计政策、股票及其衍生品种投资等重大事项；

（六）公司股东、实际控制人及其关联企业对公司现有或者新发生的总额高于三百万元且高于公司最近经审计净资产值的5%的借款或者其他资金往来，以及公司是否采取有效措施回收欠款；

（七）重大资产重组方案、股权激励计划；

（八）公司拟决定其股票不再在本所交易，或者转而申请在其他交易场所交易或者转让；

（九）独立董事认为有可能损害中小股东合法权益的事项；

（十）有关法律、行政法规、部门规章、规范性文件、本所业务规则及公司章程规定的其他事项。

独立董事发表的独立意见类型包括同意、保留意见及其理由、反对意见及其理由和无法发表意见及其障碍，所发表的意见应当明确、清楚。

3.5.4　独立董事对重大事项出具的独立意见至少应当包括下列内容：

（一）重大事项的基本情况；

（二）发表意见的依据，包括所履行的程序、核查的文件、现场检查的内容等；

（三）重大事项的合法合规性；

（四）对上市公司和中小股东权益的影响、可能存在的风险以及公司采取的措施是否有效；

（五）发表的结论性意见。对重大事项提出保留意见、反对意见或者无法发表意见的，相关独立董事应当明确说明理由。

独立董事应当对出具的独立意见签字确认，并将上述意见及时报告董事会，与公司相关公告同时披露。

3.5.5　独立董事发现上市公司存在下列情形之一的，应当积极主动履行尽职调查义务并及时向本所报告，必要时应当聘请中介机构进行专项调查：

（一）重要事项未按规定提交董事会审议；

（二）未及时履行信息披露义务；

（三）公开信息中存在虚假记载、误导性陈述或者重大遗漏；

（四）其他涉嫌违法违规或者损害中小股东合法权益的情形。

3.5.6　独立董事原则上每年应当保证不少于十天的时间，对上市公司生产经营状况、管理和内部控制等制度的建设及执行情况、董事会决议执行情况等进行现场调查。现场检查发现异常情形的，应当及时向公司董事会和本所报告。

3.5.7　独立董事应当切实维护上市公司和全体股东的利益，了解掌握公司的生产经营和运作情况，充分发挥其在投资者关系管理中的作用。本所鼓励独立董事公布通信地址或者电子信箱与投资者进行交流，接受投资者咨询、投诉，主动调查损害公司和中小投资者合法权益的情况，并将调查结果及时回复投资者。

3.5.8　出现下列情形之一的，独立董事应当及时向中国证监会、本所及上市公司所在地证监会派出机构报告：

（一）被公司免职，本人认为免职理由不当的；

（二）由于公司存在妨碍独立董事依法行使职权的情形，致使独立董事辞职的；

（三）董事会会议材料不充分，两名以上独立董事书面要求延期召开董事会会议或者延期审议相关事项的提议未被采纳的；

（四）对公司或者其董事、监事、高级管理人员涉嫌违法违规行为向董事会报告后，董事会未采取有效措施的；

（五）严重妨碍独立董事履行职责的其他情形。

独立董事针对上述情形对外公开发表声明的，应当于披露前向本所报告，经本所审核后在中国证监会指定媒体上公告。本所对上述公告进行形式审核，对其内容的真实性不承担责任。

3.5.9 独立董事应当向上市公司年度股东大会提交述职报告并披露。述职报告应当包括以下内容：

（一）全年出席董事会方式、次数及投票情况，列席股东大会次数；

（二）发表独立意见的情况；

（三）现场检查情况；

（四）提议召开董事会、提议聘用或者解聘会计师事务所、独立聘请外部审计机构和咨询机构等情况；

（五）保护中小股东合法权益方面所做的其他工作。

3.5.10 独立董事应当对其履行职责的情况进行书面记载，本所可随时调阅独立董事的工作档案。

3.5.11 独立董事任职期间，应当按照相关规定参加本所认可的独立董事后续培训。

第六节 监事行为规范

3.6.1 监事应当对上市公司董事、高级管理人员遵守有关法律、行政法规、部门规章、规范性文件、《创业板上市规则》、本指引、本所其他相关规定和公司章程以及执行公司职务的行为进行监督。董事、高级管理人员应当如实向监事提供有关情况和资料，不得妨碍监事行使职权。

3.6.2 监事在履行监督职责过程中，对违反法律、行政法规、部门规章、规范性文件、《创业板上市规则》、本指引、本所其他相关规定、公司章程或者股东大会决议的董事、高级管理人员可以提出罢免的建议。

3.6.3 监事发现董事、高级管理人员及上市公司存在违反法律、行政法规、部门规章、规范性文件、《创业板上市规则》、本指引、本所其他相关规定、公司章程或者股东大会决议的行为，已经或者可能给公司造成重大损失的，应当及时向董事会、监事会报告，提请董事会及高级管理人员予以纠正，并向中国证监会、本所或者其他有关部门报告。

3.6.4 监事应当对独立董事履行职责的情况进行监督，充分关注独立董事是否持续具备应有的独立性，是否有足够的时间和精力有效履行职责，履行职责时是否受到上市公司主要股东、实际控制人或者非独立董事、监事、高级管理人员的不当影响等。

3.6.5 监事应当对董事会专门委员会的执行情况进行监督，检查董事会专门委员会成员是否按照董事会专门委员会议事规则履行职责。

3.6.6 监事审议上市公司重大事项，参照本章第三节董事对重大事项审议的相关规定执行。

第七节 高级管理人员行为规范

3.7.1 高级管理人员应当严格执行董事会决议、股东大会决议等相关决议，不得擅自变更、拒绝或者消极执行相关决议。高级管理人员在执行相关决议过程中发现上市公司存在第3.3.22条所列情形之一的，应当及时向总经理或者董事会报告，提请总经理或者董事会采取应对措施。

3.7.2 上市公司出现下列情形之一的，总经理或者其他高级管理人员应当及时向董事会报告，充分说明原因及对公司的影响，并提请董事会按照有关规定履行信息披露义务：

（一）公司所处行业发展前景、国家产业政策、税收政策、经营模式、产品结构、主要原材料和产品价格、主要客户和供应商等内外部生产经营环境出现重大变化的；

（二）预计公司经营业绩出现亏损、扭亏为盈或者同比大幅变动，或者预计公司实际经营业绩与已披露业绩预告情况存在较大差异的；

（三）其他可能对公司生产经营和财务状况产生较大影响的事项。

3.7.3 董事会秘书应当切实履行《创业板上市规则》规定的各项职责，采取有效措施督促上市公司建立信息披露事务管理制度，做好信息披露相关工作。

3.7.4 高级管理人员进行上市公司重大事项决策，参照本章第三节董事对重大事项审议的相关规定执行。

第八节 股份及其变动管理

3.8.1 上市公司董事、监事、高级管理人员和证券事务代表在买卖本公司股票及其衍生品种前，应当知悉《公司法》、《证券法》等法律、行政法规、部门规章、规范性文件、《创业板上市规则》、本指引和本所其他相关规定中关于内幕交易、操纵市场等禁止行为的规定，不得进行违法违规的交易。

3.8.2 上市公司的董事、监事、高级管理人员不得从事以本公司股票为标的证券的融资融券交易。

3.8.3 上市公司应当制定专项制度，加强对董事、监事、高级管理人员和相关股东持有本公司股票及买卖本公司股票行为的申报、披露与监督。

公司董事会秘书负责管理公司董事、监事和高级管理人员的身份及所持公司股票的数据和信息，统一为董事、监事和高级管理人员办理个人信息的网上申报，并定期检查董事、监事和高级管理人员买卖公司股票的披露情况。

3.8.4　上市公司董事、监事、高级管理人员和证券事务代表及前述人员的配偶在买卖本公司股票及其衍生品种前，应当将其买卖计划以书面方式通知董事会秘书，董事会秘书应当核查公司信息披露及重大事项等进展情况，如该买卖行为可能违反《公司法》、《证券法》、《上市公司收购管理办法》、《创业板上市规则》、本指引、本所其他相关规定和公司章程等规定的，董事会秘书应当及时书面通知相关董事、监事、高级管理人员和证券事务代表，并提示相关风险。

3.8.5　上市公司董事、监事、高级管理人员和证券事务代表应当在下列时间内委托公司向本所和中国证券登记结算有限责任公司深圳分公司（以下简称"中国结算深圳分公司"）申报其个人及其亲属（包括配偶、父母、子女、兄弟姐妹等）的身份信息（包括姓名、身份证件号码等）：

（一）新上市公司的董事、监事、高级管理人员和证券事务代表在公司申请股票上市时；

（二）新任董事、监事在股东大会（或者职工代表大会）通过其任职事项后两个交易日内；

（三）新任高级管理人员在董事会通过其任职事项后两个交易日内；

（四）新任证券事务代表在公司通过其任职事项后两个交易日内；

（五）现任董事、监事、高级管理人员和证券事务代表在其已申报的个人信息发生变化后的两个交易日内；

（六）现任董事、监事、高级管理人员和证券事务代表在离任后两个交易日内；

（七）本所要求的其他时间。

以上申报数据视为相关人员向本所和中国结算深圳分公司提交的将其所持本公司股份按相关规定予以管理的申请。

3.8.6　上市公司及其董事、监事、高级管理人员和证券事务代表应当保证其向本所和中国结算深圳分公司申报数据的真实、准确、及时、完整，同意本所及时公布相关人员买卖本公司股份及其衍生品种的情况，并承担由此产生的法律责任。

3.8.7　上市公司应当按照中国结算深圳分公司的要求，对董事、监事、高级管理人员和证券事务代表及其亲属股份相关信息进行确认，并及时反馈确认结果。如因确认错误或者反馈更正信息不及时等造成任何法律纠纷，均由公司自行解决并承担相关法律责任。

3.8.8　上市公司董事、监事、高级管理人员在委托上市公司申报个人信息后，中国结算深圳分公司根据其申报数据资料，对其身份证件号码项下开立的证券账户中已登记的本公司股份予以锁定。

上市已满一年公司的董事、监事、高级管理人员证券账户内通过二级市场购买、可转债转股、行权、协议受让等方式年内新增的本公司无限售条件股份，按75%自动锁定；新增有限售条件的股份，计入次年可转让股份的计算基数。

上市未满一年公司的董事、监事、高级管理人员证券账户内新增的本公司股份，按100%自动锁定。

3.8.9 每年的第一个交易日，中国结算深圳分公司以上市公司董事、监事和高级管理人员在上年最后一个交易日登记在其名下的在本所上市的本公司股份为基数，按25%计算其本年度可转让股份法定额度；同时，对该人员所持的在本年度可转让股份额度内的无限售条件的流通股进行解锁。

当计算可解锁额度出现小数时，按四舍五入取整数位；当某账户持有本公司股份余额不足一千股时，其本年度可转让股份额度即为其持有本公司股份数。

因上市公司进行权益分派、减资缩股等导致董事、监事和高级管理人员所持本公司股份变化的，本年度可转让股份额度做相应变更。

3.8.10 董事、监事和高级管理人员拥有多个证券账户的，应当按照中国结算深圳分公司的规定合并为一个账户，在合并账户前，中国结算深圳分公司按本指引的规定对每个账户分别做锁定、解锁等相关处理。

3.8.11 对涉嫌违法违规交易的董事、监事和高级管理人员，中国结算深圳分公司可根据中国证监会、本所的要求对登记在其名下的本公司股份予以锁定。

3.8.12 上市公司董事、监事和高级管理人员所持股份登记为有限售条件股份的，当解除限售的条件满足后，董事、监事和高级管理人员可委托上市公司向本所和中国结算深圳分公司申请解除限售。解除限售后中国结算深圳分公司自动对董事、监事和高级管理人员名下可转让股份剩余额度内的股份进行解锁，其余股份自动锁定。

3.8.13 在锁定期间，董事、监事和高级管理人员所持本公司股份依法享有的收益权、表决权、优先配售权等相关权益不受影响。

3.8.14 上市公司董事、监事和高级管理人员离任并委托公司申报个人信息后，中国结算深圳分公司自其申报离任日起六个月内将其持有及新增的本公司股份予以全部锁定。

3.8.15 上市公司董事、监事、高级管理人员和证券事务代表应当在买卖本公司股份及其衍生品种的两个交易日内，通过上市公司董事会在指定网站上进行披露。披露内容包括：

（一）本次变动前持股数量；
（二）本次股份变动的日期、数量、价格；
（三）本次变动后的持股数量；
（四）本所要求披露的其他事项。

董事、监事、高级管理人员和证券事务代表以及董事会拒不披露的，本所在指定网站公开披露以上信息。

3.8.16 上市公司董事、监事和高级管理人员违反《证券法》相关规定，将其所持本公司股票在买入后六个月内卖出，或者在卖出后六个月内又买入的，公司董事会应当收回其所得收益，并及时披露以下内容：

（一）相关人员违规买卖股票的情况；

（二）公司采取的补救措施；

（三）收益的计算方法和董事会收回收益的具体情况；

（四）本所要求披露的其他事项。

持有公司5%以上股份的股东违反《证券法》关于短线交易的相关规定的，公司董事会应当按照上款规定履行义务。

3.8.17 上市公司董事、监事、高级管理人员、证券事务代表及前述人员的配偶在下列期间不得存在买卖本公司股票及其衍生品种的行为：

（一）公司定期报告公告前三十日内，因特殊原因推迟定期报告公告日期的，自原预约公告日前三十日起算，至公告前一日；

（二）公司业绩预告、业绩快报公告前十日内；

（三）自可能对本公司股票及其衍生品种交易价格产生较大影响的重大事件发生之日或者进入决策程序之日，至依法披露后两个交易日内；

（四）中国证监会及本所规定的其他期间。

上市公司董事、监事、高级管理人员及证券事务代表应当督促其配偶遵守前款规定，并承担相应责任。

3.8.18 上市公司根据公司章程的规定对董事、监事、高级管理人员、证券事务代表及其配偶等人员所持本公司股份规定更长的禁止转让期间、更低的可转让股份比例或者附加其他限制转让条件的，应当及时向本所申报。中国结算深圳分公司按照本所确定的锁定比例锁定股份。

3.8.19 上市公司根据公司章程的规定对未担任公司董事、监事及高级管理人员的核心技术人员、销售人员、管理人员所持本公司股份进行锁定或者前述人员自愿申请对所持本公司股份进行锁定的，应当及时向本所申报。中国结算深圳分公司按照本所确定的锁定比例和限售时间锁定股份。

公司应当在招股说明书或者定期报告中及时披露上述人员股份锁定或者解除限售情况。

3.8.20 上市公司董事、监事和高级管理人员应当确保下列自然人、法人或者其他组织不发生因获知内幕信息而买卖本公司股票及其衍生品种的行为：

（一）公司董事、监事、高级管理人员的配偶、父母、子女、兄弟姐妹；

（二）公司董事、监事、高级管理人员控制的法人或者其他组织；

（三）公司的证券事务代表及其配偶、父母、子女、兄弟姐妹；

（四）中国证监会、本所或者公司根据实质重于形式的原则认定的其他与公司或者公司董事、监事、高级管理人员、证券事务代表有特殊关系，可能获知内幕信息的自然人、法人或者其他组织。

上述自然人、法人或者其他组织买卖本公司股份及其衍生品种的，参照本指引第3.8.15条的规定执行。

第四章 股东、控股股东和实际控制人行为规范

第一节 总体要求

4.1.1 上市公司股东和实际控制人应当遵守法律、行政法规、部门规章、规范性文件、《创业板上市规则》、本指引、本所其他相关规定和公司章程，依法行使股东权利，不得滥用股东权利损害公司和其他股东的利益。

4.1.2 上市公司股东和实际控制人应当严格按照《证券法》、《上市公司收购管理办法》、《创业板上市规则》等相关规定履行信息披露义务，及时报告和公告其收购及股份权益变动等信息，并保证披露的信息真实、准确、完整，不得有虚假记载、误导性陈述或者重大遗漏。

4.1.3 上市公司股东和实际控制人应当积极配合公司履行信息披露义务。

公司股票及其衍生品种交易出现异常波动，或者公共传媒上出现与公司股东或者实际控制人有关的、对公司股票及其衍生品种交易价格可能产生较大影响的报道或者传闻时，相关股东或者实际控制人应当积极配合本所和公司的调查、询问，及时就有关报道或者传闻所涉及事项的真实情况答复本所和公司，说明是否存在与其有关的、对公司股票及其衍生品种交易价格可能产生较大影响或者影响投资者合理预期的应当披露而未披露的重大信息。

4.1.4 上市公司股东和实际控制人应当严格履行其作出的公开声明和各项承诺，采取有效措施确保承诺的履行，不得擅自变更或者解除。

4.1.5 上市公司股东和实际控制人以及其他知情人员不得以任何方式泄漏有关公司的未公开重大消息，不得利用公司未公开重大信息牟取利益，不得进行内幕交易、操纵市场或者其他欺诈活动。

4.1.6 发生下列情况之一时，持有、控制上市公司5%以上股份的股东或者实际控制人应当立即通知公司并配合其履行信息披露义务：

（一）相关股东持有、控制的公司5%以上股份被质押、冻结、司法拍卖、托管或者设定信托或者被依法限制表决权；

（二）相关股东或者实际控制人进入破产、清算等状态；

（三）相关股东或者实际控制人持股或者控制公司的情况已发生或者拟发生较大变化；

（四）相关股东或者实际控制人对公司进行重大资产或者债务重组；

（五）本所认定的其他情形。

上述情形出现重大变化或者进展的，相关股东或者实际控制人应当及时通知公司、向本所报告并予以披露。

4.1.7 在上市公司收购、相关股份权益变动、重大资产或者债务重组等有关信息依法披露前发生下列情形之一的，相关股东或者实际控制人应当及时通知公司刊登提示性公告，披露有关收购、相关股份权益变动、重大资产或者债务重组等事项的筹划情况和既有事实：

（一）相关信息已经泄露或者市场出现有关该事项的传闻；

（二）公司股票及其衍生品种交易出现异常波动；

（三）相关股东或者实际控制人预计相关信息难以保密；

（四）本所认定的其他情形。

4.1.8 上市公司股东行使股东大会召集权、提案权等权利时，应当遵守有关法律、行政法规、部门规章、规范性文件、《创业板上市规则》、本指引、本所其他相关规定和公司章程等的规定，做好信息保密工作，不得从事内幕交易。

第二节　控股股东和实际控制人行为规范

4.2.1 控股股东、实际控制人应当采取切实措施保证上市公司资产完整、人员独立、财务独立、机构独立和业务独立，不得通过任何方式影响公司的独立性。

公司无控股股东、实际控制人的，公司第一大股东及其最终控制人应当比照控股股东、实际控制人，履行本章、节的规定。

4.2.2 控股股东、实际控制人应当善意使用其控制权，不得利用其控制权从事有损于上市公司和中小股东合法权益的行为。

4.2.3 控股股东、实际控制人及其控制的其他企业不得利用关联交易、资产重组、垫付费用、对外投资、担保、利润分配和其他方式直接或者间接侵占上市公司资金、资产，损害上市公司及其他股东的合法权益。

4.2.4 对上市公司违法行为负有责任的控股股东及实际控制人，应当主动、依法将其持有的公司股权及其他资产用于赔偿中小投资者。

4.2.5 控股股东、实际控制人应当明确承诺如存在控股股东、实际控制人及其关联人占用上市公司资金、要求公司违法违规提供担保的，在占用资金全部归还、违规担保全部解除前不转让所持有、控制的公司股份，并授权公司董事会办理股份锁定手续。公司董事会应当自知悉控股股东、实际控制人及其关联人占用公司资金、由公司违法违规提供担保的事实之日起五个交易日内，办理有关当事人所持公司股份的锁定手续。

4.2.6 控股股东、实际控制人作出的承诺应当具体、明确、无歧义、具有可操作性，并采取有效措施保证其作出的承诺能够有效施行。

控股股东、实际控制人应当关注自身经营、财务状况，评价履约能力，如果经营、财务状况恶化、担保人或者履约担保物发生变化等原因导致或者可能导致其无法履行承诺时,应当及时告知上市公司,并予以披露,说明有关影响承诺履行的具体情况,同时提供新的履约担保。

控股股东、实际控制人应当在承诺履行条件即将或者已经达到时,及时通知公司,并履行相关承诺和信息披露义务。

4.2.7 控股股东、实际控制人应当保证上市公司人员独立,不得通过下列任何方式影响公司人员独立:

(一)通过行使提案权、表决权以外的方式影响公司人事任免;

(二)通过行使提案权、表决权以外的方式限制公司董事、监事、高级管理人员以及其他在公司任职的人员履行职责;

(三)聘任公司高级管理人员在本公司或者其控制的企业担任除董事以外的职务;

(四)向公司高级管理人员支付薪金或者其他报酬;

(五)无偿要求公司人员为其提供服务;

(六)有关法律、行政法规、部门规章和规范性文件规定及本所认定的其他情形。

4.2.8 控股股东、实际控制人应当保证上市公司财务独立,不得通过下列任何方式影响上市公司财务独立:

(一)与公司共用银行账户;

(二)将公司资金以任何方式存入控股股东、实际控制人及其关联人控制的账户;

(三)占用公司资金;

(四)要求公司违法违规提供担保;

(五)将公司财务核算体系纳入控股股东、实际控制人管理系统之内,如共用财务会计核算系统或者控股股东、实际控制人可以通过财务会计核算系统直接查询公司经营情况、财务状况等信息;

(六)有关法律、行政法规、部门规章和规范性文件的规定及本所认定的其他情形。

4.2.9 控股股东、实际控制人不得以下列任何方式占用上市公司资金:

(一)要求公司为其垫付、承担工资、福利、保险、广告等费用、成本和其他支出;

(二)要求公司代其偿还债务;

(三)要求公司有偿或者无偿、直接或者间接拆借资金给其使用;

(四)要求公司通过银行或者非银行金融机构向其提供委托贷款;

(五)要求公司委托其进行投资活动;

(六)要求公司为其开具没有真实交易背景的商业承兑汇票;

（七）要求公司在没有商品和劳务对价情况下以其他方式向其提供资金；

（八）不及时偿还公司承担对其的担保责任而形成的债务；

（九）中国证监会及本所认定的其他情形。

4.2.10 控股股东、实际控制人及其控制的其他企业应当保证上市公司业务独立，不得通过下列任何方式影响公司业务独立：

（一）与公司进行同业竞争；

（二）要求公司与其进行显失公平的关联交易；

（三）无偿或者以明显不公平的条件要求公司为其提供商品、服务或者其他资产；

（四）有关法律、行政法规、部门规章和规范性文件规定及本所认定的其他情形。

4.2.11 控股股东、实际控制人应当保证上市公司资产完整和机构独立，不得通过下列任何方式影响公司资产完整和机构独立：

（一）与公司共用主要机器设备、厂房、专利、非专利技术等；

（二）与公司共用原材料采购和产品销售系统；

（三）与公司共用机构和人员；

（四）通过行使提案权、表决权以外的方式对公司董事会、监事会和其他机构行使职权进行限制或者施加其他不正当影响；

（五）有关法律、行政法规、部门规章和规范性文件规定及本所认定的其他情形。

4.2.12 控股股东、实际控制人应当充分保障中小股东的提案权、表决权、董事提名权等权利，不得以任何理由限制、阻挠其合法权利的行使。

4.2.13 控股股东、实际控制人提出议案时应当充分考虑和把握议案对上市公司和中小股东利益的影响。

4.2.14 控股股东、实际控制人与上市公司之间进行交易，应当遵循平等、自愿、等价、有偿的原则，不得通过任何方式影响公司的独立决策，不得通过欺诈、虚假陈述或者其他不正当行为等方式损害公司和中小股东的合法权益。

4.2.15 控股股东、实际控制人不得利用其对上市公司的控制地位，牟取属于公司的商业机会。

4.2.16 控股股东、实际控制人不得以利用他人账户或者向他人提供资金的方式买卖上市公司股份。

4.2.17 控股股东、实际控制人买卖上市公司股份，应当严格按照法律、行政法规、部门规章、规范性文件、本所相关规定履行审批程序和信息披露义务，不得以任何方式规避履行审批程序和信息披露义务。

4.2.18 控股股东、实际控制人在下列期间不得买卖上市公司股份：

（一）公司年度报告前三十日内，因特殊原因推迟年度报告日期的，自原预

约公告日前三十日起算,直至公告前一日;

(二)公司业绩预告、业绩快报公告前十日内;

(三)自可能对公司股票及其衍生品种交易价格产生较大影响的重大事件发生之日或者进入决策程序之日,至依法披露后两个交易日内;

(四)中国证监会及本所认定的其他期间。

4.2.19 下列主体在前条所列期间不得买卖上市公司股份:

(一)控股股东、实际控制人直接或者间接控制的法人、非法人组织;

(二)控股股东、实际控制人为自然人的,其配偶、未成年子女。

4.2.20 控股股东、实际控制人转让上市公司控制权时,应当注意协调新老股东更换,防止公司出现动荡,并确保公司董事会以及公司管理层稳定过渡。

4.2.21 控股股东、实际控制人应当严格遵守其所作出的各项有关股份转让的承诺,尽量保持上市公司股权结构和经营的稳定。

4.2.22 存在下列情形之一的,控股股东、实际控制人通过证券交易系统出售其持有的上市公司股份,应当在首次出售两个交易日前刊登提示性公告:

(一)预计未来六个月内出售股份可能达到或者超过公司股份总数5%以上的;

(二)本所认定的其他情形。

4.2.23 前条提示性公告应当包括以下内容:

(一)拟出售的股份数量;

(二)拟出售的时间;

(三)拟出售价格区间(如有);

(四)减持原因;

(五)下一步股份变动计划;

(六)本所要求的其他内容。

控股股东、实际控制人未按照前述规定刊登提示性公告的,任意连续六个月内通过证券交易系统出售上市公司股份不得达到或者超过公司股份总数的5%。

4.2.24 控股股东、实际控制人通过信托或者其他管理方式买卖上市公司股份的,适用本节相关规定。

4.2.25 控股股东、实际控制人应当建立信息披露管理制度,明确规定涉及上市公司重大信息的范围、内部保密、报告和披露等事项。

4.2.26 控股股东、实际控制人不得通过直接调阅、要求上市公司向其报告等方式获取公司未公开的重大信息,但法律、行政法规规定的除外。

4.2.27 控股股东、实际控制人对涉及上市公司的未公开重大信息应当采取严格的保密措施。对应当披露的重大信息,应当第一时间通知公司并通过公司对外公平披露,不得提前泄漏。一旦出现泄漏应当立即通知公司,并督促公司立即公告。紧急情况下,控股股东、实际控制人可以直接向本所申请公司股票停牌。

4.2.28 控股股东、实际控制人及其相关人员应当慎重对待有关上市公司的媒体采访或者投资者调研，不得提供与公司相关的未公开重大信息，不得进行误导性陈述，不得提供、传播虚假信息。

4.2.29 控股股东、实际控制人应当按照本所要求如实填报并及时更新关联人信息，保证所提供的信息真实、准确、完整。

4.2.30 本所、上市公司向公司控股股东、实际控制人调查、询问有关情况和信息时，控股股东、实际控制人应当积极配合并及时、如实回复，提供相关资料，确认或者澄清有关事实，并保证相关信息和资料的真实、准确和完整。

4.2.31 上市公司控股股东和实际控制人的董事、监事和高级管理人员应当遵守并促使相关控股股东、实际控制人遵守法律、行政法规、部门规章、规范性文件、《创业板上市规则》、本指引、本所其他相关规定和公司章程的规定。

第三节 限售股份上市流通管理

4.3.1 上市公司股东持有的下列有限售条件股份（以下简称"限售股份"）上市流通适用本节规定：

（一）新老划断后上市的公司在首次公开发行前已经发行的股份；

（二）已经完成股权分置改革的公司有限售期规定的原非流通股股份；

（三）公司非公开发行的股份；

（四）其他根据法律、行政法规、部门规章、规范性文件及本所相关规定存在限售条件的股份。

4.3.2 持有限售股份的股东在上市公司配股时通过行使配股权所认购的股份，限售期限与原持有的限售股份的限售期限相同。

4.3.3 在限售股份上市流通前，相关股东和上市公司不得通过提供、传播虚假或者误导性信息等任何方式操纵公司股票交易价格。

4.3.4 上市公司股东出售已解除限售的股份应当严格遵守所作出的各项承诺，其股份出售不得影响未履行完毕的承诺的继续履行。

4.3.5 保荐机构及其保荐代表人应当按照有关规定督导相关股东严格履行其作出的各项承诺，规范股份上市流通行为。

4.3.6 上市公司及其股东、保荐机构应当关注限售股份的限售期限。股东申请限售股份上市流通的，应当委托公司董事会办理相关手续。

4.3.7 申请办理限售股份解除限售手续时，上市公司董事会应当在限售股份可上市流通日五个交易日前向本所提交下列文件：

（一）限售股份上市流通申请书；

（二）保荐机构出具的核查意见（如适用）；

（三）限售股份上市流通提示性公告；

（四）本所要求的其他文件。

限售股份上市流通申请书应当至少包括下列内容：

（一）相关股东持股情况说明及托管情况；

（二）相关股东作出的全部承诺（含股东在公司收购及权益变动过程中作出的股份限售承诺及其他追加承诺）及其履行情况；

（三）相关股东是否占用公司资金，公司是否违法违规为其提供担保；

（四）本次申请解除限售的股份总数、各股东可解除限售股份数量及股份上市流通时间。

4.3.8 保荐机构应当对本次限售股份上市流通的合规性进行核查，并对本次限售股份解除限售数量、上市流通时间是否符合有关法律、行政法规、部门规章、规范性文件、《创业板上市规则》、本指引、本所其他相关规定和股东承诺，相关信息披露是否真实、准确、完整发表结论性意见。保荐机构对有关事项存在异议的，应当对异议事项作出详细说明。

4.3.9 上市公司董事会应当在本所受理限售股份上市流通申请后，及时办理完毕有关股份登记手续，并在限售股份可以上市流通前三个交易日内披露提示性公告。提示性公告应当至少包括下列内容：

（一）本次解除限售前公司限售股份概况；

（二）相关股东是否严格履行其作出的全部承诺（含股东在公司收购及权益变动过程中作出的股份限售承诺及其他追加承诺），是否占用公司资金，公司是否违法违规为其提供担保；

（三）本次解除限售的股份总数、各股东可以解除限售股份数量及可以上市流通时间；

（四）保荐机构核查的结论性意见（如适用）；

（五）本所要求披露的其他内容。

4.3.10 在限售股份出售情况尚未依法披露前，有关信息已在公共传媒上传播或者上市公司股票交易出现异常的，公司董事会应当及时向相关股东进行查询，相关股东应当及时将有关情况报告公司并予以公告。

第四节 股东及其一致行动人增持股份业务管理

4.4.1 本节规定适用于以下情形：

（一）在上市公司中拥有权益的股份达到或者超过该公司已发行股份的30%的，自上述事实发生之日起一年后，每十二个月内增持不超过该公司已发行的2%的股份；

（二）在公司中拥有权益的股份达到或者超过该公司已发行股份50%的股东及其一致行动人，继续增加其在公司拥有的权益不影响公司上市地位的。

4.4.2 上市公司股东及其一致行动人每累计增持股份比例达到该公司已发行股份的1%的，应当在事实发生之日通知公司，委托公司在当日或者次一交易日披露增持股份进展公告。

股东及其一致行动人可以在首次增持公司股份时，或者在增持股份比例达到公司已发行股份的1%之前将增持情况通知公司，并委托公司在当日或者次一交易日披露增持股份进展公告。

4.4.3　股东及其一致行动人增持股份进展公告应当包括下列内容：

（一）增持人姓名或者名称；

（二）增持目的及计划；

（三）增持方式（如集中竞价、大宗交易等）；

（四）增持期间（增持期间自首次增持之日起算不超过十二个月）；

（五）已增持股份的数量及比例；

（六）增持行为是否存在违反《证券法》、《上市公司收购管理办法》等法律、行政法规、部门规章、规范性文件和本所业务规则等规定的情况说明；

（七）拟继续增持的，应当披露拟继续增持股份数量及比例的上限和下限，且下限不得为零，并披露关于拟继续增持股份的增持实施条件（如增持股价区间、增持金额的限制、增持期限、是否须经有关部门批准等）以及若增持实施条件未达成是否仍继续增持等情况说明；

（八）股东及其一致行动人增持股份是否影响公司上市地位的说明；

（九）股东及其一致行动人在增持期间及法定期限内不减持公司股份的承诺；

（十）本所要求的其他内容。

4.4.4　在上市公司中拥有权益的股份达到或者超过该公司已发行股份的30%的，自上述事实发生之日起一年后，每十二个月内增持不超过该公司已发行的2%的股份的，在增持股份比例达到公司已发行股份的2%时，或者在全部增持计划完成时，或者在自首次增持事实发生后的十二个月期限届满时，应当及时通知公司，聘请律师就股东及其一致行动人增持公司股份是否符合《证券法》、《上市公司收购管理办法》等有关规定、是否满足《上市公司收购管理办法》规定的免于提出豁免发出要约申请的条件出具专项核查意见，并委托公司在增持行为完成后三日内披露增持结果公告和律师出具的专项核查意见。

4.4.5　持股50%以上的股东及其一致行动人每累计增持股份比例达到上市公司已发行股份的2%的，自事实发生当日起至公司发布增持股份进展公告的当日，不得再行增持公司股份。

持股50%以上的股东及其一致行动人在全部增持计划完成时，或者增持期限届满时，应当及时通知公司，聘请律师就股东及其一致行动人增持公司股份是否符合《证券法》、《上市公司收购管理办法》等有关规定、是否满足《上市公司收购管理办法》规定的免于提出豁免发出要约申请的条件出具专项核查意见，并委托公司在增持行为完成后三日内披露增持结果公告和律师出具的专项核查意见。

4.4.6 股东及其一致行动人委托上市公司披露股东及其一致行动人增持结果公告，应当包括下列内容：

（一）增持人姓名或者名称；

（二）首次披露增持进展公告的时间；

（三）增持计划的具体内容；

（四）增持计划的实施情况，包括增持期间、增持方式、增持股份的数量及比例、增持前后的持股数量及比例、增持承诺的履行情况等；

（五）增持行为是否存在违反《证券法》、《上市公司收购管理办法》等法律、行政法规、部门规章、规范性文件和本所业务规则等规定的情况说明，是否满足《上市公司收购管理办法》规定的免于提出豁免发出要约申请的条件以及律师出具的专项核查意见；

（六）股东及其一致行动人法定期限内不减持公司股份的承诺；

（七）公司或者本所认为必要的其他内容。

4.4.7 上市公司股东及其一致行动人在增持公司股份期间及增持完成后法定期限内，应当严格遵守有关规定，不得从事内幕交易、敏感期买卖股份、短线交易、增持期间及法定期限内减持、超计划增持等违规行为。

4.4.8 在上市公司中拥有权益的股份达到或者超过该公司已发行股份30%的股东及其一致行动人，自上述事实发生之日起一年后，每十二个月内增持不超过该公司已发行股份2%的，股份锁定期为增持行为完成之日起六个月。

除上述情形外，根据《证券法》相关规定，股东及其一致行动人在增持完成后十二个月内不得转让所持公司股份。

4.4.9 在一个上市公司中拥有权益的股份达到或者超过该公司已发行股份的30%的股东及其一致行动人，自上述事实发生之日起一年后，每十二个月内拟增持超过该公司已发行股份2%的，应当按照《上市公司收购管理办法》的相关规定，以要约收购方式或者向中国证监会申请豁免其要约收购义务后增持该公司股份。

在一个公司中拥有权益的股份达到或者超过该公司已发行股份的50%的股东及其一致行动人，拟继续增持其在该公司拥有权益的股份不影响该公司上市地位的，可直接向本所和中国结算深圳分公司申请办理股份转让和过户登记手续。

第五节 承诺及承诺履行

4.5.1 上市公司股东和实际控制人（以下简称"承诺人"）应当及时将其对证券监管机构、公司或者其他股东作出的承诺事项告知公司并报送本所备案，同时按有关规定予以披露。

4.5.2 上市公司控股股东、实际控制人通过处置其股权等方式丧失控制权的，如原实际控制人承诺的相关事项未履行完毕，相关承诺义务应当予以履行或者由收购人予以承接,相关事项应当在收购报告书中明确披露。

4.5.3 承诺人作出的承诺应当具体、明确、无歧义、具有可操作性,并与本所和中国结算深圳分公司实时监管的技术条件相适应。

承诺人应当在承诺中作出履约保证声明并明确违约责任。

4.5.4 承诺人作出的承诺事项应当包括下列内容:

(一)承诺的具体事项;

(二)履约方式、履约时限、履约能力分析、履约风险及防范对策、不能履约时的责任;

(三)履约担保安排,包括担保方、担保方资质、担保方式、担保协议(函)主要条款、担保责任等(如有);

(四)违约责任和声明;

(五)本所要求的其他内容。

承诺事项应当有明确的履约时限,不得使用"尽快""时机成熟时"等模糊性词语;承诺履行涉及行业政策限制的,应当在政策允许的基础上明确履约时限。

4.5.5 承诺人在作出承诺前应当分析论证承诺事项的可实现性并公开披露相关内容,不得承诺根据当时情况判断明显不可能实现的事项。

承诺事项需要主管部门审批的,承诺人应当明确披露需要取得的审批,并明确如无法取得审批的补救措施。

4.5.6 因相关法律法规、政策变化、自然灾害等自身无法控制的客观原因导致承诺无法履行或者无法按期履行的,承诺人应当及时披露相关信息。

除因相关法律法规、政策变化、自然灾害等自身无法控制的客观原因外,承诺确已无法履行或者履行承诺不利于维护上市公司权益的,承诺人应当充分披露原因,并向公司或者其他投资者提出用新承诺替代原有承诺或者提出豁免履行承诺义务。

上述变更方案应当提交股东大会审议,承诺人及关联人应当回避表决。如原承诺以特别决议方式审议通过的,本次变更仍应当以特别决议方式审议。独立董事、监事会应当就承诺人提出的变更方案是否合法合规、是否有利于保护公司或者其他投资者的利益发表意见。变更方案未经股东大会审议通过且承诺到期的,视同超期未履行承诺。

4.5.7 承诺人所作出的承诺应当符合本指引的规定,相关承诺事项应当由上市公司进行披露,公司如发现承诺人作出的承诺事项不符合本指引的要求,应当及时披露相关信息并向投资者作出风险提示。

公司应当在定期报告中披露报告期内发生或者正在履行中的所有承诺事项及具体履行情况。

当承诺履行条件即将达到或者已经达到时,承诺人应当及时通知公司,并履行承诺和信息披露义务。

4.5.8 承诺人对其所持有的上市公司股份的持有期限等追加承诺,应当满足下列条件:

（一）承诺人不得利用追加承诺操纵股价;

（二）公司董事、监事和高级管理人员以及其他内幕信息知情人,不得利用追加承诺的内幕信息违规买卖公司股票及其衍生品种;

（三）承诺人追加的承诺不得影响其已经作出承诺的履行。

4.5.9 承诺人作出追加承诺后两个交易日内,应当通知上市公司董事会;追加承诺达到披露标准的,公司应当及时公告,并向本所提交下列文件:

（一）承诺人追加承诺申请表;

（二）承诺人追加承诺的公告;

（三）承诺人出具的追加承诺书面文件;

（四）本所要求的其他文件。

4.5.10 承诺人作出的追加承诺经上市公司董事会对外公告后,公司应当在定期报告中披露其履行情况。

4.5.11 承诺人作出追加股份限售承诺的内容应当言语清楚、易于理解、切实可行,不得出现歧义或者误导性词语,并符合下列要求:

（一）对于涉及延长减持期限的承诺,应当明确延长的起始时间、减持方式;涉及承诺减持数量的,应当明确承诺减持的数量及其占所持股份总数的比例;

（二）对于涉及最低减持价格的追加承诺的,追加承诺股东应当合理确定最低减持价格;最低减持价格明显不合理的,追加承诺股东应当说明其依据,公司董事会应当对此发表意见;

（三）承诺应当明确违反承诺的违约责任;违约责任条款应当具有较强的可操作性,易于执行,便于公司董事会的监督和执行,如规定违反承诺减持股份的所得全部或者按一定比例上缴公司,支付一定比例的违约金等;

（四）涉及例外情形的,可以在承诺中明确说明。

4.5.12 承诺人作出追加股份限售承诺后,其已解除限售的股份应当重新申请变更为有限售条件的股份,暂未解除限售的股份须等原承诺持有期限与追加承诺持有期限累计并到期后,方可申请解除限售。

追加股份限售承诺中涉及增加已解除限售股份持有期限的,在公告后两个交易日内,承诺人应当委托上市公司董事会在中国结算深圳分公司办理变更股份性质的手续。公司董事会完成变更股份性质手续后,应当及时对外披露承诺人完成本次追加承诺后变更股份性质后的股本结构。

追加股份限售承诺中涉及延长尚未解除限售股份限售期限的,在公司董事会公告后,承诺人持公司董事会公告到中国结算深圳分公司变更或者追加尚未解除限售股份限售期信息。

4.5.13 承诺人追加承诺履行完毕后，承诺人可以委托上市公司董事会办理股份解除限售的手续，参照本章第三节相关规定执行。

4.5.14 承诺人作出股份限售等承诺的，其所持股份因司法强制执行、继承、遗赠、依法分割财产等原因发生非交易过户的，受让方应当遵守原股东作出的相关承诺。

4.5.15 上市公司董事、监事、高级管理人员、重组方及其一致行动人、公司购买资产对应经营实体的股份或者股权持有人及上市公司等主体的承诺及履行承诺的情况，参照本节规定执行。

第五章 信息披露管理

第一节 公平信息披露

5.1.1 本节所称公平信息披露是指上市公司及相关信息披露义务人应当同时向所有投资者公开披露重大信息，确保所有投资者可以平等获取同一信息，不得私下提前向特定对象单独披露、透露或者泄露。

5.1.2 本节所称重大信息是指对上市公司股票及其衍生品种交易价格可能或者已经产生较大影响的信息，包括下列信息：

（一）与公司业绩、利润分配等事项有关的信息，如财务业绩、盈利预测、利润分配和资本公积金转增股本等；

（二）与公司收购兼并、资产重组等事项有关的信息；

（三）与公司股票发行、回购、股权激励计划等事项有关的信息；

（四）与公司经营事项有关的信息，如开发新产品、新发明，订立未来重大经营计划，获得专利、政府部门批准，签署重大合同；

（五）与公司重大诉讼或者仲裁事项有关的信息；

（六）应当披露的交易和关联交易事项有关的信息；

（七）有关法律、行政法规、部门规章、规范性文件、《创业板上市规则》、本指引和本所其他相关规定规定的其他应披露事项的相关信息。

5.1.3 本节所称公开披露是指上市公司及相关信息披露义务人按法律、行政法规、部门规章、规范性文件、《创业板上市规则》、本指引和本所其他相关规定，在中国证监会指定媒体上公告信息。未公开披露的重大信息为未公开重大信息。

5.1.4 本节所称特定对象是指比一般中小投资者更容易接触到信息披露主体，更具信息优势，且有可能利用有关信息进行证券交易或者传播有关信息的机构和个人，包括：

（一）从事证券分析、咨询及其他证券服务业的机构、个人及其关联人；

（二）从事证券投资的机构、个人及其关联人；

（三）持有、控制上市公司5%以上股份的股东及其关联人；

（四）新闻媒体和新闻从业人员及其关联人；

（五）本所认定的其他机构或者个人。

5.1.5 上市公司及相关信息披露义务人应当严格遵循公平信息披露的原则进行信息披露，不得实行差别对待政策，不得有选择性地、私下地向特定对象披露、透露或者泄露未公开重大信息。

5.1.6 上市公司及相关信息披露义务人应当根据及时性原则进行信息披露，不得延迟披露，不得有意选择披露时点强化或者淡化信息披露效果，造成实际上的不公平。

5.1.7 上市公司董事、监事、高级管理人员在接受特定对象采访和调研前，应当知会董事会秘书，董事会秘书应当妥善安排采访或者调研过程。接受采访或者调研人员应当就调研过程和会谈内容形成书面记录，与采访或者调研人员共同亲笔签字确认，董事会秘书应当签字确认。

5.1.8 在上市公司未公开重大信息披露前，知悉该信息的机构和个人不得买卖或者建议他人买卖公司股票及其衍生品种。

5.1.9 上市公司及相关信息披露义务人不得以保密或者违反公平信息披露原则等为由，不履行或者不完全履行向本所报告和接受本所质询的义务。

5.1.10 上市公司应当建立、健全信息披露内部控制制度及程序，保证信息披露的公平性：

（一）公司应当制定接待和推广制度，内容应当至少包括接待和推广的组织安排、活动内容安排、人员安排、禁止擅自披露、透露或者泄露未公开重大信息的规定等；

（二）公司应当制定信息披露备查登记制度，对接受或者邀请特定对象的调研、沟通、采访等活动予以详细记载，内容应当至少包括活动时间、地点、方式（书面或者口头）、双方当事人姓名、活动中谈论的有关公司的内容、提供的有关资料等；公司应当在定期报告中将信息披露备查登记情况予以披露；

（三）公司如不能判断某行为是否违反公平披露原则的，应当向本所咨询；

（四）公司应当将其信息披露的内部控制制度公开。

5.1.11 上市公司应当对以非正式公告方式向外界传达的信息进行严格审查，设置审阅或者记录程序，防止泄漏未公开重大信息。

上述非正式公告的方式包括：以现场或者网络方式召开的股东大会、新闻发布会、产品推介会；公司或者相关个人接受媒体采访；直接或者间接向媒体发布新闻稿；公司（含子公司）网站与内部刊物；董事、监事或者高级管理人员博客、微博、微信；以书面或者口头方式与特定投资者沟通；以书面或者口头方式与证券分析师沟通；公司其他各种形式的对外宣传、报告等；本所认定的其他形式。

5.1.12 在未公开重大信息公告前,出现信息泄漏或者上市公司股票及其衍生品种交易发生异常波动的,公司及相关信息披露义务人应当第一时间向本所报告,并立即公告。

5.1.13 上市公司(包括其董事、监事、高级管理人员及其他代表公司的人员)、相关信息披露义务人接受特定对象的调研、沟通、采访等活动,或者进行对外宣传、推广等活动时,不得以任何形式发布、泄露未公开重大信息,只能以已公开披露信息和未公开非重大信息作为交流内容。否则,公司应当立即公开披露该未公开重大信息。

5.1.14 上市公司与特定对象进行直接沟通的,除应邀参加证券公司研究所等机构举办的投资策略分析会等情形外,应当要求特定对象出具单位证明和身份证等资料,并要求其签署承诺书。

承诺书至少应当包括以下内容:

(一)不故意打探公司未公开重大信息,未经公司许可,不与公司指定人员以外的人员进行沟通或者问询;

(二)不泄漏无意中获取的未公开重大信息,不利用所获取的未公开重大信息买卖或者建议他人买卖公司股票及其衍生品种;

(三)在投资价值分析报告等研究报告、新闻稿等文件中不使用未公开重大信息,除非公司同时披露该信息;

(四)在投资价值分析报告等研究报告、新闻稿等文件中涉及盈利预测和股价预测的,注明资料来源,不使用主观臆断、缺乏事实根据的资料;

(五)投资价值分析报告等研究报告、新闻稿等文件在对外发布或者使用前知会公司;

(六)明确违反承诺的责任。

5.1.15 上市公司应当建立与特定对象交流沟通的事后核实程序,要求特定对象将基于交流沟通形成的投资价值分析报告等研究报告、新闻稿等文件,在发布或者使用前知会公司。公司应当认真核查特定对象知会的投资价值分析报告等研究报告、新闻稿等文件,并于二个工作日内回复特定对象。公司发现其中存在错误、误导性记载的,应当要求其改正,或者及时公告进行说明。

5.1.16 上市公司应当要求特定对象在公司正式公告前不得对外泄漏未公开重大信息,同时告知其在此期间不得买卖或者建议他人买卖公司股票及其衍生品种,并明确出现泄漏未公开重大信息情形的应急处理流程和措施。公司发现特定对象知会的研究报告、新闻稿等文件涉及未公开重大信息的,应当立即公告。

5.1.17 上市公司董事、监事、高级管理人员不得向其提名人、兼职的股东或者其他单位提供未公开重大信息。

5.1.18 上市公司实施再融资计划过程中,在向特定个人或者机构进行询价、推介等活动时，应当特别注意信息披露的公平性，不得为了吸引认购而向其提供未公开重大信息。

5.1.19 上市公司在进行商务谈判、申请银行贷款等业务活动时，因特殊情况确实需要向对公司负有保密义务的交易对手方、中介机构、其他机构及相关人员提供未公开重大信息的，应当要求有关机构和人员签署保密协议，否则不得提供相关信息。

在有关信息公告前，上述负有保密义务的机构或者人员不得对外泄漏公司未公开重大信息，不得买卖或者建议他人买卖该公司股票及其衍生品种。一旦出现未公开重大信息泄漏、市场传闻或者证券交易异常，公司应当及时采取措施、向本所报告并立即公告。

5.1.20 上市公司在股东大会上不得披露、泄漏未公开重大信息。

5.1.21 在重大事件筹划过程中，上市公司及相关信息披露义务人应当采取保密措施，尽量减少知情人员范围，保证信息处于可控状态。一旦发现信息处于不可控状态，公司及相关信息披露义务人应当立即公告筹划阶段重大事件的进展情况。

5.1.22 证券监管机构、有关政府部门或者其他机构等第三方针对上市公司发出的相关公告、通知等可能会对公司股票及其衍生品种交易价格产生较大影响的，公司应当立即披露有关信息及其影响。

5.1.23 上市公司进行自愿性信息披露的，应当遵守公平信息披露原则，避免选择性信息披露。公司不得利用自愿性信息披露从事市场操纵、内幕交易或者其他违法违规行为。

当已披露的信息情况发生重大变化，有可能影响投资者决策的，公司应当及时披露进展公告，直至该事项完全结束。

5.1.24 上市公司自愿披露预测性信息时，应当以明确的警示性文字，具体列明相关的风险因素，提示投资者可能出现的不确定性和风险。

5.1.25 上市公司应当检查临时报告是否已经在中国证监会指定网站及时披露，如发现异常，应当立即向本所报告。公司在确认临时报告已经在中国证监会指定网站披露后，应当将有关公告立即在公司网站上登载。

第二节 内幕信息知情人登记管理

5.2.1 上市公司应当按照《证券法》、中国证监会《关于上市公司建立内幕信息知情人登记管理制度的规定》和本所《创业板上市规则》等相关规定建立内幕信息知情人登记管理制度，对内幕信息的保密管理及在内幕信息依法公开披露前的内幕信息知情人的登记管理作出规定。

内幕信息知情人登记管理制度中应当包括对公司下属各部门、分公司、控股子公司及上市公司能够对其实施重大影响的参股公司的内幕信息管理的内容，明确上述主体的内部报告义务、报告程序和有关人员的信息披露职责。

内幕信息知情人登记管理制度中应当明确内幕信息知情人的保密义务、违反保密规定责任和通过签订保密协议、禁止内幕交易告知书等必要方式将上述事项告知有关人员等内容。

5.2.2 上市公司应当及时登记知悉公司内幕信息的人员信息，包括人员姓名、身份证件号码、证券账户号码等相关信息。

内幕信息是指根据《证券法》相关规定，涉及公司的经营、财务或者对公司股票及其衍生品种交易价格有重大影响的尚未公开的信息。

本指引所称内幕信息知情人，是指《证券法》相关规定的内幕信息知情人，包括但不限于：

（一）可以接触、获取内幕信息的公司内部相关人员，包括但不限于公司及其控股子公司董事、监事、高级管理人员；公司内部参与重大事项筹划、论证、决策等环节的人员；由于所任公司职务而知悉内幕信息的财务人员、内部审计人员、信息披露事务工作人员等；

（二）可以接触、获取公司内幕信息的外部相关人员，包括但不限于持有公司5%以上股份的自然人股东；持有公司5%以上股份的法人股东的董事、监事、高级管理人员；公司实际控制人及其董事、监事、高级管理人员；交易对手方和其关联人及其董事、监事、高级管理人员；会计师事务所、律师事务所、财务顾问、保荐机构、资信评级机构等证券服务机构的从业人员；依法从公司获取有关内幕信息的外部单位人员；参与重大事项筹划、论证、决策、审批等环节的外部单位人员；接触内幕信息的行政管理部门人员；由于亲属关系、业务往来关系等原因知悉公司有关内幕信息的其他人员；

（三）中国证监会规定的其他人员。

5.2.3 上市公司在内幕信息依法公开披露前，应当填写公司内幕信息知情人档案，及时记录、汇总在商议筹划、论证咨询、合同订立等阶段及报告、传递、编制、决议、披露等环节的内幕信息知情人名单，及其知悉内幕信息的时间、地点、依据、方式、内容等信息，并在向本所报送相关信息披露文件的同时向本所报备。

公司进行收购、重大资产重组、发行证券、合并、分立、回购股份等重大事项的，还应当制作重大事项进程备忘录，记录筹划决策过程中各个关键时点的时间、参与筹划决策人员名单、筹划决策方式等内容，并督促筹划重大事项涉及的相关人员在备忘录上签名确认。

5.2.4 上市公司发生下列情形之一的，应当在向本所报送相关信息披露文件的同时，报备相关公司内幕信息知情人档案，包括但不限于：

（一）获悉公司被收购；

（二）公司董事会审议通过重大资产重组预案或者方案；

（三）公司董事会审议通过证券发行预案；

（四）公司董事会审议通过合并、分立草案；

（五）公司董事会审议通过股份回购预案；

（六）公司拟披露年度报告、半年度报告；

（七）公司董事会审议通过高送转的利润分配、资本公积金转增股本预案；

上述"高送转"是指：每十股获送的红股和资本公积金转增的合计股数达到十股以上；

（八）公司董事会审议通过股权激励草案、员工持股计划草案；

（九）公司发生重大投资、重大对外合作或者签署日常经营重大合同等可能对公司股票及其衍生品种交易价格产生重大影响的其他事项；

（十）公司披露重大事项前，公司股票已经发生了交易异常的情况；

（十一）中国证监会或者本所认定的其他情形。

5.2.5 上市公司应当结合本指引前条列示的具体情形，合理确定本次应当报备的内幕信息知情人的范围，保证内幕信息知情人登记档案的完备性和准确性。

5.2.6 上市公司应当加强内幕信息管理，严格控制内幕信息知情人的范围。

5.2.7 在本指引第5.2.4条所列事项公开披露前或者筹划过程中，上市公司依法需要向国家有关部门进行备案、报送审批或者进行其他形式的信息报送的，应当做好内幕信息知情人登记工作，并依据本所相关规定履行信息披露义务。

5.2.8 内幕信息知情人负有保密义务，在内幕信息依法披露前，不得透露、泄露上市公司内幕信息，也不得利用内幕信息买卖或者建议他人买卖公司股票及其衍生品种。

5.2.9 上市公司应当按照中国证监会、本所的规定和要求，在年度报告、半年度报告和相关重大事项公告后五个交易日内对内幕信息知情人买卖本公司证券及其衍生品种的情况进行自查，发现内幕信息知情人进行内幕交易、泄露内幕信息或者建议他人利用内幕信息进行交易的，应当进行核实并依据其内幕信息知情人登记管理制度对相关人进行责任追究，并在两个工作日内将有关情况及处理结果报送本所和公司注册地中国证监会派出机构。

5.2.10 内幕信息知情人应当积极配合上市公司做好内幕信息知情人备案工作，按照本指引的相关要求，及时向公司提供真实、准确、完整的内幕信息知情人信息。

5.2.11 上市公司应当采取有效措施，防止董事、监事、高级管理人员及其他公司内部内幕信息知情人违反相关法律、行政法规、部门规章、规范性文件等的规定，并积极提示公司外部内幕信息知情人遵守相关法律、行政法规、部门规章、规范性文件等的规定。

5.2.12 上市公司应当在年度报告"董事会报告"部分披露内幕信息知情人管理制度的执行情况，本年度公司自查内幕信息知情人在内幕信息披露前利用内幕信息买卖公司股份的情况，以及监管部门的查处和整改情况。

5.2.13 上市公司董事会应当对内幕信息知情人信息的真实性、准确性进行核查，保证内幕信息知情人备案名单和信息的真实、准确、及时和完整。

公司董事会秘书负责办理公司内幕信息知情人备案工作，应当如实、完整记录内幕信息在公开披露前的报告、传递、编制、审核、披露等各环节所有内幕信息知情人名单及其知悉内幕信息的时间，按照本指引的要求及时向本所报备相关资料。

第六章 募集资金管理

第一节 总体要求

6.1.1 本指引所称募集资金是指上市公司通过公开发行证券（包括首次公开发行股票、配股、增发、发行可转换公司债券、分离交易的可转换公司债券、权证等）以及非公开发行证券向投资者募集并用于特定用途的资金。

6.1.2 上市公司应当审慎使用募集资金，保证募集资金的使用与招股说明书或者募集说明书的承诺相一致，不得随意改变募集资金的投向。

公司应当真实、准确、完整地披露募集资金的实际使用情况，并在年度审计的同时聘请会计师事务所对募集资金存放与使用情况进行鉴证。

6.1.3 上市公司董事会应当负责建立健全公司募集资金管理制度，并确保该制度的有效实施。募集资金管理制度应当对募集资金专户存储、使用、变更、监督和责任追究等内容进行明确规定。

募集资金管理制度应当对募集资金使用的申请、分级审批权限、决策程序、风险控制措施及信息披露程序作出明确规定。

6.1.4 募集资金投资项目通过上市公司的子公司或者上市公司控制的其他企业实施的，公司应当确保该子公司或者控制的其他企业遵守其募集资金管理制度。

6.1.5 保荐机构在持续督导期间应当对上市公司募集资金管理事项履行保荐职责，按照《证券发行上市保荐业务管理办法》、《深圳证券交易所上市公司保荐工作指引》及本章规定进行公司募集资金管理的持续督导工作。

第二节 募集资金专户存储

6.2.1 上市公司应当审慎选择商业银行并开设募集资金专项账户（以下简称"专户"），募集资金应当存放于董事会决定的专户集中管理，专户不得存放非募集资金或者用作其他用途。

公司存在两次以上融资的,应当分别设置募集资金专户。

实际募集资金净额超过计划募集资金金额(以下简称"超募资金")也应当存放于募集资金专户管理。

6.2.2 上市公司应当在募集资金到位后一个月内与保荐机构、存放募集资金的商业银行(以下简称"商业银行")签订三方监管协议(以下简称"协议")。协议至少应当包括以下内容:

(一)公司应当将募集资金集中存放于专户;

(二)募集资金专户账号、该专户涉及的募集资金项目、存放金额;

(三)公司一次或者十二个月内累计从专户中支取的金额超过一千万元人民币或者募集资金净额的10%的,公司及商业银行应当及时通知保荐机构;

(四)商业银行每月向公司出具银行对账单,并抄送保荐机构;

(五)保荐机构可以随时到商业银行查询专户资料;

(六)保荐机构的督导职责、商业银行的告知及配合职责、保荐机构和商业银行对公司募集资金使用的监管方式;

(七)公司、商业银行、保荐机构的权利、义务及违约责任;

(八)商业银行三次未及时向保荐机构出具对账单或者通知专户大额支取情况,以及存在未配合保荐机构查询与调查专户资料情形的,公司可以终止协议并注销该募集资金专户。

公司应当在全部协议签订后及时公告协议主要内容。

上市公司通过控股子公司实施募投项目的,应当由上市公司、实施募投项目的控股子公司、商业银行和保荐机构共同签署三方监管协议,上市公司及其控股子公司应当视为共同一方。

上述协议在有效期届满前提前终止的,公司应当自协议终止之日起一个月内与相关当事人签订新的协议,并及时报本所备案后公告。

第三节 募集资金使用

6.3.1 上市公司应当按照发行申请文件中承诺的募集资金投资计划使用募集资金。出现严重影响募集资金投资计划正常进行的情形时,公司应当及时公告。

6.3.2 除金融类企业外,募集资金投资项目不得为持有交易性金融资产和可供出售金融资产、借予他人、委托理财等财务性投资,不得直接或者间接投资于以买卖有价证券为主要业务的公司。

上市公司不得将募集资金用于质押、委托贷款或者其他变相改变募集资金用途的投资。

6.3.3 上市公司应当确保募集资金使用的真实性和公允性,防止募集资金被控股股东、实际控制人等关联人占用或者挪用,并采取有效措施避免关联人利用募集资金投资项目获取不正当利益。

6.3.4 上市公司董事会应当每半年全面核查募集资金投资项目的进展情况。

募集资金投资项目年度实际使用募集资金与最近一次披露的募集资金投资计划当年预计使用金额差异超过30%的,公司应当调整募集资金投资计划,并在募集资金年度存放与使用情况的专项报告中披露最近一次募集资金年度投资计划、目前实际投资进度、调整后预计分年度投资计划以及投资计划变化的原因等。

6.3.5 募集资金投资项目出现下列情形之一的,上市公司应当对该项目的可行性、预计收益等重新进行论证,决定是否继续实施该项目:

(一)募集资金投资项目涉及的市场环境发生重大变化的;

(二)募集资金投资项目搁置时间超过一年的;

(三)超过最近一次募集资金投资计划的完成期限且募集资金投入金额未达到相关计划金额50%的;

(四)募集资金投资项目出现其他异常情形的。

公司应当在最近一期定期报告中披露项目的进展情况、出现异常的原因以及调整后的募集资金投资计划(如有)。

6.3.6 上市公司决定终止原募集资金投资项目的,应当尽快、科学地选择新的投资项目。

6.3.7 上市公司以募集资金置换预先已投入募集资金投资项目的自筹资金的,应当经公司董事会审议通过、会计师事务所出具鉴证报告及独立董事、监事会、保荐机构发表明确同意意见并履行信息披露义务后方可实施。

公司已在发行申请文件中披露拟以募集资金置换预先投入的自筹资金且预先投入金额确定的,应当在置换实施前对外公告。

6.3.8 上市公司闲置募集资金暂时用于补充流动资金的,应当经董事会审议通过,独立董事、监事会、保荐机构发表明确同意意见并披露,且应当符合以下条件:

(一)不得变相改变募集资金用途或者影响募集资金投资计划的正常进行;

(二)已归还前次用于暂时补充流动资金的募集资金(如适用);

(三)单次补充流动资金时间不得超过十二个月。

闲置募集资金用于补充流动资金时,仅限于与主营业务相关的生产经营使用,不得直接或者间接安排用于新股配售、申购或者用于股票及其衍生品种、可转债等的交易。

6.3.9 上市公司用闲置募集资金补充流动资金事项的,应当经公司董事会审议通过,并在两个交易日内公告以下内容:

(一)本次募集资金的基本情况,包括募集时间、募集资金金额、募集资金

净额及投资计划等;

（二）募集资金使用情况;

（三）闲置募集资金补充流动资金的金额及期限;

（四）闲置募集资金补充流动资金预计节约财务费用的金额、导致流动资金不足的原因、是否存在变相改变募集资金投向的行为和保证不影响募集资金项目正常进行的措施;

（五）独立董事、监事会、保荐机构出具的意见;

（六）本所要求的其他内容。

补充流动资金到期日之前，公司应当将该部分资金归还至募集资金专户，并在资金全部归还后两个交易日内公告。

6.3.10 上市公司超募资金达到或者超过计划募集资金金额的，公司应当根据公司的发展规划及实际生产经营需求，妥善安排超募资金的使用计划，提交董事会审议通过后及时披露。

独立董事和保荐机构应当对超募资金的使用计划的合理性和必要性发表独立意见，并与公司的相关公告同时披露，符合本所《创业板上市规则》第九章、第十章规定应当提交股东大会审议的，还应当提交股东大会审议。

超募资金原则上应当用于公司主营业务。除金融类企业外，超募资金不得用于持有交易性金融资产和可供出售的金融资产、借予他人、委托理财（现金管理除外）等财务性投资或者开展证券投资、衍生品投资等高风险投资，不得直接或者间接投资于以买卖有价证券为主要业务的公司。

6.3.11 上市公司计划使用超募资金偿还银行贷款或者补充流动资金的，除满足第6.3.10条的规定外，还应当符合以下要求并在公告中披露以下内容：

（一）超募资金用于永久补充流动资金和归还银行贷款的金额，每十二个月内累计不得超过超募资金总额的30%;

（二）公司最近十二个月内未将自有资金用于持有交易性金融资产和可供出售的金融资产、借予他人、委托理财（现金管理除外）等财务性投资或者从事证券投资、衍生品投资、创业投资等高风险投资;

（三）公司承诺偿还银行贷款或者补充流动资金后十二个月内不进行高风险投资（包括财务性投资）以及为他人提供财务资助;

（四）经董事会全体董事的三分之二以上和全体独立董事同意，并经公司股东大会审议通过;

（五）保荐机构就本次超募资金使用计划是否符合前述条件进行核查并明确表示同意。

6.3.12 超募资金用于暂时补充流动资金的，视同用闲置募集资金暂时补充流动资金。

6.3.13 上市公司可以对暂时闲置的募集资金（包括超募资金）进行现金管

理，其投资的产品必须符合以下条件：

（一）安全性高，满足保本要求，产品发行主体能够提供保本承诺；

（二）流动性好，不得影响募集资金投资计划正常进行。

投资产品不得质押，产品专用结算账户（如适用）不得存放非募集资金或者用作其他用途，开立或者注销产品专用结算账户的，公司应当及时报本所备案并公告。

6.3.14 上市公司使用闲置募集资金投资产品的，应当经公司董事会审议通过，独立董事、监事会、保荐机构发表明确同意意见。

公司应当在董事会会议后二个交易日内公告下列内容：

（一）本次募集资金的基本情况，包括募集时间、募集资金金额、募集资金净额及投资计划等；

（二）募集资金使用情况；

（三）闲置募集资金投资产品的额度及期限；

（四）募集资金闲置的原因，是否存在变相改变募集资金用途的行为和保证不影响募集资金项目正常进行的措施；

（五）投资产品的收益分配方式、投资范围、产品发行主体提供的保本承诺及安全性分析；

（六）独立董事、监事会、保荐机构出具的意见。

公司应当在面临产品发行主体财务状况恶化、所投资的产品面临亏损等重大风险情形时，及时对外披露风险提示性公告，并说明公司为确保资金安全采取的风险控制措施。

6.3.15 上市公司以发行证券作为支付方式向特定对象购买资产的，应当确保在新增股份上市前办理完毕上述资产的所有权转移手续，公司聘请的律师事务所应当就资产转移手续完成情况出具专项法律意见书。

6.3.16 上市公司以发行证券作为支付方式向特定对象购买资产或者募集资金用于收购资产的，相关当事人应当严格遵守和履行涉及收购资产的相关承诺。

第四节 募集资金用途变更

6.4.1 上市公司存在下列情形的，视为募集资金用途变更：

（一）取消原募集资金项目，实施新项目；

（二）变更募集资金投资项目实施主体（实施主体由上市公司变为全资子公司或者全资子公司变为上市公司的除外）；

（三）变更募集资金投资项目实施方式；

（四）本所认定为募集资金用途变更的其他情形。

6.4.2 上市公司应当在召开董事会和股东大会审议通过变更募集资金用途议案后，方可变更募集资金用途。

6.4.3 上市公司董事会应当审慎地进行拟变更后的新募集资金投资项目的可行性分析,确信投资项目具有较好的市场前景和盈利能力,能够有效防范投资风险,提高募集资金使用效益。

公司变更后的募集资金用途应当投资于公司主营业务。

6.4.4 上市公司拟变更募集资金用途的,应当在提交董事会审议通过后两个交易日内公告以下内容:

(一)原项目基本情况及变更的具体原因;
(二)新项目的基本情况、可行性分析、经济效益分析和风险提示;
(三)新项目的投资计划;
(四)新项目已经取得或者尚待有关部门审批的说明(如适用);
(五)独立董事、监事会、保荐机构对变更募集资金用途的意见;
(六)变更募集资金投资项目尚需提交股东大会审议的说明;
(七)本所要求的其他内容。

新项目涉及关联交易、购买资产、对外投资的,还应当比照相关规则的规定进行披露。

6.4.5 上市公司拟将募集资金投资项目变更为合资经营的方式实施的,应当在充分了解合资方基本情况的基础上,慎重考虑合资的必要性,并且公司应当控股,确保对募集资金投资项目的有效控制。

6.4.6 上市公司变更募集资金用途用于收购控股股东或者实际控制人资产(包括权益)的,应当确保在收购后能够有效避免同业竞争及减少关联交易。

公司应当披露与控股股东或者实际控制人进行交易的原因、关联交易的定价政策及定价依据、关联交易对公司的影响以及相关问题的解决措施。

6.4.7 上市公司改变募集资金投资项目实施地点的,应当经董事会审议通过,并在二个交易日内公告,说明改变情况、原因、对募集资金投资项目实施造成的影响以及保荐机构出具的意见。

6.4.8 单个或者全部募集资金投资项目完成后,上市公司将少量结余资金(包括利息收入)用作其他用途应当经董事会审议通过、保荐机构发表明确同意的意见后方可使用。

节余募集资金(包括利息收入)低于一百万元人民币或者低于单个项目或者全部项目募集资金承诺投资额1%的,可以豁免履行前款程序,其使用情况应当在年度报告中披露。

公司节余募集资金(包括利息收入)超过单个或者全部募集资金投资项目计划资金的30%或者以上,需提交股东大会审议通过。

第五节 募集资金管理与监督

6.5.1 上市公司会计部门应当对募集资金的使用情况设立台账,详细记录募集资金的支出情况和募集资金项目的投入情况。

公司内部审计部门应当至少每季度对募集资金的存放与使用情况检查一次，并及时向董事会报告检查结果。

6.5.2 上市公司当年存在募集资金运用的，董事会应当出具半年度及年度募集资金的存放与使用情况专项报告，并聘请会计师事务所对年度募集资金存放与使用情况出具鉴证报告。

募集资金投资项目实际投资进度与投资计划存在差异的，公司应当解释具体原因。当期使用闲置募集资金进行现金管理的，公司应当披露本报告期的收益情况以及期末的投资份额、签约方、产品名称、期限等情况。

会计师事务所应当对董事会的专项报告是否已经按照本指引及相关格式指引编制以及是否如实反映了年度募集资金实际存放、使用情况进行合理鉴证，提出鉴证结论。

鉴证结论为"保留结论"、"否定结论"或者"无法提出结论"的，公司董事会应当就鉴证报告中注册会计师提出该结论的理由进行分析、提出整改措施并在年度报告中披露。

6.5.3 保荐机构应当至少每半年对上市公司募集资金的存放和使用情况进行一次现场检查。每个会计年度结束后，保荐机构应当对公司年度募集资金存放与使用情况出具专项核查报告并披露。

公司募集资金存放与使用情况被会计师事务所出具了"保留结论"、"否定结论"或者"无法提出结论"鉴证结论的，保荐机构还应当在其核查报告中认真分析会计师事务所提出上述鉴证结论的原因，并提出明确的核查意见。

6.5.4 独立董事应当关注募集资金实际使用情况与上市公司信息披露情况是否存在重大差异。经二分之一以上独立董事同意，独立董事可以聘请会计师事务所对募集资金存放与使用情况出具鉴证报告。公司应当积极配合，并承担必要的费用。

6.5.5 保荐机构在对上市公司进行现场检查时发现公司募集资金管理存在重大违规情形或者重大风险的，应当及时向本所报告。

第七章 其他重大事件管理

第一节 对外提供财务资助

7.1.1 上市公司及其控股子公司有偿或者无偿对外提供资金、委托贷款等行为，适用本节规定，但下列情况除外：

（一）公司以对外提供借款、贷款等融资业务为其主营业务；

（二）资助对象为公司合并报表范围内的、持股比例超过50%的控股子公司。

公司向与关联人共同投资形成的控股子公司提供财务资助，参照本节规定执行。

7.1.2 上市公司应当建立健全有关财务资助的内部控制制度，在公司章程或者公司其他规章制度中明确股东大会、董事会审批对外提供财务资助的审批权限、审议程序以及违反审批权限、审议程序的责任追究机制，采取充分、有效的风险防范措施。

7.1.3 上市公司对外提供财务资助，应当经出席董事会的三分之二以上的董事同意并作出决议，并及时履行信息披露义务。

公司董事会审议财务资助事项时，公司独立董事和保荐机构（如有）应当对该事项的合法合规性、对公司的影响及存在的风险等发表独立意见。

7.1.4 上市公司对外提供财务资助事项属于下列情形之一的，经董事会审议通过后还应当提交股东大会审议：

（一）被资助对象最近一期经审计的资产负债率超过70%；

（二）单次财务资助金额或者连续十二个月内累计提供财务资助金额超过公司最近一期经审计净资产的10%；

（三）本所或者公司章程规定的其他情形。

7.1.5 上市公司不得为董事、监事、高级管理人员、控股股东、实际控制人及其控股子公司等关联人提供资金等财务资助。

上市公司为其持股比例不超过50%的控股子公司、参股公司提供资金等财务资助的，该控股子公司、参股公司的其他股东原则上应当按出资比例提供同等条件的财务资助。如其他股东未能以同等条件或者出资比例向上市公司控股子公司或者参股公司提供财务资助的，应当说明原因并披露上市公司已要求上述股东采取的反担保等措施。

上市公司为其控股子公司、参股公司提供资金等财务资助，且该控股子公司、参股公司的其他股东中一个或者多个为上市公司的控股股东、实际控制人及其关联人的，该关联股东应当按出资比例提供同等条件的财务资助。如该关联股东未能以同等条件或者出资比例向上市公司控股子公司或者参股公司提供财务资助的，上市公司应当将上述对外财务资助事项提交股东大会审议，与该事项有关联关系的股东应当回避表决。

7.1.6 上市公司对外提供财务资助，应当与资助对象等有关方签署协议，约定资助对象应当遵守的条件、财务资助的金额、期限、违约责任等内容。

财务资助款项逾期未收回的，公司不得向同一对象继续提供财务资助或者追加提供财务资助。

7.1.7 上市公司在以下期间，不得对外提供财务资助：

（一）使用闲置募集资金暂时补充流动资金期间；

（二）将募集资金投向变更为永久性补充流动资金后十二个月内；

（三）将超募资金永久性用于补充流动资金或者归还银行贷款后的十二个月内。

7.1.8 上市公司对外提供财务资助时，应当在公告中承诺在此项对外提供财务资助后的十二个月内，除已经收回对外财务资助外，不得将募集资金投向变更为永久性补充流动资金、将超募资金永久性用于补充流动资金或者归还银行贷款。

7.1.9 上市公司披露对外提供财务资助事项，应当经公司董事会审核通过并在两个交易日内公告下列内容：

（一）财务资助事项概述，包括财务资助协议的主要内容、资金用途以及对财务资助事项的审批程序；

（二）被资助对象的基本情况，包括但不限于成立时间、注册资本、控股股东、实际控制人、法定代表人，主营业务、主要财务指标（至少应当包括最近一年经审计的资产总额、负债总额、归属于母公司的所有者权益、营业收入、归属于母公司所有者的净利润等）以及资信情况等；与公司是否存在关联关系，如存在，应当披露具体的关联情形；公司在上一会计年度对该对象提供财务资助的情况；

（三）所采取的风险防范措施，包括但不限于被资助对象或者其他第三方就财务资助事项是否提供担保。由第三方就财务资助事项提供担保的，应当披露该第三方的基本情况及其担保履约能力情况；

（四）为与关联人共同投资形成的控股或者参股子公司提供财务资助的，应当披露被资助对象的其他股东的基本情况、与上市公司的关联关系及其按出资比例履行相应义务的情况；其他股东未按同等条件、未按出资比例向该控股或者参股子公司相应提供财务资助的，应当说明原因以及上市公司利益未受到损害的理由；

（五）董事会意见，主要介绍提供财务资助的原因，在对被资助对象的资产质量、经营情况、行业前景、偿债能力、信用状况、第三方担保及履约能力情况等进行全面评估的基础上，披露该财务资助事项的利益、风险和公允性，以及董事会对被资助对象偿还债务能力的判断；

（六）上市公司关于在此项对外提供财务资助后的十二个月内，除已经收回对外财务资助外，不得将募集资金投向变更为永久性补充流动资金、将超募资金永久性用于补充流动资金或者归还银行贷款的承诺；

（七）独立董事意见，主要对财务资助事项的必要性、合法合规性、公允性、对公司和中小股东权益的影响及存在的风险等发表独立意见；

（八）保荐机构意见，主要对财务资助事项的合法合规性、公允性及存在的风险等发表独立意见（如适用）；

（九）公司累计对外提供财务资助金额及逾期未收回的金额；

（十）本所要求的其他内容。

7.1.10 对于已披露的财务资助事项，上市公司还应当在出现以下情形之一时及时披露相关情况及拟采取的措施：

（一）被资助对象在约定资助期间到期后未能及时还款的；

（二）被资助对象或者就财务资助事项提供担保的第三方出现财务困难、资不抵债、现金流转困难、破产及其他严重影响还款能力情形的；

（三）本所认定的其他情形。

7.1.11 上市公司存在下列情形之一的，应当参照本节的规定执行：

（一）在主营业务范围外以实物资产、无形资产等方式对外提供资助；

（二）为他人承担费用；

（三）无偿提供资产使用权或者收取资产使用权的费用明显低于行业一般水平；

（四）支付预付款比例明显高于同行业一般水平；

（五）本所认定的其他构成实质性财务资助的行为。

第二节 会计政策及会计估计变更

7.2.1 本指引所称会计政策变更和会计估计变更，是指《企业会计准则第28号——会计政策、会计估计变更和差错更正》定义的会计政策变更和会计估计变更，所有者权益指归属于上市公司股东的所有者权益，净利润指归属于公司股东的净利润。

7.2.2 上市公司不得利用会计政策变更和会计估计变更操纵利润、所有者权益等财务指标。

7.2.3 上市公司变更会计政策的，应当在董事会审议通过后两个交易日内向本所提交董事会决议并履行信息披露义务。

7.2.4 上市公司自主变更会计政策达到以下标准之一的，应当在董事会审议批准后，提交专项审计报告并在定期报告披露前提交股东大会审议：

（一）会计政策变更对最近一个会计年度经审计净利润的影响比例超过50%；

（二）会计政策变更对最近一期经审计股东权益的影响比例超过50%的。

会计政策变更对最近一个会计年度经审计净利润、最近一期经审计股东权益的影响比例，是指上市公司因变更会计政策对最近一个会计年度、最近一期经审计的财务报告进行追溯重述后的公司净利润、股东权益与原披露数据的差额的绝对值除以原披露数据的绝对值。

7.2.5 上市公司自主变更会计政策的，应当在董事会审议通过后的两个交易日内公告以下内容：

（一）董事会决议公告；

（二）董事会关于会计政策变更的公告；

（三）独立董事意见、监事会意见；

（四）会计师事务所出具的专项审计报告（适用于需股东大会审议的情形）；

（五）本所要求的其他文件。

7.2.6 上市公司根据法律、行政法规或者国家统一的会计制度的要求变更会计政策的，其披露的会计政策变更公告至少应当包含以下内容：

（一）本次会计政策变更情况概述，包括变更的日期、变更的原因、变更前采用的会计政策、变更后采用的会计政策等；

（二）本次会计政策变更对公司的影响，包括本次会计政策变更涉及公司业务的范围，变更会计政策对相关定期报告所有者权益、净利润的影响等；

（三）如果因会计政策变更对公司最近两年已披露的年度财务报告进行追溯调整，导致公司已披露的报告年度出现盈亏性质改变的，公司应当进行说明；

（四）董事会关于本次会计政策变更合理性的说明及审议本次会计政策变更的情况；

（五）对于股东大会审议的情形，需要说明会计师事务所的审计意见以及股东大会审议的安排；

（六）本所认为需要说明的其他事项。

公司自主变更会计政策的，还应当包含本次会计政策变更对尚未披露的最近一个报告期净利润、股东权益的影响情况、董事会关于会计政策变更合理性的说明以及独立董事意见、监事会意见。

7.2.7 上市公司自主变更会计政策未按本指引要求履行披露义务的，视为滥用会计政策，按照前期差错更正的方法处理。

7.2.8 上市公司变更重要会计估计的，应当在董事会审议通过后比照自主变更会计政策履行披露义务；会计估计变更应当自该估计变更被董事会、股东大会（如适用）等相关机构审议通过后生效，会计估计变更日不得早于董事会审议日，或者股东大会审议日（如需提交股东大会审议的）。达到以下标准之一的，应当提交专项审计报告并在变更生效当期的定期报告披露前提交股东大会审议：

（一）会计估计变更对最近一个会计年度经审计净利润的影响比例超过50%的；

（二）会计估计变更对最近一期经审计的所有者权益的影响比例超过50%的；

（三）会计估计变更对定期报告的影响致使公司的盈亏性质发生变化。

会计估计变更对定期报告的影响比例，是指公司变更后的定期报告现有披露数据与假定不变更会计估计定期报告原有披露数据的差额的绝对值除以假定不变更会计估计定期报告原有披露数据的绝对值。

会计估计变更日，是指变更以后的会计估计方法开始起用的日期。

7.2.9 本节所述"重要会计估计"，是指公司依据《企业会计准则》等的规定，应当在财务报表附注中披露的重要的会计估计，包括：

（一）存货可变现净值的确定；

（二）采用公允价值模式下的投资性房地产公允价值的确定；

（三）固定资产的预计使用寿命与净残值；固定资产的折旧方法；

（四）生物资产的预计使用寿命与净残值；各类生产性生物资产的折旧方法；

（五）使用寿命有限的无形资产的预计使用寿命与净残值；

（六）可收回金额按照资产组的公允价值减去处置费用后的净额确定的，确定公允价值减去处置费用后的净额的方法；

可收回金额按照资产组预计未来现金流量的现值确定的，预计未来现金流量及其折现率的确定；

（七）合同完工进度的确定；

（八）权益工具公允价值的确定；

（九）债务人债务重组中转让的非现金资产的公允价值、由债转成的股份的公允价值和修改其他债务条件后债务的公允价值的确定；

债权人债务重组中受让的非现金资产的公允价值、由债权转成的股份的公允价值和修改其他债务条件后债权的公允价值的确定；

（十）预计负债初始计量的最佳估计数的确定；

（十一）金融资产公允价值的确定；

（十二）承租人对未确认融资费用的分摊；出租人对未实现融资收益的分配；

（十三）探明矿区权益、井及相关设施的折耗方法；与油气开采活动相关的辅助设备及设施的折旧方法；

（十四）非同一控制下企业合并成本的公允价值的确定；

（十五）其他重要会计估计。

第三节 利润分配和资本公积转增股本

7.3.1 上市公司制定利润分配方案时，应当严格遵守法律、行政法规、部门规章、规范性文件及本所业务规则的相关规定。

7.3.2 上市公司及相关内幕信息知情人不得单独或者与他人合谋，利用分配方案从事内幕交易、操纵市场等违法违规行为。

7.3.3 上市公司制定利润分配政策时，应当履行公司章程规定的决策程序。董事会应当就股东回报事宜进行专项研究论证，制定明确、清晰的股东回报规划，并详细说明规划安排的理由等情况。公司应当在公司章程中载明以下内容：

（一）公司董事会、股东大会对利润分配尤其是现金分红事项的决策程序和机制，对既定利润分配政策尤其是现金分红政策作出调整的具体条件、决策程序和机制,以及为充分听取独立董事和中小股东意见所采取的措施。

(二)公司的利润分配政策尤其是现金分红政策的具体内容,利润分配的形式,利润分配尤其是现金分红的期间间隔,现金分红的具体条件,发放股票股利的条件,各期现金分红最低金额或者比例(如有)等。

7.3.4 上市公司应当在章程中明确现金分红相对于股票股利在利润分配方式中的优先顺序。

具备现金分红条件的,应当采用现金分红进行利润分配。

7.3.5 上市公司在制定现金分红政策时,董事会应当综合考虑所处行业特点、发展阶段、自身经营模式、盈利水平以及是否有重大资金支出安排等因素。在制定现金分红具体方案时,董事会应当认真研究和论证公司现金分红的时机、条件和最低比例、调整的条件及其决策程序要求等事宜,独立董事应当发表明确意见。

7.3.6 上市公司在制定和执行现金分红政策过程中出现下列情形的,独立董事应当发表明确意见:

(一)公司章程中没有明确、清晰的股东回报规划或者具体的现金分红政策;

(二)公司章程规定不进行现金分红;

(三)公司章程规定了现金分红政策,但无法按照既定现金分红政策确定当年利润分配方案;

(四)公司在年度报告期内有能力分红但不分红尤其是连续多年不分红或者分红水平较低;

(五)公司存在大比例现金分红;

(六)本所认定的其他情形。

7.3.7 在筹划或者讨论利润分配方案过程中,上市公司应当将内幕信息知情人控制在最小范围内,及时登记内幕信息知情人名单及其个人信息,并采取严格的保密措施,防止分配方案提前泄露。

公司还应当密切关注公共媒体关于公司分配方案的报道和公司股票及其衍生品种的交易情况,及时采取相应措施:

(一)如公共传媒出现有关公司分配方案的传闻,且该传闻据传出自公司内部有关人员或者与公司有密切联系的单位或者个人,而公司并未对利润分配方案进行讨论的,公司应当及时对有关传闻进行澄清。

(二)如公司股票及其衍生品交易价格发生异常波动,或者预计利润分配方案已经提前泄露,或者预计利润分配方案难以保密的,公司应当对拟订的利润分配方案或者是否计划推出高比例送转方案进行预披露。

7.3.8 上市公司制定利润分配方案时,应当以母公司报表中可供分配利润为依据。同时,为避免出现超分配的情况,公司应当以合并报表、母公司报表中可供分配利润孰低的原则来确定具体的利润分配比例。

7.3.9 上市公司拟以半年度财务报告为基础进行现金分红，且不送红股或者不用资本公积转增股本的，半年度财务报告可以不经审计。

7.3.10 上市公司在筹划或者讨论高比例送转方案（指包含每十股送红股与资本公积金转增股本合计达到或者超过十股的分配方案，下同）期间出现下列情形之一的，应当及时对分配方案进行预披露：

（一）公共传媒出现公司拟推出高比例送转方案的传闻，且该传闻据传来自于公司内部有关人员，或者与公司有密切联系的单位或者个人；

（二）公司股票及其衍生品种发生异常波动；

（三）公司或者本所认为必要的其他情形。

7.3.11 上市公司对利润分配方案进行预披露时，应当同时向本所提交经半数以上董事对利润分配预案进行签字确认的书面文件，文件中应当说明提出讨论利润分配预案的提议人、提议理由，利润分配预案的合法性、合规性、合理性以及签字董事承诺在董事会开会审议分配方案时投赞成票等内容。利润分配预案可以说明拟分配的区间范围，但公司应当尽可能缩小该区间范围，以避免误导投资者。

利润分配方案中包含高比例送转的公司，还应当在预披露公告中披露高送转方案与公司业绩成长性是否相匹配，高送转方案对公司未来发展的影响以及公司在信息保密和防范内幕交易方面所采取的措施。

7.3.12 上市公司利润分配方案中现金分红的金额达到或者超过当期归属于公司股东的净利润的100%，且达到或者超过当期累计可分配利润的50%的，公司应当同时披露该现金分红方案的提议人，公司确定该现金分红方案的理由，分红方案是否将造成公司流动资金短缺，公司在过去十二个月内是否使用过募集资金补充流动资金以及在未来十二个月内是否计划使用募集资金补充流动资金等内容。

7.3.13 利润分配方案中包含高比例送转的上市公司，应当按照本指引第五章的相关规定，在向本所提交相关公告的同时向本所报送内幕信息知情人及其近亲属（含配偶、父母、子女、兄弟姐妹等）等相关信息，并在分配方案公告后五个交易日内向本所报备内幕信息知情人及其近亲属在分配方案公告前一个月内买卖公司股票及其衍生品种的自查结果。

7.3.14 上市公司实施分配方案的，非经股东大会审议通过，不得擅自变更分配总额。分配方案公布后至实施前，公司总股本由于增发新股、股权激励行权、可转债转股等原因发生变动的，应当按照"现金分红总额、送红股总额、转增股本总额固定不变"的原则，在利润分配实施公告中披露按公司最新总股本计算的分配比例。

7.3.15 根据中国证监会《证券发行与承销管理办法》的相关规定，上市公司发行证券，存在利润分配、公积金转增股本方案尚未提交股东大会表决或者虽经股东大会表决通过但未实施的，应当在方案实施后发行。相关方案实施前，主承销商不得承销公司发行的证券。

第八章 内部控制

第一节 总体要求

8.1.1 上市公司应当完善公司内部控制制度，确保董事会、监事会和股东大会等机构合法运作和科学决策，建立有效的激励约束机制，树立风险防范意识，培育良好的企业精神和内部控制文化，创造全体职工充分了解并履行职责的环境。

公司董事会应当对公司内部控制制度的制定和有效执行负责。

8.1.2 上市公司应当明确界定各部门和各岗位的目标、职责和权限，建立相应的授权、检查和逐级问责制度，确保其在授权范围内履行职能。

公司应当设立完善的控制架构，并制定各层级之间的控制程序，保证董事会及高级管理人员下达的指令能够被严格执行。

8.1.3 上市公司应当建立相关部门之间、岗位之间的制衡和监督机制，并设立专门负责监督检查的内部审计部门，定期检查公司内部控制缺陷，评估其执行的效果和效率，并及时提出改进建议。

8.1.4 上市公司应当建立完整的风险评估体系，对经营风险、财务风险、市场风险、政策法规风险和道德风险等进行持续监控，及时发现、评估公司面临的各类风险，并采取必要的控制措施。

8.1.5 上市公司应当制定公司内部信息和外部信息的管理政策，确保信息能够准确传递，确保董事会、监事会、高级管理人员及内部审计部门及时了解公司及其控股子公司的经营和风险状况，确保各类风险隐患和内部控制缺陷得到妥善处理。

8.1.6 上市公司的内部控制活动应当涵盖公司所有营运环节，包括但不限于销售及收款、采购和费用及付款、固定资产管理、存货管理、资金管理（包括投资融资管理）、财务报告、信息披露、人力资源管理和信息系统管理等。

上述控制活动涉及关联交易的，还应当包括关联交易的控制政策及程序。

8.1.7 上市公司应当依据所处的环境和自身经营特点，建立印章使用管理、票据领用管理、预算管理、资产管理、担保管理、资金借贷管理、职务授权及代理人制度、信息披露管理、信息系统安全管理等专门管理制度。

8.1.8 上市公司应当加强对关联交易、对外担保、募集资金使用、重大投资、信息披露等活动的控制，按照本指引及有关规定的要求建立相应的控制政策和程序。

第二节 关联交易的内部控制

8.2.1 上市公司应当建立健全关联交易内部控制制度,遵循诚实信用、平等、自愿、公平、公开、公允的原则,不得损害公司和股东的利益,不得隐瞒关联关系或者将关联交易非关联化。

8.2.2 上市公司应当按照有关法律、行政法规、部门规章、规范性文件、《创业板上市规则》、本指引以及本所其他相关规定的规定,在公司章程中明确划分公司股东大会、董事会对关联交易事项的审批权限,规定关联交易事项的审议程序和回避表决要求。

8.2.3 上市公司应当参照《创业板上市规则》及本所其他相关规定,确定公司关联人的名单,并及时予以更新,确保关联人名单真实、准确、完整。

公司及其下属控股子公司在发生交易活动时,相关责任人应当仔细查阅关联人名单,审慎判断是否构成关联交易。如果构成关联交易,应当在各自权限内履行审批、报告义务。

8.2.4 上市公司在召开董事会审议关联交易事项时,会议主持人应当在会议表决前提醒关联董事须回避表决。关联董事未主动声明并回避的,知悉情况的董事应当要求关联董事予以回避。

公司股东大会在审议关联交易事项时,会议主持人及见证律师应当在股东投票前,提醒关联股东须回避表决。

8.2.5 上市公司在审议关联交易事项时,应当做到:

(一)详细了解交易标的的真实状况,包括交易标的运营现状、盈利能力、是否存在抵押、冻结等权利瑕疵和诉讼、仲裁等法律纠纷;

(二)详细了解交易对方的诚信记录、资信状况、履约能力等情况,审慎选择交易对手方;

(三)根据充分的定价依据确定交易价格;

(四)根据《创业板上市规则》的相关要求或者公司认为有必要时,聘请中介机构对交易标的进行审计或者评估。

8.2.6 上市公司不得对存在以下情形之一的关联交易事项进行审议并作出决定:

(一)交易标的状况不清;

(二)交易价格未确定;

(三)交易对方情况不明朗;

(四)因本次交易导致或者可能导致公司被控股股东、实际控制人及其附属企业非经营性资金占用;

(五)因本次交易导致或者可能导致公司为关联人违规提供担保;

(六)因本次交易导致或者可能导致公司被关联人侵占利益的其他情形。

8.2.7 上市公司向关联人购买资产按规定需要提交股东大会审议且存在以下情形之一的,原则上交易对方应当提供在一定期限内标的资产盈利担保或者补偿承诺或者标的资产回购承诺:

(一) 高溢价购买资产的;

(二) 购买资产最近一期净资产收益率为负或者低于公司本身净资产收益率的。

8.2.8 上市公司拟部分或者全部放弃向与关联人共同投资的公司同比例增资权或者优先受让权的,应当以公司实际增资或者受让额与放弃同比例增资权或者优先受让权所涉及的金额之和为关联交易的交易金额,履行相应的审议程序及信息披露义务。

8.2.9 上市公司进行关联交易因连续十二个月累计计算的原则需提交股东大会审议的,仅需要将本次关联交易提交股东大会审议,并在本次关联交易公告中将前期已发生的关联交易一并披露。

8.2.10 上市公司与关联人之间的交易应当签订书面协议,明确交易双方的权利义务及法律责任。

8.2.11 上市公司董事、监事及高级管理人员有义务关注公司是否存在被关联人挪用资金等侵占公司利益的问题,关注方式包括但不限于问询、查阅等。

8.2.12 因关联人占用或者转移公司资金、资产或者其他资源而给上市公司造成损失或者可能造成损失的,公司董事会应当及时采取诉讼、财产保全等保护性措施避免或者减少损失,并追究有关人员的责任。

第三节 对外担保的内部控制

8.3.1 上市公司对外担保的内部控制应当遵循合法、审慎、互利、安全的原则,严格控制风险。

8.3.2 上市公司应当按照有关法律、行政法规、部门规章、规范性文件、《创业板上市规则》、本指引和本所其他相关规定的规定,在公司章程中明确股东大会、董事会关于对外担保事项的审批权限,以及违反审批权限和审议程序的责任追究机制。

在确定审批权限时,公司应当执行《创业板上市规则》关于对外担保累计计算的相关规定。

8.3.3 上市公司董事会应当在审议对外担保议案前充分调查被担保人的经营和资信情况,认真审议分析被担保人的财务状况、营运状况、行业前景和信用情况,审慎依法作出决定。公司可以在必要时聘请外部专业机构对担保风险进行评估,以作为董事会或者股东大会进行决策的依据。

8.3.4 上市公司应当依法明确对外担保的审批权限,严格执行对外担保审议程序。

未经董事会或者股东大会审议通过，公司不得对外提供担保。

公司应当在公司章程中规定，对外担保提交董事会审议时，应当取得出席董事会会议的三分之二以上董事同意。

8.3.5 上市公司对外担保应当要求对方提供反担保，谨慎判断反担保提供方的实际担保能力和反担保的可执行性。

8.3.6 上市公司独立董事、保荐机构（如适用）应当在董事会审议对外担保事项（对合并范围内子公司提供担保除外）时就其合法合规性、对公司的影响及存在风险等发表独立意见，必要时可以聘请会计师事务所对公司累计和当期对外担保情况进行核查。如发现异常，应当及时向董事会和监管部门报告并公告。

8.3.7 上市公司应当妥善管理担保合同及相关原始资料，及时进行清理检查，并定期与银行等相关机构进行核对，保证存档资料的完整、准确、有效，关注担保的时效、期限。

公司在合同管理过程中发现未经董事会或者股东大会审议程序通过的异常担保合同，应当及时向董事会、监事会报告并公告。

8.3.8 上市公司应当指派专人持续关注被担保人的情况，收集被担保人最近一期的财务资料和审计报告，定期分析其财务状况及偿债能力，关注其生产经营、资产负债、对外担保以及分立合并、法定代表人变化等情况，建立相关财务档案，定期向董事会报告。

如发现被担保人经营状况严重恶化或者发生公司解散、分立等重大事项的，有关责任人应当及时报告董事会。董事会应当采取有效措施，将损失降到最低程度。

8.3.9 对外担保的债务到期后，上市公司应当督促被担保人在限定时间内履行偿债义务。若被担保人未能按时履行义务，公司应当及时采取必要的补救措施。

8.3.10 上市公司担保的债务到期后需展期并需继续由其提供担保的，应当作为新的对外担保，重新履行担保审批程序和信息披露义务。

8.3.11 上市公司控股子公司的对外担保，上市公司应当比照上述规定执行。

第四节 重大投资的内部控制

8.4.1 上市公司重大投资的内部控制应当遵循合法、审慎、安全、有效的原则，控制投资风险、注重投资效益。

8.4.2 上市公司应当在公司章程中明确股东大会、董事会对重大投资的审批权限，制定相应的审议程序。

8.4.3 上市公司应当指定专门机构，负责对公司重大投资项目的可行性、投资风险、投资回报等事宜进行专门研究和评估，监督重大投资项目的执行进展,如发现投资项目出现异常情况,应当及时向公司董事会报告。

8.4.4 本所不鼓励上市公司用自有资金进行证券投资、委托理财或者进行以股票、利率、汇率和商品为基础的期货、期权、权证等衍生产品投资。公司经过慎重考虑后,仍决定开展前述投资的,应当制定严格的决策程序、报告制度和监控措施,并根据公司的风险承受能力确定投资规模及期限。

公司进行证券投资、委托理财或者衍生产品投资事项应当由公司董事会或者股东大会审议通过,不得将委托理财审批权授予公司董事个人或者经营管理层行使。

8.4.5 上市公司进行委托理财的,应当选择资信状况及财务状况良好,无不良诚信记录及盈利能力强的合格专业理财机构作为受托方,并与受托方签订书面合同,明确委托理财的金额、期限、投资品种、双方的权利义务及法律责任等。

公司董事会应当指派专人跟踪委托理财的进展情况及投资安全状况,出现异常情况时应当要求其及时报告,以便董事会立即采取有效措施回收资金,避免或者减少公司损失。

8.4.6 非证券类上市公司进行证券投资的,公司董事会、股东大会应当慎重作出证券投资决策,合理安排、使用资金,致力发展公司主营业务,严格控制投资风险。

8.4.7 上市公司证券投资总额占其最近一期经审计净资产10%以上且超过一千万元人民币的,在投资之前应当经董事会审议通过并及时披露;公司证券投资总额占其最近一期经审计净资产50%以上且超过三千万元的,或者根据公司章程规定应当提交股东大会审议的,公司在投资之前除按照前述规定及时披露外,还应当提交股东大会审议。

公司应当在证券投资方案经董事会或者股东大会审议通过后,及时向本所报备相应的证券投资账户以及资金账户信息,并根据《企业会计准则》的相关规定,对其证券投资业务进行日常核算,在财务报表中正确列报,在定期报告中披露报告期内证券投资及相应的损益情况。

8.4.8 上市公司董事会应当定期了解重大投资项目的执行进展和投资效益情况,如出现未按计划投资、未能实现项目预期收益、投资发生损失等情况,公司董事会应当查明原因,及时采取有效措施,追究有关人员的责任。

第五节 信息披露的内部控制

8.5.1 上市公司应当建立信息披露事务管理制度,规范公司重大信息的范围和内容以及未公开重大信息内部报告、流转、对外发布的程序和注意事项以及违反信息披露规定的责任追究机制等事项。信息披露事务管理制度应当经公司董事会审议通过并公告。

公司应当指定董事会秘书具体负责信息披露工作。公司应当保证董事会秘书能够及时、畅通地获取相关信息，除董事会秘书外的其他董事、监事、高级管理人员和其他人员，非经董事会的书面授权并遵守《创业板上市规则》及本指引等有关规定，不得对外发布任何公司未公开重大信息。

8.5.2 上市公司应当明确规定，当出现、发生或者即将发生可能对公司股票及其衍生品种的交易价格产生较大影响的情形或者事件时，负有报告义务的责任人应当及时将相关信息向公司董事会和董事会秘书进行报告；当董事会秘书需了解重大事项的情况和进展时，相关部门（包括公司控股子公司）及人员应当予以积极配合和协助，及时、准确、完整地进行回复，并根据要求提供相关资料。

8.5.3 上市公司应当建立重大信息的内部保密制度，加强未公开重大信息内部流转过程中的保密工作，对公司、控股股东、实际控制人、公司董事、监事、高级管理人员以及其他核心人员使用网站、博客、微博、微信等媒体发布信息进行必要的关注和引导，明确未公开重大信息的密级，尽量缩小知情人员范围，并保证未公开重大信息处于可控状态。

8.5.4 上市公司应当要求控股子公司参照公司规定建立信息披露事务管理制度，明确控股子公司应当向董事会秘书和信息披露事务部门报告的信息范围、报告流程等。

8.5.5 上市公司董事会应当针对传闻内容是否属实、结论能否成立、传闻的影响、相关责任人等事项进行认真调查、核实。

上市公司董事会调查、核实的对象应当为与传闻有重大关系的机构或者个人，包括但不限于公司股东、实际控制人、行业协会、主管部门、公司董事、监事、高级管理人员、公司相关部门、参股公司、合作方、媒体、研究机构等。

8.5.6 上市公司董事会调查、核实传闻时应当尽量采取书面函询或者委托律师核查等方式进行，以便获取确凿证据，确保澄清公告的真实、准确、完整。

8.5.7 上市公司董事会秘书应当对上报的内部重大信息进行分析和判断。如按规定需要履行信息披露义务的，董事会秘书应当及时向董事会报告，提请董事会履行相应程序并对外披露。

第六节 对控股子公司的内部控制

8.6.1 上市公司应当重点加强对控股子公司的管理控制，制定对控股子公司的控制政策及程序，并在充分考虑控股子公司业务特征等的基础上，督促其建立内部控制制度。

8.6.2 上市公司对其控股子公司的管理控制，至少应当包括下列控制活动：

（一）建立对各控股子公司的控制制度，明确向控股子公司委派的董事、监事及重要高级管理人员的选任方式和职责权限等；

（二）依据上市公司的经营策略和风险管理政策，督导各控股子公司建立起相应的经营计划、风险管理程序；

（三）要求各控股子公司建立重大事项报告制度、明确审议程序，及时向上市公司分管负责人报告重大业务事项、重大财务事项以及其他可能对上市公司股票及其衍生品种交易价格产生重大影响的信息，并严格按照授权规定将重大事项报公司董事会审议或者股东大会审议；

（四）要求控股子公司及时向上市公司董事会秘书报送其董事会决议、股东大会决议等重要文件，通报可能对上市公司股票及其衍生品种交易价格产生较大影响的事项；

（五）定期取得并分析各控股子公司的季度或者月度报告，包括营运报告、产销量报表、资产负债报表、利润表、现金流量报表、向他人提供资金及提供对外担保报表等；

（六）建立对各控股子公司的绩效考核制度。

8.6.3 上市公司的控股子公司同时控股其他公司的，上市公司应当督促其控股子公司参照本指引要求，逐层建立对其下属子公司的管理控制制度。

第七节 内部审计工作规范

8.7.1 上市公司应当设立内部审计部门，对公司内部控制制度的建立和实施、公司财务信息的真实性和完整性等情况进行检查监督。

内部审计部门对董事会负责，向董事会报告工作。

公司可设立审计委员会，指导和监督内部审计部门工作。

8.7.2 上市公司应当依据公司规模、生产经营特点及有关规定，配置专职人员从事内部审计工作。

8.7.3 上市公司各内部机构或者职能部门、控股子公司以及具有重大影响的参股公司应当配合内部审计部门依法履行职责，不得妨碍内部审计部门的工作。

8.7.4 内部审计部门应当履行以下主要职责：

（一）对本公司各内部机构、控股子公司以及具有重大影响的参股公司的内部控制制度的完整性、合理性及其实施的有效性进行检查和评估；

（二）对本公司各内部机构、控股子公司以及具有重大影响的参股公司的会计资料及其他有关经济资料，以及所反映的财务收支及有关的经济活动的合法性、合规性、真实性和完整性进行审计，包括但不限于财务报告、业绩快报、自愿披露的预测性财务信息等；

（三）协助建立健全反舞弊机制，确定反舞弊的重点领域、关键环节和主要内容，并在内部审计过程中合理关注和检查可能存在的舞弊行为；

（四）至少每季度向董事会或者其专门委员会报告一次，内容包括但不限于内部审计计划的执行情况以及内部审计工作中发现的问题。

8.7.5　内部审计部门每季度至少应当对货币资金的内控制度检查一次。在检查货币资金的内控制度时，应当重点关注大额非经营性货币资金支出的授权批准手续是否健全，是否存在越权审批行为，货币资金内部控制是否存在薄弱环节等。发现异常的，应当及时向审计委员会汇报。

8.7.6　内部审计应当涵盖上市公司经营活动中与财务报告和信息披露事务相关的所有业务环节，包括：销货与收款、采购及付款、存货管理、固定资产管理、资金管理、投资与融资管理、人力资源管理、信息系统管理和信息披露事务管理等。内部审计部门可以根据公司所处行业及生产经营特点，对上述业务环节进行调整。

8.7.7　内部审计人员获取的审计证据应当具备充分性、相关性和可靠性。内部审计人员应当将获取审计证据的名称、来源、内容、时间等信息清晰、完整地记录在工作底稿中。

8.7.8　内部审计部门应当建立工作底稿制度，并依据有关法律、法规的规定，建立相应的档案管理制度，明确内部审计工作报告、工作底稿及相关资料的保存时间。

8.7.9　内部审计部门应当按照有关规定实施适当的审查程序，评价公司内部控制的有效性，并至少每年向董事会提交一次内部控制评价报告。

评价报告应当说明审查和评价内部控制的目的、范围、审查结论及对改善内部控制的建议。

8.7.10　内部控制审查和评价范围应当包括与财务报告和信息披露事务相关的内部控制制度的建立和实施情况。

内部审计部门应当将大额非经营性资金往来、对外投资、购买和出售资产、对外担保、关联交易、募集资金使用、信息披露事务等事项相关内部控制制度的完整性、合理性及其实施的有效性作为检查和评估的重点。

8.7.11　内部审计部门对审查过程中发现的内部控制缺陷，应当督促相关责任部门制定整改措施和整改时间，并进行内部控制的后续审查，监督整改措施的落实情况。

第八节　内部控制的检查和披露

8.8.1　内部审计部门在审查过程中如发现内部控制存在重大缺陷或者重大风险，应当及时向董事会报告。

董事会认为公司内部控制存在重大缺陷或者重大风险的，董事会应当及时向本所报告并予以披露。公司应当在公告中披露内部控制存在的重大缺陷或者重大风险、已经或者可能导致的后果，以及已采取或者拟采取的措施。

8.8.2　董事会应当根据内部审计部门出具的评价报告及相关资料，对与财务报告和信息披露事务相关的内部控制制度的建立和实施情况出具年度内部控制自我评价报告。内部控制自我评价报告至少应当包括以下内容：

（一）内部控制评价工作的总体情况；

（二）内部控制评价的依据、范围、程序和方法；

（三）内部控制制度是否建立健全和有效实施；

（四）内部控制存在的缺陷和异常事项及其处理情况（如适用）；

（五）改进和完善内部控制制度建立及其实施的有关措施；

（六）上一年度内部控制存在的缺陷和异常事项的改进情况（如适用）。

8.8.3 上市公司董事会应当在审议年度报告的同时，对内部控制自我评价报告形成决议。监事会和独立董事应当对内部控制自我评价报告发表意见，保荐人应当对内部控制自我评价报告进行核查，并出具核查意见。

8.8.4 上市公司应当将内部控制制度的健全完备和有效执行情况，作为对公司各部门（含分支机构）、控股子公司的绩效考核重要指标之一。公司应当建立起责任追究机制，对违反内部控制制度和影响内部控制制度执行的有关责任人予以查处。

第九章　投资者关系管理

9.1 上市公司投资者关系管理工作应当体现公平、公正、公开原则，客观、真实、准确、完整地介绍和反映公司的实际状况，避免过度宣传可能给投资者造成的误导。

9.2 上市公司投资者关系管理工作应当严格遵守有关法律、行政法规、部门规章、规范性文件、《创业板上市规则》、本指引和本所其他相关规定，不得在投资者关系活动中以任何方式发布或者泄漏未公开重大信息。

9.3 上市公司应当建立投资者关系管理机制，指定董事会秘书担任投资者关系管理负责人，除非得到明确授权并经过培训，公司其他董事、监事、高级管理人员和员工应当避免在投资者关系活动中代表公司发言。

9.4 上市公司应当承担投资者投诉处理的首要责任，完善投诉处理机制并公开处理流程和办理情况。

公司与投资者之间发生的纠纷，可以自行协商解决、提交证券期货纠纷专业调解机构进行调解、向仲裁机构申请仲裁或者向人民法院提起诉讼。

9.5 上市公司通过股东大会、网站、分析师说明会、业绩说明会、路演、一对一沟通、现场参观和电话咨询等方式进行投资者关系活动时，应当平等对待全体投资者，为中小投资者参与活动创造机会，保证相关沟通渠道的畅通，避免出现选择性信息披露。

9.6 上市公司在进行业绩说明会、分析师会议、路演等投资者关系活动开始前，应当事先确定提问的可回答范围。提问涉及公司未公开重大信息，或者可以推理出未公开重大信息的，公司应当拒绝回答。

9.7 上市公司举行业绩说明会、分析师会议、路演等投资者关系活动，为使所有投资者均有机会参与，可以采取网上直播的方式。采取网上直播方式的，公司应当提前发布公告，说明投资者关系活动的时间、方式、地点、网址、公司出席人员名单和活动主题等。

9.8 上市公司应当对董事、监事、高级管理人员及相关员工进行投资者关系管理的系统培训，提高其与特定对象进行沟通的能力，增强其对相关法律法规、业务规则和规章制度的理解，树立公平披露意识。

9.9 上市公司应当加强与中小投资者的沟通和交流，建立和投资者沟通的有效渠道，定期与投资者见面。公司应当在年度报告披露后十个交易日内举行年度报告说明会，公司董事长（或者总经理）、财务负责人、独立董事（至少一名）、董事会秘书、保荐代表人（至少一名）应当出席说明会，会议包括下列内容：

（一）公司所处行业的状况、发展前景、存在的风险；

（二）公司发展战略、生产经营、募集资金使用、新产品和新技术开发；

（三）公司财务状况和经营业绩及其变化趋势；

（四）公司在业务、市场营销、技术、财务、募集资金用途及发展前景等方面存在的困难、障碍、或有损失；

（五）投资者关心的其他内容。

公司应当至少提前两个交易日发布召开年度报告说明会的通知，公告内容应当包括日期及时间（不少于两个小时）、召开方式（现场/网络）、召开地点或者网址、公司出席人员名单等。

9.10 股东大会对现金分红具体方案进行审议前，上市公司应当通过互动易等多种渠道主动与股东特别是中小股东进行沟通和交流，充分听取中小股东的意见和诉求，及时答复中小股东关心的问题。

9.11 上市公司应当根据规定在定期报告中公布公司网址和咨询电话号码。当网址或者咨询电话号码发生变更后，公司应当及时进行公告。

公司应当及时更新公司网站，更正错误信息，并以显著标识区分最新信息和历史信息，避免对投资者决策产生误导。

9.12 本所鼓励上市公司通过召开新闻发布会、投资者恳谈会、网上说明会等方式，帮助更多投资者及时全面地了解公司已公开的重大信息。

公众媒体出现对上市公司重大质疑时，本所鼓励公司及时召开说明会，对相关事项进行说明。

9.13 上市公司向机构投资者、分析师或者新闻媒体等特定对象提供已披露信息等相关资料的，如其他投资者也提出相同的要求，公司应当平等予以提供。

9.14 上市公司与特定对象交流沟通时，应当做好相关记录。公司应当将上述记录、现场录音、演示文稿、向对方提供的文档（如有）等文件资料存档并妥善保管。

特定对象到公司现场参观、座谈沟通时，公司应当合理、妥善地安排参观过程，避免参观者有机会获取未公开重大信息。

9.15　上市公司应当通过本所投资者关系互动平台（以下简称"互动易"）与投资者交流，指派或者授权董事会秘书或者证券事务代表负责查看互动易上接收到的投资者提问，依照本所《创业板上市规则》等相关规定，根据情况及时处理互动易的相关信息。

9.16　上市公司应当通过互动易就投资者对已披露信息的提问进行充分、深入、详细的分析、说明和答复。对于重要或者具普遍性的问题及答复，公司应当加以整理并在互动易以显著方式刊载。

公司在互动易刊载信息或者答复投资者提问等行为不能替代应尽的信息披露义务，公司不得在互动易就涉及或者可能涉及未公开重大信息的投资者提问进行回答。

9.17　上市公司在投资者关系活动中泄露未公开重大信息的，应当立即通过指定信息披露媒体发布公告，并采取其他必要措施。

9.18　上市公司在业绩说明会、分析师会议、路演等投资者关系活动结束后两个交易日内，应当编制投资者关系活动记录表，并将该表及活动过程中所使用的演示文稿、提供的文档等附件（如有）及时在本所互动易刊载，同时在公司网站（如有）刊载。

9.19　上市公司应当充分关注互动易收集的信息以及其他媒体关于本公司的报道，充分重视并依法履行有关公司的媒体报道信息引发或者可能引发的信息披露义务。

9.20　上市公司进行投资者关系活动应当建立完备的投资者关系管理档案制度，投资者关系管理档案至少应当包括下列内容：

（一）投资者关系活动参与人员、时间、地点；

（二）投资者关系活动的交流内容；

（三）未公开重大信息泄密的处理过程及责任追究情况（如有）；

（四）其他内容。

9.21　上市公司应当尽量避免在年度报告、半年度报告披露前三十日内接受投资者现场调研、媒体采访等。

9.22　上市公司受到中国证监会行政处罚或者本所公开谴责的，应当在五个交易日内采取网络方式召开公开致歉会，向投资者说明违规情况、违规原因、对公司的影响及拟采取的整改措施。公司董事长、独立董事、董事会秘书、受到处分的其他董事、监事、高级管理人员以及保荐代表人（如有）应当参加公开致歉会。公司应当及时披露召开公开致歉会的提示性公告。

第十章 社 会 责 任

10.1 上市公司应当在追求经济效益、保护股东利益的同时，积极保护债权人和职工的合法权益，诚信对待供应商、客户和消费者，积极从事环境保护、社区建设等公益事业，从而促进公司本身与全社会的协调、和谐发展。

10.2 上市公司在经营活动中，应当遵循自愿、公平、等价有偿、诚实信用的原则，遵守社会公德、商业道德，接受政府和社会公众的监督。不得通过贿赂、走私等非法活动谋取不正当利益，不得侵犯他人的商标、专利和著作权等知识产权，不得从事不正当竞争行为。

10.3 上市公司应当积极履行社会责任，定期评估公司社会责任的履行情况，自愿披露公司社会责任报告。

10.4 上市公司应当制定长期和相对稳定的利润分配政策和办法，制定切实合理的分红方案，积极回报股东。

10.5 本所鼓励上市公司在公司章程中规定在出现股价低于每股净资产等情形时回购股份。

10.6 上市公司应当确保公司财务稳健，保障公司资产、资金安全，在追求股东利益最大化的同时兼顾债权人的利益。

10.7 上市公司应当依据《公司法》和公司章程的规定，建立职工董事、职工监事选任制度，确保职工在公司治理中享有充分的权利；支持工会依法开展工作，对工资、福利、劳动安全卫生、社会保险等涉及职工切身利益的事项，通过职工代表大会、工会会议等民主形式听取职工的意见，关心和重视职工的合理需求。

10.8 上市公司应当对供应商、客户和消费者诚实守信，不得依靠夸大宣传、虚假广告等不当方式牟利，不得侵犯供应商和客户的著作权、商标权、专利权等知识产权。

10.9 上市公司应当根据其对环境的影响程度制定整体环境保护政策，指派具体人员负责公司环境保护体系的建立、实施、保持和改进，并为环保工作提供必要的人力、物力以及技术和财力支持。

10.10 上市公司应当尽量采用低碳排放、资源利用率高、污染物排放量少的设备和工艺，应当用经济合理的废弃物综合利用技术和污染物处理技术。

10.11 上市公司应当定期指派专人检查环保政策的实施情况，对不符合公司环境保护政策的行为应当予以纠正，并采取相应补救措施。

10.12 上市公司出现重大环境污染问题时，应当及时披露环境污染的产生原因、对公司业绩的影响、环境污染的影响情况、公司拟采取的整改措施等。

10.13 上市公司应当主动接受政府部门和监管机关的监督和检查，关注社会公众及新闻媒体对公司的评论。

10.14 上市公司可将社会责任报告与年度报告同时对外披露。社会责任报告的内容至少应当包括：

（一）关于职工保护、环境污染、商品质量、社区关系等方面的社会责任制度的建设和执行情况；

（二）履行社会责任存在的问题和不足、与本指引存在的差距及其原因；

（三）改进措施和具体时间安排。

第十一章 附 则

11.1 本所建立诚信档案管理系统，记录上市公司及其董事、监事、高级管理人员、股东、实际控制人、收购人等自然人、机构及其相关人员，以及保荐机构及其保荐代表人、证券服务机构及其相关人员的诚信信息。

11.2 上市公司发行优先股的，按照中国证监会《优先股试点管理办法》、《上市公司收购管理办法》、《上市公司章程指引》等相关规定执行。

11.3 上市公司及其董事、监事、高级管理人员、股东、实际控制人、收购人等自然人、机构及其相关人员，以及保荐机构及其保荐代表人、证券服务机构及其相关人员等违反本指引的，本所按照《创业板上市规则》和《深圳证券交易所自律监管措施和纪律处分措施实施细则（试行）》等相关规定对其采取自律监管措施或者纪律处分措施。

11.4 本指引由本所负责解释。

11.5 本指引自 2015 年 3 月 20 日起施行。

附件：

募集资金三方监管协议（范本）

甲方：_____股份有限公司　　　　（以下简称"甲方"）

乙方：_____银行_____分行　　（以下简称"乙方"）

丙方：_____（保荐机构）　　　　　（以下简称"丙方"）

注释：协议甲方是实施募集资金投资项目的法人主体，如果募集资金投资项目由上市公司直接实施，则上市公司为协议甲方，如果由子公司或者上市公司控制的其他企业实施，则子公司或者上市公司控制的其他企业为协议甲方。

本协议需以深圳证券交易所《创业板上市公司规范运作指引（2015 年修订）》以及上市公司制定的募集资金管理制度中相关条款为依据制定。

为规范甲方募集资金管理，保护中小投资者的权益，根据有关法律法规及深圳证券交易所《创业板上市公司规范运作指引（2015年修订）》的规定，甲、乙、丙三方经协商，达成如下协议：

一、甲方已在乙方开设募集资金专项账户（以下简称"专户"），账号为_____，截至_____年_____月_____日，专户余额为_____万元。该专户仅用于甲方_____项目、_____项目募集资金的存储和使用，不得用作其他用途。

甲方以存单方式存放的募集资金_____万元（若有），开户日期为20____年_____月_____日，期限_____个月。甲方承诺上述存单到期后将及时转入本协议规定的募集资金专户进行管理或者以存单方式续存，并通知丙方。甲方存单不得质押。

二、甲乙双方应当共同遵守《中华人民共和国票据法》、《支付结算办法》、《人民币银行结算账户管理办法》等法律、行政法规、部门规章。

三、丙方作为甲方的保荐机构，应当依据有关规定指定保荐代表人或者其他工作人员对甲方募集资金使用情况进行监督。丙方应当依据《深圳证券交易所创业板上市公司规范运作指引（2015年修订）》以及甲方制订的募集资金管理制度履行其督导职责，并有权采取现场调查、书面问询等方式行使其监督权。甲方和乙方应当配合丙方的调查与查询。丙方每季度对甲方现场调查时应同时检查募集资金专户存储情况。

四、甲方授权丙方指定的保荐代表人_____、_____可以随时到乙方查询、复印甲方专户的资料；乙方应当及时、准确、完整地向其提供所需的有关专户的资料。

保荐代表人向乙方查询甲方专户有关情况时应出具本人的合法身份证明；丙方指定的其他工作人员向乙方查询甲方专户有关情况时应出具本人的合法身份证明和单位介绍信。

五、乙方按月（每月_____日之前）向甲方出具对账单，并抄送丙方。乙方应保证对账单内容真实、准确、完整。

六、甲方一次或十二个月以内累计从专户中支取的金额超过_____万元（按照孰低原则在1000万元或募集资金净额的10%之间确定）的，乙方应当及时以传真方式通知丙方，同时提供专户的支出清单。

七、丙方有权根据有关规定更换指定的保荐代表人。丙方更换保荐代表人的，应将相关证明文件书面通知乙方，同时按本协议第十一条的要求向甲方、乙方书面通知更换后的保荐代表人联系方式。更换保荐代表人不影响本协议的效力。

八、乙方连续三次未及时向丙方出具对账单或向丙方通知专户大额支取情况，以及存在未配合丙方调查专户情形的，甲方有权单方面终止本协议并注销募集资金专户。

九、本协议自甲、乙、丙三方法定代表人或者其授权代表签署并加盖各自单位公章之日起生效,至专户资金全部支出完毕且丙方督导期结束后失效。

十、本协议一式_____份,甲、乙、丙三方各持一份,向深圳证券交易所、中国证监会_____监管局各报备一份,其余留甲方备用。

十一、联系方式:

1. _____公司(甲方)

  地 址:_____
  邮 编:_____
  传 真:_____
  联系人:_____
  电 话:_____
  手 机:_____
  E-mail:_____

2. _____银行_____分行(乙方)

  地 址:_____
  邮 编:_____
  传 真:_____
  联系人:_____
  电 话:_____
  手 机:_____
  E-mail:_____

3. _____(保荐机构)(丙方)

  地 址:_____
  邮 编:_____
  保荐代表人A:_____
  电 话:_____
  手 机:_____
  E-mail:_____
  传 真:_____
  保荐代表人B:_____
  电 话:_____
  手 机:_____
  E-mail:_____
  传 真:_____

协议签署:

  甲方:_____股份有限公司(盖章)

法定代表人或授权代表：
20＿＿＿年＿＿＿月＿＿＿日
乙方：＿＿＿＿＿＿＿银行＿＿＿＿＿＿＿＿分行＿＿＿＿＿＿＿＿支行（盖章）
法定代表人或授权代表：＿＿＿＿＿＿＿＿
20＿＿＿年＿＿＿月＿＿＿日
丙方：＿＿＿＿＿＿＿＿证券（股份）有限公司（盖章）
法定代表人或授权代表：＿＿＿＿＿＿＿＿
20＿＿＿年＿＿＿月＿＿＿日

附录8 关于上市公司增发新股有关条件的通知

关于上市公司增发新股有关条件的通知

发布时间：2002年7月24日
生效时间：2002年7月24日
发布主体：中国证券监督管理委员会

各上市公司、各具有主承销商资格的证券公司：

为完善对上市公司增发新股行为的约束机制，现对上市公司增发新股的有关条件作出补充规定。上市公司申请增发新股，除应当符合《上市公司新股发行管理办法》的规定外，还应当符合以下条件：

一、最近三个会计年度加权平均净资产收益率平均不低于10%，且最近一个会计年度加权平均净资产收益率不低于10%。扣除非经常性损益后的净利润与扣除前的净利润相比，以低者作为加权平均净资产收益率的计算依据。

二、增发新股募集资金量不超过公司上年度末经审计的净资产值。

三、发行前最近一年及一期财务报表中的资产负债率不低于同行业上市公司的平均水平。

四、前次募集资金投资项目的完工进度不低于70%。

五、增发新股的股份数量超过公司股份总数20%的，其增发提案还须获得出席股东大会的流通股（社会公众股）股东所持表决权的半数以上通过。股份总数以董事会增发提案的决议公告日的股份总数为计算依据。

六、上市公司及其附属公司最近12个月内不存在资金、资产被实际控制上市公司的个人、法人或其他组织（以下简称"实际控制人"）及关联人占用的情况。

七、上市公司及其董事在最近12个月内未受到中国证监会公开批评或者证券交易所公开谴责。

八、最近一年及一期财务报表不存在会计政策不稳健（如资产减值准备计提比例过低等）、或有负债数额过大、潜在不良资产比例过高等情形。

九、上市公司及其附属公司违规为其实际控制人及关联人提供担保的，整改已满 12 个月。

十、符合《关于上市公司重大购买、出售、置换资产若干问题的通知》（证监公司字〔2001〕105 号）规定的重大资产重组的上市公司，重组完成后首次申请增发新股的，其最近三个会计年度加权平均净资产收益率不低于 6%，且最近一个会计年度加权平均净资产收益率不低于 6%，加权平均净资产收益率按照本通知第一条的有关规定计算；其增发新股募集资金量可不受本通知第二条的限制。

本通知自发布之日起施行。2001 年 3 月 15 日发布的《关于做好上市公司新股发行工作的通知》（证监发〔2001〕43 号）第二条同时废止。

中国证券监督管理委员会
二〇〇二年七月二十四日

附录9 国务院办公厅关于进一步加强资本市场中小投资者合法权益保护工作的意见

国务院办公厅关于进一步加强资本市场中小投资者合法权益保护工作的意见

发布时间：2013年12月25日
生效时间：2013年12月25日
发布主体：中华人民共和国国务院办公厅

各省、自治区、直辖市人民政府，国务院各部委、各直属机构：

中小投资者是我国现阶段资本市场的主要参与群体，但处于信息弱势地位，抗风险能力和自我保护能力较弱，合法权益容易受到侵害。维护中小投资者合法权益是证券期货监管工作的重中之重，关系广大人民群众切身利益，是资本市场持续健康发展的基础。近年来，我国中小投资者保护工作取得了积极成效，但与维护市场"公开、公平、公正"和保护广大投资者合法权益的要求相比还有较大差距。为贯彻落实党的十八大、十八届三中全会精神和国务院有关要求，进一步加强资本市场中小投资者合法权益保护工作，经国务院同意，现提出如下意见。

一、健全投资者适当性制度

制定完善中小投资者分类标准。根据我国资本市场实际情况，制定并公开中小投资者分类标准及依据，并进行动态评估和调整。进一步规范不同层次市场及交易品种的投资者适当性制度安排，明确适合投资者参与的范围和方式。

科学划分风险等级。证券期货经营机构和中介机构应当对产品或者服务的风险进行评估并划分风险等级。推荐与投资者风险承受和识别能力相适应的产品或者服务，向投资者充分说明可能影响其权利的信息，不得误导、欺诈客户。

进一步完善规章制度和市场服务规则。证券期货经营机构和中介机构应当建立执业规范和内部问责机制，销售人员不得以个人名义接受客户委托从事交易；明确提示投资者如实提供资料信息，对收集的个人信息要严格保密、确保安全，不得出售或者非法提供给他人。严格落实投资者适当性制度并强化监管，违反适当性管理规定给中小投资者造成损失的，要依法追究责任。

二、优化投资回报机制

引导和支持上市公司增强持续回报能力。上市公司应当完善公司治理，提高盈利能力，主动积极回报投资者。公司首次公开发行股票、上市公司再融资或者并购重组摊薄即期回报的，应当承诺并兑现填补回报的具体措施。

完善利润分配制度。上市公司应当披露利润分配政策尤其是现金分红政策的具体安排和承诺。对不履行分红承诺的上市公司，要记入诚信档案，未达到整改要求的不得进行再融资。独立董事及相关中介机构应当对利润分配政策是否损害中小投资者合法权益发表明确意见。

建立多元化投资回报体系。完善股份回购制度，引导上市公司承诺在出现股价低于每股净资产等情形时回购股份。研究建立"以股代息"制度，丰富股利分配方式。对现金分红持续稳定的上市公司，在监管政策上给予扶持。制定差异化的分红引导政策。完善除权除息制度安排。

发展服务中小投资者的专业化中介机构。鼓励开发适合中小投资者的产品。鼓励中小投资者通过机构投资者参与市场。基金管理人应当切实履行分红承诺，并努力创造良好投资回报。鼓励基金管理费率结构及水平多样化，形成基金管理人与基金份额持有人利益一致的费用模式。

三、保障中小投资者知情权

增强信息披露的针对性。有关主体应当真实、准确、完整、及时地披露对投资决策有重大影响的信息，披露内容做到简明易懂，充分揭示风险，方便中小投资者查阅。健全内部信息披露制度和流程，强化董事会秘书等相关人员职责。制定自愿性和简明化的信息披露规则。

提高市场透明度。对显著影响证券期货交易价格的信息，交易场所和有关主体要及时履行报告、信息披露和提示风险的义务。建立统一的信息披露平台。健全跨市场交易产品及突发事件信息披露机制。健全信息披露异常情形问责机制，加大对上市公司发生敏感事件时信息披露的动态监管力度。

切实履行信息披露职责。上市公司依法公开披露信息前，不得非法对他人提供相关信息。上市公司控股股东、实际控制人在信息披露文件中的承诺须具体可操作，特别是应当就赔偿或者补偿责任作出明确承诺并切实履行。上市公司应当明确接受投资者问询的时间和方式，健全舆论反应机制。

四、健全中小投资者投票机制

完善中小投资者投票等机制。引导上市公司股东大会全面采用网络投票方式。积极推行累积投票制选举董事、监事。上市公司不得对征集投票权提出最低持股比例限制。完善上市公司股东大会投票表决第三方见证制度。研究完善中小投资者提出罢免公司董事提案的制度。自律组织应当健全独立董事备案和履职评价制度。

建立中小投资者单独计票机制。上市公司股东大会审议影响中小投资者利益的重大事项时，对中小投资者表决应当单独计票。单独计票结果应当及时公开披露，并报送证券监管部门。

保障中小投资者依法行使权利。健全利益冲突回避、杜绝同业竞争和关联交易公平处理制度。上市公司控股股东、实际控制人不得限制或者阻挠中小投资者行使合法权利，不得损害公司和中小投资者的权益。健全公开发行公司债券持有人会议制度和受托管理制度。基金管理人须为基金份额持有人行使投票权提供便利，鼓励中小投资者参加持有人大会。

五、建立多元化纠纷解决机制

完善纠纷解决机制。上市公司及证券期货经营机构等应当承担投资者投诉处理的首要责任，完善投诉处理机制并公开处理流程和办理情况。证券监管部门要健全登记备案制度，将投诉处理情况作为衡量相关主体合规管理水平的依据。支持投资者与市场经营主体协商解决争议或者达成和解协议。

发挥第三方机构作用。支持自律组织、市场机构独立或者联合依法开展证券期货专业调解，为中小投资者提供免费服务。开展证券期货仲裁服务，培养专业仲裁力量。建立调解与仲裁、诉讼的对接机制。

加强协调配合。有关部门配合司法机关完善相关侵权行为民事诉讼制度。优化中小投资者依法维权程序，降低维权成本。健全适应资本市场中小投资者民事侵权赔偿特点的救济维权工作机制。推动完善破产清偿中保护投资者的措施。

六、健全中小投资者赔偿机制

督促违规或者涉案当事人主动赔偿投资者。对上市公司违法行为负有责任的控股股东及实际控制人,应当主动、依法将其持有的公司股权及其他资产用于赔偿中小投资者。招股说明书虚假记载、误导性陈述或者重大遗漏致使投资者遭受损失的,责任主体须依法赔偿投资者,中介机构也应当承担相应责任。基金管理人、托管人等未能履行勤勉尽责义务造成基金份额持有人财产损失的,应当依法赔偿。

建立上市公司退市风险应对机制。因违法违规而存在退市风险的上市公司,在定期报告中应当对退市风险作专项评估,并提出应对预案。研究建立公开发行公司债券的偿债基金制度。上市公司退市引入保险机制,在有关责任保险中增加退市保险附加条款。健全证券中介机构职业保险制度。

完善风险救助机制。证券期货经营机构和基金管理人应当在现有政策框架下,利用计提的风险准备金完善自主救济机制,依法赔偿投资者损失。研究实行证券发行保荐质保金制度和上市公司违规风险准备金制度。探索建立证券期货领域行政和解制度,开展行政和解试点。研究扩大证券投资者保护基金和期货投资者保障基金使用范围和来源。

七、加大监管和打击力度

完善监管政策。证券监管部门应当把维护中小投资者合法权益贯穿监管工作始终,落实到各个环节。对纳入行政许可、注册或者备案管理的证券期货行为,证券监管部门应当建立起相应的投资者合法权益保护安排。建立限售股股东减持计划预披露制度,在披露之前有关股东不得转让股票。鼓励限售股股东主动延长锁定期。建立覆盖全市场的诚信记录数据库,并实现部门之间共享。健全中小投资者查询市场经营主体诚信状况的机制。建立守信激励和失信惩戒机制。

坚决查处损害中小投资者合法权益的违法行为。严肃查处上市公司不当更正盈利预测报告、未披露导致股价异动事项、先于指定媒体发布信息、以新闻发布替代应履行公告义务、编造或传播虚假信息误导投资者,以及进行内幕交易和操纵市场等行为。坚决打击上市公司控股股东、实际控制人直接或者间接转移、侵占上市公司资产。建立证券期货违法案件举报奖励制度。

强化执法协作。各地区、各部门要统一认识,密切配合,严厉打击各类证券期货违法犯罪活动,及时纠正各类损害中小投资者合法权益的行为。建立侵害中小投资者合法权益事件的快速反应和处置机制,制定和完善应对突发性群体事件预案,做好相关事件处理和维护稳定工作。证券监管部门、公安机关应当不断强化执法协作,完善工作机制,加大提前介入力度。有关部门要配合公安、司法机关完善证券期货犯罪行为的追诉标准及相关司法解释。

八、强化中小投资者教育

加大普及证券期货知识力度。将投资者教育逐步纳入国民教育体系,有条件的地区可以先行试点。充分发挥媒体的舆论引导和宣传教育功能。证券期货经营机构应当承担各项产品和服务的投资者教育义务，保障费用支出和人员配备，将投资者教育纳入各业务环节。

提高投资者风险防范意识。自律组织应当强化投资者教育功能，健全会员投资者教育服务自律规则。中小投资者应当树立理性投资意识，依法行使权利和履行义务，养成良好投资习惯，不听信传言，不盲目跟风，提高风险防范意识和自我保护能力。

九、完善投资者保护组织体系

构建综合保护体系。加快形成法律保护、监管保护、自律保护、市场保护、自我保护的综合保护体系，实现中小投资者保护工作常态化、规范化和制度化。证券监管部门、自律组织以及市场经营主体应当健全组织机构和工作制度，加大资源投入，完善基础设施，畅通与中小投资者的沟通渠道。证券监管部门建立中小投资者合法权益保障检查制度与评估评价体系，并将其作为日常监管和行政许可申请审核的重要依据。

完善组织体系。探索建立中小投资者自律组织和公益性维权组织，向中小投资者提供救济援助，丰富和解、调解、仲裁、诉讼等维权内容和方式。充分发挥证券期货专业律师的作用，鼓励和支持律师为中小投资者提供公益性法律援助。

优化政策环境。证券监管部门要进一步完善政策措施，提高保护中小投资者合法权益的水平。上市公司国有大股东或者实际控制人应当依法行使权利，支持市场经营主体履行法定义务。财政、税收、证券监管部门应当完善交易和分红等相关税费制度，优化投资环境。国务院有关部门和地方人民政府要求上市公司提供未公开信息的，应当遵循法律法规相关规定。有关部门要完善数据采集发布工作机制，加强信息共享，形成投资者合法权益保护的协调沟通机制。强化国际监管合作与交流，实现投资者合法权益的跨境监管和保护。

国务院办公厅
2013 年 12 月 25 日

附录 10　国务院关于开展优先股试点的指导意见

国务院关于开展优先股试点的指导意见

发布时间：2013 年 11 月 30 日

生效时间：2013 年 11 月 30 日

发布主体：中华人民共和国国务院

各省、自治区、直辖市人民政府，国务院各部委、各直属机构：

为贯彻落实党的十八大、十八届三中全会精神，深化金融体制改革，支持实体经济发展，依照公司法、证券法相关规定，国务院决定开展优先股试点。开展优先股试点，有利于进一步深化企业股份制改革，为发行人提供灵活的直接融资工具，优化企业财务结构，推动企业兼并重组；有利于丰富证券品种，为投资者提供多元化的投资渠道，提高直接融资比重，促进资本市场稳定发展。为稳妥有序开展优先股试点，现提出如下指导意见。

一、优先股股东的权利与义务

（一）优先股的含义。优先股是指依照公司法，在一般规定的普通种类股份之外，另行规定的其他种类股份，其股份持有人优先于普通股股东分配公司利润和剩余财产，但参与公司决策管理等权利受到限制。

除本指导意见另有规定以外，优先股股东的权利、义务以及优先股股份的管理应当符合公司法的规定。试点期间不允许发行在股息分配和剩余财产分配上具有不同优先顺序的优先股，但允许发行在其他条款上具有不同设置的优先股。

（二）优先分配利润。优先股股东按照约定的票面股息率，优先于普通股股东分配公司利润。公司应当以现金的形式向优先股股东支付股息，在完全支付约定的股息之前，不得向普通股股东分配利润。

公司应当在公司章程中明确以下事项：(1) 优先股股息率是采用固定股息率还是浮动股息率，并相应明确固定股息率水平或浮动股息率计算方法。(2) 公司在有可分配税后利润的情况下是否必须分配利润。(3) 如果公司因本会计年度可分配利润不足而未向优先股股东足额派发股息，差额部分是否累积到下一会计年度。(4) 优先股股东按照约定的股息率分配股息后，是否有权同普通股股东一起参加剩余利润分配。(5) 优先股利润分配涉及的其他事项。

(三) 优先分配剩余财产。公司因解散、破产等原因进行清算时，公司财产在按照公司法和破产法有关规定进行清偿后的剩余财产，应当优先向优先股股东支付未派发的股息和公司章程约定的清算金额，不足以支付的按照优先股股东持股比例分配。

(四) 优先股转换和回购。公司可以在公司章程中规定优先股转换为普通股、发行人回购优先股的条件、价格和比例。转换选择权或回购选择权可规定由发行人或优先股股东行使。发行人要求回购优先股的，必须完全支付所欠股息，但商业银行发行优先股补充资本的除外。优先股回购后相应减记发行在外的优先股股份总数。

(五) 表决权限制。除以下情况外，优先股股东不出席股东大会会议，所持股份没有表决权：(1) 修改公司章程中与优先股相关的内容；(2) 一次或累计减少公司注册资本超过百分之十；(3) 公司合并、分立、解散或变更公司形式；(4) 发行优先股；(5) 公司章程规定的其他情形。上述事项的决议，除须经出席会议的普通股股东（含表决权恢复的优先股股东）所持表决权的三分之二以上通过之外，还须经出席会议的优先股股东（不含表决权恢复的优先股股东）所持表决权的三分之二以上通过。

(六) 表决权恢复。公司累计3个会计年度或连续2个会计年度未按约定支付优先股股息的，优先股股东有权出席股东大会，每股优先股股份享有公司章程规定的表决权。对于股息可累积到下一会计年度的优先股，表决权恢复直至公司全额支付所欠股息。对于股息不可累积的优先股，表决权恢复直至公司全额支付当年股息。公司章程可规定优先股表决权恢复的其他情形。

(七) 与股份种类相关的计算。以下事项计算持股比例时，仅计算普通股和表决权恢复的优先股：(1) 根据公司法第一百零一条，请求召开临时股东大会；(2) 根据公司法第一百零二条，召集和主持股东大会；(3) 根据公司法第一百零三条，提交股东大会临时提案；(4) 根据公司法第二百一十七条，认定控股股东。

二、优先股发行与交易

(八) 发行人范围。公开发行优先股的发行人限于证监会规定的上市公司，非公开发行优先股的发行人限于上市公司（含注册地在境内的境外上市公司）和非上市公众公司。

（九）发行条件。公司已发行的优先股不得超过公司普通股股份总数的百分之五十，且筹资金额不得超过发行前净资产的百分之五十，已回购、转换的优先股不纳入计算。公司公开发行优先股以及上市公司非公开发行优先股的其他条件适用证券法的规定。非上市公众公司非公开发行优先股的条件由证监会另行规定。

（十）公开发行。公司公开发行优先股的，应当在公司章程中规定以下事项：（1）采取固定股息率；（2）在有可分配税后利润的情况下必须向优先股股东分配股息；（3）未向优先股股东足额派发股息的差额部分应当累积到下一会计年度；（4）优先股股东按照约定的股息率分配股息后，不再同普通股股东一起参加剩余利润分配。商业银行发行优先股补充资本的，可就第（2）项和第（3）项事项另行规定。

（十一）交易转让及登记存管。优先股应当在证券交易所、全国中小企业股份转让系统或者在国务院批准的其他证券交易场所交易或转让。优先股应当在中国证券登记结算公司集中登记存管。优先股交易或转让环节的投资者适当性标准应当与发行环节一致。

（十二）信息披露。公司应当在发行文件中详尽说明优先股股东的权利义务，充分揭示风险。同时，应按规定真实、准确、完整、及时、公平地披露或者提供信息，不得有虚假记载、误导性陈述或重大遗漏。

（十三）公司收购。优先股可以作为并购重组支付手段。上市公司收购要约适用于被收购公司的所有股东，但可以针对优先股股东和普通股股东提出不同的收购条件。根据证券法第八十六条计算收购人持有上市公司已发行股份比例，以及根据证券法第八十八条和第九十六条计算触发要约收购义务时，表决权未恢复的优先股不计入持股数额和股本总额。

（十四）与持股数额相关的计算。以下事项计算持股数额时，仅计算普通股和表决权恢复的优先股：（1）根据证券法第五十四条和第六十六条，认定持有公司股份最多的前十名股东的名单和持股数额；（2）根据证券法第四十七条、第六十七条和第七十四条，认定持有公司百分之五以上股份的股东。

三、组织管理和配套政策

（十五）加强组织管理。证监会应加强与有关部门的协调配合，积极稳妥地组织开展优先股试点工作。证监会应当根据公司法、证券法和本指导意见，制定并发布优先股试点的具体规定，指导证券自律组织完善相关业务规则。

证监会应当加强市场监管，督促公司认真履行信息披露义务，督促中介机构诚实守信、勤勉尽责，依法查处违法违规行为，切实保护投资者合法权益。

（十六）完善配套政策。优先股相关会计处理和财务报告，应当遵循财政部发布的企业会计准则及其他相关会计标准。企业投资优先股获得的股息、红利等投资收益，符合税法规定条件的，可以作为企业所得税免税收入。全国社会保障基金、企业年金投资优先股的比例不受现行证券品种投资比例的限制，具体政策由国务院主管部门制定。外资行业准入管理中外资持股比例优先股与普通股合并计算。试点中需要配套制定的其他政策事项，由证监会根据试点进展情况提出，商有关部门办理，重大事项报告国务院。

国务院

2013年11月30日

附录11 关于继续做好股权分置改革试点公司股东大会网络投票相关技术和业务准备的通知

关于继续做好股权分置改革试点公司股东大会网络投票相关技术和业务准备的通知

发布时间：2005年6月24日
生效时间：2005年6月24日
发布主体：上海证券交易所

各会员单位：

为配合中国证监会第二批股权分置改革试点和今后试点工作的全面展开，根据本所5月19日《关于做好股权分置改革试点公司股东大会网络投票相关技术和业务准备的通知》的要求，第二批试点上市公司的流通股股东仍然通过上海、深圳证券交易所交易系统，对提交临时股东大会审议的股权分置改革方案进行网络投票。为了进一步做好网络投票的相关技术准备和风险防范工作，现就相关事项重申如下：

一、会员单位应继续高度重视第二批股权分置改革试点工作，并做好相关技术准备工作，确保网络投票系统安全运行，保证投资者能充分行使股东权利，提高审议试点公司股权分置改革方案的投票率，为今后股权分置工作的全面展开打好基础。

二、由于本次试点公司达到42家，较首批试点情况复杂。为避免和解决网络投票系统可能出现的问题，本所将根据本次试点公司股东大会召开期间的集中程度，酌情在下一阶段提前考虑安排股权分置网络投票压力测试，请各会员单位务必积极参与。

三、为帮助广大投资者掌握网络投票的操作流程，会员单位应在各营业部显要位置张贴试点公司股东大会网络投票的流程和操作说明。在网络投票期间，会员单位各营业部应安排专人积极引导投资者通过交易系统下单投票。

四、为切实保证投资者在投票期间利用交易系统成功投票，各会员单位应做好相应的应急预案。若投票技术准备或实施过程中发生异常情况，应当及时向本所会员部报告情况（联系方式：4008888400）。

五、在网络投票期间，证监会相关机构的现场检查小组将对现场网络运行和柜台操作情况进行检查，各会员单位应予积极配合。

特此通知。

附录12 中国证监会关于进一步推进新股发行体制改革的意见

中国证监会关于进一步推进新股发行体制改革的意见

发布时间：2013年11月30日
生效时间：2013年11月30日
发布主体：中国证券监督管理委员会

贯彻党的十八届三中全会决定中关于"推进股票发行注册制改革"的要求，必须进一步推进新股发行体制改革，厘清和理顺新股发行过程中政府与市场的关系，加快实现监管转型，提高信息披露质量，强化市场约束，促进市场参与各方归位尽责，为实行股票发行注册制奠定良好基础。改革的总体原则是：坚持市场化、法制化取向，综合施策、标本兼治，进一步理顺发行、定价、配售等环节的运行机制，发挥市场决定性作用，加强市场监管，维护市场公平，切实保护投资者特别是中小投资者的合法权益。

一、推进新股市场化发行机制

（一）进一步提前招股说明书预先披露时点，加强社会监督。发行人招股说明书申报稿正式受理后，即在中国证监会网站披露。

（二）招股说明书预先披露后，发行人相关信息及财务数据不得随意更改。审核过程中，发现发行人申请材料中记载的信息自相矛盾，或就同一事实前后存在不同表述且有实质性差异的，中国证监会将中止审核，并在12个月内不再受理相关保荐代表人推荐的发行申请。发行人、中介机构报送的发行申请文件及相关法律文书涉嫌虚假记载、误导性陈述或重大遗漏的，移交稽查部门查处，被稽查立案的，暂停受理相关中介机构推荐的发行申请；查证属实的，自确认之日起36个月内不再受理该发行人的股票发行申请，并依法追究中介机构及相关当事人责任。

（三）股票发行审核以信息披露为中心。

发行人作为信息披露第一责任人，应当及时向中介机构提供真实、完整、准确的财务会计资料和其他资料，全面配合中介机构开展尽职调查。

保荐机构应当严格履行法定职责，遵守业务规则和行业规范，对发行人的申请文件和信息披露资料进行审慎核查，督导发行人规范运行，对其他中介机构出具的专业意见进行核查，对发行人是否具备持续盈利能力、是否符合法定发行条件做出专业判断，并确保发行人的申请文件和招股说明书等信息披露资料真实、准确、完整、及时。

会计师事务所、律师事务所、资产评估机构等证券服务机构及人员，必须严格履行法定职责，遵照本行业的业务标准和执业规范，对发行人的相关业务资料进行核查验证，确保所出具的相关专业文件真实、准确、完整、及时。

中国证监会发行监管部门和股票发行审核委员会依法对发行申请文件和信息披露内容的合法合规性进行审核，不对发行人的盈利能力和投资价值作出判断。发现申请文件和信息披露内容存在违法违规情形的，严格追究相关当事人的责任。

投资者应当认真阅读发行人公开披露的信息，自主判断企业的投资价值，自主做出投资决策，自行承担股票依法发行后因发行人经营与收益变化导致的风险。

（四）中国证监会自受理证券发行申请文件之日起三个月内，依照法定条件和法定程序作出核准、中止审核、终止审核、不予核准的决定。

（五）发行人首次公开发行新股时，鼓励持股满三年的原有股东将部分老股向投资者转让，增加新上市公司可流通股票的比例。老股转让后，公司实际控制人不得发生变更。老股转让的具体方案应在公司招股说明书和发行公告中公开披露。

发行人应根据募投项目资金需要量合理确定新股发行数量，新股数量不足法定上市条件的，可以通过转让老股增加公开发行股票的数量。新股发行超募的资金，要相应减持老股。

（六）申请首次公开发行股票的在审企业，可申请先行发行公司债。鼓励企业以股债结合的方式融资。

（七）发行人通过发审会并履行会后事项程序后，中国证监会即核准发行，新股发行时点由发行人自主选择。

（八）放宽首次公开发行股票核准文件的有效期至 12 个月。

发行人自取得核准文件之日起至公开发行前，应参照上市公司定期报告的信息披露要求，及时修改信息披露文件内容，补充财务会计报告相关数据，更新预先披露的招股说明书；期间发生重大会后事项的，发行人应及时向中国证监会报告并提供说明；保荐机构及相关中介机构应持续履行尽职调查义务。发行人发生重大会后事项的，由中国证监会按审核程序决定是否需要重新提交发审会审议。

二、强化发行人及其控股股东等责任主体的诚信义务

(一) 加强对相关责任主体的市场约束。

1. 发行人控股股东、持有发行人股份的董事和高级管理人员应在公开募集及上市文件中公开承诺：所持股票在锁定期满后两年内减持的，其减持价格不低于发行价；公司上市后 6 个月内如公司股票连续 20 个交易日的收盘价均低于发行价，或者上市后 6 个月期末收盘价低于发行价，持有公司股票的锁定期限自动延长至少 6 个月。

2. 发行人及其控股股东、公司董事及高级管理人员应在公开募集及上市文件中提出上市后三年内公司股价低于每股净资产时稳定公司股价的预案，预案应包括启动股价稳定措施的具体条件、可能采取的具体措施等。具体措施可以包括发行人回购公司股票，控股股东、公司董事、高级管理人员增持公司股票等。上述人员在启动股价稳定措施时应提前公告具体实施方案。

3. 发行人及其控股股东应在公开募集及上市文件中公开承诺，发行人招股说明书有虚假记载、误导性陈述或者重大遗漏，对判断发行人是否符合法律规定的发行条件构成重大、实质影响的，将依法回购首次公开发行的全部新股，且发行人控股股东将购回已转让的原限售股份。发行人及其控股股东、实际控制人、董事、监事、高级管理人员等相关责任主体应在公开募集及上市文件中公开承诺：发行人招股说明书有虚假记载、误导性陈述或者重大遗漏，致使投资者在证券交易中遭受损失的，将依法赔偿投资者损失。

保荐机构、会计师事务所等证券服务机构应当在公开募集及上市文件中公开承诺：因其为发行人首次公开发行制作、出具的文件有虚假记载、误导性陈述或者重大遗漏，给投资者造成损失的，将依法赔偿投资者损失。

(二) 提高公司大股东持股意向的透明度。发行人应当在公开募集及上市文件中披露公开发行前持股 5% 以上股东的持股意向及减持意向。持股 5% 以上股东减持时，须提前三个交易日予以公告。

(三) 强化对相关责任主体承诺事项的约束。发行人及其控股股东、公司董事及高级管理人员等责任主体作出公开承诺事项的，应同时提出未能履行承诺时的约束措施，并在公开募集及上市文件中披露，接受社会监督。证券交易所应加强对相关当事人履行公开承诺行为的监督和约束，对不履行承诺的行为及时采取监管措施。

三、进一步提高新股定价的市场化程度

(一) 改革新股发行定价方式。按照《证券法》第三十四条的规定，发行价

格由发行人与承销的证券公司自行协商确定。发行人应与承销商协商确定定价方式,并在发行公告中披露。

(二)网下投资者报价后,发行人和主承销商应预先剔除申购总量中报价最高的部分,剔除的申购量不得低于申购总量的10%,然后根据剩余报价及申购情况协商确定发行价格。被剔除的申购份额不得参与网下配售。

公开发行股票数量在4亿股以下的,提供有效报价的投资者应不少于10家,但不得多于20家;公开发行股票数量在4亿股以上的,提供有效报价的投资者应不少于20家,但不得多于40家。网下发行股票筹资总额超过200亿元的,提供有效报价的投资者可适当增加,但不得多于60家。有效报价人数不足的,应当中止发行。

发挥个人投资者参与发行定价的作用。发行人和主承销商应当允许符合条件的个人投资者参与网下定价和网下配售。具备承销资格的证券公司应预先制定上述个人投资者需具备的条件,并向社会公告。

(三)强化定价过程的信息披露要求。发行人和主承销商应制作定价过程及结果的信息披露文件并公开披露。在网上申购前,发行人和主承销商应当披露每位网下投资者的详细报价情况,包括投资者名称、申购价格及对应的申购数量,所有网下投资者报价的中位数、加权平均数,以公开募集方式设立的证券投资基金报价的中位数和加权平均数,确定的发行价及对应的市盈率等。

如拟定的发行价格(或发行价格区间上限)的市盈率高于同行业上市公司二级市场平均市盈率的,在网上申购前发行人和主承销商应发布投资风险特别公告,明示该定价可能存在估值过高给投资者带来损失的风险,提醒投资者关注。内容至少应包括:

1. 比较分析发行人与同行业上市公司的差异及对发行定价的影响;提请投资者关注所定价格与网下投资者报价之间存在的差异。

2. 提请投资者关注投资风险,审慎研判发行定价的合理性,理性做出投资决策。

四、改革新股配售方式

(一)引入主承销商自主配售机制。网下发行的股票,由主承销商在提供有效报价的投资者中自主选择投资者进行配售。发行人应与主承销商协商确定网下配售原则和方式,并在发行公告中披露。承销商应当按照事先公告的配售原则进行配售。

(二)网下配售的股票中至少40%应优先向以公开募集方式设立的证券投资基金和由社保基金投资管理人管理的社会保障基金配售。上述投资者有效申购数量不足的,发行人和主承销商可以向其他投资者进行配售。

（三）调整网下配售比例，强化网下报价约束机制。公司股本 4 亿元以下的，网下配售比例不低于本次公开发行股票数量的 60%；公司股本超过 4 亿元的，网下配售比例不低于本次公开发行股票数量的 70%。余下部分向网上投资者发售。既定的网下配售部分认购不足的，应当中止发行，发行人和主承销商不得向网上回拨股票。

（四）调整网下网上回拨机制。网上投资者有效认购倍数在 50 倍以上但低于 100 倍的，应从网下向网上回拨，回拨比例为本次公开发行股票数量的 20%；网上投资者有效认购倍数在 100 倍以上的，回拨比例为本次公开发行股票数量的 40%。

（五）改进网上配售方式。持有一定数量非限售股份的投资者才能参与网上申购。网上配售应综合考虑投资者持有非限售股份的市值及申购资金量，进行配号、抽签。

证券交易所、证券登记结算公司应制订网上配售的实施细则，规范网上配售行为。发行人、主承销商应根据相关规则制订网上配售具体方案并公告。方案必须明确每位投资者网上申购数量的上限，该上限最高不得超过本次网上初始发行股数的千分之一。

（六）强化股票配售过程的信息披露要求。主承销商和发行人应制作配售程序及结果的信息披露文件并公开披露。发行人和主承销商应当在发行公告中披露投资者参与自主配售的条件、配售原则；自主配售结束后应披露配售结果，包括获得配售的投资者名称、报价、申购数量及配售数额等，主承销商应说明自主配售结果是否符合事先公布的配售原则；对于提供有效报价但未参与申购，或实际申购数量明显少于报价时拟申购数量的投资者，发行人和主承销商应在配售结果中列表公示。

发行人、主承销商、参与网下配售的投资者及相关利益方存在维护公司股票上市后价格稳定的协议或约定的，发行人应在上市公告中予以披露。

五、加大监管执法力度，切实维护"三公"原则

（一）保荐机构与发行人签订发行上市相关的辅导协议后，应及时在保荐机构网站及发行人注册地证监局网站披露对发行人的辅导工作进展；辅导工作结束后，应对辅导过程、内容及效果进行总结并在上述网站披露。

（二）进一步提高信息披露质量。以投资者的决策需要为导向，改进信息披露内容和格式，突出披露重点，强化对发行人主要业务及业务模式、外部市场环境、经营业绩、主要风险因素等对投资者投资决策有重大影响的信息披露要求。使用浅白语言，提高披露信息的可读性，方便广大中小投资者阅读和监督。

（三）在发审会前，中国证监会将对保荐机构、会计师事务所、律师事务所

等相关中介机构的工作底稿及尽职履责情况进行抽查。

（四）强化发行监管与稽查执法的联动机制。从申请文件被行政受理时点起，发行人及其董事、监事、高级管理人员及相关中介机构即需要对申请文件的真实性、准确性、完整性承担相应的法律责任。审核中发现涉嫌违法违规重大问题的，立即移交稽查部门介入调查。

（五）强化新股发行的过程监管、行为监管和事后问责。发行人和承销商不得向发行人、发行人董事及高级管理人员、承销商及上述人员的关联方配售股票。发行人和承销商不得采取操纵新股价格、暗箱操作或其他有违公开、公平、公正原则的行为；不得采取劝诱网下投资者抬高报价但不向其配售股票的行为；不得通过自主配售以代持、信托持股等方式向其他相关利益主体输送利益或谋取不正当利益。中国证券业协会应制定自律规则，规范路演推介、投资价值分析报告披露、承销商自主配售等行为，加强行业自律管理。

（六）证券交易所应进一步完善新股上市首日开盘价格形成机制及新股上市初期交易机制，建立以新股发行价为比较基准的上市首日停牌机制，加强对"炒新"行为的约束。

（七）发行人上市后，保荐机构应严格依法履行持续督导职责，督促发行人履行有关上市公司规范运行、信守承诺和信息披露等义务，审阅发行人信息披露文件及发行人向中国证监会、证券交易所提交的其他文件。持续督导期内，保荐机构应按规定公开披露定期跟踪报告；发行人出现重大变故或事件，保荐机构应按规定公开披露临时报告。持续督导期结束后20个工作日内，保荐机构应撰写督导工作报告，在中国证监会指定网站披露，并就督导工作未尽事宜作出安排。持续督导责任落实不到位的，依法追究保荐机构责任。

（八）发行人上市当年营业利润比上年下滑50%以上或上市当年即亏损的，中国证监会将自确认之日起即暂不受理相关保荐机构推荐的发行申请，并移交稽查部门查处。发行人在招股说明书中已经明确具体地提示上述业绩下滑风险，或存在其他法定免责情形的，不在此列。

上市公司涉嫌欺诈上市的，立案查处时即采取措施冻结发行人募集资金专用账户。

（九）进一步加大对发行人信息披露责任和中介机构保荐、承销执业行为的监督执法和自律监管力度。建立和完善中国证监会保荐信用监管系统、中国证券业协会从业人员自律管理系统与证券交易所信息披露系统之间的信息共享和互通互联，方便社会公众参与监督，强化外部声誉和诚信机制的约束功能。发行人及其董事、监事、高级管理人员未能诚实履行信息披露义务、信息披露严重违规、财务造假，或者保荐机构、会计师事务所、律师事务所等相关中介机构未能勤勉尽责的，依法严惩。

附录13　证券期货投资者适当性管理办法

证券期货投资者适当性管理办法

发布时间：2016年12月12日
生效时间：2017年7月1日
发布主体：中国证券监督管理委员会

第一条　为了规范证券期货投资者适当性管理，维护投资者合法权益，根据《证券法》《证券投资基金法》《证券公司监督管理条例》《期货交易管理条例》及其他相关法律、行政法规，制定本办法。

第二条　向投资者销售公开或者非公开发行的证券、公开或者非公开募集的证券投资基金和股权投资基金（包括创业投资基金，以下简称"基金"）、公开或者非公开转让的期货及其他衍生产品，或者为投资者提供相关业务服务的，适用本办法。

第三条　向投资者销售证券期货产品或者提供证券期货服务的机构（以下简称"经营机构"）应当遵守法律、行政法规、本办法及其他有关规定，在销售产品或者提供服务的过程中，勤勉尽责，审慎履职，全面了解投资者情况，深入调查分析产品或者服务信息，科学有效评估，充分揭示风险，基于投资者的不同风险承受能力以及产品或者服务的不同风险等级等因素，提出明确的适当性匹配意见，将适当的产品或者服务销售或者提供给适合的投资者，并对违法违规行为承担法律责任。

第四条　投资者应当在了解产品或者服务情况，听取经营机构适当性意见的基础上，根据自身能力审慎决策，独立承担投资风险。

经营机构的适当性匹配意见不表明其对产品或者服务的风险和收益做出实质性判断或者保证。

第五条　中国证券监督管理委员会（以下简称"中国证监会"）及其派出机构依照法律、行政法规、本办法及其他相关规定，对经营机构履行适当性义务进行监督管理。

证券期货交易场所、登记结算机构及中国证券业协会、中国期货业协会、中国证券投资基金业协会（以下统称行业协会）等自律组织对经营机构履行适当性义务进行自律管理。

第六条 经营机构向投资者销售产品或者提供服务时，应当了解投资者的下列信息：

（一）自然人的姓名、住址、职业、年龄、联系方式，法人或者其他组织的名称、注册地址、办公地址、性质、资质及经营范围等基本信息；

（二）收入来源和数额、资产、债务等财务状况；

（三）投资相关的学习、工作经历及投资经验；

（四）投资期限、品种、期望收益等投资目标；

（五）风险偏好及可承受的损失；

（六）诚信记录；

（七）实际控制投资者的自然人和交易的实际受益人；

（八）法律法规、自律规则规定的投资者准入要求相关信息；

（九）其他必要信息。

第七条 投资者分为普通投资者与专业投资者。

普通投资者在信息告知、风险警示、适当性匹配等方面享有特别保护。

第八条 符合下列条件之一的是专业投资者：

（一）经有关金融监管部门批准设立的金融机构，包括证券公司、期货公司、基金管理公司及其子公司、商业银行、保险公司、信托公司、财务公司等；经行业协会备案或者登记的证券公司子公司、期货公司子公司、私募基金管理人。

（二）上述机构面向投资者发行的理财产品，包括但不限于证券公司资产管理产品、基金管理公司及其子公司产品、期货公司资产管理产品、银行理财产品、保险产品、信托产品、经行业协会备案的私募基金。

（三）社会保障基金、企业年金等养老基金，慈善基金等社会公益基金，合格境外机构投资者（QFII）、人民币合格境外机构投资者（RQFII）。

（四）同时符合下列条件的法人或者其他组织：

1. 最近1年末净资产不低于2000万元；

2. 最近1年末金融资产不低于1000万元；

3. 具有2年以上证券、基金、期货、黄金、外汇等投资经历。

（五）同时符合下列条件的自然人：

1. 金融资产不低于500万元，或者最近3年个人年均收入不低于50万元；

2. 具有2年以上证券、基金、期货、黄金、外汇等投资经历，或者具有2年以上金融产品设计、投资、风险管理及相关工作经历，或者属于本条第（一）项规定的专业投资者的高级管理人员、获得职业资格认证的从事金融相关业务的注册会计师和律师。

前款所称金融资产，是指银行存款、股票、债券、基金份额、资产管理计划、银行理财产品、信托计划、保险产品、期货及其他衍生产品等。

第九条 经营机构可以根据专业投资者的业务资格、投资实力、投资经历等因素，对专业投资者进行细化分类和管理。

第十条 专业投资者之外的投资者为普通投资者。

经营机构应当按照有效维护投资者合法权益的要求，综合考虑收入来源、资产状况、债务、投资知识和经验、风险偏好、诚信状况等因素，确定普通投资者的风险承受能力，对其进行细化分类和管理。

第十一条 普通投资者和专业投资者在一定条件下可以互相转化。

符合本办法第八条第（四）、（五）项规定的专业投资者，可以书面告知经营机构选择成为普通投资者，经营机构应当对其履行相应的适当性义务。

符合下列条件之一的普通投资者可以申请转化成为专业投资者，但经营机构有权自主决定是否同意其转化：

（一）最近1年末净资产不低于1000万元，最近1年末金融资产不低于500万元，且具有1年以上证券、基金、期货、黄金、外汇等投资经历的除专业投资者外的法人或其他组织；

（二）金融资产不低于300万元或者最近3年个人年均收入不低于30万元，且具有1年以上证券、基金、期货、黄金、外汇等投资经历或者1年以上金融产品设计、投资、风险管理及相关工作经历的自然人投资者。

第十二条 普通投资者申请成为专业投资者应当以书面形式向经营机构提出申请并确认自主承担可能产生的风险和后果，提供相关证明材料。

经营机构应当通过追加了解信息、投资知识测试或者模拟交易等方式对投资者进行谨慎评估，确认其符合前条要求，说明对不同类别投资者履行适当性义务的差别，警示可能承担的投资风险，告知申请的审查结果及其理由。

第十三条 经营机构应当告知投资者，其根据本办法第六条规定所提供的信息发生重要变化、可能影响分类的，应及时告知经营机构。经营机构应当建立投资者评估数据库并及时更新，充分使用已了解信息和已有评估结果，避免重复采集，提高评估效率。

第十四条 中国证监会、自律组织在针对特定市场、产品或者服务制定规则时，可以考虑风险性、复杂性以及投资者的认知难度等因素，从资产规模、收入水平、风险识别能力和风险承担能力、投资认购最低金额等方面，规定投资者准入要求。投资者准入要求包含资产指标的，应当规定投资者在购买产品或者接受服务前一定时期内符合该指标。

现有市场、产品或者服务规定投资者准入要求的，应当符合前款规定。

第十五条 经营机构应当了解所销售产品或者所提供服务的信息，根据风险特征和程度，对销售的产品或者提供的服务划分风险等级。

第十六条 划分产品或者服务风险等级时应当综合考虑以下因素：

（一）流动性；

（二）到期时限；

（三）杠杆情况；

（四）结构复杂性；

（五）投资单位产品或者相关服务的最低金额；

（六）投资方向和投资范围；

（七）募集方式；

（八）发行人等相关主体的信用状况；

（九）同类产品或者服务过往业绩；

（十）其他因素。

涉及投资组合的产品或者服务，应当按照产品或者服务整体风险等级进行评估。

第十七条 产品或者服务存在下列因素的，应当审慎评估其风险等级：

（一）存在本金损失的可能性，因杠杆交易等因素容易导致本金大部分或者全部损失的产品或者服务；

（二）产品或者服务的流动变现能力，因无公开交易市场、参与投资者少等因素导致难以在短期内以合理价格顺利变现的产品或者服务；

（三）产品或者服务的可理解性，因结构复杂、不易估值等因素导致普通人难以理解其条款和特征的产品或者服务；

（四）产品或者服务的募集方式，涉及面广、影响力大的公募产品或者相关服务；

（五）产品或者服务的跨境因素，存在市场差异、适用境外法律等情形的跨境发行或者交易的产品或者服务；

（六）自律组织认定的高风险产品或者服务；

（七）其他有可能构成投资风险的因素。

第十八条 经营机构应当根据产品或者服务的不同风险等级，对其适合销售产品或者提供服务的投资者类型作出判断，根据投资者的不同分类，对其适合购买的产品或者接受的服务作出判断。

第十九条 经营机构告知投资者不适合购买相关产品或者接受相关服务后，投资者主动要求购买风险等级高于其风险承受能力的产品或者接受相关服务的，经营机构在确认其不属于风险承受能力最低类别的投资者后，应当就产品或者服务风险高于其承受能力进行特别的书面风险警示，投资者仍坚持购买的，可以向其销售相关产品或者提供相关服务。

第二十条 经营机构向普通投资者销售高风险产品或者提供相关服务，应当履行特别的注意义务，包括制定专门的工作程序，追加了解相关信息，告知特别的风险点，给予普通投资者更多的考虑时间，或者增加回访频次等。

第二十一条 经营机构应当根据投资者和产品或者服务的信息变化情况，主动调整投资者分类、产品或者服务分级以及适当性匹配意见，并告知投资者上述情况。

第二十二条 禁止经营机构进行下列销售产品或者提供服务的活动：

（一）向不符合准入要求的投资者销售产品或者提供服务；

（二）向投资者就不确定事项提供确定性的判断，或者告知投资者有可能使其误认为具有确定性的意见；

（三）向普通投资者主动推介风险等级高于其风险承受能力的产品或者服务；

（四）向普通投资者主动推介不符合其投资目标的产品或者服务；

（五）向风险承受能力最低类别的投资者销售或者提供风险等级高于其风险承受能力的产品或者服务；

（六）其他违背适当性要求，损害投资者合法权益的行为。

第二十三条 经营机构向普通投资者销售产品或者提供服务前，应当告知下列信息：

（一）可能直接导致本金亏损的事项；

（二）可能直接导致超过原始本金损失的事项；

（三）因经营机构的业务或者财产状况变化，可能导致本金或者原始本金亏损的事项；

（四）因经营机构的业务或者财产状况变化，影响客户判断的重要事由；

（五）限制销售对象权利行使期限或者可解除合同期限等全部限制内容；

（六）本办法第二十九条规定的适当性匹配意见。

第二十四条 经营机构对投资者进行告知、警示，内容应当真实、准确、完整，不存在虚假记载、误导性陈述或者重大遗漏，语言应当通俗易懂；告知、警示应当采用书面形式送达投资者，并由其确认已充分理解和接受。

第二十五条 经营机构通过营业网点向普通投资者进行本办法第十二条、第二十条、第二十一条和第二十三条规定的告知、警示，应当全过程录音或者录像；通过互联网等非现场方式进行的，经营机构应当完善配套留痕安排，由普通投资者通过符合法律、行政法规要求的电子方式进行确认。

第二十六条 经营机构委托其他机构销售本机构发行的产品或者提供服务，应当审慎选择受托方，确认受托方具备代销相关产品或者提供服务的资格和落实相应适当性义务要求的能力，应当制定并告知代销方所委托产品或者提供服务的适当性管理标准和要求，代销方应当严格执行，但法律、行政法规、中国证监会其他规章另有规定的除外。

第二十七条 经营机构代销其他机构发行的产品或者提供相关服务，应当在合同中约定要求委托方提供的信息，包括本办法第十六条、第十七条规定的产品或者服务分级考虑因素等，自行对该信息进行调查核实，并履行投资者评估、适当性匹配等适当性义务。委托方不提供规定的信息、提供信息不完整的，经营机构应当拒绝代销产品或者提供服务。

第二十八条　对在委托销售中违反适当性义务的行为，委托销售机构和受托销售机构应当依法承担相应法律责任，并在委托销售合同中予以明确。

第二十九条　经营机构应当制定适当性内部管理制度，明确投资者分类、产品或者服务分级、适当性匹配的具体依据、方法、流程等，严格按照内部管理制度进行分类、分级，定期汇总分类、分级结果，并对每名投资者提出匹配意见。

经营机构应当制定并严格落实与适当性内部管理有关的限制不匹配销售行为、客户回访检查、评估与销售隔离等风控制度，以及培训考核、执业规范、监督问责等制度机制，不得采取鼓励不适当销售的考核激励措施，确保从业人员切实履行适当性义务。

第三十条　经营机构应当每半年开展一次适当性自查，形成自查报告。发现违反本办法规定的问题，应当及时处理并主动报告住所地中国证监会派出机构。

第三十一条　鼓励经营机构将投资者分类政策、产品或者服务分级政策、自查报告在公司网站或者指定网站进行披露。

第三十二条　经营机构应当按照相关规定妥善保存其履行适当性义务的相关信息资料，防止泄露或者被不当利用，接受中国证监会及其派出机构和自律组织的检查。对匹配方案、告知警示资料、录音录像资料、自查报告等的保存期限不得少于20年。

第三十三条　投资者购买产品或者接受服务，按规定需要提供信息的，所提供的信息应当真实、准确、完整。投资者根据本办法第六条规定所提供的信息发生重要变化、可能影响其分类的，应当及时告知经营机构。投资者不按照规定提供相关信息，提供信息不真实、不准确、不完整的，应当依法承担相应法律责任，经营机构应当告知其后果，并拒绝向其销售产品或者提供服务。

第三十四条　经营机构应当妥善处理适当性相关的纠纷，与投资者协商解决争议，采取必要措施支持和配合投资者提出的调解。经营机构履行适当性义务存在过错并造成投资者损失的，应当依法承担相应法律责任。

经营机构与普通投资者发生纠纷的，经营机构应当提供相关资料，证明其已向投资者履行相应义务。

第三十五条　中国证监会及其派出机构在监管中应当审核或者关注产品或者服务的适当性安排，对适当性制度落实情况进行检查，督促经营机构严格落实适当性义务，强化适当性管理。

第三十六条　证券期货交易场所应当制定完善本市场相关产品或者服务的适

当性管理自律规则。

行业协会应当制定完善会员落实适当性管理要求的自律规则,制定并定期更新本行业的产品或者服务风险等级名录以及本办法第十九条、第二十二条规定的风险承受能力最低的投资者类别,供经营机构参考。经营机构评估相关产品或者服务的风险等级不得低于名录规定的风险等级。

证券期货交易场所、行业协会应当督促、引导会员履行适当性义务,对备案产品或者相关服务应当重点关注高风险产品或者服务的适当性安排。

第三十七条 经营机构违反本办法规定的,中国证监会及其派出机构可以对经营机构及其直接负责的主管人员和其他直接责任人员,采取责令改正、监管谈话、出具警示函、责令参加培训等监督管理措施。

第三十八条 证券公司、期货公司违反本办法规定,存在较大风险或者风险隐患的,中国证监会及其派出机构可以按照《证券公司监督管理条例》第七十条、《期货交易管理条例》第五十五条的规定,采取监督管理措施。

第三十九条 违反本办法第六条、第十八条、第十九条、第二十条、第二十一条、第二十二条第(三)项至第(六)项、第二十三条、第二十四条、第三十三条规定的,按照《证券投资基金法》第一百三十七条、《证券公司监督管理条例》第八十四条、《期货交易管理条例》第六十七条予以处理。

第四十条 违反本办法第二十二条第(一)项至第(二)项、第二十六条、第二十七条规定的,按照《证券投资基金法》第一百三十五条、《证券公司监督管理条例》第八十三条、《期货交易管理条例》第六十六条予以处理。

第四十一条 经营机构有下列情形之一的,给予警告,并处以3万元以下罚款;对直接负责的主管人员和其他直接责任人员,给予警告,并处以3万元以下罚款:

(一)违反本办法第十条,未按规定对普通投资者进行细化分类和管理的;

(二)违反本办法第十一条、第十二条,未按规定进行投资者类别转化的;

(三)违反本办法第十三条,未建立或者更新投资者评估数据库的;

(四)违反本办法第十五条,未按规定了解所销售产品或者所提供服务信息或者履行分级义务的;

(五)违反本办法第十六条、第十七条,未按规定划分产品或者服务风险等级的;

(六)违反本办法第二十五条,未按规定录音录像或者采取配套留痕安排的;

(七)违反本办法第二十九条,未按规定制定或者落实适当性内部管理制度和相关制度机制的;

(八)违反本办法第三十条,未按规定开展适当性自查的;

(九)违反本办法第三十二条,未按规定妥善保存相关信息资料的;

（十）违反本办法第六条、第十八条至第二十四条、第二十六条、第二十七条、第三十三条规定，未构成《证券投资基金法》第一百三十五条、第一百三十七条，《证券公司监督管理条例》第八十三条、第八十四条，《期货交易管理条例》第六十六条、第六十七条规定情形的。

第四十二条 经营机构从业人员违反相关法律法规和本办法规定，情节严重的，中国证监会可以依法采取市场禁入的措施。

第四十三条 本办法自 2017 年 7 月 1 日起施行。

附录14 优先股试点管理办法

优先股试点管理办法

发布时间：2014 年 3 月 21 日
生效时间：2014 年 3 月 21 日
发布主体：中国证券监督管理委员会

第一章 总 则

第一条 为规范优先股发行和交易行为，保护投资者合法权益，根据《公司法》《证券法》《国务院关于开展优先股试点的指导意见》及相关法律法规，制定本办法。

第二条 本办法所称优先股是指依照《公司法》，在一般规定的普通种类股份之外，另行规定的其他种类股份，其股份持有人优先于普通股股东分配公司利润和剩余财产，但参与公司决策管理等权利受到限制。

第三条 上市公司可以发行优先股，非上市公众公司可以非公开发行优先股。

第四条 优先股试点应当符合《公司法》《证券法》《国务院关于开展优先股试点的指导意见》和本办法的相关规定，并遵循公开、公平、公正的原则，禁止欺诈、内幕交易和操纵市场的行为。

第五条 证券公司及其他证券服务机构参与优先股试点，应当遵守法律法规及中国证券监督管理委员会（以下简称"中国证监会"）相关规定，遵循行业公认的业务标准和行为规范，诚实守信、勤勉尽责。

第六条 试点期间不允许发行在股息分配和剩余财产分配上具有不同优先顺序的优先股，但允许发行在其他条款上具有不同设置的优先股。

同一公司既发行强制分红优先股，又发行不含强制分红条款优先股的，不属于发行在股息分配上具有不同优先顺序的优先股。

第七条 相同条款的优先股应当具有同等权利。同次发行的相同条款优先股，每股发行的条件、价格和票面股息率应当相同；任何单位或者个人认购的股份，每股应当支付相同价额。

第二章 优先股股东权利的行使

第八条 发行优先股的公司除按《国务院关于开展优先股试点的指导意见》制定章程有关条款外，还应当按本办法在章程中明确优先股股东的有关权利和义务。

第九条 优先股股东按照约定的股息率分配股息后，有权同普通股股东一起参加剩余利润分配的，公司章程应明确优先股股东参与剩余利润分配的比例、条件等事项。

第十条 出现以下情况之一的，公司召开股东大会会议应通知优先股股东，并遵循《公司法》及公司章程通知普通股股东的规定程序。优先股股东有权出席股东大会会议，就以下事项与普通股股东分类表决，其所持每一优先股有一表决权，但公司持有的本公司优先股没有表决权：
（1）修改公司章程中与优先股相关的内容；
（2）一次或累计减少公司注册资本超过百分之十；
（3）公司合并、分立、解散或变更公司形式；
（4）发行优先股；
（5）公司章程规定的其他情形。

上述事项的决议，除须经出席会议的普通股股东（含表决权恢复的优先股股东）所持表决权的三分之二以上通过之外，还须经出席会议的优先股股东（不含表决权恢复的优先股股东）所持表决权的三分之二以上通过。

第十一条 公司股东大会可授权公司董事会按公司章程的约定向优先股支付股息。公司累计三个会计年度或连续两个会计年度未按约定支付优先股股息的，股东大会批准当年不按约定分配利润的方案次日起，优先股股东有权出席股东大会与普通股股东共同表决，每股优先股股份享有公司章程规定的一定比例表决权。

对于股息可累积到下一会计年度的优先股，表决权恢复直至公司全额支付所欠股息。对于股息不可累积的优先股，表决权恢复直至公司全额支付当年股息。公司章程可规定优先股表决权恢复的其他情形。

第十二条 优先股股东有权查阅公司章程、股东名册、公司债券存根、股东大会会议记录、董事会会议决议、监事会会议决议、财务会计报告。

第十三条 发行人回购优先股包括发行人要求赎回优先股和投资者要求回售优先股两种情况，并应在公司章程和招股文件中规定其具体条件。发行人要求赎回优先股的，必须完全支付所欠股息，但商业银行发行优先股补充资本的除外。

优先股回购后相应减记发行在外的优先股股份总数。

第十四条 公司董事、监事、高级管理人员应当向公司申报所持有的本公司优先股及其变动情况，在任职期间每年转让的股份不得超过其所持本公司优先股股份总数的百分之二十五。公司章程可以对公司董事、监事、高级管理人员转让其所持有的本公司优先股股份作出其他限制性规定。

第十五条 除《国务院关于开展优先股试点的指导意见》规定的事项外，计算股东人数和持股比例时应分别计算普通股和优先股。

第十六条 公司章程中规定优先股采用固定股息率的，可以在优先股存续期内采取相同的固定股息率，或明确每年的固定股息率，各年度的股息率可以不同；公司章程中规定优先股采用浮动股息率的，应当明确优先股存续期内票面股息率的计算方法。

第三章　上市公司发行优先股

第一节　一般规定

第十七条 上市公司应当与控股股东或实际控制人的人员、资产、财务分开，机构、业务独立。

第十八条 上市公司内部控制制度健全，能够有效保证公司运行效率、合法合规和财务报告的可靠性，内部控制的有效性应当不存在重大缺陷。

第十九条 上市公司发行优先股，最近三个会计年度实现的年均可分配利润应当不少于优先股一年的股息。

第二十条 上市公司最近三年现金分红情况应当符合公司章程及中国证监会的有关监管规定。

第二十一条 上市公司报告期不存在重大会计违规事项。公开发行优先股，最近三年财务报表被注册会计师出具的审计报告应当为标准审计报告或带强调事项段的无保留意见的审计报告；非公开发行优先股，最近一年财务报表被注册会计师出具的审计报告为非标准审计报告的，所涉及事项对公司无重大不利影响或者在发行前重大不利影响已经消除。

第二十二条 上市公司发行优先股募集资金应有明确用途，与公司业务范围、经营规模相匹配，募集资金用途符合国家产业政策和有关环境保护、土地管理等法律和行政法规的规定。

除金融类企业外，本次募集资金使用项目不得为持有交易性金融资产和可供出售的金融资产、借予他人等财务性投资，不得直接或间接投资于以买卖有价证券为主要业务的公司。

第二十三条 上市公司已发行的优先股不得超过公司普通股股份总数的百分

之五十,且筹资金额不得超过发行前净资产的百分之五十,已回购、转换的优先股不纳入计算。

第二十四条 上市公司同一次发行的优先股,条款应当相同。每次优先股发行完毕前,不得再次发行优先股。

第二十五条 上市公司存在下列情形之一的,不得发行优先股:

(一)本次发行申请文件有虚假记载、误导性陈述或重大遗漏;

(二)最近十二个月内受到过中国证监会的行政处罚;

(三)因涉嫌犯罪正被司法机关立案侦查或涉嫌违法违规正被中国证监会立案调查;

(四)上市公司的权益被控股股东或实际控制人严重损害且尚未消除;

(五)上市公司及其附属公司违规对外提供担保且尚未解除;

(六)存在可能严重影响公司持续经营的担保、诉讼、仲裁、市场重大质疑或其他重大事项;

(七)其董事和高级管理人员不符合法律、行政法规和规章规定的任职资格;

(八)严重损害投资者合法权益和社会公共利益的其他情形。

第二节 公开发行的特别规定

第二十六条 上市公司公开发行优先股,应当符合以下情形之一:

(一)其普通股为上证50指数成分股;

(二)以公开发行优先股作为支付手段收购或吸收合并其他上市公司;

(三)以减少注册资本为目的回购普通股的,可以公开发行优先股作为支付手段,或者在回购方案实施完毕后,可公开发行不超过回购减资总额的优先股。

中国证监会核准公开发行优先股后不再符合本条第(一)项情形的,上市公司仍可实施本次发行。

第二十七条 上市公司最近三个会计年度应当连续盈利。扣除非经常性损益后的净利润与扣除前的净利润相比,以孰低者作为计算依据。

第二十八条 上市公司公开发行优先股应当在公司章程中规定以下事项:

(一)采取固定股息率;

(二)在有可分配税后利润的情况下必须向优先股股东分配股息;

(三)未向优先股股东足额派发股息的差额部分应当累积到下一会计年度;

(四)优先股股东按照约定的股息率分配股息后,不再同普通股股东一起参加剩余利润分配。

商业银行发行优先股补充资本的,可就第(二)项和第(三)项事项另行约定。

第二十九条 上市公司公开发行优先股的,可以向原股东优先配售。

第三十条 除本办法第二十五条的规定外,上市公司最近三十六个月内因违反工商、税收、土地、环保、海关法律、行政法规或规章，受到行政处罚且情节严重的，不得公开发行优先股。

第三十一条 上市公司公开发行优先股，公司及其控股股东或实际控制人最近十二个月内应当不存在违反向投资者作出的公开承诺的行为。

第三节 其他规定

第三十二条 优先股每股票面金额为一百元。

优先股发行价格和票面股息率应当公允、合理，不得损害股东或其他利益相关方的合法利益，发行价格不得低于优先股票面金额。

公开发行优先股的价格或票面股息率以市场询价或证监会认可的其他公开方式确定。非公开发行优先股的票面股息率不得高于最近两个会计年度的年均加权平均净资产收益率。

第三十三条 上市公司不得发行可转换为普通股的优先股。但商业银行可根据商业银行资本监管规定，非公开发行触发事件发生时强制转换为普通股的优先股，并遵守有关规定。

第三十四条 上市公司非公开发行优先股仅向本办法规定的合格投资者发行，每次发行对象不得超过二百人，且相同条款优先股的发行对象累计不得超过二百人。

发行对象为境外战略投资者的，还应当符合国务院相关部门的规定。

第四节 发行程序

第三十五条 上市公司申请发行优先股，董事会应当按照中国证监会有关信息披露规定，公开披露本次优先股发行预案，并依法就以下事项作出决议，提请股东大会批准。

（一）本次优先股的发行方案；

（二）非公开发行优先股且发行对象确定的，上市公司与相应发行对象签订的附条件生效的优先股认购合同。认购合同应当载明发行对象拟认购优先股的数量、认购价格或定价原则、票面股息率或其确定原则，以及其他必要条款。认购合同应当约定发行对象不得以竞价方式参与认购，且本次发行一经上市公司董事会、股东大会批准并经中国证监会核准，该合同即应生效；

（三）非公开发行优先股且发行对象尚未确定的，决议应包括发行对象的范围和资格、定价原则、发行数量或数量区间。

上市公司的控股股东、实际控制人或其控制的关联人参与认购本次非公开发行优先股的，按照前款第（二）项执行。

第三十六条 上市公司独立董事应当就上市公司本次发行对公司各类股东权益的影响发表专项意见，并与董事会决议一同披露。

第三十七条 上市公司股东大会就发行优先股进行审议,应当就下列事项逐项进行表决:

(一)本次发行优先股的种类和数量;

(二)发行方式、发行对象及向原股东配售的安排;

(三)票面金额、发行价格或其确定原则;

(四)优先股股东参与分配利润的方式,包括:票面股息率或其确定原则、股息发放的条件、股息支付方式、股息是否累积、是否可以参与剩余利润分配等;

(五)回购条款,包括回购的条件、期间、价格及其确定原则、回购选择权的行使主体等(如有);

(六)募集资金用途;

(七)公司与发行对象签订的附条件生效的优先股认购合同(如有);

(八)决议的有效期;

(九)公司章程关于优先股股东和普通股股东利润分配、剩余财产分配、优先股表决权恢复等相关政策条款的修订方案;

(十)对董事会办理本次发行具体事宜的授权;

(十一)其他事项。

上述决议,须经出席会议的普通股股东(含表决权恢复的优先股股东)所持表决权的三分之二以上通过。已发行优先股的,还须经出席会议的优先股股东(不含表决权恢复的优先股股东)所持表决权的三分之二以上通过。上市公司向公司特定股东及其关联人发行优先股的,股东大会就发行方案进行表决时,关联股东应当回避。

第三十八条 上市公司就发行优先股事项召开股东大会,应当提供网络投票,还可以通过中国证监会认可的其他方式为股东参加股东大会提供便利。

第三十九条 上市公司申请发行优先股应当由保荐人保荐并向中国证监会申报,其申请、审核、核准、发行等相关程序参照《上市公司证券发行管理办法》和《证券发行与承销管理办法》的规定。发审委会议按照《中国证券监督管理委员会发行审核委员会办法》规定的特别程序,审核发行申请。

第四十条 上市公司发行优先股,可以申请一次核准,分次发行,不同次发行的优先股除票面股息率外,其他条款应当相同。自中国证监会核准发行之日起,公司应在六个月内实施首次发行,剩余数量应当在二十四个月内发行完毕。超过核准文件时限的,须申请中国证监会重新核准。首次发行数量应当不少于总发行数量的百分之五十,剩余各次发行的数量由公司自行确定,每次发行完毕后五个工作日内报中国证监会备案。

第四章 非上市公众公司非公开发行优先股

第四十一条 非上市公众公司非公开发行优先股应符合下列条件:

（一）合法规范经营；
（二）公司治理机制健全；
（三）依法履行信息披露义务。

第四十二条 非上市公众公司非公开发行优先股应当遵守本办法第二十三条、第二十四条、第二十五条、第三十二条、第三十三条的规定。

第四十三条 非上市公众公司非公开发行优先股仅向本办法规定的合格投资者发行，每次发行对象不得超过二百人，且相同条款优先股的发行对象累计不得超过二百人。

第四十四条 非上市公众公司拟发行优先股的，董事会应依法就具体方案、本次发行对公司各类股东权益的影响、发行优先股的目的、募集资金的用途及其他必须明确的事项作出决议，并提请股东大会批准。

董事会决议确定具体发行对象的，董事会决议应当确定具体的发行对象名称及其认购价格或定价原则、认购数量或数量区间等；同时应在召开董事会前与相应发行对象签订附条件生效的股份认购合同。董事会决议未确定具体发行对象的，董事会决议应当明确发行对象的范围和资格、定价原则等。

第四十五条 非上市公众公司股东大会就发行优先股进行审议，表决事项参照本办法第三十七条执行。发行优先股决议，须经出席会议的普通股股东（含表决权恢复的优先股股东）所持表决权的三分之二以上通过。已发行优先股的，还须经出席会议的优先股股东（不含表决权恢复的优先股股东）所持表决权的三分之二以上通过。非上市公众公司向公司特定股东及其关联人发行优先股的，股东大会就发行方案进行表决时，关联股东应当回避，公司普通股股东（不含表决权恢复的优先股股东）人数少于二百人的除外。

第四十六条 非上市公众公司发行优先股的申请、审核（豁免）、发行等相关程序应按照《非上市公众公司监督管理办法》等相关规定办理。

第五章 交易转让及登记结算

第四十七条 优先股发行后可以申请上市交易或转让，不设限售期。

公开发行的优先股可以在证券交易所上市交易。上市公司非公开发行的优先股可以在证券交易所转让，非上市公众公司非公开发行的优先股可以在全国中小企业股份转让系统转让，转让范围仅限合格投资者。交易或转让的具体办法由证券交易所或全国中小企业股份转让系统另行制定。

第四十八条 优先股交易或转让环节的投资者适当性标准应当与发行环节保持一致；非公开发行的相同条款优先股经交易或转让后，投资者不得超过二百人。

第四十九条 中国证券登记结算公司为优先股提供登记、存管、清算、交收等服务。

第六章 信息披露

第五十条 公司应当按照中国证监会有关信息披露规则编制募集优先股说明书或其他信息披露文件，依法履行信息披露义务。上市公司相关信息披露程序和要求参照《上市公司证券发行管理办法》和《上市公司非公开发行股票实施细则》及有关监管指引的规定。非上市公众公司非公开发行优先股的信息披露程序和要求参照《非上市公众公司监督管理办法》及有关监管指引的规定。

第五十一条 发行优先股的公司披露定期报告时，应当以专门章节披露已发行优先股情况、持有公司优先股股份最多的前十名股东的名单和持股数额、优先股股东的利润分配情况、优先股的回购情况、优先股股东表决权恢复及行使情况、优先股会计处理情况及其他与优先股有关的情况，具体内容与格式由中国证监会规定。

第五十二条 发行优先股的上市公司，发生表决权恢复、回购普通股等事项，以及其他可能对其普通股或优先股交易或转让价格产生较大影响事项的，上市公司应当按照《证券法》第六十七条以及中国证监会的相关规定，履行临时报告、公告等信息披露义务。

第五十三条 发行优先股的非上市公众公司按照《非上市公众公司监督管理办法》及有关监管指引的规定履行日常信息披露义务。

第七章 回购与并购重组

第五十四条 上市公司可以非公开发行优先股作为支付手段，向公司特定股东回购普通股。上市公司回购普通股的价格应当公允、合理，不得损害股东或其他利益相关方的合法利益。

第五十五条 上市公司以减少注册资本为目的回购普通股公开发行优先股的，以及以非公开发行优先股为支付手段向公司特定股东回购普通股的，除应当符合优先股发行条件和程序，还应符合以下规定：

（一）上市公司回购普通股应当由董事会依法作出决议并提交股东大会批准。

（二）上市公司股东大会就回购普通股作出的决议，应当包括下列事项：回购普通股的价格区间，回购普通股的数量和比例，回购普通股的期限，决议的有效期，对董事会办理本次回购股份事宜的具体授权，其他相关事项。以发行优先股作为支付手段的，应当包括拟用于支付的优先股总金额以及支付比例；回购方案实施完毕之日起一年内公开发行优先股的，应当包括回购的资金总额以及资金来源。

（三）上市公司股东大会就回购普通股作出决议，必须经出席会议的普通股股东（含表决权恢复的优先股股东）所持表决权的三分之二以上通过。

（四）上市公司应当在股东大会作出回购普通股决议后的次日公告该决议。

（五）依法通知债权人。

本办法未做规定的应当符合中国证监会有关上市公司回购的其他规定。

第五十六条 上市公司收购要约适用于被收购公司的所有股东，但可以针对优先股股东和普通股股东提出不同的收购条件。

第五十七条 上市公司可以按照《上市公司重大资产重组管理办法》规定的条件发行优先股购买资产，同时应当遵守本办法第三十三条，以及第三十五条至第三十八条的规定，依法披露有关信息、履行相应程序。

第五十八条 上市公司发行优先股作为支付手段购买资产的，可以同时募集配套资金。

第五十九条 非上市公众公司发行优先股的方案涉及重大资产重组的，应当符合中国证监会有关重大资产重组的规定。

第八章　监管措施和法律责任

第六十条 公司及其控股股东或实际控制人，公司董事、监事、高级管理人员以及其他直接责任人员，相关市场中介机构及责任人员，以及优先股试点的其他市场参与者违反本办法规定的，依照《公司法》《证券法》和中国证监会的有关规定处理；涉嫌犯罪的，依法移送司法机关，追究其刑事责任。

第六十一条 上市公司、非上市公众公司违反本办法规定，存在未按规定制定有关章程条款、不按照约定召集股东大会恢复优先股股东表决权等损害优先股股东和中小股东权益等行为的，中国证监会应当责令改正，对上市公司、非上市公众公司和其直接负责的主管人员和其他直接责任人员，可以采取相应的行政监管措施以及警告、三万元以下罚款等行政处罚。

第六十二条 上市公司违反本办法第二十二条第二款规定的，中国证监会可以责令改正，并在三十六个月内不受理该公司的公开发行证券申请。

第六十三条 上市公司、非上市公众公司向本办法规定的合格投资者以外的投资者非公开发行优先股，中国证监会应当责令改正，并可以自确认之日起在三十六个月内不受理该公司的发行优先股申请。

第六十四条 承销机构在承销非公开发行的优先股时，将优先股配售给不符合本办法合格投资者规定的对象的，中国证监会可以责令改正，并在三十六个月内不接受其参与证券承销。

第九章　附　　则

第六十五条　本办法所称合格投资者包括：

（一）经有关金融监管部门批准设立的金融机构，包括商业银行、证券公司、基金管理公司、信托公司和保险公司等；

（二）上述金融机构面向投资者发行的理财产品，包括但不限于银行理财产品、信托产品、投连险产品、基金产品、证券公司资产管理产品等；

（三）实收资本或实收股本总额不低于人民币五百万元的企业法人；

（四）实缴出资总额不低于人民币五百万元的合伙企业；

（五）合格境外机构投资者（QFII）、人民币合格境外机构投资者（RQFII）、符合国务院相关部门规定的境外战略投资者；

（六）除发行人董事、高级管理人员及其配偶以外的，名下各类证券账户、资金账户、资产管理账户的资产总额不低于人民币五百万元的个人投资者；

（七）经中国证监会认可的其他合格投资者。

第六十六条　非上市公众公司首次公开发行普通股并同时非公开发行优先股的，其优先股的发行与信息披露应符合本办法中关于上市公司非公开发行优先股的有关规定。

第六十七条　注册在境内的境外上市公司在境外发行优先股，应当符合境外募集股份及上市的有关规定。

注册在境内的境外上市公司在境内发行优先股，参照执行本办法关于非上市公众公司发行优先股的规定，以及《非上市公众公司监督管理办法》等相关规定，其优先股可以在全国中小企业股份转让系统进行转让。

第六十八条　本办法下列用语含义如下：

（一）强制分红：公司在有可分配税后利润的情况下必须向优先股股东分配股息；

（二）可分配税后利润：发行人股东依法享有的未分配利润；

（三）加权平均净资产收益率：按照《公开发行证券的公司信息披露编报规则第9号——净资产收益率和每股收益的计算及披露》计算的加权平均净资产收益率；

（四）上证50指数：中证指数有限公司发布的上证50指数。

第六十九条　本办法中计算合格投资者人数时，同一资产管理机构以其管理的两只以上产品认购或受让优先股的，视为一人。

第七十条　本办法自公布之日起施行。

附录 15　上海证券交易所上市公司控股股东、实际控制人行为指引

上海证券交易所上市公司控股股东、实际控制人行为指引

发布时间：2010 年 7 月 26 日
生效时间：2010 年 7 月 26 日
发布主体：上海证券交易所

第一章　总　　则

1.1　为引导和规范上市公司控股股东、实际控制人的行为，切实保护上市公司和其他股东的合法权益，根据《公司法》《证券法》《上海证券交易所股票上市规则》（以下简称《股票上市规则》）等规定，制定本指引。

1.2　本所上市公司的控股股东、实际控制人适用本指引。本所鼓励上市公司控股股东、实际控制人依据本指引结合自身实际情况，完善相关行为规范。

1.3　控股股东、实际控制人及其相关人员应当遵守证券市场有关法律法规的规定，促进上市公司规范运作，提高上市公司质量。

1.4　控股股东、实际控制人应当遵守诚实信用原则，依照法律法规以及上市公司章程的规定善意行使权利，严格履行其做出的各项承诺，谋求公司和全体股东利益的共同发展。

1.5　控股股东、实际控制人不得滥用权力，通过关联交易、利润分配、资产重组、对外投资等方式损害上市公司及其他股东的利益。

第二章　上市公司治理

2.1　控股股东、实际控制人应当建立制度，明确对上市公司重大事项的决

策程序及保证上市公司独立性的具体措施，确立相关人员在从事上市公司相关工作中的职责、权限和责任追究机制。

控股股东、实际控制人依照国家法律法规或有权机关授权履行国有资本出资人职责的，从其规定。

2.2 控股股东、实际控制人应当维护上市公司资产完整，不得侵害上市公司对其法人财产的占有、使用、收益和处分的权利。

2.2.1 控股股东、实际控制人应当按照法律规定及合同约定及时办理投入或转让给上市公司资产的过户手续。

2.2.2 控股股东、实际控制人不得通过以下方式影响上市公司资产的完整性：

（一）与生产型上市公司共用与生产经营有关的生产系统、辅助生产系统和配套设施；

（二）与非生产型上市公司共用与经营有关的业务体系及相关资产；

（三）以显失公平的方式与上市公司共用商标、专利、非专利技术等；

（四）无偿或以明显不公平的条件占有、使用、收益或者处分上市公司的资产。

2.3 控股股东、实际控制人应当维护上市公司人员独立，不得通过以下方式影响上市公司人员的独立性：

（一）通过行使相关法律法规及上市公司章程规定的股东权利以外的方式，影响上市公司人事任免或者限制上市公司董事、监事、高级管理人员以及其他在上市公司任职的人员履行职责；

（二）任命上市公司总经理、副总经理、财务负责人或董事会秘书在本公司或本公司控制的企业担任除董事、监事以外的经营管理类职务；

（三）要求上市公司为其无偿提供服务；

（四）指使上市公司董事、监事、高级管理人员以及其他在上市公司任职的人员实施损害上市公司利益的决策或者行为。

2.4 控股股东、实际控制人应当维护上市公司财务独立。

2.4.1 控股股东、实际控制人不得通过以下方式影响上市公司财务的独立性：

（一）与上市公司共用银行账户或者借用上市公司银行账户；

（二）通过借款、违规担保等方式非经营性占用上市公司资金；

（三）通过财务会计核算系统或者其他管理软件，控制上市公司的财务核算或资金调动；

（四）要求上市公司为其支付或垫支工资、福利、保险、广告等费用或其他支出。

2.4.2 控股股东、实际控制人通过其下属财务公司（以下简称"财务公司")为上市公司提供日常金融服务的,应当按照法律法规的规定,督促财务公司以及相关各方配合上市公司履行关联交易的决策程序和信息披露义务,监督财务公司规范运作,保证上市公司存储在财务公司资金的安全,不得利用支配地位强制上市公司接受财务公司的服务。

2.5 控股股东、实际控制人应当保证上市公司机构独立。

2.5.1 控股股东、实际控制人不得与上市公司共用机构和人员。

2.5.2 控股股东、实际控制人应当支持上市公司董事会、监事会、业务经营部门或其他机构及其人员的独立运作,不得通过行使相关法律法规及上市公司章程规定的股东权利以外的方式干预上市公司机构的设立、调整或者撤销,或对公司董事会、监事会和其他机构及其人员行使职权进行限制或施加其他不正当影响。

2.6 控股股东、实际控制人应当维护上市公司业务独立。

2.6.1 控股股东、实际控制人应当支持并配合上市公司建立独立的生产经营模式,不得与上市公司在业务范围、业务性质、客户对象、产品可替代性等方面存在可能损害上市公司利益的竞争。

2.6.2 控股股东、实际控制人应当维护上市公司在生产经营、内部管理、对外投资、对外担保等方面的独立决策,支持并配合上市公司依法履行重大事项的内部决策程序,以行使提案权、表决权等相关法律法规及上市公司章程规定的股东权利方式,通过股东大会依法参与上市公司重大事项的决策。

2.6.3 实际控制人不得利用其对上市公司的控制地位,谋取属于上市公司的商业机会。

2.7 控股股东、实际控制人与上市公司发生关联交易,应当遵循关联交易程序公平与实质公平的原则,并签署书面协议,不得造成上市公司对其利益的输送。

2.8 本所鼓励控股股东、实际控制人通过重大资产重组实现整体上市等方式减少上市公司关联交易。

第三章 信息披露

3.1 控股股东、实际控制人应当严格按照有关规定履行信息披露义务,并保证披露信息的及时、公平、真实、准确、完整,不得有虚假记载、误导性陈述或者重大遗漏。

3.2 控股股东、实际控制人应当在相关制度中至少明确以下内容:

(一)涉及上市公司的重大信息的范围;

(二)未披露重大信息的报告流程;

(三)内幕信息知情人登记制度;

（四）未披露重大信息保密措施；

（五）对外发布信息的流程；

（六）配合上市公司信息披露工作的程序；

（七）相关人员在信息披露事务中的职责与权限；

（八）其他信息披露管理制度。

3.3 控股股东、实际控制人应当指定相关部门和人员负责信息披露工作，及时向上市公司告知相关部门和人员的联系信息。

3.4 控股股东、实际控制人应当配合上市公司的信息披露工作和内幕信息知情人登记工作，及时答复上市公司问询，保证所提供信息、材料的真实、准确和完整。

3.4.1 控股股东、实际控制人发生下列情形之一的，应当在该事件发生当日书面通知上市公司，并配合上市公司的信息披露工作：

（一）控制权变动；

（二）对上市公司进行重大资产重组或者债务重组；

（三）经营状况恶化进入破产或者解散程序；

（四）其他可能对上市公司证券及其衍生品种交易价格产生较大影响的事件。

前款事件出现重大进展或者变化的，控股股东、实际控制人应当立即将进展或者变化情况、可能产生的影响告知上市公司。

3.4.2 本指引前条规定的事件在依法披露前出现以下情形之一的，控股股东、实际控制人应当立即书面通知上市公司予以公告，并配合上市公司的信息披露工作：

（一）该事件难以保密；

（二）该事件已经泄漏或者市场出现传闻；

（三）上市公司证券及其衍生品种出现异常交易情况。

3.4.3 控股股东、实际控制人为履行法定职责要求上市公司提供有关对外投资、财务预算数据、财务决算数据等未披露信息时，应当做好内幕信息知情人的登记备案工作，并承担保密义务。

如果控股股东、实际控制人无法完成前款规定的登记和保密工作，应督促上市公司按照公平披露原则，在提供信息的同时进行披露。

3.4.4 除前条规定外，控股股东、实际控制人不得调用、查阅上市公司未披露的财务、业务等信息。

3.4.5 控股股东、实际控制人应当配合上市公司完成与信息披露相关的问询、调查以及查证工作。接到上市公司书面问询函件的，控股股东、实际控制人应当及时向相关各方了解真实情况，在期限内以书面方式答复，并提供有关证明材料，保证相关信息和资料的真实、准确和完整。

3.5 控股股东、实际控制人应当向上市公司提供实际控制人及其一致行动人的基本情况，配合上市公司逐级披露上市公司与实际控制人之间的股权和控制关系。

3.6 通过投资关系、协议或者其他安排共同控制上市公司的，除按前条规定提供信息以外，还应当书面告知上市公司实施共同控制的方式和内容。

3.7 通过接受委托或者信托等方式拥有上市公司权益的控股股东、实际控制人，应当及时将委托人情况、委托或者信托合同以及其他资产管理安排的主要内容书面告知上市公司，配合上市公司履行信息披露义务。

3.8 公共媒体上出现与控股股东、实际控制人有关的、对上市公司证券及其衍生品种交易价格可能产生重大影响的报道或传闻，控股股东、实际控制人应当主动了解真实情况，并及时将相关信息告知上市公司予以披露。

3.9 控股股东、实际控制人在接受媒体采访和投资者调研或者与其他机构和个人进行沟通时，不得提供、传播与上市公司相关的未披露重大信息或者提供、传播虚假信息、进行误导性陈述等。

3.10 控股股东、实际控制人及其相关人员应当对其因各种原因知悉的上市公司未披露重大信息予以保密，不得公开或者泄露该信息，不得利用该信息牟取利益。

3.11 在境内外同时发行证券及其衍生品种的上市公司的控股股东、实际控制人，在境外市场披露的涉及上市公司的重大信息，应当同时通过上市公司在境内市场披露。

第四章 股份交易、控制权转移

4.1 控股股东、实际控制人及其一致行动人通过证券交易所的证券交易买卖上市公司股份，应当遵守法律法规的规定，恪守有关声明和承诺，不得利用他人账户或通过向他人提供资金的方式买卖上市公司股份。

4.2 控股股东、实际控制人及其一致行动人拥有权益的股份达到上市公司已发行股份的5%后，通过证券交易所的证券交易（包括大宗交易）或协议转让，其拥有权益的股份占该上市公司已发行股份的比例每增加或者减少5%的，应当在该事实发生之日起三日内编制权益变动报告书，向中国证监会、证券交易所提交书面报告，抄报派出机构，通知上市公司，并予公告。

4.3 控股股东、实际控制人及其一致行动人拥有权益的股份达到或者超过上市公司已发行股份的5%但未超过30%的，应当编制详式权益变动报告书，符合规定的还应当并聘请财务顾问出具核查意见。

4.4 控股股东、实际控制人及其一致行动人通过证券交易所的证券交易持有上市公司的股份达到该公司已发行股份的30%时，继续增持股份的，应当采取要约方式进行，发出全面要约或者部分要约。

拥有上市公司权益的股份达到或者超过该公司已发行股份的30%的，自上述事实发生之日起一年后,每十二个月内增加其在该公司中拥有权益的股份不超过该公司已发行股份的2%的,可先实施增持行为,增持完成后再向中国证监会报送要约收购豁免申请文件。

4.5 控股股东、实际控制人在下列情形下不得增持上市公司股份:

(一)上市公司定期报告披露前十日内;

(二)上市公司业绩快报、业绩预告披露前十日内;

(三)控股股东、实际控制人通过证券交易所证券交易,在权益变动报告、公告期限内和报告、公告后两日内;

(四)自知悉可能对上市公司股票交易价格产生重大影响的事件发生或在决策过程中,至该事件依法披露后两个交易日内;

(五)控股股东、实际控制人承诺一定期限内不买卖上市公司股份且在该期限内;

(六)《证券法》第47条规定的情形;

(七)相关法律法规和规范性文件规定的其他情形。

4.6 持有解除限售存量股份的控股股东、实际控制人预计未来一个月内公开出售股份的数量超过该公司股份总数1%的,应当遵守本所和证券登记结算公司的相关规则,通过本所大宗交易系统转让所持股份。

4.7 控股股东、实际控制人在上市公司年报、中期报告公告前三十日内不得转让解除限售存量股份。

4.8 控股股东、实际控制人协议转让控制权,应当保证交易公允、公平、合理,不得利用控制权转让损害上市公司和其他股东的合法权益。

4.8.1 控股股东、实际控制人协议转让控制权之前,应当对拟受让人的主体资格、诚信状况、受让意图、履约能力等情况进行合理调查,保证交易公允、公平、合理,不得利用控制权转让损害上市公司和其他股东的合法权益。

4.8.2 控股股东、实际控制人在协议转让控制权之前,存在占用上市公司资金等损害上市公司和其他股东合法权益情形的,应当采取措施予以消除;存在未清偿对上市公司负债或者未解除上市公司为其负债所提供担保的情形的,应当配合上市公司提出解决措施;存在未履行承诺情形的,应当采取措施保证承诺履行不受影响。

4.8.3 控股股东、实际控制人转让公司控制权时,应当关注、协调新老股东更换,确保上市公司董事会以及公司管理层平稳过渡。

4.9 控股股东、实际控制人通过信托、委托或其他方式买卖上市公司股份的,适用本节规定。

第五章 其他规定

5.1 控股股东、实际控制人提出议案时应当充分考虑并说明议案对上市公司和其他股东利益的影响。

5.2 控股股东、实际控制人应当配合上市公司通过网络投票、累积投票、征集投票等制度保护其他股东的提案权、表决权等权利,不得以任何理由或方式限制、阻挠其他股东合法权利的行使。

5.3 控股股东、实际控制人应当采取有效措施保证其做出的承诺能够有效施行,对于存在较大履约风险的承诺事项,控股股东、实际控制人应当提供履约担保。担保人或履约担保标的物发生变化导致无法或可能无法履行担保义务的,控股股东、实际控制人应当及时告知上市公司,并予以披露,同时提供新的履约担保。

除另有规定外,控股股东、实际控制人在相关承诺尚未履行完毕前转让所持公司股份的,不得影响相关承诺的履行。

第六章 附 则

6.1 本所依照《股票上市规则》第十七章的规定,对上市公司控股股东、实际控制人的行为和信息披露相关工作实行日常监管,并可要求控股股东、实际控制人参加指定的培训并接受考核。

6.2 本指引所称控股股东是指持有公司股份占公司股本总额50%以上的股东,或者持有股份的比例虽然不足50%,但依其持有的股份所享有的表决权已足以对股东大会的决议产生重大影响的股东。

6.3 本指引所称实际控制人是指虽不是公司股东,但通过投资关系、协议或者其他安排,能够实际控制、影响公司行为的人。

6.4 控股股东、实际控制人对上市公司控股子公司实施的行为,适用本指引相关规定。

6.5 以下主体的行为视同控股股东、实际控制人行为,比照适用本指引相关规定:

(一)控股股东、实际控制人直接或间接控制的法人、其他组织(上市公司及上市公司控股子公司除外);

(二)控股股东、实际控制人为自然人的,其父母、配偶和子女;

(三)第一大股东;

(四)本所认定的其他主体。

6.6 本指引未规定的内容,依照国家有关法律、行政法规、部门规章及本所《股票上市规则》等相关业务规则确定。

6.7 本指引由本所负责解释。

6.8 本指引自发布之日起施行。

附录16 首次公开发行股票并在创业板上市管理暂行办法

首次公开发行股票并在创业板上市管理暂行办法

发布时间：2009年3月31日
生效时间：2009年5月1日
发布主体：中国证券监督管理委员会

第一章 总 则

第一条 为了规范首次公开发行股票并在创业板上市的行为，促进自主创新企业及其他成长型创业企业的发展，保护投资者的合法权益，维护社会公共利益，根据《证券法》《公司法》，制定本办法。

第二条 在中华人民共和国境内首次公开发行股票并在创业板上市，适用本办法。

第三条 发行人申请首次公开发行股票并在创业板上市，应当符合《证券法》《公司法》和本办法规定的发行条件。

第四条 发行人依法披露的信息，必须真实、准确、完整，不得有虚假记载、误导性陈述或者重大遗漏。

第五条 保荐人及其保荐代表人应当勤勉尽责，诚实守信，认真履行审慎核查和辅导义务，并对其所出具文件的真实性、准确性和完整性负责。

第六条 为证券发行出具文件的证券服务机构和人员，应当按照本行业公认的业务标准和道德规范，严格履行法定职责，并对其所出具文件的真实性、准确性和完整性负责。

第七条 创业板市场应当建立与投资者风险承受能力相适应的投资者准入制度，向投资者充分提示投资风险。

第八条 中国证券监督管理委员会（以下简称"中国证监会"）依法核准发

行人的首次公开发行股票申请，对发行人股票发行进行监督管理。

证券交易所依法制定业务规则，创造公开、公平、公正的市场环境，保障创业板市场的正常运行。

第九条 中国证监会依据发行人提供的申请文件对发行人首次公开发行股票的核准，不表明其对该股票的投资价值或者对投资者的收益作出实质性判断或者保证。股票依法发行后，因发行人经营与收益的变化引致的投资风险，由投资者自行负责。

第二章 发 行 条 件

第十条 发行人申请首次公开发行股票应当符合下列条件：

（一）发行人是依法设立且持续经营三年以上的股份有限公司。

有限责任公司按原账面净资产值折股整体变更为股份有限公司的，持续经营时间可以从有限责任公司成立之日起计算。

（二）最近两年连续盈利，最近两年净利润累计不少于一千万元，且持续增长；或者最近一年盈利，且净利润不少于五百万元，最近一年营业收入不少于五千万元，最近两年营业收入增长率均不低于百分之三十。净利润以扣除非经常性损益前后孰低者为计算依据。

（三）最近一期末净资产不少于两千万元，且不存在未弥补亏损。

（四）发行后股本总额不少于三千万元。

第十一条 发行人的注册资本已足额缴纳，发起人或者股东用作出资的资产的财产权转移手续已办理完毕。发行人的主要资产不存在重大权属纠纷。

第十二条 发行人应当主要经营一种业务，其生产经营活动符合法律、行政法规和公司章程的规定，符合国家产业政策及环境保护政策。

第十三条 发行人最近两年内主营业务和董事、高级管理人员均没有发生重大变化，实际控制人没有发生变更。

第十四条 发行人应当具有持续盈利能力，不存在下列情形：

（一）发行人的经营模式、产品或服务的品种结构已经或者将发生重大变化，并对发行人的持续盈利能力构成重大不利影响；

（二）发行人的行业地位或发行人所处行业的经营环境已经或者将发生重大变化，并对发行人的持续盈利能力构成重大不利影响；

（三）发行人在用的商标、专利、专有技术、特许经营权等重要资产或者技术的取得或者使用存在重大不利变化的风险；

（四）发行人最近一年的营业收入或净利润对关联方或者有重大不确定性的客户存在重大依赖；

（五）发行人最近一年的净利润主要来自合并财务报表范围以外的投资收益；

（六）其他可能对发行人持续盈利能力构成重大不利影响的情形。

第十五条 发行人依法纳税，享受的各项税收优惠符合相关法律法规的规定。发行人的经营成果对税收优惠不存在严重依赖。

第十六条 发行人不存在重大偿债风险，不存在影响持续经营的担保、诉讼以及仲裁等重大或有事项。

第十七条 发行人的股权清晰，控股股东和受控股股东、实际控制人支配的股东所持发行人的股份不存在重大权属纠纷。

第十八条 发行人资产完整，业务及人员、财务、机构独立，具有完整的业务体系和直接面向市场独立经营的能力。与控股股东、实际控制人及其控制的其他企业间不存在同业竞争，以及严重影响公司独立性或者显失公允的关联交易。

第十九条 发行人具有完善的公司治理结构，依法建立健全股东大会、董事会、监事会以及独立董事、董事会秘书、审计委员会制度，相关机构和人员能够依法履行职责。

第二十条 发行人会计基础工作规范，财务报表的编制符合企业会计准则和相关会计制度的规定，在所有重大方面公允地反映了发行人的财务状况、经营成果和现金流量，并由注册会计师出具无保留意见的审计报告。

第二十一条 发行人内部控制制度健全且被有效执行，能够合理保证公司财务报告的可靠性、生产经营的合法性、营运的效率与效果，并由注册会计师出具无保留结论的内部控制鉴证报告。

第二十二条 发行人具有严格的资金管理制度，不存在资金被控股股东、实际控制人及其控制的其他企业以借款、代偿债务、代垫款项或者其他方式占用的情形。

第二十三条 发行人的公司章程已明确对外担保的审批权限和审议程序，不存在为控股股东、实际控制人及其控制的其他企业进行违规担保的情形。

第二十四条 发行人的董事、监事和高级管理人员了解股票发行上市相关法律法规，知悉上市公司及其董事、监事和高级管理人员的法定义务和责任。

第二十五条 发行人的董事、监事和高级管理人员应当忠实、勤勉，具备法律、行政法规和规章规定的资格，且不存在下列情形：

（一）被中国证监会采取证券市场禁入措施尚在禁入期的；

（二）最近三年内受到中国证监会行政处罚，或者最近一年内受到证券交易所公开谴责的；

（三）因涉嫌犯罪被司法机关立案侦查或者涉嫌违法违规被中国证监会立案调查，尚未有明确结论意见的。

第二十六条 发行人及其控股股东、实际控制人最近三年内不存在损害投资者合法权益和社会公共利益的重大违法行为。

发行人及其控股股东、实际控制人最近三年内不存在未经法定机关核准，擅自公开或者变相公开发行证券,或者有关违法行为虽然发生在三年前,但目前仍处于持续状态的情形。

第二十七条 发行人募集资金应当用于主营业务,并有明确的用途。募集资金数额和投资项目应当与发行人现有生产经营规模、财务状况、技术水平和管理能力等相适应。

第二十八条 发行人应当建立募集资金专项存储制度,募集资金应当存放于董事会决定的专项账户。

第三章 发 行 程 序

第二十九条 发行人董事会应当依法就本次股票发行的具体方案、本次募集资金使用的可行性及其他必须明确的事项作出决议,并提请股东大会批准。

第三十条 发行人股东大会应当就本次发行股票作出决议,决议至少应当包括下列事项:

(一)股票的种类和数量;

(二)发行对象;

(三)价格区间或者定价方式;

(四)募集资金用途;

(五)发行前滚存利润的分配方案;

(六)决议的有效期;

(七)对董事会办理本次发行具体事宜的授权;

(八)其他必须明确的事项。

第三十一条 发行人应当按照中国证监会有关规定制作申请文件,由保荐人保荐并向中国证监会申报。

第三十二条 保荐人保荐发行人发行股票并在创业板上市,应当对发行人的成长性进行尽职调查和审慎判断并出具专项意见。发行人为自主创新企业的,还应当在专项意见中说明发行人的自主创新能力。

第三十三条 中国证监会收到申请文件后,在五个工作日内作出是否受理的决定。

第三十四条 中国证监会受理申请文件后,由相关职能部门对发行人的申请文件进行初审,并由创业板发行审核委员会审核。

第三十五条 中国证监会依法对发行人的发行申请作出予以核准或者不予核准的决定,并出具相关文件。

发行人应当自中国证监会核准之日起六个月内发行股票;超过六个月未发行的,核准文件失效,须重新经中国证监会核准后方可发行。

第三十六条 发行申请核准后至股票发行结束前发生重大事项的,发行人应当暂缓或者暂停发行，并及时报告中国证监会，同时履行信息披露义务。出现不符合发行条件事项的，中国证监会撤回核准决定。

第三十七条 股票发行申请未获核准的，发行人可自中国证监会作出不予核准决定之日起六个月后再次提出股票发行申请。

第四章 信息披露

第三十八条 发行人应当按照中国证监会的有关规定编制和披露招股说明书。

第三十九条 中国证监会制定的创业板招股说明书内容与格式准则是信息披露的最低要求。不论准则是否有明确规定，凡是对投资者作出投资决策有重大影响的信息，均应当予以披露。

第四十条 发行人应当在招股说明书显要位置作如下提示："本次股票发行后拟在创业板市场上市，该市场具有较高的投资风险。创业板公司具有业绩不稳定、经营风险高、退市风险大等特点，投资者面临较大的市场风险。投资者应充分了解创业板市场的投资风险及本公司所披露的风险因素，审慎作出投资决定。"

第四十一条 发行人及其全体董事、监事和高级管理人员应当在招股说明书上签名、盖章，保证招股说明书内容真实、准确、完整。保荐人及其保荐代表人应当对招股说明书的真实性、准确性、完整性进行核查，并在核查意见上签名、盖章。

发行人的控股股东、实际控制人应当对招股说明书出具确认意见，并签名、盖章。

第四十二条 招股说明书引用的财务报表在其最近一期截止日后六个月内有效。特别情况下发行人可申请适当延长，但至多不超过一个月。财务报表应当以年度末、半年度末或者季度末为截止日。

第四十三条 招股说明书的有效期为六个月，自中国证监会核准前招股说明书最后一次签署之日起计算。

第四十四条 申请文件受理后、发行审核委员会审核前，发行人应当在中国证监会网站预先披露招股说明书（申报稿）。发行人可在公司网站刊登招股说明书（申报稿），所披露的内容应当一致，且不得早于在中国证监会网站披露的时间。

第四十五条 预先披露的招股说明书（申报稿）不能含有股票发行价格信息。

发行人应当在预先披露的招股说明书（申报稿）的显要位置声明："本公司的发行申请尚未得到中国证监会核准。本招股说明书（申报稿）不具有据以发行股票的法律效力，仅供预先披露之用。投资者应当以正式公告的招股说明书作为投资决定的依据。"

第四十六条　发行人及其全体董事、监事和高级管理人员应当保证预先披露的招股说明书（申报稿）的内容真实、准确、完整。

第四十七条　发行人股票发行前应当在中国证监会指定网站全文刊登招股说明书，同时在中国证监会指定报刊刊登提示性公告，告知投资者网上刊登的地址及获取文件的途径。

发行人应当将招股说明书披露于公司网站，时间不得早于前款规定的刊登时间。

第四十八条　保荐人出具的发行保荐书、证券服务机构出具的文件及其他与发行有关的重要文件应当作为招股说明书备查文件，在中国证监会指定网站和公司网站披露。

第四十九条　发行人应当将招股说明书及备查文件置备于发行人、拟上市证券交易所、保荐人、主承销商和其他承销机构的住所，以备公众查阅。

第五十条　申请文件受理后至发行人发行申请经中国证监会核准、依法刊登招股说明书前，发行人及与本次发行有关的当事人不得以广告、说明会等方式为公开发行股票进行宣传。

第五章　监督管理和法律责任

第五十一条　证券交易所应当建立适合创业板特点的上市、交易、退市等制度，督促保荐人履行持续督导义务，对违反有关法律、法规以及交易所业务规则的行为，采取相应的监管措施。

第五十二条　证券交易所应当建立适合创业板特点的市场风险警示及投资者持续教育的制度，督促发行人建立健全维护投资者权益的制度以及防范和纠正违法违规行为的内部控制体系。

第五十三条　发行人向中国证监会报送的发行申请文件有虚假记载、误导性陈述或者重大遗漏的，发行人不符合发行条件以欺骗手段骗取发行核准的，发行人以不正当手段干扰中国证监会及其发行审核委员会审核工作的，发行人或其董事、监事、高级管理人员、控股股东、实际控制人的签名、盖章系伪造或者变造的，发行人及与本次发行有关的当事人违反本办法规定为公开发行股票进行宣传的，中国证监会将采取终止审核并在三十六个月内不受理发行人的股票发行申请的监管措施，并依照《证券法》的有关规定进行处罚。

第五十四条　保荐人出具有虚假记载、误导性陈述或者重大遗漏的发行保荐书的，保荐人以不正当手段干扰中国证监会及其发行审核委员会审核工作的，保荐人或其相关签名人员的签名、盖章系伪造或变造的，或者不履行其他法定职责的，依照《证券法》和保荐制度的有关规定处理。

第五十五条 证券服务机构未勤勉尽责，所制作、出具的文件有虚假记载、误导性陈述或者重大遗漏的，中国证监会将采取十二个月内不接受相关机构出具的证券发行专项文件，三十六个月内不接受相关签名人员出具的证券发行专项文件的监管措施，并依照《证券法》及其他相关法律、行政法规和规章的规定进行处罚。

第五十六条 发行人、保荐人或证券服务机构制作或者出具文件不符合要求，擅自改动已提交文件的，或者拒绝答复中国证监会审核提出的相关问题的，中国证监会将视情节轻重，对相关机构和责任人员采取监管谈话、责令改正等监管措施，记入诚信档案并公布；情节特别严重的，给予警告。

第五十七条 发行人披露盈利预测的，利润实现数如未达到盈利预测的百分之八十，除因不可抗力外，其法定代表人、盈利预测审核报告签名注册会计师应当在股东大会及中国证监会指定网站、报刊上公开作出解释并道歉；中国证监会可以对法定代表人处以警告。

利润实现数未达到盈利预测的百分之五十的，除因不可抗力外，中国证监会在三十六个月内不受理该公司的公开发行证券申请。

第六章 附　　则

第五十八条 本办法自 2009 年 5 月 1 日起施行。

附录17　首次公开发行股票并上市管理办法

首次公开发行股票并上市管理办法

发布时间：2006 年 5 月 17 日
最新修订时间：2015 年 12 月 30 日
最新生效时间：2016 年 1 月 1 日
发布主体：中国证券监督管理委员会

第一章　总　　则

第一条　为了规范首次公开发行股票并上市的行为，保护投资者的合法权益和社会公共利益，根据《证券法》《公司法》，制定本办法。

第二条　在中华人民共和国境内首次公开发行股票并上市，适用本办法。境内公司股票以外币认购和交易的，不适用本办法。

第三条　首次公开发行股票并上市，应当符合《证券法》《公司法》和本办法规定的发行条件。

第四条　发行人依法披露的信息，必须真实、准确、完整，不得有虚假记载、误导性陈述或者重大遗漏。

第五条　保荐人及其保荐代表人应当遵循勤勉尽责、诚实守信的原则，认真履行审慎核查和辅导义务，并对其所出具的发行保荐书的真实性、准确性、完整性负责。

第六条　为证券发行出具有关文件的证券服务机构和人员，应当按照本行业公认的业务标准和道德规范，严格履行法定职责，并对其所出具文件的真实性、准确性和完整性负责。

第七条　中国证券监督管理委员会（以下简称"中国证监会"）对发行人首次公开发行股票的核准，不表明其对该股票的投资价值或者投资者的收益作出实质性判断或者保证。股票依法发行后,因发行人经营与收益的变化引致的投资风险,由投资者自行负责。

第二章 发 行 条 件

第一节 主 体 资 格

第八条 发行人应当是依法设立且合法存续的股份有限公司。经国务院批准,有限责任公司在依法变更为股份有限公司时,可以采取募集设立方式公开发行股票。

第九条 发行人自股份有限公司成立后,持续经营时间应当在3年以上,但经国务院批准的除外。有限责任公司按原账面净资产值折股整体变更为股份有限公司的,持续经营时间可以从有限责任公司成立之日起计算。

第十条 发行人的注册资本已足额缴纳,发起人或者股东用作出资的资产的财产权转移手续已办理完毕,发行人的主要资产不存在重大权属纠纷。

第十一条 发行人的生产经营符合法律、行政法规和公司章程的规定,符合国家产业政策。

第十二条 发行人最近3年内主营业务和董事、高级管理人员没有发生重大变化,实际控制人没有发生变更。

第十三条 发行人的股权清晰,控股股东和受控股股东、实际控制人支配的股东持有的发行人股份不存在重大权属纠纷。

第二节 规 范 运 行

第十四条 发行人已经依法建立健全股东大会、董事会、监事会、独立董事、董事会秘书制度,相关机构和人员能够依法履行职责。

第十五条 发行人的董事、监事和高级管理人员已经了解与股票发行上市有关的法律法规,知悉上市公司及其董事、监事和高级管理人员的法定义务和责任。

第十六条 发行人的董事、监事和高级管理人员符合法律、行政法规和规章规定的任职资格,且不得有下列情形:

(一) 被中国证监会采取证券市场禁入措施尚在禁入期的;

(二) 最近36个月内受到中国证监会行政处罚,或者最近12个月内受到证券交易所公开谴责;

(三) 因涉嫌犯罪被司法机关立案侦查或者涉嫌违法违规被中国证监会立案调查,尚未有明确结论意见的。

第十七条 发行人的内部控制制度健全且被有效执行,能够合理保证财务报告的可靠性、生产经营的合法性、营运的效率与效果。

第十八条 发行人不得有下列情形：

（一）最近36个月内未经法定机关核准，擅自公开或者变相公开发行过证券；或者有关违法行为虽然发生在36个月前，但目前仍处于持续状态；

（二）最近36个月内违反工商、税收、土地、环保、海关以及其他法律、行政法规，受到行政处罚，且情节严重；

（三）最近36个月内曾向中国证监会提出发行申请，但报送的发行申请文件有虚假记载、误导性陈述或重大遗漏；或者不符合发行条件以欺骗手段骗取发行核准；或者以不正当手段干扰中国证监会及其发行审核委员会审核工作；或者伪造、变造发行人或其董事、监事、高级管理人员的签字、盖章；

（四）本次报送的发行申请文件有虚假记载、误导性陈述或者重大遗漏；

（五）涉嫌犯罪被司法机关立案侦查，尚未有明确结论意见；

（六）严重损害投资者合法权益和社会公共利益的其他情形。

第十九条 发行人的公司章程中已明确对外担保的审批权限和审议程序，不存在为控股股东、实际控制人及其控制的其他企业进行违规担保的情形。

第二十条 发行人有严格的资金管理制度，不得有资金被控股股东、实际控制人及其控制的其他企业以借款、代偿债务、代垫款项或者其他方式占用的情形。

第三节 财务与会计

第二十一条 发行人资产质量良好，资产负债结构合理，盈利能力较强，现金流量正常。

第二十二条 发行人的内部控制在所有重大方面是有效的，并由注册会计师出具了无保留结论的内部控制鉴证报告。

第二十三条 发行人会计基础工作规范，财务报表的编制符合企业会计准则和相关会计制度的规定，在所有重大方面公允地反映了发行人的财务状况、经营成果和现金流量，并由注册会计师出具了无保留意见的审计报告。

第二十四条 发行人编制财务报表应以实际发生的交易或者事项为依据；在进行会计确认、计量和报告时应当保持应有的谨慎；对相同或者相似的经济业务，应选用一致的会计政策，不得随意变更。

第二十五条 发行人应完整披露关联方关系并按重要性原则恰当披露关联交易。关联交易价格公允，不存在通过关联交易操纵利润的情形。

第二十六条 发行人应当符合下列条件：

（一）最近3个会计年度净利润均为正数且累计超过人民币3000万元，净利润以扣除非经常性损益前后较低者为计算依据；

（二）最近3个会计年度经营活动产生的现金流量净额累计超过人民币5000

万元；或者最近 3 个会计年度营业收入累计超过人民币 3 亿元；

（三）发行前股本总额不少于人民币 3000 万元；

（四）最近一期末无形资产（扣除土地使用权、水面养殖权和采矿权等后）占净资产的比例不高于 20%；

（五）最近一期末不存在未弥补亏损。

第二十七条 发行人依法纳税，各项税收优惠符合相关法律法规的规定。发行人的经营成果对税收优惠不存在严重依赖。

第二十八条 发行人不存在重大偿债风险，不存在影响持续经营的担保、诉讼以及仲裁等重大或有事项。

第二十九条 发行人申报文件中不得有下列情形：

（一）故意遗漏或虚构交易、事项或者其他重要信息；

（二）滥用会计政策或者会计估计；

（三）操纵、伪造或篡改编制财务报表所依据的会计记录或者相关凭证。

第三十条 发行人不得有下列影响持续盈利能力的情形：

（一）发行人的经营模式、产品或服务的品种结构已经或者将发生重大变化，并对发行人的持续盈利能力构成重大不利影响；

（二）发行人的行业地位或发行人所处行业的经营环境已经或者将发生重大变化，并对发行人的持续盈利能力构成重大不利影响；

（三）发行人最近 1 个会计年度的营业收入或净利润对关联方或者存在重大不确定性的客户存在重大依赖；

（四）发行人最近 1 个会计年度的净利润主要来自合并财务报表范围以外的投资收益；

（五）发行人在用的商标、专利、专有技术以及特许经营权等重要资产或技术的取得或者使用存在重大不利变化的风险；

（六）其他可能对发行人持续盈利能力构成重大不利影响的情形。

第三章 发 行 程 序

第三十一条 发行人董事会应当依法就本次股票发行的具体方案、本次募集资金使用的可行性及其他必须明确的事项作出决议，并提请股东大会批准。

第三十二条 发行人股东大会就本次发行股票作出的决议，至少应当包括下列事项：

（一）本次发行股票的种类和数量；

（二）发行对象；

（三）价格区间或者定价方式；

（四）募集资金用途；

（五）发行前滚存利润的分配方案；

（六）决议的有效期；

（七）对董事会办理本次发行具体事宜的授权；

（八）其他必须明确的事项。

第三十三条 发行人应当按照中国证监会的有关规定制作申请文件，由保荐人保荐并向中国证监会申报。特定行业的发行人应当提供管理部门的相关意见。

第三十四条 中国证监会收到申请文件后，在 5 个工作日内作出是否受理的决定。

第三十五条 中国证监会受理申请文件后，由相关职能部门对发行人的申请文件进行初审，并由发行审核委员会审核。

第三十六条 中国证监会在初审过程中，将征求发行人注册地省级人民政府是否同意发行人发行股票的意见。

第三十七条 中国证监会依照法定条件对发行人的发行申请作出予以核准或者不予核准的决定，并出具相关文件。自中国证监会核准发行之日起，发行人应在 6 个月内发行股票；超过 6 个月未发行的，核准文件失效，须重新经中国证监会核准后方可发行。

第三十八条 发行申请核准后、股票发行结束前，发行人发生重大事项的，应当暂缓或者暂停发行，并及时报告中国证监会，同时履行信息披露义务。影响发行条件的，应当重新履行核准程序。

第三十九条 股票发行申请未获核准的，自中国证监会作出不予核准决定之日起 6 个月后，发行人可再次提出股票发行申请。

第四章 信息披露

第四十条 发行人应当按照中国证监会的有关规定编制和披露招股说明书。

第四十一条 招股说明书内容与格式准则是信息披露的最低要求。不论准则是否有明确规定，凡是对投资者作出投资决策有重大影响的信息，均应当予以披露。

第四十二条 发行人应当在招股说明书中披露已达到发行监管对公司独立性的基本要求。

第四十三条 发行人及其全体董事、监事和高级管理人员应当在招股说明书上签字、盖章，保证招股说明书的内容真实、准确、完整。保荐人及其保荐代表人应当对招股说明书的真实性、准确性、完整性进行核查，并在核查意见上签字、盖章。

第四十四条 招股说明书中引用的财务报表在其最近一期截止日后 6 个月内有效。特别情况下发行人可申请适当延长，但至多不超过 1 个月。财务报表应当以年度末、半年度末或者季度末为截止日。

第四十五条 招股说明书的有效期为 6 个月，自中国证监会核准发行申请前招股说明书最后一次签署之日起计算。

第四十六条 申请文件受理后、发行审核委员会审核前，发行人应当将招股说明书（申报稿）在中国证监会网站（www.csrc.gov.cn）预先披露。发行人可以将招股说明书（申报稿）刊登于其企业网站，但披露内容应当完全一致，且不得早于在中国证监会网站的披露时间。

第四十七条 发行人及其全体董事、监事和高级管理人员应当保证预先披露的招股说明书（申报稿）的内容真实、准确、完整。

第四十八条 预先披露的招股说明书（申报稿）不是发行人发行股票的正式文件，不能含有价格信息，发行人不得据此发行股票。发行人应当在预先披露的招股说明书（申报稿）的显要位置声明："本公司的发行申请尚未得到中国证监会核准。本招股说明书（申报稿）不具有据以发行股票的法律效力，仅供预先披露之用。投资者应当以正式公告的招股说明书全文作为作出投资决定的依据。"

第四十九条 发行人应当在发行前将招股说明书摘要刊登于至少一种中国证监会指定的报刊，同时将招股说明书全文刊登于中国证监会指定的网站，并将招股说明书全文置备于发行人住所、拟上市证券交易所、保荐人、主承销商和其他承销机构的住所，以备公众查阅。

第五十条 保荐人出具的发行保荐书、证券服务机构出具的有关文件应当作为招股说明书的备查文件，在中国证监会指定的网站上披露，并置备于发行人住所、拟上市证券交易所、保荐人、主承销商和其他承销机构的住所，以备公众查阅。

第五十一条 发行人可以将招股说明书摘要、招股说明书全文、有关备查文件刊登于其他报刊和网站，但披露内容应当完全一致，且不得早于在中国证监会指定报刊和网站的披露时间。

第五章 监管和处罚

第五十二条 发行人向中国证监会报送的发行申请文件有虚假记载、误导性陈述或者重大遗漏的，发行人不符合发行条件以欺骗手段骗取发行核准的，发行人以不正当手段干扰中国证监会及其发行审核委员会审核工作的，发行人或其董事、监事、高级管理人员的签字、盖章系伪造或者变造的，除依照《证券法》的有关规定处罚外，中国证监会将采取终止审核并在 36 个月内不受理发行人的股票发行申请的监管措施。

第五十三条 保荐人出具有虚假记载、误导性陈述或者重大遗漏的发行保荐书，保荐人以不正当手段干扰中国证监会及其发行审核委员会审核工作的，保荐人或其相关签字人员的签字、盖章系伪造或变造的,或者不履行其他法定职责的,依照《证券法》和保荐制度的有关规定处理。

第五十四条 证券服务机构未勤勉尽责,所制作、出具的文件有虚假记载、误导性陈述或者重大遗漏的,除依照《证券法》及其他相关法律、行政法规和规章的规定处罚外,中国证监会将采取12个月内不接受相关机构出具的证券发行专项文件,36个月内不接受相关签字人员出具的证券发行专项文件的监管措施。

第五十五条 发行人、保荐人或证券服务机构制作或者出具的文件不符合要求,擅自改动已提交的文件,或者拒绝答复中国证监会审核中提出的相关问题的,中国证监会将视情节轻重,对相关机构和责任人员采取监管谈话、责令改正等监管措施,记入诚信档案并公布;情节特别严重的,给予警告。

第五十六条 发行人披露盈利预测的,利润实现数如未达到盈利预测的80%,除因不可抗力外,其法定代表人、盈利预测审核报告签字注册会计师应当在股东大会及中国证监会指定报刊上公开作出解释并道歉;中国证监会可以对法定代表人处以警告。利润实现数未达到盈利预测的50%的,除因不可抗力外,中国证监会在36个月内不受理该公司的公开发行证券申请。

第六章 附 则

第五十七条 在中华人民共和国境内,首次公开发行股票且不上市的管理办法,由中国证监会另行规定。

第五十八条 本办法自2006年5月18日起施行。《关于股票发行工作若干规定的通知》(证监〔1996〕12号)、《关于做好1997年股票发行工作的通知》(证监〔1997〕13号)、《关于股票发行工作若干问题的补充通知》(证监〔1998〕8号)、《关于对拟发行上市企业改制情况进行调查的通知》(证监发字〔1998〕259号)、《关于对拟公开发行股票公司改制运行情况进行调查的通知》(证监发〔1999〕4号)、《关于拟发行股票公司聘请审计机构等问题的通知》(证监发行字〔2000〕131号)和《关于进一步规范股票首次发行上市有关工作的通知》(证监发行字〔2003〕116号)同时废止。

附录 18　上海证券交易所股票上市规则

上海证券交易所股票上市规则

发布时间：1998 年 1 月 1 日
最新修订时间：2014 年 10 月 17 日
最新生效时间：2014 年 11 月 16 日
发布主体：上海证券交易所

第一章　总　　则

1.1　为规范股票、可转换为股票的公司债券（以下简称"可转换公司债券"）和其他衍生品种（以下统称"股票及其衍生品种"）的上市行为，以及上市公司和相关信息披露义务人的信息披露行为，维护证券市场秩序，保护投资者的合法权益，根据《中华人民共和国公司法》（以下简称《公司法》）、《中华人民共和国证券法》（以下简称《证券法》）和《证券交易所管理办法》等相关法律、行政法规、部门规章以及《上海证券交易所章程》，制定本规则。

1.2　在上海证券交易所（以下简称"本所"）上市的股票及其衍生品种，适用本规则。

中国证券监督管理委员会（以下简称"中国证监会"）和本所对权证等衍生品种、境外公司的股票及其衍生品种在本所的上市、信息披露、停牌等事宜另有规定的，从其规定。

1.3　申请股票及其衍生品种在本所上市，应当经本所审核同意，并在上市前与本所签订上市协议，明确双方的权利、义务和有关事项。

1.4　上市公司及其董事、监事、高级管理人员、股东、实际控制人、收购人等机构及其相关人员，以及保荐人及其保荐代表人、证券服务机构及其相关人员应当遵守法律、行政法规、部门规章、其他规范性文件、本规则及本所其他规定。

1.5　本所依据法律、行政法规、部门规章、其他规范性文件、本规则及本所其他规定和中国证监会的授权，对上市公司及其董事、监事、高级管理人员、股东、实际控制人、收购人等机构及其相关人员，以及保荐人及其保荐代表人、证券服务机构及其相关人员进行监管。

第二章　信息披露的基本原则和一般规定

2.1　上市公司和相关信息披露义务人应当根据法律、行政法规、部门规章、其他规范性文件、本规则以及本所其他规定，及时、公平地披露信息，并保证所披露信息的真实、准确、完整。

2.2　上市公司董事、监事、高级管理人员应当保证公司及时、公平地披露信息，以及信息披露内容的真实、准确、完整，没有虚假记载、误导性陈述或者重大遗漏。不能保证公告内容真实、准确、完整的，应当在公告中作出相应声明并说明理由。

2.3　上市公司和相关信息披露义务人应当在本规则规定的期限内披露所有对上市公司股票及其衍生品种交易价格可能产生较大影响的重大事件（以下简称"重大信息"或"重大事项"）。

2.4　上市公司和相关信息披露义务人应当同时向所有投资者公开披露重大信息，确保所有投资者可以平等地获取同一信息，不得向单个或部分投资者透露或泄漏。

公司向股东、实际控制人及其他第三方报送文件涉及未公开重大信息，应当及时向本所报告，并依照本所相关规定披露。

2.5　上市公司和相关信息披露义务人披露信息，应当以客观事实或具有事实基础的判断和意见为依据，如实反映实际情况，不得有虚假记载。

2.6　上市公司和相关信息披露义务人披露信息，应当客观，不得夸大其词，不得有误导性陈述。

披露预测性信息及其他涉及公司未来经营和财务状况等信息，应当合理、谨慎、客观。

2.7　上市公司和相关信息披露义务人披露信息，应当内容完整、文件齐备，格式符合规定要求，不得有重大遗漏。

2.8　上市公司和相关信息披露义务人应当关注公共媒体（包括主要网站）关于本公司的报道，以及本公司股票及其衍生品种的交易情况，及时向有关方面核实相关情况，在规定期限内如实回复本所就上述事项提出的问询，并按照本规则规定和本所要求及时就相关情况作出公告，不得以相关事项存在不确定性或需要保密为由不履行报告和公告义务。

2.9　上市公司和相关信息披露义务人及其董事、监事、高级管理人员和其他内幕信息知情人在信息披露前,应当将该信息的知情者控制在最小范围内,不得泄露公司内幕信息,不得进行内幕交易或者配合他人操纵公司股票及其衍生品种交易价格。

2.10 上市公司应当按照有关规定,制定和执行信息披露事务管理制度。信息披露事务管理制度经公司董事会审议通过后,应当及时报本所备案并在本所网站披露。

2.11 上市公司应披露的信息包括定期报告和临时报告。

公司在披露信息前,应当按照本规则或者本所要求,在第一时间向本所报送定期报告或者临时报告文稿和相关备查文件。

公告文稿应当使用事实描述性的语言,简明扼要、通俗易懂地说明应披露事件,不得含有宣传、广告、恭维、诋毁等性质的词句。

公告文稿和相关备查文件应当采用中文文本,同时采用外文文本的,应当保证两种文本内容的一致。两种文本发生歧义时,以中文文本为准。

2.12 本所根据有关法律、行政法规、部门规章、其他规范性文件、本规则及本所其他规定,对上市公司和相关信息披露义务人的信息披露文件进行形式审核,对其内容的真实性不承担责任。

本所对定期报告实行事前登记、事后审核;对临时报告依不同情况实行事前审核或者事前登记、事后审核。

定期报告和临时报告出现任何错误、遗漏或者误导的,本所可以要求公司作出说明并公告,公司应当按照本所的要求办理。

2.13 上市公司的定期报告和临时报告以及相关信息披露义务人的公告经本所登记后,应当在中国证监会指定的媒体上披露。

公司和相关信息披露义务人应当保证在指定媒体上披露的文件与本所登记的内容完全一致,未能按照既定日期或已登记内容披露的,应当立即向本所报告。

2.14 上市公司和相关信息披露义务人在其他公共媒体发布的重大信息不得先于指定媒体,不得以新闻发布或者答记者问等其他形式代替信息披露或泄漏未公开重大信息。

公司董事、监事和高级管理人员应当遵守并促使公司遵守前款规定。

2.15 上市公司应当将定期报告和临时报告等信息披露文件和相关备查文件在公告的同时备置于公司住所,供公众查阅。

2.16 上市公司应当配备信息披露所必需的通讯设备,保证对外咨询电话的畅通。

2.17 上市公司拟披露的信息存在不确定性、属于临时性商业秘密或者本所认可的其他情形,及时披露可能损害公司利益或者误导投资者,并且符合以下条件的,上市公司可以向本所申请暂缓披露,说明暂缓披露的理由和期限:

（一）拟披露的信息尚未泄漏；
（二）有关内幕人士已书面承诺保密；
（三）公司股票及其衍生品种的交易未发生异常波动。

经本所同意，公司可以暂缓披露相关信息。暂缓披露的期限一般不超过两个月。

暂缓披露申请未获本所同意，暂缓披露的原因已经消除或者暂缓披露的期限届满的，公司应当及时披露。

2.18　上市公司拟披露的信息属于国家秘密、商业秘密或者本所认可的其他情形，按本规则披露或者履行相关义务可能导致其违反国家有关保密的法律法规或损害公司利益的，可以向本所申请豁免按本规则披露或者履行相关义务。

2.19　上市公司和相关信息披露义务人未在规定期限内回复本所问询、未按照本规则规定和本所要求进行公告的，或者本所认为必要时，本所可以交易所公告的形式向市场说明有关情况。

2.20　上市公司发生的或与之有关的事件没有达到本规则规定的披露标准，或者本规则没有具体规定，但本所或公司董事会认为该事件可能对公司股票及其衍生品种交易价格产生较大影响的，公司应当比照本规则及时披露，且在发生类似事件时，按照同一标准予以披露。

2.21　上市公司对本规则的具体要求有疑问的，可以向本所咨询。

2.22　上市公司股东、实际控制人、收购人等相关信息披露义务人，应当按照有关规定履行信息披露义务，积极配合公司做好信息披露工作，及时告知公司已发生或者拟发生的重大事件，并严格履行所作出的承诺。

2.23　保荐人和证券服务机构为上市公司和相关信息披露义务人的证券业务活动制作、出具保荐书、审计报告、资产评估报告、财务顾问报告、资信评级报告、法律意见书等文件，应当勤勉尽责，对所依据文件资料内容的真实性、准确性、完整性进行核查和验证，所制作、出具的文件不得有虚假记载、误导性陈述或者重大遗漏。

第三章　董事、监事和高级管理人员

第一节　董事、监事和高级管理人员声明与承诺

3.1.1　董事、监事和高级管理人员应当在公司股票首次上市前，新任董事和监事应当在股东大会或者职工代表大会通过相关决议后一个月内，新任高级管理人员应当在董事会通过相关决议后一个月内，签署一式三份《董事（监事、高级管理人员）声明及承诺书》，并向本所和公司董事会备案。

董事、监事和高级管理人员签署《董事（监事、高级管理人员）声明及承

诺书》时，应当由律师解释该文件的内容，董事、监事和高级管理人员在充分理解后签字并经律师见证。

董事会秘书应当督促董事、监事和高级管理人员及时签署《董事（监事、高级管理人员）声明及承诺书》，并按照本所规定的途径和方式提交《董事（监事、高级管理人员）声明及承诺书》的书面文件和电子文件。

3.1.2 董事、监事和高级管理人员应当在《董事（监事、高级管理人员）声明及承诺书》中声明：

（一）持有本公司股票的情况；

（二）有无因违反法律、行政法规、部门规章、其他规范性文件、本规则受查处的情况；

（三）参加证券业务培训的情况；

（四）其他任职情况和最近五年的工作经历；

（五）拥有其他国家或者地区的国籍、长期居留权的情况；

（六）本所认为应当声明的其他事项。

3.1.3 董事、监事和高级管理人员应当保证《董事（监事、高级管理人员）声明及承诺书》中声明事项的真实、准确、完整，不存在任何虚假记载、误导性陈述或者重大遗漏。

声明事项发生变化时（持有本公司股票的情况除外），董事、监事和高级管理人员应当自该等事项发生变化之日起五个交易日内，向本所和公司董事会提交有关最新资料。

3.1.4 董事、监事和高级管理人员应当履行以下职责，并在《董事（监事、高级管理人员）声明及承诺书》中作出承诺：

（一）遵守并促使本公司遵守法律、行政法规、部门规章等，履行忠实义务和勤勉义务；

（二）遵守并促使本公司遵守本规则及本所其他规定，接受本所监管；

（三）遵守并促使本公司遵守《公司章程》；

（四）本所认为应当履行的其他职责和应当作出的其他承诺。

监事还应当承诺监督董事和高级管理人员遵守其承诺。

高级管理人员还应当承诺，及时向董事会报告公司经营或者财务等方面出现的可能对公司股票及其衍生品种交易价格产生较大影响的事项。

3.1.5 董事应当履行的忠实义务和勤勉义务包括以下内容：

（一）原则上应当亲自出席董事会会议，以合理的谨慎态度勤勉行事，并对所议事项发表明确意见；因故不能亲自出席董事会会议的，应当审慎地选择受托人；

（二）认真阅读公司各项商务、财务会计报告和公共传媒有关公司的重大报道，及时了解并持续关注公司业务经营管理状况和公司已经发生的或者可能发生的重大事项及其影响，及时向董事会报告公司经营活动中存在的问题，不得以不直接从事经营管理或者不知悉有关问题和情况为由推卸责任；

（三）《证券法》《公司法》有关规定和社会公认的其他忠实义务和勤勉义务。

3.1.6 董事、监事、高级管理人员和上市公司股东买卖公司股票应当遵守《公司法》《证券法》、中国证监会和本所相关规定及公司章程。

董事、监事和高级管理人员自公司股票上市之日起一年内和离职后半年内，不得转让其所持本公司股份；任职期间拟买卖本公司股票应当根据相关规定提前报本所备案；所持本公司股份发生变动的，应当及时向公司报告并由公司在本所网站公告。

3.1.7 董事、监事、高级管理人员、持有上市公司5%以上股份的股东，将其持有的公司股票在买入后六个月内卖出，或者在卖出后六个月内买入，由此所得收益归公司所有，公司董事会应当收回其所得收益，并及时披露相关情况。

3.1.8 上市公司在发布召开关于选举独立董事的股东大会通知时，应当在公告中表明有关独立董事的议案以本所审核无异议为前提，并将独立董事候选人的有关材料（包括但不限于提名人声明、候选人声明、独立董事履历表）报送本所。

公司董事会对独立董事候选人的有关情况有异议的，应当同时向本所报送董事会的书面意见。

3.1.9 本所在收到前条所述材料后五个交易日内，对独立董事候选人的任职资格和独立性进行审核。对于本所提出异议的独立董事候选人，董事会应当在股东大会上对该独立董事候选人被本所提出异议的情况作出说明，并表明不将其作为独立董事候选人提交股东大会表决。

第二节 董事会秘书

3.2.1 上市公司应当设立董事会秘书，作为公司与本所之间的指定联络人。
公司应当设立由董事会秘书负责管理的信息披露事务部门。

3.2.2 董事会秘书应当对上市公司和董事会负责，履行如下职责：

（一）负责公司信息对外公布，协调公司信息披露事务，组织制定公司信息披露事务管理制度，督促公司和相关信息披露义务人遵守信息披露相关规定；

（二）负责投资者关系管理，协调公司与证券监管机构、投资者、证券服务机构、媒体等之间的信息沟通；

（三）组织筹备董事会会议和股东大会会议，参加股东大会会议、董事会会议、监事会会议及高级管理人员相关会议，负责董事会会议记录工作并签字；

（四）负责公司信息披露的保密工作，在未公开重大信息泄露时，及时向本所报告并披露；

（五）关注媒体报道并主动求证报道的真实性，督促公司董事会及时回复本所问询；

（六）组织公司董事、监事和高级管理人员进行相关法律、行政法规、本规则及相关规定的培训，协助前述人员了解各自在信息披露中的职责；

（七）知悉公司董事、监事和高级管理人员违反法律、行政法规、部门规章、其他规范性文件、本规则、本所其他规定和公司章程时，或者公司作出或可能作出违反相关规定的决策时，应当提醒相关人员，并立即向本所报告；

（八）负责公司股权管理事务，保管公司董事、监事、高级管理人员、控股股东及其董事、监事、高级管理人员持有本公司股份的资料，并负责披露公司董事、监事、高级管理人员持股变动情况；

（九）《公司法》、中国证监会和本所要求履行的其他职责。

3.2.3 上市公司应当为董事会秘书履行职责提供便利条件，董事、监事、财务负责人及其他高级管理人员和相关工作人员应当支持、配合董事会秘书的工作。

董事会秘书为履行职责，有权了解公司的财务和经营情况，参加涉及信息披露的有关会议，查阅涉及信息披露的所有文件，并要求公司有关部门和人员及时提供相关资料和信息。

董事会秘书在履行职责的过程中受到不当妨碍或者严重阻挠时，可以直接向本所报告。

3.2.4 董事会秘书应当具备履行职责所必需的财务、管理、法律等专业知识，具有良好的职业道德和个人品质，并取得本所颁发的董事会秘书培训合格证书。具有下列情形之一的人士不得担任董事会秘书：

（一）《公司法》第一百四十七条规定的任何一种情形；

（二）最近三年受到过中国证监会的行政处罚；

（三）最近三年受到过证券交易所公开谴责或者三次以上通报批评；

（四）本公司现任监事；

（五）本所认定不适合担任董事会秘书的其他情形。

3.2.5 上市公司应当在首次公开发行的股票上市后三个月内，或者原任董事会秘书离职后三个月内聘任董事会秘书。

3.2.6 上市公司应当在聘任董事会秘书的董事会会议召开五个交易日之前，向本所报送下述资料：

（一）董事会推荐书，包括被推荐人（候选人）符合本规则规定的董事会秘书任职资格的说明、现任职务和工作表现等内容；

（二）候选人的个人简历和学历证明复印件；

（三）候选人取得的本所颁发的董事会秘书培训合格证书复印件。

本所对董事会秘书候选人任职资格未提出异议的，公司可以召开董事会会议，聘任董事会秘书。

3.2.7 上市公司董事会应当聘任证券事务代表协助董事会秘书履行职责。董事会秘书不能履行职责或董事会秘书授权时，证券事务代表应当代为履行职责。在此期间，并不当然免除董事会秘书对公司信息披露事务所负有的责任。

证券事务代表应当取得本所颁发的董事会秘书培训合格证书。

3.2.8 上市公司董事会聘任董事会秘书和证券事务代表后，应当及时公告并向本所提交下述资料：

（一）董事会秘书、证券事务代表聘任书或者相关董事会决议；

（二）董事会秘书、证券事务代表的通讯方式，包括办公电话、住宅电话、移动电话、传真、通信地址及专用电子邮箱地址等；

（三）公司法定代表人的通讯方式，包括办公电话、移动电话、传真、通信地址及专用电子邮箱地址等。

上述通讯方式发生变更时，公司应当及时向本所提交变更后的资料。

3.2.9 上市公司解聘董事会秘书应当有充分的理由，不得无故将其解聘。

董事会秘书被解聘或者辞职时，公司应当及时向本所报告，说明原因并公告。

董事会秘书有权就被公司不当解聘或者与辞职有关的情况，向本所提交个人陈述报告。

3.2.10 董事会秘书具有下列情形之一的，上市公司应当自相关事实发生之日起一个月内将其解聘：

（一）第3.2.4条规定的任何一种情形；

（二）连续三个月以上不能履行职责；

（三）在履行职责时出现重大错误或者疏漏，给投资者造成重大损失；

（四）违反法律、行政法规、部门规章、其他规范性文件、本规则、本所其他规定和公司章程等，给投资者造成重大损失。

3.2.11 上市公司在聘任董事会秘书时，应当与其签订保密协议，要求董事会秘书承诺在任职期间以及离任后，持续履行保密义务直至有关信息披露为止，但涉及公司违法违规行为的信息不属于前述应当予以保密的范围。

董事会秘书离任前，应当接受董事会和监事会的离任审查，在监事会的监督下移交有关档案文件、正在办理的事项以及其他待办理事项。

3.2.12 董事会秘书被解聘或者辞职后，在未履行报告和公告义务，或者未完成离任审查、档案移交等手续前，仍应承担董事会秘书的责任。

3.2.13 董事会秘书空缺期间，上市公司应当及时指定一名董事或者高级管理人员代行董事会秘书的职责，并报本所备案，同时尽快确定董事会秘书的人选。公司指定代行董事会秘书职责的人员之前，由公司法定代表人代行董事会秘书职责。

董事会秘书空缺时间超过三个月的，公司法定代表人应当代行董事会秘书职责，直至公司聘任新的董事会秘书。

3.2.14 上市公司应当保证董事会秘书在任职期间按要求参加本所组织的董事会秘书后续培训。

3.2.15 本所接受董事会秘书、第 3.2.13 条规定的代行董事会秘书职责的人员或者证券事务代表以上市公司名义办理的信息披露与股权管理事务。

第四章 保 荐 人

4.1 本所实行股票和可转换公司债券（含分离交易的可转换公司债券）的上市保荐制度。发行人（上市公司）向本所申请其首次公开发行的股票、上市后发行的新股和可转换公司债券在本所上市，以及公司股票被暂停上市后申请恢复上市、公司股票被终止上市后申请重新上市的，应当由保荐人保荐。

保荐人应当为经中国证监会注册登记并列入保荐人名单，同时具有本所会员资格的证券经营机构；恢复上市保荐人还应当具有中国证券业协会《证券公司从事代办股份转让主办券商业务资格管理办法（试行）》中规定的从事代办股份转让主办券商业务资格。

4.2 保荐人应当与发行人签订保荐协议，明确双方在发行人申请上市期间、申请恢复上市期间和持续督导期间的权利和义务。保荐协议应当约定保荐人审阅发行人信息披露文件的时点。

首次公开发行股票的，持续督导的期间为股票上市当年剩余时间及其后两个完整会计年度；发行新股、可转换公司债券的，持续督导的期间为股票或者可转换公司债券上市当年剩余时间及其后一个完整会计年度；申请恢复上市的，持续督导期间为股票恢复上市当年剩余时间及其后一个完整会计年度。持续督导的期间自股票或者可转换公司债券上市之日起计算。

4.3 保荐人应当在签订保荐协议时指定两名保荐代表人具体负责保荐工作，并作为保荐人与本所之间的指定联络人。

保荐代表人应当为经中国证监会注册登记并列入保荐代表人名单的自然人。

4.4 保荐人保荐股票或者可转换公司债券上市（股票恢复上市除外）时，应当向本所提交上市保荐书、保荐协议、保荐人和相关保荐代表人已经中国证监会注册登记并列入保荐人和保荐代表人名单的证明文件、保荐人向保荐代表人出具的由保荐人法定代表人签名的授权书，以及与上市保荐工作有关的其他文件。

保荐人保荐股票恢复上市时应当提交的文件及其内容，按照本规则第十四章第二节的有关规定执行。

4.5 前条所述上市保荐书应当包括以下内容：
（一）发行股票、可转换公司债券的公司概况；
（二）申请上市的股票、可转换公司债券的发行情况；
（三）保荐人是否存在可能影响其公正履行保荐职责的情形的说明；
（四）保荐人按照有关规定应当承诺的事项；
（五）对公司持续督导工作的安排；
（六）保荐人和相关保荐代表人的联系地址、电话和其他通讯方式；
（七）保荐人认为应当说明的其他事项；
（八）本所要求的其他内容。

上市保荐书应当由保荐人的法定代表人（或者授权代表）和相关保荐代表人签字，注明日期并加盖保荐人公章。

4.6 保荐人应当督导发行人按照本规则的规定履行信息披露及其他相关义务，督导发行人及其董事、监事和高级管理人员遵守本规则并履行向本所作出的承诺，审阅发行人信息披露文件和向本所提交的其他文件，并保证向本所提交的与保荐工作相关的文件的真实、准确、完整。

4.7 保荐人应当在发行人向本所报送信息披露文件及其他文件之前，或者履行信息披露义务后五个交易日内，完成对有关文件的审阅工作，督促发行人及时更正审阅中发现的问题，并向本所报告。

4.8 保荐人履行保荐职责发表的意见应当及时告知发行人，记录于保荐工作档案。

发行人应当配合保荐人和保荐代表人的工作。

4.9 保荐人在履行保荐职责期间有充分理由确信发行人可能存在违反本规则规定的行为的，应当督促发行人作出说明并限期纠正；情节严重的，应当向本所报告。

保荐人按照有关规定对发行人违法违规事项公开发表声明的，应当于披露前向本所报告，经本所审核后在指定媒体上公告。本所对上述公告进行形式审核，对其内容的真实性不承担责任。

4.10 保荐人有充分理由确信证券服务机构及其签名人员按本规则规定出具的专业意见可能存在虚假记载、误导性陈述或重大遗漏等违法违规情形或者其他不当情形的，应当及时发表意见；情节严重的，应当向本所报告。

4.11 保荐人更换保荐代表人的，应当通知发行人，并及时向本所报告，说明原因并提供新更换的保荐代表人的相关资料。发行人应当在收到通知后及时披露保荐代表人变更事宜。

4.12 保荐人和发行人终止保荐协议的，应当及时向本所报告，说明原因并由发行人发布公告。

发行人另行聘请保荐人的，应当及时向本所报告并公告。新聘请的保荐人应当及时向本所提交第 4.4 条规定的有关文件。

4.13　保荐人应当自持续督导工作结束后十个交易日内向本所报送保荐总结报告书。

4.14　保荐人、相关保荐代表人和保荐工作其他参与人员不得利用从事保荐工作期间获得的发行人尚未披露的信息进行内幕交易，为自己或者他人谋取利益。

第五章　股票和可转换公司债券上市

第一节　首次公开发行股票并上市

5.1.1　发行人首次公开发行股票后申请其股票在本所上市，应当符合下列条件：

（一）股票经中国证监会核准已公开发行；

（二）公司股本总额不少于人民币五千万元；

（三）公开发行的股份达到公司股份总数的25%以上；公司股本总额超过人民币四亿元的，公开发行股份的比例为10%以上；

（四）公司最近三年无重大违法行为，财务会计报告无虚假记载；

（五）本所要求的其他条件。

5.1.2　发行人首次公开发行股票的申请获得中国证监会核准发行后，应当及时向本所提出股票上市申请，并提交下列文件：

（一）上市申请书；

（二）中国证监会核准其股票首次公开发行的文件；

（三）有关本次发行上市事宜的董事会和股东大会决议；

（四）营业执照复印件；

（五）公司章程；

（六）经具有执行证券、期货相关业务资格的会计师事务所审计的发行人最近三年的财务会计报告；

（七）首次公开发行结束后发行人全部股票已经中国证券登记结算有限责任公司上海分公司（以下简称"登记公司"）托管的证明文件；

（八）首次公开发行结束后，具有执行证券、期货相关业务资格的会计师事务所出具的验资报告；

（九）关于董事、监事和高级管理人员持有本公司股份的情况说明和《董事（监事、高级管理人员）声明及承诺书》；

（十）发行人拟聘任或者已聘任的董事会秘书的有关资料；

（十一）首次公开发行后至上市前，按规定新增的财务资料和有关重大事项的说明（如适用）；

（十二）首次公开发行前已发行股份持有人，自发行人股票上市之日起一年内持股锁定证明；

（十三）第5.1.5条所述承诺函；

（十四）最近一次的招股说明书和经中国证监会审核的全套发行申报材料；

（十五）按照有关规定编制的上市公告书；

（十六）保荐协议和保荐人出具的上市保荐书；

（十七）律师事务所出具的法律意见书；

（十八）本所要求的其他文件。

5.1.3 发行人及其董事、监事、高级管理人员应当保证向本所提交的上市申请文件真实、准确、完整，不存在虚假记载、误导性陈述或者重大遗漏。

5.1.4 发行人首次公开发行股票前已发行的股份，自发行人股票上市之日起一年内不得转让。

5.1.5 发行人向本所申请其首次公开发行股票上市时，控股股东和实际控制人应当承诺：自发行人股票上市之日起三十六个月内，不转让或者委托他人管理其直接和间接持有的发行人首次公开发行股票前已发行股份，也不由发行人回购该部分股份。

但转让双方存在控制关系，或者均受同一实际控制人控制的，自发行人股票上市之日起一年后，经控股股东和实际控制人申请并经本所同意，可豁免遵守前款承诺。

发行人应当在上市公告书中披露上述承诺。

5.1.6 本所在收到发行人提交的第5.1.2条所列全部上市申请文件后七个交易日内，作出是否同意上市的决定并通知发行人。出现特殊情况时，本所可以暂缓作出是否同意上市的决定。

5.1.7 本所设立上市委员会对上市申请进行审议，作出独立的专业判断并形成审核意见。本所根据上市审核委员会的审核意见，作出是否同意上市的决定。

第5.1.1条所列第（一）至第（四）项条件为在本所上市的必备条件，本所并不保证发行人符合上述条件时，其上市申请一定能够获得本所同意。

5.1.8 发行人应当于其股票上市前五个交易日内，在指定媒体或者本所网站上披露下列文件：

（一）上市公告书；

（二）公司章程；

（三）上市保荐书；

（四）法律意见书；

（五）本所要求的其他文件。

上述文件应当备置于公司住所，供公众查阅。

发行人在提出上市申请期间，未经本所同意，不得擅自披露与上市有关的信息。

第二节　上市公司发行股票和可转换公司债券的上市

5.2.1　上市公司向本所申请办理公开发行股票或可转换公司债券发行事宜时，应当提交下列文件：

（一）中国证监会的核准文件；

（二）经中国证监会审核的全部发行申报材料；

（三）发行的预计时间安排；

（四）发行具体实施方案和发行公告；

（五）相关招股意向书或者募集说明书；

（六）本所要求的其他文件。

5.2.2　上市公司应当按照中国证监会有关规定，编制并披露涉及公开发行股票或可转换公司债券的相关公告。

5.2.3　发行结束后，上市公司可以向本所申请公开发行股票或可转换公司债券上市。

5.2.4　上市公司申请可转换公司债券在本所上市，应当符合下列条件：

（一）可转换公司债券的期限为一年以上；

（二）可转换公司债券实际发行额不少于人民币五千万元；

（三）申请上市时仍符合法定的可转换公司债券发行条件。

5.2.5　上市公司向本所申请公开发行股票或可转换公司债券的上市，应当在股票或可转换公司债券上市前五个交易日向本所提交下列文件：

（一）上市申请书；

（二）有关本次发行上市事宜的董事会和股东大会决议；

（三）按照有关规定编制的上市公告书；

（四）保荐协议和保荐人出具的上市保荐书；

（五）发行结束后经具有执行证券、期货相关业务资格的会计师事务所出具的验资报告；

（六）登记公司对新增股份或可转换公司债券登记托管的书面确认文件；

（七）董事、监事和高级管理人员持股情况变动的报告（适用于新股上市）；

（八）本所要求的其他文件。

5.2.6　上市公司应当在公开发行股票或可转换公司债券上市前五个交易日内，在指定媒体上披露下列文件和事项：

（一）上市公告书；

（二）本所要求的其他文件和事项。

5.2.7　上市公司非公开发行股票的限售期届满，申请非公开发行股票上市时，应当在上市前五个交易日向本所提交下列文件：

（一）上市申请书；

（二）发行结果的公告；

（三）发行股份的托管证明；

（四）关于向特定对象发行股份的说明；

（五）上市提示性公告；

（六）本所要求的其他文件。

5.2.8　上市公司非公开发行股票上市申请获得本所同意后，应当在上市前三个交易日内披露上市提示性公告。上市提示性公告应当包括非公开发行股票的上市时间、上市数量、发行价格、发行对象等内容。

第三节　有限售条件的股份上市

5.3.1　上市公司有限售条件的股份上市，应当在上市前五个交易日以书面形式向本所提出上市申请。

5.3.2　上市公司申请公开发行前已发行股份的上市，应当向本所提交下列文件：

（一）上市申请书；

（二）有关股东的持股情况说明及托管情况；

（三）有关股东作出的限售承诺及其履行情况的说明（如有）；

（四）上市提示性公告；

（五）本所要求的其他文件。

5.3.3　经本所同意后，上市公司应当在有关股份上市前三个交易日披露上市提示性公告。上市提示性公告应当包括以下内容：

（一）上市时间和数量；

（二）有关股东所作出的限售承诺及其履行情况；

（三）本所要求的其他内容。

5.3.4　上市公司申请股权分置改革后有限售条件的股份上市，应当参照第5.3.2条、第5.3.3条规定执行，本所另有规定的，从其规定。

5.3.5　上市公司申请向证券投资基金、法人、战略投资者配售的股份上市，应当向本所提交下列文件：

（一）上市申请书；

（二）配售结果的公告；

（三）配售股份的托管证明；

（四）关于向证券投资基金、法人、战略投资者配售股份的说明；

（五）上市提示性公告；

（六）本所要求的其他文件。

5.3.6 经本所同意后，上市公司应当在配售的股份上市前三个交易日内披露上市提示性公告。上市提示性公告应当包括以下内容：

（一）配售股份的上市时间；

（二）配售股份的上市数量；

（三）配售股份的发行价格；

（四）公司历次股份变动情况。

5.3.7 上市公司申请对其有关股东以及（原）董事、监事和高级管理人员所持本公司股份解除锁定时，应当向本所提交下列文件：

（一）持股解锁申请；

（二）全部或者部分解除锁定的理由和相关证明文件（如适用）；

（三）上市提示性公告；

（四）本所要求的其他文件。

5.3.8 上市公司申请其内部职工股上市时，应当向本所提交下列文件：

（一）上市申请书；

（二）中国证监会关于内部职工股上市时间的批文；

（三）有关内部职工股持股情况的说明及其托管证明；

（四）董事、监事和高级管理人员持有内部职工股有关情况的说明；

（五）内部职工股上市提示性公告；

（六）本所要求的其他文件。

5.3.9 经本所同意后，上市公司应当在内部职工股上市前三个交易日内披露上市提示性公告。上市提示性公告应当包括以下内容：

（一）上市日期；

（二）本次上市的股份数量以及董事、监事和高级管理人员持有的数量；

（三）发行价格；

（四）历次股份变动情况；

（五）持有内部职工股的人数。

5.3.10 上市公司向本所申请其他有限售条件的股份上市流通，参照本章相关规定执行。

第六章 定 期 报 告

6.1 上市公司定期报告包括年度报告、中期报告和季度报告。

公司应当在法律、行政法规、部门规章、其他规范性文件以及本规则规定的期限内完成编制并披露定期报告。其中，年度报告应当在每个会计年度结束之日起四个月内，中期报告应当在每个会计年度的上半年结束之日起两个月内，季度报告应当在每个会计年度前三个月、九个月结束后的一个月内编制完成并披露。第一季度报告的披露时间不得早于上一年度报告的披露时间。

公司预计不能在规定期限内披露定期报告的，应当及时向本所报告，并公告不能按期披露的原因、解决方案以及延期披露的最后期限。

6.2 上市公司应当向本所预约定期报告的披露时间，本所根据均衡披露原则统筹安排各公司定期报告的披露顺序。

公司应当按照本所安排的时间办理定期报告披露事宜。因故需要变更披露时间的，应当提前五个交易日向本所提出书面申请，说明变更的理由和变更后的披露时间，本所视情形决定是否予以调整。本所原则上只接受一次变更申请。

6.3 上市公司董事会应当确保公司按时披露定期报告。因故无法形成董事会审议定期报告的决议的，公司应当以董事会公告的形式对外披露相关情况，说明无法形成董事会决议的原因和存在的风险。

公司不得披露未经董事会审议通过的定期报告。

6.4 上市公司董事会应当按照中国证监会和本所关于定期报告的有关规定，组织有关人员安排落实定期报告的编制和披露工作。

公司经理、财务负责人、董事会秘书等高级管理人员应当及时编制定期报告草案；董事会秘书负责送达董事、监事、高级管理人员审阅；董事长负责召集和主持董事会会议审议定期报告。

公司董事、高级管理人员应当对定期报告签署书面确认意见，明确表示是否同意定期报告的内容；监事会应当对董事会编制的定期报告进行审核，以监事会决议的形式说明定期报告编制和审核程序是否符合相关规定，内容是否真实、准确、完整。董事、高级管理人员不得以任何理由拒绝对定期报告签署书面意见。

为公司定期报告出具审计意见的会计师事务所，应当严格按照注册会计师执业准则及相关规定，及时恰当发表审计意见，不得无故拖延审计工作而影响定期报告的按时披露。

6.5 上市公司年度报告中的财务会计报告应当经具有执行证券、期货相关业务资格的会计师事务所审计。中期报告中的财务会计报告可以不经审计，但公司有下列情形之一的，应当审计：

（一）拟在下半年进行利润分配、以公积金转增股本、弥补亏损；

（二）根据中国证监会或者本所有关规定应当进行审计的其他情形。

季度报告中的财务资料无须审计，但中国证监会和本所另有规定的除外。

6.6 上市公司应当在董事会审议通过定期报告后，及时向本所报送并提交下列文件：

（一）定期报告全文及摘要（或正文）；

（二）审计报告原件（如适用）；

（三）董事会和监事会决议及其公告文稿；

（四）按本所要求制作的载有定期报告和财务数据的电子文件；

（五）本所要求的其他文件。

6.7 定期报告披露前出现业绩提前泄露，或者因业绩传闻导致公司股票及其衍生品种交易异常波动的，上市公司应当及时披露本报告期相关财务数据（无论是否已经审计），包括营业收入、营业利润、利润总额、净利润、总资产、净资产、每股收益、每股净资产和净资产收益率等主要财务数据和指标。

6.8 按照《公开发行证券的公司信息披露编报规则第 14 号——非标准无保留审计意见及其涉及事项的处理》的规定，上市公司财务会计报告被会计师事务所出具非标准无保留审计意见的，公司在报送定期报告的同时，应当向本所提交下列文件：

（一）董事会针对该审计意见涉及事项所做的专项说明，审议此专项说明的董事会决议和决议所依据的材料；

（二）独立董事对审计意见涉及事项所发表的意见；

（三）监事会对董事会专项说明的意见和相关决议；

（四）负责审计的会计师事务所和注册会计师出具的专项说明；

（五）中国证监会和本所要求的其他文件。

6.9 负责审计的会计师事务所和注册会计师按照前条规定出具的专项说明应当至少包括以下内容：

（一）出具非标准无保留审计意见的理由和依据；

（二）非标准无保留审计意见涉及事项对报告期内公司财务状况和经营成果的具体影响，若扣除受影响的金额后导致公司盈亏性质发生变化的，应当明确说明；

（三）非标准无保留审计意见涉及事项是否属于明显违反会计准则、制度及相关信息披露规范规定的情形。

6.10 第 6.8 条所述非标准无保留审计意见涉及事项不属于明显违反会计准则、制度及相关信息披露规范规定的，上市公司董事会应当根据《公开发行证券的公司信息披露编报规则第 14 号——非标准无保留审计意见及其涉及事项的处理》的规定，在相关定期报告中对该审计意见涉及事项作出详细说明。

6.11 第 6.8 条所述非标准无保留审计意见涉及事项属于明显违反会计准则、制度及相关信息披露规范规定的，上市公司应当对该事项进行纠正和重新审计，并在本所规定的期限内披露经纠正的财务会计报告和有关审计报告。

公司未在本所规定的期限内披露经纠正的财务会计报告和有关审计报告的，本所将报中国证监会调查处理。

公司对上述事项进行纠正期间不计入本所作出有关决定的期限之内。

6.12 上市公司应当认真对待本所对其定期报告的事后审核意见，及时回复本所的问询，并按要求对定期报告有关内容作出解释和说明。如需披露更正或者补充公告并修改定期报告的，公司应当在履行相应程序后公告，并在本所网站披露修改后的定期报告全文。

6.13 上市公司因已披露的定期报告存在差错或者虚假记载，被有关机关责令改正或者经董事会决定进行更正的，应当立即向本所报告，并在被责令改正或者董事会作出相应决定后，按照中国证监会《公开发行证券的公司信息披露编报规则第19号——财务信息的更正及相关披露》等有关规定，及时予以披露。

6.14 发行可转换公司债券的上市公司，其年度报告和中期报告还应当包括以下内容：

（一）转股价格历次调整的情况，经调整后的最新转股价格；
（二）可转换公司债券发行后累计转股的情况；
（三）前十名可转换公司债券持有人的名单和持有量；
（四）担保人盈利能力、资产状况和信用状况发生重大变化的情况；
（五）公司的负债情况、资信变化情况以及在未来年度偿债的现金安排；
（六）中国证监会和本所规定的其他内容。

第七章 临时报告的一般规定

7.1 上市公司披露的除定期报告之外的其他公告为临时报告。

临时报告的内容涉及本规则第八章、第九章、第十章和第十一章所述重大事项的，其披露要求和相关审议程序在满足本章规定的同时，还应当符合以上各章的规定。

临时报告应当由董事会发布并加盖公司或者董事会公章（监事会决议公告可以加盖监事会公章）。

7.2 上市公司应当及时向本所报送并披露临时报告。临时报告涉及的相关备查文件应当同时在本所网站披露。

7.3 上市公司应当在以下任一时点最先发生时，及时披露相关重大事项：

（一）董事会或者监事会就该重大事项形成决议时；
（二）有关各方就该重大事项签署意向书或者协议（无论是否附加条件或期限）时；
（三）任何董事、监事或者高级管理人员知道或应当知道该重大事项时。

7.4 重大事项尚处于筹划阶段，但在前条所述有关时点发生之前出现下列情形之一的，上市公司应当及时披露相关筹划情况和既有事实：

（一）该重大事项难以保密；
（二）该重大事项已经泄露或者市场出现传闻；
（三）公司股票及其衍生品种的交易发生异常波动。

7.5 上市公司根据第7.3条、第7.4条的规定披露临时报告后，还应当按照下述规定持续披露重大事项的进展情况：

（一）董事会、监事会或者股东大会就该重大事项形成决议的，及时披露决议情况；

（二）公司就该重大事项与有关当事人签署意向书或者协议的，及时披露意向书或者协议的主要内容；上述意向书或者协议的内容或履行情况发生重大变化或者被解除、终止的，及时披露发生重大变化或者被解除、终止的情况和原因；

（三）该重大事项获得有关部门批准或者被否决的，及时披露批准或者否决的情况；

（四）该重大事项出现逾期付款情形的，及时披露逾期付款的原因和付款安排；

（五）该重大事项涉及的主要标的物尚未交付或者过户的，及时披露交付或者过户情况；超过约定交付或者过户期限三个月仍未完成交付或者过户的，及时披露未如期完成的原因、进展情况和预计完成的时间，并每隔三十日公告一次进展情况，直至完成交付或者过户；

（六）该重大事项发生可能对公司股票及其衍生品种交易价格产生较大影响的其他进展或者变化的，及时披露进展或者变化情况。

7.6 上市公司根据第7.3条或者第7.4条在规定时间内报送的临时报告不符合本规则有关要求的，可以先披露提示性公告，解释未能按要求披露的原因，并承诺在两个交易日内披露符合要求的公告。

7.7 上市公司控股子公司发生的本规则第九章、第十章和第十一章所述重大事项，视同上市公司发生的重大事项，适用前述各章的规定。

上市公司参股公司发生本规则第九章和第十一章所述重大事项，或者与上市公司的关联人进行第10.1.1条提及的各类交易，可能对上市公司股票及其衍生品种交易价格产生较大影响的，上市公司应当参照上述各章的规定，履行信息披露义务。

第八章 董事会、监事会和股东大会决议

第一节 董事会和监事会决议

8.1.1 上市公司召开董事会会议，应当在会议结束后及时将董事会决议（包括所有提案均被否决的董事会决议）报送本所。董事会决议应当经与会董事签字确认。

本所要求提供董事会会议记录的，公司应当按要求提供。

8.1.2 董事会决议涉及须经股东大会表决的事项，或者本规则第六章、第

九章、第十章和第十一章所述重大事项的，上市公司应当及时披露；涉及其他事项的董事会决议，本所认为有必要的，公司也应当及时披露。

8.1.3 董事会决议涉及的本规则第六章、第九章、第十章和第十一章所述重大事项，需要按照中国证监会有关规定或者本所制定的公告格式指引进行公告的，上市公司应当分别披露董事会决议公告和相关重大事项公告。

8.1.4 董事会决议公告应当包括以下内容：

（一）会议通知发出的时间和方式；

（二）会议召开的时间、地点、方式，以及是否符合有关法律、行政法规、部门规章、其他规范性文件和公司章程的说明；

（三）委托他人出席和缺席的董事人数、姓名、缺席理由和受托董事姓名；

（四）每项提案获得的同意、反对和弃权的票数，以及有关董事反对或者弃权的理由；

（五）涉及关联交易的，说明应当回避表决的董事姓名、理由和回避情况；

（六）需要独立董事事前认可或者独立发表意见的，说明事前认可情况或者所发表的意见；

（七）审议事项的具体内容和会议形成的决议。

8.1.5 上市公司召开监事会会议，应当在会议结束后及时将监事会决议报送本所，经本所登记后披露监事会决议公告。

监事会决议应当经与会监事签字确认。监事应当保证监事会决议公告内容的真实、准确、完整，没有虚假记载、误导性陈述或重大遗漏。

8.1.6 监事会决议公告应当包括以下内容：

（一）会议召开的时间、地点、方式，以及是否符合有关法律、行政法规、部门规章、其他规范性文件和公司章程的说明；

（二）委托他人出席和缺席的监事人数、姓名、缺席的理由和受托监事姓名；

（三）每项提案获得的同意、反对和弃权的票数，以及有关监事反对或者弃权的理由；

（四）审议事项的具体内容和会议形成的决议。

第二节 股东大会决议

8.2.1 召集人应当在年度股东大会召开二十日之前，或者临时股东大会召开十五日之前，以公告方式向股东发出股东大会通知。

股东大会通知中应当列明会议召开的时间、地点、方式，以及会议召集人和股权登记日等事项，并充分、完整地披露所有提案的具体内容。召集人还应当同时在本所网站上披露有助于股东对拟讨论的事项作出合理判断所必需的其他资料。

8.2.2 召集人应当在股东大会结束后，及时将股东大会决议公告文稿、股东大会决议和法律意见书报送本所，经本所同意后披露股东大会决议公告。

本所要求提供股东大会会议记录的，召集人应当按要求提供。

8.2.3　发出股东大会通知后，无正当理由，股东大会不得延期或者取消，股东大会通知中列明的提案不得取消。一旦出现延期或者取消的情形，召集人应当在原定召开日前至少两个交易日发布通知，说明延期或者取消的具体原因。延期召开股东大会的，还应当在通知中说明延期后的召开日期。

8.2.4　股东大会召开前股东提出临时提案的，召集人应当在规定时间内发布股东大会补充通知，披露提出临时提案的股东姓名或名称、持股比例和临时提案的内容。

8.2.5　股东自行召集股东大会的，应当书面通知董事会并向本所备案。

在股东大会决议公告前，召集股东持股比例不得低于10%，召集股东应当在发布股东大会通知前向本所申请在上述期间锁定其持有的全部股份或者部分股份。

8.2.6　股东大会会议期间发生突发事件导致会议不能正常召开的，召集人应当立即向本所报告，说明原因并披露相关情况，以及律师出具的专项法律意见书。

8.2.7　股东大会决议公告应当包括以下内容：

（一）会议召开的时间、地点、方式、召集人和主持人，以及是否符合有关法律、行政法规、部门规章、其他规范性文件和公司章程的说明；

（二）出席会议的股东（代理人）人数、所持（代理）股份及其占上市公司有表决权股份总数的比例；未完成股权分置改革的上市公司还应当披露流通股股东和非流通股股东出席会议的情况；

（三）每项提案的表决方式、表决结果；未完成股权分置改革的上市公司还应当披露分别统计的流通股股东及非流通股股东表决情况；涉及股东提案的，应当列明提案股东的姓名或者名称、持股比例和提案内容；涉及关联交易事项的，应当说明关联股东回避表决的情况；未完成股权分置改革的上市公司涉及需要流通股股东单独表决的提案，应当专门作出说明；

发行境内上市外资股或同时有证券在境外证券交易所上市的上市公司，还应当说明发出股东大会通知的情况、内资股股东和外资股股东分别出席会议及表决情况；

（四）法律意见书的结论性意见。若股东大会出现否决提案的，应当披露法律意见书全文。

8.2.8　股东大会上不得向股东通报、泄露未曾披露的重大事项。

第九章　应当披露的交易

9.1　本章所称"交易"包括下列事项：

（一）购买或者出售资产；

（二）对外投资（含委托理财、委托贷款等）；

（三）提供财务资助；

（四）提供担保；

（五）租入或者租出资产；

（六）委托或者受托管理资产和业务；

（七）赠与或者受赠资产；

（八）债权、债务重组；

（九）签订许可使用协议；

（十）转让或者受让研究与开发项目；

（十一）本所认定的其他交易。

上述购买或者出售资产，不包括购买原材料、燃料和动力，以及出售产品、商品等与日常经营相关的资产购买或者出售行为，但资产置换中涉及的此类资产购买或者出售行为，仍包括在内。

9.2 上市公司发生的交易（提供担保除外）达到下列标准之一的，应当及时披露：

（一）交易涉及的资产总额（同时存在账面值和评估值的，以高者为准）占上市公司最近一期经审计总资产的10%以上；

（二）交易的成交金额（包括承担的债务和费用）占上市公司最近一期经审计净资产的10%以上，且绝对金额超过1000万元；

（三）交易产生的利润占上市公司最近一个会计年度经审计净利润的10%以上，且绝对金额超过100万元；

（四）交易标的（如股权）在最近一个会计年度相关的营业收入占上市公司最近一个会计年度经审计营业收入的10%以上，且绝对金额超过1000万元；

（五）交易标的（如股权）在最近一个会计年度相关的净利润占上市公司最近一个会计年度经审计净利润的10%以上，且绝对金额超过100万元。

上述指标涉及的数据如为负值，取其绝对值计算。

9.3 上市公司发生的交易（提供担保、受赠现金资产、单纯减免上市公司义务的债务除外）达到下列标准之一的，除应当及时披露外，还应当提交股东大会审议：

（一）交易涉及的资产总额（同时存在账面值和评估值的，以高者为准）占上市公司最近一期经审计总资产的50%以上；

（二）交易的成交金额（包括承担的债务和费用）占上市公司最近一期经审计净资产的50%以上，且绝对金额超过5000万元；

（三）交易产生的利润占上市公司最近一个会计年度经审计净利润的50%以上，且绝对金额超过500万元；

（四）交易标的（如股权）在最近一个会计年度相关的营业收入占上市公司最近一个会计年度经审计营业收入的50%以上，且绝对金额超过5000万元；

（五）交易标的（如股权）在最近一个会计年度相关的净利润占上市公司最近一个会计年度经审计净利润的50%以上，且绝对金额超过500万元。

上述指标涉及的数据如为负值，取绝对值计算。

9.4　上市公司与同一交易方同时发生第9.1条第（二）项至第（四）项以外各项中方向相反的两个相关交易时，应当按照其中单个方向的交易涉及指标中较高者计算披露标准。

9.5　交易标的为公司股权，且购买或者出售该股权将导致上市公司合并报表范围发生变更的，该股权所对应的公司的全部资产总额和营业收入，视为第9.2条和第9.3条所述交易涉及的资产总额和与交易标的相关的营业收入。

9.6　交易仅达到第9.3条第（三）项或者第（五）项标准，且上市公司最近一个会计年度每股收益的绝对值低于0.05元的，公司可以向本所申请豁免适用第9.3条将交易提交股东大会审议的规定。

9.7　交易达到第9.3条规定标准的，若交易标的为公司股权，上市公司应当提供具有执行证券、期货相关业务资格的会计师事务所，按照企业会计准则对交易标的最近一年又一期的财务会计报告出具审计报告，审计截止日距审议该交易事项的股东大会召开日不得超过六个月；若交易标的为股权以外的其他非现金资产，公司应当提供具有执行证券、期货相关业务资格的资产评估事务所出具的评估报告，评估基准日距审议该交易事项的股东大会召开日不得超过一年。

交易虽未达到第9.3条规定的标准，但本所认为有必要的，公司也应当按照前款规定，提供有关会计师事务所或者资产评估事务所的审计或者评估报告。

9.8　上市公司投资设立公司，根据《公司法》第二十六条或者第八十一条可以分期缴足出资额的，应当以协议约定的全部出资额为标准适用第9.2条或者第9.3条的规定。

9.9　上市公司进行"提供财务资助""委托理财"等交易时，应当以发生额作为计算标准，并按照交易类别在连续十二个月内累计计算。经累计计算的发生额达到第9.2条或者第9.3条规定标准的，分别适用第9.2条或者第9.3条的规定。

已经按照第9.2条或者第9.3条履行相关义务的，不再纳入相关的累计计算范围。

9.10　上市公司进行"提供担保""提供财务资助""委托理财"等之外的其他交易时，应当对相同交易类别下标的相关的各项交易，按照连续十二个月内累计计算的原则，分别适用第9.2条或者第9.3条的规定。已经按照第9.2条或者第9.3条履行相关义务的，不再纳入相关的累计计算范围。

除前款规定外，公司发生"购买或者出售资产"交易，不论交易标的是否相关，若所涉及的资产总额或者成交金额在连续十二个月内经累计计算超过公司最近一期经审计总资产30%的，除应当披露并参照第9.7条进行审计或者评估外，还应当提交股东大会审议，并经出席会议的股东所持表决权的三分之二以上通过。

9.11 上市公司发生"提供担保"交易事项，应当提交董事会或者股东大会进行审议，并及时披露。

下述担保事项应当在董事会审议通过后提交股东大会审议：

（一）单笔担保额超过公司最近一期经审计净资产10%的担保；

（二）公司及其控股子公司的对外担保总额，超过公司最近一期经审计净资产50%以后提供的任何担保；

（三）为资产负债率超过70%的担保对象提供的担保；

（四）按照担保金额连续十二个月内累计计算原则，超过公司最近一期经审计总资产30%的担保；

（五）按照担保金额连续十二个月内累计计算原则，超过公司最近一期经审计净资产的50%，且绝对金额超过5000万元以上；

（六）本所或者公司章程规定的其他担保。

对于董事会权限范围内的担保事项，除应当经全体董事的过半数通过外，还应当经出席董事会会议的三分之二以上董事同意；前款第（四）项担保，应当经出席会议的股东所持表决权的三分之二以上通过。

9.12 上市公司披露交易事项，应当向本所提交下列文件：

（一）公告文稿；

（二）与交易有关的协议或者意向书；

（三）董事会决议、决议公告文稿和独立董事的意见（如适用）；

（四）交易涉及的有权机关的批文（如适用）；

（五）证券服务机构出具的专业报告（如适用）；

（六）本所要求的其他文件。

9.13 上市公司应当根据交易类型，披露下述所有适用其交易的有关内容：

（一）交易概述和交易各方是否存在关联关系的说明；对于按照累计计算原则达到披露标准的交易，还应当简单介绍各单项交易和累计情况；

（二）交易对方的基本情况；

（三）交易标的的基本情况，包括标的的名称、账面值、评估值、运营情况、有关资产上是否存在抵押、质押或者其他第三人权利，是否存在涉及有关资产的重大争议、诉讼或仲裁事项或者查封、冻结等司法措施；

交易标的为股权的，还应当说明该股权对应的公司的基本情况和最近一年又一期的资产总额、负债总额、净资产、营业收入和净利润等财务数据；

出售控股子公司股权导致上市公司合并报表范围变更的，还应当说明上市公司是否存在为该子公司提供担保、委托该子公司理财，以及该子公司占用上市公司资金等方面的情况；如存在，应当披露前述事项涉及的金额、对上市公司的影响和解决措施；

（四）交易标的的交付状态、交付和过户时间；

（五）交易协议其他方面的主要内容，包括成交金额、支付方式（现金、股权、资产置换等）、支付期限或者分期付款的安排、协议生效条件和生效时间以及有效期间等；交易协议有任何形式的附加或者保留条款的，应当予以特别说明；

交易需经股东大会或者有权机关批准的，还应当说明需履行的法定程序和进展情况；

（六）交易定价依据，公司支出款项的资金来源；

（七）公司预计从交易中获得的利益（包括潜在利益），交易对公司本期和未来财务状况及经营成果的影响；

（八）关于交易对方履约能力的分析；

（九）交易涉及的人员安置、土地租赁、债务重组等情况；

（十）关于交易完成后可能产生关联交易的情况的说明；

（十一）关于交易完成后可能产生同业竞争的情况及相关应对措施的说明；

（十二）证券服务机构及其意见；

（十三）本所要求的有助于说明该交易真实情况的其他内容。

9.14 对于担保事项的披露内容，除前条规定外，还应当包括截至披露日上市公司及其控股子公司对外担保总额、上市公司对控股子公司提供担保的总额、上述数额分别占上市公司最近一期经审计净资产的比例。

9.15 对于达到披露标准的担保，如果被担保人于债务到期后十五个交易日内未履行还款义务，或者被担保人出现破产、清算或其他严重影响其还款能力的情形，上市公司应当及时披露。

9.16 上市公司与其合并报表范围内的控股子公司发生的或者上述控股子公司之间发生的交易，除中国证监会和本所另有规定外，免予按照本章规定披露和履行相应程序。

第十章　关　联　交　易

第一节　关联交易和关联人

10.1.1 上市公司的关联交易，是指上市公司或者其控股子公司与上市公司关联人之间发生的转移资源或者义务的事项，包括以下交易：

（一）第9.1条规定的交易事项；

（二）购买原材料、燃料、动力；

（三）销售产品、商品；

（四）提供或者接受劳务；

（五）委托或者受托销售；

（六）在关联人财务公司存贷款；

（七）与关联人共同投资；

（八）其他通过约定可能引致资源或者义务转移的事项。

10.1.2　上市公司的关联人包括关联法人和关联自然人。

10.1.3　具有以下情形之一的法人或其他组织，为上市公司的关联法人：

（一）直接或者间接控制上市公司的法人或其他组织；

（二）由上述第（一）项直接或者间接控制的除上市公司及其控股子公司以外的法人或其他组织；

（三）由第10.1.5条所列上市公司的关联自然人直接或者间接控制的，或者由关联自然人担任董事、高级管理人员的除上市公司及其控股子公司以外的法人或其他组织；

（四）持有上市公司5%以上股份的法人或其他组织；

（五）中国证监会、本所或者上市公司根据实质重于形式原则认定的其他与上市公司有特殊关系，可能导致上市公司利益对其倾斜的法人或其他组织。

10.1.4　上市公司与前条第（二）项所列法人受同一国有资产管理机构控制的，不因此而形成关联关系，但该法人的法定代表人、总经理或者半数以上的董事兼任上市公司董事、监事或者高级管理人员的除外。

10.1.5　具有以下情形之一的自然人，为上市公司的关联自然人：

（一）直接或间接持有上市公司5%以上股份的自然人；

（二）上市公司董事、监事和高级管理人员；

（三）第10.1.3条第（一）项所列关联法人的董事、监事和高级管理人员；

（四）本条第（一）项和第（二）项所述人士的关系密切的家庭成员，包括配偶、年满18周岁的子女及其配偶、父母及配偶的父母、兄弟姐妹及其配偶、配偶的兄弟姐妹、子女配偶的父母；

（五）中国证监会、本所或者上市公司根据实质重于形式原则认定的其他与上市公司有特殊关系，可能导致上市公司利益对其倾斜的自然人。

10.1.6　具有以下情形之一的法人或其他组织或者自然人，视同上市公司的关联人：

（一）根据与上市公司或者其关联人签署的协议或者作出的安排，在协议或者安排生效后，或在未来十二个月内，将具有第10.1.3条或者第10.1.5条规定的情形之一；

（二）过去十二个月内，曾经具有第10.1.3条或者第10.1.5条规定的情形之一。

10.1.7　上市公司董事、监事、高级管理人员、持股5%以上的股东及其一致行动人、实际控制人，应当将其与上市公司存在的关联关系及时告知公司，并由公司报本所备案。

第二节　关联交易的审议程序和披露

10.2.1　上市公司董事会审议关联交易事项时，关联董事应当回避表决，也不得代理其他董事行使表决权。该董事会会议由过半数的非关联董事出席即可举行，董事会会议所作决议须经非关联董事过半数通过。出席董事会会议的非关联董事人数不足三人的，公司应当将交易提交股东大会审议。

前款所称关联董事包括下列董事或者具有下列情形之一的董事：

（一）为交易对方；

（二）为交易对方的直接或者间接控制人；

（三）在交易对方任职，或者在能直接或间接控制该交易对方的法人或其他组织、该交易对方直接或者间接控制的法人或其他组织任职；

（四）为交易对方或者其直接或者间接控制人的关系密切的家庭成员（具体范围参见第10.1.5条第（四）项的规定）；

（五）为交易对方或者其直接或者间接控制人的董事、监事或高级管理人员的关系密切的家庭成员（具体范围参见第10.1.5条第（四）项的规定）；

（六）中国证监会、本所或者上市公司基于实质重于形式原则认定的其独立商业判断可能受到影响的董事。

10.2.2　上市公司股东大会审议关联交易事项时，关联股东应当回避表决。

前款所称关联股东包括下列股东或者具有下列情形之一的股东：

（一）为交易对方；

（二）为交易对方的直接或者间接控制人；

（三）被交易对方直接或者间接控制；

（四）与交易对方受同一法人或其他组织或者自然人直接或间接控制；

（五）因与交易对方或者其关联人存在尚未履行完毕的股权转让协议或者其他协议而使其表决权受到限制和影响的股东；

（六）中国证监会或者本所认定的可能造成上市公司利益对其倾斜的股东。

10.2.3　上市公司与关联自然人发生的交易金额在30万元以上的关联交易（上市公司提供担保除外），应当及时披露。

公司不得直接或者间接向董事、监事、高级管理人员提供借款。

10.2.4　上市公司与关联法人发生的交易金额在300万元以上，且占公司最近一期经审计净资产绝对值0.5%以上的关联交易（上市公司提供担保除外），应当及时披露。

10.2.5　上市公司与关联人发生的交易（上市公司提供担保、受赠现金资产、单纯减免上市公司义务的债务除外）金额在 3000 万元以上，且占上市公司最近一期经审计净资产绝对值 5% 以上的关联交易，除应当及时披露外，还应当比照第 9.7 条的规定，提供具有执行证券、期货相关业务资格的证券服务机构，对交易标的出具的审计或者评估报告，并将该交易提交股东大会审议。

第 10.2.12 条所述与日常经营相关的关联交易所涉及的交易标的，可以不进行审计或者评估。

10.2.6　上市公司为关联人提供担保的，不论数额大小，均应当在董事会审议通过后及时披露，并提交股东大会审议。

公司为持股 5% 以下的股东提供担保的，参照前款规定执行，有关股东应当在股东大会上回避表决。

10.2.7　上市公司与关联人共同出资设立公司，应当以上市公司的出资额作为交易金额，适用第 10.2.3 条、第 10.2.4 或第 10.2.5 条的规定。

上市公司出资额达到第 10.2.5 条规定标准，如果所有出资方均全部以现金出资，且按照出资额比例确定各方在所设立公司的股权比例的，可以向本所申请豁免适用提交股东大会审议的规定。

10.2.8　上市公司披露关联交易事项时，应当向本所提交下列文件：

（一）公告文稿；

（二）第 9.12 条第（二）项至第（五）项所列文件；

（三）独立董事事前认可该交易的书面文件；

（四）独立董事的意见；

（五）本所要求的其他文件。

10.2.9　上市公司披露的关联交易公告应当包括以下内容：

（一）交易概述及交易标的的基本情况；

（二）独立董事的事前认可情况和发表的独立意见；

（三）董事会表决情况（如适用）；

（四）交易各方的关联关系和关联人基本情况；

（五）交易的定价政策及定价依据，成交价格与交易标的账面值或者评估值以及明确、公允的市场价格之间的关系，以及因交易标的的特殊性而需要说明的与定价有关的其他事项；

若成交价格与账面值、评估值或者市场价格差异较大的，应当说明原因；交易有失公允的，还应当披露本次关联交易所产生的利益的转移方向；

（六）交易协议其他方面的主要内容，包括交易成交价格及结算方式，关联人在交易中所占权益的性质和比重，协议生效条件、生效时间和履行期限等；

（七）交易目的及交易对上市公司的影响，包括进行此次关联交易的真实意图和必要性，对公司本期和未来财务状况及经营成果的影响等；

（八）从当年年初至披露日与该关联人累计已发生的各类关联交易的总金额；

（九）第 9.13 条规定的其他内容；

（十）中国证监会和本所要求的有助于说明交易真实情况的其他内容。

上市公司为关联人和持股 5% 以下的股东提供担保的，还应当披露第 9.14 条规定的内容。

10.2.10　上市公司进行"提供财务资助"、"委托理财"等关联交易时，应当以发生额作为披露的计算标准，并按交易类别在连续十二个月内累计计算，经累计计算的发生额达到第 10.2.3 条、第 10.2.4 条或者第 10.2.5 条规定标准的，分别适用以上各条的规定。

已经按照第 10.2.3 条、第 10.2.4 条或者第 10.2.5 条履行相关义务的，不再纳入相关的累计计算范围。

10.2.11　上市公司进行前条之外的其他关联交易时，应当按照以下标准，并按照连续十二个月内累计计算的原则，分别适用第 10.2.3 条、第 10.2.4 条或者第 10.2.5 条的规定：

（一）与同一关联人进行的交易；

（二）与不同关联人进行的交易标的类别相关的交易。

上述同一关联人，包括与该关联人受同一法人或其他组织或者自然人直接或间接控制的，或相互存在股权控制关系；以及由同一关联自然人担任董事或高级管理人员的法人或其他组织。

已经按照第 10.2.3 条、第 10.2.4 条或者第 10.2.5 条履行相关义务的，不再纳入相关的累计计算范围。

10.2.12　上市公司与关联人进行第 10.1.1 条第（二）项至第（七）项所列日常关联交易时，按照下述规定进行披露和履行相应审议程序：

（一）已经股东大会或者董事会审议通过且正在执行的日常关联交易协议，如果执行过程中主要条款未发生重大变化的，公司应当在年度报告和中期报告中按要求披露各协议的实际履行情况，并说明是否符合协议的规定；如果协议在执行过程中主要条款发生重大变化或者协议期满需要续签的，公司应当将新修订或者续签的日常关联交易协议，根据协议涉及的总交易金额提交董事会或者股东大会审议，协议没有具体总交易金额的，应当提交股东大会审议；

（二）首次发生的日常关联交易，公司应当与关联人订立书面协议并及时披露，根据协议涉及的总交易金额提交董事会或者股东大会审议，协议没有具体总交易金额的，应当提交股东大会审议；该协议经审议通过并披露后，根据其进行的日常关联交易按照前款规定办理；

（三）每年新发生的各类日常关联交易数量较多，需要经常订立新的日常关联交易协议等，难以按照前项规定将每份协议提交董事会或者股东大会审议的，公司可以在披露上一年度报告之前，按类别对本公司当年度将发生的日常关联交易总金额进行合理预计，根据预计结果提交董事会或者股东大会审议并披露；对于预计范围内的日常关联交易，公司应当在年度报告和中期报告中予以分类汇总披露。公司实际执行中超出预计总金额的，应当根据超出量重新提请董事会或者股东大会审议并披露。

10.2.13 日常关联交易协议的内容应当至少包括定价原则和依据、交易价格、交易总量或者明确具体的总量确定方法、付款时间和方式等主要条款。

协议未确定具体交易价格而仅说明参考市场价格的，公司在按照前条规定履行披露义务时，应当同时披露实际交易价格、市场价格及其确定方法、两种价格存在差异的原因。

10.2.14 上市公司与关联人签订的日常关联交易协议期限超过三年的，应当每三年根据本章的规定重新履行相关审议程序和披露义务。

10.2.15 上市公司与关联人因一方参与公开招标、公开拍卖等行为所导致的关联交易，公司可以向本所申请豁免按照关联交易的方式进行审议和披露。

10.2.16 上市公司与关联人进行的下述交易，可以免予按照关联交易的方式进行审议和披露：

（一）一方以现金方式认购另一方公开发行的股票、公司债券或企业债券、可转换公司债券或者其他衍生品种；

（二）一方作为承销团成员承销另一方公开发行的股票、公司债券或企业债券、可转换公司债券或者其他衍生品种；

（三）一方依据另一方股东大会决议领取股息、红利或者报酬；

（四）本所认定的其他交易。

10.2.17 上市公司与关联人进行交易时涉及的披露和审议程序，本章没有规定的，适用本规则第九章的规定。

第十一章 其他重大事项

第一节 重大诉讼和仲裁

11.1.1 上市公司应当及时披露涉案金额超过 1000 万元，并且占公司最近一期经审计净资产绝对值 10% 以上的重大诉讼、仲裁事项。

未达到前款标准或者没有具体涉案金额的诉讼、仲裁事项，董事会基于案件特殊性认为可能对公司股票及其衍生品种交易价格产生较大影响，或者本所认为有必要的，以及涉及股东大会、董事会决议被申请撤销或者宣告无效的诉讼，公司也应当及时披露。

11.1.2 上市公司连续十二个月内发生的诉讼和仲裁事项涉案金额累计达到第 11.1.1 条所述标准的，适用该条规定。

已经按照第 11.1.1 条规定履行披露义务的，不再纳入累计计算范围。

11.1.3 上市公司披露重大诉讼、仲裁事项时,应当向本所提交下列文件:

(一) 公告文稿;

(二) 诉状或者仲裁申请书、受理(应诉)通知书;

(三) 判决或者裁决书;

(四) 本所要求的其他材料。

11.1.4 上市公司关于重大诉讼、仲裁事项的公告应当包括以下内容:

(一) 案件受理情况和基本案情;

(二) 案件对公司本期利润或者期后利润的影响;

(三) 公司及控股子公司是否还存在尚未披露的其他诉讼、仲裁事项;

(四) 本所要求的其他内容。

11.1.5 上市公司应当及时披露重大诉讼、仲裁事项的重大进展情况及其对公司的影响,包括但不限于诉讼案件的初审和终审判决结果、仲裁裁决结果以及判决、裁决执行情况等。

第二节 变更募集资金投资项目

11.2.1 上市公司拟变更募集资金投资项目的,应当在董事会形成相关决议后及时披露,并将该事项提交股东大会审议。

11.2.2 上市公司办理变更募集资金投资项目披露事宜,应当向本所提交下列文件:

(一) 公告文稿;

(二) 董事会决议和决议公告文稿;

(三) 独立董事对变更募集资金投资项目的意见;

(四) 监事会对变更募集资金投资项目的意见;

(五) 保荐人对变更募集资金投资项目的意见(如适用);

(六) 关于变更募集资金投资项目的说明;

(七) 新项目的合作意向书或者协议;

(八) 新项目立项机关的批文;

(九) 新项目的可行性研究报告;

(十) 相关证券服务机构的报告;

(十一) 终止原项目的协议;

(十二) 本所要求的其他文件。

公司应当根据新项目的具体情况,向本所提供上述第(七)项至第(十一)项所述全部或者部分文件。

11.2.3 上市公司变更募集资金投资项目的公告应当包括以下内容:

(一) 原项目基本情况及变更的具体原因;

(二) 新项目的基本情况、市场前景和风险提示;

（三）新项目已经取得或者尚待取得有权机关审批的说明（如适用）；

（四）有关募集资金投资项目变更尚需提交股东大会审议的相关说明；

（五）本所要求的其他内容。

新项目涉及购买资产或者对外投资等事项的，还应当比照本规则的相关规定进行披露。

第三节 业绩预告、业绩快报和盈利预测

11.3.1 上市公司预计年度经营业绩将出现下列情形之一的，应当在会计年度结束后一个月内进行业绩预告，预计中期和第三季度业绩将出现下列情形之一的，可以进行业绩预告：

（一）净利润为负值；

（二）净利润与上年同期相比上升或者下降50%以上；

（三）实现扭亏为盈。

11.3.2 上市公司出现第11.3.1条第（二）项情形，且以每股收益作为比较基数较小的，经本所同意可以豁免进行业绩预告：

（一）上一年年度报告每股收益绝对值低于或等于0.05元；

（二）上一期中期报告每股收益绝对值低于或等于0.03元；

（三）上一期年初至第三季度报告期末每股收益绝对值低于或等于0.04元。

11.3.3 上市公司披露业绩预告后，又预计本期业绩与已披露的业绩预告情况差异较大的，应当及时刊登业绩预告更正公告。业绩预告更正公告应当包括以下内容：

（一）预计的本期业绩情况；

（二）预计的本期业绩与已披露的业绩预告存在的差异及造成差异的原因；

（三）董事会的致歉说明和对公司内部责任人的认定情况；

（四）关于公司股票可能被实施或者撤销风险警示、暂停上市、恢复上市或者终止上市的说明（如适用）。

根据注册会计师预审计结果进行业绩预告更正的，还应当说明公司与注册会计师是否存在分歧及分歧所在。

11.3.4 上市公司披露业绩预告或者业绩预告更正公告，应当向本所提交下列文件：

（一）公告文稿；

（二）董事会的有关说明；

（三）注册会计师对公司作出业绩预告或者更正其业绩预告的依据及过程是否适当和审慎的意见（如适用）；

（四）本所要求的其他文件。

11.3.5 上市公司可以在年度报告和中期报告披露前发布业绩快报，披露本

期及上年同期营业收入、营业利润、利润总额、净利润、总资产、净资产、每股收益、每股净资产和净资产收益率等主要财务数据和指标。

公司披露业绩快报时，应当向本所提交下列文件：

（一）公告文稿；

（二）经法定代表人、主管会计工作的负责人、总会计师（如有）、会计机构负责人（会计主管人员）签字并盖章的比较式资产负债表和利润表；

（三）本所要求的其他文件。

11.3.6　上市公司应当保证业绩快报中的财务数据和指标与相关定期报告披露的实际数据和指标不存在重大差异。

在披露定期报告之前，公司若发现有关财务数据和指标的差异幅度将达到10%的，应当及时披露业绩快报更正公告，说明具体差异及造成差异的原因；差异幅度达到20%的，公司还应当在披露相关定期报告的同时，以董事会公告的形式进行致歉，说明对公司内部责任人的认定情况等。

11.3.7　上市公司预计本期业绩与已披露的盈利预测有重大差异的，应当及时披露盈利预测更正公告，并向本所提交下列文件：

（一）公告文稿；

（二）董事会的有关说明；

（三）董事会关于确认更正盈利预测的依据及过程是否适当和审慎的说明；

（四）注册会计师关于盈利预测与实际情况存在重大差异的专项说明；

（五）本所要求的其他文件。

11.3.8　上市公司盈利预测更正公告应当包括以下内容：

（一）预计的本期业绩；

（二）预计本期业绩与已披露的盈利预测存在的差异及造成差异的原因；

（三）董事会的致歉说明和对公司内部责任人的认定情况；

（四）关于公司股票可能被实施或者撤销风险警示、暂停上市、恢复上市或者终止上市的说明（如适用）。

第四节　利润分配和资本公积金转增股本

11.4.1　上市公司应当在董事会审议通过利润分配或资本公积金转增股本方案（以下简称"方案"）后，及时披露方案的具体内容。

11.4.2　上市公司在实施方案前，应当向本所提交下列文件：

（一）方案实施公告；

（二）股东大会决议；

（三）登记公司确认方案具体实施时间的文件；

（四）本所要求的其他文件。

11.4.3　上市公司应当于实施方案的股权登记日前三至五个交易日内披露方

案实施公告。

11.4.4 方案实施公告应当包括以下内容：

（一）通过方案的股东大会届次和日期；

（二）派发现金股利、股份股利、资本公积金转增股本的比例（以每10股表述）、股本基数（按实施前实际股本计算），以及是否含税和扣税情况等；

（三）股权登记日、除权（息）日、新增股份（未完成股权分置改革的上市公司为"新增可流通股份"）上市日；

（四）方案实施办法；

（五）股本结构变动表（按变动前总股本、本次派发红股数、本次转增股本数、变动后总股本、占总股本比例等项目列示）；

（六）派发股份股利、资本公积金转增股本后，按新股本摊薄计算的上年度每股收益或者本年半年度每股收益；

（七）有关咨询办法。

11.4.5 上市公司应当在股东大会审议通过方案后两个月内，完成利润分配及转增股本事宜。

第五节 股票交易异常波动和传闻澄清

11.5.1 股票交易被本所根据有关规定或业务规则认定为异常波动的，上市公司应当于下一交易日披露股票交易异常波动公告。

根据市场发展的需要，本所可以安排公司在非交易日公告。

股票交易异常波动的计算从公告之日起重新开始，公告日为非交易日，从下一交易日起重新开始。

11.5.2 上市公司披露股票交易异常波动公告时，应当向本所提交下列文件：

（一）公告文稿；

（二）董事会的分析说明；

（三）公司问询控股股东及其实际控制人的函件，以及控股股东及其实际控制人的回函；

（四）有助于说明问题真实情况的其他文件。

11.5.3 上市公司股票交易异常波动公告应当包括以下内容：

（一）股票交易异常波动的具体情况；

（二）董事会核实股票交易异常波动的对象、方式和结果，包括公司内外部环境是否发生变化，公司或者控股股东及其实际控制人是否发生或拟发生资产重组、股权转让等重大事项的情况说明；

（三）是否存在应当披露而未披露重大信息的声明；

（四）本所要求的其他内容。

11.5.4　上市公司股价持续异常，可以向本所申请通过公开方式主动与投资者或媒体进行沟通，并于下一交易日披露沟通情况。

11.5.5　公共传媒传播的消息（以下简称"传闻"）可能或者已经对公司股票及其衍生品种交易价格产生较大影响的，上市公司应当及时向本所提供传闻传播的证据，控股股东及其实际控制人确认是否存在影响上市公司股票交易价格的重大事项的回函，并发布澄清公告。

11.5.6　上市公司关于传闻的澄清公告应当包括以下内容：

（一）传闻内容及其来源；

（二）传闻所涉事项的真实情况；

（三）本所要求的其他内容。

第六节　回购股份

11.6.1　上市公司为减少注册资本而进行的回购适用本节规定，其他目的的回购应当遵守中国证监会和本所相关规定。

11.6.2　上市公司应当在董事会审议通过回购股份相关事项后，及时披露董事会决议、回购股份预案，并发布召开股东大会的通知。公司披露的回购股份预案应当至少包括以下事项：

（一）回购股份的目的；

（二）回购股份的方式；

（三）回购股份的价格或价格区间、定价原则；

（四）拟回购股份的种类、数量及其占公司总股本的比例；

（五）拟用于回购股份的资金总额及资金来源；

（六）回购股份的期限；

（七）预计回购股份后公司股权结构的变动情况；

（八）管理层对回购股份对公司经营、财务及未来发展的影响的分析报告。

11.6.3　上市公司应当聘请独立财务顾问就回购股份事宜进行尽职调查，出具独立财务顾问报告，并在股东大会召开五日前公告。

11.6.4　上市公司应当在股东大会召开的三日之前，于本所网站披露：刊登回购股份的董事会决议公告的前一个交易日和股东大会股权登记日登记在册的前十名股东（未完成股权分置改革的上市公司为"前十名流通股股东"）的名称或姓名及持股数量、比例。

11.6.5　上市公司股东大会对回购股份作出决议，应当经出席会议的股东所持表决权的三分之二以上通过。

股东大会作出回购股份决议后，公司应当及时公告并在十日内通知债权人。

11.6.6　上市公司采用竞价方式回购股份的，应当按照下述要求履行信息披露义务：

（一）公司向中国证监会申请撤回以竞价方式回购股份的方案或者收到中国证监会异议函后，应当及时披露相关情况；

（二）在收到中国证监会无异议函后五个交易日内，公告《回购报告书》和法律意见书；

（三）在回购期间，于每个月的前三个交易日内刊登回购进展公告，披露截至上月末的回购进展情况，包括已回购股份总额、购买的最高价和最低价、支付的总金额；

通过竞价方式回购股份占上市公司总股本的比例每增加1%的，应当自该事实发生之日起两个交易日内进行公告，公告内容比照前款要求；

（四）距回购期届满三个月仍未实施回购方案的，董事会应当公告未能实施回购的原因。

11.6.7　前条所述《回购报告书》，应当包括以下内容：

（一）第11.6.2条所列事项；

（二）董事、监事和高级管理人员在股东大会决议公告前六个月内是否存在买卖本公司股票的行为，是否存在单独或者与他人联合进行内幕交易或者市场操纵的说明；

（三）独立财务顾问就本次回购股份出具的结论性意见；

（四）律师事务所就本次回购股份出具的结论性意见；

（五）其他应当说明的事项。

11.6.8　上市公司采用要约方式回购股份的，应当按照下述要求履行信息披露义务：

（一）公司向中国证监会申请撤回以要约方式回购股份的回购方案或收到中国证监会异议函后，应当及时披露相关情况；

（二）在收到中国证监会无异议函后两个交易日内刊登提示性公告，并在实施回购方案前披露《回购报告书》和法律意见书；《回购报告书》的内容，除第11.6.7条的规定外，还应当包括公司对股东预受及撤回要约的方式和程序等事项作出的特别说明；

（三）要约回购有效期内，公司应当委托本所每日在本所网站公告预受和撤回预受要约股份的数量。

11.6.9　上市公司应当通过回购专用账户进行回购。回购期届满或者回购方案已实施完毕的，上市公司应当立即停止回购行为，注销回购专用账户，在两个交易日内刊登回购结果公告。

第七节　吸收合并

11.7.1　上市公司拟与其他公司吸收合并，应当在董事会审议通过合并相关事项后，及时披露董事会决议和有关合并方案的提示性公告。提示性公告应当包括以下内容：

（一）合并方案内容；

（二）合并生效条件；

（三）合并双方的基本情况；

（四）投资者保护措施；

（五）本所要求的其他内容。

11.7.2 上市公司发布召开股东大会通知时，应当披露董事会关于合并预案的说明书，并在召开股东大会前至少发布两次风险提示性公告。合并预案说明书应当包括以下内容：

（一）双方当事人基本情况；

（二）合并方案；

（三）合并动因和董事会同意合并理由；

（四）合并双方技术和财务的分析；

（五）独立财务顾问、律师事务所等证券服务机构的意见；

（六）本所要求的其他内容。

合并预案说明书应当充分揭示合并方案存在的风险因素。

11.7.3 上市公司应当聘请独立财务顾问就合并事宜进行尽职调查，出具独立财务顾问报告，聘请律师事务所就合并方案提出法律意见，并在股东大会召开前五个交易日公告。

11.7.4 上市公司股东大会对合并方案作出决议，应当经出席会议的股东所持表决权的三分之二以上通过。

股东大会作出合并方案决议后，公司应当及时公告并在十日内通知债权人。

11.7.5 上市公司合并方案，经中国证监会核准后，应当及时披露合并报告书摘要、实施合并的提示性公告和实施结果公告。合并完成后，公司应当办理股份变更登记，按本规则第五章规定向本所申请合并后公司股份的上市交易。被合并上市公司按照本规则第十四章规定终止上市。

11.7.6 上市公司分立参照本节的审议程序和信息披露规定执行。

第八节 可转换公司债券涉及的重大事项

11.8.1 发行可转换公司债券的上市公司出现以下情况之一时，应当及时向本所报告并披露：

（一）因发行新股、送股、分立及其他原因引起股份变动，需要调整转股价格，或者依据募集说明书约定的转股价格向下修正条款修正转股价格的；

（二）可转换公司债券转换为股票的数额累计达到可转换公司债券开始转股前公司已发行股份总额10%的；

（三）公司信用状况发生重大变化，可能影响如期偿还债券本息的；

（四）可转换公司债券担保人发生重大资产变动、重大诉讼，或者涉及合并、分立等情况的；

（五）未转换的可转换公司债券面值总额少于3000万元的；

（六）有资格的信用评级机构对可转换公司债券的信用或公司的信用进行评级，并已出具信用评级结果的；

（七）可能对可转换公司债券交易价格产生较大影响的其他重大事项；

（八）中国证监会和本所规定的其他情形。

11.8.2 投资者持有上市公司已发行的可转换公司债券达到可转换公司债券发行总量20%时，应当在该事实发生之日起三日内，以书面形式向本所报告，通知上市公司并予以公告；在上述规定的期限内，不得再行买卖该公司可转换公司债券和股票。

投资者持有上市公司已发行的可转换公司债券达到可转换公司债券发行总量20%后，每增加或者减少10%时，应当依照前款规定履行报告和公告义务。在报告期内和公告后两日内，不得再行买卖该公司的可转换公司债券和股票。

11.8.3 上市公司应当在可转换公司债券约定的付息日前三至五个交易日内披露付息公告；在可转换公司债券期满后两个交易日内披露本息兑付公告。

11.8.4 上市公司应当在可转换公司债券开始转股前三个交易日内披露实施转股的公告。

11.8.5 上市公司应当在满足可转换公司债券赎回条件的下一交易日发布公告，明确披露是否行使赎回权。如决定行使赎回权的，公司还应当在赎回期结束前至少发布三次赎回提示性公告，公告应当载明赎回程序、赎回价格、付款方法、付款时间等内容。

赎回期结束后，公司应当公告赎回结果及其影响。

11.8.6 上市公司应当在满足可转换公司债券回售条件的下一交易日发布回售公告，并在回售期结束前至少发布三次回售提示性公告，公告应当载明回售程序、回售价格、付款方法、付款时间等内容。

回售期结束后，公司应当公告回售结果及其影响。

11.8.7 变更可转换公司债券募集资金投资项目的，上市公司应当在股东大会通过决议后二十个交易日内赋予可转换公司债券持有人一次回售的权利，有关回售公告至少发布三次。其中，在回售实施前、股东大会决议公告后五个交易日内至少发布一次，在回售实施期间至少发布一次，余下一次回售公告的发布时间视需要而定。

11.8.8 上市公司在可转换公司债券转换期结束的二十个交易日前，应当至少发布三次提示性公告，提醒投资者有关在可转换公司债券转换期结束前的十个交易日停止交易的事项。

公司出现可转换公司债券按规定须停止交易的其他情形时，应当在获悉有关情形后及时披露其可转换公司债券将停止交易的公告。

11.8.9 上市公司应当在每一季度结束后及时披露因可转换公司债券转换为股份所引起的股份变动情况。

第九节 权益变动和收购

11.9.1 持有上市公司5%以上股份的股东或实际控制人涉及该上市公司的权益变动或收购的，相关股东、收购人、实际控制人按照《上市公司收购管理办法》履行报告和公告义务的，应当及时通知上市公司。上市公司应当在知悉前述权益变动或收购后，及时发布提示性公告。

11.9.2 因上市公司减少股本导致股东及其一致行动人拥有权益的股份变动达到披露要求的，上市公司应当自完成减少股本变更登记之日起两个交易日内，就因此导致的公司股东权益变动情况作出公告。

11.9.3 上市公司接受股东委托办理股份过户手续的，应当在获悉相关事实后及时公告。

11.9.4 上市公司涉及被要约收购的，应当在收购人公告《要约收购报告书》后二十日内，披露《被收购公司董事会报告书》和独立财务顾问的专业意见。

收购人对收购要约条件作出重大修改的，被收购公司董事会应当在三个交易日内披露董事会和独立财务顾问的补充意见。

11.9.5 上市公司董事、监事、高级管理人员、员工或者其所控制或委托的法人、其他组织、自然人拟对公司进行收购或取得控制权的，公司应当披露非关联董事参与表决的董事会决议、非关联股东参与表决的股东大会决议，以及独立董事和独立财务顾问的意见。

11.9.6 上市公司控股股东向收购人协议转让其所持股份时，控股股东及其关联方未清偿对公司的负债，或未解除公司为其负债提供的担保，或存在损害公司利益的其他情形的，公司董事会应当及时予以披露并提出解决措施。

11.9.7 上市公司实际控制人以及受其控制的股东未履行报告、公告义务的，公司董事会应当自知悉之日起履行报告和公告义务，并督促实际控制人以及受其控制的股东履行报告、公告义务。

11.9.8 上市公司实际控制人及受其控制的股东未履行报告、公告义务，拒不履行相关配合义务，或者实际控制人存在不得收购上市公司的情形的，公司董事会应当拒绝接受实际控制人及受其控制的股东向董事会提交的提案或者临时议案，并向中国证监会和本所报告。

11.9.9 上市公司的收购及相关股份权益变动活动中的信息披露义务人依法披露前，相关信息已在媒体上传播或公司股票交易出现异常的，公司董事会应当立即书面询问有关当事人并及时公告。

11.9.10　上市公司涉及其他上市公司的权益变动或收购的，应当按照《上市公司收购管理办法》履行相关报告、公告义务。

第十节　股权激励

11.10.1　上市公司拟实施股权激励计划，应当严格遵守中国证监会和本所有关股权激励的规定，履行必要的审议程序和报告、公告义务。

11.10.2　上市公司拟实施股权激励计划，应当及时披露董事会审议股权激励计划的决议，中国证监会、国有资产管理机构等对股权激励计划的备案异议、批复情况，股东大会对股权激励计划的决议情况，以及股权激励计划的实施过程，并按本所规定提交相关文件。

11.10.3　上市公司刊登股权激励计划公告时，应当同时在本所网站详细披露各激励对象姓名、职务（岗位）和拟授予限制性股票或股票期权的数量、占股权激励计划拟授予总量的百分比等情况。

11.10.4　上市公司采用限制性股票或股票期权实施股权激励计划的，应当在股东大会审议通过股权激励计划后，及时召开董事会审议并披露股权激励计划是否满足授予条件的结论性意见、授予日、激励对象、激励数量、激励价格，以及对公司当年相关财务状况和经营成果的影响等情况。

股票期权存续期间，股票期权的行权比例、行权价格按照股权激励计划中约定的调整公式进行调整的，公司应当及时披露调整情况。

11.10.5　上市公司拟授予激励对象激励股份的，应向本所提出申请。本所根据公司提交的申请文件，对激励股份授予申请予以确认。公司据此向登记公司提交有关文件，办理激励股份的授予登记，并在授予登记手续完成后及时披露激励股份授予完成公告。

11.10.6　限制性股票满足解除限售条件的，上市公司董事会应当及时审议，并向本所申请解除限售。本所根据公司提交的申请文件，对限制性股票解除限售申请予以确认。公司应当及时披露限制性股票解除限售的情况。

11.10.7　股票期权满足行权条件的，上市公司董事会应当及时审议并披露股票期权是否满足行权条件的结论性意见，以及股票期权行权起止日期、行权股票的来源和预计数量、每一个激励对象持有的本期可行权和拟行权股票期权的数量、尚未符合行权条件的股票期权数量等情况。

股票期权未满足行权条件的，公司应当及时披露未满足行权条件的原因；未满足本期行权条件的，公司董事会应当明确对已授予股票期权的处理措施和相关后续安排。

11.10.8　本所根据上市公司提交的申请文件，对公司股票期权的行权申请予以确认，公司据此向登记公司提交有关文件，办理股票期权行权登记手续，并披露行权结果公告。

11.10.9　股票期权行权所得股份有限售期的,限售期届满,上市公司董事会应当及时审议,并申请限售股份上市、披露解除限售股份的情况。

11.10.10　上市公司实施股权激励计划后,出现激励对象不符合授予条件、离职、继承、死亡等事项,公司应当及时披露对已授予激励对象的限制性股票、股票期权的处理措施、相关后续安排。

第十一节　破　　产

11.11.1　上市公司被法院裁定进入破产程序后,公司股票及其衍生品种应当按照本规则第十三章有关规定予以停牌、复牌和风险警示,公司应当每月披露一次破产程序的进展情况。

11.11.2　上市公司应当在董事会作出向法院申请重整、和解或破产清算的决定时,或者知悉债权人向法院申请公司重整、破产清算时,及时向本所报告并披露以下信息:

(一) 公司作出申请决定的具体原因、正式递交申请的时间 (公司主动申请);

(二) 申请人的基本情况、申请目的、申请的事实和理由 (债权人申请);

(三) 申请重整、和解或破产清算对公司的影响;

(四) 其他需要说明的事项。

公司应当在公告中充分揭示其股票及其衍生品种可能存在被终止上市的风险。

11.11.3　上市公司应当及时披露法院受理重整、和解或破产清算申请的进展情况,包括以下内容:

(一) 法院受理重整、和解或者破产清算申请前,申请人请求撤回申请;

(二) 法院作出不予受理重整、和解或者破产清算申请的裁定时间和主要内容;

(三) 本所要求披露的其他内容。

11.11.4　法院受理重整、和解或者破产清算申请的,上市公司应当及时向本所报告并披露以下内容:

(一) 申请人名称 (债权人申请);

(二) 法院作出受理重整、和解或者破产清算裁定的时间和主要内容;

(三) 法院指定管理人的基本情况 (包括但不限于管理人名称或成员姓名、负责人、职责、履行职责的联系地址和联系方式等);

(四) 公司进入破产程序后信息披露责任人的确定模式和负责人的基本情况 (包括但不限于姓名、联系地址、联系方式等);

(五) 本所要求披露的其他内容。

公司应当在公告中充分揭示其股票及其衍生品种可能存在被终止上市的

风险。

11.11.5 法院受理破产清算申请后、宣告上市公司破产前，上市公司应当就以下所涉事项及时披露相关情况：

（一）公司或者出资额占公司注册资本10%以上的出资人向法院申请重整的时间和理由等；

（二）公司向法院申请和解的时间和理由等；

（三）法院作出同意或者不同意公司重整或和解申请裁定的时间和主要内容；

（四）债权人会议召开计划和召开情况；

（五）法院经审查发现公司不符合《中华人民共和国企业破产法》（以下简称《企业破产法》）规定的情形，作出驳回公司破产申请裁定的时间和主要内容，以及相关申请人是否上诉的情况说明；

（六）本所要求披露的其他事项。

11.11.6 法院裁定重整后，上市公司应当就以下所涉事项及时向本所报告并披露相关情况：

（一）债权申报情况；

（二）向法院和债权人会议提交重整计划草案的时间和草案内容等；

（三）重整计划草案的表决通过和法院批准情况；

（四）法院强制批准重整计划草案情况；

（五）与重整有关的行政许可批准情况；

（六）法院裁定终止重整程序的时间和裁定书内容；

（七）法院裁定宣告公司破产的时间和裁定书内容；

（八）本所要求披露的其他事项。

11.11.7 法院裁定和解后，上市公司应当就以下所涉事项及时向本所报告并披露相关情况：

（一）债权申报情况；

（二）向法院提交和解协议草案的时间和草案内容等；

（三）和解协议草案的表决通过和法院认可情况；

（四）与和解有关的行政许可批准情况；

（五）法院裁定终止和解程序的时间和裁定书内容；

（六）法院裁定宣告公司破产的时间和裁定书内容；

（七）本所要求披露的其他事项。

11.11.8 重整计划、和解协议执行期间，上市公司应当及时披露以下情况：

（一）重整计划、和解协议的执行进展情况；

（二）因公司不能执行或者不执行重整计划或和解协议，法院经管理人或利害关系人请求，裁定宣告公司破产的有关情况；

（三）本所要求披露的其他情况。

11.11.9　上市公司披露上述重整、和解或破产清算情况时，应当按照披露事项所涉情形向本所提交下列文件：

（一）公告文稿；

（二）管理人说明文件；

（三）法院出具的法律文书；

（四）重整计划、和解协议草案；

（五）重整计划、和解协议草案涉及的有权机关的审批文件；

（六）重整计划、和解协议草案涉及的协议书或意向书；

（七）董事会决议；

（八）股东大会决议；

（九）债权人会议决议；

（十）职代会决议；

（十一）律师事务所出具的法律意见书；

（十二）会计师事务所、资产评估机构等证券服务机构出具的专业报告；

（十三）本所要求的其他文件。

11.11.10　进入破产程序的上市公司，除应当及时披露上述信息外，还应当按照本规则和本所其他规定，及时披露定期报告和临时报告。

11.11.11　上市公司采取管理人管理运作模式的，管理人及其成员应当按照《证券法》、最高人民法院、中国证监会和本所有关规定，及时、公平地向所有债权人和股东披露信息，并保证信息披露内容的真实、准确、完整。

公司披露的定期报告应当由管理人成员签署书面意见，披露的临时报告应当由管理人发布并加盖管理人公章。

11.11.12　上市公司采取管理人监督运作模式的，公司董事、监事和高级管理人员应当按照本规则和本所有关规定履行信息披露义务。

管理人应当及时告知公司董事会本节所涉应披露事项和其他应披露的重大事项，并监督公司董事、监事和高级管理人员勤勉尽责地履行信息披露义务。

11.11.13　上市公司进入重整、和解程序后，其重整计划、和解协议涉及增加或减少公司注册资本、发行公司债券、公司合并、公司分立、回购本公司股份、豁免要约收购等事项，应当按照最高人民法院和中国证监会的相关规定履行相应审议程序，并按照本规则和本所有关规定履行信息披露义务。

第十二节　其　　他

11.12.1　上市公司和相关信息披露义务人应当严格遵守承诺事项。公司应当及时将公司承诺事项和相关信息披露义务人承诺事项单独摘出报送本所备案，同时在本所网站披露，并在定期报告中专项披露上述承诺事项的履行情况。

公司未履行承诺的，应当及时披露未履行承诺的原因以及相关董事可能承担的法律责任；相关信息披露义务人未履行承诺的，公司应当主动询问相关信息披露义务人，并及时披露相关信息披露义务人未履行承诺的原因，以及董事会拟采取的措施。

11.12.2 上市公司首次公开发行股票申请或者披露文件存在虚假记载、误导性陈述或者重大遗漏，被中国证监会立案稽查的，在形成案件调查结论前，下列主体应当遵守在公开募集及上市文件或者其他文件中作出的公开承诺，暂停转让其拥有权益的股份：

（一）上市公司控股股东、实际控制人；

（二）上市公司董事、监事、高级管理人员；

（三）持有上市公司首次公开发行前已发行股份的股东；

（四）其他持有法律、行政法规、中国证监会规定、本所规则规定的限售股的股东；

（五）上市公司自愿承诺股份限售的股东。

11.12.3 上市公司发行新股申请或者披露文件，或者构成借壳上市的重大资产重组申请或者相关披露文件出现前条规定情形，被中国证监会立案稽查的，在形成案件调查结论前，下列主体应当遵守在信息披露文件或者其他文件中作出的公开承诺，暂停转让其拥有权益的股份：

（一）上市公司控股股东、实际控制人；

（二）上市公司董事、监事、高级管理人员；

（三）重组方及其一致行动人、上市公司购买资产对应经营实体的股份或者股权持有人；

（四）其他持有法律、行政法规、中国证监会规定、本所规则规定的限售股的股东；

（五）自愿承诺股份限售的股东。

11.12.4 前述第11.12.2条和第11.12.3条规定的相关承诺主体在上市公司收到中国证监会立案稽查通知后即不得再行转让其拥有权益的股份，并应当及时向登记结算机构申请办理暂停股份转让手续。

相关承诺主体未按前款规定办理暂停股份转让手续的，上市公司董事会应当及时核实，并代为办理。

11.12.5 上市公司出现下列使公司面临重大风险的情形之一时，应当及时向本所报告并披露：

（一）发生重大亏损或者遭受重大损失；

（二）发生重大债务或者重大债权到期未获清偿；

（三）可能依法承担重大违约责任或者大额赔偿责任；

（四）计提大额资产减值准备；

（五）公司决定解散或者被有权机关依法责令关闭；

（六）公司预计出现股东权益为负值；

（七）主要债务人出现资不抵债或者进入破产程序，公司对相应债权未提取足额坏账准备；

（八）主要资产被查封、扣押、冻结或者被抵押、质押；

（九）主要或者全部业务陷入停顿；

（十）公司因涉嫌违法违规被有权机关调查，或者受到重大行政、刑事处罚；

（十一）公司法定代表人或者经理无法履行职责，董事、监事、高级管理人员因涉嫌违法违纪被有权机关调查或采取强制措施，或者受到重大行政、刑事处罚；

（十二）本所或者公司认定的其他重大风险情况。

上述事项涉及具体金额的，比照适用第 9.2 条的规定。

11.12.6　上市公司出现第 11.12.5 条第（十）项情形，且因涉嫌首次公开发行股票申请或者披露文件存在虚假记载、误导性陈述或者重大遗漏，或者因涉嫌信息披露文件存在虚假记载、误导性陈述或者重大遗漏，被中国证监会立案稽查的，公司除应当及时披露外，还应当按下列要求披露相关风险提示公告：

（一）每月至少披露一次公司股票可能被暂停上市和终止上市的风险提示公告；

（二）中国证监会、本所或公司董事会认为必要时，披露公司股票可能被暂停上市和终止上市的风险提示公告。

11.12.7　上市公司出现下列情形之一的，应当及时向本所报告并披露：

（一）变更公司名称、股票简称、公司章程、注册资本、注册地址、主要办公地址和联系电话等，其中公司章程发生变更的，还应当将新的公司章程在本所网站上披露；

（二）经营方针和经营范围发生重大变化；

（三）变更会计政策或者会计估计；

（四）董事会就公司发行新股、可转换公司债券或者其他再融资方案形成相关决议；

（五）中国证监会股票发行审核委员会、并购重组委员会，对公司新股、可转换公司债券等再融资方案、重大资产重组方案提出审核意见；

（六）公司法定代表人、经理、董事（含独立董事）或者三分之一以上的监事提出辞职或者发生变动；

（七）生产经营情况、外部条件或者生产环境发生重大变化（包括产品价格、原材料采购价格和方式发生重大变化等）；

（八）订立重要合同，可能对公司的资产、负债、权益和经营成果产生重大影响；

（九）新颁布的法律、行政法规、部门规章、政策可能对公司经营产生重大影响；

（十）聘任或者解聘为公司审计的会计师事务所；

（十一）法院裁定禁止公司控股股东转让其所持本公司股份；

（十二）任一股东所持公司5%以上的股份被质押、冻结、司法拍卖、托管或者设定信托或被依法限制表决权；

（十三）获得大额政府补贴等额外收益，或者发生可能对公司资产、负债、权益或经营成果产生重大影响的其他事项；

（十四）本所或者公司认定的其他情形。

上述事项涉及具体金额的，比照适用第9.2条的规定或本所其他规定。

第十二章 停牌和复牌

12.1 为保证信息披露的及时与公平，本所可以根据实际情况、中国证监会的要求、上市公司申请，决定上市公司股票及其衍生品种的停牌与复牌事宜。

12.2 上市公司发生本章规定的停牌事项，应当向本所申请对其股票及其衍生品种停牌与复牌。

本章未有明确规定的，公司可以本所认为合理的理由，申请对其股票及其衍生品种的停牌与复牌。

12.3 上市公司发行股票及其衍生品种涉及的停牌和复牌事宜，应当遵守本所相关规定。

12.4 上市公司预计应披露的重大信息在披露前已难以保密或者已经泄露，可能或者已经对公司股票及其衍生品种的交易价格产生较大影响的，应当立即向本所申请对其股票及其衍生品种停牌。

12.5 上市公司进行重大资产重组，根据中国证监会和本所相关规定向本所申请停牌的，公司股票及其衍生品种应当按照相关规定停牌与复牌。

12.6 公共传媒中出现上市公司尚未披露的重大信息，可能或者已经对公司股票及其衍生品种的交易价格产生较大影响的，本所可以在交易时间对公司股票及其衍生品种实施停牌，直至公司披露相关公告的当日开市时复牌。公告披露日为非交易日的，则在公告披露后的第一个交易日开市时复牌。

12.7 上市公司财务会计报告被出具非标准无保留审计意见，且意见所涉及的事项属于明显违反会计准则、制度及相关信息披露规范规定的，本所自公司披露定期报告之日起，对公司股票及其衍生品种实施停牌，直至公司按规定作出纠正后复牌。

12.8 上市公司未在中国证监会和本规则规定的期限内披露季度报告，公司股票及其衍生品种应当于报告披露期限届满的下一交易日停牌一天。

公司未在法定期限和本规则规定的期限内披露年度报告或者中期报告，公司股票及其衍生品种应当停牌，直至公司披露相关定期报告的当日开市时复牌。公告披露日为非交易日的，则在公告披露后的第一个交易日开市时复牌。公司因未披露年度报告或者中期报告的停牌期限不超过两个月。停牌期间，公司应当至少发布三次风险提示公告。

公司未披露季度报告的同时存在未披露年度报告或者中期报告情形的，公司股票及其衍生品种应当按照前款和第十三章的有关规定停牌与复牌。

12.9 上市公司财务会计报告因存在重大会计差错或者虚假记载，被中国证监会责令改正但未在规定期限内改正的，公司股票及其衍生品种应当停牌，直至公司披露改正后的财务会计报告当日开市时复牌。公告披露日为非交易日的，则在公告披露后的第一个交易日开市时复牌。

公司因未按要求改正财务会计报告的停牌期限不超过两个月。停牌期间，公司应当至少发布三次风险提示公告。

12.10 上市公司的定期报告或者临时报告披露不够充分、完整或者可能误导投资者，但拒不按要求就有关内容进行解释或者补充披露的，本所可以对公司股票及其衍生品种实施停牌，直至公司披露相关公告的当日开市时复牌。公告披露日为非交易日的，则在公告披露后的第一个交易日开市时复牌。

12.11 上市公司在公司运作和信息披露方面涉嫌违反法律、行政法规、部门规章、其他规范性文件、本规则或本所其他有关规定，情节严重而被有关部门调查的，本所在调查期间视情况决定公司股票及其衍生品种的停牌和复牌。

12.12 上市公司严重违反本规则且在规定期限内拒不按要求改正的，本所对公司股票及其衍生品种实施停牌，并视情况决定复牌。

12.13 上市公司因某种原因使本所失去关于公司的有效信息来源，本所可以对公司股票及其衍生品种实施停牌，直至上述情况消除后复牌。

12.14 上市公司因股权分布发生变化导致连续二十个交易日不具备上市条件的，本所将于前述交易日届满的下一交易日起对公司股票及其衍生品种实施停牌。公司在停牌后一个月内向本所提交解决股权分布问题的方案。本所同意其实施解决股权分布问题的方案的，公司应当公告本所决定并提示相关风险。自公告披露日的下一交易日起，公司股票及其衍生品种复牌并被本所实施退市风险警示。

12.15 上市公司因收购人履行要约收购义务，或收购人以终止上市公司上市地位为目的而发出全面要约的，要约收购期满至要约收购结果公告前，公司股票及其衍生品种应当停牌。

根据收购结果，被收购上市公司股权分布具备上市条件的，公司股票及其衍生品种应当于要约结果公告日开市时复牌；股权分布不具备上市条件的，且收购人以终止上市公司上市地位为目的的，公司股票及其衍生品种应当于要约结果公告日继续停牌，直至本所终止其股票及其衍生品种上市；股权分布不具备上市条件，但收购人不以终止上市公司上市地位为目的的，可以在五个交易日内向本所提交解决股权分布问题的方案，并参照第 12.14 条规定处理。

12.16　上市公司在股票及其衍生品种被实施停牌期间，应当每五个交易日披露一次未能复牌的原因（本规则另有规定的除外）。

12.17　上市公司股票被本所实行风险警示的，公司股票及其衍生品种还应当按照本规则第十三章的有关规定停牌和复牌。

12.18　上市公司出现第 14.1.1 条、第 14.1.11 条规定的情形之一，或者发生重大事项而影响其上市资格的，公司股票及其衍生品种还应当按照本规则第十四章的有关规定停牌和复牌。

12.19　发行可转换公司债券的上市公司涉及下列事项时，应当向本所申请暂停可转换公司债券的转股：

（一）主动向下修正转股价格；

（二）实施利润分配或者资本公积金转增股本方案；

（三）中国证监会和本所认为应当停牌或者暂停转股的其他事项。

12.20　可转换公司债券出现下列情形之一的，本所按照下列规定停止可转换公司债券的交易：

（一）可转换公司债券流通面值总额少于 3000 万元，且上市公司发布相关公告三个交易日后；

公司行使赎回权期间发生前述情形的，可转换公司债券不停止交易；

（二）可转换公司债券自转换期结束之前的第十个交易日起；

（三）中国证监会和本所认为必须停止交易的其他情况。

第十三章　风　险　警　示

第一节　一　般　规　定

13.1.1　上市公司出现财务状况异常情况或者其他异常情况，导致其股票存在被终止上市的风险，或者投资者难以判断公司前景，投资者权益可能受到损害的，本所对该公司股票实施风险警示。

13.1.2　本章所称风险警示分为警示存在终止上市风险的风险警示（以下简称"退市风险警示"）和警示存在其他重大风险的其他风险警示。

13.1.3　本所设立风险警示板，上市公司股票被实施风险警示或者处于退市整理期的，进入该板进行交易。

风险警示板的具体事项，由本所另行规定。

13.1.4　上市公司股票被实施退市风险警示的，在公司股票简称前冠以"*ST"字样，以区别于其他股票。

上市公司股票被实施其他风险警示的，在公司股票简称前冠以"ST"字样，以区别于其他股票，但本所另有规定的除外。

13.1.5 上市公司股票被实施风险警示后，本所可以对公司实施差异化的上市年费标准。

第二节 退市风险警示

13.2.1 上市公司出现以下情形之一的，本所对其股票实施退市风险警示：

（一）最近两个会计年度经审计的净利润连续为负值或者被追溯重述后连续为负值；

（二）最近一个会计年度经审计的期末净资产为负值或者被追溯重述后为负值；

（三）最近一个会计年度经审计的营业收入低于 1000 万元或者被追溯重述后低于 1000 万元；

（四）最近一个会计年度的财务会计报告被会计师事务所出具无法表示意见或者否定意见的审计报告；

（五）因财务会计报告存在重大会计差错或者虚假记载，被中国证监会责令改正但未在规定期限内改正，且公司股票已停牌两个月；

（六）未在法定期限内披露年度报告或者中期报告，且公司股票已停牌两个月；

（七）因第 12.14 条股权分布不具备上市条件，公司在规定的一个月内向本所提交解决股权分布问题的方案，并获得本所同意；

（八）因首次公开发行股票申请或者披露文件存在虚假记载、误导性陈述或者重大遗漏，致使不符合发行条件的发行人骗取了发行核准，或者对新股发行定价产生了实质性影响，受到中国证监会行政处罚，或者因涉嫌欺诈发行罪被依法移送公安机关（以下简称"欺诈发行"）；

（九）因信息披露文件存在虚假记载、误导性陈述或者重大遗漏，受到中国证监会行政处罚，并且因违法行为性质恶劣、情节严重、市场影响重大，在行政处罚决定书中被认定构成重大违法行为，或者因涉嫌违规披露、不披露重要信息罪被依法移送公安机关（以下简称"重大信息披露违法"）；

（十）公司可能被依法强制解散；

（十一）法院依法受理公司重整、和解或者破产清算申请；

（十二）本所认定的其他情形。

13.2.2 上市公司预计将出现第 13.2.1 条第（一）项至第（四）项情形之一的，应当在相应的会计年度结束后一个月内，发布股票可能被实施退市风险警示的风险提示公告，并在披露年度报告前至少再发布两次风险提示公告。

13.2.3 上市公司应当在其股票被实施退市风险警示的前一个交易日发布公

告。公告应当包括以下内容：

（一）股票的种类、简称、证券代码以及实施退市风险警示的起始日；

（二）实施退市风险警示的原因；

（三）公司董事会关于争取撤销退市风险警示的意见及具体措施；

（四）股票可能被暂停或者终止上市的风险提示；

（五）实施退市风险警示期间公司接受投资者咨询的主要方式；

（六）中国证监会和本所要求的其他内容。

13.2.4 上市公司出现第13.2.1条第（一）项至第（四）项情形之一的，应当在董事会审议通过年度报告或者财务会计报告更正事项后及时向本所报告，提交董事会的书面意见，并申请其股票及其衍生品种于年度报告或者财务会计报告更正公告披露日起开始停牌。披露日为非交易日的，于下一交易日起开始停牌。

本所在公司股票停牌起始日后的五个交易日内，根据实际情况，对公司股票实施退市风险警示。公司应按照本所要求在其股票被实施退市风险警示的前一个交易日发布公告。

公司股票及其衍生品种自公告披露日的下一交易日起复牌。自复牌之日起，本所对公司股票实施退市风险警示。

13.2.5 上市公司出现第13.2.1条第（五）项或者第（六）项情形的，公司股票及其衍生品种自停牌两个月届满的下一交易日起复牌。自复牌之日起，本所对公司股票实施退市风险警示。

在股票被实施退市风险警示期间，公司应当每五个交易日发布一次风险提示公告。

13.2.6 上市公司出现第13.2.1条第（七）项情形的，公司应当于交易日披露已经本所同意的对其股权分布问题的解决方案并提示相关风险。

公司股票及其衍生品种自公告披露日的下一交易日起复牌。自复牌之日起，本所对公司股票实施退市风险警示。

13.2.7 上市公司出现第13.2.1条第（八）项或者第（九）项情形的，公司应当于知悉被中国证监会行政处罚或移送公安机关决定当日立即向本所申请公司股票及其衍生品种停牌，并及时披露决定的有关内容。

上市公司未按前款规定申请停牌并披露的，本所在接到中国证监会相关通知后，及时对公司股票及其衍生品种实施停牌。

本所在公司股票停牌起始日后的五个交易日内，根据实际情况，对公司股票实施退市风险警示。公司应按照本所要求在其股票被实施退市风险警示的前一个交易日发布公告。

公司股票及其衍生品种自公告披露日的下一交易日起复牌。自复牌之日起，本所对公司股票实施退市风险警示。

13.2.8　上市公司股票因第13.2.1条第（八）项、第（九）项情形被实施退市风险警示后，公司应当每五个交易日披露一次风险提示公告，提示其股票可能被暂停或者终止上市的风险。

13.2.9　上市公司股票因第13.2.1条第（八）项、第（九）项情形被实施退市风险警示的，自其被实施退市风险警示之日起继续交易三十个交易日。

公司股票全天停牌的，停牌期间不计入前款规定的交易期间，但停牌期间累计不得超过五个交易日。

13.2.10　上市公司出现第13.2.1条第（十）项情形的，应当于知悉当日立即向本所报告，公司股票及其衍生品种于本所知悉该事项后停牌，直至公司披露相关公告后的下一交易日起复牌。自复牌之日起，本所对公司股票实施退市风险警示。

13.2.11　上市公司出现第13.2.1条第（十一）项情形的，应当在收到法院受理公司重整、和解或者破产清算申请裁定的当日向本所报告并于下一交易日公告，公告披露日公司股票及其衍生品种停牌一天。自复牌之日起，本所对公司股票实施退市风险警示。

13.2.12　上市公司股票因第13.2.1条第（十一）项情形被实施退市风险警示的，本所自实施退市风险警示二十个交易日届满的下一交易日起，对公司股票及其衍生品种实施停牌。

13.2.13　上市公司股票及其衍生品种因第13.2.12条被停牌的，公司应当自法院裁定批准公司重整计划、和解协议，或终止重整、和解程序时，向本所申请复牌，并于交易日披露法院裁定书的内容，公司股票及其衍生品种于公告披露日复牌。

13.2.14　上市公司最近一个会计年度审计结果表明第13.2.1条第（一）项至第（四）项情形已经消除的，公司应当在董事会审议通过年度报告后及时向本所报告并披露年度报告，同时可以向本所申请撤销对其股票实施的退市风险警示。

13.2.15　上市公司股票因第13.2.1条第（五）项或者第（六）项情形被实施退市风险警示后两个月内上述情形消除的，公司可以向本所申请撤销对其股票实施的退市风险警示。

13.2.16　上市公司股票因第13.2.1条第（七）项被本所实施退市风险警示的，在六个月内完成解决股权分布问题的方案且其股权分布具备上市条件的，可以向本所申请撤销对其股票实施的退市风险警示。

13.2.17　上市公司因出现第13.2.1条第（八）项或者第（九）项情形，其股票被实施退市风险警示后，在本所作出暂停上市决定前，符合下列情形之一的，可以向本所申请撤销对其股票实施的退市风险警示：

（一）行政处罚决定被依法撤销或者确认无效，且中国证监会未再作出第

13.2.1条第（八）项、第（九）项规定的行政处罚，或者因对违法行为性质的认定发生根本性变化，行政处罚决定被依法变更；

（二）公安机关决定不予立案或者撤销案件，或者人民检察院作出不起诉决定，或者人民法院作出无罪判决或者免予刑事处罚，且中国证监会未作出第13.2.1条第（八）项、第（九）项规定的行政处罚。

13.2.18　上市公司股票因第13.2.1条第（十一）项情形被实施退市风险警示后，出现以下情形之一的，公司可以向本所申请撤销对其股票实施的退市风险警示：

（一）重整计划执行完毕；

（二）和解协议执行完毕；

（三）法院受理破产申请后至破产宣告前，依据《企业破产法》作出驳回破产申请的裁定，且申请人在法定期限内未提起上诉；

（四）法院受理破产申请后至破产宣告前，依据《企业破产法》作出终结破产程序的裁定。

公司因上述第（一）、（二）项情形向本所申请撤销对其股票实施的退市风险警示，应当提交法院指定管理人出具的监督报告、律师事务所出具的对公司重整计划或和解协议执行情况的法律意见书，以及本所要求的其他说明文件。

13.2.19　上市公司股票因第13.2.1条第（十）项或者第（十二）项被本所实施退市风险警示的情形已消除，可以向本所申请撤销对其股票实施的退市风险警示。

13.2.20　上市公司向本所提交撤销对其股票实施退市风险警示的申请后，应当在下一交易日作出公告。

本所于收到上市公司申请之日后的五个交易日内，根据实际情况，决定是否撤销对其股票实施的退市风险警示。

13.2.21　本所决定撤销退市风险警示的，上市公司应当按照本所要求在撤销退市风险警示之前一个交易日作出公告。

公司股票及其衍生品种在公告披露日停牌一天，本所自复牌之日起撤销对公司股票实施的退市风险警示。

13.2.22　本所决定不予撤销退市风险警示的，上市公司应当在收到本所有关书面通知的下一交易日作出公告。公司未按规定公告的，本所可以交易所公告的形式予以公告。

第三节　其他风险警示

13.3.1　上市公司出现以下情形之一的，本所对其股票实施其他风险警示：

（一）被暂停上市的公司股票恢复上市后或者被终止上市的公司股票重新上市后，公司尚未发布首份年度报告；

（二）生产经营活动受到严重影响且预计在三个月内不能恢复正常；

（三）主要银行账号被冻结；

（四）董事会会议无法正常召开并形成决议；

（五）公司被控股股东及其关联方非经营性占用资金或违反规定决策程序对外提供担保，情形严重的；

（六）中国证监会或本所认定的其他情形。

13.3.2　上市公司出现第13.3.1条第（一）项情形的，本所自公司股票恢复上市或者重新上市之日起，对其实施其他风险警示。

上市公司出现第13.3.1条第（二）项至第（六）项情形之一的，应当在事实发生之日及时向本所报告，提交董事会的书面意见，并申请其股票及其衍生品种于事实发生下一交易日起开始停牌。本所在收到公司报告之日后的五个交易日内，根据实际情况，对公司股票实施其他风险警示。

13.3.3　上市公司应当按照本所要求在其股票被实施其他风险警示的前一个交易日作出公告，公告内容参照第13.2.3条的规定。

公司股票及其衍生品种自公告披露日的下一交易日起复牌，本所自复牌之日起对公司股票实施其他风险警示。

13.3.4　上市公司股票因第13.3.1条第（五）项被实施其他风险警示的，在被实施其他风险警示期间，公司应当至少每月发布一次提示性公告，披露资金占用或违规对外担保的解决进展情况。

13.3.5　上市公司股票因第13.3.1条第（一）项被实施其他风险警示，公司已披露恢复上市或者重新上市后的首份年度报告的，可以向本所申请撤销对其股票实施的其他风险警示。

13.3.6　上市公司股票因第13.3.1条第（二）项、第（三）项、第（四）项或者第（六）项被实施其他风险警示的情形已消除的，可以向本所申请撤销对其股票实施的其他风险警示。

13.3.7　上市公司股票因第13.3.1条第（五）项被实施其他风险警示后，会计师事务所出具的专项审核报告和独立董事发表的独立意见显示资金占用事项已消除的，或者公司董事会决议说明违规担保事项已解除或相应审议程序已追认的，公司可以向本所申请撤销对其股票实施的其他风险警示。

13.3.8　上市公司股票因第13.2.1条或者第13.3.1条被实施退市风险警示或者其他风险警示的，在风险警示期间，公司根据中国证监会相关规定进行重大资产重组且同时满足以下条件的，可以向本所申请撤销对其股票实施的退市风险警示或者其他风险警示：

（一）根据中国证监会有关上市公司重大资产重组规定，出售全部经营性资产和负债，同时购买其他资产且已实施完毕；

（二）通过购买进入公司的资产是一个完整经营主体，该经营主体在进入公司前已在同一管理层之下持续经营三年以上；

（三）本次购入的资产最近一个会计年度经审计净利润为正值；

（四）经会计师事务所审核的盈利预测显示，公司完成本次重组后盈利能力增强，经营业绩明显改善；

（五）本所规定的其他条件。

13.3.9 上市公司向本所提交撤销对其股票实施的其他风险警示的申请后，应当在下一交易日作出公告。

本所于收到上市公司申请后的五个交易日内，根据实际情况，决定是否撤销对其股票实施的其他风险警示。

13.3.10 本所决定撤销其他风险警示的，上市公司应当按照本所要求在撤销其他风险警示的前一个交易日作出公告。

公司股票及其衍生品种在公告披露日停牌一天。本所自复牌之日起撤销对公司股票实施的其他风险警示。

13.3.11 本所决定不予撤销其他风险警示的，上市公司应当在收到本所有关书面通知后的下一交易日作出公告。公司未按规定公告的，本所可以交易所公告的形式予以公告。

第十四章 暂停、恢复、终止和重新上市

第一节 暂停上市

14.1.1 上市公司出现下列情形之一的，由本所决定暂停其股票上市：

（一）因最近两个会计年度的净利润触及第13.2.1条第（一）项规定的标准，其股票被实施退市风险警示后，公司披露的最近一个会计年度经审计的净利润继续为负值；

（二）因最近一个会计年度的净资产触及第13.2.1条第（二）项规定的标准，其股票被实施退市风险警示后，公司披露的最近一个会计年度经审计的期末净资产继续为负值；

（三）因最近一个会计年度的营业收入触及第13.2.1条第（三）项规定的标准，其股票被实施退市风险警示后，公司披露的最近一个会计年度经审计的营业收入继续低于1000万元；

（四）因最近一个会计年度的审计意见类型触及第13.2.1条第（四）项规定的标准，其股票被实施退市风险警示后，公司披露的最近一个会计年度的财务会计报告被会计师事务所出具无法表示意见或者否定意见的审计报告；

（五）因未在规定期限内改正财务会计报告中的重大差错或者虚假记载触及第13.2.1条第（五）项规定的标准，其股票被实施退市风险警示后，公司在两

个月内仍未按要求改正财务会计报告；

（六）因未在法定期限内披露年度报告或者中期报告触及第 13.2.1 条第（六）项规定的标准，其股票被实施退市风险警示后，公司在两个月内仍未披露应披露的年度报告或者中期报告；

（七）公司股本总额发生变化不具备上市条件；

（八）因第 12.14 条股权分布发生变化不具备上市条件，其股票被实施停牌后，未在停牌后一个月内向本所提交解决股权分布问题的方案，或者提交了方案但未获本所同意，或者因股权分布发生变化不具备上市条件触及第 13.2.1 条第（七）项规定的标准，其股票被实施退市风险警示后，公司在六个月内其股权分布仍不具备上市条件；

（九）因出现第 13.2.1 条第（八）项规定的欺诈发行情形，其股票被实施退市风险警示后交易满三十个交易日；

（十）因出现第 13.2.1 条第（九）项规定的重大信息披露违法情形，其股票被实施退市风险警示后交易满三十个交易日；

（十一）本所认定的其他情形。

14.1.2 上市公司因净利润、净资产、营业收入或者审计意见类型触及第 13.2.1 条第（一）项至第（四）项规定的标准，其股票被实施退市风险警示的，应当在其股票被实施退市风险警示当年的会计年度结束后一个月内，发布股票可能被暂停上市的风险提示公告，并在披露该年年度报告前至少再发布两次风险提示公告。

14.1.3 上市公司出现第 14.1.1 条第（一）项至第（四）项情形之一的，应当在董事会审议通过年度报告后及时向本所报告并披露年度报告，提交董事会的书面意见。公司在披露年度报告的同时，应当再次发布股票将被暂停上市的风险提示公告，并申请其股票及其衍生品种于年度报告披露日起开始停牌。披露日为非交易日的，于下一交易日起开始停牌。

本所在公司股票停牌起始日后的十五个交易日内作出是否暂停其股票上市的决定。

14.1.4 上市公司出现第 14.1.1 条第（五）项或者第（六）项情形的，本所自两个月届满的下一交易日起对公司股票及其衍生品种实施停牌，并在停牌起始日后的十五个交易日内作出是否暂停其股票上市的决定。

14.1.5 上市公司出现第 14.1.1 条第（七）项或者第（八）项情形的，本所自规定限期届满的下一交易日起对公司股票及其衍生品种实施停牌，并在停牌起始日后的十五个交易日内作出是否暂停其股票上市的决定。

14.1.6 上市公司出现第 14.1.1 条第（九）项或者第（十）项情形的，本所自其股票被实施退市风险警示后交易满三十个交易日的下一个交易日起对公司股票及其衍生品种实施停牌，并在公司股票停牌起始日后的十五个交易日内作出是否暂停其股票上市的决定。

14.1.7　本所上市委员会对股票暂停上市事宜进行审议，作出独立的专业判断并形成审核意见。

本所根据上市委员会的审核意见，作出是否暂停股票上市的决定。

14.1.8　本所在作出暂停其股票上市的决定之日后两个交易日内通知上市公司并发布公告，同时报中国证监会备案。

14.1.9　上市公司应当在收到本所暂停其股票上市的决定后及时披露股票暂停上市公告。股票暂停上市公告应当包括以下内容：

（一）暂停上市的股票种类、简称、证券代码以及暂停上市起始日；

（二）股票暂停上市决定的主要内容；

（三）董事会关于争取恢复股票上市的意见及具体措施；

（四）股票可能被终止上市的风险提示；

（五）暂停上市期间公司接受投资者咨询的主要方式；

（六）中国证监会和本所要求的其他内容。

14.1.10　股票暂停上市期间，公司应当继续履行上市公司的有关义务，并及时披露为恢复其股票上市所采取的措施及有关工作的进展情况。

14.1.11　上市公司出现下列情形之一的，由本所决定暂停其可转换公司债券上市：

（一）公司有重大违法行为；

（二）公司情况发生重大变化不符合可转换公司债券上市条件；

（三）发行可转换公司债券所募集的资金不按照核准的用途使用；

（四）未按照可转换公司债券募集办法履行义务；

（五）公司最近两年连续亏损；

（六）因公司存在第14.1.1条情形其股票被本所暂停上市；

（七）本所认为应当暂停其可转换公司债券上市的其他情形。

14.1.12　可转换公司债券暂停上市事宜，参照本节股票暂停上市的有关规定执行。

14.1.13　上市公司股票被暂停上市后，本所可以对公司实施差异化的上市年费标准。

第二节　恢复上市

14.2.1　上市公司因净利润、净资产、营业收入或者审计意见类型触及第14.1.1条第（一）项至第（四）项规定的标准，其股票被暂停上市后，向本所提出恢复上市申请的，应当同时符合下列条件：

（一）在法定期限内披露了最近一年年度报告；

（二）最近一个会计年度经审计的扣除非经常性损益前后的净利润均为正值；

（三）最近一个会计年度经审计的营业收入不低于 1000 万元；

（四）最近一个会计年度经审计的期末净资产为正值；

（五）最近一个会计年度的财务会计报告未被会计师事务所出具保留意见、无法表示意见或者否定意见的审计报告；

（六）保荐机构经核查后发表明确意见，认为公司具备持续经营能力；

（七）保荐机构经核查后发表明确意见，认为公司具备健全的公司治理结构、运作规范、无重大内控缺陷；

（八）不存在本规则规定的暂停上市或者终止上市情形；

（九）本所认为需具备的其他条件。

符合前款规定条件的上市公司可以在最近一年年度报告披露后的五个交易日内，以书面形式向本所提出恢复上市的申请。

14.2.2 上市公司因未在规定期限内改正财务会计报告中的重大差错或者虚假记载触及第 14.1.1 条第（五）项规定的标准，或者因未在规定期限内披露年度报告或者中期报告触及第 14.1.1 条第（六）项规定的标准，其股票被暂停上市的，在暂停上市后两个月内披露了改正后的财务会计报告或相关定期报告，可以在披露之日后的五个交易日内，以书面形式向本所提出恢复上市的申请。

14.2.3 上市公司因出现第 14.1.1 条第（七）项规定的股本总额发生变化不具备上市条件情形，其股票被暂停上市，在本所规定的期限内上述情形已消除的，可以在事实发生之日后的五个交易日内，以书面形式向本所提出恢复上市的申请。

14.2.4 上市公司因股权分布发生变化不具备上市条件触及第 14.1.1 条第（八）项规定的标准，其股票被暂停上市的，在暂停上市后六个月内，其股权分布重新具备上市条件的，可以在事实发生之日后的五个交易日内，以书面形式向本所提出恢复上市的申请。

14.2.5 上市公司因第 14.1.1 条第（九）项规定的欺诈发行或者第（十）项规定的重大信息披露违法情形，其股票被暂停上市后，在本所作出终止其股票上市决定前，出现第 13.2.17 条规定的情形之一的，本所在收到相关法律文书后五个交易日内，作出撤销原暂停公司股票上市的决定。

上市公司应当在收到前款规定的相关法律文书后及时发布公告，并说明公司是否准备按规定向本所申请恢复上市。

14.2.6 上市公司出现第 14.2.5 条规定情形的，可以在五个交易日内以书面形式向本所提出恢复上市的申请。公司应当在提出申请后，及时发布相关公告。

前述上市公司同时触及本规则规定的欺诈发行和重大信息披露违法之外的风险警示、暂停上市或者终止上市情形的，本所对其股票相应予以实施风险警示、继续暂停上市或者终止上市。

14.2.7 上市公司因第 14.1.1 条第（十）项规定的重大信息披露违法情形，其股票被暂停上市后，在本所作出终止其股票上市决定前，同时符合下列条件的，公司可以在五个交易日内以书面形式向本所提出恢复上市的申请：

（一）已全面纠正重大违法行为并符合下列要求：

1. 公司已就重大信息披露违法行为所涉事项披露补充或更正公告；
2. 对重大信息披露违法行为的责任追究已处理完毕；
3. 公司已就重大信息披露违法行为所涉事项补充履行相关决策程序；
4. 公司控股股东、实际控制人等相关责任主体，对公司因重大信息披露违法行为发生的损失已作出补偿；
5. 重大信息披露违法行为可能引发的与公司相关的风险因素已消除。

（二）已撤换下列与重大信息披露违法行为有关的责任人员：

1. 被人民法院判决有罪的有关人员；
2. 被中国证监会行政处罚的有关人员；
3. 被中国证监会依法移送公安机关立案调查的有关人员；
4. 中国证监会、本所认定的与重大信息披露违法行为有关的其他责任人员。

（三）已对相关民事赔偿承担做出妥善安排并符合下列要求：

1. 相关赔偿事项已由人民法院作出判决的，该判决已执行完毕；
2. 相关赔偿事项未由人民法院作出判决，但已达成和解的，该和解协议已执行完毕；
3. 相关赔偿事项未由人民法院作出判决，且也未达成和解的，公司及相关责任主体已按预计最高索赔金额计提赔偿基金，并将足额资金划入专项账户，且公司的控股股东和实际控制人已承诺：若赔偿基金不足赔付，其将予以补足。

（四）不存在本规则规定的暂停上市或者终止上市情形。

（五）公司聘请的恢复上市保荐机构、律师已对前述四项条件所述情况进行核查验证，并出具专项核查意见，明确认定公司已完全符合前述四项条件。

公司应当在提出申请后，及时发布相关公告。

14.2.8 上市公司申请恢复上市，应当聘请具有主办券商业务资格的保荐人保荐。

保荐人应当对公司恢复上市申请材料的真实性、准确性和完整性进行核查，在确信公司具备恢复上市条件后出具恢复上市保荐书，并保证承担连带责任。

保荐人应当在规定期限内如实回复本所就公司恢复上市事项提出的问询，并提供相应补充文件。

14.2.9 保荐人在核查过程中，应当至少从以下三个方面对上市公司的有关情况予以充分关注和尽职核查，并出具核查报告：

（一）规范运作：包括但不限于人员、资产、财务的独立性，关联交易是否公允，重大出售或者收购资产的行为是否规范，重组后的业务方向以及经营状况是否发生实质性变化，与实际控制人之间是否存在同业竞争等；

（二）财务会计：包括但不限于收入确认、非经常性损益的确认是否合规，会计师事务所出具的非标准无保留审计意见所涉及事项对公司是否构成重大影响，公司对明显违反会计准则、制度及相关信息披露规范规定的事项进行纠正和调整的情况等；

（三）或有风险：包括但不限于资产出售、抵押、置换、委托经营、重大对外担保、重大诉讼和仲裁事项（适用本规则有关累计计算的规定），以及上述事项对公司生产经营所产生的影响等。

对于公司存在的各种不规范行为，保荐人应当要求公司改正。公司未按要求改正的，保荐人应当拒绝为其出具恢复上市保荐书。

14.2.10 保荐人对因第 14.2.2 条情形申请恢复上市的公司进行尽职核查时，除前条要求外，还应当对上市公司内部控制制度是否健全有效，是否存在重大缺陷予以关注，并在核查报告中作出说明。

14.2.11 保荐人对因第 14.2.3 条、第 14.2.4 条情形申请恢复上市的公司进行尽职核查时，应当对公司提出的股本总额问题、股权分布问题解决方案是否合法合规、导致公司被暂停上市的情形是否已完全消除等情况予以充分关注，并在核查报告中作出说明。

14.2.12 保荐人出具的恢复上市保荐书应当包括以下内容：

（一）公司的基本情况；

（二）公司存在的主要风险以及原有风险是否已经消除的说明；

（三）对公司发展前景的评价；

（四）核查报告的主要内容；

（五）公司是否完全符合恢复上市条件及其依据的说明；

（六）无保留且表述明确的保荐意见及其理由；

（七）保荐人和相关保荐代表人具备相应保荐资格以及保荐人内部审核程序的说明；

（八）保荐人是否存在可能影响其公正履行保荐职责的情形的说明；

（九）保荐人比照有关规定作出的承诺；

（十）对公司持续督导期间的工作安排；

（十一）保荐人和相关保荐代表人的联系地址、电话和其他通讯方式；

（十二）保荐人认为应当说明的其他事项；

（十三）中国证监会和本所要求的其他内容。

上市公司根据第 14.2.1 条向本所提出恢复上市申请的，保荐人的保荐书还应当根据第 14.2.1 条第一款第（六）项和第（七）项的规定发表明确意见。

恢复上市保荐书应当由保荐人的法定代表人（或者授权代表）和相关保荐代表人签字，注明日期并加盖保荐人公章。

14.2.13 上市公司申请其股票恢复上市的，应当聘请律师对恢复上市申请的合法性、合规性以及相关申请材料的真实性、准确性和完整性进行核查验证，就公司是否具备恢复上市条件出具法律意见书，并承担相应的法律责任。

14.2.14 前条所述法律意见书应当包括以下内容及相关结论性意见：

（一）公司的主体资格；

（二）公司是否符合恢复上市的实质条件；

（三）公司的业务及发展目标；

（四）公司治理结构和规范运作情况；

（五）关联交易和同业竞争；

（六）公司的主要财产；

（七）重大债权、债务；

（八）重大资产变化和收购兼并情况；

（九）公司纳税情况；

（十）重大诉讼、仲裁；

（十一）公司受到的行政处罚；

（十二）律师认为需要说明的其他问题。

律师就上述事项发表的有关结论性意见，应当包括是否合法合规、是否真实有效、是否存在纠纷或者潜在风险等。

14.2.15 上市公司提出恢复上市申请时，应当向本所提交下列文件：

（一）恢复上市申请书；

（二）董事会关于公司符合恢复上市条件，同意申请恢复上市的决议；

（三）董事会关于公司在暂停上市期间为恢复上市所做主要工作的报告；

（四）管理层从公司主营业务、经营活动、财务状况、或有事项、期后事项和其他重大事项等角度，对公司所实现的盈利情况、公司经营能力和盈利能力的持续性、稳定性作出的分析报告；

（五）关于公司重大资产重组方案的说明，包括重大资产重组的内部决策程序、资产交接、相关收益的确认、实施结果及相关证明文件等；

（六）关于公司最近一个会计年度的重大关联交易事项的说明，包括相关内部决策程序、协议主要内容、履行情况和实施结果以及相关证明文件等；

（七）关于公司最近一个会计年度纳税情况的说明；

（八）年度报告和审计报告原件；

（九）保荐人出具的恢复上市保荐书和保荐协议；

（十）法律意见书；

（十一）董事会对非标准无保留审计意见涉及事项的说明（如适用）；

（十二）会计师事务所和注册会计师关于出具非标准无保留审计意见的说明（如适用）；

（十三）本所要求的其他文件。

公司应当在向本所提出恢复上市申请后下一交易日发布相关公告。

14.2.16　本所在收到上市公司提交的恢复上市申请文件之日后五个交易日内，作出是否受理的决定并通知公司。

公司提交的申请文件不符合前条要求，或者虽提交申请文件但明显不符合本节规定的恢复上市申请条件的，本所不受理其申请，并在作出不予受理决定之日后的十五个交易日内，作出终止其股票上市的决定。

公司应当在收到本所是否受理其申请的决定后及时披露决定的有关内容，并发布其股票可能被终止上市的风险提示公告。

14.2.17　上市公司根据第14.2.6条规定，向本所申请恢复上市的，可以同时申请免予适用第14.2.8条至第14.2.15条的有关规定，但公司应当聘请律师就其暂停上市的相关情形是否已完全消除进行核查验证，并出具法律意见书。

14.2.18　本所在受理上市公司恢复上市申请之日后的三十个交易日内，作出是否同意其股票恢复上市的决定。

在此期间，本所要求公司提供补充材料的，公司提供补充材料的期间不计入上述本所作出有关决定的期限。

公司提供补充材料的期限累计不得超过三十个交易日。公司未按本所要求在前述期限内提交补充材料的，本所在该期限届满后继续对其所提申请进行审核，并根据本规则作出是否同意其股票恢复上市的决定。

14.2.19　本所上市委员会对上市公司恢复上市申请进行审议，作出独立的专业判断并形成审核意见。

本所根据上市委员会的审核意见，作出是否同意公司股票恢复上市的决定。本所在决定不同意公司股票恢复上市申请的同时，作出终止其股票上市的决定。

14.2.20　本所在作出同意其股票恢复上市的决定后两个交易日内通知上市公司，并报中国证监会备案。

14.2.21　经本所同意恢复上市的，上市公司应当在收到有关决定后及时披露股票恢复上市公告。股票恢复上市公告应当包括以下内容：

（一）恢复上市的股票种类、简称、证券代码；

（二）股票恢复上市决定的主要内容；

（三）董事会关于恢复上市措施的具体说明；

（四）相关风险因素分析；

（五）中国证监会和本所要求的其他内容。

14.2.22　上市公司披露股票恢复上市公告后的五个交易日内，其股票恢复上市。

公司股票恢复上市后，应当在本所风险警示板至少交易至其披露恢复上市后的首份年度报告，但根据第14.2.6条恢复上市的公司股票不适用本款规定。

14.2.23　在可转换公司债券暂停上市期间，上市公司符合下列条件的，可以书面形式向本所提出恢复其可转换公司债券上市的申请：

（一）因第 14.1.11 条第（一）项或者第（四）项情形可转换公司债券被暂停上市，经查实上述情形造成的后果不严重；

（二）因第 14.1.11 条第（二）项情形可转换公司债券被暂停上市，该情形在六个月内消除；

（三）因第 14.1.11 条第（三）项情形可转换公司债券被暂停上市，该情形在两个月内消除；

（四）因第 14.1.11 条第（五）项情形可转换公司债券被暂停上市，公司在法定披露期限内披露了经审计的最近一年年度报告，且年度财务会计报告显示公司实现盈利；

（五）因第 14.1.11 条第（六）项情形可转换公司债券被暂停上市，公司股票符合恢复上市条件的。

14.2.24　可转换公司债券恢复上市事宜，参照本节股票恢复上市的有关规定执行。

第三节　强制终止上市

14.3.1　上市公司出现下列情形之一的，由本所决定终止其股票上市：

（一）因净利润、净资产、营业收入或者审计意见类型触及第 14.1.1 条第（一）项至第（四）项规定的标准，其股票被暂停上市后，公司披露的最近一个会计年度经审计的财务会计报告存在扣除非经常性损益前后的净利润孰低者为负值、期末净资产为负值、营业收入低于 1000 万元或者被会计师事务所出具保留意见、无法表示意见、否定意见的审计报告等四种情形之一的；

（二）因净利润、净资产、营业收入或者审计意见类型触及第 14.1.1 条第（一）项至第（四）项规定的标准，其股票被暂停上市后，公司未能在法定期限内披露最近一年的年度报告；

（三）因未在规定期限内按要求改正财务会计报告中的重大差错或者虚假记载触及第 14.1.1 条第（五）项规定的标准，其股票被暂停上市后，公司在两个月内仍未按要求改正财务会计报告；

（四）因未在规定期限内披露年度报告或者中期报告触及第 14.1.1 条第（六）项规定的标准，其股票被暂停上市后，公司在两个月内仍未按要求披露相关定期报告；

（五）在本所仅发行 A 股股票的上市公司，通过本所交易系统连续 120 个交易日（不包含公司股票停牌日）实现的累计股票成交量低于 500 万股，或者连续 20 个交易日（不包含公司股票停牌日）的每日股票收盘价均低于股票面值；

（六）在本所仅发行 B 股股票的上市公司，通过本所交易系统连续 120 个交易日（不包含公司股票停牌日）实现的累计股票成交量低于 100 万股，或者连续 20 个交易日（不包含公司股票停牌日）的每日股票收盘价均低于股票面值；

（七）在本所既发行 A 股股票又发行 B 股股票的上市公司，其 A、B 股股票的成交量或者收盘价同时触及本条第（五）项和第（六）项规定的标准；

（八）上市公司股东数量连续 20 个交易日（不含公司首次公开发行股票上市之日起的 20 个交易日和公司股票停牌日）每日均低于 2000 人；

（九）公司股本总额发生变化不再具备上市条件，在本所规定的期限内仍不能达到上市条件；

（十）因股权分布发生变化不具备上市条件触及第 14.1.1 条第（八）项规定的标准，其股票被暂停上市后，公司在暂停上市六个月内股权分布仍不具备上市条件；

（十一）公司被依法强制解散；

（十二）公司被法院宣告破产；

（十三）因出现第 14.1.1 条第（九）项规定的欺诈发行或者第（十）项规定的重大信息披露违法情形，其股票已被暂停上市，且未在规定期限内恢复上市；

（十四）因净利润、净资产、营业收入、审计意见类型触及第 14.1.1 条第（一）项至第（四）项规定的标准，其股票被暂停上市后，公司在法定期限内披露了最近一年年度报告，但未在其后的五个交易日内提出恢复上市申请；

（十五）因未在规定期限内按要求改正财务会计报告中的重大差错或者虚假记载触及第 14.1.1 条第（五）项规定的标准，其股票被暂停上市后，公司在两个月内披露了按要求改正的财务会计报告，但未在其后的五个交易日内提出恢复上市申请；

（十六）因未在规定期限内披露年度报告或者中期报告触及第 14.1.1 条第（六）项规定的标准，其股票被暂停上市后，公司在两个月内披露了相关定期报告，但未在其后的五个交易日内提出恢复上市申请；

（十七）因股本总额发生变化不再具备上市条件或者股权分布发生变化不具备上市条件触及第 14.1.1 条第（七）项、第（八）项规定的标准，其股票被暂停上市后，公司股本总额在规定的期限内或者股权分布在六个月内重新具备上市条件，但未在其后的五个交易日内提出恢复上市申请；

（十八）符合第 14.2.6 条或第 14.2.7 条规定的可以申请恢复上市情形，但未在其后的五个交易日内提出恢复上市申请；

（十九）恢复上市申请未被受理；

（二十）恢复上市申请未获同意；

（二十一）本所认定的其他情形。

上市公司董事会预计其股票可能出现终止上市情形的，应当及时提出化解相关风险的应对预案并对外披露。

14.3.2 上市公司股票被暂停上市后,预计可能出现第 14.3.1 条第(一)项或者第(二)项情形的,董事会应当在最近一个会计年度结束后的十个交易日内,发布公司股票可能被终止上市的风险提示公告。

14.3.3 上市公司出现第 14.3.1 条第(一)项情形的,应当自董事会审议通过年度报告后及时向本所报告并披露年度报告,同时发布公司股票可能被终止上市的风险提示公告。

本所在公司披露年度报告之日后的十五个交易日内,作出是否终止其股票上市的决定。

14.3.4 上市公司出现第 14.3.1 条第(二)项至第(四)项情形之一的,本所在法定披露期限或本所规定的披露期限届满后的十五个交易日内,作出是否终止其股票上市的决定。

14.3.5 在本所仅发行 A 股股票的上市公司,出现连续 90 个交易日(不包含公司股票停牌日)通过本所交易系统实现的累计股票成交量低于 375 万股的,应在下一交易日发布公司股票可能被终止上市的风险提示公告,其后每个交易日披露一次,直至自上述起算时点起连续 120 个交易日(不包含公司股票停牌日)内通过本所交易系统实现的累计成交量高于 500 万股或者本所作出公司股票终止上市的决定之日止(以先达到的日期为准)。

在本所仅发行 B 股股票的上市公司,出现连续 90 个交易日(不包含公司股票停牌日)通过本所交易系统实现的累计股票成交量低于 75 万股的,应在下一交易日发布公司股票可能被终止上市的风险提示公告,其后每个交易日披露一次,直至自上述起算时点起连续 120 个交易日(不包含公司股票停牌日)内通过本所交易系统实现的累计成交量高于 100 万股或者本所作出公司股票终止上市的决定之日止(以先达到的日期为准)。

在本所既发行 A 股股票又发行 B 股股票的上市公司,其 A、B 股股票的成交量同时触及前两款规定的标准的,应在下一交易日发布公司股票可能被终止上市的风险提示公告,其后每个交易日披露一次,直至自上述起算时点起连续 120 个交易日(不包含公司股票停牌日)内 A、B 股股票通过本所交易系统实现的累计成交量分别高于 500 万股和 100 万股或者本所作出公司股票终止上市的决定之日止(以先达到的日期为准)。

本所可根据实际情况,对上述风险提示标准进行调整。

14.3.6 在本所仅发行 A 股股票或者 B 股股票的上市公司,出现连续 10 个交易日(不包含公司股票停牌日)每日股票收盘价均低于股票面值的,应当在下一交易日发布公司股票可能被终止上市的风险提示公告,其后每个交易日披露一次,直至收盘价低于股票面值的情形消除或者本所作出公司股票终止上市的决定之日(以先达到的日期为准)。

在本所既发行 A 股股票又发行 B 股股票的上市公司,其 A、B 股股票的收盘价同时触及前款规定的标准的,应当在下一交易日发布公司股票可能被终止上市的风险提示公告,其后每个交易日披露一次,直至收盘价同时低于股票面值的情形消除或者本所作出公司股票终止上市的决定之日(以先达到的日期为准)。

本所可根据实际情况,对上述风险提示标准进行调整。

14.3.7　上市公司股东数量连续 10 个交易日(不含公司首次公开发行股票上市之日起的 20 个交易日和公司股票停牌日)每日均低于 2000 人的,应当在下一交易日发布公司股票可能被终止上市的风险提示公告,其后每个交易日披露一次,直至公司股东数量低于 2000 人的情形消除或者本所作出公司股票终止上市的决定之日(以先达到的日期为准)。

本所可根据实际情况,对上述风险提示标准进行调整。

14.3.8　上市公司出现第 14.3.1 条第(五)项至第(八)项情形之一的,其股票及其衍生品种自情形出现的下一交易日起开始停牌,本所在停牌起始日后的十五个交易日内,作出是否终止其股票上市的决定。

14.3.9　上市公司出现第 14.3.1 条第(九)项情形的,本所在规定期限届满后的十五个交易日内,作出是否终止其股票上市的决定。

14.3.10　上市公司出现第 14.3.1 条第(十)项情形的,本所在六个月期限届满后的十五个交易日内,作出是否终止其股票上市的决定。

14.3.11　上市公司出现第 14.3.1 条第(十一)项情形的,应当于知悉公司依法被吊销营业执照、被责令关闭或者被撤销等解散条件成就时,立即向本所报告并于次日公告,同时申请公司股票及其衍生品种自公告披露之日起停牌。

本所在公司披露上述公告之日后的十五个交易日内,作出是否终止其股票上市的决定。

14.3.12　上市公司出现第 14.3.1 条第(十二)项情形的,应当在收到法院宣告公司破产的裁定书当日向本所报告并于下一交易日公告。

本所在公司披露上述公告之日后的十五个交易日内,作出是否终止其股票上市的决定。

14.3.13　上市公司出现第 14.3.1 条第(十三)项情形的,本所在中国证监会作出行政处罚决定或者移送公安机关决定之日起届满十二个月前的十五个交易日内,作出是否终止其股票上市的决定。

人民法院已在前款规定的期限之前作出生效有罪判决的,本所在收到相关判决书之日起的十五个交易日内,作出是否终止其股票上市的决定。

上市公司应当在其股票终止上市前,及时发布公司股票可能被终止上市的风险提示公告。

14.3.14　上市公司出现第 14.3.1 条第(十四)项至第(十八)项情形之一的,本所在规定的恢复上市申请期限届满后的十五个交易日内,作出是否终止其股票上市的决定。

14.3.15　上市公司出现第 14.3.1 条第（十九）项或者第（二十）项情形的，本所分别在决定不受理其股票恢复上市申请之日后的十五个交易日内或者在决定不同意其股票恢复上市申请的同时，作出终止其股票上市的决定。

14.3.16　本所上市委员会对股票终止上市事宜进行审议，作出独立的专业判断并形成审核意见。

本所根据上市委员会的审核意见，作出是否终止股票上市的决定。

14.3.17　本所在作出是否终止股票上市的决定前，可以要求公司提供补充材料，公司提供补充材料期间不计入上述本所作出有关决定的期限。

公司提供补充材料的期限累计不得超过三十个交易日。公司未按本所要求在前述期限内提交补充材料的，本所根据本规则对其股票作出是否终止上市的决定。

14.3.18　本所在作出终止股票上市的决定之日后两个交易日内，通知公司并发布相关公告，同时报中国证监会备案。

14.3.19　公司应当在收到本所关于终止其股票上市的决定后及时披露股票终止上市公告。股票终止上市公告应当包括以下内容：

（一）终止上市的股票种类、简称、证券代码以及终止上市的日期；

（二）终止上市决定的主要内容；

（三）终止上市后公司股票登记、转让和管理事宜；

（四）终止上市后公司的联系人、联系地址、电话和其他通讯方式；

（五）中国证监会和本所要求的其他内容。

14.3.20　自本所公告对上市公司股票作出终止上市的决定之日后的五个交易日届满的下一交易日起，公司股票进入退市整理期。

退市整理期的交易期限为三十个交易日。在退市整理期间，公司股票进入本所风险警示板交易。

14.3.21　公司股票进入退市整理期的，上市公司及其相关信息披露义务人仍应当遵守法律、行政法规、部门规章、其他规范性文件、本规则及本所其他规定，并履行相关义务。

14.3.22　公司股票在退市整理期内全天停牌的，停牌期间不计入退市整理期。

14.3.23　公司股票根据第 14.3.20 条规定在本所风险警示板进行交易的，上市公司应当于其股票在风险警示板交易的第一天，发布公司股票已被本所作出终止上市决定的风险提示公告，说明公司股票在风险警示板交易的起始日和终止日等事项。

14.3.24　公司股票根据第 14.3.20 条规定在本所风险警示板进行交易的，上市公司应当在前二十五个交易日内每五个交易日发布一次股票将被终止上市的风险提示公告，在最后五个交易日内每日发布一次股票将被终止上市的风险提示公告。

14.3.25 公司股票进入退市整理期交易的，本所在退市整理期届满后五个交易日内对其予以摘牌，公司股票终止上市。

公司股票未进入退市整理期交易的，本所在公告公司股票终止上市决定之日起五个交易日内对其予以摘牌，公司股票终止上市。

14.3.26 本所对退市整理期的相关事宜另有规定的，从其规定。

14.3.27 上市公司股票因第14.3.1条规定情形被终止上市后，应当转入全国中小企业股份转让系统挂牌转让。

公司将其股票转入全国中小企业股份转让系统挂牌转让，应当聘请具有主办券商业务资格的证券公司（以下简称"代办机构"）并与其签订相关协议。公司未聘请或无代办机构接受其聘请的，本所在作出终止其股票上市的决定后，可以为其临时指定代办机构，通知公司和代办机构，并于两个交易日内就上述事项发布相关公告（公司不再具备法人资格的情形除外）。

14.3.28 上市公司股票因第14.3.1条规定情形被终止上市后，公司应当在本所作出终止其股票上市决定后立即安排股票转入全国中小企业股份转让系统挂牌转让的相关事宜，保证公司股票在摘牌之日起四十五个交易日内可以挂牌转让。

14.3.29 上市公司出现下列情形之一的，本所终止其可转换公司债券上市：

（一）因第14.1.11条第（一）项、第（四）项所列情形之一可转换公司债券被暂停上市，经查实上述情形后果严重；

（二）因第14.1.11条第（二）项所列情形可转换公司债券被暂停上市，该情形在六个月内未能消除；

（三）因第14.1.11条第（三）项所列情形可转换公司债券被暂停上市，该情形在两个月内未能消除；

（四）因第14.1.11条第（五）项所列情形可转换公司债券被暂停上市，公司未在法定披露期限内披露经审计的最近一年年度报告，或者披露的年度报告显示公司亏损，或者未在披露年度报告后的五个交易日内提出恢复上市申请；

（五）公司股票被本所终止上市。

14.3.30 可转换公司债券终止上市事宜，参照本节股票终止上市的有关规定执行。

14.3.31 本所对可转换公司债券及其他衍生品种的终止上市事宜另有规定的，从其规定。

第四节 主动终止上市

14.4.1 上市公司出现下列情形之一的，可以向本所申请主动终止上市：

（一）上市公司股东大会决议主动撤回其股票在本所的交易，并决定不再在交易所交易；

（二）上市公司股东大会决议主动撤回其股票在本所的交易，并转而申请在其他交易场所交易或转让；

（三）上市公司向所有股东发出回购全部股份或部分股份的要约，导致公司股本总额、股权分布等发生变化不再具备上市条件；

（四）上市公司股东向所有其他股东发出收购全部股份或部分股份的要约，导致公司股本总额、股权分布等发生变化不再具备上市条件；

（五）除上市公司股东外的其他收购人向所有股东发出收购全部股份或部分股份的要约，导致公司股本总额、股权分布等发生变化不再具备上市条件；

（六）上市公司因新设合并或者吸收合并，不再具有独立主体资格并被注销；

（七）上市公司股东大会决议公司解散；

（八）中国证监会和本所认可的其他主动终止上市情形。

已在本所发行A股和B股股票的上市公司，根据前款规定申请主动终止上市的，应当申请其A、B股股票同时终止上市，但存在特殊情况的除外。

14.4.2 前条第（一）项、第（二）项规定的股东大会决议事项，除须经出席会议的全体股东所持有效表决权的三分之二以上通过外，还须经出席会议的除下列股东以外的其他股东所持有效表决权的三分之二以上通过：

（一）上市公司的董事、监事、高级管理人员；

（二）单独或者合计持有上市公司5%以上股份的股东。

14.4.3 上市公司应当在第14.4.1条第（一）项、第（二）项规定的股东大会召开通知发布之前，充分披露主动终止上市方案、退市原因及退市后的发展战略，包括并购重组安排、经营发展计划、重新上市安排、异议股东保护的专项说明等。

独立董事应当就上述事项是否有利于公司长远发展和全体股东利益充分征询中小股东意见，在此基础上发表独立意见，独立董事意见应当与股东大会召开通知一并公告。

上市公司应当聘请财务顾问和律师为主动终止上市提供专业服务，发表专业意见并与股东大会召开通知一并公告。

股东大会对主动终止上市事项进行审议后，上市公司应当及时披露股东大会决议公告，说明议案的审议及通过情况。

14.4.4 上市公司因第14.4.1条第（三）项至第（七）项规定的回购、收购、公司合并以及自愿解散等情形引发主动终止上市的，应当遵守《公司法》《证券法》《上市公司收购管理办法》《上市公司重大资产重组管理办法》等有关规定及本所的相关自律性规范文件，严格履行决策、实施程序和信息披露义务，并及时向本所申请公司股票及其衍生品种停牌或复牌。

上市公司以自愿解散形式申请主动终止上市的，除遵守法律法规等有关规定外，还应遵守第 14.4.2 条和第 14.4.3 条的规定。

14.4.5　上市公司根据第 14.4.1 条第（一）项、第（二）项规定的情形，申请主动终止上市的，应当向本所申请其股票及其衍生品种自股东大会股权登记日的下一交易日起停牌，并于股东大会作出终止上市决议后的十五个交易日内，向本所提交主动终止上市申请。

上市公司因第 14.4.1 条第（三）项至第（七）项规定的回购、收购、公司合并以及自愿解散等情形引发主动终止上市的，公司应当按照相关规定，及时向本所提交主动终止上市申请。

公司应当在提出申请后，及时发布相关公告。

14.4.6　上市公司向本所提出主动终止上市申请的，至少应当提交以下文件：

（一）主动终止上市申请书；
（二）董事会决议及独立董事意见（如适用）；
（三）股东大会决议（如适用）；
（四）主动终止上市的方案；
（五）主动终止上市后去向安排的说明；
（六）异议股东保护的专项说明；
（七）财务顾问出具的关于公司主动终止上市的专项意见；
（八）律师出具的关于公司主动终止上市的专项法律意见；
（九）本所要求的其他材料。

14.4.7　上市公司主动终止上市事项未获股东大会审议通过的，公司应当及时向本所申请其股票及其衍生品种自股东大会决议公告之日起复牌。

14.4.8　本所在收到上市公司提交的主动终止上市申请文件之日后五个交易日内，作出是否受理的决定并通知公司。公司应当在收到决定后及时披露决定的有关内容，并发布其股票是否可能终止上市的风险提示公告。

14.4.9　本所在受理上市公司主动终止上市申请之日后的十五个交易日内，作出是否同意其股票终止上市的决定。在此期间，本所要求公司提供补充材料的，公司提供补充材料期间不计入上述作出有关决定的期限，但累计不得超过三十个交易日。

因全面要约收购上市公司股份、实施以上市公司为对象的公司合并、上市公司全面回购股份，导致公司股票退出市场交易的，除另有规定外，本所在公司公告回购或者收购结果、完成合并交易之日起十五个交易日内，作出是否终止其股票上市的决定。

14.4.10　本所上市委员会对上市公司股票主动终止上市事宜进行审议，重点从保护投资者特别是中小投资者权益的角度，在审查上市公司决策程序合规性的基础上，作出独立的专业判断并形成审核意见。

本所根据上市委员会的审核意见,作出是否终止股票上市的决定。

14.4.11 本所在作出终止股票上市的决定之日后两个交易日内通知公司并发布相关公告。

公司应当在收到本所关于终止其股票上市的决定后,按照第14.3.19条的规定及时披露股票终止上市公告。

14.4.12 主动终止上市公司股票不进入退市整理期交易,本所在公告公司股票终止上市决定之日起五个交易日内对其予以摘牌,公司股票终止上市。

14.4.13 上市公司因出现第14.4.1条规定的情形,本所对其股票终止上市的,公司及相关各方应当对公司股票退市后的转让或者交易、异议股东保护措施等作出妥善安排,保护投资者特别是中小投资者的合法权益。

14.4.14 主动终止上市公司可以选择在证券交易场所交易或转让其股票,或者依法作出其他安排。

14.4.15 本所在作出同意或者不同意上市公司主动终止上市决定之日起十五个交易日内,以及上市公司退出市场交易之日起十五个交易日内,将上市公司主动终止上市的情况报告中国证监会。

第五节 重新上市

14.5.1 本所上市公司的股票被终止上市后,其终止上市情形已消除,且同时符合下列条件的,可以向本所申请重新上市:

(一)公司股本总额不少于人民币5000万元;

(二)社会公众股持有的股份占公司股份总数的比例为25%以上;公司股本总额超过人民币4亿元的,社会公众股持有的股份占公司股份总数的比例为10%以上;

(三)公司及董事、监事、高级管理人员最近三年无重大违法行为,财务会计报告无虚假记载;

(四)最近三个会计年度净利润均为正数且累计超过人民币3000万元,净利润以扣除非经常性损益前后较低者为计算依据;

(五)最近三个会计年度经营活动产生的现金流量净额累计超过人民币5000万元;或者最近三个会计年度营业收入累计超过人民币3亿元;

(六)最近一个会计年度经审计的期末净资产为正值;

(七)最近三个会计年度的财务会计报告均被会计师事务所出具标准无保留意见的审计报告;

(八)最近三年主营业务没有发生重大变化,董事、高级管理人员没有发生重大变化,实际控制人没有发生变更;

(九)保荐机构经核查后发表明确意见,认为公司具备持续经营能力;

(十)保荐机构经核查后发表明确意见,认为公司具备健全的公司治理结构、运作规范、无重大内控缺陷；

（十一）本所规定的其他条件。

公司股票被强制终止上市后，公司不配合退市相关工作的，本所自其股票进入全国中小企业股份转让系统挂牌转让之日起三十六个月内不受理其重新上市的申请。

14.5.2　上市公司因欺诈发行或重大信息披露违法，其股票被终止上市后，出现第13.2.17条规定的情形之一的，本所在收到相关法律文书之日起五个交易日内，作出撤销原终止公司股票上市的决定。公司可以不适用前条规定的条件，向本所申请重新上市，恢复其上市地位。

前述公司同时触及本规则规定的欺诈发行和重大信息披露违法之外的风险警示、暂停上市或者终止上市情形的，本所对其股票相应予以实施风险警示、暂停上市或者终止上市。

14.5.3　上市公司因欺诈发行或重大信息披露违法，其股票被终止上市后，公司未同时符合下列条件的，本所不受理其重新上市申请：

（一）已全面纠正重大违法行为并符合下列要求：

1. 公司已就欺诈发行、重大信息披露违法行为所涉事项披露补充或更正公告；

2. 对欺诈发行、重大信息披露违法行为的责任追究已处理完毕；

3. 公司已就重大信息披露违法行为所涉事项补充履行相关决策程序；

4. 公司控股股东、实际控制人等相关责任主体对公司因欺诈发行、重大信息披露违法行为发生的损失已作出补偿；

5. 欺诈发行、重大信息披露违法行为可能引发的与公司相关的风险因素已消除。

（二）已撤换下列与欺诈发行、重大信息披露违法行为有关的责任人员：

1. 被人民法院判决有罪的有关人员；

2. 被中国证监会行政处罚的有关人员；

3. 被中国证监会依法移送公安机关立案调查的有关人员；

4. 中国证监会、本所认定的与欺诈发行、重大信息披露违法行为有关的其他责任人员。

（三）已对相关民事赔偿承担做出妥善安排并符合下列要求：

1. 相关赔偿事项已由人民法院作出判决的，该判决已执行完毕；

2. 相关赔偿事项未由人民法院作出判决，但已达成和解的，该和解协议已执行完毕；

3. 相关赔偿事项未由人民法院作出判决，且也未达成和解的，公司及相关责任主体已按预计最高索赔金额计提赔偿基金，并将足额资金划入专项账户，且公司的控股股东和实际控制人已承诺：若赔偿基金不足赔付，其将予以补足。

（四）公司聘请的重新上市保荐机构、律师已对前述三项条件所述情况进行核查验证，并出具专项核查意见，明确认定公司已完全符合前述三项条件。

14.5.4 本所上市委员会对股票重新上市申请进行审议，作出独立的专业判断并形成审核意见。

本所根据上市委员会的审核意见，作出是否同意公司股票重新上市的决定。

14.5.5 公司股票重新上市后，应当在本所风险警示板至少交易至其披露重新上市后的首份年度报告，但根据第 14.5.2 条重新上市的公司股票不适用本条规定。

14.5.6 重新上市的其他事宜，由本所另行规定。

第十五章 申 请 复 核

15.1 发行人、上市公司或者申请股票重新上市的公司（以下简称"申请人"）对本所作出的不予上市、暂停上市、终止上市决定不服的，可以在收到本所有关决定或本所公告有关决定之日后的五个交易日内，向本所申请复核。

申请人应当在向本所提出复核申请之日后的下一交易日披露有关内容。

15.2 申请人根据前条规定向本所申请复核，应当提交下列文件：

（一）复核申请书；
（二）保荐人就申请复核事项出具的意见书；
（三）律师事务所就申请复核事项出具的法律意见书；
（四）本所要求的其他文件。

15.3 本所在收到申请人提交的复核申请文件之日后的五个交易日内，作出是否受理的决定并通知申请人。

未能按照前条规定提交复核申请文件的，本所不受理其复核申请。

申请人应当在收到本所是否受理其复核申请的决定后，及时披露决定的有关内容并提示相关风险。

15.4 本所设立复核委员会，对申请人的复核申请进行审议。

15.5 本所在受理复核申请之日后的三十个交易日内，依据复核委员会的审核意见作出是否维持不予上市、暂停上市、终止上市的决定。该决定为终局决定。

在此期间，本所要求申请人提供补充材料的，申请人应当按要求予以提供。申请人提供补充材料期间不计入本所作出有关决定的期限内。

申请人提供补充材料的期限累计不得超过三十个交易日。申请人未按本所要求在前述期限内提交补充材料的，本所在该期限届满后继续对其所提申请进行审核，并根据本规则对其作出是否维持不予上市、暂停上市或者终止上市的决定。

申请人应当在收到本所的复核决定后,及时披露决定的有关内容。

第十六章 境内外上市事务的协调

16.1 在本所上市的公司同时有证券在境外证券交易所上市的,应当保证将境外证券交易所要求披露的信息,及时向本所报告,并同时在指定媒体上按照本规则规定披露。

16.2 上市公司就同一事件向境外证券交易所提供的报告和公告应当与向本所提供的内容一致。出现重大差异时,公司应当向本所作出专项说明,并按照本所要求披露更正或补充公告。

16.3 上市公司股票及其衍生品种被境外证券交易所停牌的,应当及时向本所报告停牌的事项和原因,并提交是否需要向本所申请停牌的书面说明。

16.4 本章未尽事宜,适用有关法律、行政法规、部门规章、其他规范性文件和本所与其他证券交易所签署的监管合作备忘录以及其他相关规定。

第十七章 日常监管和违反本规则的处理

17.1 本所对本规则第1.5条监管对象实施日常监管,具体措施包括:
(一)要求公司及相关信息披露义务人或者其董事(会)、监事(会)、高级管理人员对有关问题作出解释和说明;
(二)要求公司聘请相关证券服务机构对所存在的问题进行核查并发表意见;
(三)发出各种通知和函件等;
(四)约见有关人员;
(五)暂不受理保荐人、证券服务机构及相关人员出具的文件;
(六)向中国证监会报告有关违法违规行为;
(七)其他监管措施。
公司、相关信息披露义务人等机构及其相关人员应当接受并积极配合本所的日常监管,在规定期限内如实回答本所问询,并按要求提交说明,或者披露相应的更正或补充公告。

17.2 上市公司、相关信息披露义务人和其他责任人违反本规则或者向本所作出的承诺,本所可以视情节轻重给予以下惩戒:
(一)通报批评;
(二)公开谴责。

17.3 上市公司董事、监事、高级管理人员违反本规则或者向本所作出的承诺,本所可以视情节轻重给予以下惩戒:
(一)通报批评;

（二）公开谴责；

（三）公开认定其三年以上不适合担任上市公司董事、监事、高级管理人员。

以上第（二）项、第（三）项惩戒可以一并实施。

17.4 上市公司董事会秘书违反本规则，本所可以视情节轻重给予以下惩戒：

（一）通报批评；

（二）公开谴责；

（三）公开认定其不适合担任上市公司董事会秘书。

以上第（二）项、第（三）项惩戒可以一并实施。

17.5 保荐人和保荐代表人、证券服务机构及相关人员违反本规则，本所可以视情节轻重给予以下惩戒：

（一）通报批评；

（二）公开谴责。

情节严重的，本所依法报中国证监会查处。

17.6 管理人和管理人成员违反本规则规定，本所可以视情节轻重给予以下惩戒：

（一）通报批评；

（二）公开谴责；

（三）建议法院更换管理人或管理人成员。

以上第（二）项、第（三）项惩戒可以一并实施。

17.7 本所设立纪律处分委员会对违反本规则的纪律处分事项进行审核，作出独立的专业判断并形成审核意见。本所根据纪律处分委员会的审核意见，作出是否给予纪律处分的决定。

第十八章 释 义

18.1 本规则下列用语含义如下：

（一）上市公司：指其股票及其衍生品种在本所上市的股份有限公司。

（二）相关信息披露义务人：指上市公司股东、实际控制人、收购人等。

（三）及时：指自起算日起或触及本规则披露时点的两个交易日内。

（四）披露：指上市公司或相关信息披露义务人按法律、行政法规、部门规章、其他规范性文件、本规则及本所其他规定在指定媒体上公告信息。

（五）高级管理人员：指公司经理、副经理、董事会秘书、财务负责人及公司章程规定的其他人员。

（六）控股股东：指其持有的股份占公司股本总额50%以上的股东；或者持有股份的比例虽然不足50%，但依其持有的股份所享有的表决权已足以对股东大会的决议产生重大影响的股东。

（七）实际控制人：指虽不是公司的股东，但通过投资关系、协议或者其他安排，能够实际支配公司行为的人。

（八）控制：指能够决定一个企业的财务和经营政策，并可据以从该企业的经营活动中获取利益的状态。具有下列情形之一的，构成控制：

1. 股东名册中显示持有公司股份数量最多，但是有相反证据的除外；

2. 能够直接或者间接行使一个公司的表决权多于该公司股东名册中持股数量最多的股东能够行使的表决权；

3. 通过行使表决权能够决定一个公司董事会半数以上成员当选；

4. 中国证监会和本所认定的其他情形。

（九）上市公司控股子公司：指上市公司持有其50%以上的股份，或者能够决定其董事会半数以上成员的当选，或者通过协议或其他安排能够实际控制的公司。

（十）内部职工股：指原定向募集股份有限公司的内部职工认购的股票。

（十一）股权分布不具备上市条件：指社会公众股东持有的股份连续二十个交易日低于公司总股本的25%，公司股本总额超过人民币四亿元的，低于公司总股本的10%。

上述社会公众股东指不包括下列股东的上市公司其他股东：

1. 持有上市公司10%以上股份的股东及其一致行动人；

2. 上市公司的董事、监事、高级管理人员及其关联人。

（十二）证券服务机构：指为证券发行、上市、交易等证券业务活动制作、出具审计报告、资产评估报告、法律意见书、财务顾问报告、资信评级报告等文件的会计师事务所、资产评估机构、律师事务所、财务顾问机构、资信评级机构。

（十三）净资产：指归属于公司普通股股东的期末净资产，不包括少数股东权益金额。

（十四）净利润：指归属于公司普通股股东的净利润，不包括少数股东损益金额。

（十五）每股收益：指根据中国证监会有关规定计算的基本每股收益。

（十六）净资产收益率：指根据中国证监会有关规定计算的全面摊薄净资产收益率。

（十七）回购股份：指上市公司收购本公司发行的流通股股份，并在收购后予以注销的行为。

（十八）破产程序：指《企业破产法》所规范的重整、和解或破产清算程序。

（十九）管理人管理模式：指根据《企业破产法》，经法院裁定由管理人负责管理上市公司财产和营业事务的运作模式。

（二十）管理人监督模式：指根据《企业破产法》，经法院裁定由公司在管理人的监督下自行管理公司财产和营业事务的运作模式。

（二十一）追溯重述：指因财务会计报告存在重大会计差错或者虚假记载，公司主动改正或者被中国证监会责令改正后，对此前披露的年度财务会计报告进行的调整。

（二十二）公司股票停牌日：指本所对公司股票全天予以停牌的交易日。

（二十三）B股股票每日股票收盘价低于股票面值：指B股股票的每日收盘价换算成人民币计价后的收盘价低于股票面值（按本所编制上证综指采用的美元对人民币汇率中间价换算）。

18.2 本规则未定义的用语的含义，依照有关法律、行政法规、部门规章、其他规范性文件和本所有关业务规则确定。

18.3 本规则所称以上、以内含本数，超过、少于低于、以下不含本数。

第十九章 附 则

19.1 本规则经本所理事会会议审议通过并报中国证监会批准后生效，修订时亦同。

19.2 本规则由本所负责解释。

19.3 本规则自2014年11月16日起施行。

上市公司在此之前发生的按照原《股票上市规则》应当披露而未披露的重大事项，根据本规则也应当披露的，在本规则发布施行后，应当按照本规则的规定及时披露。

附件：1. 董事声明及承诺书
　　　2. 监事声明及承诺书
　　　3. 高级管理人员声明及承诺书

附件1

董事声明及承诺书

第一部分　声明

一、基本情况

1. 上市公司名称：_____

2. 上市公司股票简称：_____　股票代码：_____

3. 本人姓名：_____　职务：_____

4. 别名：＿＿＿＿＿＿

5. 曾用名：＿＿＿＿＿＿

6. 出生日期：＿＿＿＿＿＿

7. 住址：＿＿＿＿＿＿

8. 国籍：＿＿＿＿＿＿

9. 拥有哪些国家或者地区的长期居留权（如适用）：＿＿＿＿＿

10. 专业资格（如适用）：＿＿＿＿＿＿

11. 身份证号码：＿＿＿＿＿＿

12. 护照号码（如适用）：＿＿＿＿＿＿

13. 配偶及近亲属的姓名、身份证号码：

配偶：＿＿＿＿＿＿

父母：＿＿＿＿＿＿

年满 18 周岁具有民事行为能力的子女及其配偶：＿＿＿＿＿＿

14. 最近五年的工作经历：＿＿＿＿＿＿

＿＿＿＿＿＿

＿＿＿＿＿＿

二、是否有配偶、父母、年满 18 周岁具有民事行为能力的子女及其配偶、兄弟姐妹及其配偶担任本公司董事、监事、高级管理人员？

是□　否□

如是，请详细说明。

三、是否在其他公司任职？

是□　否□

如是，请填报各公司的名称、注册资本、经营范围，以及您在该公司任职的情况。

四、是否负有数额较大的到期未清偿债务，或者未偿还经法院判决、裁定应当偿付的债务，或者被法院采取强制措施，或者受到仍然有效的法院判决、裁定所限制？

是□　否□

如是，请详细说明。

五、是否曾担任破产清算、关停并转或有类似情况的公司、企业的董事或者厂长、经理，并对该公司、企业破产负有个人责任？

是□　否□

如是，请说明具体情况和是否负有个人责任。

六、是否曾担任因违法而被吊销营业执照、责令关闭的公司、企业的法定代表人，并负有个人责任？

是□　否□

如是，请说明具体情况和是否负有个人责任。

七、是否曾因贪污、贿赂、侵占财产、挪用财产或者破坏社会主义市场经济秩序被判处刑罚？是否曾因犯罪被剥夺政治权利？

是□ 否□

如是，请详细说明。

八、是否曾因违反《证券法》、《禁止证券欺诈行为暂行办法》和《证券市场禁入暂行规定》等证券市场有关法律、行政法规、部门规章而受到行政处罚？

是□ 否□

如是，请详细说明。

九、是否存在《公司法》《公务员法》等有关法律、行政法规、部门规章和其他规范性文件规定的不得担任公司董事的其他情形？

是□ 否□

如是，请详细说明。

十、除第七、八条以外，是否曾因违反其他法律、法规而受到刑事、行政处罚或者正在处于有关诉讼程序中？

是□ 否□

如是，请详细说明。

十一、是否因涉嫌违反证券市场法律、行政法规、部门规章的规定正受到中国证监会的调查或者涉及有关行政程序？是否曾因违反《上海证券交易所股票上市规则》或《深圳证券交易所股票上市规则》而受到惩戒？

是□ 否□

如是，请详细说明。

十二、您及您的配偶、父母、子女及其配偶是否持有本公司股票及其衍生品种？

是□ 否□

如是，请详细说明。

十三、过去或者现在是否在上市公司或其控股子公司拥有除前项以外的其他利益？

是□ 否□

如是，请详细说明。

十四、是否参加过中国证监会和上海证券交易所组织或者认可的证券业务培训？

是□ 否□

如是，请详细说明。

十五、是否已明确知悉作为上市公司的董事，就公司向股东和社会公众提供虚假或者隐瞒重要事实的财务会计报告，或者对依法应当披露的其他重要信息不按照规定披露,严重损害股东或者其他人利益,或者有其他严重情节的,对其负有直接责任的主管人员和其他直接责任人员,将被追究刑事责任?

是□　否□

十六、是否已明确知悉作为上市公司的董事,违背对公司的忠实义务,利用职务便利,操纵上市公司从事下列行为之一,致使上市公司利益遭受特别重大损失的,将被追究刑事责任:

(一) 无偿向其他单位或者个人提供资金、商品、服务或者其他资产的;

(二) 以明显不公平的条件,提供或者接受资金、商品、服务或者其他资产的;

(三) 向明显不具有清偿能力的单位或者个人提供资金、商品、服务或者其他资产的;

(四) 向明显不具有清偿能力的单位或者个人提供担保,或者无正当理由为其他单位或者个人提供担保的;

(五) 无正当理由放弃债权、承担债务的;

(六) 采用其他方式损害上市公司利益的。

是□　否□

十七、除上述问题所涉及的信息外,是否有需要声明的其他事项,而不声明该等事项可能影响您对上述问题回答的真实性、完整性或者准确性?

是□　否□

如是,请详细说明。

本人＿＿＿＿＿＿(正楷体)郑重声明:上述回答是真实、准确和完整的,保证不存在任何虚假记载、误导性陈述或者重大遗漏。本人完全明白作出虚假声明可能导致的后果。上海证券交易所可依据上述回答所提供的资料,评估本人是否适合担任上市公司的董事。

声明人(签名):

日　　期:

此项声明于＿＿＿＿年＿＿＿＿月＿＿＿＿日在＿＿＿＿(地点)作出。

见证律师:

日　　期:

第二部分　承诺

本人＿＿＿＿＿(正楷体)向上海证券交易所承诺:

一、本人在履行上市公司董事的职责时,将遵守并促使本公司和本人的授权人遵守国家法律、法规和规章等有关规定,履行忠实义务和勤勉义务;

二、本人在履行上市公司董事的职责时,将遵守并促使本公司和本人的授权人遵守中国证监会发布的规章、规定和通知等有关要求;

三、本人在履行上市公司董事的职责时，将遵守并促使本公司和本人的授权人遵守《上海证券交易所股票上市规则》和上海证券交易所发布的其他业务规则、规定和通知等；

四、本人在履行上市公司董事的职责时，将遵守并促使本公司和本人的授权人遵守《公司章程》；

五、本人接受上海证券交易所的监管，包括及时、如实地答复上海证券交易所向本人提出的任何问题，及时提供《上海证券交易所股票上市规则》规定应当报送的资料及要求提供的其他文件的正本或者副本，并出席本人被要求出席的任何会议；

六、本人授权上海证券交易所将本人提供的承诺与声明的资料向中国证监会报告；

七、本人将按要求参加中国证监会和上海证券交易所组织的专业培训；

八、本人如违反上述承诺，愿意承担由此引起的一切法律责任；

九、本人在执行职务过程中，如果与上海证券交易所发生争议提起诉讼时，由上海证券交易所住所地法院管辖。

承诺人（签名）：

日　　期：

此项承诺于＿＿＿＿年＿＿＿＿月＿＿＿＿日在＿＿＿＿（地点）作出。

见证律师：

日　　期：

附件2

监事声明及承诺书

第一部分　声明

一、基本情况

1. 上市公司名称：＿＿＿＿＿＿＿＿＿＿

2. 上市公司股票简称：＿＿＿＿＿＿＿＿＿＿股票代码：＿＿＿＿＿＿＿＿＿＿

3. 本人姓名：＿＿＿＿＿＿＿＿＿＿职务：＿＿＿＿＿＿＿＿＿＿

4. 别名：＿＿＿＿＿＿＿＿＿＿

5. 曾用名：＿＿＿＿＿＿＿＿＿＿

6. 出生日期：＿＿＿＿＿＿＿＿＿＿

7. 住址：＿＿＿＿＿＿＿＿＿＿

8. 国籍：＿＿＿＿＿＿＿＿＿＿

9. 拥有哪些国家或者地区的长期居留权（如适用）：＿＿＿＿＿＿＿＿＿＿

10. 专业资格（如适用）：_____

11. 身份证号码：_____

12. 护照号码（如适用）：_____

13. 配偶及近亲属的姓名、身份证号码：

配偶：_____

父母：_____

年满 18 周岁具有民事行为能力的子女及其配偶_____

14. 最近五年的工作经历：_____

_____

_____

二、是否有配偶、父母、年满 18 周岁具有民事行为能力的子女及其配偶、兄弟姐妹及其配偶担任本公司董事、监事、高级管理人员？

是☐ 否☐

如是，请详细说明。

三、是否在其他公司任职？

是☐ 否☐

如是，请填报各公司的名称、注册资本、经营范围，以及您在该公司任职的情况。

四、是否负有数额较大的到期未清偿债务，或者未偿还经法院判决、裁定应当偿付的债务，或者被法院采取强制措施，或者受到仍然有效的法院判决、裁定所限制？

是☐ 否☐

如是，请详细说明。

五、是否曾担任破产清算、关停并转或有类似情况的公司、企业的董事或者厂长、经理，并对该公司、企业破产负有个人责任？

是☐ 否☐

如是，请说明具体情况和是否负有个人责任。

六、是否曾担任因违法而被吊销营业执照、责令关闭的公司、企业的法定代表人，并负有个人责任？

是☐ 否☐

如是，请说明具体情况和是否负有个人责任。

七、是否曾因贪污、贿赂、侵占财产、挪用财产或者破坏社会主义市场经济秩序被判处刑罚？是否曾因犯罪被剥夺政治权利？

是☐ 否☐

如是，请详细说明。

八、是否曾因违反《证券法》、《禁止证券欺诈行为暂行办法》和《证券市场禁入暂行规定》等证券市场有关法律、行政法规、部门规章而受到行政处罚？

  是□ 否□

  如是，请详细说明。

九、是否存在《公司法》、《公务员法》等有关法律、行政法规、部门规章和其他规范性文件规定的不得担任公司监事的其他情形？

  是□ 否□

  如是，请详细说明。

十、除第七、八条以外，是否曾因违反其他法律、法规而受到刑事、行政处罚或者正在处于有关诉讼程序中？

  是□ 否□

  如是，请详细说明。

十一、是否因涉嫌违反证券市场法律、行政法规、部门规章的规定正受到中国证监会的调查或者涉及有关行政程序？是否曾因违反《上海证券交易所股票上市规则》或《深圳证券交易所股票上市规则》而受到惩戒？

  是□ 否□

  如是，请详细说明。

十二、您及您的配偶、父母、子女及其配偶是否持有本公司股票及其衍生品种？

  是□ 否□

  如是，请详细说明。

十三、过去或者现在是否在上市公司或其控股子公司拥有除前项以外的其他利益？

  是□ 否□

  如是，请详细说明。

十四、是否参加过中国证监会和上海证券交易所组织或者认可的证券业务培训？

  是□ 否□

  如是，请详细说明。

十五、是否已明确知悉作为上市公司的监事，就公司向股东和社会公众提供虚假或者隐瞒重要事实的财务会计报告，或者对依法应当披露的其他重要信息不按照规定披露，严重损害股东或者其他人利益，或者有其他严重情节的，对其负有直接责任的主管人员和其他直接责任人员，将被追究刑事责任？

  是□ 否□

十六、是否已明确知悉作为上市公司的监事，违背对公司的忠实义务，利用职务便利，操纵上市公司从事下列行为之一，致使上市公司利益遭受特别重大损

失的,将被追究刑事责任:

(一)无偿向其他单位或者个人提供资金、商品、服务或者其他资产的;

(二)以明显不公平的条件,提供或者接受资金、商品、服务或者其他资产的;

(三)向明显不具有清偿能力的单位或者个人提供资金、商品、服务或者其他资产的;

(四)向明显不具有清偿能力的单位或者个人提供担保,或者无正当理由为其他单位或者个人提供担保的;

(五)无正当理由放弃债权、承担债务的;

(六)采用其他方式损害上市公司利益的。

是□ 否□

十七、除上述问题所涉及的信息外,是否有需要声明的其他事项,而不声明该等事项可能影响您对上述问题回答的真实性、完整性或者准确性?

是□ 否□

如是,请详细说明。

本人＿＿＿＿(正楷体)郑重声明:上述回答是真实、准确和完整的,保证不存在任何虚假记载、误导性陈述或者重大遗漏。本人完全明白作出虚假声明可能导致的后果。上海证券交易所可依据上述回答所提供的资料,评估本人是否适合担任上市公司的监事。

声明人(签名):

日　　期:

此项声明于＿＿＿＿年＿＿＿＿月＿＿＿＿日在＿＿＿＿(地点)作出。

见证律师:

日　　期:

第二部分　承诺

本人＿＿＿＿(正楷体)向上海证券交易所承诺:

一、本人在履行上市公司监事的职责时,将遵守并促使本公司及其董事和高级管理人员遵守国家法律、法规和规章等有关规定,履行忠实义务和勤勉义务;

二、本人在履行上市公司监事的职责时,将遵守并促使本公司及其董事和高级管理人员遵守中国证监会发布的规章、规定和通知等有关要求;

三、本人在履行上市公司监事的职责时,将遵守并促使本公司及其董事和高级管理人员遵守《上海证券交易所股票上市规则》和上海证券交易所发布的其他业务规则、规定和通知等;

四、本人在履行上市公司监事的职责时,将遵守并促使本公司及其董事和高级管理人员遵守《公司章程》;

五、本人在履行上市公司监事的职责时，将监督本公司董事和高级管理人员认真履行职责并严格遵守在《董事（高级管理人员）声明及承诺书》中作出的承诺；

　　六、本人接受上海证券交易所的监管，包括及时、如实地答复上海证券交易所向本人提出的任何问题，并促使本公司董事和高级管理人员及时提供《上海证券交易所股票上市规则》规定应当报送的资料及要求提供的其他文件的正本或副本，并出席本人被要求出席的会议；

　　七、本人授权上海证券交易所将本人提供的承诺与声明的资料向中国证监会报告；

　　八、本人将按要求参加中国证监会和上海证券交易所组织的专业培训；

　　九、本人如违反上述承诺，愿意承担由此引起的一切法律责任；

　　十、本人在执行职务过程中，如果与上海证券交易所发生争议提起诉讼时，由上海证券交易所住所地法院管辖。

承诺人（签名）：
日　　期：

此项承诺于＿＿＿年＿＿＿月＿＿＿日在＿＿＿（地点）作出。

见证律师：
日　　期：

附件3

高级管理人员声明及承诺书

第一部分　声明

一、基本情况

1. 上市公司名称：＿＿＿＿＿

2. 上市公司股票简称：＿＿＿＿＿　股票代码：＿＿＿＿＿

3. 本人姓名：＿＿＿＿＿　职务：＿＿＿＿＿

4. 别名：＿＿＿＿＿

5. 曾用名：＿＿＿＿＿

6. 出生日期：＿＿＿＿＿

7. 住址：＿＿＿＿＿

8. 国籍：＿＿＿＿＿

9. 拥有哪些国家或者地区的长期居留权（如适用）：＿＿＿＿＿

10. 专业资格（如适用）：＿＿＿＿＿

11. 身份证号码：＿＿＿＿＿

12. 护照号码（如适用）：_____

13. 配偶及近亲属的姓名、身份证号码：

配偶：_____

父母：_____

年满18周岁具有民事行为能力的子女及其配偶：_____

14. 最近五年的工作经历：_____

二、是否有配偶、父母、年满18周岁具有民事行为能力的子女及其配偶、兄弟姐妹及其配偶担任本公司董事、监事、高级管理人员？

是□ 否□

如是，请详细说明。

三、是否在其他公司任职？

是□ 否□

如是，请填报各公司的名称、注册资本、经营范围，以及您在该公司任职的情况。

四、是否负有数额较大的到期未清偿债务，或者未偿还经法院判决、裁定应当偿付的债务，或者被法院采取强制措施，或者受到仍然有效的法院判决、裁定所限制？

是□ 否□

如是，请详细说明。

五、是否曾担任破产清算、关停并转或有类似情况的公司、企业的董事或者厂长、经理，并对该公司、企业破产负有个人责任？

是□ 否□

如是，请说明具体情况和是否负有个人责任。

六、是否曾担任因违法而被吊销营业执照、责令关闭的公司、企业的法定代表人，并负有个人责任？

是□ 否□

如是，请说明具体情况和是否负有个人责任。

七、是否曾因贪污、贿赂、侵占财产、挪用财产或者破坏社会主义市场经济秩序被判处刑罚？是否曾因犯罪被剥夺政治权利？

是□ 否□

如是，请详细说明。

八、是否曾因违反《证券法》、《禁止证券欺诈行为暂行办法》和《证券市场禁入暂行规定》等证券市场有关法律、行政法规、部门规章而受到行政处罚？

是□ 否□

如是，请详细说明。

九、是否存在《公司法》、《公务员法》等有关法律、行政法规、部门规章和其他规范性文件规定的不得担任公司高级管理人员的其他情形？

是□ 否□

如是，请详细说明。

十、除第七、八条以外，是否曾因违反其他法律、法规而受到刑事、行政处罚或者正在处于有关诉讼程序中？

是□ 否□

如是，请详细说明。

十一、是否因涉嫌违反证券市场法律、行政法规、部门规章的规定正受到中国证监会的调查或者涉及有关行政程序？是否曾因违反《上海证券交易所股票上市规则》或《深圳证券交易所股票上市规则》而受到惩戒？

是□ 否□

如是，请详细说明。

十二、您及您的配偶、父母、子女及其配偶是否持有本公司股票及其衍生品种？

是□ 否□

如是，请详细说明。

十三、过去或者现在是否在上市公司或其控股子公司拥有除前项以外的其他利益？

是□ 否□

如是，请详细说明。

十四、是否参加过中国证监会和上海证券交易所组织或者认可的证券业务培训？

是□ 否□

如是，请详细说明。

十五、是否已明确知悉作为上市公司的高级管理人员，就公司向股东和社会公众提供虚假或者隐瞒重要事实的财务会计报告，或者对依法应当披露的其他重要信息不按照规定披露，严重损害股东或者其他人利益，或者有其他严重情节的，对其负有直接责任的主管人员和其他直接责任人员，将被追究刑事责任？

是□ 否□

十六、是否已明确知悉作为上市公司的高级管理人员，违背对公司的忠实义务，利用职务便利，操纵上市公司从事下列行为之一，致使上市公司利益遭受特别重大损失的，将被追究刑事责任：

（一）无偿向其他单位或者个人提供资金、商品、服务或者其他资产的；

（二）以明显不公平的条件，提供或者接受资金、商品、服务或者其他资产的；

（三）向明显不具有清偿能力的单位或者个人提供资金、商品、服务或者其他资产的；

（四）向明显不具有清偿能力的单位或者个人提供担保，或者无正当理由为其他单位或者个人提供担保的；

（五）无正当理由放弃债权、承担债务的；

（六）采用其他方式损害上市公司利益的。

是□　否□

十七、除上述问题所涉及的信息外，是否有需要声明的其他事项，而不声明该等事项可能影响您对上述问题回答的真实性、完整性或者准确性？

是□　否□

如是，请详细说明。

本人＿＿＿＿＿（正楷体）郑重声明：上述回答是真实、准确和完整的，保证不存在任何虚假记载、误导性陈述或者重大遗漏。本人完全明白作出虚假声明可能导致的后果。上海证券交易所可依据上述回答所提供的资料，评估本人是否适合担任上市公司的高级管理人员。

声明人（签名）：

日　　期：

此项声明于＿＿＿＿＿年＿＿＿＿＿月＿＿＿＿＿日在＿＿＿＿＿（地点）作出。

见证律师：

日　　期：

第二部分　承诺

本人＿＿＿＿＿（正楷体）向上海证券交易所承诺：

一、本人在履行上市公司高级管理人员的职责时，将遵守并促使本公司遵守国家法律、法规和规章等有关规定，履行忠实义务和勤勉义务；

二、本人在履行上市公司高级管理人员的职责时，将遵守并促使本公司遵守中国证监会发布的规章、规定和通知等有关要求；

三、本人在履行上市公司高级管理人员的职责时，将遵守并促使本公司遵守《上海证券交易所股票上市规则》和上海证券交易所发布的其他业务规则、规定和通知等；

四、本人在履行上市公司高级管理人员的职责时，将遵守并促使本公司遵守《公司章程》；

五、本人在履行上市公司高级管理人员的职责时，将及时向董事会和董事会秘书报告公司经营和财务等方面出现的可能对公司股票及其衍生品种交易价格产生较大影响的事项和《上海证券交易所股票上市规则》规定的其他重大事项；

六、本人接受上海证券交易所的监管，包括及时、如实地答复上海证券交易所向本人提出的任何问题，提供《上海证券交易所股票上市规则》规定应当报送的资料及要求提供的其他文件的正本或副本，并出席本人被要求出席的会议；

七、本人授权上海证券交易所将本人提供的承诺与声明的资料向中国证监会报告；

八、本人将按要求参加中国证监会和上海证券交易所组织的业务培训；

九、本人如违反上述承诺，愿意承担由此引起的一切法律责任；

十、本人在执行职务过程中，如果与上海证券交易所发生争议提起诉讼时，由上海证券交易所住所地法院管辖。

承诺人（签名）：

日　　期：

此项承诺于_____年_____月_____日在_____（地点）作出。

见证律师：

日　　期：

说明：

1. 按照《上海证券交易所股票上市规则》的规定应当向本所呈报董事、监事、高级管理人员声明及承诺书的人士，均应当填写第一部分声明和第二部分承诺。

2. 请回答所有的问题，若回答问题的空格不够填写，请另附纸张填写，并装订在后。

3. 未真实、完整、准确、及时地填写声明部分和承诺部分，或者未遵守承诺的，则属违反《上海证券交易所股票上市规则》的情形，本所将根据《上海证券交易所股票上市规则》予以相应惩戒。

4. 若对填写事项有疑问，请咨询本所或者律师。

附录 19　上市公司重大资产重组管理办法

上市公司重大资产重组管理办法

发布时间：2008 年 4 月 16 日
最新修订时间：2016 年 9 月 8 日
最新生效时间：2016 年 9 月 9 日
发布主体：中国证券监督管理委员会

第一章　总　　则

第一条　为了规范上市公司重大资产重组行为，保护上市公司和投资者的合法权益，促进上市公司质量不断提高，维护证券市场秩序和社会公共利益，根据《公司法》、《证券法》等法律、行政法规的规定，制定本办法。

第二条　本办法适用于上市公司及其控股或者控制的公司在日常经营活动之外购买、出售资产或者通过其他方式进行资产交易达到规定的比例，导致上市公司的主营业务、资产、收入发生重大变化的资产交易行为（以下简称重大资产重组）。

上市公司发行股份购买资产应当符合本办法的规定。

上市公司按照经中国证券监督管理委员会（以下简称中国证监会）核准的发行证券文件披露的募集资金用途，使用募集资金购买资产、对外投资的行为，不适用本办法。

第三条　任何单位和个人不得利用重大资产重组损害上市公司及其股东的合法权益。

第四条　上市公司实施重大资产重组，有关各方必须及时、公平地披露或者提供信息，保证所披露或者提供信息的真实、准确、完整，不得有虚假记载、误导性陈述或者重大遗漏。

第五条　上市公司的董事、监事和高级管理人员在重大资产重组活动中，应当诚实守信、勤勉尽责，维护公司资产的安全，保护公司和全体股东的合法权益。

第六条 为重大资产重组提供服务的证券服务机构和人员，应当遵守法律、行政法规和中国证监会的有关规定，遵循本行业公认的业务标准和道德规范，严格履行职责，对其所制作、出具文件的真实性、准确性和完整性承担责任。

前款规定的证券服务机构和人员，不得教唆、协助或者伙同委托人编制或者披露存在虚假记载、误导性陈述或者重大遗漏的报告、公告文件，不得从事不正当竞争，不得利用上市公司重大资产重组谋取不正当利益。

第七条 任何单位和个人对所知悉的重大资产重组信息在依法披露前负有保密义务。

禁止任何单位和个人利用重大资产重组信息从事内幕交易、操纵证券市场等违法活动。

第八条 中国证监会依法对上市公司重大资产重组行为进行监督管理。

中国证监会审核上市公司重大资产重组或者发行股份购买资产的申请，可以根据上市公司的规范运作和诚信状况、财务顾问的执业能力和执业质量，结合国家产业政策和重组交易类型作出差异化的、公开透明的监督制度安排，有条件地减少审核内容和环节。

第九条 鼓励依法设立的并购基金、股权投资基金、创业投资基金、产业投资基金等投资机构参与上市公司并购重组。

第十条 中国证监会在发行审核委员会中设立上市公司并购重组审核委员会（以下简称并购重组委），并购重组委以投票方式对提交其审议的重大资产重组或者发行股份购买资产申请进行表决，提出审核意见。

第二章 重大资产重组的原则和标准

第十一条 上市公司实施重大资产重组，应当就本次交易符合下列要求作出充分说明，并予以披露：

（一）符合国家产业政策和有关环境保护、土地管理、反垄断等法律和行政法规的规定；

（二）不会导致上市公司不符合股票上市条件；

（三）重大资产重组所涉及的资产定价公允，不存在损害上市公司和股东合法权益的情形；

（四）重大资产重组所涉及的资产权属清晰，资产过户或者转移不存在法律障碍，相关债权债务处理合法；

（五）有利于上市公司增强持续经营能力，不存在可能导致上市公司重组后主要资产为现金或者无具体经营业务的情形；

（六）有利于上市公司在业务、资产、财务、人员、机构等方面与实际控制

人及其关联人保持独立,符合中国证监会关于上市公司独立性的相关规定;

(七)有利于上市公司形成或者保持健全有效的法人治理结构。

第十二条 上市公司及其控股或者控制的公司购买、出售资产,达到下列标准之一的,构成重大资产重组:

(一)购买、出售的资产总额占上市公司最近一个会计年度经审计的合并财务会计报告期末资产总额的比例达到50%以上;

(二)购买、出售的资产在最近一个会计年度所产生的营业收入占上市公司同期经审计的合并财务会计报告营业收入的比例达到50%以上;

(三)购买、出售的资产净额占上市公司最近一个会计年度经审计的合并财务会计报告期末净资产额的比例达到50%以上,且超过5000万元人民币。

购买、出售资产未达到前款规定标准,但中国证监会发现存在可能损害上市公司或者投资者合法权益的重大问题的,可以根据审慎监管原则,责令上市公司按照本办法的规定补充披露相关信息、暂停交易、聘请独立财务顾问或者其他证券服务机构补充核查并披露专业意见。

第十三条 上市公司自控制权发生变更之日起60个月内,向收购人及其关联人购买资产,导致上市公司发生以下根本变化情形之一的,构成重大资产重组,应当按照本办法的规定报经中国证监会核准:

(一)购买的资产总额占上市公司控制权发生变更的前一个会计年度经审计的合并财务会计报告期末资产总额的比例达到100%以上;

(二)购买的资产在最近一个会计年度所产生的营业收入占上市公司控制权发生变更的前一个会计年度经审计的合并财务会计报告营业收入的比例达到100%以上;

(三)购买的资产在最近一个会计年度所产生的净利润占上市公司控制权发生变更的前一个会计年度经审计的合并财务会计报告净利润的比例达到100%以上;

(四)购买的资产净额占上市公司控制权发生变更的前一个会计年度经审计的合并财务会计报告期末净资产额的比例达到100%以上;

(五)为购买资产发行的股份占上市公司首次向收购人及其关联人购买资产的董事会决议前一个交易日的股份的比例达到100%以上;

(六)上市公司向收购人及其关联人购买资产虽未达到本款第(一)至第(五)项标准,但可能导致上市公司主营业务发生根本变化;

(七)中国证监会认定的可能导致上市公司发生根本变化的其他情形。

上市公司实施前款规定的重大资产重组,应当符合下列规定:

(一)符合本办法第十一条、第四十三条规定的要求;

(二)上市公司购买的资产对应的经营实体应当是股份有限公司或者有限责任公司,且符合《首次公开发行股票并上市管理办法》规定的其他发行条件;

（三）上市公司及其最近3年内的控股股东、实际控制人不存在因涉嫌犯罪正被司法机关立案侦查或涉嫌违法违规正被中国证监会立案调查的情形，但是，涉嫌犯罪或违法违规的行为已经终止满3年，交易方案能够消除该行为可能造成的不良后果，且不影响对相关行为人追究责任的除外；

（四）上市公司及其控股股东、实际控制人最近12个月内未受到证券交易所公开谴责，不存在其他重大失信行为；

（五）本次重大资产重组不存在中国证监会认定的可能损害投资者合法权益，或者违背公开、公平、公正原则的其他情形。

上市公司通过发行股份购买资产进行重大资产重组的，适用《证券法》和中国证监会的相关规定。

本条第一款所称控制权，按照《上市公司收购管理办法》第八十四条的规定进行认定。上市公司股权分散，董事、高级管理人员可以支配公司重大的财务和经营决策的，视为具有上市公司控制权。

创业板上市公司自控制权发生变更之日起，向收购人及其关联人购买资产，不得导致本条第一款规定的任一情形。

上市公司自控制权发生变更之日起，向收购人及其关联人购买的资产属于金融、创业投资等特定行业的，由中国证监会另行规定。

第十四条 计算本办法第十二条、第十三条规定的比例时，应当遵守下列规定：

（一）购买的资产为股权的，其资产总额以被投资企业的资产总额与该项投资所占股权比例的乘积和成交金额二者中的较高者为准，营业收入以被投资企业的营业收入与该项投资所占股权比例的乘积为准，资产净额以被投资企业的净资产额与该项投资所占股权比例的乘积和成交金额二者中的较高者为准；出售的资产为股权的，其资产总额、营业收入以及资产净额分别以被投资企业的资产总额、营业收入以及净资产额与该项投资所占股权比例的乘积为准。

购买股权导致上市公司取得被投资企业控股权的，其资产总额以被投资企业的资产总额和成交金额二者中的较高者为准，营业收入以被投资企业的营业收入为准，净利润以被投资企业扣除非经常性损益前后的净利润的较高者为准，资产净额以被投资企业的净资产额和成交金额二者中的较高者为准；出售股权导致上市公司丧失被投资企业控股权的，其资产总额、营业收入以及资产净额分别以被投资企业的资产总额、营业收入以及净资产额为准。

（二）购买的资产为非股权资产的，其资产总额以该资产的账面值和成交金额二者中的较高者为准，资产净额以相关资产与负债的账面值差额和成交金额二者中的较高者为准；出售的资产为非股权资产的，其资产总额、资产净额分别以该资产的账面值、相关资产与负债账面值的差额为准；该非股权资产不涉及负债的，不适用第十二条第一款第（三）项规定的资产净额标准。

（三）上市公司同时购买、出售资产的，应当分别计算购买、出售资产的相关比例，并以二者中比例较高者为准。

（四）上市公司在 12 个月内连续对同一或者相关资产进行购买、出售的，以其累计数分别计算相应数额。已按照本办法的规定编制并披露重大资产重组报告书的资产交易行为，无须纳入累计计算的范围。中国证监会对本办法第十三条第一款规定的重大资产重组的累计期限和范围另有规定的，从其规定。交易标的资产属于同一交易方所有或者控制，或者属于相同或者相近的业务范围，或者中国证监会认定的其他情形下，可以认定为同一或者相关资产。

第十五条 本办法第二条所称通过其他方式进行资产交易，包括：

（一）与他人新设企业、对已设立的企业增资或者减资；

（二）受托经营、租赁其他企业资产或者将经营性资产委托他人经营、租赁；

（三）接受附义务的资产赠与或者对外捐赠资产；

（四）中国证监会根据审慎监管原则认定的其他情形。上述资产交易实质上构成购买、出售资产，且按照本办法规定的标准计算的相关比例达到 50% 以上的，应当按照本办法的规定履行相关义务和程序。

第三章 重大资产重组的程序

第十六条 上市公司与交易对方就重大资产重组事宜进行初步磋商时，应当立即采取必要且充分的保密措施，制定严格有效的保密制度，限定相关敏感信息的知悉范围。上市公司及交易对方聘请证券服务机构的，应当立即与所聘请的证券服务机构签署保密协议。

上市公司关于重大资产重组的董事会决议公告前，相关信息已在媒体上传播或者公司股票交易出现异常波动的，上市公司应当立即将有关计划、方案或者相关事项的现状以及相关进展情况和风险因素等予以公告，并按照有关信息披露规则办理其他相关事宜。

第十七条 上市公司应当聘请独立财务顾问、律师事务所以及具有相关证券业务资格的会计师事务所等证券服务机构就重大资产重组出具意见。

独立财务顾问和律师事务所应当审慎核查重大资产重组是否构成关联交易，并依据核查确认的相关事实发表明确意见。重大资产重组涉及关联交易的，独立财务顾问应当就本次重组对上市公司非关联股东的影响发表明确意见。

资产交易定价以资产评估结果为依据的，上市公司应当聘请具有相关证券业务资格的资产评估机构出具资产评估报告。

证券服务机构在其出具的意见中采用其他证券服务机构或者人员的专业意见的，仍然应当进行尽职调查，审慎核查其采用的专业意见的内容，并对利用其他证券服务机构或者人员的专业意见所形成的结论负责。

第十八条 上市公司及交易对方与证券服务机构签订聘用合同后，非因正当事由不得更换证券服务机构。确有正当事由需要更换证券服务机构的，应当披露更换的具体原因以及证券服务机构的陈述意见。

第十九条　上市公司应当在重大资产重组报告书的管理层讨论与分析部分，就本次交易对上市公司的持续经营能力、未来发展前景、当年每股收益等财务指标和非财务指标的影响进行详细分析。

第二十条　重大资产重组中相关资产以资产评估结果作为定价依据的，资产评估机构应当按照资产评估相关准则和规范开展执业活动；上市公司董事会应当对评估机构的独立性、评估假设前提的合理性、评估方法与评估目的的相关性以及评估定价的公允性发表明确意见。

相关资产不以资产评估结果作为定价依据的，上市公司应当在重大资产重组报告书中详细分析说明相关资产的估值方法、参数及其他影响估值结果的指标和因素。上市公司董事会应当对估值机构的独立性、估值假设前提的合理性、估值方法与估值目的的相关性发表明确意见，并结合相关资产的市场可比交易价格、同行业上市公司的市盈率或者市净率等通行指标，在重大资产重组报告书中详细分析本次交易定价的公允性。

前二款情形中，评估机构、估值机构原则上应当采取两种以上的方法进行评估或者估值；上市公司独立董事应当出席董事会会议，对评估机构或者估值机构的独立性、评估或者估值假设前提的合理性和交易定价的公允性发表独立意见，并单独予以披露。

第二十一条　上市公司进行重大资产重组，应当由董事会依法作出决议，并提交股东大会批准。

上市公司董事会应当就重大资产重组是否构成关联交易作出明确判断，并作为董事会决议事项予以披露。

上市公司独立董事应当在充分了解相关信息的基础上，就重大资产重组发表独立意见。重大资产重组构成关联交易的，独立董事可以另行聘请独立财务顾问就本次交易对上市公司非关联股东的影响发表意见。上市公司应当积极配合独立董事调阅相关材料，并通过安排实地调查、组织证券服务机构汇报等方式，为独立董事履行职责提供必要的支持和便利。

第二十二条　上市公司应当在董事会作出重大资产重组决议后的次一工作日至少披露下列文件：

（一）董事会决议及独立董事的意见；

（二）上市公司重大资产重组预案。

本次重组的重大资产重组报告书、独立财务顾问报告、法律意见书以及重组涉及的审计报告、资产评估报告或者估值报告至迟应当与召开股东大会的通知同时公告。上市公司自愿披露盈利预测报告的，该报告应当经具有相关证券业务资格的会计师事务所审核，与重大资产重组报告书同时公告。

本条第一款第（二）项及第二款规定的信息披露文件的内容与格式另行规定。

上市公司应当在至少一种中国证监会指定的报刊公告董事会决议、独立董事的意见，并应当在证券交易所网站全文披露重大资产重组报告书及其摘要、相关证券服务机构的报告或者意见。

第二十三条 上市公司股东大会就重大资产重组作出的决议，至少应当包括下列事项：

（一）本次重大资产重组的方式、交易标的和交易对方；

（二）交易价格或者价格区间；

（三）定价方式或者定价依据；

（四）相关资产自定价基准日至交割日期间损益的归属；

（五）相关资产办理权属转移的合同义务和违约责任；

（六）决议的有效期；

（七）对董事会办理本次重大资产重组事宜的具体授权；

（八）其他需要明确的事项。

第二十四条 上市公司股东大会就重大资产重组事项作出决议，必须经出席会议的股东所持表决权的 2/3 以上通过。

上市公司重大资产重组事宜与本公司股东或者其关联人存在关联关系的，股东大会就重大资产重组事项进行表决时，关联股东应当回避表决。

交易对方已经与上市公司控股股东就受让上市公司股权或者向上市公司推荐董事达成协议或者默契，可能导致上市公司的实际控制权发生变化的，上市公司控股股东及其关联人应当回避表决。

上市公司就重大资产重组事宜召开股东大会，应当以现场会议形式召开，并应当提供网络投票和其他合法方式为股东参加股东大会提供便利。除上市公司的董事、监事、高级管理人员、单独或者合计持有上市公司 5% 以上股份的股东以外，其他股东的投票情况应当单独统计并予以披露。

第二十五条 上市公司应当在股东大会作出重大资产重组决议后的次一工作日公告该决议，以及律师事务所对本次会议的召集程序、召集人和出席人员的资格、表决程序以及表决结果等事项出具的法律意见书。

属于本办法第十三条规定的交易情形的，上市公司还应当按照中国证监会的规定委托独立财务顾问在作出决议后 3 个工作日内向中国证监会提出申请。

第二十六条 上市公司全体董事、监事、高级管理人员应当公开承诺，保证重大资产重组的信息披露和申请文件不存在虚假记载、误导性陈述或者重大遗漏。

重大资产重组的交易对方应当公开承诺，将及时向上市公司提供本次重组相关信息，并保证所提供的信息真实、准确、完整，如因提供的信息存在虚假记载、误导性陈述或者重大遗漏，给上市公司或者投资者造成损失的，将依法承担赔偿责任。

前二款规定的单位和个人还应当公开承诺，如本次交易因涉嫌所提供或者披露的信息存在虚假记载、误导性陈述或者重大遗漏，被司法机关立案侦查或者被中国证监会立案调查的，在案件调查结论明确之前，将暂停转让其在该上市公司拥有权益的股份。

第二十七条 中国证监会依照法定条件和程序，对上市公司属于本办法第十三条规定情形的交易申请作出予以核准或者不予核准的决定。

中国证监会在审核期间提出反馈意见要求上市公司作出书面解释、说明的，上市公司应当自收到反馈意见之日起30日内提供书面回复意见，独立财务顾问应当配合上市公司提供书面回复意见。逾期未提供的，上市公司应当在到期日的次日就本次交易的进展情况及未能及时提供回复意见的具体原因等予以公告。

第二十八条 股东大会作出重大资产重组的决议后，上市公司拟对交易对象、交易标的、交易价格等作出变更，构成对原交易方案重大调整的，应当在董事会表决通过后重新提交股东大会审议，并及时公告相关文件。

中国证监会审核期间，上市公司按照前款规定对原交易方案作出重大调整的，还应当按照本办法的规定向中国证监会重新提出申请，同时公告相关文件。

中国证监会审核期间，上市公司董事会决议撤回申请的，应当说明原因，予以公告；上市公司董事会决议终止本次交易的，还应当按照公司章程的规定提交股东大会审议。

第二十九条 上市公司重大资产重组属于本办法第十三条规定的交易情形的，应当提交并购重组委审核。

第三十条 上市公司在收到中国证监会关于召开并购重组委工作会议审核其申请的通知后，应当立即予以公告，并申请办理并购重组委工作会议期间直至其表决结果披露前的停牌事宜。

上市公司收到并购重组委关于其申请的表决结果的通知后，应当在次一工作日公告表决结果并申请复牌。公告应当说明，公司在收到中国证监会作出的予以核准或者不予核准的决定后将再行公告。

第三十一条 上市公司收到中国证监会就其申请作出的予以核准或者不予核准的决定后，应当在次一工作日予以公告。

中国证监会予以核准的，上市公司应当在公告核准决定的同时，按照相关信息披露准则的规定补充披露相关文件。

第三十二条 上市公司重大资产重组完成相关批准程序后，应当及时实施重组方案，并于实施完毕之日起3个工作日内编制实施情况报告书，向证券交易所提交书面报告，并予以公告。

上市公司聘请的独立财务顾问和律师事务所应当对重大资产重组的实施过程、资产过户事宜和相关后续事项的合规性及风险进行核查，发表明确的结论性意见。独立财务顾问和律师事务所出具的意见应当与实施情况报告书同时报告、公告。

第三十三条 自完成相关批准程序之日起60日内，本次重大资产重组未实施完毕的,上市公司应当于期满后次一工作日将实施进展情况报告,并予以公告;此后每 30 日应当公告一次,直至实施完毕。属于本办法第十三条、第四十四条规定的交易情形的,自收到中国证监会核准文件之日起超过 12 个月未实施完毕的,核准文件失效。

第三十四条 上市公司在实施重大资产重组的过程中,发生法律、法规要求披露的重大事项的,应当及时作出公告;该事项导致本次交易发生实质性变动的,须重新提交股东大会审议,属于本办法第十三条规定的交易情形的,还须重新报经中国证监会核准。

第三十五条 采取收益现值法、假设开发法等基于未来收益预期的方法对拟购买资产进行评估或者估值并作为定价参考依据的,上市公司应当在重大资产重组实施完毕后 3 年内的年度报告中单独披露相关资产的实际盈利数与利润预测数的差异情况,并由会计师事务所对此出具专项审核意见;交易对方应当与上市公司就相关资产实际盈利数不足利润预测数的情况签订明确可行的补偿协议。

预计本次重大资产重组将摊薄上市公司当年每股收益的,上市公司应当提出填补每股收益的具体措施,并将相关议案提交董事会和股东大会进行表决。负责落实该等具体措施的相关责任主体应当公开承诺,保证切实履行其义务和责任。

上市公司向控股股东、实际控制人或者其控制的关联人之外的特定对象购买资产且未导致控制权发生变更的,不适用本条前二款规定,上市公司与交易对方可以根据市场化原则,自主协商是否采取业绩补偿和每股收益填补措施及相关具体安排。

第三十六条 上市公司重大资产重组发生下列情形的,独立财务顾问应当及时出具核查意见,并予以公告:

(一)上市公司完成相关批准程序前,对交易对象、交易标的、交易价格等作出变更,构成对原重组方案重大调整,或者因发生重大事项导致原重组方案发生实质性变动的;

(二)上市公司完成相关批准程序后,在实施重组过程中发生重大事项,导致原重组方案发生实质性变动的。

第三十七条 独立财务顾问应当按照中国证监会的相关规定,对实施重大资产重组的上市公司履行持续督导职责。持续督导的期限自本次重大资产重组实施完毕之日起,应当不少于一个会计年度。实施本办法第十三条规定的重大资产重组,持续督导的期限自中国证监会核准本次重大资产重组之日起,应当不少于 3 个会计年度。

第三十八条 独立财务顾问应当结合上市公司重大资产重组当年和实施完毕后的第一个会计年度的年报,自年报披露之日起 15 日内,对重大资产重组实施的下列事项出具持续督导意见,并予以公告:

(一)交易资产的交付或者过户情况;

（二）交易各方当事人承诺的履行情况；
（三）已公告的盈利预测或者利润预测的实现情况；
（四）管理层讨论与分析部分提及的各项业务的发展现状；
（五）公司治理结构与运行情况；
（六）与已公布的重组方案存在差异的其他事项。

独立财务顾问还应当结合本办法第十三条规定的重大资产重组实施完毕后的第二、三个会计年度的年报，自年报披露之日起 15 日内，对前款第（二）至（六）项事项出具持续督导意见，并予以公告。

第四章 重大资产重组的信息管理

第三十九条 上市公司筹划、实施重大资产重组，相关信息披露义务人应当公平地向所有投资者披露可能对上市公司股票交易价格产生较大影响的相关信息（以下简称股价敏感信息），不得有选择性地向特定对象提前泄露。

第四十条 上市公司的股东、实际控制人以及参与重大资产重组筹划、论证、决策等环节的其他相关机构和人员，应当及时、准确地向上市公司通报有关信息，并配合上市公司及时、准确、完整地进行披露。上市公司获悉股价敏感信息的，应当及时向证券交易所申请停牌并披露。

第四十一条 上市公司及其董事、监事、高级管理人员，重大资产重组的交易对方及其关联方，交易对方及其关联方的董事、监事、高级管理人员或者主要负责人，交易各方聘请的证券服务机构及其从业人员，参与重大资产重组筹划、论证、决策、审批等环节的相关机构和人员，以及因直系亲属关系、提供服务和业务往来等知悉或者可能知悉股价敏感信息的其他相关机构和人员，在重大资产重组的股价敏感信息依法披露前负有保密义务，禁止利用该信息进行内幕交易。

第四十二条 上市公司筹划重大资产重组事项，应当详细记载筹划过程中每一具体环节的进展情况，包括商议相关方案、形成相关意向、签署相关协议或者意向书的具体时间、地点、参与机构和人员、商议和决议内容等，制作书面的交易进程备忘录并予以妥当保存。参与每一具体环节的所有人员应当即时在备忘录上签名确认。

上市公司预计筹划中的重大资产重组事项难以保密或者已经泄露的，应当及时向证券交易所申请停牌，直至真实、准确、完整地披露相关信息。停牌期间，上市公司应当至少每周发布一次事件进展情况公告。

上市公司股票交易价格因重大资产重组的市场传闻发生异常波动时，上市公司应当及时向证券交易所申请停牌，核实有无影响上市公司股票交易价格的重组事项并予以澄清，不得以相关事项存在不确定性为由不履行信息披露义务。

第五章　发行股份购买资产

第四十三条　上市公司发行股份购买资产，应当符合下列规定：

（一）充分说明并披露本次交易有利于提高上市公司资产质量、改善财务状况和增强持续盈利能力，有利于上市公司减少关联交易、避免同业竞争、增强独立性；

（二）上市公司最近一年及一期财务会计报告被注册会计师出具无保留意见审计报告；被出具保留意见、否定意见或者无法表示意见的审计报告的，须经注册会计师专项核查确认，该保留意见、否定意见或者无法表示意见所涉及事项的重大影响已经消除或者将通过本次交易予以消除；

（三）上市公司及其现任董事、高级管理人员不存在因涉嫌犯罪正被司法机关立案侦查或涉嫌违法违规正被中国证监会立案调查的情形，但是，涉嫌犯罪或违法违规的行为已经终止满3年，交易方案有助于消除该行为可能造成的不良后果，且不影响对相关行为人追究责任的除外；

（四）充分说明并披露上市公司发行股份所购买的资产为权属清晰的经营性资产，并能在约定期限内办理完毕权属转移手续；

（五）中国证监会规定的其他条件。

上市公司为促进行业的整合、转型升级，在其控制权不发生变更的情况下，可以向控股股东、实际控制人或者其控制的关联人之外的特定对象发行股份购买资产。所购买资产与现有主营业务没有显著协同效应的，应当充分说明并披露本次交易后的经营发展战略和业务管理模式，以及业务转型升级可能面临的风险和应对措施。特定对象以现金或者资产认购上市公司非公开发行的股份后，上市公司用同一次非公开发行所募集的资金向该特定对象购买资产的，视同上市公司发行股份购买资产。

第四十四条　上市公司发行股份购买资产的，除属于本办法第十三条第一款规定的交易情形外，可以同时募集部分配套资金，其定价方式按照现行相关规定办理。

上市公司发行股份购买资产应当遵守本办法关于重大资产重组的规定，编制发行股份购买资产预案、发行股份购买资产报告书，并向中国证监会提出申请。

第四十五条　上市公司发行股份的价格不得低于市场参考价的90%。市场参考价为本次发行股份购买资产的董事会决议公告日前20个交易日、60个交易日或者120个交易日的公司股票交易均价之一。本次发行股份购买资产的董事会决议应当说明市场参考价的选择依据。

前款所称交易均价的计算公式为：董事会决议公告日前若干个交易日公司股票交易均价＝决议公告日前若干个交易日公司股票交易总额/决议公告日前若干

个交易日公司股票交易总量。

本次发行股份购买资产的董事会决议可以明确，在中国证监会核准前，上市公司的股票价格相比最初确定的发行价格发生重大变化的，董事会可以按照已经设定的调整方案对发行价格进行一次调整。

前款规定的发行价格调整方案应当明确、具体、可操作，详细说明是否相应调整拟购买资产的定价、发行股份数量及其理由，在首次董事会决议公告时充分披露，并按照规定提交股东大会审议。股东大会作出决议后，董事会按照已经设定的方案调整发行价格的，上市公司无需按照本办法第二十八条的规定向中国证监会重新提出申请。

第四十六条 特定对象以资产认购而取得的上市公司股份，自股份发行结束之日起12个月内不得转让；属于下列情形之一的，36个月内不得转让：

（一）特定对象为上市公司控股股东、实际控制人或者其控制的关联人；

（二）特定对象通过认购本次发行的股份取得上市公司的实际控制权；

（三）特定对象取得本次发行的股份时，对其用于认购股份的资产持续拥有权益的时间不足12个月。

属于本办法第十三条第一款规定的交易情形的，上市公司原控股股东、原实际控制人及其控制的关联人，以及在交易过程中从该等主体直接或间接受让该上市公司股份的特定对象应当公开承诺，在本次交易完成后36个月内不转让其在该上市公司中拥有权益的股份；除收购人及其关联人以外的特定对象应当公开承诺，其以资产认购而取得的上市公司股份自股份发行结束之日起24个月内不得转让。

第四十七条 上市公司申请发行股份购买资产，应当提交并购重组委审核。

第四十八条 上市公司发行股份购买资产导致特定对象持有或者控制的股份达到法定比例的，应当按照《上市公司收购管理办法》（证监会令第108号）的规定履行相关义务。

上市公司向控股股东、实际控制人或者其控制的关联人发行股份购买资产，或者发行股份购买资产将导致上市公司实际控制权发生变更的，认购股份的特定对象应当在发行股份购买资产报告书中公开承诺：本次交易完成后6个月内如上市公司股票连续20个交易日的收盘价低于发行价，或者交易完成后6个月期末收盘价低于发行价的，其持有公司股票的锁定期自动延长至少6个月。

前款规定的特定对象还应当在发行股份购买资产报告书中公开承诺：如本次交易因涉嫌所提供或披露的信息存在虚假记载、误导性陈述或者重大遗漏，被司法机关立案侦查或者被中国证监会立案调查的，在案件调查结论明确以前，不转让其在该上市公司拥有权益的股份。

第四十九条 中国证监会核准上市公司发行股份购买资产的申请后，上市公司应当及时实施。向特定对象购买的相关资产过户至上市公司后，上市公司聘请的独立财务顾问和律师事务所应当对资产过户事宜和相关后续事项的合规性及风险进行核查，并发表明确意见。上市公司应当在相关资产过户完成后 3 个工作日内就过户情况作出公告，公告中应当包括独立财务顾问和律师事务所的结论性意见。

上市公司完成前款规定的公告、报告后，可以到证券交易所、证券登记结算公司为认购股份的特定对象申请办理证券登记手续。

第五十条 换股吸收合并涉及上市公司的，上市公司的股份定价及发行按照本章规定执行。

上市公司发行优先股用于购买资产或者与其他公司合并，中国证监会另有规定的，从其规定。

上市公司可以向特定对象发行可转换为股票的公司债券、定向权证用于购买资产或者与其他公司合并。

第六章 重大资产重组后申请发行新股或者公司债券

第五十一条 经中国证监会审核后获得核准的重大资产重组实施完毕后，上市公司申请公开发行新股或者公司债券，同时符合下列条件的，本次重大资产重组前的业绩在审核时可以模拟计算：

（一）进入上市公司的资产是完整经营实体；

（二）本次重大资产重组实施完毕后，重组方的承诺事项已经如期履行，上市公司经营稳定、运行良好；

（三）本次重大资产重组实施完毕后，上市公司和相关资产实现的利润达到盈利预测水平。上市公司在本次重大资产重组前不符合中国证监会规定的公开发行证券条件，或者本次重组导致上市公司实际控制人发生变化的，上市公司申请公开发行新股或者公司债券，距本次重组交易完成的时间应当不少于一个完整会计年度。

第五十二条 本办法所称完整经营实体，应当符合下列条件：

（一）经营业务和经营资产独立、完整，且在最近两年未发生重大变化；

（二）在进入上市公司前已在同一实际控制人之下持续经营两年以上；

（三）在进入上市公司之前实行独立核算，或者虽未独立核算，但与其经营业务相关的收入、费用在会计核算上能够清晰划分；

（四）上市公司与该经营实体的主要高级管理人员签订聘用合同或者采取其他方式，就该经营实体在交易完成后的持续经营和管理作出恰当安排。

第七章 监督管理和法律责任

第五十三条 未依照本办法的规定履行相关义务或者程序，擅自实施重大资产重组的，由中国证监会责令改正，并可以采取监管谈话、出具警示函等监管措施；情节严重的，可以责令暂停或者终止重组活动，处以警告、罚款，并可以对有关责任人员采取市场禁入的措施。

未经中国证监会核准擅自实施本办法第十三条第一款规定的重大资产重组，交易尚未完成的，中国证监会责令上市公司补充披露相关信息、暂停交易并按照本办法第十三条的规定报送申请文件；交易已经完成的，可以处以警告、罚款，并对有关责任人员采取市场禁入的措施；涉嫌犯罪的，依法移送司法机关追究刑事责任。

上市公司重大资产重组因定价显失公允、不正当利益输送等问题损害上市公司、投资者合法权益的，由中国证监会责令改正，并可以采取监管谈话、出具警示函等监管措施；情节严重的，可以责令暂停或者终止重组活动，处以警告、罚款，并可以对有关责任人员采取市场禁入的措施。

第五十四条　上市公司或者其他信息披露义务人未按照本办法规定报送重大资产重组有关报告，或者报送的报告有虚假记载、误导性陈述或者重大遗漏的，由中国证监会责令改正，依照《证券法》第一百九十三条予以处罚；情节严重的，可以责令暂停或者终止重组活动，并可以对有关责任人员采取市场禁入的措施；涉嫌犯罪的，依法移送司法机关追究刑事责任。

第五十五条　上市公司或者其他信息披露义务人未按照规定披露重大资产重组信息，或者所披露的信息存在虚假记载、误导性陈述或者重大遗漏的，由中国证监会责令改正，依照《证券法》第一百九十三条规定予以处罚；情节严重的，可以责令暂停或者终止重组活动，并可以对有关责任人员采取市场禁入的措施；涉嫌犯罪的，依法移送司法机关追究刑事责任。

重大资产重组或者发行股份购买资产的交易对方未及时向上市公司或者其他信息披露义务人提供信息，或者提供的信息有虚假记载、误导性陈述或者重大遗漏的，按照前款规定执行。

第五十六条　重大资产重组涉嫌本办法第五十三条、第五十四条、第五十五条规定情形的，中国证监会可以责令上市公司作出公开说明、聘请独立财务顾问或者其他证券服务机构补充核查并披露专业意见，在公开说明、披露专业意见之前，上市公司应当暂停重组；上市公司涉嫌前述情形被司法机关立案侦查或者被中国证监会立案调查的，在案件调查结论明确之前应当暂停重组。

涉嫌本办法第五十四条、第五十五条规定情形，被司法机关立案侦查或者被中国证监会立案调查的，有关单位和个人应当严格遵守其所作的公开承诺，在案件调查结论明确之前，不得转让其在该上市公司拥有权益的股份。

第五十七条　上市公司董事、监事和高级管理人员未履行诚实守信、勤勉尽责义务，或者上市公司的股东、实际控制人及其有关负责人员未按照本办法的规定履行相关义务，导致重组方案损害上市公司利益的，由中国证监会责令改正，并可以采取监管谈话、出具警示函等监管措施；情节严重的，处以警告、罚款，并可以对有关人员采取认定为不适当人选、市场禁入的措施；涉嫌犯罪的，依法移送司法机关追究刑事责任。

第五十八条 为重大资产重组出具财务顾问报告、审计报告、法律意见、资产评估报告、估值报告及其他专业文件的证券服务机构及其从业人员未履行诚实守信、勤勉尽责义务，违反行业规范、业务规则，或者未依法履行报告和公告义务、持续督导义务的，由中国证监会责令改正，并可以采取监管谈话、出具警示函、责令公开说明、责令参加培训、责令定期报告、认定为不适当人选等监管措施；情节严重的，依照《证券法》第二百二十六条予以处罚。

前款规定的证券服务机构及其从业人员所制作、出具的文件存在虚假记载、误导性陈述或者重大遗漏的，由中国证监会责令改正，依照《证券法》第二百二十三条予以处罚；情节严重的，可以采取市场禁入的措施；涉嫌犯罪的，依法移送司法机关追究刑事责任。

存在前二款规定情形的，在按照中国证监会的要求完成整改之前，不得接受新的上市公司并购重组业务。

第五十九条 重大资产重组实施完毕后，凡因不属于上市公司管理层事前无法获知且事后无法控制的原因，上市公司所购买资产实现的利润未达到资产评估报告或者估值报告预测金额的80%，或者实际运营情况与重大资产重组报告书中管理层讨论与分析部分存在较大差距的，上市公司的董事长、总经理以及对此承担相应责任的会计师事务所、财务顾问、资产评估机构、估值机构及其从业人员应当在上市公司披露年度报告的同时，在同一报刊上作出解释，并向投资者公开道歉；实现利润未达到预测金额50%的，中国证监会可以对上市公司、相关机构及其责任人员采取监管谈话、出具警示函、责令定期报告等监管措施。

第六十条 任何知悉重大资产重组信息的人员在相关信息依法公开前，泄露该信息、买卖或者建议他人买卖相关上市公司证券、利用重大资产重组散布虚假信息、操纵证券市场或者进行欺诈活动的，中国证监会依照《证券法》第二百零二条、第二百零三条、第二百零七条予以处罚；涉嫌犯罪的，依法移送司法机关追究刑事责任。

第八章 附 则

第六十一条 本办法自2014年11月23日起施行。2008年4月16日发布并于2011年8月1日修改的《上市公司重大资产重组管理办法》（证监会令第73号）、2008年11月11日发布的《关于破产重整上市公司重大资产重组股份发行定价的补充规定》（证监会公告〔2008〕44号）同时废止。

附录20　关于加强与上市公司重大资产重组相关股票异常交易监管的暂行规定

关于加强与上市公司重大资产重组相关股票异常交易监管的暂行规定

发布时间：2012年11月6日
最新修订时间：2016年9月9日
最新生效时间：2016年9月9日
发布主体：中国证券监督管理委员会

第一条　为加强与上市公司重大资产重组相关股票异常交易监管，防控和打击内幕交易，维护证券市场秩序，保护投资者合法权益，根据《中华人民共和国证券法》《中华人民共和国行政许可法》《国务院办公厅转发证监会等部门关于依法打击和防控资本市场内幕交易意见的通知》《上市公司信息披露管理办法》《上市公司重大资产重组管理办法》，制定本规定。

第二条　上市公司和交易对方，以及其控股股东、实际控制人，为本次重大资产重组提供服务的证券公司、证券服务机构等重大资产重组相关主体，应当严格按照法律、行政法规、规章的规定，做好重大资产重组信息的管理和内幕信息知情人登记工作，增强保密意识。

第三条　上市公司及其控股股东、实际控制人等相关方研究、筹划、决策涉及上市公司重大资产重组事项的，原则上应当在相关股票停牌后或者非交易时间进行，并应当简化决策流程、提高决策效率、缩短决策时限，尽可能缩小内幕信息知情人范围。如需要向有关部门进行政策咨询、方案论证的，应当在相关股票停牌后进行。

上市公司控股股东、实际控制人等相关方，应当及时主动向上市公司通报有关信息，并配合上市公司做好股票停牌和信息披露工作。

第四条　上市公司应当在重大资产重组交易各方初步达成实质性意向或者虽

未达成实质性意向但预计该信息难以保密时,及时向证券交易所申请股票停牌,真实、准确、完整、及时、公平地进行分阶段信息披露,充分揭示风险。

第五条 上市公司因重大资产重组事项停牌后,证券交易所立即启动二级市场股票交易核查程序,并在后续各阶段对二级市场股票交易情况进行持续监管。

第六条 上市公司向中国证监会提出重大资产重组行政许可申请,如该重大资产重组事项涉嫌内幕交易被中国证监会立案调查或者被司法机关立案侦查,尚未受理的,中国证监会不予受理;已经受理的,中国证监会暂停审核。

第七条 按照本规定第六条不予受理或暂停审核的行政许可申请,如符合以下条件,未受理的,中国证监会恢复受理程序,暂停审核的恢复审核:

(一)中国证监会或者司法机关经调查核实未发现上市公司、占本次重组总交易金额比例在20%以上的交易对方(如涉及多个交易对方违规的,交易金额合并计算),及上述主体的控股股东、实际控制人及其控制的机构存在内幕交易的;

(二)中国证监会或者司法机关经调查核实未发现上市公司董事、监事、高级管理人员,上市公司控股股东、实际控制人的董事、监事、高级管理人员,交易对方的董事、监事、高级管理人员,占本次重组总交易金额比例在20%以下的交易对方及其控股股东、实际控制人及上述主体控制的机构,为本次重大资产重组提供服务的证券公司、证券服务机构及其经办人员,参与本次重大资产重组的其他主体等存在内幕交易的;或者上述主体虽涉嫌内幕交易,但已被撤换或者退出本次重大资产重组交易的;

(三)被立案调查或者立案侦查的事项未涉及本款第(一)项、第(二)项所列主体的。

依据前款第(二)项规定撤换财务顾问的,上市公司应当撤回原重大资产重组行政许可申请,重新向中国证监会提出申请。上市公司对交易对象、交易标的等作出变更导致重大资产重组方案重大调整的,还应当重新履行相应的决策程序。

第八条 中国证监会根据履行职责掌握的情况,确认不予受理或暂停审核的上市公司重大资产重组行政许可申请符合本规定第七条规定条件的,及时恢复受理或者审核。

上市公司有证据证明其重大资产重组行政许可申请符合本规定第七条规定条件的,经聘请的财务顾问和律师事务所对本次重大资产重组有关的主体进行尽职调查,并出具确认意见,可以向中国证监会提出恢复受理或者审核的申请。中国证监会根据履行职责掌握的情况,决定是否恢复受理或者审核。

第九条 因本次重大资产重组事项存在重大市场质疑或者有明确线索的举报,上市公司及涉及的相关机构和人员应当就市场质疑及时作出说明或澄清;中国证监会应当对该项举报进行核查。如果该涉嫌内幕交易的重大市场质疑或者举报涉及事项已被中国证监会立案调查或者被司法机关立案侦查，按照本规定第六条至第八条的规定执行。

第十条　中国证监会受理行政许可申请后，本规定第七条第一款第（一）项所列主体因本次重大资产重组相关的内幕交易被中国证监会行政处罚或者被司法机关依法追究刑事责任的，中国证监会终止审核，并将行政许可申请材料退还申请人或者其聘请的财务顾问。

第十一条　重大资产重组行政许可申请被中国证监会不予受理、恢复受理程序、暂停审核、恢复审核或者终止审核的，上市公司应当及时公告并作出风险提示。

第十二条　上市公司披露重大资产重组预案或者草案后主动终止重大资产重组进程的，上市公司应当同时承诺自公告之日起至少1个月内不再筹划重大资产重组，并予以披露。

重大资产重组行政许可申请因上市公司控股股东及其实际控制人存在内幕交易被中国证监会依照本规定第十条的规定终止审核的，上市公司应当同时承诺自公告之日起至少12个月内不再筹划重大资产重组，并予以披露。

第十三条　本规定第七条所列主体因涉嫌本次重大资产重组相关的内幕交易被立案调查或者立案侦查的，自立案之日起至责任认定前不得参与任何上市公司的重大资产重组。中国证监会作出行政处罚或者司法机关依法追究刑事责任的，上述主体自中国证监会作出行政处罚决定或者司法机关作出相关裁判生效之日起至少36个月内不得参与任何上市公司的重大资产重组。

第十四条　上市公司及其控股股东、实际控制人和交易相关方、证券公司及证券服务机构、其他信息披露义务人，应当配合中国证监会的监管执法工作。拒不配合的，中国证监会将依法采取监管措施，并将实施监管措施的情况对外公布。

第十五条　关于上市公司吸收合并、分立的行政许可事项，参照本规定执行。

第十六条　本规定自2012年12月17日起施行。

附录 21　上市公司收购管理办法

上市公司收购管理办法

发布时间：2006 年 7 月 31 日
最新修订时间：2014 年 10 月 23 日
最新生效时间：2014 年 10 月 23 日
发布主体：中国证券监督管理委员会

第一章　总　　则

第一条　为了规范上市公司的收购及相关股份权益变动活动，保护上市公司和投资者的合法权益，维护证券市场秩序和社会公共利益，促进证券市场资源的优化配置，根据《证券法》、《公司法》及其他相关法律、行政法规，制定本办法。

第二条　上市公司的收购及相关股份权益变动活动，必须遵守法律、行政法规及中国证券监督管理委员会（以下简称中国证监会）的规定。当事人应当诚实守信，遵守社会公德、商业道德，自觉维护证券市场秩序，接受政府、社会公众的监督。

第三条　上市公司的收购及相关股份权益变动活动，必须遵循公开、公平、公正的原则。

上市公司的收购及相关股份权益变动活动中的信息披露义务人，应当充分披露其在上市公司中的权益及变动情况，依法严格履行报告、公告和其他法定义务。在相关信息披露前，负有保密义务。

信息披露义务人报告、公告的信息必须真实、准确、完整，不得有虚假记载、误导性陈述或者重大遗漏。

第四条　上市公司的收购及相关股份权益变动活动不得危害国家安全和社会公共利益。

上市公司的收购及相关股份权益变动活动涉及国家产业政策、行业准入、国有股份转让等事项，需要取得国家相关部门批准的，应当在取得批准后进行。

外国投资者进行上市公司的收购及相关股份权益变动活动的，应当取得国家相关部门的批准，适用中国法律，服从中国的司法、仲裁管辖。

第五条　收购人可以通过取得股份的方式成为一个上市公司的控股股东，可以通过投资关系、协议、其他安排的途径成为一个上市公司的实际控制人，也可以同时采取上述方式和途径取得上市公司控制权。

收购人包括投资者及与其一致行动的他人。

第六条　任何人不得利用上市公司的收购损害被收购公司及其股东的合法权益。

有下列情形之一的，不得收购上市公司：

（一）收购人负有数额较大债务，到期未清偿，且处于持续状态；

（二）收购人最近3年有重大违法行为或者涉嫌有重大违法行为；

（三）收购人最近3年有严重的证券市场失信行为；

（四）收购人为自然人的，存在《公司法》第一百四十六条规定情形；

（五）法律、行政法规规定以及中国证监会认定的不得收购上市公司的其他情形。

第七条　被收购公司的控股股东或者实际控制人不得滥用股东权利损害被收购公司或者其他股东的合法权益。

被收购公司的控股股东、实际控制人及其关联方有损害被收购公司及其他股东合法权益的，上述控股股东、实际控制人在转让被收购公司控制权之前，应当主动消除损害；未能消除损害的，应当就其出让相关股份所得收入用于消除全部损害做出安排，对不足以消除损害的部分应当提供充分有效的履约担保或安排，并依照公司章程取得被收购公司股东大会的批准。

第八条　被收购公司的董事、监事、高级管理人员对公司负有忠实义务和勤勉义务，应当公平对待收购本公司的所有收购人。

被收购公司董事会针对收购所做出的决策及采取的措施，应当有利于维护公司及其股东的利益，不得滥用职权对收购设置不适当的障碍，不得利用公司资源向收购人提供任何形式的财务资助，不得损害公司及其股东的合法权益。

第九条　收购人进行上市公司的收购，应当聘请在中国注册的具有从事财务顾问业务资格的专业机构担任财务顾问。收购人未按照本办法规定聘请财务顾问的，不得收购上市公司。

财务顾问应当勤勉尽责，遵守行业规范和职业道德，保持独立性，保证其所制作、出具文件的真实性、准确性和完整性。

财务顾问认为收购人利用上市公司的收购损害被收购公司及其股东合法权益的，应当拒绝为收购人提供财务顾问服务。

财务顾问不得教唆、协助或者伙同委托人编制或披露存在虚假记载、误导性陈述或者重大遗漏的报告、公告文件，不得从事不正当竞争，不得利用上市公司的收购谋取不正当利益。

第十条 中国证监会依法对上市公司的收购及相关股份权益变动活动进行监督管理。

中国证监会设立由专业人员和有关专家组成的专门委员会。专门委员会可以根据中国证监会职能部门的请求，就是否构成上市公司的收购、是否有不得收购上市公司的情形以及其他相关事宜提供咨询意见。中国证监会依法做出决定。

第十一条 证券交易所依法制定业务规则，为上市公司的收购及相关股份权益变动活动组织交易和提供服务，对相关证券交易活动进行实时监控，监督上市公司的收购及相关股份权益变动活动的信息披露义务人切实履行信息披露义务。

证券登记结算机构依法制定业务规则，为上市公司的收购及相关股份权益变动活动所涉及的证券登记、存管、结算等事宜提供服务。

第二章 权益披露

第十二条 投资者在一个上市公司中拥有的权益，包括登记在其名下的股份和虽未登记在其名下但该投资者可以实际支配表决权的股份。投资者及其一致行动人在一个上市公司中拥有的权益应当合并计算。

第十三条 通过证券交易所的证券交易，投资者及其一致行动人拥有权益的股份达到一个上市公司已发行股份的5%时，应当在该事实发生之日起3日内编制权益变动报告书，向中国证监会、证券交易所提交书面报告，通知该上市公司，并予公告；在上述期限内，不得再行买卖该上市公司的股票。

前述投资者及其一致行动人拥有权益的股份达到一个上市公司已发行股份的5%后，通过证券交易所的证券交易，其拥有权益的股份占该上市公司已发行股份的比例每增加或者减少5%，应当依照前款规定进行报告和公告。在报告期限内和作出报告、公告后2日内，不得再行买卖该上市公司的股票。

第十四条 通过协议转让方式，投资者及其一致行动人在一个上市公司中拥有权益的股份拟达到或者超过一个上市公司已发行股份的5%时，应当在该事实发生之日起3日内编制权益变动报告书，向中国证监会、证券交易所提交书面报告，通知该上市公司，并予公告。

投资者及其一致行动人拥有权益的股份达到一个上市公司已发行股份的5%后，其拥有权益的股份占该上市公司已发行股份的比例每增加或者减少达到或者超过5%的，应当依照前款规定履行报告、公告义务。

前两款规定的投资者及其一致行动人在作出报告、公告前，不得再行买卖该上市公司的股票。相关股份转让及过户登记手续按照本办法第四章及证券交易所、证券登记结算机构的规定办理。

第十五条 投资者及其一致行动人通过行政划转或者变更、执行法院裁定、继承、赠与等方式拥有权益的股份变动达到前条规定比例的，应当按照前条规定履行报告、公告义务，并参照前条规定办理股份过户登记手续。

第十六条 投资者及其一致行动人不是上市公司的第一大股东或者实际控制人，其拥有权益的股份达到或者超过该公司已发行股份的5%，但未达到20%的，应当编制包括下列内容的简式权益变动报告书：

（一）投资者及其一致行动人的姓名、住所；投资者及其一致行动人为法人的，其名称、注册地及法定代表人；

（二）持股目的，是否有意在未来12个月内继续增加其在上市公司中拥有的权益；

（三）上市公司的名称、股票的种类、数量、比例；

（四）在上市公司中拥有权益的股份达到或者超过上市公司已发行股份的5%或者拥有权益的股份增减变化达到5%的时间及方式；

（五）权益变动事实发生之日前6个月内通过证券交易所的证券交易买卖该公司股票的简要情况；

（六）中国证监会、证券交易所要求披露的其他内容。

前述投资者及其一致行动人为上市公司第一大股东或者实际控制人，其拥有权益的股份达到或者超过一个上市公司已发行股份的5%，但未达到20%的，还应当披露本办法第十七条第一款规定的内容。

第十七条 投资者及其一致行动人拥有权益的股份达到或者超过一个上市公司已发行股份的20%但未超过30%的，应当编制详式权益变动报告书，除须披露前条规定的信息外，还应当披露以下内容：

（一）投资者及其一致行动人的控股股东、实际控制人及其股权控制关系结构图；

（二）取得相关股份的价格、所需资金额、资金来源，或者其他支付安排；

（三）投资者、一致行动人及其控股股东、实际控制人所从事的业务与上市公司的业务是否存在同业竞争或者潜在的同业竞争，是否存在持续关联交易；存在同业竞争或者持续关联交易的，是否已做出相应的安排，确保投资者、一致行动人及其关联方与上市公司之间避免同业竞争以及保持上市公司的独立性；

（四）未来12个月内对上市公司资产、业务、人员、组织结构、公司章程等进行调整的后续计划；

（五）前24个月内投资者及其一致行动人与上市公司之间的重大交易；

（六）不存在本办法第六条规定的情形；

（七）能够按照本办法第五十条的规定提供相关文件。

前述投资者及其一致行动人为上市公司第一大股东或者实际控制人的，还应当聘请财务顾问对上述权益变动报告书所披露的内容出具核查意见，但国有股行政划转或者变更、股份转让在同一实际控制人控制的不同主体之间进行、因继承取得股份的除外。投资者及其一致行动人承诺至少3年放弃行使相关股份表决权的，可免于聘请财务顾问和提供前款第（七）项规定的文件。

第十八条 已披露权益变动报告书的投资者及其一致行动人在披露之日起6个月内，因拥有权益的股份变动需要再次报告、公告权益变动报告书的，可以仅就与前次报告书不同的部分作出报告、公告；自前次披露之日起超过6个月的，投资者及其一致行动人应当按照本章的规定编制权益变动报告书，履行报告、公告义务。

第十九条 因上市公司减少股本导致投资者及其一致行动人拥有权益的股份变动出现本办法第十四条规定情形的，投资者及其一致行动人免于履行报告和公告义务。上市公司应当自完成减少股本的变更登记之日起2个工作日内，就因此导致的公司股东拥有权益的股份变动情况作出公告；因公司减少股本可能导致投资者及其一致行动人成为公司第一大股东或者实际控制人的，该投资者及其一致行动人应当自公司董事会公告有关减少公司股本决议之日起3个工作日内，按照本办法第十七条第一款的规定履行报告、公告义务。

第二十条 上市公司的收购及相关股份权益变动活动中的信息披露义务人依法披露前，相关信息已在媒体上传播或者公司股票交易出现异常的，上市公司应当立即向当事人进行查询，当事人应当及时予以书面答复，上市公司应当及时作出公告。

第二十一条 上市公司的收购及相关股份权益变动活动中的信息披露义务人应当在至少一家中国证监会指定媒体上依法披露信息；在其他媒体上进行披露的，披露内容应当一致，披露时间不得早于指定媒体的披露时间。

第二十二条 上市公司的收购及相关股份权益变动活动中的信息披露义务人采取一致行动的，可以以书面形式约定由其中一人作为指定代表负责统一编制信息披露文件，并同意授权指定代表在信息披露文件上签字、盖章。

各信息披露义务人应当对信息披露文件中涉及其自身的信息承担责任；对信息披露文件中涉及的与多个信息披露义务人相关的信息，各信息披露义务人对相关部分承担连带责任。

第三章 要约收购

第二十三条 投资者自愿选择以要约方式收购上市公司股份的，可以向被收购公司所有股东发出收购其所持有的全部股份的要约（以下简称全面要约），也可以向被收购公司所有股东发出收购其所持有的部分股份的要约（以下简称部分要约）。

第二十四条 通过证券交易所的证券交易，收购人持有一个上市公司的股份达到该公司已发行股份的 30% 时，继续增持股份的，应当采取要约方式进行，发出全面要约或者部分要约。

第二十五条 收购人依照本办法第二十三条、第二十四条、第四十七条、第五十六条的规定，以要约方式收购一个上市公司股份的，其预定收购的股份比例均不得低于该上市公司已发行股份的 5%。

第二十六条 以要约方式进行上市公司收购的，收购人应当公平对待被收购公司的所有股东。持有同一种类股份的股东应当得到同等对待。

第二十七条 收购人为终止上市公司的上市地位而发出全面要约的，或者向中国证监会提出申请但未取得豁免而发出全面要约的，应当以现金支付收购价款；以依法可以转让的证券（以下简称证券）支付收购价款的，应当同时提供现金方式供被收购公司股东选择。

第二十八条 以要约方式收购上市公司股份的，收购人应当编制要约收购报告书，聘请财务顾问，通知被收购公司，同时对要约收购报告书摘要作出提示性公告。

本次收购依法应当取得相关部门批准的，收购人应当在要约收购报告书摘要中作出特别提示，并在取得批准后公告要约收购报告书。

第二十九条 前条规定的要约收购报告书，应当载明下列事项：

（一）收购人的姓名、住所；收购人为法人的，其名称、注册地及法定代表人，与其控股股东、实际控制人之间的股权控制关系结构图；

（二）收购人关于收购的决定及收购目的，是否拟在未来 12 个月内继续增持；

（三）上市公司的名称、收购股份的种类；

（四）预定收购股份的数量和比例；

（五）收购价格；

（六）收购所需资金额、资金来源及资金保证，或者其他支付安排；

（七）收购要约约定的条件；

（八）收购期限；

（九）公告收购报告书时持有被收购公司的股份数量、比例；

（十）本次收购对上市公司的影响分析，包括收购人及其关联方所从事的业务与上市公司的业务是否存在同业竞争或者潜在的同业竞争，是否存在持续关联交易；存在同业竞争或者持续关联交易的，收购人是否已作出相应的安排，确保收购人及其关联方与上市公司之间避免同业竞争以及保持上市公司的独立性；

（十一）未来 12 个月内对上市公司资产、业务、人员、组织结构、公司章程等进行调整的后续计划；

（十二）前 24 个月内收购人及其关联方与上市公司之间的重大交易；

（十三）前 6 个月内通过证券交易所的证券交易买卖被收购公司股票的情况；

（十四）中国证监会要求披露的其他内容。

收购人发出全面要约的，应当在要约收购报告书中充分披露终止上市的风险、终止上市后收购行为完成的时间及仍持有上市公司股份的剩余股东出售其股票的其他后续安排；收购人发出以终止公司上市地位为目的的全面要约，无须披露前款第（十）项规定的内容。

第三十条 收购人按照本办法第四十七条拟收购上市公司股份超过30%，须改以要约方式进行收购的，收购人应当在达成收购协议或者做出类似安排后的3日内对要约收购报告书摘要作出提示性公告，并按照本办法第二十八条、第二十九条的规定履行公告义务，同时免于编制、公告上市公司收购报告书；依法应当取得批准的，应当在公告中特别提示本次要约须取得相关批准方可进行。

未取得批准的，收购人应当在收到通知之日起2个工作日内，公告取消收购计划，并通知被收购公司。

第三十一条 收购人自作出要约收购提示性公告起60日内，未公告要约收购报告书的，收购人应当在期满后次一个工作日通知被收购公司，并予公告；此后每30日应当公告一次，直至公告要约收购报告书。

收购人作出要约收购提示性公告后，在公告要约收购报告书之前，拟自行取消收购计划的，应当公告原因；自公告之日起12个月内，该收购人不得再次对同一上市公司进行收购。

第三十二条 被收购公司董事会应当对收购人的主体资格、资信情况及收购意图进行调查，对要约条件进行分析，对股东是否接受要约提出建议，并聘请独立财务顾问提出专业意见。在收购人公告要约收购报告书后20日内，被收购公司董事会应当公告被收购公司董事会报告书与独立财务顾问的专业意见。

收购人对收购要约条件做出重大变更的，被收购公司董事会应当在3个工作日内公告董事会及独立财务顾问就要约条件的变更情况所出具的补充意见。

第三十三条 收购人作出提示性公告后至要约收购完成前，被收购公司除继续从事正常的经营活动或者执行股东大会已经作出的决议外，未经股东大会批准，被收购公司董事会不得通过处置公司资产、对外投资、调整公司主要业务、担保、贷款等方式，对公司的资产、负债、权益或者经营成果造成重大影响。

第三十四条 在要约收购期间，被收购公司董事不得辞职。

第三十五条 收购人按照本办法规定进行要约收购的，对同一种类股票的要约价格，不得低于要约收购提示性公告日前6个月内收购人取得该种股票所支付的最高价格。

要约价格低于提示性公告日前30个交易日该种股票的每日加权平均价格的算术平均值的，收购人聘请的财务顾问应当就该种股票前6个月的交易情况进行分析，说明是否存在股价被操纵、收购人是否有未披露的一致行动人、收购人前6个月取得公司股份是否存在其他支付安排、要约价格的合理性等。

第三十六条 收购人可以采用现金、证券、现金与证券相结合等合法方式支付收购上市公司的价款。收购人以证券支付收购价款的,应当提供该证券的发行人最近3年经审计的财务会计报告、证券估值报告,并配合被收购公司聘请的独立财务顾问的尽职调查工作。收购人以在证券交易所上市的债券支付收购价款的,该债券的可上市交易时间应当不少于一个月。收购人以未在证券交易所上市交易的证券支付收购价款的,必须同时提供现金方式供被收购公司的股东选择,并详细披露相关证券的保管、送达被收购公司股东的方式和程序安排。

收购人聘请的财务顾问应当对收购人支付收购价款的能力和资金来源进行充分的尽职调查,详细披露核查的过程和依据,说明收购人是否具备要约收购的能力。收购人应当在作出要约收购提示性公告的同时,提供以下至少一项安排保证其具备履约能力:

(一)以现金支付收购价款的,将不少于收购价款总额的 20% 作为履约保证金存入证券登记结算机构指定的银行;收购人以在证券交易所上市交易的证券支付收购价款的,将用于支付的全部证券交出证券登记结算机构保管,但上市公司发行新股的除外;

(二)银行对要约收购所需价款出具保函;

(三)财务顾问出具承担连带保证责任的书面承诺,明确如要约期满收购人不支付收购价款,财务顾问进行支付。

第三十七条 收购要约约定的收购期限不得少于 30 日,并不得超过 60 日;但是出现竞争要约的除外。

在收购要约约定的承诺期限内,收购人不得撤销其收购要约。

第三十八条 采取要约收购方式的,收购人作出公告后至收购期限届满前,不得卖出被收购公司的股票,也不得采取要约规定以外的形式和超出要约的条件买入被收购公司的股票。

第三十九条 收购要约提出的各项收购条件,适用于被收购公司的所有股东。

收购人需要变更收购要约的,必须及时公告,载明具体变更事项,并通知被收购公司。

第四十条 收购要约期限届满前 15 日内,收购人不得变更收购要约;但是出现竞争要约的除外。

出现竞争要约时,发出初始要约的收购人变更收购要约距初始要约收购期限届满不足 15 日的,应当延长收购期限,延长后的要约期应当不少于 15 日,不得超过最后一个竞争要约的期满日,并按规定追加履约保证。

发出竞争要约的收购人最迟不得晚于初始要约收购期限届满前 15 日发出要约收购的提示性公告,并应当根据本办法第二十八条和第二十九条的规定履行公告义务。

第四十一条 要约收购报告书所披露的基本事实发生重大变化的,收购人应当在该重大变化发生之日起 2 个工作日内作出公告，并通知被收购公司。

第四十二条 同意接受收购要约的股东（以下简称预受股东），应当委托证券公司办理预受要约的相关手续。收购人应当委托证券公司向证券登记结算机构申请办理预受要约股票的临时保管。证券登记结算机构临时保管的预受要约的股票，在要约收购期间不得转让。

前款所称预受，是指被收购公司股东同意接受要约的初步意思表示，在要约收购期限内不可撤回之前不构成承诺。在要约收购期限届满 3 个交易日前，预受股东可以委托证券公司办理撤回预受要约的手续，证券登记结算机构根据预受要约股东的撤回申请解除对预受要约股票的临时保管。在要约收购期限届满前 3 个交易日内，预受股东不得撤回其对要约的接受。在要约收购期限内，收购人应当每日在证券交易所网站上公告已预受收购要约的股份数量。

出现竞争要约时，接受初始要约的预受股东撤回全部或者部分预受的股份，并将撤回的股份售予竞争要约人的，应当委托证券公司办理撤回预受初始要约的手续和预受竞争要约的相关手续。

第四十三条 收购期限届满，发出部分要约的收购人应当按照收购要约约定的条件购买被收购公司股东预受的股份，预受要约股份的数量超过预定收购数量时，收购人应当按照同等比例收购预受要约的股份；以终止被收购公司上市地位为目的的，收购人应当按照收购要约约定的条件购买被收购公司股东预受的全部股份；未取得中国证监会豁免而发出全面要约的收购人应当购买被收购公司股东预受的全部股份。

收购期限届满后 3 个交易日内，接受委托的证券公司应当向证券登记结算机构申请办理股份转让结算、过户登记手续，解除对超过预定收购比例的股票的临时保管；收购人应当公告本次要约收购的结果。

第四十四条 收购期限届满，被收购公司股权分布不符合上市条件，该上市公司的股票由证券交易所依法终止上市交易。在收购行为完成前，其余仍持有被收购公司股票的股东，有权在收购报告书规定的合理期限内向收购人以收购要约的同等条件出售其股票，收购人应当收购。

第四十五条 收购期限届满后 15 日内，收购人应当向证券交易所提交关于收购情况的书面报告，并予以公告。

第四十六条 除要约方式外，投资者不得在证券交易所外公开求购上市公司的股份。

第四章　协　议　收　购

第四十七条 收购人通过协议方式在一个上市公司中拥有权益的股份达到或者超过该公司已发行股份的 5%，但未超过 30% 的，按照本办法第二章的规定办理。

收购人拥有权益的股份达到该公司已发行股份的30%时，继续进行收购的，应当依法向该上市公司的股东发出全面要约或者部分要约。符合本办法第六章规定情形的，收购人可以向中国证监会申请免除发出要约。

收购人拟通过协议方式收购一个上市公司的股份超过30%的，超过30%的部分，应当改以要约方式进行；但符合本办法第六章规定情形的，收购人可以向中国证监会申请免除发出要约。收购人在取得中国证监会豁免后，履行其收购协议；未取得中国证监会豁免且拟继续履行其收购协议的，或者不申请豁免的，在履行其收购协议前，应当发出全面要约。

第四十八条 以协议方式收购上市公司股份超过30%，收购人拟依据本办法第六章的规定申请豁免的，应当在与上市公司股东达成收购协议之日起3日内编制上市公司收购报告书，提交豁免申请，委托财务顾问向中国证监会、证券交易所提交书面报告，通知被收购公司，并公告上市公司收购报告书摘要。

收购人自取得中国证监会的豁免之日起3日内公告其收购报告书、财务顾问专业意见和律师出具的法律意见书；收购人未取得豁免的，应当自收到中国证监会的决定之日起3日内予以公告，并按照本办法第六十一条第二款的规定办理。

第四十九条 依据前条规定所作的上市公司收购报告书，须披露本办法第二十九条第（一）项至第（六）项和第（九）项至第（十四）项规定的内容及收购协议的生效条件和付款安排。

已披露收购报告书的收购人在披露之日起6个月内，因权益变动需要再次报告、公告的，可以仅就与前次报告书不同的部分作出报告、公告；超过6个月的，应当按照本办法第二章的规定履行报告、公告义务。

第五十条 收购人公告上市公司收购报告书时，应当提交以下备查文件：

（一）中国公民的身份证明，或者在中国境内登记注册的法人、其他组织的证明文件；

（二）基于收购人的实力和从业经验对上市公司后续发展计划可行性的说明，收购人拟修改公司章程、改选公司董事会、改变或者调整公司主营业务的，还应当补充其具备规范运作上市公司的管理能力的说明；

（三）收购人及其关联方与被收购公司存在同业竞争、关联交易的，应提供避免同业竞争等利益冲突、保持被收购公司经营独立性的说明；

（四）收购人为法人或者其他组织的，其控股股东、实际控制人最近2年未变更的说明；

（五）收购人及其控股股东或实际控制人的核心企业和核心业务、关联企业及主营业务的说明；收购人或其实际控制人为两个或两个以上的上市公司控股股东或实际控制人的，还应当提供其持股5%以上的上市公司以及银行、信托公司、证券公司、保险公司等其他金融机构的情况说明；

（六）财务顾问关于收购人最近3年的诚信记录、收购资金来源合法性、收购人具备履行相关承诺的能力以及相关信息披露内容真实性、准确性、完整性的核查意见；收购人成立未满3年的，财务顾问还应当提供其控股股东或者实际控制人最近3年诚信记录的核查意见。

境外法人或者境外其他组织进行上市公司收购的，除应当提交第一款第（二）项至第（六）项规定的文件外，还应当提交以下文件：

（一）财务顾问出具的收购人符合对上市公司进行战略投资的条件、具有收购上市公司的能力的核查意见；

（二）收购人接受中国司法、仲裁管辖的声明。

第五十一条 上市公司董事、监事、高级管理人员、员工或者其所控制或者委托的法人或者其他组织，拟对本公司进行收购或者通过本办法第五章规定的方式取得本公司控制权（以下简称管理层收购），该上市公司应当具备健全且运行良好的组织机构以及有效的内部控制制度，公司董事会成员中独立董事的比例应当达到或者超过1/2。公司应当聘请具有证券、期货从业资格的资产评估机构提供公司资产评估报告，本次收购应当经董事会非关联董事作出决议，且取得2/3以上的独立董事同意后，提交公司股东大会审议，经出席股东大会的非关联股东所持表决权过半数通过。独立董事发表意见前，应当聘请独立财务顾问就本次收购出具专业意见，独立董事及独立财务顾问的意见应当一并予以公告。

上市公司董事、监事、高级管理人员存在《公司法》第一百四十八条规定情形，或者最近3年有证券市场不良诚信记录的，不得收购本公司。

第五十二条 以协议方式进行上市公司收购的，自签订收购协议起至相关股份完成过户的期间为上市公司收购过渡期（以下简称过渡期）。在过渡期内，收购人不得通过控股股东提议改选上市公司董事会，确有充分理由改选董事会的，来自收购人的董事不得超过董事会成员的1/3；被收购公司不得为收购人及其关联方提供担保；被收购公司不得公开发行股份募集资金，不得进行重大购买、出售资产及重大投资行为或者与收购人及其关联方进行其他关联交易，但收购人为挽救陷入危机或者面临严重财务困难的上市公司的情形除外。

第五十三条 上市公司控股股东向收购人协议转让其所持有的上市公司股份的，应当对收购人的主体资格、诚信情况及收购意图进行调查，并在其权益变动报告书中披露有关调查情况。

控股股东及其关联方未清偿其对公司的负债，未解除公司为其负债提供的担保，或者存在损害公司利益的其他情形的，被收购公司董事会应当对前述情形及时予以披露，并采取有效措施维护公司利益。

第五十四条 协议收购的相关当事人应当向证券登记结算机构申请办理拟转让股份的临时保管手续，并可以将用于支付的现金存放于证券登记结算机构指定的银行。

第五十五条　收购报告书公告后，相关当事人应当按照证券交易所和证券登记结算机构的业务规则，在证券交易所就本次股份转让予以确认后，凭全部转让款项存放于双方认可的银行账户的证明，向证券登记结算机构申请解除拟协议转让股票的临时保管，并办理过户登记手续。

收购人未按规定履行报告、公告义务，或者未按规定提出申请的，证券交易所和证券登记结算机构不予办理股份转让和过户登记手续。

收购人在收购报告书公告后 30 日内仍未完成相关股份过户手续的，应当立即作出公告，说明理由；在未完成相关股份过户期间，应当每隔 30 日公告相关股份过户办理进展情况。

第五章　间接收购

第五十六条　收购人虽不是上市公司的股东，但通过投资关系、协议、其他安排导致其拥有权益的股份达到或者超过一个上市公司已发行股份的 5% 未超过 30% 的，应当按照本办法第二章的规定办理。

收购人拥有权益的股份超过该公司已发行股份的 30% 的，应当向该公司所有股东发出全面要约；收购人预计无法在事实发生之日起 30 日内发出全面要约的，应当在前述 30 日内促使其控制的股东将所持有的上市公司股份减持至 30% 或者 30% 以下，并自减持之日起 2 个工作日内予以公告；其后收购人或者其控制的股东拟继续增持的，应当采取要约方式；拟依据本办法第六章的规定申请豁免的，应当按照本办法第四十八条的规定办理。

第五十七条　投资者虽不是上市公司的股东，但通过投资关系取得对上市公司股东的控制权，而受其支配的上市公司股东所持股份达到前条规定比例、且对该股东的资产和利润构成重大影响的，应当按照前条规定履行报告、公告义务。

第五十八条　上市公司实际控制人及受其支配的股东，负有配合上市公司真实、准确、完整披露有关实际控制人发生变化的信息的义务；实际控制人及受其支配的股东拒不履行上述配合义务，导致上市公司无法履行法定信息披露义务而承担民事、行政责任的，上市公司有权对其提起诉讼。实际控制人、控股股东指使上市公司及其有关人员不依法履行信息披露义务的，中国证监会依法进行查处。

第五十九条　上市公司实际控制人及受其支配的股东未履行报告、公告义务的，上市公司应当自知悉之日起立即作出报告和公告。上市公司就实际控制人发生变化的情况予以公告后，实际控制人仍未披露的，上市公司董事会应当向实际控制人和受其支配的股东查询，必要时可以聘请财务顾问进行查询，并将查询情况向中国证监会、上市公司所在地的中国证监会派出机构（以下简称派出机构）和证券交易所报告；中国证监会依法对拒不履行报告、公告义务的实际控制人进行查处。

上市公司知悉实际控制人发生较大变化而未能将有关实际控制人的变化情况及时予以报告和公告的，中国证监会责令改正，情节严重的，认定上市公司负有责任的董事为不适当人选。

第六十条 上市公司实际控制人及受其支配的股东未履行报告、公告义务，拒不履行第五十八条规定的配合义务，或者实际控制人存在不得收购上市公司情形的，上市公司董事会应当拒绝接受受实际控制人支配的股东向董事会提交的提案或者临时议案，并向中国证监会、派出机构和证券交易所报告。中国证监会责令实际控制人改正，可以认定实际控制人通过受其支配的股东所提名的董事为不适当人选；改正前，受实际控制人支配的股东不得行使其持有股份的表决权。上市公司董事会未拒绝接受实际控制人及受其支配的股东所提出的提案的，中国证监会可以认定负有责任的董事为不适当人选。

第六章 豁 免 申 请

第六十一条 符合本办法第六十二条、第六十三条规定情形的，投资者及其一致行动人可以向中国证监会申请下列豁免事项：

（一）免于以要约收购方式增持股份；

（二）存在主体资格、股份种类限制或者法律、行政法规、中国证监会规定的特殊情形的，可以申请免于向被收购公司的所有股东发出收购要约。

未取得豁免的，投资者及其一致行动人应当在收到中国证监会通知之日起30日内将其或者其控制的股东所持有的被收购公司股份减持到30%或者30%以下；拟以要约以外的方式继续增持股份的，应当发出全面要约。

第六十二条 有下列情形之一的，收购人可以向中国证监会提出免于以要约方式增持股份的申请：

（一）收购人与出让人能够证明本次股份转让是在同一实际控制人控制的不同主体之间进行，未导致上市公司的实际控制人发生变化；

（二）上市公司面临严重财务困难，收购人提出的挽救公司的重组方案取得该公司股东大会批准，且收购人承诺3年内不转让其在该公司中所拥有的权益；

（三）中国证监会为适应证券市场发展变化和保护投资者合法权益的需要而认定的其他情形。

收购人报送的豁免申请文件符合规定，并且已经按照本办法的规定履行报告、公告义务的，中国证监会予以受理；不符合规定或者未履行报告、公告义务的，中国证监会不予受理。中国证监会在受理豁免申请后20个工作日内，就收购人所申请的具体事项做出是否予以豁免的决定；取得豁免的，收购人可以完成本次增持行为。

第六十三条 有下列情形之一的，投资者可以向中国证监会提出免于发出要约的申请，中国证监会自收到符合规定的申请文件之日起 10 个工作日内未提出异议的，相关投资者可以向证券交易所和证券登记结算机构申请办理股份转让和过户登记手续；中国证监会不同意其申请的，相关投资者应当按照本办法第六十一条的规定办理：

（一）经政府或者国有资产管理部门批准进行国有资产无偿划转、变更、合并，导致投资者在一个上市公司中拥有权益的股份占该公司已发行股份的比例超过 30%；

（二）因上市公司按照股东大会批准的确定价格向特定股东回购股份而减少股本，导致投资者在该公司中拥有权益的股份超过该公司已发行股份的 30%；

（三）中国证监会为适应证券市场发展变化和保护投资者合法权益的需要而认定的其他情形。

有下列情形之一的，相关投资者可以免于按照前款规定提交豁免申请，直接向证券交易所和证券登记结算机构申请办理股份转让和过户登记手续：

（一）经上市公司股东大会非关联股东批准，投资者取得上市公司向其发行的新股，导致其在该公司拥有权益的股份超过该公司已发行股份的 30%，投资者承诺 3 年内不转让本次向其发行的新股，且公司股东大会同意投资者免于发出要约；

（二）在一个上市公司中拥有权益的股份达到或者超过该公司已发行股份的 30% 的，自上述事实发生之日起一年后，每 12 个月内增持不超过该公司已发行的 2% 的股份；

（三）在一个上市公司中拥有权益的股份达到或者超过该公司已发行股份的 50% 的，继续增加其在该公司拥有的权益不影响该公司的上市地位；

（四）证券公司、银行等金融机构在其经营范围内依法从事承销、贷款等业务导致其持有一个上市公司已发行股份超过 30%，没有实际控制该公司的行为或者意图，并且提出在合理期限内向非关联方转让相关股份的解决方案；

（五）因继承导致在一个上市公司中拥有权益的股份超过该公司已发行股份的 30%；

（六）因履行约定购回式证券交易协议购回上市公司股份导致投资者在一个上市公司中拥有权益的股份超过该公司已发行股份的 30%，并且能够证明标的股份的表决权在协议期间未发生转移；

（七）因所持优先股表决权依法恢复导致投资者在一个上市公司中拥有权益的股份超过该公司已发行股份的 30%。

相关投资者应在前款规定的权益变动行为完成后 3 日内就股份增持情况做出公告，律师应就相关投资者权益变动行为发表符合规定的专项核查意见并由上市公司予以披露。相关投资者按照前款第（二）项、第（三）项规定采用集中竞价方式增持股份,每累计增持股份比例达到该公司已发行股份的1%的,应当在事实发生之日通知上市公司,由上市公司在次一交易日发布相关股东增持公司股份的进展公告。相关投资者按照前款第(三)项规定采用集中竞价方式增持股份的,每累计增持股份比例达到上市公司已发行股份的2%的,在事实发生当日和上市公司发布相关股东增持公司股份进展公告的当日不得再行增持股份。前款第(二)项规定的增持不超过2%的股份锁定期为增持行为完成之日起6个月。

第六十四条 收购人提出豁免申请的,应当聘请律师事务所等专业机构出具专业意见。

第七章 财务顾问

第六十五条 收购人聘请的财务顾问应当履行以下职责:

(一)对收购人的相关情况进行尽职调查;

(二)应收购人的要求向收购人提供专业化服务,全面评估被收购公司的财务和经营状况,帮助收购人分析收购所涉及的法律、财务、经营风险,就收购方案所涉及的收购价格、收购方式、支付安排等事项提出对策建议,并指导收购人按照规定的内容与格式制作申报文件;

(三)对收购人进行证券市场规范化运作的辅导,使收购人的董事、监事和高级管理人员熟悉有关法律、行政法规和中国证监会的规定,充分了解其应当承担的义务和责任,督促其依法履行报告、公告和其他法定义务;

(四)对收购人是否符合本办法的规定及申报文件内容的真实性、准确性、完整性进行充分核查和验证,对收购事项客观、公正地发表专业意见;

(五)接受收购人委托,向中国证监会报送申报材料,根据中国证监会的审核意见,组织、协调收购人及其他专业机构予以答复;

(六)与收购人签订协议,在收购完成后12个月内,持续督导收购人遵守法律、行政法规、中国证监会的规定、证券交易所规则、上市公司章程,依法行使股东权利,切实履行承诺或者相关约定。

第六十六条 收购人聘请的财务顾问就本次收购出具的财务顾问报告,应当对以下事项进行说明和分析,并逐项发表明确意见:

(一)收购人编制的上市公司收购报告书或者要约收购报告书所披露的内容是否真实、准确、完整;

(二)本次收购的目的;

(三)收购人是否提供所有必备证明文件,根据对收购人及其控股股东、实际控制人的实力、从事的主要业务、持续经营状况、财务状况和诚信情况的核查,说明收购人是否具备主体资格,是否具备收购的经济实力,是否具备规范运作上市公司的管理能力,是否需要承担其他附加义务及是否具备履行相关义务的能力，是否存在不良诚信记录；

（四）对收购人进行证券市场规范化运作辅导的情况，其董事、监事和高级管理人员是否已经熟悉有关法律、行政法规和中国证监会的规定，充分了解应承担的义务和责任，督促其依法履行报告、公告和其他法定义务的情况；

（五）收购人的股权控制结构及其控股股东、实际控制人支配收购人的方式；

（六）收购人的收购资金来源及其合法性，是否存在利用本次收购的股份向银行等金融机构质押取得融资的情形；

（七）涉及收购人以证券支付收购价款的，应当说明有关该证券发行人的信息披露是否真实、准确、完整以及该证券交易的便捷性等情况；

（八）收购人是否已经履行了必要的授权和批准程序；

（九）是否已对收购过渡期间保持上市公司稳定经营作出安排，该安排是否符合有关规定；

（十）对收购人提出的后续计划进行分析，收购人所从事的业务与上市公司从事的业务存在同业竞争、关联交易的，对收购人解决与上市公司同业竞争等利益冲突及保持上市公司经营独立性的方案进行分析，说明本次收购对上市公司经营独立性和持续发展可能产生的影响；

（十一）在收购标的上是否设定其他权利，是否在收购价款之外还作出其他补偿安排；

（十二）收购人及其关联方与被收购公司之间是否存在业务往来，收购人与被收购公司的董事、监事、高级管理人员是否就其未来任职安排达成某种协议或者默契；

（十三）上市公司原控股股东、实际控制人及其关联方是否存在未清偿对公司的负债、未解除公司为其负债提供的担保或者损害公司利益的其他情形；存在该等情形的，是否已提出切实可行的解决方案；

（十四）涉及收购人拟提出豁免申请的，应当说明本次收购是否属于可以得到豁免的情形，收购人是否作出承诺及是否具备履行相关承诺的实力。

第六十七条 上市公司董事会或者独立董事聘请的独立财务顾问，不得同时担任收购人的财务顾问或者与收购人的财务顾问存在关联关系。独立财务顾问应当根据委托进行尽职调查，对本次收购的公正性和合法性发表专业意见。独立财务顾问报告应当对以下问题进行说明和分析，发表明确意见：

（一）收购人是否具备主体资格；

（二）收购人的实力及本次收购对被收购公司经营独立性和持续发展可能产生的影响分析；

（三）收购人是否存在利用被收购公司的资产或者由被收购公司为本次收购提供财务资助的情形；

（四）涉及要约收购的，分析被收购公司的财务状况，说明收购价格是否充分反映被收购公司价值，收购要约是否公平、合理，对被收购公司社会公众股股东接受要约提出的建议；

（五）涉及收购人以证券支付收购价款的，还应当根据该证券发行人的资产、业务和盈利预测，对相关证券进行估值分析，就收购条件对被收购公司的社会公众股股东是否公平合理、是否接受收购人提出的收购条件提出专业意见；

（六）涉及管理层收购的，应当对上市公司进行估值分析，就本次收购的定价依据、支付方式、收购资金来源、融资安排、还款计划及其可行性、上市公司内部控制制度的执行情况及其有效性、上述人员及其直系亲属在最近24个月内与上市公司业务往来情况以及收购报告书披露的其他内容等进行全面核查，发表明确意见。

第六十八条 财务顾问应当在财务顾问报告中作出以下承诺：

（一）已按照规定履行尽职调查义务，有充分理由确信所发表的专业意见与收购人公告文件的内容不存在实质性差异；

（二）已对收购人公告文件进行核查，确信公告文件的内容与格式符合规定；

（三）有充分理由确信本次收购符合法律、行政法规和中国证监会的规定，有充分理由确信收购人披露的信息真实、准确、完整，不存在虚假记载、误导性陈述和重大遗漏；

（四）就本次收购所出具的专业意见已提交其内核机构审查，并获得通过；

（五）在担任财务顾问期间，已采取严格的保密措施，严格执行内部防火墙制度；

（六）与收购人已订立持续督导协议。

第六十九条 财务顾问在收购过程中和持续督导期间，应当关注被收购公司是否存在为收购人及其关联方提供担保或者借款等损害上市公司利益的情形，发现有违法或者不当行为的，应当及时向中国证监会、派出机构和证券交易所报告。

第七十条 财务顾问为履行职责，可以聘请其他专业机构协助其对收购人进行核查，但应当对收购人提供的资料和披露的信息进行独立判断。

第七十一条 自收购人公告上市公司收购报告书至收购完成后12个月内，财务顾问应当通过日常沟通、定期回访等方式，关注上市公司的经营情况，结合被收购公司定期报告和临时公告的披露事宜，对收购人及被收购公司履行持续督导职责：

（一）督促收购人及时办理股权过户手续，并依法履行报告和公告义务；

（二）督促和检查收购人及被收购公司依法规范运作；

（三）督促和检查收购人履行公开承诺的情况；

（四）结合被收购公司定期报告，核查收购人落实后续计划的情况，是否达到预期目标，实施效果是否与此前的披露内容存在较大差异，是否实现相关盈利

预测或者管理层预计达到的目标;

(五)涉及管理层收购的,核查被收购公司定期报告中披露的相关还款计划的落实情况与事实是否一致;

(六)督促和检查履行收购中约定的其他义务的情况。

在持续督导期间,财务顾问应当结合上市公司披露的季度报告、半年度报告和年度报告出具持续督导意见,并在前述定期报告披露后的15日内向派出机构报告。

在此期间,财务顾问发现收购人在上市公司收购报告书中披露的信息与事实不符的,应当督促收购人如实披露相关信息,并及时向中国证监会、派出机构、证券交易所报告。财务顾问解除委托合同的,应当及时向中国证监会、派出机构作出书面报告,说明无法继续履行持续督导职责的理由,并予公告。

第八章 持续监管

第七十二条 在上市公司收购行为完成后12个月内,收购人聘请的财务顾问应当在每季度前3日内就上一季度对上市公司影响较大的投资、购买或者出售资产、关联交易、主营业务调整以及董事、监事、高级管理人员的更换、职工安置、收购人履行承诺等情况向派出机构报告。

收购人注册地与上市公司注册地不同的,还应当将前述情况的报告同时抄报收购人所在地的派出机构。

第七十三条 派出机构根据审慎监管原则,通过与承办上市公司审计业务的会计师事务所谈话、检查财务顾问持续督导责任的落实、定期或者不定期的现场检查等方式,在收购完成后对收购人和上市公司进行监督检查。

派出机构发现实际情况与收购人披露的内容存在重大差异的,对收购人及上市公司予以重点关注,可以责令收购人延长财务顾问的持续督导期,并依法进行查处。

在持续督导期间,财务顾问与收购人解除合同的,收购人应当另行聘请其他财务顾问机构履行持续督导职责。

第七十四条 在上市公司收购中,收购人持有的被收购公司的股份,在收购完成后12个月内不得转让。

收购人在被收购公司中拥有权益的股份在同一实际控制人控制的不同主体之间进行转让不受前述12个月的限制,但应当遵守本办法第六章的规定。

第九章 监管措施与法律责任

第七十五条 上市公司的收购及相关股份权益变动活动中的信息披露义务

人,未按照本办法的规定履行报告、公告以及其他相关义务的,中国证监会责令改正,采取监管谈话、出具警示函、责令暂停或者停止收购等监管措施。在改正前,相关信息披露义务人不得对其持有或者实际支配的股份行使表决权。

第七十六条 上市公司的收购及相关股份权益变动活动中的信息披露义务人在报告、公告等文件中有虚假记载、误导性陈述或者重大遗漏的,中国证监会责令改正,采取监管谈话、出具警示函、责令暂停或者停止收购等监管措施。在改正前,收购人对其持有或者实际支配的股份不得行使表决权。

第七十七条 投资者及其一致行动人取得上市公司控制权而未按照本办法的规定聘请财务顾问,规避法定程序和义务,变相进行上市公司的收购,或者外国投资者规避管辖的,中国证监会责令改正,采取出具警示函、责令暂停或者停止收购等监管措施。在改正前,收购人不得对其持有或者实际支配的股份行使表决权。

第七十八条 收购人未依照本办法的规定履行相关义务或者相应程序擅自实施要约收购的,中国证监会责令改正,采取监管谈话、出具警示函、责令暂停或者停止收购等监管措施;在改正前,收购人不得对其持有或者支配的股份行使表决权。

发出收购要约的收购人在收购要约期限届满,不按照约定支付收购价款或者购买预受股份的,自该事实发生之日起3年内不得收购上市公司,中国证监会不受理收购人及其关联方提交的申报文件。

存在前二款规定情形,收购人涉嫌虚假披露、操纵证券市场的,中国证监会对收购人进行立案稽查,依法追究其法律责任;收购人聘请的财务顾问没有充分证据表明其勤勉尽责的,自收购人违规事实发生之日起1年内,中国证监会不受理该财务顾问提交的上市公司并购重组申报文件,情节严重的,依法追究法律责任。

第七十九条 上市公司控股股东和实际控制人在转让其对公司的控制权时,未清偿其对公司的负债,未解除公司为其提供的担保,或者未对其损害公司利益的其他情形作出纠正的,中国证监会责令改正、责令暂停或者停止收购活动。

被收购公司董事会未能依法采取有效措施促使公司控股股东、实际控制人予以纠正,或者在收购完成后未能促使收购人履行承诺、安排或者保证的,中国证监会可以认定相关董事为不适当人选。

第八十条 上市公司董事未履行忠实义务和勤勉义务,利用收购谋取不当利益的,中国证监会采取监管谈话、出具警示函等监管措施,可以认定为不适当人选。

上市公司章程中涉及公司控制权的条款违反法律、行政法规和本办法规定的,中国证监会责令改正。

第八十一条 为上市公司收购出具资产评估报告、审计报告、法律意见书和财务顾问报告的证券服务机构或者证券公司及其专业人员,未依法履行职责的,中国证监会责令改正，采取监管谈话、出具警示函等监管措施。

前款规定的证券服务机构及其从业人员被责令改正的，在改正前，不得接受新的上市公司并购重组业务。

第八十二条 中国证监会将上市公司的收购及相关股份权益变动活动中的当事人的违法行为和整改情况记入诚信档案。

违反本办法的规定构成证券违法行为的，依法追究法律责任。

第十章 附　　则

第八十三条 本办法所称一致行动，是指投资者通过协议、其他安排，与其他投资者共同扩大其所能够支配的一个上市公司股份表决权数量的行为或者事实。

在上市公司的收购及相关股份权益变动活动中有一致行动情形的投资者，互为一致行动人。如无相反证据，投资者有下列情形之一的，为一致行动人：

（一）投资者之间有股权控制关系；

（二）投资者受同一主体控制；

（三）投资者的董事、监事或者高级管理人员中的主要成员，同时在另一个投资者担任董事、监事或者高级管理人员；

（四）投资者参股另一投资者，可以对参股公司的重大决策产生重大影响；

（五）银行以外的其他法人、其他组织和自然人为投资者取得相关股份提供融资安排；

（六）投资者之间存在合伙、合作、联营等其他经济利益关系；

（七）持有投资者30%以上股份的自然人，与投资者持有同一上市公司股份；

（八）在投资者任职的董事、监事及高级管理人员，与投资者持有同一上市公司股份；

（九）持有投资者30%以上股份的自然人和在投资者任职的董事、监事及高级管理人员，其父母、配偶、子女及其配偶、配偶的父母、兄弟姐妹及其配偶、配偶的兄弟姐妹及其配偶等亲属，与投资者持有同一上市公司股份；

（十）在上市公司任职的董事、监事、高级管理人员及其前项所述亲属同时持有本公司股份的，或者与其自己或者其前项所述亲属直接或者间接控制的企业同时持有本公司股份；

（十一）上市公司董事、监事、高级管理人员和员工与其所控制或者委托的法人或者其他组织持有本公司股份；

（十二）投资者之间具有其他关联关系。

一致行动人应当合并计算其所持有的股份。投资者计算其所持有的股份，应当包括登记在其名下的股份，也包括登记在其一致行动人名下的股份。

投资者认为其与他人不应被视为一致行动人的，可以向中国证监会提供相反证据。

第八十四条 有下列情形之一的，为拥有上市公司控制权：

（一）投资者为上市公司持股50%以上的控股股东；

（二）投资者可以实际支配上市公司股份表决权超过30%；

（三）投资者通过实际支配上市公司股份表决权能够决定公司董事会半数以上成员选任；

（四）投资者依其可实际支配的上市公司股份表决权足以对公司股东大会的决议产生重大影响；

（五）中国证监会认定的其他情形。

第八十五条 信息披露义务人涉及计算其拥有权益比例的，应当将其所持有的上市公司已发行的可转换为公司股票的证券中有权转换部分与其所持有的同一上市公司的股份合并计算，并将其持股比例与合并计算非股权类证券转为股份后的比例相比，以二者中的较高者为准；行权期限届满未行权的，或者行权条件不再具备的，无需合并计算。

前款所述二者中的较高者，应当按下列公式计算：

（一）投资者持有的股份数量/上市公司已发行股份总数

（二）（投资者持有的股份数量+投资者持有的可转换为公司股票的非股权类证券所对应的股份数量）/（上市公司已发行股份总数+上市公司发行的可转换为公司股票的非股权类证券所对应的股份总数）

前款所称"投资者持有的股份数量"包括投资者拥有的普通股数量和优先股恢复的表决权数量，"上市公司已发行股份总数"包括上市公司已发行的普通股总数和优先股恢复的表决权总数。

第八十六条 投资者因行政划转、执行法院裁决、继承、赠与等方式取得上市公司控制权的，应当按照本办法第四章的规定履行报告、公告义务。

第八十七条 权益变动报告书、收购报告书、要约收购报告书、被收购公司董事会报告书、要约收购豁免申请文件等文件的内容与格式，由中国证监会另行制定。

第八十八条 被收购公司在境内、境外同时上市的，收购人除应当遵守本办法及中国证监会的相关规定外，还应当遵守境外上市地的相关规定。

第八十九条 外国投资者收购上市公司及在上市公司中拥有的权益发生变动的，除应当遵守本办法的规定外，还应当遵守外国投资者投资上市公司的相关规定。

第九十条 本办法自2006年9月1日起施行。中国证监会发布的《上市公司收购管理办法》（证监会令第10号）、《上市公司股东持股变动信息披露管理办法》（证监会令第11号）、《关于要约收购涉及的被收购公司股票上市交易条件有关问题的通知》（证监公司字〔2003〕16号）和《关于规范上市公司实际控制权转移行为有关问题的通知》（证监公司字〔2004〕1号）同时废止。

附录22　公开募集证券投资基金运作管理办法

公开募集证券投资基金运作管理办法

发布时间：2014年7月7日
生效时间：2014年8月8日
发布主体：中国证券监督管理委员会

第一章　总　　则

第一条　为了规范公开募集证券投资基金（以下简称基金）运作活动，保护投资者的合法权益，促进证券投资基金市场健康发展，根据《证券投资基金法》及其他有关法律、行政法规，制定本办法。

第二条　本办法适用于基金的募集，基金份额的申购、赎回和交易，基金财产的投资，基金收益的分配，基金份额持有人大会的召开，以及其他基金运作活动。

第三条　从事基金运作活动，应当遵守法律、行政法规和中国证券监督管理委员会（以下简称"中国证监会"）的规定，遵循自愿、公平、诚实信用原则，不得损害国家利益和社会公共利益。

基金管理人运用基金财产进行证券投资，应当遵守审慎经营规则，制定科学合理的投资策略和风险管理制度，有效防范和控制风险。

第四条　中国证监会及其派出机构依照法律、行政法规、本办法的规定和审慎监管原则，对基金运作活动实施监督管理。

中国证监会对基金募集的注册审查以要件齐备和内容合规为基础，以充分的信息披露和投资者适当性为核心，以加强投资者利益保护和防范系统性风险为目标。中国证监会不对基金的投资价值及市场前景等作出实质性判断或者保证。投资者应当认真阅读基金招募说明书、基金合同等信息披露文件，自主判断基金的投资价值,自主做出投资决策,自行承担投资风险。

第五条 证券投资基金行业协会(以下简称基金行业协会)依据法律、行政法规、中国证监会的规定和自律规则,对基金运作活动进行自律管理。

第二章 基金的募集

第六条 申请募集基金,拟任基金管理人、基金托管人应当具备下列条件:

(一) 拟任基金管理人为依法设立的基金管理公司或者经中国证监会核准的其他机构,拟任基金托管人为具有基金托管资格的商业银行或者经中国证监会核准的其他金融机构;

(二) 有符合中国证监会规定的、与管理和托管拟募集基金相适应的基金经理等业务人员;

(三) 最近一年内没有因重大违法违规行为、重大失信行为受到行政处罚或者刑事处罚;

(四) 没有因违法违规行为、失信行为正在被监管机构立案调查、司法机关立案侦查,或者正处于整改期间;

(五) 最近一年内向中国证监会提交的注册基金申请材料不存在虚假记载、误导性陈述或者重大遗漏;

(六) 不存在对基金运作已经造成或者可能造成不良影响的重大变更事项,或者诉讼、仲裁等其他重大事项;

(七) 不存在治理结构不健全、经营管理混乱、内部控制和风险管理制度无法得到有效执行、财务状况恶化等重大经营风险;

(八) 中国证监会根据审慎监管原则规定的其他条件。

第七条 申请募集基金,拟募集的基金应当具备下列条件:

(一) 有明确、合法的投资方向;

(二) 有明确的基金运作方式;

(三) 符合中国证监会关于基金品种的规定;

(四) 基金合同、招募说明书等法律文件草案符合法律、行政法规和中国证监会的规定;

(五) 基金名称表明基金的类别和投资特征,不存在损害国家利益、社会公共利益,欺诈、误导投资者,或者其他侵犯他人合法权益的内容;

(六) 招募说明书真实、准确、完整地披露了投资者做出投资决策所需的重要信息,不存在虚假记载、误导性陈述或者重大遗漏,语言简明、易懂、实用,符合投资者的理解能力。

(七) 有符合基金特征的投资者适当性管理制度,有明确的投资者定位、识别和评估等落实投资者适当性安排的方法,有清晰的风险警示内容;

（八）基金的投资管理、销售、登记和估值等业务环节制度健全，行为规范，技术系统准备充分，不存在影响基金正常运作、损害或者可能损害基金份额持有人合法权益、可能引发系统性风险的情形；

（九）中国证监会规定的其他条件。

第八条 基金管理人申请募集基金，应当按照《证券投资基金法》和中国证监会的规定提交申请材料。申请材料自被行政受理时点起，基金管理人、基金托管人及相关中介机构即需要对申请材料的真实性、准确性、完整性承担相应的法律责任。

为基金申请材料出具法律意见书等文件的中介机构，应当勤勉尽责，对所依据的文件资料的真实性、准确性、完整性进行核查和验证。

申请材料受理后，相关内容不得随意更改。申请期间申请材料涉及的事项发生重大变化的，基金管理人应当自变化发生之日起五个工作日内向中国证监会提交更新材料。

第九条 中国证监会依照《行政许可法》和《证券投资基金法》第五十五条的规定，受理基金募集注册申请，并进行审查，作出注册或者不予注册的决定，并通知申请人；不予注册的，应当说明理由。

第十条 中国证监会在注册审查中可视情况征求基金行业协会、证券交易所、证券登记结算机构等的意见，供注册审查参考。

第十一条 基金募集期限自基金份额发售之日起不得超过三个月。

第十二条 基金募集期限届满，募集的基金份额总额符合《证券投资基金法》第五十九条的规定，并具备下列条件的，基金管理人应当按照规定办理验资和基金备案手续：基金募集份额总额不少于两亿份，基金募集金额不少于两亿元人民币；基金份额持有人的人数不少于二百人。

发起式基金不受上述限制。发起式基金是指，基金管理人在募集基金时，使用公司股东资金、公司固有资金、公司高级管理人员或者基金经理等人员资金认购基金的金额不少于一千万元人民币，且持有期限不少于三年。发起式基金的基金合同生效三年后，若基金资产净值低于两亿元的，基金合同自动终止。

第十三条 中国证监会自收到基金管理人验资报告和基金备案材料之日起三个工作日内予以书面确认；自中国证监会书面确认之日起，基金备案手续办理完毕，基金合同生效。

基金管理人应当在收到中国证监会确认文件的次日予以公告。

第十四条 基金募集期间的信息披露费、会计师费、律师费以及其他费用，不得从基金财产中列支；基金收取认购费的，可以从认购费中列支。

第三章 基金份额的申购、赎回和交易

第十五条 开放式基金的基金合同应当约定，并在招募说明书中载明基金管

理人办理基金份额申购、赎回业务的日期（以下简称开放日）和时间。基金管理人在办理基金份额申购、赎回业务时，应当遵循基金份额持有人利益优先原则，发生申购、赎回损害持有人利益的情形时，应当及时暂停申购、赎回业务。

第十六条　开放式基金的基金合同可以约定基金管理人自基金合同生效之日起一定期限内不办理赎回；但约定的期限不得超过三个月，并应当在招募说明书中载明。但中国证监会规定的特殊基金品种除外。

第十七条　开放式基金份额的申购、赎回价格，依据申购、赎回日基金份额净值加、减有关费用计算。开放式基金份额的申购、赎回价格具体计算方法应当在基金合同和招募说明书中载明。

开放式基金份额净值，应当按照每个开放日闭市后，基金资产净值除以当日基金份额的余额数量计算。具体计算方法应当在基金合同和招募说明书中载明。

第十八条　基金管理人不得在基金合同约定之外的日期或者时间办理基金份额的申购、赎回或者转换。

投资者在基金合同约定之外的日期和时间提出申购、赎回或者转换申请的，其基金份额申购、赎回价格为下次办理基金份额申购、赎回时间所在开放日的价格。

第十九条　投资者申购基金份额时，必须全额交付申购款项；投资者交付申购款项，申购成立；基金份额登记机构确认基金份额时，申购生效。基金份额持有人递交赎回申请，赎回成立；基金份额登记机构确认赎回时，赎回生效。但中国证监会规定的特殊基金品种除外。

投资特定指数所对应的组合证券或者基金合同约定的其他投资标的的开放式基金，其基金份额可以用组合证券、现金或者基金合同约定的其他对价进行申购、赎回。基金份额的申购、赎回对价根据基金的资产组合和申购、赎回日基金份额净值确定，具体计算方法应当在基金合同和招募说明书中载明。基金份额的上市交易、申购赎回和资金结算应当符合证券交易所和证券登记结算机构等的有关规定。

第二十条　基金管理人应当自收到投资者申购、赎回申请之日起三个工作日内，对该申购、赎回的有效性进行确认，但中国证监会规定的特殊基金品种除外。

基金管理人应当自接受投资者有效赎回申请之日起七个工作日内支付赎回款项，但中国证监会规定的特殊基金品种除外。

第二十一条　开放式基金的基金合同可以约定基金达到一定的规模后，基金管理人不再接受认购、申购申请，但应当在招募说明书中载明。

基金管理人在基金募集期间不得调整基金合同约定的基金规模。基金合同生效后，基金管理人可以按照基金合同的约定，根据实际情况调整基金规模，但应当提前三个工作日公告，并更新招募说明书。

第二十二条　开放式基金的基金合同可以对单个基金份额持有人持有基金份额的比例或者数量设置限制，但应当在招募说明书中载明。

第二十三条　开放式基金单个开放日净赎回申请超过基金总份额的百分之十的，为巨额赎回，但中国证监会规定的特殊基金品种除外。

开放式基金发生巨额赎回的，基金管理人当日办理的赎回份额不得低于基金总份额的百分之十，对其余赎回申请可以延期办理。

第二十四条　开放式基金发生巨额赎回的，基金管理人对单个基金份额持有人的赎回申请，应当按照其申请赎回份额占当日申请赎回总份额的比例，确定该单个基金份额持有人当日办理的赎回份额。

基金份额持有人可以在申请赎回时选择将当日未获办理部分予以撤销。基金份额持有人未选择撤销的，基金管理人对未办理的赎回份额，可延迟至下一个开放日办理，赎回价格为下一个开放日的价格。

第二十五条　开放式基金发生巨额赎回并延期办理的，基金管理人应当通过邮寄、传真或者招募说明书规定的其他方式，在三个交易日内通知基金份额持有人，说明有关处理方法，同时在指定媒介上予以公告。

第二十六条　开放式基金连续发生巨额赎回，基金管理人可按基金合同的约定和招募说明书的规定，暂停接受赎回申请；已经接受的赎回申请可以延缓支付赎回款项，但延缓期限不得超过二十个工作日，并应当在指定媒介上予以公告。

第二十七条　开放式基金的基金合同可以约定，单个基金份额持有人在单个开放日申请赎回基金份额超过基金总份额一定比例的，基金管理人可以按照本办法第二十六条的规定暂停接受赎回申请或者延缓支付。

第二十八条　开放式基金应当保持不低于基金资产净值百分之五的现金或者到期日在一年以内的政府债券，以备支付基金份额持有人的赎回款项，但中国证监会规定的特殊基金品种除外。

第二十九条　基金份额可以依法在证券交易所上市交易，或者按照法律法规规定和基金合同约定在中国证监会认可的交易场所或者通过其他方式进行转让。

第四章　基金的投资和收益分配

第三十条　基金合同和基金招募说明书应当按照下列规定载明基金的类别：

（一）百分之八十以上的基金资产投资于股票的，为股票基金；

（二）百分之八十以上的基金资产投资于债券的，为债券基金；

（三）仅投资于货币市场工具的，为货币市场基金；

（四）百分之八十以上的基金资产投资于其他基金份额的，为基金中基金；

（五）投资于股票、债券、货币市场工具或其他基金份额，并且股票投资、债券投资、基金投资的比例不符合第（一）项、第（二）项、第（四）项规定的，为混合基金；

（六）中国证监会规定的其他基金类别。

第三十一条 基金名称显示投资方向的，应当有百分之八十以上的非现金基金资产属于投资方向确定的内容。

第三十二条 基金管理人运用基金财产进行证券投资，不得有下列情形：

（一）一只基金持有一家公司发行的证券，其市值超过基金资产净值的百分之十；

（二）同一基金管理人管理的全部基金持有一家公司发行的证券，超过该证券的百分之十；

（三）基金财产参与股票发行申购，单只基金所申报的金额超过该基金的总资产，单只基金所申报的股票数量超过拟发行股票公司本次发行股票的总量；

（四）一只基金持有其他基金（不含货币市场基金），其市值超过基金资产净值的百分之十，但基金中基金除外；

（五）基金中基金持有其他单只基金，其市值超过基金资产净值的百分之二十，或者投资于其他基金中基金；

（六）基金总资产超过基金净资产的百分之一百四十；

（七）违反基金合同关于投资范围、投资策略和投资比例等约定；

（八）中国证监会规定禁止的其他情形。

完全按照有关指数的构成比例进行证券投资的基金品种可以不受前款第（一）项、第（二）项规定的比例限制。

基金管理人运用基金财产投资证券衍生品种的，应当根据风险管理的原则，并制定严格的授权管理制度和投资决策流程。基金管理人运用基金财产投资证券衍生品种的具体比例，应当符合中国证监会的有关规定。

中国证监会另行规定的其他特殊基金品种可不受上述比例的限制。

第三十三条 基金管理人运用基金财产买卖基金管理人、基金托管人及其控股股东、实际控制人或者与其有重大利害关系的公司发行的证券或者承销期内承销的证券，或者从事其他重大关联交易的，应当符合基金的投资目标和投资策略，遵循持有人利益优先原则，防范利益冲突，建立健全内部审批机制和评估机制，按照市场公平合理价格执行。相关交易必须事先得到基金托管人的同意，并按法律法规予以披露。重大关联交易应提交基金管理人董事会审议，并经过三分之二以上的独立董事通过。基金管理人董事会应至少每半年对关联交易事项进行审查。

第三十四条 基金管理人应当自基金合同生效之日起六个月内使基金的投资组合比例符合基金合同的有关约定。期间，基金的投资范围、投资策略应当符合基金合同的约定。

第三十五条 因证券市场波动、上市公司合并、基金规模变动等基金管理人之外的因素致使基金投资不符合本办法第三十二条规定的比例或者基金合同约定的投资比例的，基金管理人应当在十个交易日内进行调整，但中国证监会规定的特殊情形除外。

第三十六条 下列与基金有关的费用可以从基金财产中列支：
（一）基金管理人的管理费；
（二）基金托管人的托管费；
（三）基金合同生效后的会计师费和律师费；
（四）基金份额持有人大会费用；
（五）基金的证券交易费用；
（六）按照国家有关规定和基金合同约定，可以在基金财产中列支的其他费用。

基金管理人可以根据与基金份额持有人利益一致的原则，结合产品特点和投资者的需求设置基金管理费率的结构和水平。

第三十七条 封闭式基金的收益分配，每年不得少于一次，封闭式基金年度收益分配比例不得低于基金年度可供分配利润的百分之九十。

开放式基金的收益分配，由基金合同约定。

第三十八条 基金收益分配应当采用现金方式，但中国证监会规定的特殊基金品种除外。

开放式基金的基金份额持有人可以事先选择将所获分配的现金收益，按照基金合同有关基金份额申购的约定转为基金份额；基金份额持有人事先未做出选择的，基金管理人应当支付现金。

第五章　基金转换运作方式、合并及变更注册

第三十九条 基金转换运作方式或者与其他基金合并，应当按照法律法规及基金合同约定的程序进行。实施方案若未在基金合同中明确约定的，应当经基金份额持有人大会审议通过。基金管理人应当提前发布提示性通知，明确有关实施安排，说明对现有基金份额持有人的影响以及基金份额持有人享有的选择权（如赎回、转出或者卖出），并在实施前预留至少二十个开放日或者交易日供基金份额持有人做出选择。

第四十条 基金注册后，如需对原注册事项进行实质性调整，应当依照法律法规和基金合同履行相关手续；继续公开募集资金的，应当在公开募集前按照《行政许可法》的规定向中国证监会提出变更注册事项的申请。未经注册，不得公开或者变相公开募集基金。

第四十一条 按照本办法第十二条第一款成立的开放式基金，基金合同生效后，连续二十个工作日出现基金份额持有人数量不满二百人或者基金资产净值低于五千万元情形的，基金管理人应当在定期报告中予以披露；连续六十个工作日

出现前述情形的,基金管理人应当向中国证监会报告并提出解决方案,如转换运作方式、与其他基金合并或者终止基金合同等,并召开基金份额持有人大会进行表决。

按照本办法第十二条第二款成立的发起式基金,在基金合同生效三年后继续存续的,依照前款规定执行。

第六章　基金份额持有人大会

第四十二条　除《证券投资基金法》第四十八条第(一)项至第(四)项规定的事项外,基金合同还应当按照中国证监会的规定,约定对基金合同当事人权利、义务产生重大影响,须召开基金份额持有人大会的其他事项。

第四十三条　基金份额持有人大会未设立日常机构的,基金托管人认为有必要召开基金份额持有人大会的,应当向基金管理人提出书面提议。基金管理人应当自收到书面提议之日起十日内决定是否召集,并书面告知基金托管人。

基金管理人决定召集的,应当自出具书面决定之日起六十日内召开;基金管理人决定不召集,基金托管人仍认为有必要召开的,应当自行召集,并自出具书面决定之日起六十日内召开并告知基金管理人,基金管理人应当配合。

第四十四条　基金份额持有人大会未设立日常机构的,代表基金份额百分之十以上的基金份额持有人认为有必要召开基金份额持有人大会的,应当向基金管理人提出书面提议。基金管理人应当自收到书面提议之日起十日内决定是否召集,并书面告知提出提议的基金份额持有人代表和基金托管人。

基金管理人决定召集的,应当自出具书面决定之日起六十日内召开;基金管理人决定不召集,代表基金份额百分之十以上的基金份额持有人仍认为有必要召开的,应当向基金托管人提出书面提议。

基金托管人应当自收到书面提议之日起十日内决定是否召集,并书面告知提出提议的基金份额持有人代表和基金管理人;基金托管人决定召集的,应当自出具书面决定之日起六十日内召开。

第四十五条　基金份额持有人大会设立日常机构的,基金管理人、基金托管人或者代表基金份额百分之十以上的基金份额持有人认为有必要召开基金份额持有人大会的,应当向该日常机构提出书面提议。

该日常机构应当自收到书面提议之日起十日内决定是否召集,并书面告知基金管理人、基金托管人和提出提议的基金份额持有人代表。该日常机构决定召集的,应当自出具书面决定之日起六十日内召开;该日常机构决定不召集,基金管理人、基金托管人或者代表基金份额百分之十以上的基金份额持有人仍认为有必要召开的,按照未设立日常机构的相关规定执行。

第四十六条　基金份额持有人大会日常机构、基金管理人和基金托管人都不召集基金份额持有人大会的，基金份额持有人可以按照《证券投资基金法》第八十四条第二款的规定自行召集基金份额持有人大会。

基金份额持有人自行召集基金份额持有人大会的，应当至少提前三十日向中国证监会备案。

第四十七条 基金份额持有人依法自行召集基金份额持有人大会的，基金份额持有人大会日常机构、基金管理人、基金托管人应当配合，不得阻碍、干扰。

第四十八条 基金份额持有人大会可通过现场开会或者通讯开会等基金合同约定的方式召开。基金管理人、基金托管人须为基金份额持有人行使投票权提供便利。

基金份额持有人大会决定的事项自表决通过之日起生效。基金份额持有人大会按照《证券投资基金法》第八十七条的规定表决通过的事项，召集人应当自通过之日起五日内报中国证监会备案。

第四十九条 基金份额持有人大会日常机构、基金管理人、基金托管人和基金份额持有人应当执行生效的基金份额持有人大会的决定。

第七章 监督管理和法律责任

第五十条 中国证监会及其派出机构对基金管理人、基金托管人从事基金运作活动的情况进行定期或者不定期检查，基金管理人、基金托管人应当予以配合。

第五十一条 基金管理人、基金托管人及其直接负责的主管人员和其他直接责任人员违反本办法规定从事基金运作活动，依法应予以行政处罚的，依照法律、行政法规的规定进行行政处罚；法律、行政法规未做规定的，依照本办法的规定进行行政处罚；涉嫌犯罪的，依法移送司法机关，追究其刑事责任。

第五十二条 基金管理人、基金托管人违反本办法规定的，中国证监会及其派出机构可以采取监管谈话、出具警示函、责令限期整改，整改期间暂停受理及审查基金产品募集申请或者其他业务申请等行政监管措施，记入诚信档案；对直接负责的主管人员和其他直接责任人员，可以采取监管谈话、出具警示函、暂停履行职务、认定为不适宜担任相关职务者等行政监管措施，记入诚信档案。

第五十三条 基金管理人注册基金，向中国证监会提交的申请材料存在信息自相矛盾，或者就同一事实前后存在不同表述且有实质性差异的，中国证监会将中止审查，并在六个月内不再受理基金管理人提交的基金注册申请。

基金管理人注册基金，向中国证监会提交的申请材料存在虚假记载、误导性陈述、重大遗漏的，中国证监会不予受理；已经受理的，不予注册；已经注册，尚未募集的，撤销注册决定；并在一年内不再受理该基金管理人提交的基金注册申请，对该基金管理人及其直接负责的主管人员和其他直接责任人员，采取相关行政监管措施并记入诚信档案；情节严重的，采取单处或者并处警告、三万元以下罚款。已经注册并募集的，依照《证券投资基金法》第一百三十二条的规定处罚。

基金管理人违反本办法第四十条的规定，在公开募集前未变更注册的，依照《证券投资基金法》第一百二十八条的规定处罚。

第五十四条 基金管理人违反本办法第三十二条的规定运用基金财产进行证券投资、情节严重的，或者违反本办法第三十三条的规定从事关联交易的，依照《证券投资基金法》第一百三十条的规定处罚。

第五十五条 基金管理人、基金托管人不按照本办法第四十二条、第四十三条的规定召集基金份额持有人大会的，依照《证券投资基金法》第一百三十三条的规定处罚。

第五十六条 基金管理人从事基金运作活动，有下列情形之一的，中国证监会可以对基金管理人及其直接负责的主管人员和其他直接责任人员，采取相关行政监管措施并记入诚信档案；情节严重的，可单处或者并处警告、三万元以下罚款：

（一）未按照本办法第十一条规定发售基金份额；

（二）未按照本办法第十二条规定及时办理验资和基金备案手续；

（三）未按照本办法第十五条规定办理申购、赎回业务，涉及损害基金财产和基金份额持有人利益的；

（四）未按照本办法第十七条的规定计算基金份额申购、赎回价格；

（五）基金管理人违反本办法第十八条的规定，在基金合同约定之外的日期或者时间办理基金份额的申购、赎回或者转换的；

（六）未按照本办法第二十条的规定确认申购、赎回的有效性，并支付赎回款项；

（七）未按照本办法第二十三条第二款、第二十四条第一款的规定办理赎回申请；

（八）未按照本办法第二十八条的规定保持现金或者政府债券；

（九）未按照本办法第三十四条、第三十五条的规定调整投资比例；

（十）未按照本办法第三十七条、第三十八条的规定进行收益分配；

（十一）未按照本办法第三十九条的规定办理基金转换运作方式或者合并；

（十二）未按照本办法第四十一条的规定报告、说明有关情况，报送解决方案，或者召开基金份额持有人大会；

（十三）技术系统出现故障，影响基金正常运作，损害持有人利益的。

第五十七条 基金管理人、基金托管人有下列情形之一的，中国证监会可以对基金管理人、基金托管人及其直接负责的主管人员和其他直接责任人员，采取相关行政监管措施并记入诚信档案；情节严重的，可单处或者并处警告、三万元以下罚款：

（一）未按照本办法第十四条、第三十六条规定列支相关费用；

（二）未按照本办法第四十七条规定配合基金份额持有人召集基金份额持有人大会；

（三）未按照本办法第四十八条的规定申请备案基金份额持有人大会决定的事项；

（四）未按照本办法第四十九条的规定执行基金份额持有人大会的生效决定；

（五）未按照本办法第五十条的规定配合中国证监会及其派出机构进行检查。

第八章 附 则

第五十八条 证券公司管理的投资者超过二百人的集合资产管理计划须遵守《证券投资基金法》关于管理人及从业人员禁止从事利益输送、非公平交易、内幕交易等规定，并参照本办法关于防范利益冲突、保护投资者的相关规定执行。

第五十九条 本办法自 2014 年 8 月 8 日起施行。《证券投资基金运作管理办法》（证监会令第 79 号）同时废止。

附录 23　中国注册会计师职业道德规范指导意见

中国注册会计师职业道德规范指导意见

发布时间：2002 年 6 月 25 日
生效时间：2002 年 7 月 1 日
发布主体：中国注册会计师协会

第一章　总　　则

第一条　为了规范注册会计师职业道德行为，提高注册会计师职业道德水准，维护注册会计师职业形象，根据《中华人民共和国注册会计师法》和《中国注册会计师职业道德基本准则》，制定本指导意见。

第二条　注册会计师应当遵守职业道德准则，履行相应的社会责任，维护社会公众利益。

第三条　注册会计师执行审计、审核和审阅等鉴证业务，应当恪守独立、客观、公正的原则。

第四条　注册会计师应当保持应有的职业谨慎，保持和提高专业胜任能力，遵守独立审计准则等职业规范，勤勉尽责。

第五条　注册会计师应当履行对客户的责任，对执业过程中获知的客户信息保密。

第六条　注册会计师应当与同行保持良好的工作关系，配合同行的工作。

第二章　独　立　性

第七条　注册会计师执行鉴证业务时应当保持实质上和形式上的独立，不得因任何利害关系影响其客观、公正的立场。

第八条　可能损害独立性的因素包括经济利益、自我评价、关联关系和外界压力等。

第九条　会计师事务所和注册会计师应当考虑经济利益对独立性的损害，可能损害独立性的情形主要包括：

（一）与鉴证客户存在专业服务收费以外的直接经济利益或重大的间接经济利益；

（二）收费主要来源于某一鉴证客户；

（三）过分担心失去某项业务；

（四）与鉴证客户存在密切的经营关系；

（五）对鉴证业务采取或有收费的方式；

（六）可能与鉴证客户发生雇佣关系。

第十条　会计师事务所和注册会计师应当考虑自我评价对独立性的损害，可能损害独立性的情形主要包括：

（一）鉴证小组成员曾是鉴证客户的董事、经理、其他关键管理人员或能够对鉴证业务产生直接重大影响的员工；

（二）为鉴证客户提供直接影响鉴证业务对象的其他服务；

（三）为鉴证客户编制属于鉴证业务对象的数据或其他记录。

第十一条　会计师事务所和注册会计师应当考虑关联关系对独立性的损害，可能损害独立性的情形主要包括：

（一）与鉴证小组成员关系密切的家庭成员是鉴证客户的董事、经理、其他关键管理人员或能够对鉴证业务产生直接重大影响的员工；

（二）鉴证客户的董事、经理、其他关键管理人员或能够对鉴证业务产生直接重大影响的员工是会计师事务所的前高级管理人员；

（三）会计师事务所的高级管理人员或签字注册会计师与鉴证客户长期交往；

（四）接受鉴证客户或其董事、经理、其他关键管理人员或能够对鉴证业务产生直接重大影响的员工的贵重礼品或超出社会礼仪的款待。

第十二条　会计师事务所和注册会计师应当考虑外界压力对独立性的损害，可能损害独立性的情形主要包括：

（一）在重大会计、审计等问题上与鉴证客户存在意见分歧而受到解聘威胁；

（二）受到有关单位或个人不恰当的干预；

（三）受到鉴证客户降低收费的压力而不恰当地缩小工作范围。

第十三条　当识别出损害独立性的因素时，会计师事务所和注册会计师应当采取必要的措施以消除影响或将其降至可接受水平。

第十四条　会计师事务所应当从整体上维护其独立性。

维护独立性的措施主要包括：

（一）会计师事务所的高级管理人员重视独立性，并要求鉴证小组成员保持独立性；

（二）制定有关独立性的政策和程序，包括识别损害独立性的因素、评价损害的严重程度以及采取相应的维护措施；

（三）建立必要的监督及惩戒机制以促使有关政策和程序得到遵循；

（四）及时向所有高级管理人员和员工传达有关政策和程序及其变化；

（五）制定能使员工向更高级别人员反映独立性问题的政策和程序。

第十五条 在承办具体鉴证业务时，会计师事务所应当维护其独立性。维护独立性的措施主要包括：

（一）安排鉴证小组以外的注册会计师进行复核；

（二）定期轮换项目负责人及签字注册会计师；

（三）与鉴证客户的审计委员会或监事会讨论独立性问题；

（四）向鉴证客户的审计委员会或监事会告知服务性质和收费范围；

（五）制定确保鉴证小组成员不代替鉴证客户行使管理决策或承担相应责任的政策和程序；

（六）将独立性受到损害的鉴证小组成员调离鉴证小组。

第十六条 当维护措施不足以消除损害独立性因素的影响或将其降至可接受水平时，会计师事务所应当拒绝承接业务或解除业务约定。

第三章 专业胜任能力

第十七条 注册会计师应当通过教育、培训和执业实践保持和提高专业胜任能力。

第十八条 注册会计师不得宣称自己具有本不具备的专业知识、技能或经验。

第十九条 注册会计师不得提供不能胜任的专业服务。

第二十条 在提供专业服务时，注册会计师可以在特定领域利用专家协助其工作。

第二十一条 在利用专家工作时，注册会计师应当对专家遵守职业道德的情况进行监督和指导。

第四章 保　　密

第二十二条 注册会计师应当对在执业过程中获知的客户信息保密，这一保密责任不因业务约定的终止而终止。

第二十三条 注册会计师应当采取措施，确保业务助理人员和专家遵守保密原则。

第二十四条 注册会计师不得利用在执业过程中获知的客户信息为自己或他人谋取不正当的利益。

第二十五条 注册会计师在以下情况下可以披露客户的有关信息：

（一）取得客户的授权；

（二）根据法规要求，为法律诉讼准备文件或提供证据，以及向监管机构报告发现的违反法规行为；

（三）接受同业复核以及注册会计师协会和监管机构依法进行的质量检查。

第二十六条 在决定披露客户的有关信息时，注册会计师应当考虑以下因素：

（一）是否了解和证实了所有相关信息；

（二）信息披露的方式和对象；

（三）可能承担的法律责任和后果。

第五章　收费与佣金

第二十七条 在确定收费时，会计师事务所应当考虑以下因素，以客观反映为客户提供专业服务的价值：

（一）专业服务所需的知识和技能；

（二）所需专业人员的水平和经验；

（三）每一专业人员提供服务所需的时间；

（四）提供专业服务所需承担的责任。

第二十八条 在专业服务得到良好的计划、监督及管理的前提下，收费通常以每一专业人员适当的小时费用率或日费用率为基础计算。

第二十九条 专业服务的收费依据、收费标准及收费结算方式与时间应在业务约定书中予以明确。

第三十条 如果收费报价明显低于前任注册会计师或其他会计师事务所的相应报价，会计师事务所应当确保：

（一）在提供专业服务时，工作质量不会受到损害，并保持应有的职业谨慎，遵守执业准则和质量控制程序；

（二）客户了解专业服务的范围和收费基础。

第三十一条 除法规允许外，会计师事务所不得以或有收费方式提供鉴证服务，收费与否或多少不得以鉴证工作结果或实现特定目的为条件。

第三十二条 会计师事务所和注册会计师不得为招揽客户而向推荐方支付佣金，也不得因向第三方推荐客户而收取佣金。

第三十三条 会计师事务所和注册会计师不得因宣传他人的产品或服务而收取佣金。

第六章 与执行鉴证业务不相容的工作

第三十四条 注册会计师不得从事有损于或可能有损于其独立性、客观性、公正性或职业声誉的业务、职业或活动。

第三十五条 注册会计师应当就其向鉴证客户提供的非鉴证服务与鉴证服务是否相容做出评价。

第三十六条 会计师事务所不得为上市公司同时提供编制会计报表和审计服务。

第三十七条 会计师事务所的高级管理人员或员工不得担任鉴证客户的董事（包括独立董事）、经理或其他关键管理职务。

第七章 接任前任注册会计师的审计业务

第三十八条 后任注册会计师在接任前任注册会计师的审计业务时不得蓄意侵害前任注册会计师的合法权益。

第三十九条 在接受审计业务委托前，后任注册会计师应当向前任注册会计师询问审计客户变更会计师事务所的原因，并关注前任注册会计师与审计客户之间在重大会计、审计等问题上可能存在的意见分歧。

第四十条 后任注册会计师应当提请审计客户授权前任注册会计师对其询问作出充分的答复。

如果审计客户拒绝授权，或限制前任注册会计师作出答复的范围，后任注册会计师应当向审计客户询问原因，并考虑是否接受业务委托。

第四十一条 前任注册会计师应当根据所了解的情况对后任注册会计师的询问作出及时、充分的答复。

如果受到审计客户的限制或存在法律诉讼的顾虑，决定不向后任注册会计师作出充分答复，前任注册会计师应当向后任注册会计师表明其答复是有限的。

第四十二条 如果审计客户委托注册会计师对已审计会计报表进行重新审计，接受委托的注册会计师应视为后任注册会计师，而之前已发表审计意见的注册会计师则视为前任注册会计师。

第四十三条 如果后任注册会计师发现前任注册会计师所审计的会计报表存在重大错报，应当提请审计客户告知前任注册会计师，并要求审计客户安排三方会谈，以便采取措施进行妥善处理。

第八章 广告、业务招揽和宣传

第四十四条 注册会计师应当维护职业形象，在向社会公众传递信息时，应当客观、真实、得体。

第四十五条 会计师事务所不得利用新闻媒体对其能力进行广告宣传,但刊登设立、合并、分立、解散、迁址、名称变更、招聘员工等信息以及注册会计师协会为会员所作的统一宣传不在此限。

第四十六条 会计师事务所和注册会计师不得采用强迫、欺诈、利诱或骚扰等方式招揽业务。

第四十七条 会计师事务所和注册会计师在招揽业务时不得有以下行为:

(一) 暗示有能力影响法院、监管机构或类似机构及其官员;

(二) 作出自我标榜的陈述,且陈述无法予以证实;

(三) 与其他注册会计师进行比较;

(四) 不恰当地声明自己是某一特定领域的专家;

(五) 作出其他欺骗性的或可能导致误解的声明。

第四十八条 会计师事务所和注册会计师进行宣传时,不得有以下行为:

(一) 利用政府委托或特别奖励谋取不正当利益;

(二) 当会计师事务所将其名称、地址、电话号码以及其他必要的联系信息载入电话簿、信纸或其他载体时,含有自我标榜的措辞;

(三) 当注册会计师就专业问题参与演讲、访谈或广播、电视节目时,抬高自己及其会计师事务所;

(四) 当会计师事务所通过新闻媒体发布招聘信息时,含有抬高自己的成分。

第四十九条 会计师事务所可以将印制的手册向客户发放,也可以应非客户的要求向非客户发放,但手册的内容应当真实、客观。

第五十条 注册会计师在名片上可以印有姓名、专业资格、职务及其会计师事务所的地址和标识等,但不得印有社会职务、专家称谓以及所获荣誉等。

第九章 附 则

第五十一条 本指导意见自 2002 年 7 月 1 日起施行。

附录24　关于加强社会公众股股东权益保护的若干规定

关于加强社会公众股股东权益保护的若干规定

发布时间：2004年12月7日
生效时间：2004年12月7日
发布主体：中国证券监督管理委员会

为进一步贯彻落实《国务院关于推进资本市场改革开放和稳定发展的若干意见》（国发〔2004〕3号），形成抑制滥用上市公司控制权的制约机制，把保护投资者特别是社会公众投资者的合法权益落在实处，现规定如下：

一、试行公司重大事项社会公众股股东表决制度

（一）在股权分置情形下，作为一项过渡性措施，上市公司应建立和完善社会公众股股东对重大事项的表决制度。下列事项按照法律、行政法规和公司章程规定，经全体股东大会表决通过，并经参加表决的社会公众股股东所持表决权的半数以上通过，方可实施或提出申请：

1. 上市公司向社会公众增发新股（含发行境外上市外资股或其他股份性质的权证）、发行可转换公司债券、向原有股东配售股份（但具有实际控制权的股东在会议召开前承诺全额现金认购的除外）；

2. 上市公司重大资产重组，购买的资产总价较所购买资产经审计的账面净值溢价达到或超过20%的；

3. 股东以其持有的上市公司股权偿还其所欠该公司的债务；

4. 对上市公司有重大影响的附属企业到境外上市；

5. 在上市公司发展中对社会公众股股东利益有重大影响的相关事项。

上市公司发布股东大会通知后，应当在股权登记日后三日内再次公告股东大会通知。

上市公司公告股东大会决议时，应当说明参加表决的社会公众股股东人数、

所持股份总数、占公司社会公众股股份的比例和表决结果，并披露参加表决的前十大社会公众股股东的持股和表决情况。

（二）上市公司应积极采取措施，提高社会公众股股东参加股东大会的比例。鼓励上市公司在召开股东大会时，除现场会议外，向股东提供网络形式的投票平台。上市公司召开股东大会审议上述第（一）项所列事项的，应当向股东提供网络形式的投票平台。

上市公司股东大会实施网络投票，应按有关实施办法办理。

（三）上市公司应切实保障社会公众股股东参与股东大会的权利。股东可以亲自投票，也可以委托他人代为投票。董事会、独立董事和符合一定条件的股东可以向上市公司股东征集其在股东大会上的投票权。

征集人公开征集上市公司股东投票权，应按有关实施办法办理。

（四）上市公司应切实保障社会公众股股东选择董事、监事的权利。在股东大会选举董事、监事的过程中，应充分反映社会公众股股东的意见，积极推行累积投票制。

本规定所称累积投票制是指上市公司股东大会选举董事或监事时，有表决权的每一股份拥有与拟选出的董事或监事人数相同的表决权，股东拥有的表决权可以集中使用。

（五）上市公司制定或修改章程应贯彻上述规定及有关实施办法的精神，列明有关条款。

二、完善独立董事制度，充分发挥独立董事的作用

（一）上市公司应当建立独立董事制度。独立董事应当忠实履行职务，维护公司利益，尤其要关注社会公众股股东的合法权益不受损害。

（二）独立董事应当独立履行职责，不受上市公司主要股东、实际控制人或者与上市公司及其主要股东、实际控制人存在利害关系的单位或个人的影响。

（三）重大关联交易、聘用或解聘会计师事务所，应由二分之一以上独立董事同意后，方可提交董事会讨论。经全体独立董事同意，独立董事可独立聘请外部审计机构和咨询机构，对公司的具体事项进行审计和咨询，相关费用由公司承担。

（四）上市公司应当建立独立董事工作制度，董事会秘书应当积极配合独立董事履行职责。上市公司应当保证独立董事享有与其他董事同等的知情权，及时向独立董事提供相关材料和信息，定期通报公司运营情况，必要时可组织独立董事实地考察。

（五）独立董事应当按时出席董事会会议，了解上市公司的生产经营和运作情况，主动调查、获取做出决策所需要的情况和资料。独立董事应当向公司股东大会提交年度述职报告，对其履行职责的情况进行说明。

（六）独立董事任期届满前，无正当理由不得被免职。提前免职的，上市公

司应将其作为特别披露事项予以披露。

三、加强投资者关系管理，提高上市公司信息披露质量

（一）上市公司应严格按照法律、行政法规和上市规则的规定，及时、准确、完整、充分地披露信息。上市公司披露信息的内容和方式应方便公众投资者阅读、理解和获得。

（二）上市公司应积极开展投资者关系管理工作，建立健全投资者关系管理工作制度，董事会秘书具体负责公司投资者关系管理工作。

（三）上市公司应积极主动地披露信息，公平对待公司的所有股东，不得进行选择性信息披露。

（四）上市公司应通过多种形式主动加强与投资者特别是社会公众投资者的沟通和交流，设立专门的投资者咨询电话，在公司网站开设投资者关系专栏，定期举行与公众投资者见面活动，及时答复公众投资者关心的问题。

四、上市公司应实施积极的利润分配办法

（一）上市公司的利润分配应重视对投资者的合理投资回报。

（二）上市公司应当将其利润分配办法载明于公司章程。

（三）上市公司董事会未做出现金利润分配预案的，应当在定期报告中披露原因，独立董事应当对此发表独立意见；上市公司最近三年未进行现金利润分配的，不得向社会公众增发新股、发行可转换公司债券或向原有股东配售股份。

（四）存在股东违规占用上市公司资金情况的，上市公司应当扣减该股东所分配的现金红利，以偿还其占用的资金。

五、加强对上市公司和高级管理人员的监督

（一）上市公司控股股东及实际控制人对上市公司和社会公众股股东负有诚信义务。控股股东及实际控制人不得违规占用上市公司资金，不得违规为关联方提供担保，不得利用关联交易、利润分配、资产重组、对外投资等方式损害上市公司和社会公众股股东的合法权益。控股股东或实际控制人利用其控制地位，对上市公司和社会公众股股东利益造成损害的，将依法追究其责任。

（二）上市公司被控股股东或实际控制人违规占用资金，或上市公司违规为关联方提供担保的，在上述行为未纠正前，中国证监会不受理其再融资申请；控股股东或实际控制人违规占用上市公司资金的，在其行为未纠正前，中国证监会不受理其公开发行证券的申请或其他审批事项。

（三）上市公司的高级管理人员应当忠实履行职务，维护公司和全体股东的最大利益。上市公司高级管理人员未能忠实履行职务，违背诚信义务的，其行为将被记入诚信档案，并适时向社会公布；违规情节严重的，将实施市场禁入；给上市公司和社会公众股股东的利益造成损害的，应当依法承担赔偿责任。

（四）上市公司不得聘用《中华人民共和国公司法》规定的不得担任董事、监事、经理情形的人员，被中国证监会宣布为市场禁入且尚在禁入期的人员，被证券交易所宣布为不适当人选未满两年的人员担任公司高级管理人员职务。

六、本规定适用于股票在上海、深圳证券交易所挂牌交易的上市公司。

七、本规定自发布之日起实施。

附录 25　上市公司独立董事履职指引

上市公司独立董事履职指引

发布时间：2014 年 9 月 12 日
生效时间：2014 年 9 月 12 日
发布主体：中国上市公司协会

第一章　总　　则

第一条　目的和依据

为指导和促进上市公司独立董事规范、尽责履职，充分发挥独立董事在上市公司治理中的作用，根据《中华人民共和国公司法》（以下简称《公司法》）、《中华人民共和国证券法》（以下简称《证券法》）、中国证券监督管理委员会（以下简称中国证监会）《关于在上市公司中建立独立董事制度的指导意见》以及上海证券交易所、深圳证券交易所上市公司上市规则、规范运作指引等相关法律、行政法规、部门规章、规范性文件、自律规则等，制定本指引。

第二条　适用范围

本指引为上市公司独立董事的工作履职指导，适用于中华人民共和国境内（不含港、澳、台地区）上市的中国上市公司协会会员的独立董事，非中国上市公司协会会员的独立董事可参照执行。

第二章　独立董事的义务

第三条　公司董事一般义务

上市公司独立董事负有《公司法》《证券法》《上市公司治理准则》及其他法律、行政法规、部门规章与公司章程要求董事的一般义务。对上市公司及全体股东负有诚信、勤勉的义务。

第四条　保持独立性的义务

独立董事应当保持身份和履职的独立性。在履职过程中，不应受上市公司控股股东、实际控制人及其他与公司存在利害关系的单位或个人的影响；当发生对身份独立性构成影响的情形时，独立董事应当及时通知公司并进行消除，无法符合独立性条件的，应当提出辞职。

第五条　任职时间和数量限制

独立董事每届任期与该上市公司其他董事任期相同，任期届满，连选可以连任，但是连任时间不得超过六年。

独立董事应当确保有足够的时间和精力有效履行职责，原则上最多在五家上市公司兼任独立董事。

第六条　日常工作联系和最低工作时限

独立董事应当与上市公司管理层特别是董事会秘书进行及时充分沟通，确保工作顺利开展。

独立董事每年为所任职上市公司有效工作的时间原则上不少于十五个工作日，包括出席股东大会、董事会及各专门委员会会议，对公司生产经营状况、管理和内部控制等制度的建设及执行情况、董事会决议执行情况等进行调查，与公司管理层进行工作讨论，对公司重大投资、生产、建设项目进行实地调研等。每年到上市公司的现场工作时间原则上不应少于十个工作日。

第七条　参加培训

拟任独立董事在首次受聘上市公司独立董事前，原则上至少参加一次证券监管部门认可的相关机构组织的任职培训。在首次受聘后的两年内，建议至少每年参加一次后续培训。此后，应当至少每两年参加一次后续培训。

培训后，独立董事应当能够充分了解公司治理的基本原则，上市公司运作的法律框架，独立董事的职责与责任，上市公司信息披露和关联交易监管等具体规则，具备内控与风险防范意识和基本的财务报表阅读和理解能力。

第八条　出席董事会及股东大会会议

独立董事应当亲自出席董事会会议。确实因故无法亲自出席会议的，应当事先审阅会议材料，形成明确的意见，书面委托本上市公司的其他独立董事代为出席。

委托书应当载明：

（一）委托人和受托人的姓名；

（二）对受托人的授权范围；

（三）委托人对每项议案表决意向的指示；

（四）委托人的签字、日期。

独立董事不应出具空白委托书，也不宜对受托人进行全权委托。授权应当一事一授。

受托出席董事会会议的独立董事应当向会议主持人提交书面委托书，在会议签到簿上说明受托出席的情况。一名独立董事不得在一次董事会会议上接受超过两名独立董事的委托。

委托其他独立董事对上市公司定期报告代为签署书面确认意见的，应当在委托书中进行专门授权。

独立董事应亲自出席上市公司股东大会，与公司股东进行现场沟通。

第九条 关注上市公司相关信息

独立董事应重点关注上市公司的关联交易、对外担保、募集资金使用、社会公众股东保护、并购重组、重大投融资活动、财务管理、高管薪酬、利润分配和信息披露等事项，必要时应根据有关规定主动提议召开董事会、提交股东大会审议或者聘请会计事务所审计相关事项。

独立董事应当核查上市公司公告的董事会决议内容，并主动关注有关上市公司的报道及信息，在发现有可能对公司的发展、证券的交易价格产生较大影响的报道或传闻时，需及时向公司进行书面质询，并在必要时督促公司做出书面说明或公开澄清。上市公司未能应独立董事的要求及时进行说明或者澄清的，独立董事可自行采取调查措施，并可向中国证监会派出机构或公司证券上市地的证券交易所报告。

第十条 对上市公司及相关主体进行监督和调查

独立董事发现上市公司或相关主体存在下列情形时，应主动进行调查，了解情况：

（一）重大事项未按规定提交董事会或股东大会审议；

（二）公司未及时或适当地履行信息披露义务；

（三）公司发布的信息中可能存在虚假记载、误导性陈述或重大遗漏；

（四）公司生产经营可能违反法律、法规或者公司章程；

（五）其他涉嫌违法违规或损害社会公众股东权益的情形。

确认上述情形确实存在的，独立董事应立即督促上市公司或相关主体进行改正，并向中国证监会派出机构和公司证券上市地的证券交易所报告。

第十一条 制作工作笔录

独立董事应当通过《独立董事工作笔录》对其履行职责的情况进行书面记载。

独立董事对上市公司生产经营状况、管理和内部控制等制度的建设及执行情况、董事会决议执行情况等进行调查，与公司管理层进行讨论、参加公司董事会发表意见的情况及对公司重大投资、生产、建设项目进行实地调研等，应制作工作笔录。

独立董事履职的工作底稿及上市公司向独立董事提供的资料，独立董事应当妥善保存。

第十二条 提交年度述职报告

上市公司年度股东大会召开时，独立董事需提交年度述职报告，对自身履行职责的情况进行说明，并重点关注上市公司的内部控制、规范运作以及中小投资者权益保护等公司治理事项。

独立董事的述职报告应当包含以下内容：

（一）上一年度出席董事会会议及股东大会会议的情况，包括未亲自出席会议的原因及次数；

（二）在董事会会议上发表意见和参与表决的情况，包括投出弃权或者反对票的情况及原因；

（三）对公司生产经营、制度建设、董事会决议执行情况等进行调查，与公司管理层进行讨论，对公司重大投资、生产、建设项目进行实地调研的情况；

（四）在保护社会公众股东合法权益方面所做的工作；

（五）参加培训的情况；

（六）按照相关法规、规章、规范性文件和公司章程履行独立董事职务所做的其他工作；

（七）对其是否仍然符合独立性的规定，其候选人声明与承诺事项是否发生变化等情形的自查结论。

独立董事的述职报告应以工作笔录作为依据，对履行职责的时间、地点、工作内容、后续跟进等进行具体描述，由本人签字确认后交公司连同年度股东大会资料共同存档保管。

第十三条 辞职后的义务

独立董事任期内辞职导致独立董事成员低于法定规定人数的，在改选出新的独立董事就任前，原独立董事应当依法继续履行独立董事职务。

第三章 独立董事的职权

第十四条 上市公司董事的一般职权

上市公司独立董事享有《公司法》《证券法》及其他法律、行政法规、部门规章、规则与公司章程赋予董事的一般职权。

第十五条 独立董事的特别职权

独立董事履职的特别职权主要包括：

（一）重大关联交易事项的事先认可权；

（二）聘用或解聘会计师事务所的提议权，及对公司聘用或解聘会计师事务所的事先认可权；

（三）召开临时股东大会的提议权；

（四）召开董事会会议的提议权；

（五）在股东大会召开前公开向股东征集投票权；

（六）必要时，独立聘请外部审计机构及咨询机构等对公司的具体事项进行

审计和咨询;

（七）法律、行政法规、部门规章、规范性文件、公司章程以及本章其他条文赋予的其他职权。

独立董事行使上述第（一）至（五）项职权应取得全体独立董事的半数以上同意，行使上述第（六）项职权应取得全体独立董事同意。

第十六条 就上市公司相关事项发表独立意见

需独立董事向上市公司董事会或股东大会发表独立意见的事项包括：

（一）对外担保；

（二）重大关联交易；

（三）董事的提名、任免；

（四）聘任或者解聘高级管理人员；

（五）公司董事、高级管理人员的薪酬和股权激励计划；

（六）变更募集资金用途；

（七）制定资本公积金转增股本预案；

（八）制定利润分配政策、利润分配方案及现金分红方案；

（九）因会计准则变更以外的原因作出会计政策、会计估计变更或重大会计差错更正；

（十）上市公司的财务会计报告被注册会计师出具非标准无保留审计意见；

（十一）会计师事务所的聘用及解聘；

（十二）上市公司管理层收购；

（十三）上市公司重大资产重组；

（十四）上市公司以集中竞价交易方式回购股份；

（十五）上市公司内部控制评价报告；

（十六）上市公司承诺相关方的承诺变更方案；

（十七）上市公司优先股发行对公司各类股东权益的影响；

（十八）法律、行政法规、部门规章、规范性文件及公司章程规定的或中国证监会认定的其他事项；

（十九）独立董事认为可能损害上市公司及其中小股东权益的其他事项。

第十七条 参与董事会专门委员会工作

如果上市公司董事会下设审计、提名、薪酬与考核等专门委员会，独立董事有权参与各专门委员会工作，担任召集人并在委员会成员中占有二分之一以上的比例。

第十八条 上市公司相关信息的知情权

独立董事享有与上市公司其他董事同等的知情权。凡须经董事会审议的事项，上市公司必须按法定的时间通知独立董事并同时提供真实、准确、完整的资料，独立董事认为资料不充分的，可以要求补充。

第十九条 要求上市公司及相关人员为履职提供支持和协助

独立董事有权要求上市公司其他董事、监事、高级管理人员积极配合、保证其依法行使职权，有权要求上市公司董事会秘书负责与独立董事沟通、联络、传递资料，直接为独立董事履行职责提供支持和协助。

支持和协助的事项包括：

（一）定期通报并及时报送公司运营情况，介绍与公司相关的市场和产业发展状况，提供其他相关材料和信息，保证独立董事与其他董事同等的知情权，必要时可组织独立董事实地考察；

（二）为独立董事提供本公司发布公开信息的信息披露报刊或提供相应的电子资料；

（三）配合独立董事进行与履职相关的调查；

（四）独立董事认为有必要召开仅由独立董事参加的会议时，为其提供会议场所等便利；

（五）积极配合独立董事调阅相关材料，并通过安排实地考察、组织证券服务机构汇报等方式，为独立董事履职提供必要的支持和便利；

（六）要求公司相关负责人员配合对独立董事工作笔录中涉及的与独立董事履职有关的重大事项签字确认；

（七）独立董事履职过程中需上市公司提供的其他与履职相关的便利和配合。

独立董事行使法律法规所赋予的职权遭遇阻碍时，可向公司董事会说明情况，要求管理层或董事会秘书予以配合，并将遭遇阻碍的事实、具体情形和解决状况记录进行工作笔录。

第二十条 要求上市公司支付津贴、承担履职费用

独立董事有权从公司领取适当津贴，但法规、政策另有规定时除外。除以上津贴外，独立董事不应从其所任职的上市公司及其附属企业、控股股东或有利害关系的机构和人员取得包括股权激励在内的任何额外的、未予披露的其他利益。

独立董事履职过程中支出的合理费用由所任职的上市公司承担。独立董事有权向上市公司借支履职相关的合理费用。

独立董事享有要求上市公司为其履行独立董事职责购买责任保险的权利。

第二十一条 要求上市公司对未被采纳的议案进行披露

涉及本指引第十五条第1~6项的相关提议，由半数以上独立董事提出但未被上市公司采纳的，独立董事有权要求上市公司将有关情况进行披露并说明不予采纳的理由。

独立董事可要求上市公司将上述提议的具体情况报中国证监会派出机构或公司证券上市地的证券交易所备案，公司不进行备案的，独立董事可记入工作笔录，并可将相关情况向中国证监会派出机构或公司证券上市地的证券交易所报告。

第二十二条 不被无故提前免除职务的权利

除独立董事出现《公司法》、中国证监会《关于在上市公司中建立独立董事制度的指导意见》以及上海、深圳证券交易所的上市公司上市规则、规范运作指引等相关法律、法规、规章和规则中规定的不得担任公司董事或独立董事的情形外，独立董事任期届满前，上市公司不得无故免除独立董事职务。提前免职的，被免职的独立董事认为公司的免职理由不当的，可以作出公开声明。

第二十三条 进行报告、公开发表声明的权利

当上市公司存在以下严重妨碍独立董事履行职责行使职权的情形时，独立董事可向中国证监会、中国证监会派出机构和公司证券上市地的证券交易所报告。

（一）被公司免职，本人认为免职理由不当的；

（二）由于公司存在妨碍独立董事依法行使职权的情形，致使独立董事辞职的；

（三）董事会会议材料不充分，两名以上独立董事书面要求延期召开董事会会议或延期审议相关事项的提议未被采纳的；

（四）对公司涉嫌违法违规行为向董事会报告后，董事会未采取有效措施的；

（五）严重妨碍独立董事行使职权的其他情形。

第四章 独立董事职权的行使

第二十四条 董事会专门委员会工作的开展

董事会专门委员会是独立董事行使职权的重要形式。

担任董事会专门委员会主任委员的独立董事，应当按照职责权限组织开展专门委员会工作，按照规定及时召开专门委员会会议形成委员会意见，或者根据董事会授权对专门事项提出审议意见。

担任董事会专门委员会委员的独立董事，应当持续深入跟踪专门委员会职责范围内上市公司经营管理的相关事项，参加专门委员会会议，并按照议事规则及时提出相关意见，提请专门委员会予以关注。

第二十五条 对外担保事项的审议

独立董事审查对外担保事项，应当了解被担保对象的基本情况，如经营和财务状况、资信情况、纳税情况等，对被担保方偿还债务的能力以及反担保方的实际承担能力作出审慎判断。必要时，独立董事可要求上市公司提供作出判断所需的相关信息。

独立董事应特别关注董事会会议相关审议内容及程序是否符合相关监管机构所发布的规范性文件中的要求。

独立董事应就公司对外担保事项发表独立意见，并特别注意，应在年度报告中，对上市公司累计和当期对外担保情况、执行上述规定情况进行专项说明，并

发表独立意见。必要时可聘请会计师事务所或其他证券中介服务机构对公司累计和当期对外担保情况进行核查。上市公司违规对外担保事项得到纠正时，独立董事应出具专项意见。独立董事在审议上市公司对外担保事项过程中，如发现异常情况，应及时提请公司董事会采取相应措施，必要时可向中国证监会派出机构或公司证券上市地的证券交易所报告。

第二十六条 关联交易事项的审议

独立董事应当定期查阅上市公司与关联方之间的交易和资金往来情况，了解公司是否存在被控股股东及其关联方占用、转移资金、资产及其他资源的现象。如发现异常情况，应及时提请公司董事会采取相应措施，必要时向中国证监会派出机构或公司证券上市地的证券交易所报告。

独立董事应关注公司在重大关联交易事项提交董事会讨论前，是否事先取得了独立董事的认可。

对于具体关联交易事项，独立董事应当对关联交易的必要性、真实意图、对上市公司的影响作出审慎判断，特别关注交易的定价政策及定价依据、评估值的公允性、交易标的的成交价格与账面值或评估值之间的关系等。

董事会审议关联交易事项时，独立董事需要特别关注其是否符合相关监管机构所发布的规定及证券交易所上市规则中的相关要求，以及公司是否存在通过关联交易非关联化的方式掩盖关联交易实质的行为。

独立董事应在上述工作基础上对上市公司重大关联交易发表独立意见。对上市公司关联方以资抵债方案，应发表独立意见或者聘请有证券期货相关业务资格的中介机构出具独立财务顾问报告。上市公司存在向控股股东或者其关联人提供资金的事项情形，相关事项情形已消除的，独立董事需出具专项意见。

第二十七条 募集资金项目和使用事项的审议

独立董事应当关注上市公司募集资金的使用情况，督促公司建立募集资金管理和使用制度，以控制投资风险、保障资金安全。

独立董事应当关注募集资金实际使用情况与上市公司信息披露情况是否存在差异。经半数以上独立董事同意后，可以聘请会计师事务所对募集资金存放与使用情况出具鉴证报告。

对于上市公司需要改变募集资金用途、将闲置资金用于投资、暂时用于补充流动资金、以募集资金置换预先投入募投项目的自筹资金的，独立董事发表独立意见之前，应当要求相关人员就新投资项目的可行性、项目收益及风险预测等进行分析论证。

独立董事应在上述工作基础上对上市公司变更募集资金用途发表独立意见。

第二十八条 利润分配事项的审议

独立董事应当参与制定上市公司的利润分配政策，关注上市公司利润分配及现金分红方案是否有利于上市公司的长期发展，并重点关注是否符合中小投资者的利益。

独立董事可以征集中小股东的意见，提出分红提案，并直接提交董事会审议。

上市公司本年度内盈利但董事会未提出现金利润分配预案的，独立董事需要督促公司在年度报告中披露原因及未用于分红的资金留存公司的用途。

独立董事应当就上市公司制定利润分配政策、利润分配方案及现金分红方案发表独立意见。特别是对于不进行现金分红、现金分红水平较低以及大比例现金分红等情况，应出具明确意见。

第二十九条 会计师事务所聘用或解聘的审议

上市公司聘用或解聘会计师事务所时，独立董事应关注所聘用会计师事务所是否已经取得"从事证券相关业务许可证"，解聘原会计师事务所的理由是否正当，相关议案事前是否已经半数以上独立董事认可，是否由董事会审计委员会提出意见，是否在提交董事会讨论通过后提交股东大会进行决定，并将上述事项进行记录。

第三十条 管理层收购事项的审议

上市公司董事、监事、高级管理人员、员工或者其所控制或委托的法人、其他组织、自然人，拟对本公司进行收购时，独立董事应当聘请独立财务顾问就收购出具并公告专业意见，并审查该项收购内容与程序是否符合中国证监会及其他监管机构所发布的相关规定。

第三十一条 年度报告的审议

独立董事可督促上市公司建立独立董事年度报告工作制度，包括汇报和沟通制度。

在公司年度报告的编制和披露过程中，独立董事应会同公司审计委员会，切实履行职责，依法做到勤勉尽责。具体包括：

（一）独立董事需要及时听取上市公司管理层和财务总监关于公司本年度生产经营、规范运作及财务方面的情况和投、融资活动等重大事项进展情况的汇报，并尽量亲自参与有关重大项目的实地考察。

听取汇报时，独立董事需注意，上市公司管理层的汇报是否包括但不限于以下内容，并记入工作笔录：

1. 本年度生产经营情况，特别是经营状况或环境发生的变化；
2. 公司财务状况；
3. 募集资金的使用；
4. 重大投资情况；
5. 融资情况；
6. 关联交易情况；
7. 对外担保情况；

8. 其他有关规范运作的情况。

（二）在年审会计师事务所进场审计前，独立董事应当会同公司审计委员会参加与年审注册会计师的见面会，和会计师就审计工作小组的人员构成、审计计划、风险判断、风险及舞弊的测试和评价方法、本年度审计重点进行沟通，尤其特别关注公司的业绩预告及其更正情况。独立董事应关注公司是否及时安排前述见面会并提供相关支持，并将上述情况记入工作笔录。

（三）在年审注册会计师出具初步审计意见后和审议年度报告的董事会会议召开前，独立董事应当再次参加与年审注册会计师见面会，与注册会计师沟通初审意见。独立董事应关注公司是否及时安排前述见面会并提供相关支持，并记入工作笔录。

（四）对于审议年度报告的董事会会议，独立董事需要关注董事会会议召开的程序、相关事项的提议程序、决策权限、表决程序、回避事宜、议案材料的提交时间和完备性，如发现与召开董事会会议相关规定不符或判断依据不足的情形，应提出补充、整改和延期召开会议的意见。

上述沟通过程、意见及要求均应形成书面记录并由相关当事人签字认可。

第三十二条 其他事项的审议

（一）对于上市公司董事会的授权事项，独立董事需要对授权的范围、合法性、合理性和风险进行审慎判断，充分关注是否超出公司章程、股东大会议事规则和董事会议事规则等规定的授权范围，授权事项是否存在重大风险。

（二）独立董事应当就公司董事的提名、任免发表独立意见。在审议公司董事的提名、任免时，独立董事应关注相关人员的提名、任免程序是否可能对公司经营、发展和公司治理造成重大影响，程序是否完备。

（三）独立董事应当就公司聘任或解聘高级管理人员发表独立意见。在审议聘任或解聘高级管理人员时，独立董事应关注相关人员的提名、任免程序是否可能对公司经营、发展和公司治理造成重大影响，程序是否完备。

（四）独立董事应当就上市公司董事、高级管理人员的薪酬和股权激励计划发表独立意见。在审议公司董事、高级管理人员的薪酬和股权激励计划时，独立董事应关注公司董事、高级管理人员的薪酬和股权激励计划是否有利于公司的长期发展，是否存在可能损害中小投资者利益的情形。独立董事应当就股权激励计划向所有股东征集委托投票权。

（五）独立董事应当就公司制定资本公积金转增股本预案发表独立意见。在审议公司制定资本公积金转增股本预案时，独立董事应关注相关预案是否有利于公司的长期发展，是否可能损害中小投资者的利益。

（六）独立董事应当就公司因会计准则变更以外的原因作出会计政策、会计估算变更或重大会计差错更正发表独立意见。对于会计政策变更、会计估计变更、重大会计差错更正等事项，独立董事需要关注上市公司是否存在利用上述事项调节各期利润误导投资者的情形。

（七）独立董事应当就上市公司重大资产重组事项发表独立意见。对于重大资产重组及相关资产评估事项，独立董事需要在充分了解相关信息的基础上，关注资产评估机构的独立性、评估假设前提的合理性、评估定价的公允性和重组方案的合理合规性；构成关联交易的，独立董事可以另行聘请独立财务顾问就本次交易对上市公司非关联股东的影响发表意见。

（八）独立董事应当就上市公司以集中竞价交易方式回购股份事项发表独立意见。对于上市公司回购事项，独立董事应审查其回购方案是否符合相关法律、法规、规章及规则的规定；结合回购股份的目的、股价表现、公司价值分析等因素，分析回购的必要性；结合回购股份所需资金及其来源等因素，分析回购股份方案的可行性。

（九）独立董事应当对上市公司内部控制评价报告发表独立意见。对于上市公司内部控制评价报告，独立董事应关注报告内容是否完备，相关情况是否属实。

（十）独立董事应当对上市公司承诺相关方的承诺变更方案发表独立意见。上市公司承诺相关方（上市公司及其实际控制人、股东、关联方、收购人）在首次公开发行股票、再融资、股改、并购重组以及公司治理专项活动等过程中作出的解决同业竞争、资产注入、股权激励、解决产权瑕疵等各项承诺事项，除因相关法律法规、政策变化、自然灾害等自身无法控制的客观原因外，承诺确已无法履行或者履行承诺不利于维护上市公司权益时，对于承诺相关方提出的变更方案独立董事应发表意见。发表意见时，独立董事应关注相关变更方案是否合法合规、是否有利于保护上市公司或其他投资者的利益。

（十一）发行优先股的上市公司的独立董事应当就上市公司优先股发行对公司各类股东权益的影响发表专项意见。对优先股发行发表意见时，独立董事应关注相关发行程序和信息披露是否合规，发行优先股募集资金是否有明确用途，是否与公司业务范围、经营规模相匹配，优先股发行价格和票面股息率是否公允、合理，是否可能损害股东或其他利益相关方的合法利益。

第三十三条 独立董事发表独立意见的内容

独立董事对上市公司的相关事项出具的独立意见应当至少包括下列内容：

（一）相关事项的基本情况；

（二）发表意见的依据，包括所履行的程序、核查的文件、现场检查的内容等；

（三）相关事项的合法合规性；

（四）对上市公司和中小投资者权益的影响、可能存在的风险以及公司采取的措施是否有效；

（五）发表的结论性意见，如果对相关事项提出保留意见、反对意见或无法发表意见的，相关独立董事应当明确说明理由。

独立董事应当对出具的独立意见签字确认，并将上述意见及时报告董事会。

第五章　参加董事会会议的履职要求

第三十四条　会议通知的审查

独立董事在接到董事会会议通知后，应对会议通知的程序、形式及内容的合法性进行审查，发现不符合规定的，可向董事会秘书提出质询，督促其予以解释或进行纠正。

第三十五条　会议资料的了解

独立董事应当于会前充分知悉会议审议事项，了解与之相关的会计和法律等知识。

独立董事有权要求上市公司按照公司章程的规定提前通知相关事项，并同时提供完整的定稿资料。独立董事认为公司应当提供履职所需的其他材料的，有权敦促公司进行补充。独立董事有权要求公司董事会秘书及其他负责人员就相关事宜提供协助。

独立董事可以向公司管理层、董事会各专门委员会、董事会办事机构、与审议事项相关的中介服务机构等机构和人员了解决策所需要的信息，也可以在会前向会议主持人建议邀请相关机构代表或相关人员到会说明有关情况。

第三十六条　会前的询问和调查

独立董事认为董事会会议提案内容不明确、不具体或者有关材料不充分的，可直接或通过董事会秘书要求提案人补充资料或作出进一步说明。

独立董事在对董事会会议审议事项作出判断前，可对上市公司相关事项进行了解或调查，并要求公司给予积极配合。

第三十七条　聘请中介服务机构

独立董事可聘请会计师事务所或其他中介服务机构对上市公司的相关情况进行核查。如发现异常情况，应及时提请公司董事会采取相应措施，必要时可向中国证监会派出机构或公司证券上市地的证券交易所报告。

第三十八条　延期开会和审议

两名或两名以上独立董事认为会议审议事项资料不充分或论证不明确时，可联名书面向董事会提议延期召开董事会会议或延期审议相关事项。

对于审议年度报告的董事会会议，如果延期开会或延期审议可能导致年度报告不能如期披露，独立董事应要求上市公司立即向公司证券上市地的证券交易所报告。

第三十九条　出席会议

独立董事应当亲自出席公司董事会会议。

独立董事因故无法亲自出席会议的，应当事先审阅会议材料，形成明确的意见，书面委托本上市公司的其他独立董事代为出席。相关要求见本指引第十八条。

独立董事未亲自参加董事会会议而又未委托其他独立董事代为出席的，在会后仍应及时审查会议决议及记录。独立董事对会议决议内容或程序的合法性有疑问的，应当向相关人员提出质询；发现董事会会议决议违法的，应当立即要求上市公司纠正；公司拒不纠正的，应及时将具体情况报告中国证监会派出机构或公司证券上市地的证券交易所。

第四十条 对会议程序的监督

董事会举行会议的过程中，独立董事应当关注会议程序是否合法，防止会议程序出现瑕疵。独立董事应特别关注董事会会议的下列程序性规则是否得到严格遵守：

（一）按照规定需要经独立董事事先认可或由董事会专门委员会事前审查的提案，未经独立董事书面认可或由专门委员会向董事会会议提交书面审核意见，不应在董事会会议上审议；

（二）会议具体议程一经确定，不应随意增减议题或变更议题顺序，也不应任意合并或分拆议题；

（三）除征得全体与会董事的一致同意外，董事会会议不应对会议通知中未列明的提案作出决议。

第四十一条 对会议形式的监督

独立董事应当关注董事会会议形式是否符合下列相关要求：

（一）董事会会议原则上应以现场召开的方式进行；

（二）对需要以董事会决议的方式审议通过，但董事之间交流讨论的必要性不大的议案，可以进行通讯表决。法律、法规、规范性文件及公司章程另有规定或应由三分之二以上董事通过的重大议案，不宜采用通讯表决方式召开会议；

（三）通讯表决事项原则上应在表决前五日内送达全体董事，并应提供会议议题的相关背景资料和有助于董事作出决策的相关信息和数据。以通讯表决方式召开董事会会议的，公司应当在保障董事充分表达意见的基础上，采取逐项表决的方式，不应要求董事对多个事项进行一次表决。

第四十二条 发表与会意见

独立董事应当认真阅读会议相关材料，在充分了解情况的基础上独立、客观、审慎地发表意见，并确保所发表的意见或其要点在董事会记录中得以记载。

独立董事应当就会议审议事项发表以下几类意见之一：同意；弃权并说明理由；反对意见并说明理由；无法发表意见及其障碍。

第四十三条 暂缓表决

两名以上独立董事认为会议议题不明确、不具体，或者因会议材料不充分等事由导致其无法对决议事项作出判断时，可以提议会议对该事项暂缓表决。

提议暂缓表决的独立董事应当对提案再次提交审议所应满足的条件提出明确要求。

第四十四条 会议记录

独立董事应当督促公司制作董事会会议记录。董事会会议议程完成后，独立董事应当代表其本人和委托其代为出席会议的董事对会议记录和决议记录进行签字确认。独立董事对会议记录或决议记录有不同意见的，可以在签字时作出书面说明。

第四十五条　资料保管

独立董事就会议审议及相关事项进行的询问、调查、讨论等均应形成书面文件，与上市公司之间的各种来往信函、传真、电子邮件等资料应予保存，与公司工作人员之间的工作通话可以在事后做成要点记录。

董事会会议如果采取电话或者视频会议方式召开，独立董事应要求录音、录像，会后应检查并保存其电子副本。

前述资料连同公司向独立董事提供的纸面及电子资料，独立董事应当及时整理并妥善保存，必要时可要求公司提供相应协助。

第四十六条　会后的信息披露

在董事会会议或相关股东大会后，独立董事应督促上市公司及其他信息披露义务人及时履行法律、法规、规章及其他规范性文件所规定的披露义务。

独立董事可要求公司在公开披露信息后两日内，将载明公开信息的报纸名称及信息刊载位置或网上披露的信息文本及其网络地址告知独立董事。

独立董事应当核查公司公开披露的信息，若发现信息披露内容与董事会会议决议不符或与事实不符、方式不规范或存有其他疑义，应当及时通知、质询并督促公司进行澄清或更正。公司未能及时提供合作的，独立董事可向中国证监会派出机构或公司证券上市地的证券交易所报告。

第六章　附　　则

第四十七条　针对特定上市公司和特定人员的特别规定

国家相关监管机构对商业银行、证券公司、期货公司、保险公司等金融机构上市公司的独立董事另有规定的，从其规定。

国家国有资产管理部门对国有控股上市公司的独立董事另有规定的，从其规定。

深圳证券交易所对中小板、创业板上市公司独立董事有特别规定的，从其规定。

国家相关部门对其管理的人员成为独立董事有特别规定的，从其规定。

第四十八条　指引解释及实施时间

本指引由中国上市公司协会负责解释。

本指引中"及时""重大"等名词，参照中国证监会及证券交易所相关规定。

本指引自发布之日起实施。

本指引相关条款与新颁布的相关法律、行政法规、部门规章、规范性文件，以及证券交易所相关规则不一致时，以新颁布的相关法律、行政法规、部门规章、规范性文件以及证券交易所相关规则的相关条款为准。

附录26 社会团体登记管理条例

社会团体登记管理条例

发布时间：1998年10月25日
最新修订时间：2016年2月6日
最新生效时间：2016年10月25日
发布主体：中华人民共和国国务院

第一章 总 则

第一条 为了保障公民的结社自由，维护社会团体的合法权益，加强对社会团体的登记管理，促进社会主义物质文明、精神文明建设，制定本条例。

第二条 本条例所称社会团体，是指中国公民自愿组成，为实现会员共同意愿，按照其章程开展活动的非营利性社会组织。

国家机关以外的组织可以作为单位会员加入社会团体。

第三条 成立社会团体，应当经其业务主管单位审查同意，并依照本条例的规定进行登记。

社会团体应当具备法人条件。

下列团体不属于本条例规定登记的范围：

（一）参加中国人民政治协商会议的人民团体；

（二）由国务院机构编制管理机关核定，并经国务院批准免于登记的团体；

（三）机关、团体、企业事业单位内部经本单位批准成立、在本单位内部活动的团体。

第四条 社会团体必须遵守宪法、法律、法规和国家政策，不得反对宪法确定的基本原则，不得危害国家的统一、安全和民族的团结，不得损害国家利益、社会公共利益以及其他组织和公民的合法权益，不得违背社会道德风尚。

社会团体不得从事营利性经营活动。

第五条 国家保护社会团体依照法律、法规及其章程开展活动,任何组织和个人不得非法干涉。

第六条 国务院民政部门和县级以上地方各级人民政府民政部门是本级人民政府的社会团体登记管理机关(以下简称登记管理机关)。

国务院有关部门和县级以上地方各级人民政府有关部门、国务院或者县级以上地方各级人民政府授权的组织,是有关行业、学科或者业务范围内社会团体的业务主管单位(以下简称业务主管单位)。

法律、行政法规对社会团体的监督管理另有规定的,依照有关法律、行政法规的规定执行。

第二章 管 辖

第七条 全国性的社会团体,由国务院的登记管理机关负责登记管理;地方性的社会团体,由所在地人民政府的登记管理机关负责登记管理;跨行政区域的社会团体,由所跨行政区域的共同上一级人民政府的登记管理机关负责登记管理。

第八条 登记管理机关、业务主管单位与其管辖的社会团体的住所不在一地的,可以委托社会团体住所地的登记管理机关、业务主管单位负责委托范围内的监督管理工作。

第三章 成 立 登 记

第九条 申请成立社会团体,应当经其业务主管单位审查同意,由发起人向登记管理机关申请登记。

筹备期间不得开展筹备以外的活动。

第十条 成立社会团体,应当具备下列条件:

(一)有 50 个以上的个人会员或者 30 个以上的单位会员;个人会员、单位会员混合组成的,会员总数不得少于 50 个;

(二)有规范的名称和相应的组织机构;

(三)有固定的住所;

(四)有与其业务活动相适应的专职工作人员;

(五)有合法的资产和经费来源,全国性的社会团体有 10 万元以上活动资金,地方性的社会团体和跨行政区域的社会团体有 3 万元以上活动资金;

(六)有独立承担民事责任的能力。

社会团体的名称应当符合法律、法规的规定,不得违背社会道德风尚。社会团体的名称应当与其业务范围、成员分布、活动地域相一致,准确反映其特征。

全国性的社会团体的名称冠以"中国"、"全国"、"中华"等字样的,应当按照国家有关规定经过批准,地方性的社会团体的名称不得冠以"中国"、"全国"、"中华"等字样。

第十一条 申请登记社会团体,发起人应当向登记管理机关提交下列文件:
(一) 登记申请书;
(二) 业务主管单位的批准文件;
(三) 验资报告、场所使用权证明;
(四) 发起人和拟任负责人的基本情况、身份证明;
(五) 章程草案。

第十二条 登记管理机关应当自收到本条例第十一条所列全部有效文件之日起60日内,作出准予或者不予登记的决定。准予登记的,发给《社会团体法人登记证书》;不予登记的,应当向发起人说明理由。

社会团体登记事项包括:名称、住所、宗旨、业务范围、活动地域、法定代表人、活动资金和业务主管单位。

社会团体的法定代表人,不得同时担任其他社会团体的法定代表人。

第十三条 有下列情形之一的,登记管理机关不予登记:
(一) 有根据证明申请登记的社会团体的宗旨、业务范围不符合本条例第四条的规定的;
(二) 在同一行政区域内已有业务范围相同或者相似的社会团体,没有必要成立的;
(三) 发起人、拟任负责人正在或者曾经受到剥夺政治权利的刑事处罚,或者不具有完全民事行为能力的;
(四) 在申请登记时弄虚作假的;
(五) 有法律、行政法规禁止的其他情形的。

第十四条 社会团体的章程应当包括下列事项:
(一) 名称、住所;
(二) 宗旨、业务范围和活动地域;
(三) 会员资格及其权利、义务;
(四) 民主的组织管理制度,执行机构的产生程序;
(五) 负责人的条件和产生、罢免的程序;
(六) 资产管理和使用的原则;
(七) 章程的修改程序;
(八) 终止程序和终止后资产的处理;
(九) 应当由章程规定的其他事项。

第十五条 依照法律规定,自批准成立之日起即具有法人资格的社会团体,应当自批准成立之日起60日内向登记管理机关提交批准文件,申领《社会团体法人登记证书》。登记管理机关自收到文件之日起 30 日内发给《社会团体法人登记证书》。

第十六条 社会团体凭《社会团体法人登记证书》申请刻制印章，开立银行账户。社会团体应当将印章式样和银行账号报登记管理机关备案。

第十七条 社会团体的分支机构、代表机构是社会团体的组成部分，不具有法人资格，应当按照其所属的社会团体的章程所规定的宗旨和业务范围，在该社会团体授权的范围内开展活动、发展会员。社会团体的分支机构不得再设立分支机构。

社会团体不得设立地域性的分支机构。

第四章 变更登记、注销登记

第十八条 社会团体的登记事项需要变更的，应当自业务主管单位审查同意之日起 30 日内，向登记管理机关申请变更登记。

社会团体修改章程，应当自业务主管单位审查同意之日起 30 日内，报登记管理机关核准。

第十九条 社会团体有下列情形之一的，应当在业务主管单位审查同意后，向登记管理机关申请注销登记：

（一）完成社会团体章程规定的宗旨的；

（二）自行解散的；

（三）分立、合并的；

（四）由于其他原因终止的。

第二十条 社会团体在办理注销登记前，应当在业务主管单位及其他有关机关的指导下，成立清算组织，完成清算工作。清算期间，社会团体不得开展清算以外的活动。

第二十一条 社会团体应当自清算结束之日起 15 日内向登记管理机关办理注销登记。办理注销登记，应当提交法定代表人签署的注销登记申请书、业务主管单位的审查文件和清算报告书。

登记管理机关准予注销登记的，发给注销证明文件，收缴该社会团体的登记证书、印章和财务凭证。

第二十二条 社会团体处分注销后的剩余财产，按照国家有关规定办理。

第二十三条 社会团体成立、注销或者变更名称、住所、法定代表人，由登记管理机关予以公告。

第五章 监督管理

第二十四条 登记管理机关履行下列监督管理职责：

（一）负责社会团体的成立、变更、注销的登记；

（二）对社会团体实施年度检查；

（三）对社会团体违反本条例的问题进行监督检查，对社会团体违反本条例的行为给予行政处罚。

第二十五条 业务主管单位履行下列监督管理职责：

（一）负责社会团体成立登记、变更登记、注销登记前的审查；

（二）监督、指导社会团体遵守宪法、法律、法规和国家政策，依据其章程开展活动；

（三）负责社会团体年度检查的初审；

（四）协助登记管理机关和其他有关部门查处社会团体的违法行为；

（五）会同有关机关指导社会团体的清算事宜。

业务主管单位履行前款规定的职责，不得向社会团体收取费用。

第二十六条 社会团体的资产来源必须合法，任何单位和个人不得侵占、私分或者挪用社会团体的资产。

社会团体的经费，以及开展章程规定的活动按照国家有关规定所取得的合法收入，必须用于章程规定的业务活动，不得在会员中分配。

社会团体接受捐赠、资助，必须符合章程规定的宗旨和业务范围，必须根据与捐赠人、资助人约定的期限、方式和合法用途使用。社会团体应当向业务主管单位报告接受、使用捐赠、资助的有关情况，并应当将有关情况以适当方式向社会公布。

社会团体专职工作人员的工资和保险福利待遇，参照国家对事业单位的有关规定执行。

第二十七条 社会团体必须执行国家规定的财务管理制度，接受财政部门的监督；资产来源属于国家拨款或者社会捐赠、资助的，还应当接受审计机关的监督。

社会团体在换届或者更换法定代表人之前，登记管理机关、业务主管单位应当组织对其进行财务审计。

第二十八条 社会团体应当于每年3月31日前向业务主管单位报送上一年度的工作报告，经业务主管单位初审同意后，于5月31日前报送登记管理机关，接受年度检查。工作报告的内容包括：本社会团体遵守法律法规和国家政策的情况、依照本条例履行登记手续的情况、按照章程开展活动的情况、人员和机构变动的情况以及财务管理的情况。

对于依照本条例第十五条的规定发给《社会团体法人登记证书》的社会团体，登记管理机关对其应当简化年度检查的内容。

第六章 罚 则

第二十九条 社会团体在申请登记时弄虚作假，骗取登记的，或者自取得《社会团体法人登记证书》之日起1年未开展活动的，由登记管理机关予以撤销登记。

第三十条　社会团体有下列情形之一的，由登记管理机关给予警告，责令改正，可以限期停止活动，并可以责令撤换直接负责的主管人员；情节严重的，予以撤销登记；构成犯罪的，依法追究刑事责任：

（一）涂改、出租、出借《社会团体法人登记证书》，或者出租、出借社会团体印章的；

（二）超出章程规定的宗旨和业务范围进行活动的；

（三）拒不接受或者不按照规定接受监督检查的；

（四）不按照规定办理变更登记的；

（五）违反规定设立分支机构、代表机构，或者对分支机构、代表机构疏于管理，造成严重后果的；

（六）从事营利性的经营活动的；

（七）侵占、私分、挪用社会团体资产或者所接受的捐赠、资助的；

（八）违反国家有关规定收取费用、筹集资金或者接受、使用捐赠、资助的。

前款规定的行为有违法经营额或者违法所得的，予以没收，可以并处违法经营额1倍以上3倍以下或者违法所得3倍以上5倍以下的罚款。

第三十一条　社会团体的活动违反其他法律、法规的，由有关国家机关依法处理；有关国家机关认为应当撤销登记的，由登记管理机关撤销登记。

第三十二条　筹备期间开展筹备以外的活动，或者未经登记，擅自以社会团体名义进行活动，以及被撤销登记的社会团体继续以社会团体名义进行活动的，由登记管理机关予以取缔，没收非法财产；构成犯罪的，依法追究刑事责任；尚不构成犯罪的，依法给予治安管理处罚。

第三十三条　社会团体被责令限期停止活动的，由登记管理机关封存《社会团体法人登记证书》、印章和财务凭证。

社会团体被撤销登记的，由登记管理机关收缴《社会团体法人登记证书》和印章。

第三十四条　登记管理机关、业务主管单位的工作人员滥用职权、徇私舞弊、玩忽职守构成犯罪的，依法追究刑事责任；尚不构成犯罪的，依法给予行政处分。

第七章　附　　则

第三十五条　《社会团体法人登记证书》的式样由国务院民政部门制定。

对社会团体进行年度检查不得收取费用。

第三十六条　本条例施行前已经成立的社会团体，应当自本条例施行之日起1年内依照本条例有关规定申请重新登记。

第三十七条　本条例自发布之日起施行。1989年10月25日国务院发布的《社会团体登记管理条例》同时废止。

附录27 公开发行证券的公司信息披露内容与格式准则第2号——年度报告的内容与格式

公开发行证券的公司信息披露内容与格式准则第2号——年度报告的内容与格式

发布时间：2016年12月9日
最新修订时间：2017年12月26日
最新生效时间：2017年12月26日
发布主体：中国证券监督管理委员会

第一章 总 则

第一条 为规范上市公司年度报告的编制及信息披露行为，保护投资者合法权益，根据《公司法》《证券法》等法律、法规及中国证券监督管理委员会（以下简称中国证监会）的有关规定，制定本准则。

第二条 根据《公司法》《证券法》在中华人民共和国境内公开发行股票并在证券交易所上市的股份有限公司（以下简称公司）应当按照本准则的要求编制和披露年度报告。

第三条 本准则的规定是对公司年度报告信息披露的最低要求；对投资者投资决策有重大影响的信息，不论本准则是否有明确规定，公司均应当披露。

鼓励公司结合自身特点，以简明易懂的方式披露对投资者特别是中小投资者决策有用的信息，但披露的信息应当保持持续性，不得选择性披露。

第四条 本准则某些具体要求对公司确实不适用的，公司可以根据实际情况在不影响披露内容完整性的前提下做出适当修改，并说明修改原因。

第五条 由于国家秘密、商业秘密等特殊原因导致本准则规定的某些信息确实不便披露的，公司可以不予披露，但应当在相关章节详细说明未按本准则要求进行披露的原因。中国证监会认为需要披露的，公司应当披露。公司在编制和披露年度报告时应当严格遵守国家有关保密的法律法规,不得泄露国家保密信息。

第六条 在不影响信息披露完整性和不致引起阅读不便的前提下,公司可以采取相互引证的方法,对年度报告相关部分进行适当的技术处理,以避免不必要的重复和保持文字简洁。

第七条 公司年度报告的全文应当遵循本准则第二章的要求进行编制和披露。

公司年度报告摘要应当遵循本准则第三章的要求,并按照附件的格式进行编制和披露。

第八条 同时在境内和境外证券市场上市的公司,如果境外证券市场对年度报告的编制和披露要求与本准则不同,应当遵循报告内容从多不从少、报告要求从严不从宽的原则,并应当在同一日公布年度报告。

发行境内上市外资股及其衍生证券并在证券交易所上市的公司,应当同时编制年度报告的外文译本。

第九条 公司年度报告中的财务报告应当经具有证券期货相关业务资格的会计师事务所审计,审计报告应当由该所至少两名注册会计师签字。

第十条 公司在编制年度报告时应当遵循如下一般要求:

(一)年度报告中引用的数字应当采用阿拉伯数字,货币金额除特别说明外,通常指人民币金额,并以元、千元、万元、百万元或亿元为单位。

(二)公司可以根据有关规定或其他需求,编制年度报告外文译本,同时应当保证中外文文本的一致性,并在外文文本上注明:"本报告分别以中、英(或日、法、俄)文编制,在对中外文文本的理解上发生歧义时,以中文文本为准。"

(三)年度报告封面应当载明公司的中文名称、"年度报告"字样、报告期年份,也可以载明公司的外文名称、徽章、图案等。年度报告的目录应当编排在显著位置。

(四)公司可以在年度报告正文前刊载宣传本公司的照片、图表或致投资者信,但不得刊登任何祝贺性、恭维性或推荐性的词句、题字或照片,不得含有夸大、欺诈、误导或内容不准确、不客观的词句。

(五)公司编制年度报告时可以图文并茂,采用柱状图、饼状图等统计图表,以及必要的产品、服务和业务活动图片进行辅助说明,提高报告的可读性。

(六)公司编制年度报告应当遵循中国证监会上市公司行业分类的有关规定,公司可以增加披露所使用的其他的行业分类数据、资料作为参考。

第十一条 主板(含中小企业板)公司应当在每个会计年度结束之日起4个月内将年度报告全文刊登在中国证监会指定网站上;同时年度报告摘要只需选择在一种中国证监会指定报纸上刊登,刊登篇幅原则上不超过报纸的1/4版面,也可以刊登在中国证监会指定网站上。

创业板公司应当在每个会计年度结束之日起4个月内将年度报告全文和摘要刊登在中国证监会指定网站上;同时只需选择在一种中国证监会指定报纸上刊登

"本公司×××年度报告及摘要已于×年×月×日在中国证监会指定的信息披露网站上披露，请投资者注意查阅"的提示性公告。

公司可以将年度报告刊登在其他媒体上，但不得早于在中国证监会指定媒体披露的时间。

第十二条 在年度报告披露前，内幕信息知情人不得泄露内幕信息，或利用内幕信息牟取不正当利益。

第十三条 公司应当在年度报告披露后，将年度报告原件或具有法律效力的复印件同时置备于公司住所、证券交易所，以供社会公众查阅。

第十四条 公司董事会、监事会及董事、监事、高级管理人员应当保证年度报告内容的真实、准确、完整，不存在虚假记载、误导性陈述或重大遗漏，并承担个别和连带的法律责任。

如有董事、监事、高级管理人员对年度报告内容存在异议或无法保证其真实、准确、完整的，应当单独陈述理由。

第十五条 中国证监会对特殊行业公司信息披露另有规定的，公司应当遵循其规定。行业主管部门对公司另有规定的，公司在编制和披露年度报告时应当遵循其规定。

第二章 年度报告正文

第一节 重要提示、目录和释义

第十六条 公司应当在年度报告文本扉页刊登如下重要提示：公司董事会、监事会及董事、监事、高级管理人员保证年度报告内容的真实、准确、完整，不存在虚假记载、误导性陈述或重大遗漏，并承担个别和连带的法律责任。

公司负责人、主管会计工作负责人及会计机构负责人（会计主管人员）应当声明并保证年度报告中财务报告的真实、准确、完整。

如有董事、监事、高级管理人员对年度报告内容存在异议或无法保证其真实、准确、完整的，应当声明××无法保证本报告内容的真实、准确、完整，并说明理由，请投资者特别关注。同时，单独列示未出席董事会审议年度报告的董事姓名及原因。

如执行审计的会计师事务所对公司出具了非标准审计报告，重要提示中应当声明××会计师事务所为本公司出具了带强调事项段或其他事项段的无保留意见、保留意见、否定意见或无法表示意见的审计报告，本公司董事会、监事会对相关事项已有详细说明，请投资者注意阅读。

如年度报告涉及未来计划等前瞻性陈述，同时附有相应的警示性陈述，则应当声明该计划不构成公司对投资者的实质承诺，投资者及相关人士均应当对此保持足够的风险认识,并且应当理解计划、预测与承诺之间的差异。

第十七条 公司应当提示需要投资者特别关注的重大风险,并提示投资者注意阅读。

第十八条 公司应当提示经董事会审议的报告期利润分配预案或公积金转增股本预案。

第十九条 公司应当对可能造成投资者理解障碍以及具有特定含义的术语作出通俗易懂的解释,年度报告的释义应当在目录次页排印。

年度报告目录应当标明各章、节的标题及其对应的页码。

第二节 公司简介和主要财务指标

第二十条 公司应当披露如下内容:
(一)公司的中文名称及简称,外文名称及缩写(如有)。
(二)公司的法定代表人。
(三)公司董事会秘书及证券事务代表的姓名、联系地址、电话、传真、电子信箱。
(四)公司注册地址,公司办公地址及其邮政编码,公司网址、电子信箱。
(五)公司选定的信息披露媒体的名称,登载年度报告的中国证监会指定网站的网址,公司年度报告备置地。
(六)公司股票上市交易所、股票简称和股票代码。
(七)其他有关资料:公司聘请的会计师事务所名称、办公地址及签字会计师姓名;公司聘请的报告期内履行持续督导职责的保荐机构或财务顾问的名称、办公地址以及签字的保荐代表人或财务顾问主办人的姓名,以及持续督导的期间。

第二十一条 公司应当采用数据列表方式,提供截至报告期末公司近3年的主要会计数据和财务指标,包括但不限于:总资产、营业收入、归属于上市公司股东的净利润、归属于上市公司股东的扣除非经常性损益的净利润、归属于上市公司股东的净资产、经营活动产生的现金流量净额、净资产收益率、每股收益。

同时发行人民币普通股及境内上市外资股或(和)境外上市外资股的公司,若按不同会计准则计算的净利润和归属于上市公司股东的净资产存在重大差异的,应当列表披露差异情况并说明主要原因。

公司应当采用数据列表方式,分季度提供营业收入、归属于上市公司股东的净利润、归属于上市公司股东的扣除非经常性损益后的净利润、经营活动产生的现金流量净额。如上述财务指标或其加总数与公司已披露季度报告、半年度报告相关财务指标存在重大差异的,应当说明主要原因。公司在披露"归属于上市公司股东的扣除非经常性损益后的净利润"时,应当同时说明报告期内非经常性损益的项目及金额。

第二十二条 公司主要会计数据和财务指标的计算和披露应当遵循如下

要求：

（一）因会计政策变更及会计差错更正等追溯调整或重述以前年度会计数据的，应当披露会计政策变更的原因及会计差错更正的情况，并应当同时披露调整前后的数据。

（二）对非经常性损益、净资产收益率和每股收益的确定和计算，中国证监会另有规定的，应当遵照执行。

（三）编制合并财务报表的公司应当以合并财务报表数据填列或计算以上数据和指标。

（四）如公司成立未满3年，应当披露公司成立后完整会计年度的上述会计数据和财务指标。

（五）财务数据按照时间顺序自左至右排列，左起为报告期的数据，向右依次列示前一期的数据。

第三节 公司业务概要

第二十三条 公司应当简要介绍报告期内公司从事的主要业务，包括但不限于以下内容：

（一）报告期内公司所从事的主要业务、主要产品及其用途、经营模式、主要的业绩驱动因素等内容，应当重点突出报告期内发生的重大变化。

（二）报告期内公司所属行业的发展阶段、周期性特点以及公司所处的行业地位等。

第二十四条 公司应当简要介绍报告期内公司主要资产发生的重大变化，包括但不限于股权资产、固定资产、无形资产、在建工程等。若境外资产占比较高的，应当披露境外资产的形成原因、资产规模、运营模式、收益状况等。

第二十五条 公司应当披露报告期内核心竞争力（包括核心管理团队、关键技术人员、专有设备、专利、非专利技术、特许经营权、土地使用权、水面养殖权、探矿权、采矿权、独特经营方式和盈利模式、允许他人使用自己所有的资源要素或作为被许可方使用他人资源要素等）的重要变化及对公司所产生的影响。如发生因核心管理团队或关键技术人员离职、设备或技术升级换代、特许经营权丧失等导致公司核心竞争力受到严重影响的，公司应当详细分析，并说明拟采取的相应措施。

第四节 经营情况讨论与分析

第二十六条 公司经营情况讨论与分析中应当对财务报告数据与其他必要的统计数据，以及报告期内发生和未来将要发生的重大事项，进行讨论与分析，以有助于投资者了解其经营成果、财务状况及未来可能的变化。公司可以运用逐年比较、数据列表或其他方式对相关事项进行列示，以增进投资者的理解。披露应当遵守以下的原则：

（一）披露内容应当具有充分的可靠性。引用的数据、资料应当有充分的依据，如果引用第三方的数据、资料作为讨论与分析的依据，应当注明来源，并判断第三方的数据、资料是否具有足够的权威性。

（二）披露内容应当具有充分的相关性。公司应当充分考虑并尊重投资者的投资需要，披露的内容应当能够帮助投资者更加充分地理解公司未来变化的趋势。公司应当重点讨论和分析重大的投资项目、资产购买、兼并重组、在建工程、研发项目、人才培养和储备等方面在报告期内的执行情况和未来的计划。

（三）披露内容应当具有充分的关联性。分析与讨论公司的外部环境、市场格局、风险因素等内容时，所述内容应当与公司的经营成果、财务状况具有足够的关联度，应当充分考虑公司的外部经营环境（包括但不限于经济环境、行业环境等）和内部资源条件（包括但不限于资产、技术、人员、经营权等），结合公司的战略和营销等管理政策，以及公司所从事的业务特征，进行有针对性的讨论与分析，并且保持逻辑的连贯性。

（四）鼓励公司披露管理层在经营管理活动中使用的关键业绩指标。可以披露指标的假定条件和计算方法以及公司选择这些指标的依据，重点讨论与分析指标变化的原因和趋势。关键业绩指标由公司根据行业、自身特点，选择对业绩敏感度较高且公司有一定控制能力的要素确定。

（五）讨论与分析应当从业务层面充分解释导致财务数据变动的根本原因及其反映的可能趋势，而不能只是重复财务报告的内容。

（六）公司应当保持业务数据统计口径的一致性、可比性，如确需调整的，公司应当披露变更口径的理由，并同时提供调整后的过去1年的对比数据。

（七）语言表述平实，清晰易懂，力戒空洞、模板化。

第二十七条 公司应当回顾分析在报告期内的主要经营情况。对重要事项的披露应当完整全面，不能有选择地披露。公司应当披露已对报告期产生重要影响以及未对报告期产生影响但对未来具有重要影响的事项等。内容包括但不限于：

（一）主要经营业务。应当包括（但不限于）收入、成本、费用、研发投入、现金流等项目，需要提示变化并分析变化的原因。若公司业务类型、利润构成或利润来源发生重大变动，应当详细说明。

1. 收入与成本：公司应当结合行业特征和自身实际情况，分别按行业、产品及地区说明报告期内公司营业收入构成情况。对于占公司营业收入或营业利润10%以上的行业、产品或地区，应当分项列示其营业收入、营业成本、毛利率，并分析其变动情况。对实物销售收入大于劳务收入的公司，应当按行业口径，披露报告期内的生产量、销售量和库存量情况。若相关数据同比变动在30%以上的，应当说明原因。

公司应当披露已签订的重大销售合同截至本报告期的履行情况。公司应当披露本年度营业成本的主要构成项目,如原材料、人工工资、折旧、能源和动力等在成本总额中的占比情况。如果涉及商业秘密的,公司可以仅披露占比最高或最主要的单个项目。

如果因子公司股权变动导致合并范围变化的,应当提供上年同口径的数据供投资者参考。若报告期内业务、产品或服务发生重大变化或调整,公司应当介绍已推出或宣布推出的新产品及服务,并说明对公司经营及业绩的影响。

公司应当披露主要销售客户和主要供应商的情况,以汇总方式披露公司向前5名客户销售额占年度销售总额的比例,向前5名供应商采购额占年度采购总额的比例,以及前5名客户销售额中关联方销售额占年度销售总额的比例和前5名供应商采购额中关联方采购额占年度采购总额的比例。鼓励公司分别披露前5名客户名称和销售额,前5名供应商名称和采购额,以及其是否与上市公司存在关联关系。属于同一控制人控制的客户或供应商视为同一客户或供应商合并列示,受同一国有资产管理机构实际控制的除外。

2. 费用:若报告期内公司销售费用、管理费用、财务费用等财务数据同比发生重大变动的,应当结合业务模式和费用构成,说明产生变化的主要驱动因素。

3. 研发投入:公司应当说明本年度所进行研发项目的目的、项目进展和拟达到的目标,并预计对公司未来发展的影响。公司应当披露研发人员的数量、占比及其变动情况;说明本年度研发投入总额及占营业收入的比重,如数据较上年发生显著变化,还应当解释变化的原因;应当披露研发投入资本化的比重及变化情况,并对其合理性进行分析。

4. 现金流:结合公司现金流量表相关数据,说明公司经营活动、投资活动和筹资活动产生的现金流量的构成情况,若相关数据同比发生重大变动,公司应当分析主要影响因素。若报告期公司经营活动产生的现金净流量与报告期净利润存在重大差异的,公司应当解释原因。

(二)若本期公司利润构成或利润来源的重大变化源自非主要经营业务,包括但不限于投资收益、公允价值变动损益、资产减值、营业外收支等,应当详细说明涉及金额、形成原因、是否具有可持续性。

(三)资产及负债状况。若报告期内公司资产构成(货币资金、应收款项、存货、投资性房地产、长期股权投资、固定资产、在建工程、短期借款、长期借款等占总资产的比重)同比发生重大变动的,应当说明产生变化的主要影响因素。鼓励公司结合各项营运能力和偿债能力的财务指标进行分析。公司应当披露截至报告期末的主要资产被查封、扣押、冻结或者被抵押、质押,必须具备一定条件才能变现、无法变现、无法用于抵偿债务的情况,以及该等资产占有、使用、受益和处分权利受到限制的情况和安排。如相关事项已在临时报告披露且无后续进展的,仅需披露该事项概述,并提供临时报告披露网站的相关查询索引。

(四)投资状况。公司应当介绍本年度投资情况,分析报告期内公司投资额同比变化情况。

1. 对报告期内获取的重大的股权投资，公司应当披露被投资公司名称、主要业务、投资份额和持股比例、资金来源、合作方、投资期限、产品类型、预计收益、本期投资盈亏、是否涉诉等信息。

2. 对报告期内正在进行的重大的非股权投资，公司应当披露项目本年度和累计实际投入情况、资金来源、项目的进度及预计收益。若项目已产生收益，应当说明收益情况；未达到计划进度和收益的，应当说明原因。

3. 对报告期内持有的以公允价值计量的境内外股票、基金、债券、信托产品、期货、金融衍生工具等金融资产的初始投资成本、资金来源、报告期内购入或售出及投资收益情况、公允价值变动情况等进行披露。

（五）重大资产和股权出售。公司应当简要分析重大资产和股权出售事项对公司业务连续性、管理层稳定性的影响。公司应当说明上述事项是否按计划如期实施，如已实施完毕，应当说明其对财务状况和经营成果的影响，以及所涉及的金额及其占利润总额的比例；如未按计划实施，应当说明原因及公司已采取的措施。

（六）主要控股参股公司分析。公司应当详细介绍主要子公司的主要业务、注册资本、总资产、净资产、净利润，本年度取得和处置子公司的情况，包括取得和处置的方式及对公司整体生产经营和业绩的影响。如来源于单个子公司的净利润或单个参股公司的投资收益对公司净利润影响达到10%以上，还应当介绍该公司主营业务收入、主营业务利润等数据。若单个子公司或参股公司的经营业绩同比出现大幅波动，且对公司合并经营业绩造成重大影响的，公司应当对其业绩波动情况及其变动原因进行分析。

主要子公司或参股公司的经营情况的披露应当参照上市公司经营情况讨论与分析的要求。对于与公司主业关联较小的子公司，应当披露持有目的和未来经营计划；对本年度内投资收益占净利润比例达50%以上的公司，应当披露投资收益中占比在10%以上的股权投资项目。若主要子公司或参股公司的经营业绩未出现大幅波动，但其资产规模、构成或其他主要财务指标出现显著变化，并可能在将来对公司业绩造成影响，也应当对变化情况和原因予以说明。

（七）公司控制的结构化主体情况。公司存在其控制下的结构化主体时，应当介绍公司对其控制权方式和控制权内容，并说明公司从中可以获取的利益和对其所承担的风险。另外，公司还应当介绍结构化主体对其提供融资、商品或劳务以支持自身主要经营活动的相关情况。公司控制的结构化主体为《企业会计准则第41号——在其他主体中权益的披露》中所规定的"结构化主体"。

第二十八条 公司应当对未来发展进行展望。应当讨论和分析公司未来发展战略、下一年度的经营计划以及公司可能面对的风险，鼓励进行量化分析，主要包括但不限于：

（一）行业格局和趋势。公司应当结合自身的业务规模、经营区域、产品类别以及竞争对手等情况，介绍与公司业务关联的宏观经济层面或行业环境层面的发展趋势，以及公司的行业地位或区域市场地位的变动趋势。公司应当结合主要业务的市场变化情况、营业成本构成的变化情况、市场份额变化情况等因素，分析公司的主要行业优势和困难，并说明变化对公司未来经营业绩和盈利能力的影响。

（二）公司发展战略。公司应当围绕行业壁垒、核心技术替代或扩散、产业链整合、价格竞争、成本波动等方面向投资者提示未来公司发展机遇和挑战，披露公司发展战略，以及拟开展的新业务、拟开发的新产品、拟投资的新项目等。若公司存在多种业务的，还应当说明各项业务的发展规划。分析和讨论应当提供数据支持，并说明数据来源。公司对未来发展战略的披露，应当结合投资者关注较多的问题，以及公司现阶段所面临的特定环境、公司所处行业及所从事业务特征来进行。重点对公司未来主要经营模式或业务模式是否会发生重大变化，新技术、新产品的开发计划及进展，产能扩张、资产收购等重大投资计划，投资者回报安排等发展战略、发展步骤进行有针对性的描述，以助于投资者了解公司未来发展方向及经营风格。

（三）经营计划。公司应当回顾总结前期披露的发展战略和经营计划在报告期内的进展，对未达到计划目标的情况进行解释。若公司实际经营业绩低于或高于曾公开披露过的本年度盈利预测20%以上的，应当从收入、成本、费用、税负等相关方面说明造成差异的原因。公司应当披露下一年度的经营计划，包括（但不限于）收入、费用、成本计划，及下一年度的经营目标，如销售额的提升、市场份额的扩大、成本下降、研发计划等，为达到上述经营目标拟采取的策略和行动。公司应当同时说明该经营计划并不构成公司对投资者的业绩承诺，提示投资者对此保持足够的风险意识，并且应当理解经营计划与业绩承诺之间的差异。公司应当披露维持公司当前业务并完成在建投资项目所需的资金需求，对公司经营计划涉及的投资需求，对公司经营计划涉及的投资资金的来源、成本及使用情况进行简要说明。

（四）可能面对的风险。公司应当针对自身特点，遵循关联性原则和重要性原则披露可能对公司未来发展战略和经营目标的实现产生不利影响的风险因素（例如政策性风险、行业特有风险、业务模式风险、经营风险、环保风险、汇率风险、利率风险、技术风险、产品价格风险、原材料价格及供应风险、财务风险、单一客户依赖风险、商誉等资产的减值风险，以及因设备或技术升级换代、核心技术人员辞职、特许经营权丧失等导致公司核心竞争能力受到严重影响等），披露的内容应当充分、准确、具体，应当尽量采取定量的方式分析各风险因素对公司当期及未来经营业绩的影响，并介绍已经或计划采取的应对措施。

对于本年度较上一年度的新增风险因素，公司应当对其产生的原因、对公司的影响以及已经采取或拟采取的措施及效果等进行分析。若分析表明相关变化趋势已经、正在或将要对公司的财务状况和经营成果产生重大影响的，公司应当提供管理层对相关变化的基本判断，尽可能定量分析对公司的影响程度。

第五节 重要事项

第二十九条 公司应当披露报告期内普通股利润分配政策，特别是现金分红政策的制定、执行或调整情况，说明利润分配政策是否符合公司章程及审议程序的规定，是否充分保护中小投资者的合法权益，是否由独立董事发表意见，是否有明确的分红标准和分红比例；以及利润分配政策调整或变更的条件和程序是否合规、透明。

公司应当披露近3年（包括本报告期）的普通股股利分配方案（预案）、资本公积金转增股本方案（预案）；同时，列表披露近3年（包括本报告期）普通股现金红利分配的金额及占归属于上市公司普通股股东的净利润的比例。公司以其他方式进行现金分红的，应当单独披露该种方式计入现金分红的金额和比例。公司应当披露报告期内现金分红政策的制定及执行情况，并对下列事项进行专项说明：

（一）是否符合公司章程的规定或者股东大会决议的要求；
（二）分红标准和比例是否明确和清晰；
（三）相关的决策程序和机制是否完备；
（四）独立董事是否履职尽责并发挥了应有的作用；
（五）中小股东是否有充分表达意见和诉求的机会，中小股东的合法权益是否得到了充分保护等。

对现金分红政策进行调整或变更的，还应当对调整或变更的条件及程序是否合规和透明等进行详细说明。

对于报告期内盈利且母公司可供普通股股东分配利润为正但未提出普通股现金利润分配方案预案的公司，应当详细说明原因，同时说明公司未分配利润的用途和使用计划。

优先股股息分配政策及分配情况按第七节的要求进行披露。

第三十条 公司应当披露报告期内履行完毕的，以及截至报告期末尚未履行完毕的，由公司实际控制人、股东、关联方、收购人以及公司等承诺相关方作出的以下承诺事项，包括但不限于：股权分置改革承诺、收购报告书或权益变动报告书中所作承诺、资产重组所作承诺、首次公开发行或再融资所作承诺、股权激励时所作的承诺，以及其他对公司中小股东所作承诺。公司董事会应当说明上述承诺事项在报告期内的履行情况，详细列示承诺方、承诺类型、承诺事项、承诺时间、承诺期限、承诺的履行情况等。如承诺超期未履行完毕的，应当详细说明未完成履行的原因及下一步的工作计划。

如公司资产或项目存在盈利预测，且报告期仍处在盈利预测期间内，公司董事会、相关股东和负责持续督导的中介机构应当就资产或项目是否达到原盈利预测及其原因作出说明。同时，公司应当提供原盈利预测的相关披露查询索引。

第三十一条 公司发生控股股东及其关联方非经营性占用资金情况的，应当充分披露相关的决策程序，以及占用资金的期初金额、发生额、期末余额、占用原因、预计偿还方式及清偿时间。

公司应当同时披露会计师事务所对资金占用的专项审核意见。

第三十二条 公司年度财务报告被会计师事务所出具非标准意见审计报告的，公司应当就所涉及事项作出说明。

公司作出会计政策、会计估计变更或重大会计差错更正的，公司应当披露变更、更正的原因及影响，涉及追溯调整或重述的，应当披露对以往各年度经营成果和财务状况的影响金额。如涉及更换会计师事务所，应当披露是否就相关事项与前任会计师事务所进行了必要的沟通。同时适用境内外会计准则的公司应当对产生差异的情况进行详细说明。

第三十三条 公司应当披露年度财务报告审计聘任、解聘会计师事务所的情况，报告期内支付给聘任会计师事务所的报酬情况，及目前的审计机构和签字会计师已为公司提供审计服务的连续年限，年限从审计机构与公司首次签订审计业务约定书之日起开始计算。

公司报告期内若聘请了内部控制审计会计师事务所、财务顾问或保荐人，应当披露聘任内部控制审计会计师事务所、财务顾问或保荐人的情况，报告期内支付给内部控制审计会计师事务所、财务顾问或保荐人的报酬情况。

第三十四条 年度报告披露后面临暂停上市情形的公司，应当披露导致暂停上市的原因以及公司拟采取的应对措施。年度报告披露后面临终止上市情形的公司、因重大违法面临暂停上市或终止上市风险的公司和已披露主动退市方案的公司，应当单独披露退市情况专项报告，并提醒投资者予以关注。

第三十五条 公司应当披露报告期内发生的破产重整相关事项，包括向法院申请重整、和解或破产清算，法院受理重整、和解或破产清算，以及公司重整期间发生的法院裁定结果及其他重大事项。执行重整计划的公司应当说明计划的具体内容及执行情况。如相关破产事项已在临时报告披露且后续实施无变化的，仅需披露该事项概述，并提供临时报告披露网站的相关查询索引。

第三十六条 公司应当披露报告期内重大诉讼、仲裁事项。已在上一年度报告中披露，但尚未结案的重大诉讼、仲裁事项，公司应当披露案件进展情况、涉及金额、是否形成预计负债，以及对公司未来的影响。对已经结案的重大诉讼、仲裁事项，公司应当披露案件执行情况。

如以上诉讼、仲裁事项已在临时报告披露且无后续进展的，仅需披露该事项概述，并提供临时报告披露网站的查询索引。如报告期内公司无重大诉讼、仲裁，应当明确说明"本年度公司无重大诉讼、仲裁事项"。

第三十七条 公司及其董事、监事、高级管理人员、控股股东、实际控制人、收购人在报告期内如存在被有权机关调查，被司法机关或纪检部门采取强制措施，被移送司法机关或追究刑事责任，被中国证监会立案调查或行政处罚、被市场禁入、被认定为不适当人选，被环保、安监、税务等其他行政管理部门给予重大行政处罚，以及被证券交易所公开谴责的情形，应当说明原因及结论。

报告期内公司被中国证监会及其派出机构采取行政监管措施并提出限期整改要求的，应当披露整改责任人、整改期限、整改措施，以及整改报告书的指定披露网站及日期。

第三十八条 公司应当披露报告期内公司及其控股股东、实际控制人的诚信状况，包括但不限于：是否存在未履行法院生效判决、所负数额较大的债务到期未清偿等情况。如相关事项已在临时报告披露且无后续进展的，仅需披露该事项概述，并提供临时报告披露网站的相关查询索引。

第三十九条 公司应当披露股权激励计划、员工持股计划或其他员工激励措施在本报告期的具体实施情况。如相关事项已在临时报告披露且后续实施无进展或变化的，仅需披露该事项概述，并提供临时报告披露网站的相关查询索引。

第四十条 公司应当披露报告期内发生的重大关联交易事项。若对于某一关联方，报告期内累计关联交易总额高于3000万元（创业板公司披露标准为1000万元）且占公司最近一期经审计净资产值5%以上，应当按照以下发生关联交易的不同类型分别披露。如已在临时报告披露且后续实施无进展或变化的，仅需披露该事项概述，并提供临时报告披露网站的相关查询索引。

（一）与日常经营相关的关联交易，至少应当披露以下内容：关联交易方、交易内容、定价原则、交易价格、交易金额、占同类交易金额的比例、结算方式；可获得的同类交易市价，如实际交易价与市价存在较大差异，应当说明原因。大额销货退回需披露详细情况。公司按类别对报告期内发生的日常关联交易进行总额预计的，应当披露日常关联交易事项在报告期内的实际履行情况。

（二）资产或股权收购、出售发生的关联交易，至少应当披露以下内容：关联交易方、交易内容、定价原则、资产的账面价值、评估价值、交易价格、结算方式及交易对公司经营成果和财务状况的影响情况，交易价格与账面价值或评估价值差异较大的，应当说明原因。如相关交易涉及业绩约定的，应当披露报告期内的业绩实现情况。

（三）公司与关联方共同对外投资发生关联交易的，应当至少披露以下内容：共同投资方、被投资企业的名称、主营业务、注册资本、总资产、净资产、净利润、重大在建项目的进展情况。

（四）公司与关联方存在债权债务往来或担保等事项的，应当披露形成原因，债权债务期初余额、本期发生额、期末余额，及其对公司的影响。

（五）其他重大关联交易。

第四十一条 公司应当披露重大合同及其履行情况，包括但不限于：

（一）在报告期内发生或以前期间发生但延续到报告期的托管、承包、租赁其他公司资产或其他公司托管、承包、租赁公司资产的事项，且该事项为公司带来的损益额达到公司当年利润总额的10%以上时，应当详细披露有关合同的主要内容，包括但不限于：有关资产的情况，涉及金额、期限、损益及确定依据，同时应当披露该损益对公司的影响。

（二）重大担保。报告期内履行的及尚未履行完毕的担保合同，包括担保金额、担保期限、担保对象、担保类型（一般担保或连带责任担保）、担保的决策程序等。对于未到期担保合同，如果报告期内发生担保责任或有证据表明有可能承担连带清偿责任，应当明确说明。

公司应当披露报告期内公司及其子公司对外担保（不含对子公司的担保）的发生额和报告期末的担保余额，以及报告期内公司及其子公司对子公司提供担保的发生额和报告期末的担保余额。

公司应当披露全部担保总额及其占公司净资产的比例，并分别列示：公司及其子公司为股东、实际控制人及其关联方提供担保的余额，公司及其子公司直接或间接为资产负债率超过70%的被担保对象提供的担保余额，以及公司及其子公司担保总额超过公司净资产50%部分的金额。

公司担保总额包括报告期末公司及其子公司对外担保余额（不含对子公司的担保）和公司及其子公司对子公司的担保余额，其中子公司的担保余额为该子公司对外担保总额乘以公司持有该子公司的股权比例。

（三）公司应当按照下列类型分别披露报告期内委托理财的资金来源、发生额、未到期余额及逾期未收回金额情况。具体类型包括但不限于银行理财产品、券商理财产品、信托理财产品、其他类（如公募基金产品、私募基金产品）等。

对于单项金额重大的委托理财，或安全性较低、流动性较差、不保本的高风险委托理财，应披露委托理财发生额、未到期余额及逾期未收回金额的具体情况，包括：资金来源、受托机构名称（或受托人姓名）及类型、金额、产品期限、资金投向、报酬确定方式、参考年化收益率、预期收益（如有）、当年度实际收益或损失和实际收回情况；公司还应说明该项委托是否经过法定程序，未来是否还有委托理财计划。公司若就该项委托计提投资减值准备的，应当披露当年度计提金额。

若委托理财出现预期无法收回本金或存在其他可能导致减值的情形，预计对公司具有较大影响的，公司应当说明对财务状况或当期利润的影响。

若公司存在委托贷款事项，也应当比照上述委托行为予以披露。

如相关事项已在临时报告披露且无后续进展的，仅需披露该事项概述，并提供临时报告披露网站的相关查询索引。

（四）其他重大合同。列表披露合同订立双方的名称、签订日期、合同标的所涉及资产的账面价值、评估价值、相关评估机构名称、评估基准日、定价原则以及最终交易价格等，并披露截至报告期末合同的执行情况。临时报告已经披露过的情况，公司应当提供相关披露索引。

第四十二条　鼓励公司结合行业特点，主动披露积极履行社会责任的工作情况，包括但不限于：公司履行社会责任的宗旨和理念，股东和债权人权益保护、职工权益保护、供应商、客户和消费者权益保护、环境保护与可持续发展、公共关系、社会公益事业等方面情况。公司已披露社会责任报告全文的，仅需提供相关的查询索引。

第四十三条　鼓励公司结合自身生产经营情况、战略发展规划、人才与资源优势等开展各项精准扶贫工作，并积极披露报告期内履行扶贫社会责任的具体情况：

（一）精准扶贫规划。公司精准扶贫工作的基本方略、总体目标、主要任务和保障措施。

（二）年度精准扶贫概要。报告期内扶贫计划的总体完成情况、取得的效果等。如扶贫计划未完成的，应说明未按期完成的原因，以及后续改进措施。

（三）精准扶贫成效。分别披露公司报告期内在产业发展扶脱贫、转移就业脱贫、易地搬迁脱贫、教育扶贫、健康扶贫、生态保护扶贫、兜底保障、社会扶贫等方面取得的工作成果。

（四）后续精准扶贫计划。根据公司长期经营战略与扶贫规划，披露下一年度开展精准扶贫工作的计划，以及保障计划实现的主要措施等。

第四十四条　属于环境保护部门公布的重点排污单位的公司或其重要子公司，应当根据法律、法规及部门规章的规定披露以下主要环境信息：

（一）排污信息。包括但不限于主要污染物及特征污染物的名称、排放方式、排放口数量和分布情况、排放浓度和总量、超标排放情况、执行的污染物排放标准、核定的排放总量。

（二）防治污染设施的建设和运行情况。

（三）建设项目环境影响评价及其他环境保护行政许可情况。

（四）突发环境事件应急预案。

（五）环境自行监测方案。

（六）其他应当公开的环境信息。

公司在报告期内以临时报告的形式披露环境信息内容的，应当说明后续进展或变化情况。如相关事项已在临时报告披露且后续实施无进展或变化的，仅需披露该事项概述，并提供临时报告披露网站的相关查询索引。

重点排污单位之外的公司可以参照上述要求披露其环境信息，若不披露的，应当充分说明原因。

鼓励公司自愿披露有利于保护生态、防治污染、履行环境责任的相关信息。环境信息核查机构、鉴证机构、评价机构、指数公司等第三方机构对公司环境信息存在核查、鉴定、评价的，鼓励公司披露相关信息。

第四十五条 公司应当披露其他在报告期内发生的《证券法》《上市公司信息披露管理办法》所规定的重大事件，以及公司董事会判断为重大事件的事项。

如前款所涉重大事项已作为临时报告在指定网站披露，仅需说明信息披露指定网站的相关查询索引及披露日期。

第四十六条 公司的子公司发生的本节所列重大事项，应当视同公司的重大事项予以披露。

第六节 股份变动及股东情况

第四十七条 公司应当按以下要求披露报告期内的普通股股份变动情况：

（一）公司股份变动情况，按照中国证监会对公司股份变动报告规定的内容与格式进行编制。

（二）证券发行与上市情况

1. 介绍报告期内证券发行（不含优先股）情况，包括股票、可转换公司债券、分离交易的可转换公司债券、公司债券及其他衍生证券的种类、发行日期、发行价格（或利率）、发行数量、上市日期、获准上市交易数量、交易终止日期等。

2. 对报告期内因送股、转增股本、配股、增发新股、非公开发行股票、权证行权、实施股权激励计划、企业合并、可转换公司债券转股、减资、内部职工股上市、债券发行或其他原因引起公司股份总数及股东结构的变动、公司资产和负债结构的变动，应当予以说明。

报告期内优先股的股本变动、发行与上市情况按照第七节的要求予以披露。

3. 现存的内部职工股的发行日期、发行价格、发行数量等。

第四十八条 公司应当按照以下要求披露股东和实际控制人情况：

（一）公司股东数量及持股情况，按照中国证监会对公司股份变动报告规定的格式进行编制，应当披露以下内容：

1. 截至报告期末以及年度报告披露日前上一月末的普通股股东总数及表决权恢复的优先股股东总数（如有）。

2. 截至报告期末持有本公司5%以上股份的股东的名称、报告期内股份增减变动的情况、报告期末持股数量、所持股份类别及所持股份质押或冻结的情况。如持股5%以上的股东少于10人，则应当列出至少前10名股东的持股情况。如所持股份中包括无限售条件股份（或已上市流通股份）、有限售条件股份（或未上市流通股份），应当分别披露其数量。

如前10名股东之间存在关联关系或属于《上市公司收购管理办法》规定的

一致行动人的，应当予以说明。

如有战略投资者或一般法人因配售新股成为前10名股东的，应当予以注明，并披露约定持股期间的起止日期。

以上列出的股东情况中应当注明代表国家持有股份的单位和外资股东。

（二）公司控股股东情况

若控股股东为法人的，应当披露名称、单位负责人或法定代表人、成立日期、主要经营业务等；若控股股东为自然人的，应当披露其姓名、国籍、是否取得其他国家或地区居留权、主要职业及职务。如报告期内控股股东发生变更，应当列明披露相关信息的指定网站查询索引及日期。

公司应当披露控股股东报告期内控股和参股的其他境内外上市公司的股权情况。

如不存在控股股东，公司应当予以特别说明。

（三）公司实际控制人情况公司应当比照本条第二款有关控股股东披露的要求，披露公司实际控制人的情况，并以方框图及文字的形式披露公司与实际控制人之间的产权和控制关系。实际控制人应当披露到自然人、国有资产管理机构，或者股东之间达成某种协议或安排的其他机构或自然人，包括以信托方式形成实际控制的情况。

对实际控制人为自然人的，应当披露其过去10年曾控股的境内外上市公司情况。

如实际控制人通过信托或其他资产管理方式控制公司，应当披露信托合同或者其他资产管理安排的主要内容，包括信托或其他资产管理的具体方式，信托管理权限（包括公司股份表决权的行使等），涉及的股份数量及占公司已发行股份的比例，信托或资产管理费用，信托资产处理安排，合同签订的时间、期限及变更、终止的条件，以及其他特别条款等。

如不存在实际控制人的情况，公司应当就认定依据予以特别说明。

如公司最终控制层面存在多位自然人或自然人控制的法人共同持股的情形，且其中没有一人的持股比例（直接或间接持有下一级控制层面公司的股份比例）超过50%，各自的持股比例比较接近，公司无法确定实际控制人的，应当披露最终控制层面持股比例在10%以上的股东情况；如公司没有持股10%以上的股东，则应当披露持股比例5%以上的股东情况。

（四）其他持股在10%以上的法人股东，应当披露其名称、单位负责人或法定代表人、成立日期、注册资本、主要经营业务或管理活动等情况。

（五）公司前10名无限售流通股股东的名称全称、年末持有无限售流通股的数量和种类（A、B、H股或其他）。投资者通过客户信用交易担保证券账户持有的股票不应计入证券公司自有证券，并与其通过普通证券账户持有的同一家上市公司的证券数量合并计算。

如前 10 名无限售流通股股东之间，以及前 10 名无限售流通股股东和前 10 名股东之间存在关联关系或属于《上市公司收购管理办法》规定的一致行动人的，应当予以说明。公司在计算上述持股比例时，仅计算普通股和表决权恢复的优先股股数。

（六）报告期末完成股权分置改革的公司应当按照中国证监会对公司股份变动报告规定的格式披露前十名股东中原非流通股股东持有股份的限售条件。

（七）报告期间，上市公司首次公开发行股票、再融资或者构成重组上市的重大资产重组申请或者相关披露文件存在虚假记载、误导性陈述或者重大遗漏，被中国证监会立案稽查的，应当披露控股股东、实际控制人、重组方及其他承诺主体股份限制减持情况。

第七节　优先股相关情况

第四十九条　发行优先股的公司披露年度报告时，应当以专门章节披露优先股有关情况，具体要求参见本准则第五十条至第五十四条的规定。如年度报告其他章节与上述规定要求披露的部分内容相同的，公司可以建立相关查询索引，避免重复。

第五十条　公司应当披露截至报告期末近 3 年优先股的发行与上市情况，包括公开发行或非公开发行的发行日期、发行价格和票面股息率、发行数量、上市日期、获准上市交易数量、终止上市日期、募集资金使用及变更情况等。

符合《上市公司重大资产重组管理办法》规定的条件发行优先股购买资产的，参照前款规定进行披露。

公司优先股股东数量及持股情况，按照中国证监会对公司股份变动报告规定的格式进行编制，应当披露以下内容：

（一）截至报告期末以及年度报告披露日前一个月末的优先股股东总数。

（二）截至报告期末持有本公司 5% 以上优先股股份的股东名称、报告期内股份增减变动的情况、报告期末持股数量、所持股份类别及所持股份质押或冻结的情况。如持股 5% 以上的优先股股东少于 10 人，则应当列出至少前 10 名优先股股东的持股情况。如股东所持优先股在除股息分配和剩余财产分配以外的其他条款上具有不同设置，应当分别披露其持股数量。

如前 10 名优先股股东之间，前 10 名优先股股东与前 10 名普通股股东之间存在关联关系或属于《上市公司收购管理办法》规定的一致行动人的，应当予以说明。

以上列出的优先股股东情况中应当注明代表国家持有股份的单位和外资股东。

第五十一条　公司应当披露报告期内优先股的利润分配情况，包括股息率及分配金额、是否符合分配条件和相关程序、股息支付方式、股息是否累积、是否参与剩余利润分配等。同时，列表披露近 3 年（含报告期）优先股分配金额与分配比例，对于因本会计年度可分配利润不足而累积到下一会计年度的差额或可参与剩余利润分配的部分应当单独说明。

优先股的利润分配政策调整或变更的，公司应当披露原因和变更的程序。报告期内盈利且母公司未分配利润为正，但未对优先股进行利润分配的，公司应当详细披露原因以及未分配利润的用途和使用计划。

如公司章程中涉及优先股分配的其他事项，公司应当予以说明。

第五十二条　报告期内公司进行优先股回购或商业银行发行的优先股转换成普通股的，应当按照以下要求披露相关的回购或转换情况：

（一）优先股的回购情况，包括回购期间、回购价格和定价原则、回购数量和比例、回购的资金总额以及资金来源、回购股份的期限、回购选择权的行使主体、对公司股本结构的影响等，并披露相关的程序。

（二）优先股的转换情况，包括转股条件、转股价格、转换比例、转换选择权的行使主体，对公司股本结构的影响等，并披露相关的程序。

第五十三条　报告期内存在优先股表决权恢复的，公司应当按照以下要求披露相关情况：

（一）公司应当披露相关表决权的恢复、行使情况，包括恢复表决权的优先股数量、比例、有效期间、对公司股本结构的影响等，并披露相关的决议与程序。如果存在公司章程规定的优先股表决权恢复的其他情形，应当予以说明。

（二）如前 10 名股东、持有 5% 以上股份的股东或实际控制人所持股份中包含表决权恢复的优先股，公司应当按照本准则第四十八条的规定单独披露表决权恢复的优先股涉及的股东和实际控制人情况。

第五十四条　公司应当披露对优先股采取的会计政策及理由，财务报表及附注中的相关内容应当按照中国证监会制定的有关财务报告规定进行编制。

第八节　董事、监事、高级管理人员和员工情况

第五十五条　公司应当披露董事、监事和高级管理人员的情况，包括：

（一）基本情况。现任及报告期内离任董事、监事、高级管理人员的姓名、性别、年龄、任期起止日期（连任的从首次聘任日起算）、年初和年末持有本公司股份、股票期权、被授予的限制性股票数量、年度内股份增减变动量及增减变动的原因。如为独立董事，需单独注明。报告期如存在任期内董事、监事离任和高级管理人员解聘的，应当说明原因。

（二）现任董事、监事、高级管理人员专业背景、主要工作经历，目前在公司的主要职责。董事、监事、高级管理人员如在股东单位任职，应当说明其职务及任职期间，以及在除股东单位外的其他单位的任职或兼职情况。上市公司应当披露现任及报告期内离任董事、监事和高级管理人员近三年受证券监管机构处罚的情况。

（三）年度报酬情况

董事、监事和高级管理人员报酬的决策程序、报酬确定依据以及实际支付情况。披露每一位现任及报告期内离任董事、监事和高级管理人员在报告期内从公司获得的税前报酬总额（包括基本工资、奖金、津贴、补贴、职工福利费和各项保险费、公积金、年金以及以其他形式从公司获得的报酬）及其全体合计金额，并说明是否在公司关联方获取报酬。

对于董事、高级管理人员获得的股权激励，公司应当按照已解锁股份、未解锁股份、可行权股份、已行权股份、行权价以及报告期末市价单独列示。

第五十六条 公司应当披露母公司和主要子公司的员工情况，包括在职员工的数量、专业构成（如生产人员、销售人员、技术人员、财务人员、行政人员）、教育程度、员工薪酬政策、培训计划以及需公司承担费用的离退休职工人数。

对于劳务外包数量较大的，公司应当披露劳务外包的工时总数和支付的报酬总额。

第九节 公司治理

第五十七条 公司应当披露公司治理的基本状况，说明公司治理的实际状况与中国证监会发布的有关上市公司治理的规范性文件是否存在重大差异，如有重大差异，应当说明具体情况及原因。

公司应当就其与控股股东在业务、人员、资产、机构、财务等方面存在不能保证独立性、不能保持自主经营能力的情况进行说明。存在同业竞争的，公司应当披露相应的解决措施、工作进度及后续工作计划。

第五十八条 公司应当介绍报告期内召开的年度股东大会、临时股东大会的有关情况，包括会议届次、召开日期及会议决议刊登的指定网站的查询索引及披露日期，以及表决权恢复的优先股股东请求召开临时股东大会、召集和主持股东大会、提交股东大会临时提案的情况（如有）。

第五十九条 公司应当披露报告期内每位独立董事履行职责的情况，包括但不限于：独立董事的姓名，独立董事出席董事会的次数、方式，独立董事曾提出异议的有关事项及异议的内容，出席股东大会的次数，独立董事对公司有关建议是否被采纳的说明。

第六十条 公司应当披露董事会下设专门委员会在报告期内提出的重要意见和建议。存在异议事项的，应当披露具体情况。

第六十一条 监事会在报告期内的监督活动中发现公司存在风险的，公司应当披露监事会就有关风险的简要意见、监事会会议召开时间、会议届次、参会监事以及指定披露网站的查询索引及披露日期等信息；否则，公司应当披露监事会对报告期内的监督事项无异议。

第六十二条 鼓励公司详细披露报告期内对高级管理人员的考评机制，以及激励机制的建立、实施情况。

第六十三条 报告期内若发现公司内部控制存在重大缺陷的，应当披露具体情况，包括缺陷发生的时间、对缺陷的具体描述、缺陷对财务报告的潜在影响，已实施或拟实施的整改措施、整改时间、整改责任人及整改效果。

公司若按要求披露内部控制自我评价报告的，应当提供相应的查询索引。

第六十四条 按照规定要求对内部控制进行审计的公司，应当提供相应的查询索引。若会计师事务所出具非标准意见的内部控制审计报告或者内部控制审计报告与董事会的自我评价报告意见不一致的，公司应当解释原因。

第十节 公司债券相关情况

第六十五条 公开发行公司债券的公司披露年度报告时，应当以专门章节披露公司债券相关情况，具体要求参见本准则第六十六条至第六十八条的规定。如年度报告其他章节与上述规定要求披露的部分内容相同的，公司可以建立相关查询索引，避免重复。公司发行多只公司债券的，披露本章节相关事项时应当指明与公司债券的对应关系。

第六十六条 公司应当披露所有公开发行并在证券交易所上市，且在年度报告批准报出日未到期或到期未能全额兑付的公司债券情况，包括：

（一）公司债券名称、简称、代码、发行日、到期日、债券余额、利率、还本付息方式，公司债券上市或转让的交易场所，投资者适当性安排，报告期内公司债券的付息兑付情况。

公司债券附发行人或投资者选择权条款、可交换条款等特殊条款的，公司应当披露报告期内相关条款的执行情况。

（二）债券受托管理人名称、办公地址、联系人及联系电话；报告期内对公司债券进行跟踪评级的资信评级机构名称、办公地址。报告期内公司聘请的债券受托管理人、资信评级机构发生变更的，应当披露变更的原因、履行的程序、对投资者利益的影响等。

（三）公司债券募集资金使用情况及履行的程序、年末余额、募集资金专项账户运作情况，并说明是否与募集说明书承诺的用途、使用计划及其他约定一致。

（四）资信评级机构根据报告期情况对公司及公司债券作出最新跟踪评级的时间（预计）、评级结果披露地点，提醒投资者关注。

报告期内资信评级机构对公司及公司债券进行不定期跟踪评级的，公司应当披露不定期跟踪评级情况，包括但不限于评级机构、评级报告出具的时间、评级结论及标识所代表的含义等，并重点说明与上一次评级结果的对比情况。如评级发生变化，公司还应当披露相关变化对投资者适当性的影响。报告期内资信评级机构因公司在中国境内发行其他债券、债务融资工具对公司进行主体评级的，应当披露是否存在评级差异情况。

（五）报告期内公司债券增信机制、偿债计划及其他偿债保障措施发生变更的，公司应当参照《公开发行证券的公司信息披露内容与格式准则第 23 号——公开发行公司债券募集说明书》第五节的有关规定披露增信机制、偿债计划及其他偿债保障措施的相关情况，说明变更原因，变更是否已取得有权机构批准，以及相关变更对债券持有人利益的影响。

公司债券增信机制、偿债计划及其他偿债保障措施未发生变更的，公司应当披露增信机制、偿债计划及其他偿债保障措施在报告期内的执行情况、变化情况，并说明相关变化对债券持有人利益的影响：

1. 提供保证担保的，如保证人为法人或者其他组织，应当披露保证人报告期末的净资产额、资产负债率、净资产收益率、流动比率、速动比率等主要财务指标（并注明相关财务报告是否经审计），保证人资信状况、累计对外担保余额以及累计对外担保余额占其净资产的比例；如保证人为自然人，应当披露保证人资信状况、代偿能力、资产受限情况、对外担保情况以及可能影响保证权利实现的其他信息；保证人为发行人控股股东或实际控制人的，还应当披露保证人所拥有的除发行人股权外的其他主要资产，以及该部分资产的权利限制及是否存在后续权利限制安排。公司应当着重说明保证人情况与上一年度（或募集说明书）披露情况的变化之处。

2. 提供抵押或质押担保的，应当披露担保物的价值（账面价值和评估值，注明评估时点）变化情况，已经担保的债务总余额以及抵/质押顺序，报告期内担保物的评估、登记、保管等情况。

3. 采用其他方式进行增信的，应当披露报告期内相关增信措施的变化情况等。

4. 公司制定偿债计划或采取其他偿债保障措施的，应当披露报告期内相关计划和措施的执行情况，与募集说明书的相关承诺是否一致等。

5. 公司设置专项偿债账户的，应当披露该账户资金的提取情况，与募集说明书的相关承诺是否一致等。

（六）报告期内债券持有人会议的召开情况，包括召开时间、地点、召开原因、形成的决议等。

（七）报告期内债券受托管理人履行职责的情况。受托管理人在履行职责时可能存在利益冲突情形的，公司应当披露采取的相关风险防范、解决机制。

公司应当说明受托管理人是否已披露报告期受托管理事务报告，以及披露（或预计披露）地址，提醒投资者关注。

第六十七条 公司应当披露公司的相关情况，包括：

（一）采用数据列表方式，披露截至报告期末公司近 2 年的下列会计数据和财务指标，包括但不限于：息税折旧摊销前利润、流动比率、速动比率、资产负债率、EBITDA全部债务比（息税折旧摊销前利润/全部债务）、利息保障倍数［息税前利润/（计入财务费用的利息支出+资本化的利息支出）］、现金利息保障倍数［（经营活动产生的现金流量净额+现金利息支出+所得税付现）/现金利息支出］、EBITDA利息保障倍数［息税折旧摊销前利润/（计入财务费用的利息支出+资本化的利息支出）］、贷款偿还率（实际贷款偿还额/应偿还贷款额）、利息偿付率（实际支付利息/应付利息）。

若上述会计数据和财务指标同比变动超过30%的，应当披露产生变化的主要原因。

（二）公司发行其他债券和债务融资工具的，应当披露报告期内对其他债券和债务融资工具的付息兑付情况。

（三）报告期内获得的银行授信情况、使用情况以及偿还银行贷款的情况（包括按时偿还、展期及减免情况等）。

（四）报告期内执行公司债券募集说明书相关约定或承诺的情况，并分析相关情况对债券投资者利益的影响。

（五）报告期内发生的《公司债券发行与交易管理办法》第四十五条列示的重大事项，说明该事项的最新进展以及对公司经营情况和偿债能力的影响。如相关重大事项已在临时报告披露且无后续进展的，仅需披露该事项概述，并提供临时报告披露网站的相关查询索引。

第六十八条 公司债券的保证人为法人或者其他组织的，应当在每个会计年度结束之日起4个月内单独披露保证人报告期财务报表（并注明是否经审计），包括资产负债表、利润表、现金流量表、所有者权益（股东权益）变动表和财务报表附注，并指明保证人所担保公司债券的全称。

第十一节 财务报告

第六十九条 公司应当披露审计报告正文和经审计的财务报表。

财务报表包括公司近两年的比较式资产负债表、比较式利润表和比较式现金流量表，以及比较式所有者权益（股东权益）变动表和财务报表附注。编制合并财务报表的公司，除提供合并财务报表外，还应当提供母公司财务报表。

财务报表附注应当按照中国证监会制定的有关财务报告的规定编制。

第十二节 备查文件目录

第七十条 公司应当披露备查文件的目录，包括：

（一）载有公司负责人、主管会计工作负责人、会计机构负责人（会计主管人员）签名并盖章的财务报表。

（二）载有会计师事务所盖章、注册会计师签名并盖章的审计报告原件。

（三）报告期内在中国证监会指定网站上公开披露过的所有公司文件的正本及公告的原稿。

（四）在其他证券市场公布的年度报告。

公司应当将上述文件的原件或具有法律效力的复印件同时置备于公司住所、证券交易所，以供社会公众查阅。

第三章 年度报告摘要

第一节 重要提示

第七十一条 公司应当在年度报告摘要显要位置刊登如下（但不限于）重要提示：

"本年度报告摘要来自年度报告全文，为全面了解本公司的经营成果、财务状况及未来发展规划，投资者应当到证监会指定媒体仔细阅读年度报告全文。"

如有个别董事、监事、高级管理人员对年度报告内容的真实性、准确性、完整性无法保证或存在异议的，应当声明："××董事、监事、高级管理人员无法保证本报告内容的真实性、准确性和完整性，理由是：……，请投资者特别关注。"如有董事未出席董事会，应当单独列示其姓名。

如果执行审计的会计师事务所对公司出具了非标准审计报告，重要提示中应当增加以下陈述："××会计师事务所为本公司出具了带强调事项段的无保留意见（或保留意见、否定意见、无法表示意见）的审计报告，本公司董事会、监事会对相关事项亦有详细说明，请投资者注意阅读。"

公司应当提示董事会决议通过的本报告期普通股及优先股利润分配预案。

第二节 公司基本情况

第七十二条 公司应当以简易图表形式披露如下内容：

（一）公司股票简称、股票代码、股票上市交易所（若报告期初至报告披露日期间公司股票简称发生变更，还应当同时披露变更前的股票简称）。

（二）公司董事会秘书及证券事务代表的姓名、办公地址、电话、电子邮箱。

第七十三条 公司应当对报告期公司从事的主要业务进行简要介绍，包括报告期公司所从事的主要业务和主要产品简介、行业发展变化、市场竞争格局以及公司行业地位等内容。

第七十四条 公司应当采用数据列表方式，提供截至报告期末公司近3年的主要会计数据和财务指标，包括但不限于：总资产、营业收入、归属于上市公司股东的净利润、归属于上市公司股东的扣除非经常性损益的净利润、归属于上市公司股东的净资产、经营活动产生的现金流量净额、净资产收益率、每股收益。

公司应当采用数据列表方式，分季度提供营业收入、归属于上市公司股东的净利润、归属于上市公司股东的扣除非经常性损益的净利润、经营活动产生的现金流量净额。如上述财务指标或其加总数与公司已披露季度报告、半年度报告相关财务指标存在重大差异的，应当说明主要原因。

表格中金额和股本的计量单位可采用万、亿（元、股）等，减少数据位数；基本原则是小数点前最多保留 5 位，小数点后保留两位。

第七十五条 公司应当披露报告期末及年报披露前一个月末公司普通股股东总数和表决权恢复的优先股股东总数、前 10 名股东情况、以方框图形式披露公司与实际控制人之间的产权及控制关系。公司在计算上述持股比例时，仅计算普通股和表决权恢复的优先股股数。

第七十六条 公司应当披露报告期末公司优先股股东总数及前 10 名股东情况。

第七十七条 公司应当披露所有公开发行并在证券交易所上市，且在年度报告批准报出日未到期或到期未能全额兑付的公司债券情况，包括简称、代码、到期日、债券余额、利率，报告期内公司债券的付息兑付情况，资信评级机构对公司及公司债券作出的最新跟踪评级及评级变化情况，并采用数据列表方式，披露截至报告期末公司近 2 年的会计数据和财务指标，包括但不限于：资产负债率、EBITDA 全部债务比（息税折旧摊销前利润/全部债务）、利息保障倍数［息税前利润/（计入财务费用的利息支出＋资本化的利息支出）］。

第三节 经营情况讨论与分析

第七十八条 公司应当简要介绍公司报告期内的经营情况，主要围绕公司的市场份额、市场排名、产能和产量及销量、销售价格、成本构成等数据，尽量选择当期重大变化的情况进行讨论，分析公司报告期内经营活动的总体状况，并对以下方面予以提示：

（一）提示主营业务的经营是否存在重大变化。对占公司主营业务收入或主营业务利润 10% 以上的产品，分别列示其营业收入及营业利润，并提示其中是否存在变化。

（二）提示是否存在需要特别关注的经营季节性或周期性特征（如有）。对于业务年度与会计年度不一致的行业，鼓励披露按业务年度口径汇总的收入、成本、销量、净利润、期末存货的当期和历史数据。

（三）若报告期内公司的营业收入、营业成本、归属于上市公司普通股股东的净利润总额或者构成较前一报告期发生重大变化的，应当予以说明。

（四）面临暂停上市和终止上市情形的，应当披露导致暂停上市或终止上市的原因。

第七十九条 若与上一会计期间相比，公司会计政策、会计估计以及财务报表合并范围发生变化,或报告期因重大会计差错而进行追溯调整,应予以披露,并对其原因和影响数进行说明。

第四章 附 则

第八十条 本准则所称"控股股东""实际控制人""关联方""关联交易""高级管理人员""重大""累计"等的界定,按照《公司法》《证券法》等法律法规以及《上市公司信息披露管理办法》《优先股试点管理办法》等相关规定执行。

第八十一条 本准则所称"以上""以内"包含本数,"超过""少于""低于""以下"不含本数。

第八十二条 本准则自公布之日起施行。《公开发行证券的公司信息披露内容与格式准则第2号——年度报告的内容与格式(2016年修订)》(证监会公告〔2016〕31号)同时废止。

附录28 中央企业负责人经营业绩考核办法

中央企业负责人经营业绩考核办法

发布时间：2016年12月8日
生效时间：2016年12月8日
发布主体：国务院国有资产监督管理委员会

第一章 总 则

第一条 为切实履行企业国有资产出资人职责，维护所有者权益，落实国有资产保值增值责任，建立健全有效的激励和约束机制，引导中央企业提质增效升级，实现做强做优做大，根据《中华人民共和国企业国有资产法》《企业国有资产监督管理暂行条例》等有关法律法规和《中共中央国务院关于深化国有企业改革的指导意见》以及深化中央管理企业负责人薪酬制度改革等有关规定，制定本办法。

第二条 本办法考核的中央企业负责人，是指经国务院授权由国务院国有资产监督管理委员会（以下简称"国资委"）履行出资人职责的国家出资企业（以下简称"企业"）中由中央和国资委管理的人员。

第三条 企业负责人经营业绩考核遵循以下原则：

（一）坚持依法依规。严格执行国家有关法律法规，按照权利、义务、责任相统一的要求，建立健全依法合规经营、可追溯的资产经营责任制。

（二）坚持市场化改革方向。根据市场经济的内在要求，遵循企业发展规律，实行与企业功能定位、经营性质和业务特点相适应的分类考核，提高考核的针对性和有效性。

（三）坚持与激励约束紧密结合。建立与企业负责人选任方式相匹配、与企业功能定位相适应、与经营业绩紧密挂钩的差异化激励约束机制。

（四）坚持短期目标与长远发展相统一。强化国际对标和行业对标，构建年度考核与任期考核相结合，立足当前、着眼长远的考核体系。

第四条 年度经营业绩考核和任期经营业绩考核采取由国资委主任或者其授权代表与企业主要负责人签订经营业绩责任书的方式进行。

第二章 考核导向

第五条 突出发展质量，引导企业牢固树立创新、协调、绿色、开放、共享的发展理念，主动适应和引领经济发展新常态，不断改善经营管理，实现高质量、可持续的发展。

第六条 注重资本运营效率，引导企业以提高经济效益为中心，优化资本布局、规范资本运作、提高资本回报、维护资本安全，提高价值创造能力。

第七条 准确界定企业功能，引导企业在服务国家战略目标、保障国家安全和国民经济运行、发展前瞻性战略性产业以及完成特殊任务中发挥重要作用，增强国有经济活力、放大国有资本功能。

第八条 坚持创新发展，引导企业深入实施创新驱动发展战略，强化自主创新，加强协同创新，大力推动大众创业万众创新，加快科技成果转化，提升核心竞争力。

第九条 重视国际化经营，引导企业积极稳妥参与"一带一路"重大项目建设，加强国际产能和装备制造合作，推动产品、技术、标准、服务"走出去"，规范、有序参与国际市场竞争，培育具有世界一流水平的跨国公司。

第十条 健全问责机制，引导企业科学决策，依法合规经营，防范经营风险，防止国有资产流失。

第三章 分类考核

第十一条 根据国有资本的战略定位和发展目标，结合企业实际，对不同功能和类别的企业，突出不同考核重点，合理设置经营业绩考核指标及权重，确定差异化考核标准，实施分类考核。

第十二条 对主业处于充分竞争行业和领域的商业类企业，以增强国有经济活力、放大国有资本功能、实现国有资本保值增值为导向，重点考核企业经济效益、资本回报水平和市场竞争能力，引导企业提高资本运营效率，提升价值创造力。鼓励企业积极承担社会责任。

第十三条 对主业处于关系国家安全、国民经济命脉的重要行业和关键领域、主要承担重大专项任务的商业类企业，以支持企业可持续发展和服务国家战略为导向，在保证合理回报和国有资本保值增值的基础上，加强对服务国家战略、保障国家安全和国民经济运行、发展前瞻性战略性产业以及完成重大专项任务情况的考核。适度调整经济效益指标和国有资本保值增值率指标考核权重，合理确定经济增加值指标的资本成本率。承担国家安全、行业共性技术或国家重大专项任务完成情况较差的企业，无特殊客观原因的，在业绩考核中予以扣分或降级处理。

第十四条　对公益类企业，以支持企业更好地保障民生、服务社会、提供公共产品和服务为导向，坚持经济效益和社会效益相结合，把社会效益放在首位，重点考核产品服务质量、成本控制、营运效率和保障能力。根据不同企业特点，有区别地将经济增加值和国有资本保值增值率指标纳入年度和任期考核，适当降低考核权重和回报要求。对社会效益指标引入第三方评价，评价结果较差的企业，根据具体情况，在业绩考核中予以扣分或降级处理。

第十五条　根据企业经营性质、发展阶段、管理短板和产业功能，设置有针对性的差异化考核指标。

第十六条　建立健全业绩考核特殊事项清单管理制度。将企业承担的保障国家安全、提供公共服务、发展重要前瞻性战略性产业、实施"走出去"重大战略项目等特殊事项列入管理清单，对当期经营业绩产生重大影响的特殊事项，在考核时予以适当处理。

第四章　目　标　管　理

第十七条　国资委按照企业发展与国民经济发展速度相适应、与在国家经济建设中骨干地位作用相匹配、与做强做优做大要求相符合的原则，主导确定企业经营业绩总体目标（以下简称"总体目标"）。

第十八条　企业考核目标值应与总体目标相衔接，根据不同功能企业情况，以基准值为基础予以核定。

第十九条　年度考核基准值根据企业考核指标上年完成值、前三年完成值的平均值和外部因素、行业对标情况综合确定。

第二十条　年度利润总额、经济增加值（也称经济利润，下同）指标目标值设置为三档。

第一档：目标值达到历史最好水平，或者明显好于上年完成值且增幅高于企业总体目标。

第二档：目标值不低于基准值。

第三档：目标值低于基准值。

经行业对标，目标值处于国际优秀水平或国内领先水平的，不进入第三档目标。

第二十一条　国资委将企业年度利润总额、经济增加值指标目标值与考核计分、结果评级紧密结合。

第一档目标值，完成后指标得满分，同时根据目标值先进程度给予加分奖励。

第二档目标值，完成后正常计分。

第三档目标值，完成后加分受限，考核结果不得进入 A 级。

第二十二条 利润总额目标值与工资总额预算挂钩。

第一档目标值，工资总额预算高于上年水平。超额完成目标的，按照工资总额预算管理制度可以实施特别奖励。

第二档目标值，工资总额预算原则上不低于上年水平（目标值低于上年完成值较多的除外）。

第三档目标值，工资总额预算比上年应有所下降。

第二十三条 任期考核基准值根据上一任期完成值和上一任期第三年完成值综合确定。各项考核目标值经对标处于行业优秀水平的完成后得满分；考核目标值低于基准值的加分受限。

第五章 考 核 实 施

第二十四条 企业负责人经营业绩考核工作在国资委领导下，由国资委业绩考核领导小组组织实施。

第二十五条 年度经营业绩考核以公历年为考核期，任期经营业绩考核以三年为考核期。

第二十六条 经营业绩责任书内容：

（一）双方的单位名称、职务和姓名；

（二）考核内容及指标；

（三）考核与奖惩；

（四）责任书的变更、解除和终止；

（五）其他需要约定的事项。

第二十七条 经营业绩责任书签订程序：

（一）考核期初，企业按照国资委经营业绩考核要求，将考核期内考核目标建议值和必要的说明材料报送国资委。

（二）国资委对考核目标建议值进行审核，并就考核目标值及有关内容同企业沟通后予以确定。

（三）由国资委主任或者其授权代表同企业主要负责人签订经营业绩责任书。

第二十八条 考核期中，国资委对经营业绩责任书执行情况实施动态监控，对考核目标完成进度不理想的企业提出预警。

第二十九条 建立重大事项报告制度。企业发生较大及以上生产安全事故、重大及以上突发环境事件、重大及以上质量事故、重大资产损失、重大法律纠纷案件、重大投融资和资产重组等，对经营业绩产生重大影响的，应及时向国资委报告，同时抄报派驻本企业监事会。

第三十条　经营业绩完成情况按照下列程序进行考核：

（一）考核期末，企业依据经审计的财务决算数据，形成经营业绩总结分析报告报送国资委，同时抄送派驻本企业监事会。

（二）国资委依据经审计并经审核的企业财务决算报告和经审查的统计数据，结合总结分析报告并听取监事会意见，对企业负责人考核目标的完成情况进行考核，形成考核与奖惩意见。

（三）国资委将考核与奖惩意见反馈给企业负责人所在企业。企业负责人对考核与奖惩意见有异议的，可及时向国资委反映。国资委将最终确认的考核结果在一定范围内公开。

第三十一条　落实董事会对经理层的经营业绩考核职权。

（一）由董事会考核经理层的企业，国资委与董事会授权代表签订年度和任期经营业绩责任书，董事会依据国资委考核要求并结合本企业实际对经理层实施经营业绩考核。

（二）国资委根据签订的经营业绩责任书和董事会企业考核目标完成情况，确定企业主要负责人年度和任期经营业绩考核得分和等级。

（三）董事会根据国资委确定的经营业绩考核结果，结合经理层个人履职绩效，确定经理层考核结果和薪酬分配方案。

第三十二条　董事会应制订、完善企业内部的经营业绩考核办法，报国资委备案。

第六章　奖　　惩

第三十三条　年度经营业绩考核和任期经营业绩考核等级分为 A、B、C、D 四个级别。

第三十四条　国资委依据年度和任期经营业绩考核结果对企业负责人实施奖惩。经营业绩考核结果作为企业负责人薪酬分配的主要依据和职务任免的重要依据。

第三十五条　企业负责人的薪酬由基本年薪、绩效年薪、任期激励收入三部分构成。基本年薪是企业负责人的年度基本收入。

第三十六条　对企业负责人实行物质激励与精神激励。物质激励主要包括与经营业绩考核结果挂钩的绩效年薪和任期激励收入。精神激励主要包括给予任期通报表扬等方式。

第三十七条　企业负责人的绩效年薪以基本年薪为基数，根据年度经营业绩考核结果并结合绩效年薪调节系数确定。

第三十八条 绩效年薪按照一定比例实施按月预发放。国资委依据年度经营业绩半年预评估结果对企业负责人预发绩效年薪予以调整,有关办法另行制定。

第三十九条 任期激励收入根据任期经营业绩考核结果,在不超过企业负责人任期内年薪总水平的30%以内确定。

第四十条 企业负责人年度综合考核评价为不胜任的,不得领取绩效年薪。任期综合考核评价为不胜任的,不得领取任期激励收入。

第四十一条 企业主要负责人的分配系数为1,其余被考核人的分配系数由企业根据各负责人的经营业绩考核结果,在0.6~0.9之间确定,适度拉开差距。分配方案报国资委审核备案后执行,同时抄送派驻本企业的监事会。

第四十二条 对取得重大科技创新成果、承担重大专项任务和社会参与作出突出贡献的,在年度经营业绩考核中给予加分奖励。

第四十三条 对经营业绩优秀及在科技创新、品牌建设、国际化经营、节能减排方面取得突出成绩的,经国资委评定后对企业予以任期激励。

第四十四条 连续两年年度经营业绩考核结果为D级或任期经营业绩考核结果为D级的企业,且无重大客观原因的,对企业负责人予以调整。

第四十五条 企业发生下列情形之一的,国资委根据具体情节给予降级或者扣分处理,并相应扣发或追索扣回企业法定代表人及相关负责人的绩效年薪或任期激励收入;情节严重的,给予纪律处分或者对企业负责人进行调整;涉嫌犯罪的,依法移送司法机关处理:

(一)违反《中华人民共和国会计法》《企业会计准则》等有关法律法规规章,虚报、瞒报财务状况的;

(二)企业法定代表人及相关负责人违反国家法律法规和规定,导致重大决策失误、较大及以上生产安全责任事故、重大质量责任事故、重大环境污染责任事故、重大违纪和法律纠纷案件、境外恶性竞争,造成重大不良影响或者国有资产损失的。

第七章 附 则

第四十六条 企业在考核期内发生清产核资、改制重组、主要负责人变动等情况,国资委可以根据具体情况变更经营业绩责任书的相关内容。

第四十七条 中央企业专职党组织负责人、纪委书记(纪检组组长)的考核有其他规定的,从其规定。

第四十八条 国有资本参股公司、被兼并企业中由国资委管理的企业负责人,其经营业绩考核参照本办法执行。具体经营业绩考核事项在经营业绩责任书中确定。

第四十九条 对新组建尚未进入正常经营、主要从事专项技术研发的企业和国有资本投资运营公司,经营业绩考核实行一企一策。

第五十条 各省、自治区、直辖市和新疆生产建设兵团国有资产监督管理机构,设区的市、自治州级国有资产监督管理机构对国家出资企业负责人的经营业绩考核,可参照本办法并结合实际制定具体规定。

第五十一条 本办法由国资委负责解释,具体实施方案另行制定。

第五十二条 本办法自公布之日起施行。《中央企业负责人经营业绩考核暂行办法》(国资委令第 30 号)同时废止。

附录 29　上市公司股权激励管理办法

上市公司股权激励管理办法

发布时间：2016 年 7 月 13 日
生效时间：2016 年 7 月 13 日
发布主体：中国证券监督管理委员会

第一章　总　　则

第一条　为进一步促进上市公司建立健全激励与约束机制，依据《中华人民共和国公司法》（以下简称《公司法》）、《中华人民共和国证券法》（以下简称《证券法》）及其他法律、行政法规的规定，制定本办法。

第二条　本办法所称股权激励是指上市公司以本公司股票为标的，对其董事、高级管理人员及其他员工进行的长期性激励。上市公司以限制性股票、股票期权实行股权激励的，适用本办法；以法律、行政法规允许的其他方式实行股权激励的，参照本办法有关规定执行。

第三条　上市公司实行股权激励，应当符合法律、行政法规、本办法和公司章程的规定，有利于上市公司的持续发展，不得损害上市公司利益。上市公司的董事、监事和高级管理人员在实行股权激励中应当诚实守信，勤勉尽责，维护公司和全体股东的利益。

第四条　上市公司实行股权激励，应当严格按照本办法和其他相关规定的要求履行信息披露义务。

第五条　为上市公司股权激励计划出具意见的证券中介机构和人员，应当诚实守信、勤勉尽责，保证所出具的文件真实、准确、完整。

第六条　任何人不得利用股权激励进行内幕交易、操纵证券市场等违法活动。

第二章 一 般 规 定

第七条 上市公司具有下列情形之一的,不得实行股权激励:

(一)最近一个会计年度财务会计报告被注册会计师出具否定意见或者无法表示意见的审计报告;

(二)最近一个会计年度财务报告内部控制被注册会计师出具否定意见或无法表示意见的审计报告;

(三)上市后最近36个月内出现过未按法律法规、公司章程、公开承诺进行利润分配的情形;

(四)法律法规规定不得实行股权激励的;

(五)中国证监会认定的其他情形。

第八条 激励对象可以包括上市公司的董事、高级管理人员、核心技术人员或者核心业务人员,以及公司认为应当激励的对公司经营业绩和未来发展有直接影响的其他员工,但不应当包括独立董事和监事。在境内工作的外籍员工任职上市公司董事、高级管理人员、核心技术人员或者核心业务人员的,可以成为激励对象。单独或合计持有上市公司5%以上股份的股东或实际控制人及其配偶、父母、子女,不得成为激励对象。下列人员也不得成为激励对象:

(一)最近12个月内被证券交易所认定为不适当人选的;

(二)最近12个月内被中国证监会及其派出机构认定为不适当人选的;

(三)最近12个月内因重大违法违规行为被中国证监会及其派出机构行政处罚或者采取市场禁入措施;

(四)具有《公司法》规定的不得担任公司董事、高级管理人员情形的;

(五)法律法规规定不得参与上市公司股权激励的;

(六)中国证监会认定的其他情形。

第九条 上市公司依照本办法制定股权激励计划的,应当在股权激励计划中载明下列事项:

(一)股权激励的目的;

(二)激励对象的确定依据和范围;

(三)拟授出的权益数量,拟授出权益涉及的标的股票种类、来源、数量及占上市公司股本总额的百分比;分次授出的,每次拟授出的权益数量、涉及的标的股票数量及占股权激励计划涉及的标的股票总额的百分比、占上市公司股本总额的百分比;设置预留权益的,拟预留权益的数量、涉及标的股票数量及占股权激励计划的标的股票总额的百分比;

(四)激励对象为董事、高级管理人员的,其各自可获授的权益数量、占股权激励计划拟授出权益总量的百分比;

其他激励对象（各自或者按适当分类）的姓名、职务、可获授的权益数量及占股权激励计划拟授出权益总量的百分比；

（五）股权激励计划的有效期，限制性股票的授予日、限售期和解除限售安排，股票期权的授权日、可行权日、行权有效期和行权安排；

（六）限制性股票的授予价格或者授予价格的确定方法，股票期权的行权价格或者行权价格的确定方法；

（七）激励对象获授权益、行使权益的条件；

（八）上市公司授出权益、激励对象行使权益的程序；

（九）调整权益数量、标的股票数量、授予价格或者行权价格的方法和程序；

（十）股权激励会计处理方法、限制性股票或股票期权公允价值的确定方法、涉及估值模型重要参数取值合理性、实施股权激励应当计提费用及对上市公司经营业绩的影响；

（十一）股权激励计划的变更、终止；

（十二）上市公司发生控制权变更、合并、分立以及激励对象发生职务变更、离职、死亡等事项时股权激励计划的执行；

（十三）上市公司与激励对象之间相关纠纷或争端解决机制；

（十四）上市公司与激励对象的其他权利义务。

第十条 上市公司应当设立激励对象获授权益、行使权益的条件。拟分次授出权益的，应当就每次激励对象获授权益分别设立条件；分期行权的，应当就每次激励对象行使权益分别设立条件。激励对象为董事、高级管理人员的，上市公司应当设立绩效考核指标作为激励对象行使权益的条件。

第十一条 绩效考核指标应当包括公司业绩指标和激励对象个人绩效指标。相关指标应当客观公开、清晰透明，符合公司的实际情况，有利于促进公司竞争力的提升。上市公司可以公司历史业绩或同行业可比公司相关指标作为公司业绩指标对照依据，公司选取的业绩指标可以包括净资产收益率、每股收益、每股分红等能够反映股东回报和公司价值创造的综合性指标，以及净利润增长率、主营业务收入增长率等能够反映公司盈利能力和市场价值的成长性指标。以同行业可比公司相关指标作为对照依据的，选取的对照公司不少于3家。激励对象个人绩效指标由上市公司自行确定。上市公司应当在公告股权激励计划草案的同时披露所设定指标的科学性和合理性。

第十二条 拟实行股权激励的上市公司，可以下列方式作为标的股票来源：

（一）向激励对象发行股份；

（二）回购本公司股份；

（三）法律、行政法规允许的其他方式。

第十三条 股权激励计划的有效期从首次授予权益日起不得超过10年。

第十四条 上市公司可以同时实行多期股权激励计划。同时实行多期股权激励计划的，各期激励计划设立的公司业绩指标应当保持可比性，后期激励计划的公司业绩指标低于前期激励计划的，上市公司应当充分说明其原因与合理性。上市公司全部在有效期内的股权激励计划所涉及的标的股票总数累计不得超过公司股本总额的 10%。非经股东大会特别决议批准，任何一名激励对象通过全部在有效期内的股权激励计划获授的本公司股票，累计不得超过公司股本总额的 1%。

本条第二款所称股本总额是指股东大会批准最近一次股权激励计划时公司已发行的股本总额。

第十五条　上市公司在推出股权激励计划时，可以设置预留权益，预留比例不得超过本次股权激励计划拟授予权益数量的 20%。上市公司应当在股权激励计划经股东大会审议通过后 12 个月内明确预留权益的授予对象；超过 12 个月未明确激励对象的，预留权益失效。

第十六条　相关法律、行政法规、部门规章对上市公司董事、高级管理人员买卖本公司股票的期间有限制的，上市公司不得在相关限制期间内向激励对象授出限制性股票，激励对象也不得行使权益。

第十七条　上市公司启动及实施增发新股、并购重组、资产注入、发行可转债、发行公司债券等重大事项期间，可以实行股权激励计划。

第十八条　上市公司发生本办法第七条规定的情形之一的，应当终止实施股权激励计划，不得向激励对象继续授予新的权益，激励对象根据股权激励计划已获授但尚未行使的权益应当终止行使。在股权激励计划实施过程中，出现本办法第八条规定的不得成为激励对象情形的，上市公司不得继续授予其权益，其已获授但尚未行使的权益应当终止行使。

第十九条　激励对象在获授限制性股票或者对获授的股票期权行使权益前后买卖股票的行为，应当遵守《证券法》《公司法》等相关规定。上市公司应当在本办法第二十条规定的协议中，就前述义务向激励对象作出特别提示。

第二十条　上市公司应当与激励对象签订协议，确认股权激励计划的内容，并依照本办法约定双方的其他权利义务。上市公司应当承诺，股权激励计划相关信息披露文件不存在虚假记载、误导性陈述或者重大遗漏。所有激励对象应当承诺，上市公司因信息披露文件中有虚假记载、误导性陈述或者重大遗漏，导致不符合授予权益或行使权益安排的，激励对象应当自相关信息披露文件被确认存在虚假记载、误导性陈述或者重大遗漏后，将由股权激励计划所获得的全部利益返还公司。

第二十一条　激励对象参与股权激励计划的资金来源应当合法合规，不得违反法律、行政法规及中国证监会的相关规定。上市公司不得为激励对象依股权激励计划获取有关权益提供贷款以及其他任何形式的财务资助，包括为其贷款提供担保。

第三章 限制性股票

第二十二条 本办法所称限制性股票是指激励对象按照股权激励计划规定的条件，获得的转让等部分权利受到限制的本公司股票。限制性股票在解除限售前不得转让、用于担保或偿还债务。

第二十三条 上市公司在授予激励对象限制性股票时，应当确定授予价格或授予价格的确定方法。授予价格不得低于股票票面金额，且原则上不得低于下列价格较高者：

（一）股权激励计划草案公布前1个交易日的公司股票交易均价的50%；

（二）股权激励计划草案公布前20个交易日、60个交易日或者120个交易日的公司股票交易均价之一的50%。

上市公司采用其他方法确定限制性股票授予价格的，应当在股权激励计划中对定价依据及定价方式作出说明。

第二十四条 限制性股票授予日与首次解除限售日之间的间隔不得少于12个月。

第二十五条 在限制性股票有效期内，上市公司应当规定分期解除限售，每期时限不得少于12个月，各期解除限售的比例不得超过激励对象获授限制性股票总额的50%。当期解除限售的条件未成就的，限制性股票不得解除限售或递延至下期解除限售，应当按照本办法第二十六条规定处理。

第二十六条 出现本办法第十八条、第二十五条规定情形，或者其他终止实施股权激励计划的情形或激励对象未达到解除限售条件的，上市公司应当回购尚未解除限售的限制性股票，并按照《公司法》的规定进行处理。对出现本办法第十八条第一款情形负有个人责任的，或出现本办法第十八条第二款情形的，回购价格不得高于授予价格；出现其他情形的，回购价格不得高于授予价格加上银行同期存款利息之和。

第二十七条 上市公司应当在本办法第二十六条规定的情形出现后及时召开董事会审议回购股份方案，并依法将回购股份方案提交股东大会批准。回购股份方案包括但不限于以下内容：

（一）回购股份的原因；

（二）回购股份的价格及定价依据；

（三）拟回购股份的种类、数量及占股权激励计划所涉及的标的股票的比例、占总股本的比例；

（四）拟用于回购的资金总额及资金来源；

（五）回购后公司股本结构的变动情况及对公司业绩的影响。律师事务所应当就回购股份方案是否符合法律、行政法规、本办法的规定和股权激励计划的安排出具专业意见。

第四章 股票期权

第二十八条 本办法所称股票期权是指上市公司授予激励对象在未来一定期限内以预先确定的条件购买本公司一定数量股份的权利。激励对象获授的股票期权不得转让、用于担保或偿还债务。

第二十九条 上市公司在授予激励对象股票期权时，应当确定行权价格或者行权价格的确定方法。行权价格不得低于股票票面金额，且原则上不得低于下列价格较高者：

（一）股权激励计划草案公布前 1 个交易日的公司股票交易均价；

（二）股权激励计划草案公布前 20 个交易日、60 个交易日或者 120 个交易日的公司股票交易均价之一。

上市公司采用其他方法确定行权价格的，应当在股权激励计划中对定价依据及定价方式作出说明。

第三十条 股票期权授权日与获授股票期权首次可行权日之间的间隔不得少于 12 个月。

第三十一条 在股票期权有效期内，上市公司应当规定激励对象分期行权，每期时限不得少于 12 个月，后一行权期的起算日不得早于前一行权期的届满日。每期可行权的股票期权比例不得超过激励对象获授股票期权总额的 50%。当期行权条件未成就的，股票期权不得行权或递延至下期行权，并应当按照本办法第三十二条第二款规定处理。

第三十二条 股票期权各行权期结束后，激励对象未行权的当期股票期权应当终止行权，上市公司应当及时注销。

出现本办法第十八条、第三十一条规定情形，或者其他终止实施股权激励计划的情形或激励对象不符合行权条件的，上市公司应当注销对应的股票期权。

第五章 实施程序

第三十三条 上市公司董事会下设的薪酬与考核委员会负责拟订股权激励计划草案。

第三十四条 上市公司实行股权激励，董事会应当依法对股权激励计划草案作出决议，拟作为激励对象的董事或与其存在关联关系的董事应当回避表决。董事会审议本办法第四十六条、第四十七条、第四十八条、第四十九条、第五十条、第五十一条规定中有关股权激励计划实施的事项时，拟作为激励对象的董事或与其存在关联关系的董事应当回避表决。董事会应当在依照本办法第三十七条、第五十四条的规定履行公示、公告程序后,将股权激励计划提交股东大会审议。

第三十五条 独立董事及监事会应当就股权激励计划草案是否有利于上市公司的持续发展,是否存在明显损害上市公司及全体股东利益的情形发表意见。独立董事或监事会认为有必要的,可以建议上市公司聘请独立财务顾问,对股权激励计划的可行性、是否有利于上市公司的持续发展、是否损害上市公司利益以及对股东利益的影响发表专业意见。上市公司未按照建议聘请独立财务顾问的,应当就此事项作特别说明。

第三十六条 上市公司未按照本办法第二十三条、第二十九条定价原则,而采用其他方法确定限制性股票授予价格或股票期权行权价格的,应当聘请独立财务顾问,对股权激励计划的可行性、是否有利于上市公司的持续发展、相关定价依据和定价方法的合理性、是否损害上市公司利益以及对股东利益的影响发表专业意见。

第三十七条 上市公司应当在召开股东大会前,通过公司网站或者其他途径,在公司内部公示激励对象的姓名和职务,公示期不少于 10 天。监事会应当对股权激励名单进行审核,充分听取公示意见。上市公司应当在股东大会审议股权激励计划前 5 日披露监事会对激励名单审核及公示情况的说明。

第三十八条 上市公司应当对内幕信息知情人在股权激励计划草案公告前 6 个月内买卖本公司股票及其衍生品种的情况进行自查,说明是否存在内幕交易行为。知悉内幕信息而买卖本公司股票的,不得成为激励对象,法律、行政法规及相关司法解释规定不属于内幕交易的情形除外。泄露内幕信息而导致内幕交易发生的,不得成为激励对象。

第三十九条 上市公司应当聘请律师事务所对股权激励计划出具法律意见书,至少对以下事项发表专业意见:

(一)上市公司是否符合本办法规定的实行股权激励的条件;
(二)股权激励计划的内容是否符合本办法的规定;
(三)股权激励计划的拟订、审议、公示等程序是否符合本办法的规定;
(四)股权激励对象的确定是否符合本办法及相关法律法规的规定;
(五)上市公司是否已按照中国证监会的相关要求履行信息披露义务;
(六)上市公司是否为激励对象提供财务资助;
(七)股权激励计划是否存在明显损害上市公司及全体股东利益和违反有关法律、行政法规的情形;
(八)拟作为激励对象的董事或与其存在关联关系的董事是否根据本办法的规定进行了回避;
(九)其他应当说明的事项。

第四十条 上市公司召开股东大会审议股权激励计划时,独立董事应当就股权激励计划向所有的股东征集委托投票权。

第四十一条 股东大会应当对本办法第九条规定的股权激励计划内容进行表决，并经出席会议的股东所持表决权的 2/3 以上通过。除上市公司董事、监事、高级管理人员、单独或合计持有上市公司 5% 以上股份的股东以外，其他股东的投票情况应当单独统计并予以披露。上市公司股东大会审议股权激励计划时，拟为激励对象的股东或者与激励对象存在关联关系的股东，应当回避表决。

第四十二条 上市公司董事会应当根据股东大会决议，负责实施限制性股票的授予、解除限售和回购以及股票期权的授权、行权和注销。上市公司监事会应当对限制性股票授予日及期权授予日激励对象名单进行核实并发表意见。

第四十三条 上市公司授予权益与回购限制性股票、激励对象行使权益前，上市公司应当向证券交易所提出申请，经证券交易所确认后，由证券登记结算机构办理登记结算事宜。

第四十四条 股权激励计划经股东大会审议通过后，上市公司应当在 60 日内授予权益并完成公告、登记；有获授权益条件的，应当在条件成就后 60 日内授出权益并完成公告、登记。上市公司未能在 60 日内完成上述工作的，应当及时披露未完成的原因，并宣告终止实施股权激励，自公告之日起 3 个月内不得再次审议股权激励计划。根据本办法规定上市公司不得授出权益的期间不计算在 60 日内。

第四十五条 上市公司应当按照证券登记结算机构的业务规则，在证券登记结算机构开设证券账户，用于股权激励的实施。激励对象为境内工作的外籍员工的，可以向证券登记结算机构申请开立证券账户，用于持有或卖出因股权激励获得的权益，但不得使用该证券账户从事其他证券交易活动。尚未行权的股票期权，以及不得转让的标的股票，应当予以锁定。

第四十六条 上市公司在向激励对象授出权益前，董事会应当就股权激励计划设定的激励对象获授权益的条件是否成就进行审议，独立董事及监事会应当同时发表明确意见。律师事务所应当对激励对象获授权益的条件是否成就出具法律意见。上市公司向激励对象授出权益与股权激励计划的安排存在差异时，独立董事、监事会（当激励对象发生变化时）、律师事务所、独立财务顾问（如有）应当同时发表明确意见。

第四十七条 激励对象在行使权益前，董事会应当就股权激励计划设定的激励对象行使权益的条件是否成就进行审议，独立董事及监事会应当同时发表明确意见。律师事务所应当对激励对象行使权益的条件是否成就出具法律意见。

第四十八条 因标的股票除权、除息或者其他原因需要调整权益价格或者数量的，上市公司董事会应当按照股权激励计划规定的原则、方式和程序进行调整。律师事务所应当就上述调整是否符合本办法、公司章程的规定和股权激励计划的安排出具专业意见。

第四十九条　分次授出权益的，在每次授出权益前，上市公司应当召开董事会，按照股权激励计划的内容及首次授出权益时确定的原则，决定授出的权益价格、行使权益安排等内容。当次授予权益的条件未成就时，上市公司不得向激励对象授予权益，未授予的权益也不得递延下期授予。

第五十条　上市公司在股东大会审议通过股权激励方案之前可对其进行变更。变更需经董事会审议通过。上市公司对已通过股东大会审议的股权激励方案进行变更的，应当及时公告并提交股东大会审议，且不得包括下列情形：

（一）导致加速行权或提前解除限售的情形；

（二）降低行权价格或授予价格的情形。独立董事、监事会应当就变更后的方案是否有利于上市公司的持续发展，是否存在明显损害上市公司及全体股东利益的情形发表独立意见。律师事务所应当就变更后的方案是否符合本办法及相关法律法规的规定、是否存在明显损害上市公司及全体股东利益的情形发表专业意见。

第五十一条　上市公司在股东大会审议股权激励计划之前拟终止实施股权激励的，需经董事会审议通过。上市公司在股东大会审议通过股权激励计划之后终止实施股权激励的，应当由股东大会审议决定。律师事务所应当就上市公司终止实施激励是否符合本办法及相关法律法规的规定、是否存在明显损害上市公司及全体股东利益的情形发表专业意见。

第五十二条　上市公司股东大会或董事会审议通过终止实施股权激励计划决议，或者股东大会审议未通过股权激励计划的，自决议公告之日起3个月内，上市公司不得再次审议股权激励计划。

第六章　信息披露

第五十三条　上市公司实行股权激励，应当真实、准确、完整、及时、公平地披露或者提供信息，不得有虚假记载、误导性陈述或者重大遗漏。

第五十四条　上市公司应当在董事会审议通过股权激励计划草案后，及时公告董事会决议、股权激励计划草案、独立董事意见及监事会意见。上市公司实行股权激励计划依照规定需要取得有关部门批准的，应当在取得有关批复文件后的2个交易日内进行公告。

第五十五条　股东大会审议股权激励计划前，上市公司拟对股权激励方案进行变更的，变更议案经董事会审议通过后，上市公司应当及时披露董事会决议公告，同时披露变更原因、变更内容及独立董事、监事会、律师事务所意见。

第五十六条　上市公司在发出召开股东大会审议股权激励计划的通知时，应当同时公告法律意见书；聘请独立财务顾问的，还应当同时公告独立财务顾问报告。

第五十七条　股东大会审议通过股权激励计划及相关议案后，上市公司应当及时披露股东大会决议公告、经股东大会审议通过的股权激励计划，以及内幕信息知情人买卖本公司股票情况的自查报告。股东大会决议公告中应当包括中小投资者单独计票结果。

　　第五十八条　上市公司分次授出权益的，分次授出权益的议案经董事会审议通过后，上市公司应当及时披露董事会决议公告，对拟授出的权益价格、行使权益安排、是否符合股权激励计划的安排等内容进行说明。

　　第五十九条　因标的股票除权、除息或者其他原因调整权益价格或者数量的，调整议案经董事会审议通过后，上市公司应当及时披露董事会决议公告，同时公告律师事务所意见。

　　第六十条　上市公司董事会应当在授予权益及股票期权行权登记完成后、限制性股票解除限售前，及时披露相关实施情况的公告。

　　第六十一条　上市公司向激励对象授出权益时，应当按照本办法第四十四条规定履行信息披露义务，并再次披露股权激励会计处理方法、公允价值确定方法、涉及估值模型重要参数取值的合理性、实施股权激励应当计提的费用及对上市公司业绩的影响。

　　第六十二条　上市公司董事会按照本办法第四十六条、第四十七条规定对激励对象获授权益、行使权益的条件是否成就进行审议的，上市公司应当及时披露董事会决议公告，同时公告独立董事、监事会、律师事务所意见以及独立财务顾问意见（如有）。

　　第六十三条　上市公司董事会按照本办法第二十七条规定审议限制性股票回购方案的，应当及时公告回购股份方案及律师事务所意见。回购股份方案经股东大会批准后，上市公司应当及时公告股东大会决议。

　　第六十四条　上市公司终止实施股权激励的，终止实施议案经股东大会或董事会审议通过后，上市公司应当及时披露股东大会决议公告或董事会决议公告，并对终止实施股权激励的原因、股权激励已筹划及实施进展、终止实施股权激励对上市公司的可能影响等作出说明，并披露律师事务所意见。

　　第六十五条　上市公司应当在定期报告中披露报告期内股权激励的实施情况，包括：

　　（一）报告期内激励对象的范围；

　　（二）报告期内授出、行使和失效的权益总额；

　　（三）至报告期末累计已授出但尚未行使的权益总额；

　　（四）报告期内权益价格、权益数量历次调整的情况以及经调整后的最新权益价格与权益数量；

　　（五）董事、高级管理人员各自的姓名、职务以及在报告期内历次获授、行使权益的情况和失效的权益数量；

　　（六）因激励对象行使权益所引起的股本变动情况；

　　（七）股权激励的会计处理方法及股权激励费用对公司业绩的影响；

（八）报告期内激励对象获授权益、行使权益的条件是否成就的说明；

（九）报告期内终止实施股权激励的情况及原因。

第七章　监　督　管　理

第六十六条　上市公司股权激励不符合法律、行政法规和本办法规定，或者上市公司未按照本办法、股权激励计划的规定实施股权激励的，上市公司应当终止实施股权激励，中国证监会及其派出机构责令改正，并书面通报证券交易所和证券登记结算机构。

第六十七条　上市公司未按照本办法及其他相关规定披露股权激励相关信息或者所披露的信息有虚假记载、误导性陈述或者重大遗漏的，中国证监会及其派出机构对公司及相关责任人员采取责令改正、监管谈话、出具警示函等监管措施；情节严重的，依照《证券法》予以处罚；涉嫌犯罪的，依法移交司法机关追究刑事责任。

第六十八条　上市公司因信息披露文件有虚假记载、误导性陈述或者重大遗漏，导致不符合授予权益或行使权益安排的，未行使权益应当统一回购注销，已经行使权益的，所有激励对象应当返还已获授权益。对上述事宜不负有责任的激励对象因返还已获授权益而遭受损失的，可按照股权激励计划相关安排，向上市公司或负有责任的对象进行追偿。董事会应当按照前款规定和股权激励计划相关安排收回激励对象所得收益。

第六十九条　上市公司实施股权激励过程中，上市公司独立董事及监事未按照本办法及相关规定履行勤勉尽责义务的，中国证监会及其派出机构采取责令改正、监管谈话、出具警示函、认定为不适当人选等措施；情节严重的，依照《证券法》予以处罚；涉嫌犯罪的，依法移交司法机关追究刑事责任。

第七十条　利用股权激励进行内幕交易或者操纵证券市场的，中国证监会及其派出机构依照《证券法》予以处罚；

情节严重的，对相关责任人员实施市场禁入等措施；涉嫌犯罪的，依法移交司法机关追究刑事责任。

第七十一条　为上市公司股权激励计划出具专业意见的证券服务机构和人员未履行勤勉尽责义务，所发表的专业意见存在虚假记载、误导性陈述或者重大遗漏的，中国证监会及其派出机构对相关机构及签字人员采取责令改正、监管谈话、出具警示函等措施；情节严重的，依照《证券法》予以处罚；涉嫌犯罪的，依法移交司法机关追究刑事责任。

第八章　附　　则

第七十二条　本办法下列用语具有如下含义：

标的股票：指根据股权激励计划，激励对象有权获授或者购买的上市公司股票。

权益：指激励对象根据股权激励计划获得的上市公司股票、股票期权。

授出权益（授予权益、授权）：指上市公司根据股权激励计划的安排，授予激励对象限制性股票、股票期权的行为。

行使权益（行权）：指激励对象根据股权激励计划的规定，解除限制性股票的限售、行使股票期权购买上市公司股份的行为。

分次授出权益（分次授权）：指上市公司根据股权激励计划的安排，向已确定的激励对象分次授予限制性股票、股票期权的行为。

分期行使权益（分期行权）：指根据股权激励计划的安排，激励对象已获授的限制性股票分期解除限售、已获授的股票期权分期行权的行为。

预留权益：指股权激励计划推出时未明确激励对象、股权激励计划实施过程中确定激励对象的权益。授予日或者授权日：指上市公司向激励对象授予限制性股票、股票期权的日期。授予日、授权日必须为交易日。

限售期：指股权激励计划设定的激励对象行使权益的条件尚未成就，限制性股票不得转让、用于担保或偿还债务的期间，自激励对象获授限制性股票完成登记之日起算。

可行权日：指激励对象可以开始行权的日期。可行权日必须为交易日。

授予价格：上市公司向激励对象授予限制性股票时所确定的、激励对象获得上市公司股份的价格。

行权价格：上市公司向激励对象授予股票期权时所确定的、激励对象购买上市公司股份的价格。

标的股票交易均价：标的股票交易总额/标的股票交易总量。

本办法所称的"以上""以下"含本数，"超过""低于""少于"不含本数。

第七十三条 国有控股上市公司实施股权激励，国家有关部门对其有特别规定的，应当同时遵守其规定。

第七十四条 本办法适用于股票在上海、深圳证券交易所上市的公司。

第七十五条 本办法自 2016 年 8 月 13 日起施行。原《上市公司股权激励管理办法（试行）》（证监公司字〔2005〕151 号）及相关配套制度同时废止。

附录 30 绿色治理准则

绿色治理准则

发布时间：2017 年 7 月 22 日
发布主体：中国公司治理研究院

1 引　　言

　　人类与环境的关系是当前全球面临的最为重要的议题之一，事关人类存续和世界各国的社会经济发展方向和模式。随着认知革命、农业革命和工业革命的先后出现，人类逐渐形成自我中心的主人心态，过度攫取自然资源，对生态环境造成破坏，最终演变为自然环境的破坏者。近几十年来，环境问题愈发严重，促使人们重新思考和认识人类在自然界中的地位，以及发展和环境之间的关系。2015 年 12 月包括 195 个缔约方代表在法国巴黎达成了历史性协议《巴黎气候协定》，标志着人类已经认识到我们有可能成为自然生态的毁灭者，必须在面对一个地球的宇宙观下，形成新的"天人合一"的绿色治理观。

　　目前，虽然一些国际社会组织也提出了许多倡议或宣言，为各国绿色发展提供了一定的方向，但在实施层面如何操作，其中涉及的各利益相关者的行为规范如何确定等尚不清晰。这使得各国的绿色行动局限于单一主体自发的绿色管理、绿色行政等层面，企业和政府等各自为战，难竟全功，需要在绿色治理理念和准则的倡领下协调应对。

　　绿色治理准则就是通过一系列规则来谋求建立一套具体的绿色治理运作机制，推动治理主体的绿色行为，保护生态环境，促进生态文明建设，实现自然与人的包容性发展。生态环境和自然资源作为特殊的公共产品，决定了以生态文明建设为导向的绿色治理，本质上是一种由治理主体参与、治理手段实施和治理机制协同的"公共事务性活动"。而生态破坏与环境污染的跨国界性以及经济社会活动的全球化，意味着这一"公共事务性活动"具有全球性特征，践行绿色治不能仅局限于一国之疆界，须形成一种全世界共享的价值观，即超越国别的绿色治理全球观，因此绿色治理准则需具有全球化视角。

绿色治理强调充分考虑生态环境的可承载性，通过创新模式、方法和技术等在生态环境承载能力范围内促进社会经济的可持续发展。生态环境的公共池资源属性和强外部性使其涉及几乎所有社会和经济活动的参与者（如政府、企业、社会组织、公众等），解决生态环境问题是一项系统工程。有效的绿色治理要求秉承"多元化治理"的秩序观，识别治理系统中各主体的关联性，从整体角度综合考虑各方利益、诉求和责任，构建基于治理权分享的治理结构、机制和模式。

本准则就绿色治理的主体识别、责任界定、绿色治理行为塑造和协同模式等提供指导。

认识到各国、各组织处于绿色治理的不同阶段，本准则意在既能为绿色治理基础较为薄弱的国家、地区和组织所使用，也能为具有较好绿色治理经验的国家、地区和组织所使用。那些初涉绿色治理的国家、地区和组织可能会发现，将本准则作为入门指导是有益的，而那些有经验的国家、地区和组织则可能希望其用于改进现有的做法。

本准则首先提出绿色治理的原则，然后分别从政府、企业、社会组织以及公众等治理主体的角度进行阐述。

2　原　　则

2.1　绿色治理是以建设生态文明、实现绿色可持续发展为目标，治理主体参与、治理手段实施和治理机制协同的"公共事务性活动"。

2.2　各国应根据自身和国际区域的生态环境承载能力，通过创新模式、技术和方法促进社会经济健康发展。绿色治理是一种超越国别的共同治理观，应从全球视角进行理解。

2.3　治理主体包括形式、结构和成员各不相同的政府、企业和社会组织，以及公众。

2.4　应秉承"多元化治理"的秩序观，从系统观和全球观的角度出发，识别治理系统中各主体的关联性，综合考虑各方利益和诉求，建立政府顶层推动、企业利益驱动和社会组织参与联动的"三位一体"的多元治理主体协同治理机制。

2.4.1　政府应主要作为绿色治理的政策供给者。
2.4.2　企业应主要作为绿色治理的关键行动者。
2.4.3　社会组织应主要作为绿色治理的倡议督导者。
2.4.4　社会公众是绿色治理的广泛参与者。
2.5　绿色治理应遵循"共同责任、多元协同、民主平等、适度承载"的原则。

政策供给者
政府

关键行动者
企业

公众

社会组织
倡议督导者

绿色治理主体框架

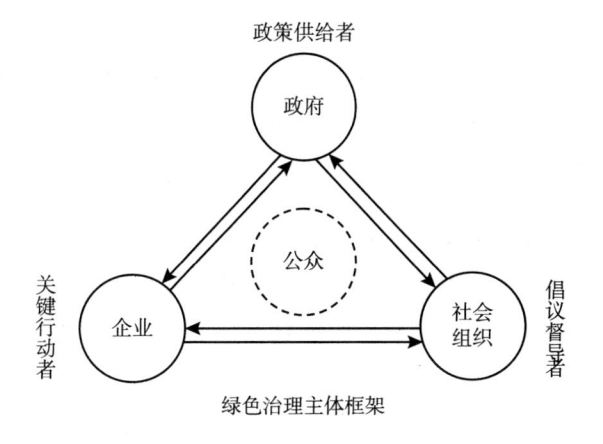

3 政府：政策供给者

绿色治理强调主体间平等、自愿、协调、合作的关系，政府是绿色治理的顶层设计者和政策制定者，为其他主体参与绿色治理提供制度与平台。

3.1 应在政治、经济、社会活动中设计制定与本国环境承载现状相匹配的绿色治理相关法律法规，并保证制度体系的运行实施。

3.1.1 应健全环境和资源保护等方面的法律法规，确保陆地、水源、大气等生态系统资源的可持续利用。

3.1.2 应以改善环境质量为目标，进一步完善各种污染物排放权交易的法律法规。

3.1.3 应建立企业环境信用评价和违法排污黑名单制度，将企业环境违法信息记入社会诚信档案，向社会公开。

3.1.4 应促进建立企业环保信息披露机制。制定统一、指标化的环境信息披露标准，逐步要求包括非重污染企业在内的所有企业披露。

3.1.5 应促进环境法律法规与国际立法的接轨，加大与绿色治理相关的立法力度。

3.1.6 应保证上述制度体系的有效运转，并确保激励、监督、考核等治理机制能够充分发挥作用。

3.2 应承担起相应的主体责任，拟定本国绿色经济战略，并评估相应活动对生态环境的影响。

3.2.1 应推动可再生能源的研究、开发和推广应用，削减对不可再生能源的过度消耗。

3.2.2 应优化产业结构与布局，淘汰落后产能，支持企业技术改造，保证能源利用效率实施的系统性和整体性。

3.2.3 应推动各产业领域的节能行动，加强重点能耗的节能管理，推动能源审计和节能降耗活动。

3.2.4 应积极培育发展战略新兴产业，支持新能源开发与现有技术改良的研发，鼓励发展绿色能源经济与绿色环保技术。

3.3 应科学合理规划城乡发展，制定并实施相配套的绿色城乡战略，探索地区建设与管理的新模式。

3.3.1 应将生态理念运用于城乡规划设计与建设。

3.3.2 应倡导绿色建筑，鼓励采用节能环保型建筑技术。

3.3.3 应建立绿色交通体系，构筑轨道交通、公共交通与慢行交通相配合的智能交通出行系统。

3.3.4 应完善生活废弃物分类回收利用，合理利用雨水、风能、地热、太阳能等自然资源，构建生态农业与城市资源循环体系，逐步构建海绵城市。

3.4 应建立绿色治理的监督、评价和问责机制，确保自身与其他绿色治理主体的行为合规。

3.4.1 应接受公众及社会的监督。

3.4.2 应建立绿色治理指标体系，对各级政府和绿色职能部门行为进行评价，并将绿色治理行为纳入政府绩效考核管理。

3.4.3 应对相关治理主体的环境破坏行为予以监督，明确问责。

3.5 政府的绿色战略应以适当方式及时公告周知，并接受多方主体的监督。

3.5.1 应完善公众参与制度，在上述战略规划制定过程中听取公众意见。

3.5.2 应及时准确披露各类环境信息，保障公众知情权，维护公众环境权益。

3.5.3 应健全举报、听证、舆论和公众监督等制度。

3.5.4 应建立环境公益诉讼制度。

3.6 应为其他治理主体的绿色治理活动提供相应的平台、标准和体系。

3.6.1 应建立健全各种污染物的排放权交易市场平台以及参与国际排放权交易机制。

3.6.2 应发展绿色金融平台，拓宽企业绿色融资渠道。

3.6.3 应在绿色技术合作、知识产权、跨国并购等方面为企业搭建沟通和对话平台。

3.6.4 应整合和建立有助于促进生态环境的各种绿色标准、认证以及标识体系。

3.7 应广泛普及传播绿色治理的相关知识，推进社会生态教育，使其成为国民教育的组成部分。

3.7.1 应以资源效率、生态平衡与环境保护为主要内容，广泛进行绿色治理教育，培养绿色理念人才，提高人们的环境保护意识。

3.7.2 应倡导绿色生活理念，提高全体公民节能环保意识，为树立绿色生活理念创造良好氛围。

3.7.3 应提倡环境包容性理念,注重人与自然间的包容性。

3.8 应秉承绿色发展理念,建立和完善与绿色治理目标相符合的组织架构和权责分配体系。

3.8.1 应在组织架构中成立相应绿色治理职能部门,明确政府各部门和人员在绿色治理中的权责分配,推动绿色行政。

3.8.2 应在行政服务中提高绿色采购规模,鼓励绿色办公,建设绿色政府。

3.9 应在绿色治理领域积极开展国际合作,以实现全球绿色治理目标。

3.9.1 应积极推动并参与制定绿色治理相关的国际协议。

3.9.2 发达国家政府应主动建立更均衡的全球绿色治理伙伴关系,及时充分履行国际承诺,加大对发展中国家的支持力度。

3.9.3 发展中国家政府应积极履行国际责任,在全球绿色治理过程中落实污染物排放标准与排放额度的相关协议约定。

3.9.4 各国政府应参与建立多边科技交流平台,在清洁能源、环境保护等方面开展技术合作,发挥技术促进作用,研发、转让和推广环境友好型清洁技术。

4 企业:关键行动者

企业作为主要的自然资源消耗和污染物排放主体,是绿色治理的重要主体和关键行动者。企业应建立绿色治理架构,进行绿色管理,培育绿色文化,并在考核与监督、信息披露、风险控制等方面践行绿色治理理念。

4.1 应基于绿色治理理念完善公司治理架构和管理体系。

4.1.1 董事会应对绿色治理有效性负责,确保绿色治理制度的科学性及其实施和更新。董事会可设立绿色治理专门委员会,对绿色治理行为进行有效的监督和控制。

4.1.2 管理层应制定科学的绿色经营制度并有效执行,确保各项活动符合绿色经营理念。管理层应成立专门绿色工作领导小组和日常工作机构,负责指导和监督企业日常的绿色生产经营活动。

4.1.3 企业其他部门应积极配合董事会绿色治理委员会和管理层绿色工作领导小组的工作,建立、完善沟通渠道,保证在突发性情况下能迅速响应并采取措施。

4.1.4 应定期召开绿色治理专题工作会议,可考虑引入具备一定环保背景的专业人才。

4.2 应在企业生产经营的各个方面进行绿色管理。

4.2.1 应推行建立绿色供应链,实行绿色采购,激励供应商实施清洁生产,优先选择环境影响最小化的产品和服务。

4.2.2 应推行绿色生产，采用更严格的环境标准以及能效和节能技术，并在适时促进其发展和推广，提供环境友好型的产品和服务。

4.2.3 应推行绿色营销，推广节能新产品，降低消费过程中的能源消耗和环境污染。

4.2.4 应推行绿色考核，应把环保指标纳入考核体系，加强项目建设中的环境评估和环境保护，鼓励环保行为。

4.3 应逐步培育绿色文化，践行绿色治理理念。

4.3.1 应将绿色治理理念纳入到企业愿景、使命和章程中。

4.3.2 应以绿色标准、指南或行为准则为基础，对绿色治理行为进行有效的指导。

4.3.3 应以可持续发展为目标，建立绿色发展的长效机制。

4.4 应对社会、经济和环境的影响承担与自身能力相匹配的环保责任。

4.4.1 应识别其决策和活动对周边环境的影响。制定能源节约和能源利用效率规划，保证能源利用符合生产技术、生态条件及社会条件。

4.4.2 应承担其决策和活动对社会、环境和经济所造成的消极影响，特别是所造成的严重负面影响。

4.4.3 应基于生态承载能力，及时采取行动，改善组织自身及影响范围内的环境绩效。

4.5 应清晰、准确、充分披露其决策和活动对社会和环境的已知和潜在的影响。

4.5.1 应及时、真实，并以清晰和客观的方式披露信息，以使利益相关方能够准确地评估组织的决策和活动对他们利益的影响。

4.5.2 应定期在年报中披露企业的能源效率状况，推行绿色会计制度。

4.5.3 应公开披露所使用和排放的相关有害材料的数量和类型，及其在正常运行和意外泄露情况下对人类健康和环境的可能风险。

4.6 应接受适当的监督，并对监督做出及时的回应。

4.6.1 应建立以董事会绿色治理委员会为主导，绿色工作小组领导下的全员共同参与的监督问责机制。

4.6.2 应接受政府、社会组织和公众等其他治理主体的监督，积极配合工作，并有义务对相关问题及时的作出回应，反馈处理结果。

4.7 为防止意外或不可预见的消极影响而采取必要的风险控制措施。

4.7.1 应基于风险防控和可持续发展的理念推进战略实施，合理评估并适当缓解自身活动所引致的环境风险和消极影响。

4.7.2 应评估预期活动可能产生的有关污染和废弃物，确保对污染和废弃物进行妥善管理，降低环境负荷。

4.7.3 应加强风险防范意识，建立应急管理制度，设置应急反应程序，配备应急处置物资，以缓解对环境和人类财产安全的影响，并向主管当局和当地社区通报环境事故信息。

5 社会组织：倡议督导者

社会组织作为独立的第三方，在加强自身规范化、专业化运营，完善绿色治理机制的同时，通过积极承接政府相关职能的转移并发挥自身的专业优势，可以进一步改善绿色治理的结构与环境，紧密联系各治理主体，以实现对其他主体在绿色治理过程中的监督、评价、协调、教育、培训以及引导等作用。

5.1 应明确自身在绿色治理中的角色，创新与完善自身的治理结构和治理机制，通过发挥自身的专业优势，在国内外范围内发挥更为积极的作用。

5.1.1 应厘清自身的绿色治理环境、利益相关者、绿色治理目标等要素，通过组织章程等方式，将其嵌入到组织日常运行过程中。

5.1.2 应从自身角度考虑，规范自身运营与专业管理能力，并积极创新高效、可行的绿色治理结构与治理机制，为其他社会参与主体提供可借鉴的绿色治理模式。

5.1.3 应积极结合自身的专业领域，构建与之相匹配的绿色治理委员会，并从可持续发展角度对组织内部的决策方向、治理行为等进行监督评价。

5.1.4 专门从事环保事业的社会组织，应进一步发挥自身的专业优势，积极同各领域的社会组织、政府、企业开展实质性的交流与合作，通过契约、联盟等方式委派绿色治理委员会专业成员。

5.1.5 应明确自身的角色定位，通过积极参与和承接国家绿色治理标准的制定与实施，为其他社会治理主体提供权威客观的绿色治理信息。

5.2 应积极规范自身运营，组织业界相关人才开展专业技术、职业生涯、法律法规的培训活动，提高自身治理意识与专业管理能力。

5.2.1 应通过颁布行业管理办法、实施细则的方式加强本行业社会组织的自律行为。

5.2.2 应提高组织自身法律、维权意识，对引起公众广泛关注、讨论的社会问题，积极以独立的第三方进行参与，必要时提起公益诉讼。

5.2.3 应强化组织自身绿色办公、绿色运营的能力，为绿色治理的其他社会主体树立学习标杆，进而增强自身的号召力与社会影响力。

5.2.4 应加强社会组织在社区内的影响力和知名度，积极动员社会公众加入基层社会组织，通过志愿者的形式，展开对公众环保意识与能力的教育培训工作。

5.3 应积极参与制定生态文明建设、环境保护等领域的发展规划、经济技术政策、行业技术标准。

5.3.1 应有效承接政府、企业等组织委托的政策性科技性项目、发展规划、行业技术标准。

5.3.2 应协助政府在节能减排、可持续发展、可再生能源、环境管理等诸多领域中制定各级别的发展战略。

5.3.3 应积极开发绿色治理评价指标体系，并以独立第三方的身份主动承接相关评估工作，以成为该体系日后主要的实施与维护方。

5.3.4 应着力于环境评价，对政府绿色行政、企业绿色生产、公众绿色消费等进行积极监督与反馈。

5.4 应为政府、企业和公众提供权威、独立和客观的环保信息、咨询和建议等服务。

5.4.1 应开展调查研究和行业统计工作，及时准确收集、计量、分析和发布本领域的专业信息。

5.4.2 应增强生态文明建设、环境保护等领域的产业信息网络建设，搭建相关信息服务平台，增加组织透明度与可接触性，加强政府、企业与公众之间的联系。

5.4.3 应配合政府、企业开展绿色治理相关的信用、能力等级评价工作，构建良好的绿色治理环境。

5.4.4 应促进各领域间的绿色技术、理念创新，促进先进技术、理念的推广与示范。

5.5 应发挥专业优势，进行绿色理念与知识的宣传、教育和普及。

5.5.1 应积极举办各种形式的科普活动、知识讲座、新闻发布会等，向社会公众、政府、企业推广绿色节能环保理念。

5.5.2 应积极组建绿色治理各主体间的治理专业委员会协会或联盟，并定期开展相关的专业技能培训、交流等。

5.5.3 应资助相关组织、个人等开展多种类型环境保护活动，奖励在该领域中做出贡献的组织和个人。

5.5.4 应利用媒体、网络、移动通信等多元化渠道，营造绿色治理文化氛围，搭建政府、企业与公众之间的交流与合作平台，积极引导社会公众参与绿色治理。

5.6 应积极加强国际间的合作与交流，通过协同制定具有高度普适性的绿色协定，构建惠及全球范围的绿色治理协同网络。

5.6.1 应积极加强国际间的交流合作，通过比较优势，结合各国绿色治理的实际发展情况，落实惠及全球范围的绿色治理准则与章程。

5.6.2 应积极开发利用现代信息技术，引导世界各国搭建绿色治理信息共享机制与平台，通过国际中介组织，将多方合作常态化。

5.6.3 应组织开展国内外同行业、跨行业的专业技术合作与交流，培养具有国际化视野、绿色理念的社会组织管理者，增强自身专业素养与解决实际问题的能力。

6 公众：广泛参与者

公众是最广泛的绿色治理主体，公众参与生态文明建设是基础性的绿色治理机制。

6.1 应树立绿色观念，践行绿色生活。

6.1.1 应培养具有生态意识的理性的绿色消费行为，勤俭节约，减少浪费，选择高效、环保的产品和服务，降低消费过程中的资源消耗和污染排放。

6.1.2 应尽量采用对环境影响最小的绿色出行方式、居住方式，降低生活中的能耗和污染。

6.1.3 应基于自身能力为绿色发展贡献力量。

6.2 应作为监督者，监督其他绿色治理主体的行为。

6.2.1 应监督、举报企业涉及环保的违法违规行为。

6.2.2 应监督政府部门的执行与落实。

6.2.3 应涉及环保的公共项目与法律法规的制定上，主动发声，献计献策。

6.3 应作为环境保护的宣传者，助力绿色理念的普及。

6.3.1 应主动学习汲取环境保护相关知识。

6.3.2 应通过可能的方式传播绿色知识和理念。

6.3.3 应积极推动并参与有助于绿色发展的志愿行为等活动。

附录 31　关于中央企业履行社会责任的指导意见

关于中央企业履行社会责任的指导意见

发布时间：2007 年 12 月 29 日
生效时间：2007 年 12 月 29 日
发布主体：国务院国有资产监督管理委员会

为了全面贯彻党的十七大精神，深入落实科学发展观，推动中央企业在建设中国特色社会主义事业中，认真履行好社会责任，实现企业与社会、环境的全面协调可持续发展，提出以下指导意见。

一、充分认识中央企业履行社会责任的重要意义

（一）履行社会责任是中央企业深入贯彻落实科学发展观的实际行动。履行社会责任要求中央企业必须坚持以人为本、科学发展，在追求经济效益的同时，对利益相关者和环境负责，实现企业发展与社会、环境的协调统一。这既是促进社会主义和谐社会建设的重要举措，也是中央企业深入贯彻落实科学发展观的实际行动。

（二）履行社会责任是全社会对中央企业的广泛要求。中央企业是国有经济的骨干力量，大多集中在关系国家安全和国民经济命脉的重要行业和关键领域，其生产经营活动涉及整个社会经济活动和人民生活的各个方面。积极履行社会责任，不仅是中央企业的使命和责任，也是全社会对中央企业的殷切期望和广泛要求。

（三）履行社会责任是实现中央企业可持续发展的必然选择。积极履行社会责任，把社会责任理念和要求全面融入企业发展战略、企业生产经营和企业文化，有利于创新发展理念、转变发展方式，有利于激发创造活力、提升品牌形

象，有利于提高职工素质、增强企业凝聚力，是中央企业发展质量和水平的重大提升。

（四）履行社会责任是中央企业参与国际经济交流合作的客观需要。在经济全球化日益深入的新形势下，国际社会高度关注企业社会责任，履行社会责任已成为国际社会对企业评价的重要内容。中央企业履行社会责任，有利于树立负责任的企业形象，提升中国企业的国际影响，也对树立我国负责任的发展中大国形象具有重要作用。

二、中央企业履行社会责任的指导思想、总体要求和基本原则

（五）指导思想。以邓小平理论和"三个代表"重要思想为指导，深入贯彻落实科学发展观，坚持以人为本，坚持可持续发展，牢记责任，强化意识，统筹兼顾，积极实践，发挥中央企业履行社会责任的表率作用，促进社会主义和谐社会建设，为实现全面建设小康社会宏伟目标作出更大贡献。

（六）总体要求。中央企业要增强社会责任意识，积极履行社会责任，成为依法经营、诚实守信的表率，节约资源、保护环境的表率，以人为本、构建和谐企业的表率，努力成为国家经济的栋梁和全社会企业的榜样。

（七）基本原则。坚持履行社会责任与促进企业改革发展相结合，把履行社会责任作为建立现代企业制度和提高综合竞争力的重要内容，深化企业改革，优化布局结构，转变发展方式，实现又好又快发展。坚持履行社会责任与企业实际相适应，立足基本国情，立足企业实际，突出重点，分步推进，切实取得企业履行社会责任的成效。坚持履行社会责任与创建和谐企业相统一，把保障企业安全生产，维护职工合法权益，帮助职工解决实际问题放在重要位置，营造和谐劳动关系，促进职工全面发展，实现企业与职工、企业与社会的和谐发展。

三、中央企业履行社会责任的主要内容

（八）坚持依法经营诚实守信。模范遵守法律法规和社会公德、商业道德以及行业规则，及时足额纳税，维护投资者和债权人权益，保护知识产权，忠实履行合同，恪守商业信用，反对不正当竞争，杜绝商业活动中的腐败行为。

（九）不断提高持续盈利能力。完善公司治理，科学民主决策。优化发展战略，突出做强主业，缩短管理链条，合理配置资源。强化企业管理，提高管控能力，降低经营成本，加强风险防范，提高投入产出水平，增强市场竞争能力。

（十）切实提高产品质量和服务水平。保证产品和服务的安全性，改善产品性能，完善服务体系，努力为社会提供优质安全健康的产品和服务，最大限度地满足消费者的需求。保护消费者权益，妥善处理消费者提出的投诉和建议，努力

为消费者创造更大的价值，取得广大消费者的信赖与认同。

（十一）加强资源节约和环境保护。认真落实节能减排责任，带头完成节能减排任务。发展节能产业，开发节能产品，发展循环经济，提高资源综合利用效率。增加环保投入，改进工艺流程，降低污染物排放，实施清洁生产，坚持走低投入、低消耗、低排放和高效率的发展道路。

（十二）推进自主创新和技术进步。建立和完善技术创新机制，加大研究开发投入，提高自主创新能力。加快高新技术开发和传统产业改造，着力突破产业和行业关键技术，增加技术创新储备。强化知识产权意识，实施知识产权战略，实现技术创新与知识产权的良性互动，形成一批拥有自主知识产权的核心技术和知名品牌，发挥对产业升级、结构优化的带动作用。

（十三）保障生产安全。严格落实安全生产责任制，加大安全生产投入，严防重、特大安全事故发生。建立健全应急管理体系，不断提高应急管理水平和应对突发事件能力。为职工提供安全、健康、卫生的工作条件和生活环境，保障职工职业健康，预防和减少职业病和其他疾病对职工的危害。

（十四）维护职工合法权益。依法与职工签订并履行劳动合同，坚持按劳分配、同工同酬，建立工资正常增长机制，按时足额缴纳社会保险。尊重职工人格，公平对待职工，杜绝性别、民族、宗教、年龄等各种歧视。加强职业教育培训，创造平等发展机会。加强职代会制度建设，深化厂务公开，推进民主管理。关心职工生活，切实为职工排忧解难。

（十五）参与社会公益事业。积极参与社区建设，鼓励职工志愿服务社会。热心参与慈善、捐助等社会公益事业，关心支持教育、文化、卫生等公共福利事业。在发生重大自然灾害和突发事件的情况下，积极提供财力、物力和人力等方面的支持和援助。

四、中央企业履行社会责任的主要措施

（十六）树立和深化社会责任意识。深刻理解履行社会责任的重要意义，牢固树立社会责任意识，高度重视社会责任工作，把履行社会责任提上企业重要议事日程，经常研究和部署社会责任工作，加强社会责任全员培训和普及教育，不断创新管理理念和工作方式，努力形成履行社会责任的企业价值观和企业文化。

（十七）建立和完善履行社会责任的体制机制。把履行社会责任纳入公司治理，融入企业发展战略，落实到生产经营各个环节。明确归口管理部门，建立健全工作体系，逐步建立和完善企业社会责任指标统计和考核体系，有条件的企业要建立履行社会责任的评价机制。

（十八）建立社会责任报告制度。有条件的企业要定期发布社会责任报告或可持续发展报告，公布企业履行社会责任的现状、规划和措施，完善社会责任沟

通方式和对话机制,及时了解和回应利益相关者的意见建议,主动接受利益相关者和社会的监督。

(十九)加强企业间交流与国际合作。研究学习国内外企业履行社会责任的先进理念和成功经验,开展与履行社会责任先进企业的对标,总结经验,找出差距,改进工作。加强与有关国际组织的对话与交流,积极参与社会责任国际标准的制定。

(二十)加强党组织对企业社会责任工作的领导。充分发挥企业党组织的政治核心作用,广泛动员和引导广大党员带头履行社会责任,支持工会、共青团、妇女组织在履行社会责任中发挥积极作用,努力营造有利于企业履行社会责任的良好氛围。

附录32　企业绿色采购指南（试行）

企业绿色采购指南（试行）

发布时间：2014年12月22日
生效时间：2015年1月1日
发布主体：商务部、环境保护部和信息化部

第一章　总　　则

第一条　根据《环境保护法》、国务院印发的《社会信用体系建设规划纲要（2014~2020年）》和《节能减排"十二五"规划》等有关规定，为推进建设资源节约型、环境友好型社会，充分发挥市场配置资源的决定性作用，促进绿色流通和可持续发展，引导企业积极构建绿色供应链，实施绿色采购，制定本指南。

第二条　本指南所称绿色采购，是指企业在采购活动中，推广绿色低碳理念，充分考虑环境保护、资源节约、安全健康、循环低碳和回收促进，优先采购和使用节能、节水、节材等有利于环境保护的原材料、产品和服务的行为。

本指南所称绿色供应链，是指将环境保护和资源节约的理念贯穿于企业从产品设计到原材料采购、生产、运输、储存、销售、使用和报废处理的全过程，使企业的经济活动与环境保护相协调的上下游供应关系。

第三条　具有供应链上下游供应关系的供应商企业与采购商之间采购原材料、产品和服务，鼓励适用本指南。

用于最终消费的各种产品和服务的采购，以及原材料、制成品、半成品等生产资料的采购，鼓励适用本指南。

鼓励网上采购适用本指南。

第四条　国家鼓励企业建立绿色供应链管理体系，主动承担环境保护等社会责任，自觉实施和强化绿色采购。

各级商务、环境保护、工业和信息化部门指导本地区企业的绿色采购行为和绿色供应链管理。

第二章 采 购 原 则

第五条 企业采购应遵循以下原则：

（一）经济效益与环境效益兼顾。企业在采购活动中，应充分考虑环境效益，优先采购环境友好、节能低耗和易于资源综合利用的原材料、产品和服务，兼顾经济效益和环境效益。

（二）打造绿色供应链。企业应不断完善采购标准和制度，综合考虑产品设计、采购、生产、包装、物流、销售、服务、回收和再利用等多个环节的节能环保因素，与上下游企业共同践行环境保护、节能减排等社会责任，打造绿色供应链。

（三）企业主导与政府引导相结合。坚持市场化运作，以企业为主体，充分发挥企业的主导作用。政府通过制度改革、政策引导、信息公开和促进行业规范等方式，推进企业绿色采购。充分发挥行业协会的桥梁和纽带作用，强化行业自律。

第六条 鼓励企业树立绿色采购理念，将绿色采购理念融入经营战略，贯穿原材料、产品和服务采购的全过程，不断改进和完善采购标准和制度，推动供应商持续提高环境管理水平，共同构建绿色供应链。

第七条 鼓励企业制定和实施具体可行的绿色采购方案，并适时调整和完善。

绿色采购方案应当包括且不限于以下内容：

（一）绿色采购目标、标准；

（二）绿色采购流程；

（三）绿色供应商筛选、认定的条件和程序；

（四）绿色采购合同履行过程中的检验和争议处理机制；

（五）绿色采购信息公开的范围、方式、频次等；

（六）绿色采购绩效的评价；

（七）实施产品下架、召回和追溯制度；

（八）实施绿色采购的其他有关内容。

第八条 鼓励企业要求供应商在产品设计过程中更多采用生态设计技术，以减少环境污染和能源资源消耗，使产品和零部件能够回收循环利用。

鼓励企业围绕企业经营战略和绿色采购目标制定绿色采购标准。

鼓励企业在采购原材料、产品和服务的标准中提出与环境保护相关的要求，体现绿色环保理念，严格按照采购标准进行采购。

第九条 鼓励企业建立产品可追溯体系，建立对采购的产品从原材料到交货的全程跟踪管理。

第十条 鼓励企业完善采购流程，主动参与供应商的产品研发、制造过程，引导供应商通过价值分析等方法减少各种原辅和包装材料用量、用更环保的材料替代、避免或者减少环境污染等。

鼓励企业要求供应商供应产品或原材料符合绿色包装的要求，不使用含有有毒、有害物质作为包装物材料，使用可循环使用、可降解或者可以无害化处理的包装物，避免过度包装；在满足需求的前提下，尽量减少包装物的材料消耗。

第十一条 鼓励企业对所采购的产品或原材料在仓储和物流运输等环节，推行智能化、信息化和便捷化的节约能源和减少污染物排放的措施。

第十二条 鼓励企业对采购的产品和原材料建立废弃物回收处理流程，以实现循环利用或无害化处理。

第十三条 采购商和供应商可以通过以下方式带动全社会绿色消费：

（一）向消费者宣传引导低碳、节约等绿色消费理念，改善消费者的产品选择方式；

（二）发掘消费者绿色需求并在采购过程中予以满足；

（三）建立绿色品牌，提高绿色品牌知名度；

（四）开展"绿色商场"等创建活动，推广门店节能改造，促进环境标志产品和节能产品销售以及废弃电器电子产品回收；

（五）抵制商品过度包装，引导广大消费者积极主动参与绿色消费，减少一次性用品及塑料购物袋的使用。

第三章 采购原材料、产品与服务

第十四条 鼓励企业采购绿色产品。绿色产品至少符合以下条件：

（一）产品设计过程中树立全生命周期理念，充分考虑环境保护，减少资源能源消耗，关注可持续发展；

（二）产品在生产过程中使用更环保的原材料，采用清洁生产工艺，资源能源利用效率高，污染物排放优于相应的排放标准；

（三）产品在使用过程中能源消耗低，不会对使用者造成危害，污染物排放符合环保要求；

（四）产品废弃后可以回收，易于拆卸、翻新，能够安全处置。

鼓励企业采购通过环境标志产品认证、节能产品认证或者国家认可的其他认证的节能环保产品。

第十五条 企业不宜采购以下产品：

（一）不符合商务主管部门防止过度包装及回收促进要求的；

（二）被列入环境保护部制定的《环境保护综合名录》中的"高污染、高环境风险"产品名录的；

（三）产品或所采用的生产工艺、设备被列入工业和信息化部公布的《部分工业行业淘汰落后生产工艺装备和产品指导目录》的；

（四）国家限制或不鼓励生产、采购、使用的其他高耗能、高污染类产品。

第十六条 鼓励企业采购绿色原材料。

绿色原材料选材应优先选用符合环保标准和节能要求的、具有低能耗、低污染、无毒害、资源利用率高、可回收再利用等各种良好性能的材料。

鼓励企业参照本章第十四条、第十五条的内容采购绿色原材料。

鼓励企业在满足有关环境标准、产品质量和安全要求的情况下，优先采购和利用废钢铁、废有色金属、废塑料、废纸、废弃电器电子产品、废旧轮胎、废玻璃、废纺织品等可再生资源作为原材料。

第十七条 鼓励企业采购绿色服务。绿色服务至少需要符合以下条件：

（一）服务内容对环境总体损害的程度很小，污染物排放少、不产生有毒有害或者难处理的污染物，对固体废弃物实现分类收集和合理处置等；

（二）服务内容符合节能降耗的要求，在服务过程中少用资源和能源，对自然资源总体消耗的量较低；

（三）服务内容有益于人类健康。

第四章 选择供应商

第十八条 鼓励企业结合行业特点，借鉴国内外先进经验，制定绿色供应商筛选和认定条件，并通过多种途径公开筛选和认定条件。

第十九条 鼓励企业优先选择具备以下条件的供应商：

（一）根据环境保护部、发展改革委、人民银行、银监会印发的《企业环境信用评价办法（试行）》有关规定及地方关于企业环境信用评价管理规定，被环境保护部门评定为环保诚信企业或者环保良好企业的；

（二）在污染物排放符合法定要求的基础上，自愿与环境保护部门签订进一步削减污染物排放量的协议，并取得协议约定的减排效果的；

（三）自愿实施清洁生产审核并通过评估验收的；

（四）自愿申请环境管理体系、质量管理体系和能源管理体系认证并通过认证的；

（五）因环境保护工作突出，受到国家或者地方有关部门表彰的；

（六）采用的工艺被列入发展改革委发布的《产业结构调整指导目录》鼓励类目录的；

（七）符合工业和信息化部公布的相关行业准入条件的；

（八）及时、全面、准确地公开环境信息，积极履行社会责任，主动接受有

关部门和社会公众监督的;

（九）符合有关部门和机构依法提出的采购商应当优先采购的其他条件的。

第二十条　企业不宜选择具有下列任一情形的供应商：

（一）根据《企业环境信用评价办法（试行）》有关规定和地方关于企业环境信用评价管理规定，被环境保护部门评定为环保不良企业；

（二）因环境违法构成环境犯罪的；

（三）因环境违法行为，受到环境保护部门依法处罚、尚未整改完成的；

（四）一年内发生较大以上突发环境事件的；

（五）未达到国家或者地方污染物排放标准、污染物总量控制目标要求或者节能目标要求的；

（六）未依照《清洁生产促进法》规定开展强制性清洁生产审核的；

（七）当年危险废物规范化管理督查考核不达标的；

（八）未按照法律法规规定公开环境信息的；

（九）具有其他违反国家环境保护相关法律法规、标准、政策要求的。

第二十一条　企业在采购合同中，可以明确约定以下内容：

（一）供应商应将其绿色供应链管理的相关信息，及时、准确地通报采购商；

（二）供应商出现本指南第二十条所列情形或者其他环境问题的，采购商可以降低采购份额、暂停采购或者终止采购合同；

（三）因供应商隐瞒环保违法行为，造成采购商损失的，采购商有权依法维护其权益。

（四）供应商通过努力，在技术进步、产品生产、流通销售等方面实现比采购合同约定的环境要求更优的环境绩效的，采购商可以通过适当提高采购价格、增加采购数量、缩短付款期限等方式对供应商予以激励。

第二十二条　鼓励企业建立供应商绩效监控体系，对供应商在环境保护、资源节约、企业社会责任及可持续发展方面进行监督。

鼓励企业建立本企业的绿色供应商数据库，并与行业绿色采购信息平台和数据库实现对接共享。

鼓励企业定期向地方有关部门和其他机构、社会公众报告或者公布绿色采购的成效，接受监督。

第五章　政府引导与行业规范

第二十三条　各地商务、环境保护、工业和信息化部门应当支持和引导采购商建立绿色供应链管理体系，主动承担环境保护社会责任，自觉实施和强化绿色采购，并通过公开绿色承诺等方式，接受社会和政府监督。

第二十四条　各地商务、环境保护、工业和信息化部门应当支持和指导企业绿色采购标准和规范的制定和修订。

第二十五条 各地商务、环境保护、工业和信息化部门应当会同有关部门，向社会公布下列信息并定期更新：

（一）通过有关节能、节水、环境标志、有机、绿色无公害等认证或认定的产品及其供应商的信息；

（二）供应商环境信用评价信息；

（三）行业协会等中介组织、具有代表性的采购商制定的绿色采购规范；

（四）采购商的绿色采购承诺书或者绿色采购协议；

（五）采购商实施绿色采购的典型经验；

（六）有利于推动绿色采购的其他相关信息。

第二十六条 鼓励新闻媒体对推动绿色采购的意义、有效实施绿色采购的企业和完整的绿色供应链进行报道宣传，不断提高公众的环保理念和绿色消费观念。

第二十七条 鼓励行业协会等中介组织建立本行业绿色采购信息平台和绿色原材料、绿色产品、绿色服务以及绿色供应商数据库，供有关企业共享，并接受政府有关部门和机构、社会公众监督。

鼓励行业协会等中介组织加强行业自律，举办有关绿色采购的宣传、培训、推广等活动。

鼓励行业协会等中介组织开展有关绿色采购的国际合作与交流。

第六章 附 则

第二十八条 本指南自 2015 年 1 月 1 日起生效。

第二十九条 中国企业从国外采购原材料、产品和服务，参照适用本指南。

第三十条 各地商务、环境保护、工业和信息化部门可以结合本指南和地方实际情况，制定适合于本地区的企业绿色采购细则。